十二五现代远程教育法学专业系列教材

行政法与行政诉讼法

主　编◎贺奇兵

副主编◎胡　建　樊　非

撰稿人◎（以姓氏笔画为序）
　　　　樊　非　龚　露　贺奇兵
　　　　胡　建　房香荣　马晓娜

中国政法大学出版社

2016·北京

声　明　1. 版权所有，侵权必究。
　　　　2. 如有缺页、倒装问题，由出版社负责退换。

图书在版编目（CIP）数据

行政法与行政诉讼法/贺奇兵主编.—北京：中国政法大学出版社，2016.8
ISBN 978-7-5620-6677-4

Ⅰ.①行… Ⅱ.①贺… Ⅲ.①行政法－中国②行政诉讼法－中国　Ⅳ.①D922.1②D925.3

中国版本图书馆CIP数据核字(2016)第181046号

书　　名	行政法与行政诉讼法　XINGZHENG FA YU XINGZHENG SUSONG FA	
出 版 者	中国政法大学出版社	
地　　址	北京市海淀区西土城路25号	
邮　　箱	fadapress@163.com	
网　　址	http://www.cuplpress.com（网络实名：中国政法大学出版社）	
电　　话	010-58908435（第一编辑部）　58908334（邮购部）	
承　　印	保定市中画美凯印刷有限公司	
开　　本	720mm×960mm　1/16	
印　　张	26.5	
字　　数	550千字	
版　　次	2016年8月第1版	
印　　次	2016年8月第1次印刷	
印　　数	1~4000册	
定　　价	56.00元	

十二五现代远程教育法学专业系列教材

总顾问

李昌麒　　我国著名经济法学家、法学教育家
　　　　　　西南政法大学教授、博士生导师
　　　　　　西南大学法学院名誉院长

总主编

张新民　　西南大学法学院院长、教授、博士生导师
尹晓东　　西南大学党委研究生工作部部长、博士

副总主编

张步文　　西南大学法学院副院长、博士、教授、硕士生导师
赵云芬　　西南大学法学院教授、博士、硕士生导师

十二五现代远程教育法学专业系列教材编委会

主　任

宋乃庆　　国家教学名师
　　　　　原西南大学常务副校长
　　　　　教授、博士生导师

副主任

张新民　　西南大学法学院院长、教授、博士生导师
刘　林　　西南大学网络教育学院院长、研究员

委　员

宋乃庆　刘　林　张新民　李立新　尹晓东　赵云芬　张步文
时显群　汪　力　陶　林　房香荣　段　莉　黄国泽　刘怀川

出版说明

人类迈进21世纪，全球性的科技革命正在越来越深刻地影响着人类的生活、工作和学习方式，教育领域当然也不例外。随着计算机网络、信息和教育技术的飞速发展，现代远程教育作为一种新型的教育形式，以其鲜明的时代特色、充满希望的生命力正在逐渐成为我国高等教育和继续教育不可缺少的组成部分。

现代远程教育突破了时间、空间的限制，为一切具有学习热情、学习能力的人敞开了接受教育的大门。学校变得没有了围墙，因此，极大地拓展了教育空间，充分体现了终身教育的先进教育理念，适应了学习化社会里人们个性化学习、多样化学习的需要。与传统的教育形式不同，远程教育以开发教学产品、通过媒介传输的手段来达到教学目的，创造了教与学过程相对分离的模式，在教育过程、教育方式和教育理念上产生了巨大变革，使高等院校的优秀教育资源冲破校园围墙的限制，让更多的学习者共享，具有开放性、交互性、共享性、协作性、自主性等特点。通过构造现代远程教育的"学习环境"，提供学生自主构建知识的空间，帮助人们随时随地地学习，实现学生个体与群体的融合，从而满足人们在校园外接受高等教育的愿望。

作为教育部首批批准举办现代远程教育的高校之一，十多年来，西南大学根据现代远程教育中教与学、成人学生工作与学习矛盾突出等特点，深入研究、不断实践，在教学方式、授课特点、教学内容、教学过程、技术手段、管理机制等方面实行一系列改革，构建了具有自己特色的现代远程教育体系。同时，对现代远程教育的理论基础也进行了系统、全面的归纳和总结，并以此为基础，结合现代远程教育的实践，构建和提出了现代远程教育的学习模式、管理模式、学习支持服务体系、质量保证体系和质量评价方法等。

经历了十几年的光阴，现代远程教育由萌芽到现在的蓬勃发展，我们也积累了不少经验。为了帮助广大接受现代远程教育的学生顺利实现由传统学习观念和方法向远程学习观念和方法的转变，我院特地组织了多年来在网络教育一线的老师有针对性地编写了专门适用于现代远程教育学生的教材。本套教材力求图文并茂、深入浅出，贴近远程学习者的需求，切实解决他们在学习中遇到的困难。

该套教材在结构设计上，以学习者为中心，把课程中最基本的内容提炼整理出来，以"学习单元"的形式安排学习。每一章的开始就把本章的学习目的、学习要求、重点难点、知识要点等内容展示出来，便于学习者合理制定自己的学习计划。对于难点重点，给出了提示"注意"，引导学习者对抽象复杂的问题加深理解。一般教材都是在各章节后给出大量的复习思考题，本系列教材只是在每个"学习单元"后给出适度、适量的问题让学习者来检验自己对基本问题的掌握情况。

在该系列教材的编写过程中，我们打破传统章节式的设置，内容注重知识的基础性、先进性和实用性，体现了现代远程教育的特色，本教材具有以下特色：

第一，简明扼要、重点突出，且改变了传统教材以文字叙述为主的编写形式。考虑到现代远程教育大部分学员多为在职工作者，因此，在对内容细致梳理的基础上，在保证知识体系完整、内容准确无误的前提下，文字表述尽量做到简明扼要，并通过多种"教学模块"将学习单元的重点展示出来，将一个完整、系统的学习单元的学习时间控制在30分钟左右，以便于自学。

第二，学以致用、活学活用，以多样化的模块单元展示学习内容，浅显易懂。法律是一门实用性、操作性极强的课程。在教材的编写过程中，尽量采用"案例分析模式""主题讨论模式""虚拟审判模式"等方式，突出教材的适用性和实用性，以提高学员独立思考、分析问题和解决问题的能力。

第三，图文并茂、通俗易懂。通过形式多样的结构图将学习单元中的重点展示出来，另外采用表格形式对概念或制度进行区分或总结，从而使教材内容脉络清晰、易于理解；在内容中有意识地增加了"考考你""注意""思考""小结""小窍门"等形式，便于学员记忆掌握，使学习者能跟随教材的提问、提示重点、学习小窍门、自测等方式达到自助学习的目的。

第四，温故而知新，注重对学生知识的巩固和能力的培养。学习单元后面附有习题和答案，另外根据每个学习单元内容的不同附有"联系实际""讨论交流""知识延伸"等形式，也有助于教师实现互动教学。

十二五现代远程教育法学专业系列教材编委会
2012年6月

主要法律文件全称与简称说明

1. 凡法律文件的全称中有"中华人民共和国"字样的，本书均省去"中华人民共和国"。如《中华人民共和国宪法》，本书表述为《宪法》。

2. 同一名称法律文件有不同修订年份的，如未特别标注则指最新修订后的条文，如果需特别指修订前的条文，则在书名号后括号内标明所指修订年份。如《国家赔偿法》（1995）是指1995年施行的《中华人民共和国国家赔偿法》。

3. 其他主要法律文件简称如下：

（1）《国家赔偿法适用解释》——最高人民法院《关于人民法院执行〈中华人民共和国国家赔偿法〉几个问题的解释》（1996）；

（2）《审理行政赔偿案件规定》——最高人民法院《关于审理行政赔偿案件若干问题的规定》（1997）；

（3）《行政诉讼法执行解释》——最高人民法院《关于执行〈中华人民共和国行政诉讼法〉若干问题的解释》（2000）；

（4）《审理植物新品种案件解释》——最高人民法院《关于审理植物新品种纠纷案件若干问题的解释》（2001）；

（5）《行政诉讼证据规定》——最高人民法院《关于行政诉讼证据若干问题的规定》（2002）；

（6）《审理国际贸易行政案件规定》——最高人民法院《关于审理国际贸易行政案件若干问题的规定》（2002）；

（7）《审理反倾销行政案件规定》——最高人民法院《关于审理反倾销行政案件应用法律若干问题的规定》（2002）；

（8）《审理反补贴行政案件规定》——最高人民法院《关于审理反补贴行政案件应用法律若干问题的规定》（2002）；

（9）《行政案件适用法律纪要》——最高人民法院《关于审理行政案件适用法律规范问题的座谈会纪要》（2004）；

（10）《行政案件管辖规定》——最高人民法院《关于行政案件管辖若干问题的规定》（2008）；

（11）《行政诉讼撤诉规定》——最高人民法院《关于行政诉讼撤诉若干问题的规定》（2008）；

（12）《审理行政许可案件规定》——最高人民法院《关于审理行政许可案件若干问题的规定》（2009）；

(13)《行政诉讼简易程序试点通知》——最高人民法院《关于开展行政诉讼简易程序试点工作的通知》(2010)；

(14)《审理政府信息公开案件规定》——最高人民法院《关于审理政府信息公开行政案件若干问题的规定》(2011)；

(15)《行政案件相对集中管辖试点通知》——最高人民法院《关于开展行政案件相对集中管辖试点工作的通知》(2013)；

(16)《行政诉讼法适用解释》——最高人民法院《关于适用〈中华人民共和国行政诉讼法〉若干问题的解释》(2015)；

(17)《人民法院登记立案规定》——最高人民法院《关于人民法院登记立案若干问题的规定》(2015)；

(18)《地方组织法》——《中华人民共和国地方各级人民代表大会和地方各级人民政府组织法》(2015)。

目 录

第一编 绪 论

第一章 行政法的基本含义 ... 1
 第一节　行政法的调整对象 ... 2
 第二节　行政法的功能作用 ... 9
 第三节　行政法的法源 ... 14

第二章 行政法的基本原则 ... 23
 第一节　行政法基本原则概述 ... 24
 第二节　行政法基本原则的定位 ... 28
 第三节　依法行政原则的具体要求 ... 35

第三章 行政法上的法律关系 ... 45
 第一节　行政法关系概述 ... 46
 第二节　行政法关系的主体 ... 51

第四章 行政违法及其责任 ... 61
 第一节　行政违法 ... 62
 第二节　行政法律责任 ... 65

第二编 行政组织法

第五章 行政组织法的一般原理 ... 72
 第一节　行政组织法概述 ... 73
 第二节　行政组织法原则 ... 76
 第三节　行政组织法体系 ... 81

第六章 行政机关 ... 87
 第一节　行政机关概述 ... 88
 第二节　行政机关的体系 ... 93
 第三节　行政机关的职责与职权 ... 101

第七章 行政任务的其他承担者 …… 106
    第一节 法律、法规授权组织 …… 107
    第二节 受委托组织、个人 …… 112

第八章 行政公务员 …… 118
    第一节 行政公务员概述 …… 119
    第二节 行政公职关系 …… 121
    第三节 行政公务员的基本制度 …… 127

第三编 行政行为法

第九章 行政行为概述 …… 142
    第一节 行政行为的含义 …… 143
    第二节 行政行为的分类 …… 147
    第三节 行政行为的效力 …… 151

第十章 抽象行政行为 …… 158
    第一节 行政立法 …… 159
    第二节 行政规范性文件 …… 170

第十一章 依申请具体行政行为 …… 177
    第一节 行政许可 …… 178
    第二节 其他依申请具体行政行为 …… 191

第十二章 依职权具体行政行为 …… 202
    第一节 行政处罚 …… 203
    第二节 行政强制 …… 215
    第三节 其他依职权行政行为 …… 226

第十三章 其他行政行为 …… 236
    第一节 行政合同 …… 237
    第二节 行政指导 …… 243
    第三节 行政事实行为 …… 247

第十四章 行政程序与信息公开 …… 251
    第一节 行政程序 …… 251
    第二节 行政信息公开 …… 258

第四编　行政法制监督与救济法

第十五章　行政法制监督与救济概述 ········· 266
  第一节　行政行为的合法性 ········· 267
  第二节　行政法制监督的一般理论 ········· 273
  第三节　行政救济的一般理论 ········· 276

第十六章　行政复议 ········· 283
  第一节　行政复议概述 ········· 283
  第二节　行政复议范围与管辖 ········· 289
  第三节　行政复议参加人 ········· 292
  第四节　行政复议程序 ········· 296

第十七章　行政诉讼 ········· 308
  第一节　行政诉讼概述 ········· 310
  第二节　行政诉讼受案范围 ········· 314
  第三节　行政诉讼管辖 ········· 318
  第四节　行政诉讼参加人 ········· 323
  第五节　行政诉讼证据 ········· 330
  第六节　行政起诉与受理 ········· 339
  第七节　行政诉讼审理制度 ········· 344
  第八节　行政诉讼审理程序 ········· 351
  第九节　行政诉讼裁判 ········· 358

第十八章　行政赔偿 ········· 375
  第一节　行政赔偿制度概述 ········· 376
  第二节　行政赔偿责任范围 ········· 380
  第三节　行政赔偿当事人 ········· 385
  第四节　行政赔偿方式与标准 ········· 388
  第五节　行政赔偿程序 ········· 391

第十九章　行政补偿 ········· 400
  第一节　行政补偿的基本理论 ········· 400
  第二节　行政补偿的具体制度 ········· 404

参考文献 ········· 408

后记 ········· 413

第一编 绪 论

第一章 行政法的基本含义

学习提要

学习行政法,首先得搞清楚什么是行政法?对于什么是行政法,可以从不同的角度来定义。综观学界给行政法的定义角度,可以概括为三个方面:从行政法调整的对象角度看,行政法是调整行政关系的独立部门法;从行政法的功能作用角度看,行政法是规范和控制行政权的法;从行政法的存在形式角度看,行政法是尚未形成统一法典的所有法律规范的总称。据此,如果综合行政法的调整对象、功能作用和存在形式三个方面,行政法可以定义为:是调整行政关系、规范和控制行政权、尚未形成统一法典的独立部门法。本章分别从行政法的调整对象、功能作用和存在形式角度对行政法的内涵进行了逐一分析介绍。学习本章时需要理解公共行政的分类,各类行政关系的内涵,行政权的体系与特征,行政法调整行政权后的存在形态,我国行政法的法源形式及效力等级,行政法的法源特征;要理解并掌握公共行政的概念,行政法规范和控制行政权的必要性与途径,行政法的基本体系;一般性了解行政法的地位及外国行政法的法源形式。

本章知识结构图

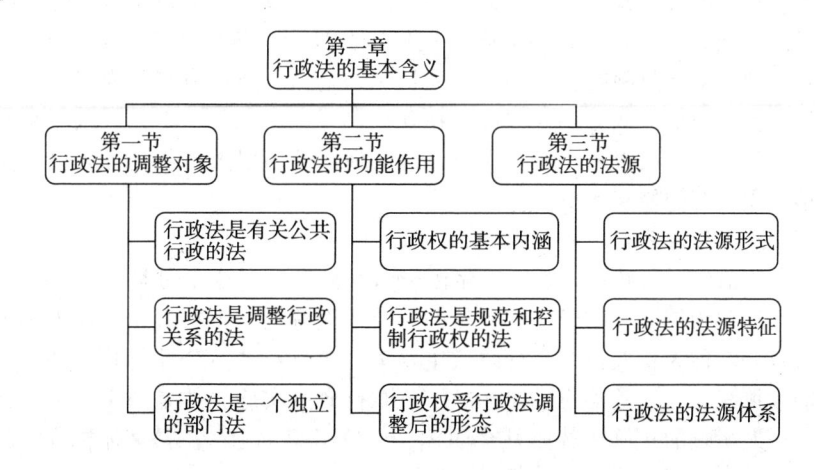

```
                    第一章
                行政法的基本含义
         ┌──────────┼──────────┐
      第一节         第二节         第三节
   行政法的调整对象  行政法的功能作用   行政法的法源
         │            │            │
   行政法是有关公共   行政权的基本内涵   行政法的法源形式
      行政的法
         │            │            │
   行政法是调整行政   行政法是规范和   行政法的法源特征
      关系的法        控制行政权的法
         │            │            │
   行政法是一个独立   行政权受行政法调   行政法的法源体系
      的部门法        整后的形态
```

第一节　行政法的调整对象

从行政法的调整对象角度来看，行政法可以定义为：行政法是调整行政关系的部门法。这个描述包含了三层意思：①行政法是有关公共行政的法；②行政法是调整行政关系的法；③行政法是一个独立的部门法。

一、行政法是有关公共行政的法

公共行政属于行政的范畴之一，"行政"一词是我们理解行政法概念的起点。作为行政法的核心概念，只有明确了"行政"一词的内涵及其用法，我们才能正确理解"公共行政"概念，也才能深入理解行政法的核心内涵。

（一）行政的概念解析

从语义上讲，《辞海》将"行政"解释为泛指各种管理活动，即社会组织所进行的管理活动。行政是组织的一种职能，任何组织成立后要顺利运行，都必须有相应的机构和人员行使管理职能。行政可以用"管理"予以注释，即我们通常说的行政管理。管理主要是一种执行性活动，但与"执行"概念又略有差异。"执行"是相对于"决策"而言的，决策在这里是指确定组织的目标、纲领和行动方案；"管理"是相对于"运作"而言的，运作是指组织为生存、发展进行的各种活动，管理则是指为保障运作符合决策所确定的目标、纲领、方案而对运作进行的规划、指挥、组织、协调、控制等。一般而论，行政的基本手段或实施形式主要表现为决策规划、执行实施、监督检查或者协调服务等活动。

从观念上讲，政府的行政活动既是管理性活动，同时也是服务性活动。根据人民主权理论，任何国家权力及行使国家权力的任何国家机关都是为保障个人权利和自由而存在。国家机关或社会组织实施行政管理活动，主要是通过维护国家和社会公共秩序或组织行为秩序，使社会或组织体保持一种有序化状态，以达到保障每个公民充分、平等地享有权利和自由的目的。因此，行政管理的目的绝不能是限制或剥夺公民的权利和自由，而是最大限度地保障公民充分、平等地享有权利和自由。如果行政管理活动要限制或剥夺部分人的权利和自由，那也应当是为保障更广大人民的权利和自由而依法实施的。因此，在现代民主国家，无一不强调国家机关开展行政管理活动是为人民服务、保障人权，这是现代政府以及行政公务人员开展行政管理活动必须要有的最基本观念。

（二）公共行政与私人行政

在现实生活中，行政活动既广泛存在于国家社会公共生活领域，也存在于企事业单位内部管理领域。存在于公共领域的行政一般称为公共行政，存在于单位内部领域的行政一般称为私人行政，行政法主要关注公共行政。公共行政与私人行政的区分标准大致有二：一是实施主体标准。公共行政的实施主体是国家机关或社会公共组织，私人行政的实施主体是社会团体、单位组织机构。二是客体标准。公共行政的客体事项是国家事务或社会公共事务，私人行政的客体事项是社会团体、单位组织体内部事务。不过，由于国家机关作为专门从事国家事务或社会公共事务管理的公共组织，对其内部事务的管理会影响到外部事务管理的品质，因而也将其视为公共行政。

在法学界，一般将行政理解为政府所从事的公共管理活动，即上述公共行政。《法学词典》将"行政"解释为，政府依法管理国家事务的活动。一般来讲，行政法调整的只是公共行政而不是私人行政，即行政法主要是国家行政机关或社会公共组织对国家事务或社会公共事务所进行的管理和服务的行为准则。也因如此，行政法学研究的行政只涉及公共行政而不涉及私人行政，这一点与行政学上研究的行政是不同的，行政学上既研究公共行政，也研究私人行政；行政学旨在探讨行政管理的一般规律，行政法学旨在探讨行政管理和服务活动应当遵守的行为准则。因此，在行政法的学习过程中，区分公共行政与私人行政很重要。

综上，行政法学上的行政通常是指公共行政，是指国家行政机关和社会公共组织对国家事务、社会公共事务进行的决策规划、执行实施、监督检查和协调服务的活动。这一定义包含了以下四层意思：①公共行政是由国家机关及社会公共组织实施的，这规定了公共行政的行为主体；②公共行政的事项范围包括国家事务、社会公共事务，这规定了公共行政的行为客体；③公共行政的目的是通过对国家事务与社会公共

> **注意**：既然行政法学上关注的是公共行政，那么，公共行政这一概念就成为学习行政法学时必须掌握的核心概念。同时，如果不加特别说明，行政法学上使用"行政"一词时，通常都指的是"公共行政"。

事务的组织与管理，实现国家与社会的有序化，保障每个人充分、平等享有权利，这规定了公共行政的行为目的；④公共行政在方式和手段上表现为决策规划、监督检查、组织管理、执行实施、协调服务等，这规定了公共行政的行为方式。

（三）公共行政的分类考察

为对"公共行政"这一概念进行更深入的理解，这里有必要对公共行政进行分类理解。在行政法学界，对公共行政的分类有不同的标准和结论，以下主要介绍常用的三组分类。

1. 国家行政与非国家行政。以公共行政的实施主体为分类标准，公共行政可以分为国家行政与非国家行政。所谓国家行政，是指国家机关对国家事务、社会公共事务进行的决策规划、执行实施、监督检查和协调服务的活动；所谓非国家行政，则是指除国家机关以外的社会公共组织、企事业单位对国家事务和社会公共事务进行的决策规划、执行实施、监督检查和协调服务的活动。

在行政法史上，早期的行政法规范主要是国家机关实施行政管理活动的行为准则，因此早期的行政法学理论通常只研究国家行政的法律规范。近现代以来，由于非国家机关（或称非政府组织、非营利性组织）越来越多地参与社会公共事务甚至是国家事务的管理和服务活动，相关的法律规范也日益丰富，故各国行政法学开始

将国家行政以外的非国家行政（即社会公共行政）应当遵守的法律规范纳入研究的范围，并逐渐发展成为行政法学理论研究的热点话题。

2. 实质行政与形式行政。对公共行政的界定可以从形式角度定义，也可以从实质角度定义。

形式意义上的行政是从行使行政管理职能的机关着眼来说明行政的意义，主要是指具有对国家事务与社会公共事务实施行政管理职能的国家行政机关或社会公共组织所实施的一切管理活动。从形式角度定义的公共行政排除了其他国家机关（如人大机关、政协机关、司法机关）对国家事务与社会公共事务的管理活动，但包括了由国家行政机关或社会公共组织所实施的实质上为立法职能或司法职能的活动，如国务院制定行政法规的活动，或行政机关从事的纠纷仲裁活动。

实质意义上的行政是从行政管理职能的性质角度着眼来说明行政的意义，主要是指特定组织对国家事务与社会公共事务以决策规划、监督检查、组织管理、执行实施、协调服务等手段或方式实施管理时所表现出的一切活动。从实质角度定义的公共行政排除了由国家行政机关或社会公共组织所实施的实质上为立法职能或司法职能的活动，但包括了其他国家机关（人大机关、政协机关、司法机关）对国家事务与社会公共事务的组织管理、监督检查、协调服务等活动，如人大机关或政协机关对其成员代表资格的审查确认、终止处分，法院对法官、检察院对检察官的人事管理、纪律处分等。

3. 内部行政与外部行政。内部行政与外部行政是按照行政的作用范围来划分的。内部行政是指行政组织就其内部工作事务、只针对内部机构或人员实施的组织管理活动。外部行政是指行政组织针对组织以外的社会公共事务或国家事务实施的管理或服务活动。内部行政与外部行政的区别主要有：①行为客体不同。前者是行政组织体的内部性事务，后者是外部国家事务或社会公共事务；②行为内容不同。前者主要是行政组织体内部的人事管理、工作管理和纪律监督等，后者主要是行政规划、行政处罚、行政许可、行政强制等。内部行政对行政组织体以外的公民、法人或其他组织一般不产生权利义务的直接影响，但行政组织体内部事务的管理品质会直接影响到其外部管理行为的品质，故也纳入行政法的调整范围。内部行政与外部行政都是行政法的调整对象，都是行政法学的研究范畴。

（四）行政法学视野中的公共行政

尽管公共行政可以分为国家行政和非国家行政、形式行政和实质行政以及内部行政与外部行政，但是行政法学最主要关注的是国家行政、形式行政和外部行政。

> **注意**：行政法学上主要关注国家行政、形式行政和外部行政，但并不是说非国家行政、实质行政和内部行政就不属于行政的范畴，也不是不作研究。

行政法学研究的国家行政，通常指国家行政机关的整个职能活动，既包括其实质为行政性质的职能活动,也包括其实质为立法性质的准立法活动,如制定行政法规、行政规章的行政立法;还包括实质为司法性质的准司法活动,如行政仲裁、行政复议,因而也就是形式上的公共行政。行政法学既研究内部行政,也研究外部行政,但重点是关注行政组织对社会上的公民、法人或其他组织实施的组织管理和服务的活动,行政法对内部行政的规范主要是服务于外部行政的。

二、行政法是调整行政关系的法

任何一个部门法都有其独特的调整对象,行政法是调整行政关系的法律规范的总称。行政关系是行政权力的分配、行使以及对其监督和救济过程中发生的各种社会关系的总称,即国家行政机关在行使职权过程中对内、对外发生的各种社会关系,具体包括行政管理关系、行政组织关系、监督行政关系和行政救济关系。

> 提示:也有观点认为,行政法调整的只是行政关系和监督行政关系。比较来看,该观点所指的行政关系大致与这里的外部行政管理关系和内部行政管理关系对应,监督行政关系大致与这里的行政监督关系和行政救济关系对应。

(一)行政管理关系

行政管理关系是国家行政机关或法律法规授权的组织在行政权的运行过程中与公民、法人或其他组织之间形成的权利义务关系。在行政管理关系中,一方当事人是行政权的享有和行使者,主要是国家行政机关和法律法规授权的组织,在我国行政法学上称为行政主体。另一方当事人是行政权的承受者,即行政权作用的对方当事人,包括公民、法人或非法人组织,在我国行政法学上称为行政相对人或行政相对方。

调整行政管理关系的行政法规范主要是行政行为法规范,具体包括行政行为的实体性规范和程序性规范。当前我国已经颁行的行政行为法文件主要有:《行政处罚法》(1996年10月1日起施行)、《行政许可法》(2004年7月1日起施行)、《治安管理处罚法》(2006年3月1日起施行)、《行政强制法》(2012年1月1日起施行)等。《行政程序法》也是重要的行政行为法规范,但我国《行政程序法》尚在研究制订中。

(二)行政组织关系

国家要对社会进行有效的管理,必须依法组建不同的行政组织并将行政权在行政组织之间进行科学的分配,内部行政关系即是行政组织的设立及行政权分配过程中发生的各种社会关系。具体包括:①上下级行政机关之间的领导与监督关系;②平行行政机关之间的行政协作关系;③行政机关与所属机构之间的组织管理关系;④行政机关与行政公务员之间的人事管理关系;⑤行政机关与所委托行使特定行政职权的组织或个人之间的委托行政关系;等等。

调整内部行政关系的行政法规范统称为行政组织法,主要包括行政机关组织法(狭义的行政组织法)、行政编制法、行政公务员法和公物法等。行政组织法也有实体性规范与程序性规范之分。当前我国已经颁布实施的行政组织法文件主要有:《地方各级人民代表大会和地方各级人民政府组织法》(1979年7月1日通过)、《国务院组织法》(1982年12月10日公布施行)、《国务院行政机构设置和编制管理条例》(1997年8月3日公布施行)、《公务员法》(2006年1月1日起施行)、《公安机关组织管理条例》(2007年1月1日起施行)、《地方各级人民政府机构设置和编制管理条例》(2007年5月1日起施行)等。

(三) 监督行政关系

行政权在行使过程中可能产生违法或被滥用的情形,必须监督其依法、合理、科学行使。对行政权行使过程的监督便会产生监督行政关系。监督行政关系是指法律法规规定的国家机关在对行政机关及其工作人员的行政管理活动实施监督时发生的各种社会关系。监督行政关系中,享有监督权的国家机关包括权力机关、司法机关和行政机关。在我国,政党、社会团体、新闻媒体、社会公众也对行政机关的行政活动享有监督权,但除执政党的纪检监督以外,其他社会组织的监督主要是间接监督,需要依赖于国家机关来实现。监督行政关系中的被监督方是行政管理活动的实施者,各类行政组织及行政工作人员。

调整监督行政关系的行政法规范称为行政法制监督法。目前,我国已经颁布实施的行政法制监督法主要有:《行政诉讼法》(1990年10月1日起施行)、《审计法》(1995年1月1日起施行)、《国家赔偿法》(1995年1月1日起施行)、《行政监察法》(1997年5月9日公布施行)、《行政复议法》(1999年10月1日起施行)和《各级人民代表大会常务委员会监督法》(2007年1月1日起施行)等。

(四) 行政救济关系

行政权的违法或不当行使,会侵害公民、法人或其他组织的合法权益,应当依法予以纠正,对造成的损害应当承担赔偿责任。行政救济关系是公民、法人或其他组织认为其合法权益遭受了行政机关及其工作人员行为的不法侵害,向行政救济主体申请救济,行政救济主体依法作出是否予以救济的决定而发生的各种社会关系。根据现有的法律规定,公民、法人或其他组织请求行政救济的制度主要有行政申诉、行政复议、行政诉讼、行政赔偿、行政补偿、行政信访等,大致可以分为程序性制度和实体性制度两类,行政申诉、行政复议、行政诉讼和行政信访等属于程序性制度,行政赔偿和行政补偿属于实体性制度。

在行政救济关系中包括三方当事人,即救济请求人、被请求人和救济机关。救济请求人即认为其权益受到行政行为的侵犯而向行政救济机关申请救济的一方当事人,即是行政管理关系中作为行政相对人的公民、法人或其他组织。救济被请求人即被救济请求人指控其行为违法或不当侵犯了公民、法人或其他组织合法权益的一方当事人,即是行政管理关系中实施行政行为的行政机关或法律法规授权组织。救济机关是指受理救济请求人的请求,对其请求予以审查并作出提供或不予提供救济决定的国家机关,主要包括人民法院、行政复议机关、信访受理机关等。

调整行政救济关系的行政法规范统称为行政救济法,目前已经颁布实施的行政救济法文件主要有《行政诉讼法》（1990 年 10 月 1 日起施行）、《国家赔偿法》（1995 年 1 月 1 日起施行）、《行政复议法》（1999 年 10 月 1 日起施行）、《信访条例》（2005 年 5 月 1 日起施行）等。

（五）行政关系内部的主次

在以上四种行政关系中，行政管理关系是最基本的行政关系，其他三种关系都是由行政管理关系引起和导致的。因为，国家建立行政系统的目的是对国家事务和社会公共事务实施管理，而不是接受监督和提供救济。但行政系统一经建立，就必须协调其系统内部的关系，确定系统内部的程序，以保证有效地对外部实施管理，为外部社会提供秩序。而行政权在行使过程中，因各种主客观原因，可能产生这样或那样的违法侵权现象，为减少和避免违法侵权，就必须建立相应的监督和救济制度。因此，在整个行政关系架构中，行政管理关系是基干，行政监督关系和行政救济关系是行政管理关系的派生，而行政组织关系则是行政管理关系的从属关系，行政相对方则是行政管理关系中一方当事人的内部关系。

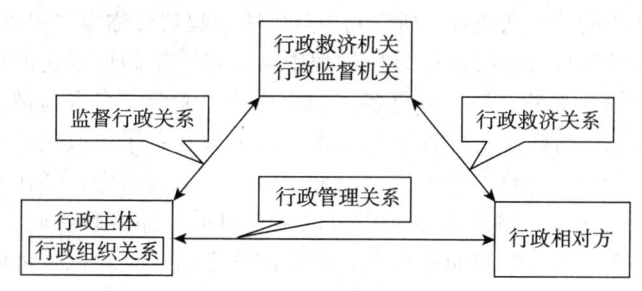

图 1-1　各类行政关系简图

三、行政法是一个独立的部门法

行政法是一个独立的部门法，这是对行政法地位的描述，这涉及行政法在我国法律体系中的地位和与其他部门法的关系两个方面的问题。

（一）行政法在法律体系中的定位

我国部门法律体系已经基本建成，主要包括宪法、行政法、刑法、民商法、诉讼法、经济法等法律部门。在这些法律部门中，宪法是根本大法，在法律体系中居于主导地位，在规范效力层级中处于最高的地位。行政法是在宪法统帅之下的一个基本法律部门，它与民法、刑法、诉讼法等部门法相并列，与其他法律部门既相互独立又相互联系。我国学界对行政法在法律体系中地位的看法比较一致，普遍承认行政法是仅次于宪法的独立法律部门，行政法的地位集中体现在它与宪法之间的关系中。

行政法与宪法的关系较其他部门法更为密切。宪法是国家的根本大法，它主要规定国家根本制度、国家权力的范围和结构、公民的基本权利等内容。行政法主要规范的是行政权的来源、行使及其违法行为的救济等内容。宪法与行政法同属于公法范畴，相互依存。一方面，宪法条文多属于原则性规定，它的实现有赖于行政法的制定及实施。行政法多将宪法的原则性规定具体化，没有行政法的具体规定，宪法规定的基本制度和权利就无法落实，宪法也难以落地实施。另一方面，行政法必须以宪法为依据，不得与宪法的原则和具体规定相违背。因此，从宪法的实施角度来看，行政法较其他部门法更为重要，是宪法的主要实施法。从这个意义上讲，行政法在我国法律体系中的地位可以定位为：行政法是仅次于宪法的，与民法、刑法等相并列并与之相联系的一个独立的部门法。行政法在宪法之下发挥着手段性、技术性的具体作用，行政法是宪法最主要的实施法，是"动态的宪法"。

（二）行政法与相邻部门法的关系

在同层级的其他部门法之中，行政法与民商法、刑法和诉讼法的联系都很紧密。

1. 行政法与民商法。民法是调整平等主体之间财产关系和人身关系的法律规范的总称，商法是调整平等主体之间商事关系或商事行为的法律规范的总称。由于商法也适用与民法相同的私法规则，所以它常与民法一起被称为"民商法"。而行政法主要调整的是行政机关在行使行政权过程中与公民或组织所发生的行政关系，这种关系虽然是种权利义务关系，但更多体现为一种以支配、命令与被支配、服从为特征的权力性关系。行政法与民商法的联系主要表现在：①行政法的一些概念，如行政主体、行政行为、行政责任等的原型来自于民法上的概念；②在非权力行政领域，行政机关借助民法上的手段以实现行政管理目的，如行政合同、行政指导等；③当行政法上的规范出现空缺而民法上有相应的规定时，行政机关可以引用民法规范；④在民法和行政法相互交叉的领域，还形成了新的部门法，如环境法、社会保障法等。行政法吸收民法规则的规定也日渐增多。

2. 行政法与刑法。刑法是关于犯罪与刑法的规范体系，行政法在内容上也涉及秩序行政方面，因此，在维护社会秩序、预防违法犯罪方面，它们的任务是一致的。在行政违法与犯罪、行政处罚与刑罚方面，二者相互依存且具有不可分性，很多理论原理是相似的。与此相适应，有学者还提出了二者相交叉的领域，即"行政刑法"的概念。

3. 行政法与诉讼法。行政法与刑法、民商法等实体法的联系，决定了行政法与民事诉讼法、刑事诉讼法也必须要建立联系。行政法与诉讼法的联系表现为行政法的救济制度部分，其中主要是行政诉讼法与民事诉讼法、刑事诉讼法的联系。在我国，行政诉讼制度脱胎于民事诉讼制度，行政诉讼法中也有与民事诉讼法、刑事诉讼法相同的原则，法院在行政诉讼活动中也可参照适用民事诉讼法的规定。在诉讼活动中，有些案件具有与民事、刑事活动的交叉性，因而在诉讼程序上也存在行政诉讼程序与民事诉讼程序或刑事诉讼程序相衔接、相协调的情形。

第二节 行政法的功能作用

从行政法的功能作用的角度，我们可以将行政法定义为：行政法是规范和控制行政权的法。要准确掌握这句话的意思，需要理解和回答三个问题：①行政权是什么？②规范和控制行政权的必要性与可行性何在？③行政法规范行政权后的形态是什么？

一、行政权的基本内涵

行政法也是有关行政权的法，行政活动就是行政权的组织、行使和监督活动，学习行政法必须首先对行政权有一个初步的认识。

（一）公权力体系中的行政权

公权力是人类共同体为生产、分配和提供"公共物品"（公共安全、文化教育、通讯交通、环境保护等）而对共同体成员进行组织、指挥、管理，对共同体事务进行决策立法、执行实施及监督管理的权力。以公权力的性质为标准，可以分为立法权、行政权和司法权。立法权是指特定组织创制、修改、废止法规范以及将某种社会规范确认为法律规范的公权力。行政权是指特定组织执行法规范、实施行政管理与服务的公权力。司法权是指特定组织实施法律监督、以法规范为基础裁决社会纠纷的公权力。

以公权力的实施主体及空间效力范围为标准，公权力可以分为国家公权力、社会公权力和国际公权力。国家公权力是由国家机关根据国家宪法和法律的规定享有和行使的公权力；国际公权力是由国际组织根据国际公约规定或国家间条约约定而享有和行使的公权力；社会公权力是由社会公共组织根据组织章程的规定而享有和行使的公权力。

在公权力体系中综合理解行政权，行政权可以细分为国际行政权、国家行政权和社会行政权。其中，国际行政权是一种超越于国家主权的公权力，是国家在结盟运动中由特定的国际组织行使的执行性权力。国家行政权是一种国家权力，主要由国家行政机关或获得法律法规授权的社会公共组织享有和行使。社会公共行政权是在市民社会中，由民间组织在自治运动中通过其成员的权利让度，由国家法律法规确认或认可而形成的公共权力。

表 1-1 公共权力体系表

	立法权	行政权	司法权
国际	国际立法权	国际行政权	国际司法权
国家	国家立法权	国家行政权	国家司法权
社会	社会立法权	社会行政权	社会司法权

(二) 行政法学视野中的行政权

基于国家主权和政权的理念，国家行政权对公民、法人或其他组织的权益影响最大、最频繁，因而是国家立法规制的核心，是传统行政法学关注的对象。国家行政权是指国家行政机关或社会公共组织根据宪法或法律规定而享有的执行法律规范、实施行政管理与服务的国家权力。

> **注意**：尽管国际行政权和社会公共行政权的法律规制越来越成为行政法学理论研究的热点，但行政法学仍然主要是以规制国家行政权的法律规范为基础建构起来的理论体系。本书也是如此。

国际行政权和社会行政权是国家行政权国际化和社会化的结果，当前对公民、法人或其他组织的权益影响越来越大、越来越频繁，越来越需要法律予以规制，因而逐渐进入近代行政法学理论的关注视野。

现代行政法学关注国际行政权的原因有：①大量国际组织出现，国家权力呈现国际化趋势，国家主权不再是不受约束的对象；②公民的权利和自由需要通过国际法得到更公平的保护。

现代行政法学关注社会行政权的原因主要是：①随着参与制民主的发展，国家公权力呈现社会化趋势，各种 NGO（非政府组织）、NPO（非政治组织）大量出现，社会公共组织的行为越来越多地影响到公民的权利和自由；②社会公共组织的行为对象不再仅仅局限于内部成员，在很多情况下影响到外部个人或组织的权利和自由；③随着人权保障意识的觉醒及各种行动的广泛开展，社会公共组织涉及内部成员基本人权的行为也需要纳入法治保障机制之中。

(三) 行政权的基本特点

行政权相对于其他公权力或是公民的权利有自己鲜明的特点。

1. 行政权相对于其他国家权力而言，具有裁量性、主动性、执行性、广泛性。行政权的裁量性是相对于行政机关行为的法律羁束性而言的，主要体现为行政机关在行政管理活动中享有比较广泛的行政自由裁量权。行政自由裁量权是指行政机关在行政管理活动中所享有的，可以根据具体的情况自行判断和选择采取最为合适的行为方式和手段的一种行政权力。行政权的主动性即是相对于司法权的被动性而言的，司法权实行不告不理，具有明显的被动性，而大多数行政权则主要是由行政机关及其工作人员依法律规定而主动实施的。行政权的执行性主要是相对于立法权的规则制定而言的，行政权行为主要是执行国家法律法规的行为。行政权的广泛性，是指行政权广泛存在于现实生活中，广泛地干预着单位和个人的经济生产和日常生活。

2. 行政权相对于社会组织、公民个人而言，具有国家强制性、单方意志性、优益性、不可处分性。与其他国家权力一样，行政权具有国家强制性，而公民权利具有请求性。行政权的单方意志性是指体现行政权力的行政行为的成立与生效不以相对人的意志为转移，一般由行政权行使方单方面决定即可成立或生效。行政权的优益性集中体现在行政优益权的享有与行使上，行政优益权是指行政主体从国家那里享受到的各种物质优益条件。为了保证行政主体行使行政职权，提高效率，维护行政秩序，国家必须向行政主体提供物质条件，如财政经费、办公条件、交通工具等。行政权既是法律规定由行政机关享有和行使的行政职权，同时也是行政机关必须履行的行政职责，放弃行使即意味着失职，具有不可处分性。

二、行政法是规范和控制行政权的法

行政权与法规范之间的关系构成了行政法学的基础，就行政权与行政法规范之间的关系而言，行政法就是规范和控制行政权的法，这一命题揭示了行政法的功能作用。对这一命题的理解和掌握，需要解答以下两个基本问题。

（一）规范和控制行政权的必要性

行政权是公权力的组成部分，是社会秩序的保障。那么，为什么要对行政权加以规范和控制呢？这是因为：

1. 行政权兼具授益性和损益性，为预防行政权的损益性，需要对其进行法律控制。行政权同其他公权力一样，其作用具有两重性。一方面，它可以为人们提供秩序，使人们能在一个有序的环境里学习、工作和生活，它还可以通过组织、协调和指导来促进经济的发展；另一方面，行政权也可能被滥用，行政权如果被滥用，不仅会给人们的生命、自由和财产带来严重的威胁，还会阻碍甚至破坏社会经济的发展。因此，如果不用法律来规范和控制行政权，就必然导致行政权被滥用，这是人类几千年的历史已经反复证明的经验。

2. 行政权更经常、更广泛、更直接地贴近公众日常生活，更需要法律的规范和控制。行政权也不完全等同于其他国家公权力，它与公民、法人或其他组织有着更经常、更广泛、更直接的联系。很多人一辈子可以不与法院（司法权）、议会（立法权）直接打交道，但他们却已然从生到死与行政机关（行政权）打交道。由于行政权与人民群众联系更经常、更广泛、更直接，且行政权实施的程序远不及立法权、司法权行使的程序规范、严格和公开，因而更容易导致滥用和腐败，因此更需要法律的规范和控制。

3. 现代各国行政权都呈现出膨胀和扩张的趋势，更需要对其加以制约、规范和控制。现代国家行政权已不再是纯粹的执行管理权，而包含了越来越多的准立法权和准司法权：行政机关自己制定规范，执行规范，裁决因执行规范而发生的争议、纠纷。在这种将数种权力集中在一个机关手中的情况下，如果没有规范和控制的制约机制，行政权的滥用将是不可避免的。

正是由于以上的原因，建立和完善对行政权规范和控制的制约机制是必要的，而规范和控制行政权的最重要依据就是行政法，行政法也是作为规范和控制行政权的一个部门法而存在的。

（二）行政法规范和控制行政权的途径

从整体上考察和分析行政法规范的类型及其功能，行政法主要从三个方面规范和控制行政权：

1. 通过行政组织法，规范和控制行政权的权源。国家机关的任何权力都是宪法和法律授予或确认的，国家行政机关享有和行使行政权的法律依据除了宪法以外，就是行政组织法。宪法对行政权的规定一般是概括性的，一般需要通过行政组织法来具体化。行政组织法是一类专门调整行政内部关系的行政法规范，其基本功能是规定各个不同行政机关的行政职权和行政职责，行政机关只能在行政组织法规定的职权范围内实施行政管理，越权无效，而且要承担法律责任。这样就可以防止政府的总权力和各个具体行政机关的分权力无限膨胀，使之限定在执行宪法和法律规定的必要范围内。

2. 通过行政行为法和行政程序法，规范和控制行政权的行使过程。行政权对社会公众权益的影响不仅在于其权限范围，更重要的在于行政权的行使过程，因此法律明确规定行政权的行使条件、方式、步骤、顺序和时限等，对于防止行政权的违法与滥用也很重要。一个行政机关权力即使再大，如果其权力行使条件、手段、方式、步骤和时限有严格的规范，遵守一套公开、公正、公平的程序规则，它对公众权益的威胁并不会很大，相反，即使行政机关的权力很小，但如果权力行使没有条件和程序的制约，可以随意而为，它对公众权益亦可能造成重大威胁。而行政行为法和行政程序法是一类专门调整行政管理关系的行政法规范，其主要内容就是规定行政权行使条件和程序，其基本功能是保证行政权正确、公正、有效地行使。

3. 通过行政法制监督与救济法对行政权违法行使或滥用进行事后制约。如果说行政组织法和行政行为法分别是在事前和事中规范和控制行政权的权源及行使过程，那么行政法制监督法、行政责任法和行政争讼法则是在事后对行政权进行制约，即对违法或不当行使行政权的后果进行纠正和补救。监督法为行政权行使是否遵守法定权限、条件和程序建构起一系列的监督机制，全面监督和制约行政权的滥用；责任法为行政机关违法或不法行使行政权的行为提供法律责任追究机制，纠正违法或不法的行政行为，确认行政权行使的法律责任；争讼法为受到滥用行政权行为侵犯的受害人提供法律救济机制，补救行政权行使的过失，三者共同构筑起违法或不当行政的监督与救济保障机制。

> 理解：行政法通过这三个方面对行政权进行规范和调整，这实际上就构成了行政法规范体系的三大组成板块。

行政法即是通过事前的行政组织法、事中的行政行为法和行政程序法、事后的行政法制监督法、行政责任法和行政争讼法这三个环节对行政权进行规范和控制。

三、行政权受行政法调整后的形态

行政权经行政法规范的调整，就法定化为国家行政机关或社会公共组织所享有的行政职权和应履行的行政职责，以及行政机关享有的行政自由裁量权。行政职权和行政职责是行政权具体法定化的存在形态，行政自由裁量权是行政权概括法定化的存在形态。

（一）行政职权

行政职权是某一国家行政机关或社会公共组织及其工作人员所依法具体享有的，与其行政目标、职务和职位相适应的管理资格和权能。行政职权是行政权的具体配置和转化形式，除了具有行政权的一般特征外，还具有以下几个特征：①法定性，即任何一个行政组织所享有的行政职权都是由法律、法规或规章规定的，行政组织不能自我创设拥有或行使法外职权，这即是通常所说的职权法定；②专属性，即行政职权一旦配置给特定的行政组织，该行政组织就在本行政领域内专属地享有该项行政职权，其他国家机关不再享有此项行政职权，否则就会出现行政职权的重叠和交叉，这即是通常所说的职权专属，职权专属有利于保证行政效率；③有限性，任何一个行政组织所享有的行政职权都是有限的，体现为行政组织行使行政职权的权限，称为行政权限，行政机关超越行政权限实施的行政行为无效，即通常所说的越权无效；④权责一致性，行政组织享有行政职权的同时，也必须承担相应的行政职责，行政职权与行政职责往往是一致的，即通常所说的权责一致。

（二）行政职责

行政职责是国家为保障行政职能的实现，而依法要求国家行政机关或社会公共组织及其工作人员在行使职权时必须遵守的义务。行政职责作为与行政职权相对应存在的一种形式，具有以下几个特征：①义务性。行政职责是行政法上的概括性义务在具体行政组织及其工作人员身上的体现和转化形式，它是与行政职权相对应的法定义务范畴。②责任性。行政职责体现为行政组织及其工作人员在行政管理活动中必须履行的作为或不作为义务，行政组织及其工作人员违反这种义务要承担相应的法律责任。③权责一致性。行政职责是行政职权的"孪生兄弟"，让行政组织承担行政责任的同时，也必须赋予其相应的行政职权，否则行政职责的履行难以保障。

（三）行政自由裁量权

行政法对行政权的调整和规定并不可能面面俱到，为保证行政法规范的普遍适用性、相对稳定性和灵活性，行政法规范对行政权的规定必须为行政机关留下自由裁量的空间以适应社会管理的需要，行政机关享有一定的自由裁量权。行政自由裁量权是指行政机关在行政管理活动中所享有的，可以根据具体的情况自行判断和选择采取最为合适的行为方式及其内容的一种行政权力。与行政职权和行政职责不同，行政职权和行政职责是行政权的具体性法定化形态，行政自由裁量权则是行政权的概括性法定化形态。随着现代立法技术的提高以及对行政活动规律认识的深化，行政机关享有自由裁量权的空间整体上呈现缩小的趋势，行政机关自己制定的各种裁量基准和裁量程序规则也为规范和控制行政自由裁量权提供了可能，但无论如何，都无法完全取消行政机关的自由裁量权。

> 注意：行政自由裁量权中的"自由"，并不是不受法律规制的"绝对自由"，而是法律规制下的"相对自由"。

第三节 行政法的法源

一、行政法的法源形式

（一）行政法法源概述

行政法的法源是指行政法规范的存在形式，是行政法规范的来源或具体表现形式，指由国家行政立法机关制定或认可的具有国家强制力和约束力的法律规范或者习惯、判例等。通观世界各国行政法的基本表现形式，行政法规范通常以制定法、判例法和习惯法等基本形式表现出来。

制定法也称成文法，是由国家机关依据法定职权或授权，以国家的名义，依照特定程序制定的，以法律条文形式表现的各种规范性文件。制定法的形式主要表现为宪法、法律、法规、国际条约等，这些形式的行政法规范有一定的效力层级，不同层级的行政法规范效力等级是不同的，上位阶的规范效力高于下位阶的规范。在大陆法系国家，制定法是行政法规范的主要渊源，在英美法系国家，制定法作为行政法律规范渊源所占的比重也越来越大。

判例法是在法院判决基础上形成的实在法，是司法个案判决被赋予法律效力而形成的法律原则和规则。判例法不是将以前的判例简单汇集，也不是让法官在此后的案件中能得到帮助或指导，而是把先例看作是一种有法律约束力的规范，它要求在案件事实与先例大体一致的情况下，必须遵守在先例基础上形成的有关法律原则和规则。无论在英美法系国家还是大陆法系国家，判例法都是行政法律规范的重要法律渊源，我国在行政法规范创制的途径方面，尚未承认判例及其判例法构成行政法律规范的渊源，但最高人民法院发布的指导性案例，在实践中也有一定的参考指导作用。

> **注意**：尽管法国属于大陆法系国家，但一般认为，法国行政法的主要渊源是行政法院的判例。

习惯法是指经过国家立法机关或其他有权机关认可并用强制力保障实施的习惯。习惯不是法律，但习惯一经国家认可或确认，即具有同制定法相同的法律效力。因此，某种社会习惯或行政机关在行政执法过程中的惯常作法被国家赋予法律效力后就形成了行政习惯法，是行政法规范的存在形式之一。习惯法作为行政法规范的法源，通常只作为实质渊源而不是形式渊源。在我国行政法规范中，尽管目前并没有承认习惯法这种存在形式，但行政机关在执法过程中也不应忽视当地社会习惯，并自觉遵守相关执法惯例。

（二）我国行政法法源的种类

我国是制定法国家，我国的行政法规范主要规定于宪法、法律、行政法规、地方性法规、自治条例和单行条例、规章、法律解释和国际条约等制定法文件中。其中，规定于宪法、法律、行政法规、地方性法规、自治条例和单行条例、规章中的行政法规范属于行政法的一般渊源，而法律解释和国际条约属于行政法的特殊渊源。

《宪法》是我国行政法的根本法源。我们说宪法是行政法规范的渊源，是指作为法典形式的《宪法》，而不是指部门法意义上的宪法。宪法中关于行政权力的来源和行使权力的基本原则、行政体制、行政组织及其权限、公民权利以及行政权力的关系等，都直接表现为行政法的内容，这类规范既是宪法规范，也是行政法规范，因而是行政法的渊源。

法律是行政法规范的基本存在形式。在这里，法律是指由全国人大及其常委会通过的以国家主席令形式公布的规范性文件。如《行政处罚法》《行政许可法》《行政强制法》《行政监察法》《行政复议法》《行政诉讼法》等，都是行政法规范体系中某一领域的具体法律文件。同时，也包括不以国家主席令形式公布的有关法律问题的决定。如《全国人民代表大会常务委员会关于司法鉴定管理问题的决定》《全国人民代表大会常务委员会关于授权国务院在广东省暂时调整部分法律规定的行政审批的决定》等。

行政法规是我国重要的行政法规范的存在形式。这里的行政法规是指国务院为领导和管理国家各项行政工作，根据宪法、法律或全国人大的授权，按照法定程序制定的有关政治、经济、教育、科技、文化等各种行政管理事项的规范性文件。行政法规包括国务院就为执行法律的规定需要制定行政法规的事项和《宪法》第89条规定的国务院行政管理职权的事项制定并由总理签署国务院令公布的行政法规。行政法规相对于宪法和法律而言，内容更加具体化，它是行政法律规范中的一种具体化的存在形式，效力仅次于法律。

地方性法规是指地方人民代表大会及其常务委员会根据本行政区域的具体情况和实际需要通过的规范性文件，它包括省级地方性法规和市级地方性法规。省级地方性法规是指由省、自治区、直辖市的人民代表大会及其常务委员会根据本行政区域的具体情况和实际需要，在不同宪法、法律、行政法规相抵触的前提下制定的地方性法规。市级地方性法规是指设区的市或自治州的人民代表大会及其常务委员会根据本地的具体情况和实际需要，在不同宪法、法律、行政法规和本省、自治区的地方性法规相抵触的前提下制定的地方性法规。地方性法规中相当一部分内容涉及地方国家行政机关的权力配置、行使以及监督和公民权利的行政保障等，也是行政法的重要渊源。

自治条例和单行条例是指由民族自治地方人民代表大会依照民族的政治、经济和文化特点制定的规范性文件。根据《宪法》和《立法法》的规定，自治区、自治州和自治县人民代表大会有权制定自治条例和单行条例。自治条例和单行条例如果在内容上涉及行政权行使以及公民权利的行政保障，也构成了行政法的渊源。

规章包括部门规章和地方政府规章。部门规章是指由国务院各部、委员会、中国人民银行、审计署和具有行政管理职能的直属机构，根据法律和国务院的行政法规、决定、命令，在本部门的权限范围内制定的规范性文件。地方政府规章是指省、自治区、直辖市和设区的市、自治州的人民政府，根据法律、行政法规和本省、自治区、直辖市的地方性法规制定的规范性文件。地方政府规章包括省级政府规章和市级政府规章。规章是由国务院部门或地方省级或市级政府为执行法律、法规而制定的规范性文件，在我国数量之多、适用范围之广、使用频率之高，是行政法律规范其他形式所不可比拟的。

作为行政法法源的法律解释主要是指立法机关、行政机关和司法机关为保障法律、法规或规章的准确理解和适用而为其所作的有权解释，包括立法解释、司法解释、行政解释和地方解释。法律解释权仅限于法定的有权机关，学理解释和非有权机关的解释不属于行政法的正式渊源。

国际条约，是指国家与国家、国家与国际组织、国际组织与国际组织之间缔结的在政治、经济、文化、贸易、法律和军事等方面的权利与义务的法律文件。凡我国缔结或参加的国际条约，在我国即具有直接适用性，是行政机关人事行政管理活动、法院审理行政案件的依据。因而，国际条约在我国行政法律规范中也可作为一种独立的存在形式，在涉及行政及涉外行政诉讼领域中，是重要的行政法律规范渊源，而且其效力高于国内法律、法规。

（三）行政法法源的效力等级

由于行政法律规范在形式上并没有形成一部统一的行政法法典，而是由多种不同的法律、法规、规章等形式组成。因而，行政法律规范的效力层级也就必然反映出多样性与差异性。根据《立法法》的规定，上述行政法渊源的效力层级是不同的：①宪法具有最高的法律效力，一切法律、行政法规、地方性法规、自治条例和单行条例、规章都不得同宪法相抵触；②法律的效力高于行政法规、地方性法规、规章；全国人民代表大会常务委员会的法律解释同法律具有同等效力；③行政法规的效力高于地方性法规、规章；④地方性法规的效力高于本级和下级地方政府规章；⑤省、自治区的人民政府制定的规章的效力高于本行政区域内的设区的市、自治州的人民政府制定的规章；⑥自治条例和单行条例依法对法律、行政法规、地方性法规作变通规定的，在本自治地方适用自治条例和单行条例的规定。经济特区法规根据授权对法律、行政法规、地方性法规作变通规定的，在本经济特区适用经济特区法规的规定；⑦部门规章之间、部门规章与地方政府规章之间具有同等效力，在各自的权限范围内施行。

二、行政法的法源特征

行政法作为一个独立的部门法，无论在形式上还是在内容上，都有区别于其他部门法的特点。

（一）行政法在形式上的特点

行政法在形式上不同于民法和刑法，民法和刑法都有一部集基本规范为一体的统一法典，而行政法一般不存在这样的法典，行政法规范广泛地散见于很多法律文件之中。因此，行政法规范赖以存在的法律形式、法律文件数量特别多，居各部门法之首，法律选择适用规则显得尤为重要。

行政法之所以不存在统一的法典，原因大致有三：其一，行政法的调整对象——行政关系过于广泛，因各种行政关系存在较大差别，很难对其以统一的规范加以调整；其二，部分行政关系的稳定性低、变动性大，有必要留给法律位阶较低的法规和规章调整，而不宜由统一的法典进行规范；其三，行政法作为一个独立的法律部门产生较晚，规范各种行政关系的一般基本原则尚未完全形成，有些基本原则虽已形成，但尚不完全成熟，从而不具备将之编纂成统一法典的条件。

行政法不存在统一的法典，并不意味着行政法没有法典。在行政关系的许多领域，无论在国外还是国内，都已经形成了不少成文法典，如《公务员法》《行政处罚法》《行政许可法》《行政强制法》《行政复议法》《行政诉讼法》等。行政法不存在统一的法典，也难于制定统一的法典，但这并不意味着行政法将永远不能制定统一的法典。随着行政法的日益发展，随着行政法各领域局部法典的日益完善，调整行政关系的一般原则逐步形成，将来制定统一的法典也是可能的。

笔记：荷兰在20世纪90年代制定了一个名叫《荷兰行政法通则》法律文件，但该法律文件主要是关于行政程序的规定，只能算是行政程序的基本法典。

（二）行政法在内容上的特点

行政法律规范在内容上有以下三个典型特征：

1. 行政法的内容广泛。由于现代行政涉及公共安全、国防外交、工商税收、科教文卫、环境保护、劳动保护、社会保障等各个领域，决定了行政法的调整范围极其广泛，不仅在形式上数量众多，而且内容覆盖行政活动的各个方面。此外，由于社会的发展，公民在公共行政中的权益有了更丰富的内涵，需要建立相应的行政法律制度来保障这些权利的实现，行政法律规范调整的内容将更加广泛。

2. 行政法的内容变动快。特别是以行政法规、规章形式表现的行政法规范修改周期短，变动快，适时掌握最新规定难度大。公共行政所面临的情况错综复杂，行政法必须适应变化了的情况并及时作出调整。我国目前正处于改革阶段，许多关系尚未理顺，许多制度尚未定型，因此，行政法富有变动性的特征将更加突出。但行政法律规范的变动性是就实体规则而言的，相对来说，行政程序法律规范则较为稳定。此外，行政法虽然变动性强，但并不意味着行政法可以朝令夕改，行政法规范的修改同样要按照法定程序进行并保持相对稳定。

3. 实体法与程序法交织。在同一法律文件中，同时规定行政权配置、行使监督和救济的实体性规范与程序性规范，这已经成为我国行政法的立法模式。如《行政处罚法》既规定了行政处罚的设定、适用原则和条件等实体性规范，又规定了处罚程序等程序性规范。行政法的这一特征是由公共行政的国家意志性及强制性等特征所决定的，不同于个人权利，行政权具有支配力量，因此，在设定行政权的同时，有必要规定行使行政权的程序，也有必要规定相应的监督和救济程序。

三、行政法的法源体系

行政法的内部体系可以从行政法分类的角度来理解和把握。由于行政法调整的领域十分广泛，行政法律规范也就很多。为了便于研究和实施行政法，对其进行分类是很有必要的。在目前学者对行政法进行各种分类中，最重要、最有价值的有以下三种分类：

（一）一般行政法与特别行政法

这是以行政法调整对象的范围为标准对行政法律规范所进行的划分。

一般行政法是对社会所有种类的行政关系加以一般性、共通性调整的法律规范与原则的总称。如行政组织法、公务员法、各类行政行为法、行政程序法、行政复议法、行政诉讼法等。一般行政法对行政权分配、行使和监督救济的各个环节进行一般性规定，所涉及的行政关系领域广、覆盖面大、具有更多的共性，通常是其他行政法律规范的基础。以一般行政法为研究对象的理论，通称为行政法学总论（或通论），本教材只研究一般行政法，属于行政法学总论的范畴。

特别行政法是对某一类行政关系加以调整的一类法律规范和原则的总称。如治安行政法、工商行政法、民政行政法、财税行政法、环境资源行政法、教育行政法、体育行政法、卫生行政法、科技行政法、海关行政法、军事行政法等。相对于一般行政法而言，特别行政法比较具体、细密，很多时候就是一般行政法的具体化、细密化，但由于其调整不同领域的行政关系，也就存在相互区别的特殊性。研究特别行政法的理论为行政法各论（分论）或称部门行政法学。

（二）实体行政法与程序行政法

这是以行政法律规范的性质为标准对行政法律规范所进行的划分。

实体行政法是规定当事人在某种法律关系中的存在、地位或资格和权能等实体性权利义务的行政法规范的总称。如行政组织法、公务员法、各类行政行为法（行政行为的程序规范除外）。程序行政法是对规定实施实体性行政法规范所必需的当事人程序性权利义务的行政法规范的总称。如行政程序法、行政复议法、行政诉讼法等。在行政法领域，行政实体法与行政程序法总是交织在一起，前者是行政行为的内容，后者是行政行为的表现形式，二者是统一的。因此，实践中区分行政实体法与行政程序法只是在行政法规范层面，我们很难在行政法律文件层面来区分行政实体法和行政程序法。

区分行政实体法与行政程序法对于研究和完善我国社会主义行政法制体系具有重要意义。20世纪三四十年代以来，世界上曾有不少国家力图使行政法法典化，在行政法法典化的努力过程中，人们发现要将所有关于实体行政法内容的规范以内部协调一致和科学系统的方式表述在一个法律文件中，实在是太过艰难了。然而，相对于实体规范而言，行政法中的程序性规范却比较容易把握，因此将行政法中的程序法法典化是可行而又必要的。不少国家和地区（如意大利、瑞士、美国、德国、奥地利、西班牙、日本、荷兰、葡萄牙、韩国以及我国澳门地区和台湾地区）在制定统一行政程序法典时的成功，说明我国大陆地区有加快统一行政程序法制定步伐的必要。

（三）行政组织法、行政行为法、行政监督与救济法

这是以行政法的作用为标准对行政法律规范所进行的分类。

行政组织法是指规范行政的组织过程和控制行政组织的法律规范的总称。它大致可以分为四部分：一是规定行政机关的性质与地位、设置与权限、相互关系及基本工作制度和法律责任的行政机关组织法；二是规定行政机关内部机构的设置及比例，规定包括各级人民政府在内的各行政机关的定员及结构比例的行政机关编制法；三是规定国家行政机关与其公务员双方在录用、培训、考核、奖惩、职务升降、交流中的权利（职权）、义务（职责）关系的国家公务员法；四是规定行政设施、国有资产等公物的设置、使用与管理的公物法。

行政行为法是关于行政行为的规范，它主要是关于行政机关和社会公共行政组织在进行行政管理与服务活动过程中，与作为相对方的个人、组织之间的权利（职权）、义务（职责）关系的规范。如行政立法法、行政许可法、行政征收法、行政裁决法、行政强制法、行政处罚法、行政程序法等。

行政监督与救济法是关于监督行政行为的合法合理行使，以为被不法行政行为侵犯的人提供救济的行政法规范，是规定有权国家机关在监督行政机关和社会公共行政组织行使行政权活动的职权、职责、方式、程序等内容的法律规范的总称。如行政监察法、行政复议法、行政诉讼法、行政赔偿法、行政补偿法等。

上述三类行政法规范的划分也是相对的，有时这三类规范也会同时出现在一个法律文件之中。区分这三类行政法律规范的意义在于，有助于人们全面把握行政法规范的内容体系，并为行政法学研究构建基本框架。本书第二、三、四编体系的确定及相关制度的归类就是以此分类为基础的。

复习思考

一、选择题

1. 下列关于行政法学中"行政"的表述，正确的是（   ）。
   A. 行政活动的主体是国家行政机关或其他社会公共组织
   B. 现代行政已不限于管理国家事务，还管理公共事务
   C. 行政活动的目的是对国家事务和公共事务进行管理
   D. 行政活动的方法和手段是决策、组织、管理和调控

2. 张某为某市集团公司的保安员（正式员工），2010年8月5日由于擅离职守造成公司部分财物被盗，公司经研究决定扣除张某该月奖金。张某遂产生报复念头，于是在9月6日晚，趁值夜班之机，将公司的生产用电变压器加以破坏，使得正常生产受到了影响。次日公司发觉后遂向市公安局报案。公安机关查明上述事实后，依法作出对张某拘留15日、罚款100元的处罚决定。同时责令张某赔偿公司的部分损失。上述案例中属于行政法调整领域的行为有（   ）。

A. 集团公司招聘张某为员工
B. 集团公司扣除张某奖金的行为
C. 市公安机关作出的对张某拘留15日、罚款100元的处罚
D. 市公安机关责令张某赔偿集团公司的部分损失

3. 下列属于行政法调整对象的是（   ）。
A. 业主与物业管理公司的关系　　B. 行政机关与公务员之间的关系
C. 企业与员工之间的关系　　　　D. 人大与人大代表之间的关系

4. 在行政关系的四种类型中，最基本的行政关系是（   ）。
A. 行政管理关系　　　　　　　　B. 内部行政关系
C. 行政救济关系　　　　　　　　D. 行政法制监督关系

5. 属于内部行政关系的有（   ）。
A. 上下级行政机关之间的关系
B. 平行行政机关之间的关系
C. 行政机关与所属机构之间的关系
D. 行政机关与国家公务员的关系

6. 相对于其他国家权力而言，行政权具有自由裁量性、广泛性和（   ）。
A. 强制性　　　B. 单方性　　　C. 优益性　　　D. 主动性

7. 相对于公民、法人和其他组织而言，行政权具有的特点包括（   ）。
A. 优益性　　　B. 主动性　　　C. 单方性　　　D. 强制性

8. 下列关于行政权的理解，错误的是（   ）。
A. 行政权的合法来源是国家宪法和法律
B. 行政权由国家机关或其他公共行政组织行使
C. 行政权是国家政权和社会治理权的组成部分之一
D. 行政权与行政职权是完全相同的

9. 世界各国行政法法源的主要形式有（   ）。
A. 制定法　　　B. 判例法　　　C. 习惯和惯例　　　D. 条约和协定

10. 我国行政法的渊源有（   ）。
A. 宪法
B. 国务院制定的行政法规
C. 中共中央发布的政策性文件
D. 最高人民法院对行政法规范的具体运用所做的解释

11. 国务院制定的行政法规的法律效力（   ）。
A. 与法律平行
B. 高于部门规章和地方政府规章低于法律
C. 一定比地方性法规要高
D. 及于中国所有领域

12. 行政法不具有统一的法典形式，是因为（   ）。
  A. 行政法的调整对象过于广泛
  B. 部分行政关系复杂多变
  C. 行政法法源多样
  D. 行政法包括实体性规范和程序性规范
13. 行政组织法、行政行为法和监督行政行为法的分类标准是（   ）。
  A. 行政法调整对象的范围   B. 行政法的作用
  C. 行政法规范的性质   D. 行政法的内容
14. 下列属于特别行政法的是（   ）。
  A. 行政组织法   B. 公务员法
  C. 教育行政法   D. 行政处罚法
15. 下列关于行政法的表述，正确的有（   ）。
  A. 行政法是调整社会组织内部行政关系的法
  B. 行政法是规范和控制行政权力的法
  C. 行政法的法源形式众多，没有统一的法典
  D. 行政法是独立的法律部门

二、名词解释

行政法 公共行政 行政关系 行政权 行政职权 行政职责 行政裁量权

三、简答题

1. 简述公共行政的主要分类。
2. 简述行政法在我国法律体系中的地位。
3. 简述行政权的主要特征。
4. 简述行政权经行政法调整后的存在形态。
5. 简述我国行政法的法源特征。

四、论述题

1. 试述行政法调整的主要社会关系。
2. 试述规范和控制行政权的必要性及其具体途径。
3. 论述我国行政法的法源形式及其效力等级。
4. 试述我国行政法的内容体系。

拓展阅读

[1] 谢晖：《行政权探索》，云南人民出版社1995年版。
[2] 杨建顺：《行政规制与权利保障》，中国人民大学出版社2007年版。
[3] 孙笑侠：《法律对行政的控制——现代行政法的法理解释》，山东人民出版社1999年版。
[4] 李娟：《行政法控权理论研究》，北京大学出版社2000年版。

［5］王学辉、宋玉波等：《行政权研究》，中国检察出版社2002年版。

［6］沈岿编：《谁还在行使权力——准政府组织个案研究》，清华大学出版社2003年版。

［7］湛中乐：《权利保障与权力制约》，法律出版社2003年版。

［8］于安：《降低政府规制——经济全球化时代的行政法》，法律出版社2003年版。

第二章 行政法的基本原则

学习提要

大多数部门法都有若干基本原则，行政法也不例外。行政法的基本原则是指导和规范行政法的立法、执法以及指导、规范行政行为的实施和行政争议处理的基础性规范，它贯穿于行政法具体规范之中，同时又高于行政法具体规范，体现行政法的基本价值观念。我国行政法基本原则是由国内学者研究归纳、总结提炼而成，难免会带有一定的主观性，因此在学术界争议很大。近年来，依法行政原则在学术界和实务界都得到了普遍认同，国务院也先后颁布了指导性文件对推进依法行政工作进行了部署。因此，我国行政法基本原则应当是依法行政原则，或称行政法治原则，这一原则具体有合法行政、合理行政、程序正当、诚实守信、高效便民和权责统一等六项要求。本章学习时需要重点掌握行政法基本原则的功能、依法行政原则的确立、推进依法行政的基本目标及具体要求等内容。

本章知识结构图

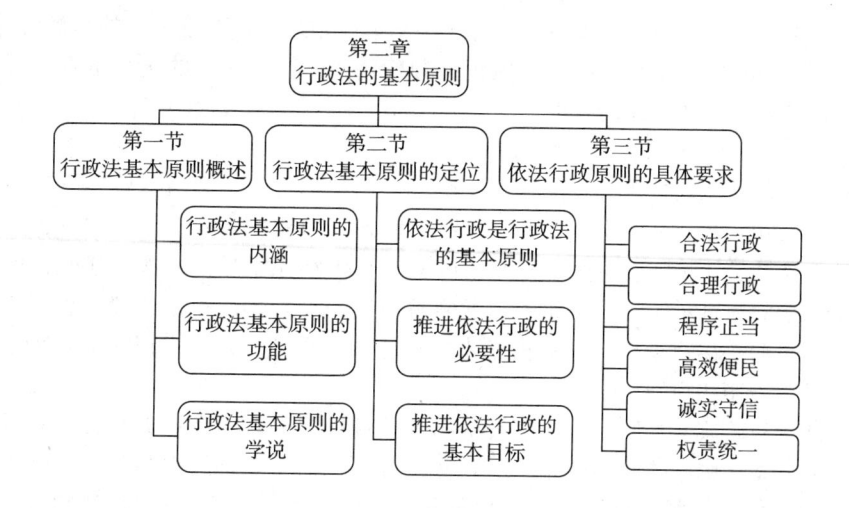

```
                    第二章
                行政法的基本原则
        ┌───────────┼───────────┐
      第一节        第二节        第三节
   行政法基本原则  行政法基本原则  依法行政原则
      概述          的定位        的具体要求
        │            │             │
   行政法基本原则  依法行政是行政法   合法行政
     的内涵        的基本原则
                                   合理行政
   行政法基本原则  推进依法行政的
     的功能         必要性          程序正当

                                   高效便民
   行政法基本原则  推进依法行政的
     的学说         基本目标        诚实守信

                                   权责统一
```

第一节 行政法基本原则概述

基本原则是部门法的灵魂，任何一个部门法都不可能没有灵魂，从而不可能没有基本原则，行政法的基本原则是行政法的灵魂。

一、行政法基本原则的内涵

（一）行政法基本原则的概念

法的规范依其对社会关系调整的确定性程度和细密程度，可分为规则、原则、基本原则三类。规则对社会关系的调整最为确定，规定最为具体；原则对社会关系的调整弹性相对较大，规定较抽象；基本原则对社会关系调整的弹性更大，规定更抽象。从调整范围来说，规则调整的范围较窄，通常只涉及某种具体的事务；原则调整的范围较广，可适用于较广范围的事务；基本原则调整的范围最广，可适用于一定领域的整个社会关系。从规定的对象来说，规则直接规定社会关系，而规则本身受原则规定，原则又受基本原则规定；基本原则首先通过原则、再通过规则来调整社会关系。

行政法的基本原则是指贯穿于全部行政法规范之中，反映了行政法的基本价值观念，对行政法规范的制定、执行和遵守以及行政争议的处理具有指导和统率作用的基本准则。行政法基本原则的这一定义表明：①行政法的基本原则是一种"基础性规范"，是产生行政法各种具体规则的基础性规范；②行政法的基本原则是一种高度抽象的基础性规范，它体现了行政法的基本价值观念；③行政法基本原则调整所有行政法关系的普遍性规范。它规范和控制行政权的分配、行使与监督过程中形成的所有行政关系与监督行政关系；④行政法基本原则是一种普遍适用的行政法规范。它不仅对行政法的制定与执行起到宏观指导作用，而且在一定的场合也直接规范行政行为的实施和行政争议的处理。

（二）确定行政法基本原则的标准

行政法基本原则是在行政法调控行政权的历史中形成，并由行政法学者所概括得出的，最初并非由某一个或某几个法律、法规所特别规定。行政法的基本原则不同于行政法的具体规则、原则，行政法的具体规则和原则是由一些法律文件的具体条文加以确立和宣示的，基本原则则通常首先以一种观念、一种法理思想存在于立法者和国民的法律意识中，然后由学者、法官加以概括、归纳，在学术著作或法律文书中予以表述和阐释。

要成为行政法基本原则，一般来讲必须具备以下形式标准：①"法律"性。即行政法的基本原则必须能够转化成一种法律准则，而不是永远都只是一种纯粹的理论或原理。②"基本"性。即行政法的基本原则必须是一种最基本的法律准则，而不是具体的行为准则，即行政法规范。③"特殊"性。即行政法的基本原则必须是行政法部门所特有的基本原则，而不是与其他部门法共有的一般原则。

一般来讲,确定行政法基本原则的内在根据包括以下几个方面:①确定行政法基本原则必须反映行政法作为一个部门法的根本价值取向,这个价值取向还必须能够反映行政法的正义价值;②确定行政法基本原则必须反映行政法作为一个部门法的基本矛盾,行政法部门的基本矛盾实际就是行政权与法律规制的对立与统一;③确定行政法基本原则必须根植于现实的社会基础,这种社会基础就是行政权与法律之间的关系定位。

二、行政法基本原则的功能

行政法基本原则作为行政法部门的最基本法律原则,与其他部门法的基本原则一样,具有以下三个方面的功能作用:

(一) 行政法价值承载功能

行政法基本原则对行政法价值的承载功能集中体现在两个方面:首先,行政法基本原则作为部门法的基本原则,它直接表达了行政法的基本价值取向。任何部门法都有自己的价值取向,作为部门法高度抽象的基础性规范,部门法的基本原则应当而且能够表达该部门法的基本价值取向。行政法的基本原则作为行政法部门的高度抽象的最基本的法律规范,应当而且能够表达行政法的基本价值观念。其次,行政法基本原则通过其对行政法规范确立、实施的指导地位,将其承载的行政法价值加以具体化、规范化。行政法基本原则不仅本身是行政法基本价值取向的直接表达,而且它还通过对具体行政法律规范和次一级法律原则的确立、实施的指导地位,将其承载的行政法价值观念具体化、成文化。

(二) 行政法规范整合功能

行政法的基本原则作为行政法部门的最基础法规范,对具体行政法规范的整合功能主要体现在三个方面:一是稳定功能。为了适应行政的变动性特征,行政法规范也具有一定的易变动性。但这种变动性不应当是朝令夕改,而应当具有相对稳定性。相对于行政法规范而言,行政法基本原则更具抽象性和概括性,因而也更具稳定性,更有利于克服和平衡行政法具体规范的易变动性。二是协调功能。行政法规范存在形式广泛而且有很多层级,这容易导致行政法规范之间的矛盾与冲突,行政法基本原则作为制定与实施行政法规范的基本准则,可以协调化解行政法规范之间的矛盾与冲突,保障行政法制内部的协调一致。三是优化功能。行政法基本原则对行政法规范的良性运作与良性发展起着导向作用,具体体现在:首先,行政法基本原则对提高行政法规范的价值论意义,促使行政法规范内容的良性化具有指导作用;其次,行政法基本原则对保证行政法规范的良性发展,推动行政法规范的良性变革具有导向作用。

(三) 行政法规范适用功能

行政法基本原则作为行政法部门的基础性规范,具有行政法规范的特殊适用功能,具体体现在:①行政法基本原则是指导行政法具体规范的制定、修改或废止的基本法律准则;②行政法基本原则是指导行政法规范解释和研究适用的基本法律准则；③行政法基本原则是指导行政执法、行政争议解决的基本法律准则；④行政法基本原则是指导行政自由裁量权合理行使的基本法律准则；⑤行政法基本原则在行政法规范出现立法漏洞时，可以直接补充作为行政法规范予以适用。

三、行政法基本原则的学说

（一）国外的学说

对于什么是行政法的基本原则以及行政法的基本原则内容为何，西方各国的情况不尽相同，不同的学者也往往有不同的概括。这里简要介绍一下法国、德国、英国和美国等法治发达国家的行政法基本原则。

法国素有"行政法母国"之誉，它最先从理念上承认行政法是一个独立的部门法，并通过行政法院富有创造性地努力构建了一个完整的行政法体系。而支撑这一庞大的行政法体系的正是隐含其中的行政法治原则和均衡原则等行政法基本原则。在法国，多数学者认为，行政活动必须遵守法律，在其违反法律时要受到一定的制裁，例如引起无效、撤销或赔偿责任的结果，这就是法国行政法学上的"行政法治原则"。该原则是法治思想在行政法领域最为重要的体现，是法国行政法的核心原则。"二战"后，随着社会对公共服务需求的不断增长，国家加强了对社会的干预，行政事项迅速增多，行政自由裁量权出现了日益扩大、难以监督的趋势。法国行政法院对行政自由裁量行为和特殊情况下（如战争、自然灾害等）的行政决定难以直接运用合法性原则进行监督和控制，在此情况下，行政法学者们根据具体案件总结出了一些在特定情况下适用的、作为控制行政自由裁量权的均衡原则。由此，均衡原则作为行政法治原则的补充应运而生。

法国尽管是行政法的母国，但在行政法领域，后来居上的德国成为现代行政法体系中不可忽视的力量，尤其是其行政法的基本原则被誉为欧洲行政法之灵感与源泉，以至于欧洲法院直接采用了一些德国行政法的原则。对德国行政法及其基本原则产生最重要影响的因素是其法治国理念与基本权利、议会民主等宪法原则。正是伴随着这些因素的影响与作用，德国行政法逐渐形成了依法行政原则、比例原则、信赖保护原则三大基本原则。法治国思想发轫于德国，法治国理念孕育着依法行政原则。而依法行政原则是法治国成立的最基本要素，其含义是指行政活动必须接受议会法律的规制，并置于法院的司法控制之下；行政活动违法的，必须追究行政机关的法律责任。随着德国法治国思想从形式意义法治原则到实质意义法治原则的发展，比例原则也成为德国行政法基本原则的重要组成部分。比例原则作为实质意义法治国原则的典范，在德国行政法中被誉为"皇冠原则"。信赖保护原则是"二战"后在德国发展成功的又一项行政法基本原则。自1956年柏林寡妇案发生后，学术界对信赖保护原则的坚持和理解日益强烈，最终通过在《行政程序法》（1976年）第48~50条中对授益、负担、双效、复效行政行为的撤销及废止作详尽规定，确立了信赖保护原则在行政法上的地位。

英国是普通法系的典型国家，普通法传统中的"法的统治"原理、"自然正义原则"等在英国行政法中一直起着支配作用,并由此形成英国行政法上的越权无效原则、合理行政原则与自然公正原则三项基本原则。越权无效原则是英国行政法的核心原则,它作为英国宪法上法治原则和议会主权原则的直接后果,最原始的根据是:既然议会法律至上,法院又必须执行议会的法律,那么行政机关行使权力不能超越法定范围,否则,法院即可宣告其无效或撤销它。合理行政原则作为英国行政法的基本原则之一,是法院通过判例在不断限制行政自由裁量权的滥用中发展起来的。程序公正原则是普通法传统中的自然正义原则在行政法领域中的具体运用,英国学者往往直接称之为"自然正义"或"自然公正"原则。

美国法的基础是英国普通法,两国同属普通法系国家。重视程序是普通法系国家共同的传统,这种传统与美国所接受的近代启蒙思想家的法治理念相结合,形成了美国独具特色的"程序法治"观念。受这种观念的影响,英国"自然正义"原则逐步融入美国法中而成为一项重要的宪法原则,即正当法律程序原则。该原则对美国行政法的发展产生了直接而重大的影响,并由此逐步形成了美国行政法上的行政正当程序和行政公开两大基本原则。行政正当程序原则是作为美国宪法原则的"正当法律程序原则"在行政法领域中的具体运用,也是其向行政法领域渗透与扩张的结果。其核心思想是行政机关行使行政权力剥夺私人的生命、自由或财产时,必须听取当事人的意见,当事人具有要求听证的权利。行政公开是20世纪60~70年代美国行政法发展的又一重要方向,在此期间,美国政府为应对国际军事失利和国内政治危机给行政机关带来的信任危机,由美国国会从60年代起进行了一系列的立法来推进行政公开。美国的行政公开制度集中体现在《情报自由法》《阳光下的政府法》和《隐私权法》三部法律文件中。它们分别就政府文件的公开、会议的公开和个人记录的公开问题作了详细规定,从而确立了行政公开原则作为行政法基本原则的法律地位。

(二) 国内的学说

国内行政法学者对行政法基本原则的归纳众说纷纭,莫衷一是。从时间发展的脉络来看,国内学者对行政法基本原则的研究经历了四个大的发展阶段。第一阶段是20世纪80年代中期之前,该时期学界普遍将行政管理活动的原则作为行政法的基本原则。多数学者都将行政管理应当遵守的坚持共产党领导、民主集中制、人民群众参与、维护法制统一等原则作为行政法的基本原则。第二阶段是20世纪80年代中期至90年代初期,这一时期行政法学开始区分行政管理的基本原则和行政法的基本原则,专门就行政法基本原则进行独立的研究和探讨,并形成了多种观点。但多数学者主要围绕行政法制原则或行政法治原则进行研究,其中行政合法原则和行政合理原则得到了多数学者的主张或认同。第三阶段是20世纪90年代初期至21世纪初期,这一阶段行政法学界对行政法基本原则展开了深入的研究和讨论,并就行政法基本原则进行整合,一度形成行政合法性原则、行政合理性原则一统天下的局面。第四阶段是21世纪初至今,在这一阶段行政法学界对行政法的基本原则的观点又趋于多元化的发展趋势。行政法学界除对行政合法原则和行政合理原则继续展开研究以外，还就行政应急原则、责任行政原则、监督行政原则、信赖保护原则、比例原则、行政参与原则、程序正当原则等原则展开了广泛深入的研究。不过，随着国务院1999年作出《关于全面推进依法行政的决定》、2004年颁布《全面推进依法行政实施纲要》、2008年出台《关于加强市县政府依法行政的决定》、2010年又下发《关于加强法治政府建设的意见》后，依法行政原则、行政法治原则和法治行政原则等观点逐步为更多行政法学者和实务界所接受。特别是2014年10月下旬，中共十八届四中全会作出《中共中央关于全面推进依法治国若干重大问题的决定》后，行政法学界关于行政法基本原则的认识将逐渐统一到依法行政原则或法治行政原则上来。

第二节　行政法基本原则的定位

我国行政法没有统一的法典，尚不能通过统一立法来确立行政法的基本原则。尽管国内外关于行政法基本原则的学说众多，争论不下，但行政法基本原则首先必须在理论上达成基本的共识。

一、依法行政是行政法的基本原则

我国行政法基本原则观念的形成，有一个逐步发展和深入的过程。我们认为，行政法的基本原则的确立不能脱离一个国家的历史、政治、经济和文化及时代背景等因素，当下我国行政法的基本原则应当定位为依法行政原则。这里所指的依法行政原则，也可以称为行政法治原则。从1983年我国第一本《行政法学》教材出版至今，尽管国内行政法学者从不同的角度对行政法的基本原则进行了不同的归纳，但都普遍承认依法行政是行政法的重要原则之一。

（一）依法行政具有作为行政法基本原则的品质

依法行政原则可以作为行政法的基本原则，首先是因为满足了以下形式标准：一是依法行政原则已经是一种法律准则，而不再是一种纯粹的理论或原理；二是依法行政原则是一种基本的法律准则，具有高度的抽象性；三是依法行政原则只是行政法所特有的基本原则，而不是与其他部门法共有的一般原则。其次也符合作为行政法基本原则的内在根据：一是依法行政原则反映了行政法作为部门法的根本价值指向，即建设法治国家、建设法治政府；二是依法行政原则反映了行政法作为部门法的基本矛盾，即行政权与法律的对立统一；三是依法行政原则具备了一定的现实基础，这种现实基础就是我国明确了法律相对于行政权的至上地位，即行政必须依法。

（二）依法行政是各国对行政权行使的普遍要求

从世界范围看，尽管各国关于行政法的基本原则的表述各有不同，但依法行政原则所强调的核心理念，即一切行政作用应当具有合法性、行政权力应当服从法律等，已经成为各法治国家对政府权力行使提出的普遍要求。法治国家之所以强调政府首先应当依法行政，一方面是与封建专制斗争的结果，是对人治的深刻反省和坚决否定；另一方面也是现代民主政治建设和市场经济发展的内在要求。因此，将依法行政原则确定为我国行政法的基本原则符合世界潮流，符合我国民主政治建设和市场经济发展的内在要求，也确立和体现了我国行政法制建设的基本价值取向。

（三）依法行政是我国政府一贯坚持的基本原则

在我国，十一届三中全会以来，党和国家机关应依法办事一直都是社会主义法制建设的最基本内容。1997年，党的十五大报告首次将依法治国、建设社会主义法治国家确立为我国民主法治建设的基本方略，随后于1999年九届全国人大二次会议将其载入《宪法》。近年来，作为依法治国的重要组成部分，依法行政也被明确规定为我国政府应当长期坚持的基本原则。为落实宪法规定的建设社会主义法治国家的政治目标，国务院于1999年11月发布了《关于全面推进依法行政的决定》。2002年，党的十六大则明确提出"加强对执法活动的监督，推进依法行政"。2004年，国务院发布了《全面推进依法行政实施纲要》，对全面推进依法行政进行了全面部署。2010年，国务院出台《关于加强法治政府建设的意见》，提出了全面推进依法行政的基本原则和具体要求。2012年党的十八大报告提出，我们要"坚持依法治国、依法执政、依法行政共同推进，坚持法治国家、法治政府、法治社会一体建设"。2014年，党的十八届四中全会决议则就深入推进依法行政，加快法治政府建设进行了全面部署。2015年，中共中央国务院印发《法治政府建设实施纲要（2015~2020年）》，提出要在2020年实现建成法治政府的目标。由此可见，依法行政已经成为我国政府参与社会主义法治国家建设应当始终坚持的基本原则。

（四）依法行政可以涵盖其他原则的主要内容

依法行政原则是一个内涵十分丰富的概念，具体包含了合法行政、合理行政、程序正当、高效便民、诚实守信和权责统一六个方面的具体要求。学术界所提出的合法行政原则、越权无效原则、合理行政原则、公正行政原则、比例原则、均衡原则、正当程序原则、参与行政原则、信赖保护原则、保障相对人权益原则或是行政效能（效益）原则等，这些原则的基本含义和具体要求，事实上都包含在依法行政原则及其各项子原则的应有含义之中。因此，只要我们对依法行政原则进行恰当的诠释定位，是能够满足学界对于见证行政法价值精髓的期待的。

二、推进依法行政的必要性

依法行政既是行政法的基本原则，也是我国法治建设的重要内容。21世纪以来，由于实务界与理论界的共同推动，依法行政原则在国务院相关文件中得以确立，对于我国民主政治发展及法治国家建设产生了重要影响。

（一）推进依法行政是发展社会主义民主的必然要求

我国是人民民主专政的社会主义国家，人民是国家的主人和国家一切权力的所有者。政府的权力只能来自人民的授权，它必须依照人民的意志来行使权力、管理国家事务。法律是人民共同意志的集中体现，是一切国家机关享有和行使国家权力的直接唯一依据，因此，政府按人民的意志管理国家，就必须依法行政。行政机关能否坚持和贯彻依法行政原则，直接关系到政府能否对人民负责，关系到政府的行为能否符合人民的意志。换言之，行政机关能否在国家行政管理中坚持依法行政原则，直接关系到是否符合和真正落实人民当家作主的原则。从另一个角度讲，人民代表大会是我国的基本政治制度，是人民行使管理国家的权利的基本组织形式。人民代表大会既是立法机关又是权力机关，行政机关是各级人大的执行机关，由各级人大产生并对各级人大负责。这种关系决定了行政机关必须忠实执行各级人大制定的法律、法规，严格依法行政。

（二）推进依法行政是实现依法治国的核心和关键

在我国，党的十五大确立了依法治国、建设社会主义法治国家的基本方略，1999年九届全国人大二次会议将其载入宪法。依法治国首先要求一切组织和个人都以宪法和法律作为基本的行为准则，各级国家机关及其工作人员必须严格按照宪法和法律规定办事。据统计，我国80%的法律都依赖行政机关执行，行政机关不能贯彻依法行政，依法治国就是一句空话。另外，依法治国强调宪法和法律在国家和社会生活中的至高地位，就是要实现法的统治。由于现实生活中最容易对法律权威构成威胁的就是政府，因此，依法治国必须要以依法治权、依法治官为重点。因此，行政机关依法行政是依法治国的基本要素和核心关键。

（三）推进依法行政是发展市场经济的内在要求

在现代社会，政府在市场经济中扮演着重要的角色，市场经济的健康运行离不开政府的适度干预。但是，市场经济条件下的政府干预必须是有限的且是可预见的。有限干预，即政府只管那些必须管、管得好的事情，市场和社会能够自主解决的事情，政府不能干预。要做到政府对市场的有限干预，就必须以法律形式确定政府的权力界限和干预手段，并明确政府的越权干预违法无效且要承担责任。可预见干预，即政府的干预行为具有一定的规律性，使企业能够预测政府在什么情况下会作出什么样的反应。如果政府的行为反复无常，缺乏可预见性，企业单位和个人就很难适应它，就会缺乏安全感。使政府行为具有可预测性，要求政府按照统一的法律规则行事，即要依法行政。

（四）推进依法行政是维护良好政府形象的根本保证

建设廉洁、勤政、务实、高效政府是新世纪以来我国各届政府提出的一贯方针，这一方针的贯彻实施必须坚持依法行政。因为：首先，依法行政可以保证实现行政管理为人民服务的目标。人民通过权力机关制定法律，表达意志，行政机关依法行政，才能保证行政管理遵循为人民服务的目标，使行政管理不致偏离这个目标。其次，依法行政可以保证行政管理的统一、连续和稳定。依法行政的最重要特点是政府机关的一切活动都以法律为标准，法律这种统一、明确、稳定的标准为行政管理的统一、连续和稳定提供了保障，行政管理的统一、连续和稳定是避免行政失职、弄虚作假的最有效保障。最后，依法行政可以提高行政效率。依法行政要求行政机关依法决策、严格执法，这样能够避免违法和不公，减少矛盾和纠纷，有利于行政管理顺利实施。同时，行政机关依照法定程序办事，遵守法定操作规程，有利于提高行政效率。

三、推进依法行政的基本目标

国务院2004年在《全面推进依法行政实施纲要》中明确提出，全面推进依法行政的奋斗目标就是建设法治政府。党的十八届四中全会通过的《中共中央关于全面推进依法治国若干重大问题的决定》也要求，各级政府必须坚持在党的领导下，建立权责统一、权威高效的依法行政体制，加快建设职能科学、权责法定、执法严明、公开公正、廉洁高效、守法诚信的法治政府。《法治政府建设实施纲要（2015～2020年）》提出要在2020年实现基本建成法治政府的目标。

（一）法治政府的基本内涵

近年来，学术界围绕什么是法治政府进行了深入的探索。大多数学者认为，所谓法治政府，就是按照法治原则运作的政府，政府一切权力的来源、政府的运行和政府的行为都受到法律的规范和制约。因此，法治政府的核心就是把政府的权力限制在法律规定的范围内，使法律对政府权力具有至上的地位，并实现对政府权力的有效控制。法治作为一个与人治相对应的概念，其核心思想就是通过法律遏制政府权力，政府是否受到法律的有效控制，这是法治政府与非法治政府的根本区别。学界普遍认为，法治政府具有以下几个方面的基本品质：

1. 法治政府必须是民意政府。在现代社会，法律是人民意志和利益的体现，所有法律、法规、规章和规范性文件都必须反映人民的意志。依法治国就是依照人民的意志来治理国家，依法行政就是按照人民的意志来进行管理和服务。人民政府的基本性质和功能就是执行人民的意志，人民是政府权力的唯一合法泉源，民意是政府合法性之基础。因此，法治政府首先必须是民意政府。民意政府要求：①法治政府建设必须确定国民的主体地位；②实现人民的根本利益应当是政府工作的出发点和落脚点；③政府的全部活动必须贯彻全心全意为人民服务的宗旨；④应当将人民是否满意，是否符合人民的根本利益和普遍利益，是否符合人民规范的意志表达（即法律），作为判决政府行为是否正当的根本性标准。

2. 法治政府必须是维权政府。根据社会契约论，人民之所以需要政府，需要公共权力机关，是因为每个人都有其自身利益，而由于单个人的力量有限，其某些生存、发展条件得不到保障，需要政府利用组织的力量来保护每个人的自由和安全，因此，保护和维护人民的基本权利乃政府之天职。因此，法治政府必须是能够维护每个公民合法权益的政府。维权政府必须做到：①正确处理好行政权力和公民权利之间的关系，使行政权力能够维护公民权利而又不会挤压公民权利和自由空间；②在制定法律规范时，公民的基本权利应得到有效的确认和保护，限制和剥夺公民权利必须有宪法和法律的依据；③政府应当为每个公民最大限度地实现和发展自己的权利提供更多更好的条件和保障;④如果行政权力侵犯公民的合法权益,需依法承担相应的赔偿或补偿责任。

3. 法治政府必须是有限政府。在市场经济条件下,法治政府的主要任务是提供公共物品和解决市场失灵问题。凡是人民群众能够自主决定、市场竞争机制能够有效调节、行业组织或者中介机构能够自律管理的事项,政府一般不应当进行干预;只有在人民群众、市场竞争机制、行业组织或者中介机构不能解决、不能很好解决或者解决成本高于政府解决的成本时,政府才能介入。有限政府的基本要求是政府规模、职能和权力是有限的,即①政府机构和人员有限。即政府的组织规模不能过大,应当以履行职能所必要为限,将"吃饭财政"转变为"做事财政",把国家有限的财力更多地用到发展经济、文化和保护环境方面。②政府职能有限。即政府的职能不应过多,应当有所为而有所不为。在市场经济条件下,政府的主要职能应当限定在经济调节、市场监管、社会管理和公共服务等方面。③政府权力有限。即政府在实施行政管理和履行服务职能时,要切实做到政企分开、政事分开、政社分开,政府的权力应当被限制在一定的范围内而不能越界,政府应当恪守法律规定的权力界线并在制度笼子里规范行使行政权。

4. 法治政府必须是责任政府。政府是一国开展政治、经济、文化和生态建设,实现资源利益公正分配和促进文明发展的核心力量,它是一国的国家事务和社会公共事务的最主要处理者。如果没有积极有效履行管理和服务职能的政府,经济的、社会的和可持续的发展是不可能的。因此消极的行政是不可取的,是与法治政府的精神背道而驰的。法治政府必须是积极履职并敢于担责的政府。责任政府必须做到以下几点:①凡是依法属于行政机关职责范围内的事情,行政机关及其工作人员必须本着为人民服务的宗旨积极完成,不能消极懒政,否则须承担渎职责任;②政府与社会团体或个人签订的合同或作出的承诺应当忠实履行,违反合同约定或承诺应当承担责任;③政府对人民的生命财产安全负有保障责任,当人民群众生命财产安全受到威胁时,应当积极履行保护义务;④政府应当严格规范行政机关及其工作人员的权力行为,要建立严格的权力监督和制约制度,行政行为违法要承担相应的法律责任。

5. 法治政府必须是透明政府。"阳光是最好的防腐剂"。政府机关作为受人民委托行使行政权的受托者,有义务向委托者公开其权力的范围和行使过程;社会公众作为公共权力的委托者,有权利知悉受托者享有公共权力的范围和行使过程。因此,法治政府应当是透明政府。透明政府需要做到:①凡是要求行政相对人遵守的规章制度,都要予以公布;②所有与行政相对人有利害关系的信息,都要予以告知;③政府机关所享有的公共权力及其行使程序,都应当公开;④要确保公民依法获取政府信息的渠道畅通、内容真实和机会平等。

6. 法治政府必须是诚信政府。诚信是市场经济的基石。在市场经济条件下,个人诚信是基础,企业诚信是重点,政府诚信是关键。政府诚信,就是对自己所作的宣示、承诺和所认可的"契约"的遵守。政府不讲诚信、朝令夕改，将使人民群众无所适从，失去人民的信任。政府诚信要求：①政府必须带头遵守国家的法律法规和自己制定的规章制度，必须对自己作出的决定或承诺负完全的责任；②行政机关公布的信息全面、准确、真实，行政机关制定的政策和作出的决定相对稳定；③政府应当坚守自己的决定，非因法定事由并经法定程序，行政机关不得随意撤销、变更已经生效的行政决定；④充分保护人民的信赖利益，行政机关如果要依法撤销或变更行政决定，应当依法赔偿或补偿对行政相对人造成的损失。

7. 法治政府必须是廉洁政府。廉洁政府是人们普遍向往和追求的一种政府状态，是政府正当性和合法性的基础，政府的廉洁程度直接关系人民群众对政府的信赖程度。只有廉洁的政府才能切实履行好维持社会公正的责任，保护公民的权利和自由。腐败的政府必将丧失人民的信任，引发民众反抗，从而导致政治和社会的动荡，社会公正、公民安全和自由将无保障。因此，法治政府必须是廉洁政府。政府要廉洁，就应做到：①通过制度建设，科学合理配置行政权力，加强对权力运行的监督，从源头上防止腐败；②完善行政权力分解和制衡机制，保证行政权力的授予和运行受到必要的监督和制约，防止因权力过分集中导致滥用；③保证行政权力的运行公开，把行政权力的运行置于全社会的监督之下；④建立健全包括行政问责在内的政府责任体系，防止权力"寻租"；⑤要建立健全公务员的道德行为规范，使公务员树立正确的人生观、价值权和权力观，提升其拒腐防变的意志水平和能力。

8. 法治政府必须是公平政府。法治平正如水，公平是所有法治的精神和灵魂。公平是法治国家的基础，也是法治社会的首要美德。社会公平，理所当然要求政府应公平，法治政府当然应是公平的政府，政府公平是社会公平的前提条件。公平政府要求行政机关及其工作人员做到：①分配公平。即政府对社会资源、特别是公共资源的分配应当公平；②机会公平。即政府必须保证给每个人提供或创造平等的机会，让每个人都有平等机会追求自身的幸福和发展；③保护公平。即政府必须平等地保护公民、法人和其他组织的合法权益，平等地保护市场主体的权益，不能厚此薄彼；④生存公平。即政府应当采用必要的措施和手段，有效地调节和控制社会的贫富差距，从而确保每个人获得最基本的生存公平。

9. 法治政府必须是高效政府。效率是行政管理的生命，效率是衡量政府品质的重要标准。现代政府在履行政府职能过程中，要在注重社会公平的基础上，积极回应社会公众的要求，追求社会公众的满意度，以相同或更少的成本投入获得公共产品的最大输出。因此，建立法治政府，要求政府不仅是公正的，而且是高效的。高效政府对行政机关提出的要求是：①政府必须科学地进行职能和职权的分化与整合，合理配置人力资源，建立权力运行协调机制，确保权力顺畅运行；②政府应科学设定行政权力行使程序，建立合理的时效和期间制度，促使行政权力快速运行；③行政机关应明确岗位职责，规定履职标准，严惩失职、渎职行为，防止怠政、懒政；

④政府应当建立有效的激励机制和绩效考评制度,灵活运用奖励和惩戒手段促进行政管理效率的提高。

(二) 法治政府的基本标志

什么样的政府才算得上法治政府?《法治政府建设实施纲要(2015~2020年)》提出,法治政府的衡量标准是:政府职能依法全面履行,依法行政制度体系完备,行政决策科学民主合法,宪法法律严格公正实施,行政权力规范透明运行,人民权益切实有效保障,依法行政能力普遍提高。具体说来:

1. 政府职能依法全面履行。即牢固树立了创新、协调、绿色、开放、共享的发展理念,实现了政企分开、政资分开、政事分开、政社分开,做到简政放权、放管结合、优化服务,使得政府与市场、政府与社会的关系基本理顺,政府职能切实转变,依法全面履行宏观调控、市场监管、社会管理、公共服务、环境保护等职责。

2. 依法行政制度体系完备。即政府立法质量高,建成了系统完备、科学规范、运行有效的依法行政制度体系,政府管理各方面制度更加成熟、更加定型,为建设社会主义市场经济、民主政治、先进文化、和谐社会、生态文明,促进人的全面发展,提供了有力的制度保障。

3. 行政决策科学民主合法。行政决策制度科学、程序正当、过程公开、责任明确,决策法定程序严格落实,决策质量显著提高,决策效率切实保证,违法决策、不当决策、拖延决策明显减少并得到及时纠正,行政决策公信力和执行力大幅提升。

4. 宪法法律严格公正实施。即权责统一、权威高效的行政执法体制得以建立健全,法律法规、规章制度得到严格实施,各类违法行为得到及时查处和制裁,公民、法人和其他组织的合法权益得到切实保障,经济社会秩序得到有效维护,行政违法或不当行为明显减少,公民对行政执法的社会满意度显著提高。

5. 行政权力规范透明运行。科学有效的行政权力运行制约和监督体系基本形成,惩治和预防腐败体系进一步健全,各方面监督形成合力,人民群众的知情权、参与权、表达权、监督权得到切实保障,损害公民、法人和其他组织合法权益的违法行政为得到及时纠正,违法行政责任人依法依纪受到严肃追究。

6. 人民权益得到切实有效保障。公民、法人和其他组织的合法权益得到切实维护,公正、高效、便捷、成本低廉的多元化矛盾纠纷解决机制全面形成,行政机关在预防、解决行政争议和民事纠纷中的作用充分发挥,通过法定渠道解决矛盾纠纷的比率大幅提升。

7. 依法行政能力普遍提高。政府工作人员特别是领导干部牢固树立宪法法律至上、法律面前人人平等、权由法定、权依法使等基本法治理念,恪守合法行政、合理行政、程序正当、高效便民、诚实守信、权责统一等依法行政基本要求,做尊法、学法、守法、用法的模范,法治思维和依法行政能力明显提高,在法治轨道上全面推进政府各项工作。

第三节 依法行政原则的具体要求

为实现法治政府的建设目标,国务院在《全面推进依法行政实施纲要》中,要求政府在推进依法行政时,必须坚持合法行政、合理行政、程序正当、诚实守信、高效便民和权责统一六项具体要求。因此,这六项具体要求也可以说是依法行政原则的六个下位原则(或称子原则)。

一、合法行政

合法行政,就是要求行政权的存在和运行都必须依据法律、符合法律要求,而不能与法律发生抵触和冲突。换言之,合法行政主要是考察行政权是否逾越法定权限、是否存在形式违法。合法行政原则是法治在行政法领域的体现、要求和反映。法治的基本意思是依法治国、依法办事。在行政活动中,即是要求行政机关在法律范围内活动,依法管理国家和社会。行政机关及其工作人员如果违反法律,应承担法律责任。

在合法行政基本内涵的阐述上,德国的行政合法结构对其他大陆法系国家影响至深,对我国行政法也产生了重要影响。德国现代行政法学者将合法行政原则的基本内涵阐述为:行政活动必须接受议会法律的规制,并被置于法院的司法控制之下;行政活动违法的,必须追究行政机关的法律责任。德国行政合法观念中主要有两个子原则:法律优位和法律保留。我们也大致可以从这两个方面来进一步阐述合法行政的要求。

1. 法律优位。法律优位(优先)原则具体又包含两层意思,第一层意思是指代表总体民意的法律对行政权的享有与运行具有绝对的约束力,一切行政活动都应受到法律的拘束,行政不可逾越法律而行为,否则其行为无效并应承担相应的责任。法律优位原则的这一层意思意味着,行政应受宪法和法律的直接拘束,并且配套有对违反法律优位的审查机制。大陆法系中的法律优位思想与普通法上的"越权无效"原则有着异曲同工之妙,都是要求行政必须服从法律。在我国,合法行政的第一个要求就是"行政机关实施行政管理,应当依照法律、法规、规章的规定进行",也就是要求行政必须服从法律。

法律优位原则的第二层意思,是指行政权的行使应当基于国民的意志,代表人民总体意志的立法机关所制定的法律,应当优于行政机关所颁布的行政命令。这层意思上的法律优位原则主要强调议会立法对行政立法的更高层级地位,确立了议会立法与行政立法之间的效力层级关系,行政立法不得与议会立法相抵触和冲突。法律优位原则的这层意思在我国《立法法》中也有明确规定,该法第87条规定:"宪法具有最高的法律效力,一切法律、行政法规、地方性法规、自治条例和单行条例、规章都不得同宪法相抵触。"第88条规定:"法律的效力高于行政法规、地方性法规、规章。"

2. 法律保留。法律保留是指属于法律保留的行政事项,只有在法律明确授权的情况下，行政机关才可以实施该种行政行为。现代法治虽然并不强调一切行政行为都必须从属于法律，但强调如果是对公民基本权利的限制，则必须要有法律的授权规定才能实施相应的行为，无法律授权的行政行为无效。

对于什么事项属于法律保留之事项，学术界有侵害保留说、全部保留说、重要事项说等学说。我国则兼采了重要事项说和侵害保留说。前者如《立法法》第8条之规定："下列事项只能制定法律：①国家主权的事项；②各级人民代表大会、人民政府、人民法院和人民检察院的产生、组织和职权；③民族区域自治制度、特别行政区制度、基层群众自治制度；④犯罪和刑罚；⑤对公民政治权利的剥夺、限制人身自由的强制措施和处罚；⑥税种的设立、税率的确定和税收征收管理等税收基本制度；⑦对非国有财产的征收、征用；⑧民事基本制度；⑨基本经济制度以及财政、海关、金融和外贸的基本制度；⑩诉讼和仲裁制度；⑪必须由全国人民代表大会及其常务委员会制定法律的其他事项。"后者如国务院《全面推进依法行政实施纲要》所表述的："……没有法律、法规、规章的规定，行政机关不得作出影响公民、法人和其他组织合法权益或者增加公民、法人和其他组织义务的决定。"

法律保留有绝对保留与相对保留之分。法律绝对保留，即该事项只能由国家议会机关（我国为全国人大及其常委会）以法律的形式进行规定。在我国，有关犯罪和刑罚、对公民政治权利的剥夺和限制人身自由的强制措施和处罚、司法制度等事项只能由法律规定，属于绝对保留之事项。法律相对保留，即该事项原则上只能由国家议会以法律形式进行规定，但在议会正式立法出台之前，议会也可以授权行政机关以行政立法的形式予以规定。根据我国《立法法》第9条的规定，对于《立法法》第8条规定之事项，除前述绝对保留事项之外，其他事项都可以由全国人大及其常委会授权国务院根据实际需要先行制定行政法规。

> **法条链接：**
>
> 《立法法》
>
> 第九条　本法第8条规定的事项尚未制定法律的，全国人民代表大会及其常务委员会有权作出决定，授权国务院可以根据实际需要，对其中的部分事项先制定行政法规，但是有关犯罪和刑罚、对公民政治权利的剥夺和限制人身自由的强制措施和处罚、司法制度等事项除外。

二、合理行政

（一）合理行政的涵义

在现代行政法上存在着广泛的行政自由裁量权。之所以如此，从消极的意义上讲，可以认为是由于立法能力的有限性，无法概览无余地预测、规范变幻不拘、姿态万千的社会发展，有时也不能用清晰、准确的语言描述规则，需要用行政裁量来弥补。从积极意义上讲，是因为行政裁量有着适应社会经济发展和行政规制的需要，是为了实现个案的正义。而个案正义通常被认为比由精确的规则推导出的结果更好。所以，现代社会需要裁量，更需要在规则与裁量之间确定一个统一的原则来统辖和指导，这个原则就是合理行政的要求。

合理行政的总体要求是：行政机关实施行政管理应当合理。一是目的的适法性，即行使裁量权应当符合法律设定裁量权的目的。二是考虑的正当性，即行使裁量权应当考虑相关因素，不得考虑不相关因素。三是裁量的平等性，即行使裁量权时应同等情况同等对待，不同情况区别对待。四是措施的合目的性，即经裁量所选择的措施应当有助于实现管理目的。五是手段的必要性，经过裁量所采取的措施和手段应当是必要和适当的。六是成本的合理性，即如果可以采用多种方式实现行政目的的，应当避免采用损害当事人权益的方式。这些要求具体可归纳为以下三个子原则：①公平公正原则；②裁量正当原则；③合比例原则。

1. 公平公正原则。公平公正原则也可以分解为行政公平原则和行政公正原则，行政公平与行政公正既有联系，也有区别。没有公平，就没有公正；实现了公正，就必然能保障公平，这是二者的联系所在。但是，公平主要是指平等对待，是相对于歧视而言；而公正主要是指公道正派，是相对于偏私而言，这是二者的区别所在。

行政公平是民主国家的要求。民主国家意味着全体人民在自己的国家内应享有同等的权利和同等的机会，行政机关应当平等地对待每个人，不能厚此薄彼。因此，行政公平原则就是任何人不因其身份、民族、性别、宗教信仰等原因受到行政机关的不平等待遇。行政活动作为一种法律适用活动，行政公平是一种相对公平，当法律法规对行政行为设定了某些限制性条件，受这些条件限制的人就无法像不受限制的人一样被平等对待。但是，行政公平原则的重点是指这些限制条件应当具有正当性，而不是基于不正当的歧视而增加的限制。

行政公正的基本精神是要求行政机关及其工作人员办事公道，不徇私情。行政机关及其工作人员是人民的公仆，其行政权力是人民赋予的。因此，他们必须运用这种权力为人民服务，而不能利用此种权力为自身或与自己有某种关系的单位或个人牟取私利。行政公正包括实体公正和程序公正两个方面。实体公正的要求是依法办事、不偏私；程序公正的要求是自己不做自己案件的法官、不单方接触。

2. 裁量正当原则。正当裁量是对行政裁量过程提出的要求，主要考察在行政裁量决定作出的过程中，有没有追求不适当的目的，或者有没有考虑不相关因素或有没有考虑相关因素。

目的的适当是指具体裁量决定所追求的目的应当是法律授权的目的。比如，抓赌博是为了维持公序良俗，而不是为了创收。或者在追求法定目的的同时，不应该还存在着法律所不允许的附属目的或隐藏目的。比如，《行政强制法》第 7 条就规定："行政机关及其工作人员不得利用行政强制权为单位或者个人谋取利益"。

相关因素是指与作出的行政裁量决定之间，或者与行政裁量的各环节或各要素之间有着某种合理关联的具体因素。一般来讲，相关因素必须是和法律的授权规定或者整体法律相吻合的，对作出行政裁量决定的推理质量会产生一定的积极影响，合理考虑这些相关因素有助于推进和实现法律所体现的特定目的和政策。但是，如果行政机关在作出裁量决定时没有考虑法律要求考虑的相关因素，或者是考虑了法律没有要求考虑的不相关因素，就有可能导致行政裁量决定不合理。如行政处罚时没有考虑违法行为的后果是否严重、主观是故意或是过失、初次违法或是多次违法、违法后的认错态度等应当考虑的因素，而是考虑违法行为人的身份、地位等不应当考虑的因素，这就是不正当的考虑。

3. 合比例原则现代行政法面临的一个核心问题是如何将国家权力的行使保持在适度、必要的限度之内，特别是在法律不得不给执法者留有相当的自由空间之时，如何才能保证裁量是适度的，不会为目的而不择手段，不会采取总成本高于总利益的行为。这项任务就是通过比例原则来实现的。所谓比例原则，就是对行政手段与行政目的之间的关系进行衡量，甚至是对两者各自所代表、相互冲突的利益之间进行权衡，来保证行政行为是合乎比例的、是恰当的。

合比例原则要求政府实施行政行为时应当满足妥当性、必要性与均衡性三项原则性要求。①妥当性要求是指行政机关所采取的行为方法或手段，应当有助于达成其所追求的、为法律所预设和保护的目的。②必要性是指在众多能够达成行政目的的手段中，行政机关应当选择对个人权利限制或侵害最少的手段，也称最小损害原则。如《行政强制法》第5条规定："行政强制的设定和实施，应当适当。采用非强制手段可以达到行政管理目的的，不得设定和实施行政强制。"③均衡性是指行政机关对公民个人利益的干预不得超过实现行政目的所追求的公共利益，两者之间必须合比例或者相称，也称法益相称性原则。

三、程序正当

(一) 程序正当的涵义

正当程序原则起源于英国古老的自然正义原则，该原则已存在三个世纪，它包含两条基本规则：①任何人不应成为自己案件的法官。根据这一规则，行政机关实施任何行政行为，参与行为的行政工作人员如果与该行为有利害关系，或被认为有成见或偏见，即应回避，否则该行为属于违法或无效。②任何人在受到惩罚或其他不利处分前，应为之提供公正的听证或其他听取意见的机会。根据这一规则，公民在财产被征用、申请许可被拒绝，或受到行政处罚、行政强制或纪律制裁等不利处分前，行政机关均应事前给予其通知，告知处理根据、理由，听取其申辩意见。否则，该行为属于违法或无效。

正当程序原则后来在美国宪法修正案中以成文法形式被确定下来，被规定为："任何人未经正当法律程序不得剥夺其生命、自由或财产"。起初，美国宪法的这一规定适用范围较窄。20世纪以来，随着对生命、自由和财产的宽泛解释，这一条款适用的范围越来越广泛，甚至包括公民领取抚恤金、救济金和政府实施的福利行为，政府拒绝提供或取消提供福利的行为也要适用正当法律程序。而在此前，社会福利被认为是由政府恩赐给个人的特权（Privilege），与个人天生享有的生命、自由和财产等权利（Right）不同。20世纪中期以后，随着各国行政程序立法的发展，正当程序原则在世界许多国家得到确立和广泛适用，成为行政法的重要原则。

在行政法上，正当程序原则的基本含义是，行政机关作出影响行政相对人权益的行政行为时，必须遵循正当行政程序。正当行政程序必须满足以下要求：①必须有利于公民、法人或者其他组织参与行为过程并充分地表达意见，而且其不同意见能够被认真考虑；②必须有助于客观真实的发现和公正结果的产生，必须有助于避免个人偏见或歧视；③必须有助于对行政权力的合理制约，能够有效避免行政权力的肆意妄为；④必须有利于降低行政成本，有利于提高行政管理和服务的效率。

（二）程序正当的要求

正当程序原则的具体要求包括：

1. 程序公开。即行政行为除依法应当保密的以外，应一律公开进行；行政法规、规章、政策命令以及行政机关作出影响公民、法人或者其他组织权利、义务的行为标准、条件、程序应依法公布，允许公民、法人或者其他组织查阅、复制；有关行政会议、会议决议、决定以及行政机关及其工作人员的活动情况应允许新闻媒体依法采访、报道和评论。

2. 程序公正。即行政工作人员在执法过程中应当公正无私且不怀偏见，如果与相关当事人存在着某种利害关系，或者执法者本身持有某种偏见，则应当回避。行政机关在作出行政决定前，应该给可能受到影响的公民、法人或者其他组织一个发表意见或辩解的机会，让相关当事人充分表达意见，陈述理由，行政机关在听取相关当事人和利害关系人的意见之后再依法作出决定。

3. 确保参与。即行政机关应当建立通知和教示制度，确保公民、法人或者其他组织对行政行为过程和相关资讯的知悉和了解，必要时应当向相关当事人解释说明理由。行政机关应通过行政程序的双向甚至多向构造，积极使利害关系人参加到行政行为的形成过程之中，及时反映他们的意见，以保证行政行为的准确性、正确性。

4. 保障效率。即行政行为的方式、步骤、时限和顺序的设置，都必须有助于确保基本的行政效率，并在不损害相关当事人合法权益的前提下适当提高行政效率。行政效率是行政权的生命，没有基本的行政效率，就不可能实现行政权维护社会所需要的基本秩序的功能。但是，过分地强调行政效率，又会损及公民、法人或者其他组织的合法权益。因此，行政程序法的效率原则要求，提高行政效率不得损害公民、法人或者其他组织的合法权益，提高行政效率不得违反公平原则。

四、高效便民

（一）高效便民的涵义

在市场经济中，行政机关对社会的管理应当从管理型向服务型转变，行政机关要为公民、法人或者其他组织提供便捷、高效和优质的服务。因此，现代行政中特别强调、倡导"执法为民",并以人民满意作为衡量行政好坏的根本标准。行政机关实施行政管理应当高效便民,即行政机关实施行政管理,应当遵守法定时限,积极履行法定职责,提高办事效率,提供优质服务,方便民众。

近年来,高效便民原则受到高度重视。如《行政许可法》中确立的许可时效制度、相对集中许可制度、一个窗口对外制度等程序制度等,都是为了简化审批程序,减少审批时间,方便许可申请人。

(二)高效便民的具体要求

高效便民原则也是内涵十分丰富的原则,具体可以分为以下四点:

1. 行政应当高效。高效,即行政活动自身要对社会事务做出迅速有效的反应,并尽可能降低行政成本,有效实现公共利益。一个低效的政府其实不能有效地保证公共利益的实现,同样,也不能真正有效地保障公民、法人或者其他组织的合法权益。为此,行政效率首先要求行政机关积极履行法定职责,禁止不作为或者完全不作为;其次要求行政机关在实施行政管理过程中,要遵守法定时限,履行法定职责,禁止超越法定时限或者不合理延迟。

2. 行政应当经济。经济即以最小的投入取得最大的收益,行政管理活动应当坚持以最小的成本完成法律规定的各项行政职能,各级行政机关要节约行政成本,减少不必要的开支。要通过财政预算严格控制政府的各项支出,要将政府的各项支出向社会公开,并接受社会的监督;政府要将有限的财政资金运用到经济社会发展项目上来,严禁铺张浪费。

3. 行政应当便民。便民是我国法律制度的重要价值取向,它体现了国家权力的最终归属,因为行政权力的行使最终是服务于民的。为此,要求行政机关在实施行政管理活动时,要尽可能减少办事环节,为公民、法人或者其他组织提供便捷、优质的服务,不得在行政活动中增加相关当事人的程序负担,方便民众。

4. 行政应当为民。国家的一切权力都来源于民、依靠于民,也应当服务于民,国家行政权也应当服务于民生。行政机关实施行政管理应当想民之所想、急民之所急、忧民之所忧、乐民之所乐,要尽最大努力满足人民群众在物质和精神上的需求。应当坚决否定各种政绩工程、形象工程、豆腐渣工程。行政机关工作人员要切实做到权为民所用、情为民所系、利为民所谋。

五、诚实守信

(一)诚实守信的涵义

诚实信用原则是私法关系领域的一项基本原则,它导源于私法关系中的"契约应严守"。在市场经济条件下,诚实信用原则也同样适用于行政领域。行政机关实施行政管理活动应当坚持诚信原则,诚信原则在行政法领域的直接表现即为信赖保护原则。信赖保护原则的基本含义是:公民、法人或者其他组织对行政权力的正当合理信赖应当予以保护,行政机关不得擅自改变已生效的行政行为,确需改变行政行为的,对于由此给公民、法人或者其他组织造成的损失应当给予补偿。

信赖保护原则的基础是公众对自己国家及国家权力的信任，这种信任是公众安全感和对其工作、生活行为有明确预期的基本前提。如果这种信任没有得到很好的保护，甚至受到损害，公众个人权利、公共利益乃至整个社会都将处于不稳定、不连续的状态之中。我国《行政许可法》已将信赖保护原则作为重要原则之一，该法第 8 条规定："公民、法人或者其他组织依法取得的行政许可受法律保护，行政机关不得擅自改变已经生效的行政许可。行政许可所依据的法律、法规、规章修改或者废止，或者准予行政许可所依据的客观情况发生重大变化的，为了公共利益的需要，行政机关可以依法变更或者撤回已经生效的行政许可。由此给公民、法人或者其他组织造成财产损失的，行政机关应当依法给予补偿。"该条规定即体现了行政许可信赖保护原则。

（二）信赖保护原则的具体要求

信赖保护原则要求行政机关在行政活动中应诚信守信，具体应当做到以下要求：

1. 行政应相对稳定。依据法的安定性原理，在一个法治国家，行政行为应当具有相对稳定性和可预测性，以维护和实现法的安定性。行政行为相对稳定，才能够为公民、法人或者其他组织所预见，公民、法人或者其他组织才能安排自己的活动。如果行政行为变幻无常，公民、法人或者其他组织将无法预见到自己的行为后果，也就无法适从行政机关的管理和要求。

2. 行政不溯及既往。法不溯及既往是法治国家法律适用的一项基本原则，这项原则要求行政管理措施对于法律法规公布施行前已经终结的事项，原则上不应适用。行政不溯及既往，有利于保证公民、法人或其他组织不必为行政尚未干预的事项而担忧，是促进民众大胆进行创新不可缺少的基本条件。

3. 行政承诺应践行。行政承诺是行政机关单方面对其将来作为或不作为而作的表示，是行政机关自我课以的某种义务。行政机关应当积极践行承诺，如果行政机关不履行承诺，对相关公民、法人或者其他组织造成损害，就应承担责任。即使承诺违法，如果信赖利益大于公益，也承认违法承诺有拘束力。在合法承诺因情事变更而被行政机关收回时，应给相关当事人以补偿。

4. 行政变更受限制。行政机关的处理决定有违法瑕疵时，原则上可以由有权行政机关或法院依法撤销。但行政机关处于优越地位，行政决定一旦作出，即被推定为有效，为保护信赖该决定为合法的人民的利益，对违法行政决定是否撤销应综合权衡，而非仅仅为维护其合法性而简单撤销之。

六、权责统一

（一）权责统一的涵义

行政机关享有权力就应当承担相应的义务，不能只有权力没有义务，行政机关享有的权力和应承担的义务分别就是行政机关的行政职权和行政职责。行政机关的职权是行政机关从事某项活动的权力，但同时也是一种义务，即行政机关不可自行放弃这种权力，否则意味着失职。因此，行政机关的行政职权与行政职责具有统一性。同时，行政机关的实体权力和程序义务也是统一的，这种统一性表现在，行政机关享有某一种行政权力，公民、法人或者其他组织就拥有相应的程序上的权利，为保证公民、法人或者其他组织的程序权利，就要求行政机关履行相应的程序义务。因此，行政机关的实体权力与程序义务也具有统一性。

义务、责任与权力的统一，是一种理念，也是一条重要的立法原则。行政立法应根据行政行为的性质、种类的不同，在确定赋予行政机关相应行政权力的同时，也应当确定相应的行政职责及程序义务。制定法必须将义务、责任与权力在立法上予以明确，只有如此，在行政机关不依法行使职权，或不履行行政职责时，才能有效追究行政机关相应的法律责任。

（二）权责统一的要求

权责统一是民主政治的内在要求，是实行依法行政必须坚持的重要原则，具体包括以下五项内容要求：

1. 执法有保障。行政机关依法履行经济、社会和文化事务管理职责，要由法律、法规赋予其相应的执法手段。如果行政机关没有相应的手段，就不能有效地制止违法行为，这就需要法律、法规授予行政机关能充分保证其对国家事务管理的权力。

2. 有权必有责。行政机关违法或者不当行使职权，应当依法承担法律责任，实现权力和责任的统一。即法律、法规在授予行政机关权力的同时，要明确规定其应当承担的责任以及行使权力的条件和程序。

3. 用权受监督。权力必须受到监督，不受监督的权力必然导致腐败。为此，要加强对行政机关行使权力的监督，要进一步发展和完善各项监督行政制度，形成科学有效的权力运行制约和监督体系，使行政机关行使权力的行为处于党委、人大、政协、法院、检察院、审计、监察和社会舆论的监督之下。

4. 违法受追究。行政机关违法或不当行使权力的行为要受到追究。要依法撤销、变更或确认违法或不当的行政行为，并建立和完善对行政工作人员的纠错问责机制，要通过责令公开道歉、停职检查、引咎辞职、责令辞职、罢免等问责方式和程序追究违法违纪行政机关工作人员的责任。

5. 侵权须赔偿。行政行为违法侵害了公民、法人或其他组织合法权益的，要依照国家赔偿法的规定确定相应行政机关的赔偿责任，赔偿义务机关应当依法履行赔偿义务。

☞ 复习思考

一、选择题

1. 行政法的基本原则是（　　）。
   A. 行政民主原则　　　　　　B. 行政法治原则
   C. 科学行政原则　　　　　　D. 意思自治原则

2. 依法行政是法治国家对政府行政活动提出的基本要求，而合法行政则是依法行政的根本。下列哪些做法违反合法行政的要求？（　　）

A. 因蔬菜价格上涨销路看好，某镇政府要求村民拔掉麦子改种蔬菜

B. 为解决残疾人就业难问题，某市政府发布《促进残疾人就业指导意见》，对录用残疾人达一定数量的企业予以奖励

C. 孙某受人胁迫而殴打他人致轻微伤，某公安局决定对孙某从轻处罚

D. 某市政府发布文件规定，外地物流公司到本地运输货物，应事前得到当地交通管理部门的准许，并缴纳道路特别通行费

3. 下列关于行政合理性原则的表述，错误的是（   ）。

A. 行政合理性原则要求行政行为应建立在正当考虑的基础上，不得考虑不相关因素

B. 比例原则是行政合理性原则的子原则

C. 行政合理性原则产生的主要原因是行政自由裁量权的存在

D. 法律保留原则是行政合理性原则的重要内容

4. 关于行政法的比例原则，下列哪一说法是正确的？（   ）

A. 是权责统一原则的基本内容之一　　B. 主要适用于羁束行政行为

C. 是合法行政的必然要求　　　　　　D. 属于实质行政法治范畴

5. 程序正当是行政法的基本原则。下列哪些选项是程序正当要求的体现？（   ）

A. 实施行政管理活动，注意听取公民、法人或其他组织的意见

B. 对因违法行政给当事人造成的损失主动进行赔偿

C. 严格在法律授权的范围内实施行政管理活动

D. 行政执法中要求与其管理事项有利害关系的公务员回避

6. 权责一致是社会主义法治理念的要求，也是行政法的基本原则。下列哪些做法是权责一致的直接体现？（   ）

A. 某建设局发现所作出的行政决定违法后，主动纠正错误并赔偿当事人损失

B. 某镇政府定期向公众公布本镇公款接待费用情况

C. 某国土资源局局长因违规征地受到行政记过处分

D. 某政府召开座谈会听取群众对政府的意见

7. 《行政强制法》第5条规定："行政强制的设定和实施，应当适当。采用非强制手段可以达到行政管理目的的，不得设定和实施行政强制"，这一规定所体现的行政法的基本原则是（   ）。

A. 行政合法原则　　　　　　　　B. 行政合理原则

C. 行政公正原则　　　　　　　　D. 行政效率原则

8. A市政府在招商活动中与甲房地产公司确定开发某别墅山庄项目，并与甲房地产公司签订土地使用权出让合同，共出让土地770亩，甲公司按合同约定交纳了全部土地出让金，某别墅山庄如期建设并完工了60%。但后来按照省级政府批准的城市规划，此山庄所在地要规划一城市主体公园，因此市政府决定收回甲房地产开发公司的土地使用权，甲公司不服，向省政府申请复议并要求市政府给予一定经济补

偿。甲公司依照行政法来维护自己合法权益的基本原则是（　　）。
A. 合法行政原则　　　　　　B. 合理行政原则
C. 信赖保护原则　　　　　　D. 责权统一原则

9. 下列事项只能制定法律的是（　　）。
A. 国家主权事项　　　　　　B. 犯罪与刑罚
C. 民事基本制度　　　　　　D. 仲裁制度

二、名词解释

依法行政　法治政府　法律保留　法律优位　比例原则　正当程序原则　信赖保护原则　权责一致

三、简答题

1. 行政法基本原则的形式与内容需要具备哪些标准？
2. 行政法基本原则具有哪些功能？
3. 法治政府的基本内涵是什么？
4. 法治政府应当具备哪些基本标志？
5. 简述推进依法行政的必要性。

四、论述题

1. 为什么说依法行政是行政法的基本原则？
2. 试论我国当前推进依法行政的基本要求。

学习资源

［1］胡建淼、肖凤城："略论我国行政法的基本原则"，载《法学评论》1987年第6期。

［2］杨海坤："论我国行政法的基本原则"，载《上海社会科学院学术季刊》1990年第3期。

［3］胡建淼："关于中国行政法上的合法性原则的探讨"，载《中国法学》1998年第1期。

［4］马怀德："论行政法的基本原则"，载《黑龙江省政法管理干部学院学报》1999年第1期。

［5］余凌云："论行政法上的比例原则"，载《法学家》2002年第2期。

［6］黄学贤："行政法中的信赖保护原则"，载《法学》2002年第5期。

［7］章剑生："现代行政法基本原则之重构"，载《中国法学》2003年第3期。

［8］刘丹："论行政法上的诚实信用原则"，载《中国法学》2004年第1期。

［9］周佑勇：《行政法基本原则研究》，武汉大学出版社2005年版。

［10］城仲模：《行政法之基础理论》，三民书局1994年版。

［11］孙笑侠：《法律对行政的控制——现代行政法的法理解释》，山东人民出版社1999年版。

第三章 行政法上的法律关系

学习提要

行政法是调整行政关系的法，行政关系经行政法规范的调整后就转化成具有行政法上权利义务内容的行政法关系。行政法关系在主体、内容等方面有不同于其他法律关系的特点。行政法关系可以划分为行政管理法律关系、内部行政法律关系、行政监督法律关系和行政救济法律关系等类型，这些不同类型的关系实际上就是由行政主体及其工作人员、行政相对人与行政法制监督与救济主体之间相互组合形成的法律关系。因此，行政主体、行政相对人与行政法制监督与救济主体成为行政法关系的重要主体，它们因在不同的行政法关系中扮演不同的角色，而享有不同的（权利）权力，承担不同的义务（职责）。本章学习时需要理解行政法关系的基本内涵、构成要素，要重点掌握行政法关系的种类以及行政主体、行政相对人和行政法制监督与救济主体等内容，要一般了解行政法关系的变动及特别权力关系。

本章知识结构图

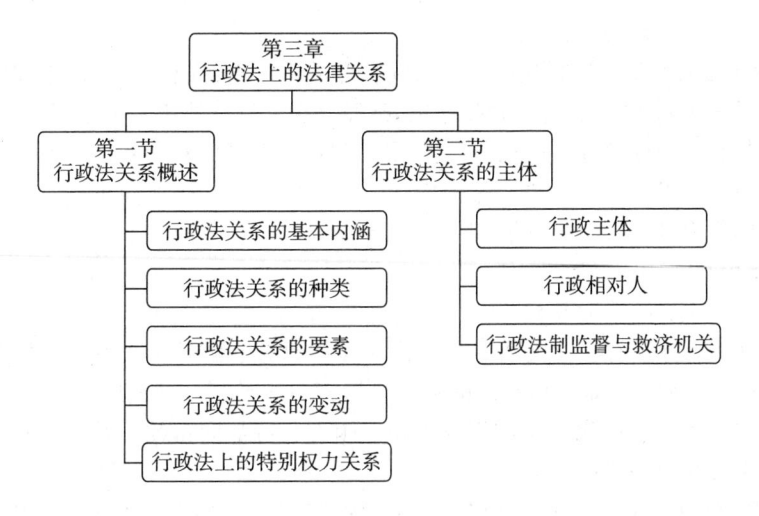

```
                  第三章
              行政法上的法律关系
                    │
        ┌───────────┴───────────┐
      第一节                   第二节
    行政法关系概述           行政法关系的主体
        │                         │
    行政法关系的基本内涵      行政主体
        │                         │
    行政法关系的种类          行政相对人
        │                         │
    行政法关系的要素          行政法制监督与救济机关
        │
    行政法关系的变动
        │
    行政法上的特别权力关系
```

第一节 行政法关系概述

法律是社会关系的调节器，不同的部门法调整着不同的社会关系，行政法调整的是行政关系。行政关系受行政法规范的调整从而转化成或者说表现为行政法上的法律关系，本书称之为行政法关系。

一、行政法关系的基本内涵

（一）行政法关系的概念

行政法关系是指受行政法规范调整的因行政活动而形成或存在的各种权利义务关系。这种法律关系包括在行政活动中所形成的行政主体与行政相对人之间的行政法上的权利义务关系，也包括因行政活动而产生或引发的行政监督关系或救济关系。这一概念可以从以下几个方面作进一步理解：

1. 行政法关系是受法律调整或约束的一种社会关系。社会关系不受法律调整时，仅仅表现为一种事实关系或者其他社会关系（如受道德规范调整而成为道德关系）。行政法关系作为一种法律关系，是行政关系受到法律调整后的表现形态。法律规范对行政关系的调整，既包括将已有的行政关系纳入法律规范的调整范围，又包括通过法律规则促进新的行政关系的形成，即创设新的行政法关系。从这个角度讲，行政法关系与行政关系是两个不同的概念范畴。

2. 行政法关系是因行政活动产生或引起的各种社会关系。国家在实现行政职能时必然产生大量的社会关系，离开了行政活动，就不可能有行政法关系的存在。行政活动既可能直接产生或形成某种社会关系（如行政处罚关系），也可能引发某种社会关系（如行政诉讼法律关系）。

3. 行政法关系是一种行政法上的权利义务关系。由行政活动所产生或引发的行政关系在受法律调整之前，作为客观事实已经存在，只是处于一种不规范、不统一、不稳定的状态。一旦受行政法规范调整后，关系的双方当事人便有了法律上明确的权利和义务，体现为一种抽象的行为模式，当出现了一定的法律事实时，这种行为模式便具体化为特定主体之间的权利和义务。因此，行政法关系是一种具体的、实实在在的权利义务关系。

（二）行政法关系的特征

行政法关系除具有法律关系的一般特征（如思想意志社会关系、以权利义务为内容、由国家强制力保证、以相应的现行法规定为前提等）外，还有自身的特征。由于行政法关系是"法化"了的行政关系，因而其特征同行政关系特征相吻合，主要具有以下方面的特征：

1. 国家行政机关或法律法规授权组织是恒定的一方主体。在行政法关系各方当事人中，必定有一方当事人是国家行政机关或法律法规授权组织。国家行政机关或法律法规授权组织或者是在行政管理关系中作为行政管理主体，或者是在监督行政关系中作为被监督的对象，或者是在行政救济关系中作为被请求对象。缺少了行政主体一方的参与的法律关系就不属于行政法关系。

2. 行政法关系的内容都与国家行政权力直接相关。行政法是调整行政权力的取得、行使以及对其进行监督和救济过程中发生的行政管理关系、内部行政关系、行政监督关系和行政救济关系等各种行政关系的法。在这些行政关系中，要么涉及对行政权的配置与协调，要么涉及对行政权的行使规制，要么涉及对行政权的行使监督，要么涉及对行政权的侵权救济，总之都与国家行政权有关。因此，国家行政权是各类行政法关系的核心纽带。

3. 行政法关系中各主体之间的地位不平等。行政法关系作为一种法律关系，尽管各法律关系主体都必须依法享有权利（权力）和履行义务（职责），但是，各种关系主体之间主要体现为一方主体对另一方主体的权力支配关系。如在行政管理关系中体现为行政主体对行政相对人的管理和支配关系，在内部行政关系中体现为上级机关对下级机关、行政机关对行政公务员的管理与支配关系，在行政监督关系中体现为监督机关对被监督行政机关或法律法规授权组织的监督管理关系，在行政救济关系中体现为救济机关对当事人的支配关系。在所有这些行政法律关系中，享有和行使国家权力的一方主体都处于优势地位，而公民、法人或其他组织等处于被支配、被管理地位，为了保护处于弱者地位的公民、法人或其他组织，行政法更应当强调对国家权力的规范和控制。

二、行政法关系的种类

行政法关系是法律调整行政关系后的表现形态，本书前面已经介绍过，行政关系包括行政管理关系、行政组织关系、监督行政关系和行政救济关系。相应的，行政法关系也有行政管理法律关系、行政组织法律关系、监督行政法律关系和行政救济法律关系。

（一）行政管理法律关系

行政管理关系受行政法规范的调整后便转化为行政管理法律关系。行政管理法律关系是指国家行政机关或法律法规授权组织行使行政权，作用于行政系统之外的公民、法人或其他组织而形成的一种行政法关系。在行政管理法律关系中，享有并行使行政权的国家行政机关或法律、法规授权组织是行政主体，受行政权作用的公民、法人或其他组织是行政相对人。因此，行政管理法律关系就是行政主体与行政相对人之间的权利义务关系。由于行政管理关系是行政关系的主干，相应的，行政管理法律关系也是行政法关系的主干。

（二）行政组织法律关系

行政组织关系受行政法规范的调整后便转化为行政组织法律关系。行政组织法律关系只发生在行政组织体内部，是指行政权力作用于行政系统之内而在该系统内部发生的各种行政法律关系。它具体包括上下级行政机关之间、行政机关与其内部机构之间、行政机关各内部机构之间、行政机关与其所属公务员之间、法律法规授权组织与其公务人员之间、委托行政机关与受委托组织或个人之间发生的各种行政法律关系。由于内部行政从属于行政管理法律关系，相应的，行政组织法律关系也从属于行政管理法律关系。

（三）监督行政法律关系

监督行政关系受行政法规范的调整后便转化为监督行政法律关系，也称为行政法制监督关系。是指国家有权机关在监督行政活动过程中，与行政主体及其工作人员之间形成的法律上的权利义务关系。因此，监督行政关系的一方当事人是监督者，在我国包括权力机关、司法机关、上级行政机关和专门行政监督机关，在本书中统称为行政法制监督主体；另一方当事人是被监督者，即实施行政管理活动的行政主体及其工作人员。

（四）行政救济法律关系

行政救济关系受行政法规范的调整后便转化为行政救济法律关系，有时也简称行政救济关系。是指行政救济机关根据公民、法人或其他组织的请求，在依法对行政行为进行合法性或合理性审查的基础上，作出向救济请求人提供或不予提供救济的决定而产生的各种法律上的权利义务关系。因此，在行政救济法律关系中，实际上存在三方当事人，一方是行政救济机关，也称行政救济主体，是指法律授权其受理公民、法人或其他组织的申诉、控告、检举和行政复议、行政诉讼的国家机关。主要包括受理申请、控告、检举的信访机关，受理行政复议的行政复议机关以及受理行政诉讼的人民法院。另一方是救济请求人，它是由行政管理法律关系中的行政相对人和利害关系人转化身份而来。还有一方是救济被请求人，它是由行政管理法律关系中的行政主体转化身份而来。行政法律关系根据行政救济途径的不同，可以进一步划分为行政信访关系、行政复议法律关系或行政诉讼法律关系等次一级法律关系。

三、行政法关系的要素

一般认为，法律关系包括主体、内容和客体三个要素，行政法关系也由行政关系主体、行政法关系内容和行政法关系客体三个要素构成。

（一）行政法关系主体

行政法关系主体又称行政法关系当事人，由于行政法关系包括行政管理法律关系、内部行政法律关系、行政法制监督关系和行政救济法律关系，从前述关于四类关系的概念分析可以看出，除内部行政法律关系仅仅是在行政主体内部产生的法律关系外，其他三类行政法关系都是由行政主体、行政相对人和行政法制监督与救济主体三者关系组合而成。行政主体与行政相对人之间产生行政管理法律关系，行政法制监督主体与行政主体之间产生行政监督法律关系，部分行政法制监督主体也是行政救济主体，它与行政相对人、行政主体之间共同形成行政救济法律关系。因此，行政法关系主体最主要的就是行政主体、行政相对人和行政法制监督与救济主体，只是它们在不同的行政法关系中所处角色地位不同，因而在称谓上也产生了相应的变化。由于行政法关系主体是构成行政法学的基本内容体系的重要概念，本书将在下一单元中作详细介绍。

（二）行政法关系内容

行政法关系内容是指行政法关系主体所享有（或行使）的权利（职权）和所承担的义务（职责）的总和。由于行政法关系主体主要是行政主体、行政相对人和行政法制监督与救济主体，相应的，行政法关系的内容也就是三类主体各自在行政法关系中所享有（或行使）的权利（职权）和所承担的义务（职责）。

由于行政主体在不同的行政行为中享有和行使不同的行政职权，所对应的行政职责也不相同，因此，通常在不同的行政行为立法中分别规定行政机关的职权和职责。现实中，行政管理活动形式多样，但一般将其类型化为（但不限于）：行政立法、行政决策、行政规划、行政命令、行政征收、行政处罚、行政强制、行政许可、行政给付、行政奖励、行政确认、行政裁决等行为。行政主体在上述行为中享有的职权和应当履行的职责将在对应的行政行为中再作详细介绍，在此不作展开分析。

行政相对人在不同行政法关系中的地位是不同的，相应的，享有的权利和承担的义务也是不同的。从总体上讲，行政相对人享有的权利主要包括申请权、参与权、知情权、正当程序权、批评建议权、申诉控告检举权、申请复议权、提起行政诉讼权、请求赔偿或补偿权以及抵制违法行政行为权等；行政相对人承担的义务则包括服从行政管理的义务、协助公务的义务、维护公益的义务、接受行政监督的义务、提供真实信息的义务以及遵守法定程序的义务等。

行政法制监督与救济主体在行政法关系中依法享有的监督职权与救济职责也因不同的监督与救济机关、不同的监督对象以及不同的监督方式而有所不同。具体内容在本书行政法制监督与救济法篇详细介绍，在此不作展开分析。

（三）行政法关系客体

行政法关系客体是指行政法关系主体的权利义务（职权职责）所共同指向的对象或标的，也即联系行政法关系主体之间权利义务的媒介。从本质而言，可以作为行政法关系客体的是体现一定利益的载体，主要有：

1. 物。物是现实存在的、能够为人们控制和支配的物质财富，包括有形物（如实物、货币）和无形物（智力成果、信息、专利、商标等）。大多数行政法关系都和物有密切联系，有的直接以物为客体，如行政机关对公共设施及道路、河川的管理；有的虽以行为为客体，但仍与物紧密相关，如海关对进出境人员的监管，主要是通过对其所携带物品的检查与放行来实现的。

2. 人身。人身是法律关系的主体在人格关系、身份关系上所体现的、与其自身不可分离并受法律保护的利益。在行政法律关系中，常常将人身作为客体，如在行政处罚关系中，人身就成为行政拘留权的客体。此外，在行政救助、行政奖励、行政确认、行政强制等行政行为中，人身常常成为对应法律关系的客体。

3. 行为。在行政法关系中，行为作为行政法关系客体的情形主要有：①作为行政管理法律关系客体的行为，这主要是行政相对人的行为；②作为行政服务法律关系的客体，这主要是行政主体的服务行为；③作为行政法制监督关系客体的行为，这主要是行政主体的行政行为；等等。

四、行政法关系的变动

行政法关系并不是静止不变的，基于一定的法律事实，它要经历产生、变更与消灭的变动过程。

（一）行政法关系的变动形态

行政法关系的变动形态有产生、变更和消灭三种。行政法关系的产生，是指由于一定法律事实的出现，而在行政法关系主体之间形成特定的权利义务关系的过程。行政法关系的变更，是指行政法关系在存续期间所发生的变化，它包括行政法关系主体的变更、权利义务的变更和客体的变更。行政法关系主体的变更如行政机关的合并、撤销或分离，行政法关系内容的变更如税款、罚款的减免，行政法关系客体的变更如行政处罚由行政罚款变为履行劳务。行政法关系的消灭，即行政法关系主体间的权利义务关系不再存在而完全消失。行政法关系的消灭包括主体、权利义务和客体的消灭。主体的消灭如当事人死亡或丧失资格，权利义务的消灭如义务履行完毕、行政行为被撤销，客体的消灭如作为客体的文物灭失。

（二）行政法关系的变动原因

行政法关系的产生、变更或消灭必须具备一定的前提和条件。任何法律关系都是以有关法律规定为前提的，没有相应的法律规定，就不可能产生什么法律关系。但是，法律规定本身只是法律关系成立的前提条件，还必须要有一定的事件发生或人们的实际行动，才能引起行政法关系的产生、变更和消灭。而导致行政法关系产生、变更或消灭的条件及根据就是行政法关系的变动原因，即法律事实。法律事实一般可分为两大类，一类是法律事件，即法定的客观现象，如自然灾害、人的出生或死亡等。另一类是法律行为或事实行为。法律行为即能产生法律效果的行为，无论是行政主体的行为还是行政相对人的行为，不论是作为还是不作为，不论是合法行为还是违法行为，都可以引起行政法关系的产生、变更或消灭。

五、行政法上的特别权力关系

（一）特别权力关系的概念

行政法上的特别权力关系理论起源于德国，德国公法学者 Paul Laband 为说明公务员因担任公职而对国君具有的忠诚与服从关系，首先使用了"特别权力关系"这一概念，后由 Otto Mayer 将其拓展至其他领域，从而建立了完整的理论体系。依据通说，特别权力关系是指为了达成特定的行政目的，国家非依据一般统治权，而系由于特别的法律原因，在特定的行政领域内所建立起来的一种特殊的公法上的权利义务关系。

（二）特别权力关系的形成

特别权力关系以公民的某种特定身份为前提，并以这种特定的身份为纽带，形成行政主体与某些公民之间的特殊联系。特别权力关系的形成主要有三种情形：一是基于法律的直接规定，如公民依兵役法被强制服役形成的兵役关系、公民依传染病防治法被强制治疗形成的医疗关系、公民因考试入学而形成的教育管理关系等；二是基于公民自主的意愿，如公民自愿报考公务员而形成的公职关系、公民自愿入党后与党组织之间形成的权利义务关系等；三是由于特定事实的发生，如公民因自然灾害而被采取紧急管制措施、公民因法院判决定罪而被采取监管措施等。

（三）特别权力关系的类型

依据德日及我国台湾地区传统的行政法学说，特别权力关系主要有三种类型：①公法上之勤务关系，主要有公务员与国家、军人与国家之间的关系；②公营造物之利用关系，主要有学生与学校，囚犯与监狱之间的关系；③公法上的特别监督关系，主要包括国家与公共团体、特许企业之间的关系。

（四）特别权力关系的特征

特别权力关系主要有以下三个方面的特征：①无法律保留原则的适用。在特别权力关系中，即使在无法律授权的情况下，行政主体仍可以自己制定的内部规定来限制成员的基本权利，这集中体现在行政主体依据自定规则对内部成员拥有的惩戒权方面；②内部成员的义务不确定。在特别权力关系中，行政主体享有概括的命令权，只要是在为行政目的服务的范围内，就可以自定规则为内部成员设置相应的义务，而内部成员只有忠实服从的义务；③外部法律救济途径的有限性。在特别权力关系中，行政主体享有完整的自主管理权，一般不允许内部成员对行政主体的自主管理行为提起任何外部法律救济。

（五）特别权力关系理论的发展

特别权力关系自产生以来，直至第二次世界大战前，一直盛行于欧洲大陆，并对日本及旧中国行政法理论产生了很大影响。第二次世界大战后，随着对二战的反思及人权保障理念的兴起，由于该理论忽视了对内部成员的基本人权保障，其合法性与正当性受到巨大挑战。德国《基本法》及联邦宪法法院1972年判例先后突破了特别权力关系理论，学术界也对该理论进行了发展，乌勒教授提出了基础关系与管理关系区分理论。"基础关系"是有关特别权力关系产生、变更与消灭的事项，"管理关系"是行政主体为达到行政管理目的而采取的内部管理措施，行政主体实施的涉及"基础关系"的行为适用法律保留原则，涉及"管理关系"的行为不适用法律保留原则。为克服区分"基础关系"与"管理关系"的困难，德国行政法学界还发展出了"重要性"理论。该理论认为，凡是行政主体实施的涉及内部成员基本权利的"重要事项"，都必须适用法律保留原则，内部成员亦可获得司法途径的救济。

第二节 行政法关系的主体

行政法关系主要是由行政主体、行政相对人和行政法制监督与救济机关三者之间的不同关系组合而产生的法律关系，因此，这三类主体便成为行政法关系中最主要的法律关系主体。

一、行政主体
（一）行政主体的内涵

行政主体是指代表国家以自己的名义行使行政权，作出影响公民、法人或其他组织权利、义务的行政行为，并由其本身对外承担因此而产生的行政法律责任，在行政诉讼中通常能作为被告应诉的行政机关和法律法规授权的组织。行政主体的这一定义揭示了行政主体以下几个特征：

1. 行政主体的存在形式是组织而不是个人。组织是两人以上的组合体，组织在一定条件下可以成为行政主体，但行政机关公务员个人不能成为行政主体。在行政管理活动中，尽管具体的管理行为大多数由行政机关公务员实施，但他们都是以所在行政机关的名义而不是以个人的名义进行。

2. 行政主体是代表国家享有和行使行政权、履行行政职能的组织。行政主体享有的行政权具体体现为行政主体享有的行政职权与承担的行政职责。一般私权利组织、政党、团体、企事业单位不能行使行政职权，从而不能成为行政主体，立法机关、司法机关不享有行政权，也不能成为行政主体。

3. 行政主体是能够以自己的名义行使行政权的组织。在实践中，一些事业单位或企业单位也可能受行政机关委托行使行政权，对相关国家事务或社会公共事务实施行政管理，但这些企事业单位只能以委托行政机关的名义实施管理活动，从而不是所实施行政行为的行政主体。

4. 行政主体是由其本身就自己行使职权的行为对外承担法律责任的组织。行政机关的内部机构及其公务员虽然能够对外行使职权（以行政机关的名义），但他们行使职权的行为不是由他们本身而是由所属行政机关对外承担法律责任，因此，他们不能成为行政主体。从严格意义上说，行政主体的责任实际上是国家责任，行政主体只是在形式上代表国家承担责任，但只有行政主体才有资格代表国家承担相应的法律责任。

（二）行政主体的类型

如第一章所述，行政权分为国际行政权、国家行政权和社会行政权。与此相对应，以自己的名义享有和行使不同层次行政权的行政主体也就不同，理论上应当包括国际行政活动中的行政主体、国家行政活动中的行政主体和社会行政活动中的行政主体。一般而论，在国际行政领域中，享有和行使国际行政权的行政主体主要是国际行政组织。在国家行政领域中，享有和行使国家行政权的行政主体包括国家行政机关和法律、法规授权组织。在社会行政领域中，社会公权力组织也可以是行政主体，即社会公权力组织根据自己的章程，对内对外行使一定的公权力，具备行政主体资格。但我国现行国内行政法规范调整的行政主体，主要是享有和行使国家行政权的行政主体，具体是各级各类国家行政机关以及法律、法规授权的公共组织。

(三) 行政主体的地位

准确地讲，行政主体只是行政管理法律关系和内部行政法律关系中的一种称谓。在行政管理活动中（包括外部行政管理活动和内部行政管理活动），行政主体处于管理者的地位，在形式上有权以自己的名义独立行使行政职权，承担形式上的责任。从实质上说，行政主体是代表国家进行管理，其行为的后果和责任应归属于国家。在行政管理活动中，行政主体有权按照法律的规定对有关事务进行处罚、审批、强制等，也有义务依法为行政相对人提供各项服务；行政相对人则有服从和协助行政主体实施行政管理的义务，也有权要求行政主体履行行政职责。当行政主体的行为侵权时，行政相对人还有权请求救济。

但在行政法制监督关系和行政救济法律关系中，行政机关或法律法规授权的组织并不是行政主体。在行政法制监督关系中，行政主体处于被监督的地位，是监督的对象；在行政救济法律关系中，行政主体处于行政救济被请求人的地位。在这两种法律关系中，行政机关或法律法规授权的组织，实际不再享有和行使行政权，而只是作为被监督者和行政救济被请求人享有相应的权利（而非权力）并履行相应的义务。因此，行政主体只是行政机关或法律法规授权的组织在行政管理法律关系和内部行政关系中的统一称谓，而在行政法制监督关系和行政救济法律关系中，则不能称之为行政主体，而是用其他称谓。如在行政复议中称为被申请人，在行政诉讼中称为行政诉讼被告，在行政赔偿中称为行政赔偿义务机关。

二、行政相对人

(一) 行政相对人的含义

行政相对人也称行政相对方，有广义与狭义之分。广义的行政相对人是指在行政管理法律关系中与行政主体相对应的另一方当事人，即行政主体作出的行政行为影响其权益的公民（自然人）、法人或其他组织。狭义的行政相对人是指行政行为直接指向的公民、法人或其他组织。本书从广义上使用行政相对人概念。广义的行政相对人具有以下几个特征：

1. 行政相对人是指处在行政管理法律关系中的个人、组织。任何个人、组织如果不处在行政管理法律关系中，而是处在其他法律关系中，就不具有行政相对人的地位，就不能赋予其"行政相对人"的称谓。

2. 行政相对人是行政管理法律关系中处于被管理与服务地位的一方当事人。行政管理法律关系不同于民事法律关系，双方当事人的法律地位是不平等的，行政主体一方享有国家行政权，能依法对对方当事人实施管理，作出影响对方当事人权益的行政行为；而另一方当事人即行政相对人是个人、组织，有义务服从管理，必须依法履行相应行政行为所确定的义务。

3. 行政相对人是指在行政管理法律关系中，其权益受到行政主体行政行为影响的个人、组织。行政主体对行政相对人权益的影响有时是直接的，如行政处罚、行政强制、行政征收、行政许可等；有时影响可能是间接的，如行政主体批准公民甲在依法由公民乙经营的土地上建房，该批准行为对甲公民权益的影响是直接的，而对乙公民权益的影响是间接的。作为个人、组织，无论其权益受到行政主体行为的直接影响还是间接影响，都是行政相对人。

（二）行政相对人的范围

行政相对人的范围在法律规范中的常用表述为"公民、法人或其他组织"，因此，行政相对人的基本存在形式可以是个人，也可以是组织。

1. 个人。作为行政相对人的个人主要是指公民。在绝大多数行政管理领域，与行政主体发生法律关系的对方当事人都可能是公民。如在行政许可、行政强制、行政处罚、行政征收、行政给付、行政裁决等行为中，公民都可以成为这些行为的直接或间接对象，从而成为行政管理法律关系中的行政相对人。

国家公务员在执行国家公务时是所属国家机关的代表，不具有行政相对人的地位。但他在非执行公务时，则具有普通公民的身份，同样要接受各种有关的行政管理，成为行政管理法律关系的行政相对人。

非中国公民的外国人和无国籍人处在中国境内时，必须遵从中国的法律，接受中国行政机关的行政管理，从而要与作为行政主体的行政机关和法律法规授权的组织发生各种行政管理法律关系，成为行政管理法律关系中的行政相对人。

2. 组织。作为行政相对人的组织主要是指各种具有法人地位的企事业组织和社会团体，包括在我国取得法人资格的外国企事业组织。行政主体对社会、经济、文化等各项事业进行管理，其主要对象是各种法人组织。行政主体为实现行政管理目标，经常要对各种法人组织实施各种行政行为，如批准、许可、征收、统计、裁决、处罚等。在这些行政行为引起的行政管理法律关系中，法人组织都处于行政相对人的地位。

除了法人组织外，非法人组织也可成为行政管理法律关系中的行政相对人。所谓"非法人组织"，是指经有关主管部门认可，准许其成立和进行某种业务活动，但不具备法人条件，没有取得法人资格的社会团体或经济组织。非法人组织虽然不具有法人资格，但同样必须接受国家行政管理，成为行政管理法律关系中的行政相对人。

国家机关在行使相应国家职权时，是国家职权行为的主体，不能成为行政相对人。但国家机关实施非职权行为或处在非行使职权的场合、领域，如处在治安、交通、消防、卫生、环境、规划、文化、体育等领域，则同样要接受相应行政主体的管理，相应行政主体同样可以依法对之实施有关的行政行为。在这种场合，国家机关处于与一般法人或非法人组织基本相同的地位，是行政相对人。

组织作为行政相对人与行政主体打交道时，应由其法定代表人代表（非法人组织由其负责人代表）。组织的其他成员未取得组织法定代表人或负责人的授权，不能以组织的名义与行政主体发生行政管理法律关系。

（三）行政相对人的分类

依据不同的标准，可以对行政相对人进行不同的分类。其中重要的分类有以下两种。

1. 直接行政相对人与间接行政相对人。行政相对人以与行政主体行政行为的关系为标准，可以分为直接行政相对人和间接行政相对人。直接行政相对人即狭义的行政相对人，是行政主体行政行为的直接对象，其权益受到行政行为的直接影响，如行政许可、行政给付的申请人，行政征收的被征收人，行政处罚的被处罚人，等等。间接行政相对人即利害关系人，是其权益受到行政行为的间接影响的、直接行政相对人以外的其他公民、法人或其他组织，如治安处罚关系中受到被处罚人行为侵害的人，行政许可关系中其权益可能受到许可行为不利影响的、与申请人有利害关系的人，等等。直接行政相对人和间接行政相对人都是广义的行政相对人，其权益受到行政行为侵害后可以依法申请行政救济，但法律规定的救济途径、方式可能会有所差异。而且，其权益受到行政行为影响的间接行政相对人在什么范围内可以作为申请人请求行政救济，必须以法律规定为限。

2. 作为行为的相对人与不作为行为的相对人。行政相对人以影响其权益的行政行为的方式为标准，可分为作为行为的行政相对人和不作为行为的行政相对人。行政相对人权益受到行政行为作为影响的称为"作为行为的相对人"，如行政征收、行政强制、行政裁决、行政处罚、行政许可的行政相对人均为作为行为的相对人。行政相对人的权益受到行政行为不作为影响的称为"不作为行为的相对人"，如行政机关不履行法定职责、导致其人身权或财产权被侵害的相对人，行政机关不履行依法发给其抚恤金职责或者对其申请许可证照的请求不予答复的相对人，等等。作为行为的对方行政主体容易识别和确认，相对人权益受到侵犯时较容易获得行政救济；不作为行为的对方行政主体有时较难识别和确认，某种法定职责究竟应由哪一行政主体履行，相对人可能一时难以了解，甚至有时法律的相关规定就不太明确，从而导致不作为行为的相对人在权益受到侵犯时寻求法律救济比较困难。同时，法律对作为行为的相对人和不作为行为的相对人规定的救济途径、方式也有所区别。

（四）行政相对人的地位

行政相对人在行政法关系中的地位主要表现在以下三个方面：

1. 行政相对人是行政主体管理和服务的对象。行政相对人必须接受并服从行政主体的管理，履行行政主体行政行为为之确定的义务，遵守行政管理秩序，否则，行政主体可以依法对之实施行政强制或行政处罚。但同时，行政相对人也可以请求行政主体履行法定职责以实现行政服务。

2. 行政相对人也是行政管理的参与人。在现代社会，行政相对人不只是被动的管理对象，同时也要通过各种途径、各种形式，积极地参与行政管理，如通过批评、建议、信访、听证会、意见征求会等形式参与行政立法和其他各种行政规范性文件的制定，通过获取告知、陈述意见、提出申辩、提供证据、参与听证、辩论等行程序参与具体行政行为的实施。行政相对人对行政管理的参与是现代民主的重要体现。

3. 行政相对人在行政救济法律关系和行政法制监督关系中可以转化为行政救济和监督的请求权主体。行政相对人在其合法权益受到行政主体侵犯后，可以依法申请法律救济，成为行政救济法律关系中的请求权主体。同时，作为行政相对人的个人、组织，在宪法关系中是国家权力的归属者，从而对行政主体行使国家行政权的行为可以实施监督，成为行政法制监督的间接主体。

三、行政法制监督与救济机关

（一）行政法制监督与救济机关的概念

行政法制监督与救济机关是指根据宪法和法律授权，依法定方式和程序对行政职权行使者及其所实施的行政行为进行法制监督，对受到行政行为侵害的行政相对人提供权利救济的国家机关。行政法制监督与救济机关实际上是行政法制监督机关与行政救济机关的合称，但实践中，行政救济机关要实现对行政相对人合法权益的救济，往往需要通过对造成行政相对人合法权益损害的违法或不当行政行为予以纠正才能实现，因此，对行政相对人权利的救济也是对行政主体权力的监督，行政救济机关往往也是行政法制监督机关。但反过来，对行政行为的监督并不一定都能实现对行政相对人权利的救济。如行政监察制度和行政审计制度等专门行政监督制度，主要实现的就是行政监督功能，而很难实现对行政相对人的权利救济。

在我国，行政法制监督与救济机关具有以下几个特点：①多样性。在我国，依法对行政主体及其工作人员享有监督权的国家机关不仅包括权力机关、司法机关，还包括行政机关自身，即行政主体的上级行政机关和专门行政监督机关。②法定性。行政法制监督与救济途径是法制化的制度，因此，对行政主体及其工作人员可以行使监督权，对受行政行为损害的行政相对人可以提供救济的组织也是法定的，并非任何机关或组织都可以在法外提供监督或救济。③公权性。行政法制监督关系和救济关系中，被监督和救济的对象是行政权，因此，必须通过权力制约权力的形式才能实现对行政权的监督和对相对人权利的救济，普通民众的权利无法直接实现这种监督和救济，只能依赖国家权力来实现监督和救济。

（二）行政法制监督与救济机关的范围

根据我国行政法制监督和救济机关的法定性特征，在我国，行政法制监督与救济机关包括国家权力机关、司法机关和行政机关。

我国权力机关是由全国人民代表大会和地方各级人民代表大会及其常务委员会组成的。根据宪法规定，行政机关由人民代表大会产生，是权力机关的执行机关，对它负责，受它监督。我国权力机关基于宪法的授权对行政机关及其工作人员实施监督，这种监督具有民主性、权威性和全局性等特征。

我国的司法机关包括人民法院和人民检察院，因此，对行政机关及其工作人员的行政行为的司法监督理论上包括审判监督和检察监督。但在我国已经形成具体法律制度的主要是人民法院对行政机关及其工作人员的诉讼监督，即行政诉讼制度。人民法院的监督具有法律性、权威性和最终性等特征。

行政机关对行政主体的监督主要是行政系统内的上级行政机关以及专门行政机关对行政主体及其工作人员所进行的监督。在我国，上下级行政机关之间存在着领导与监督关系，上级机关当然享有对下级行政机关的领导和监督权。在我国，行政系统内部还设置有专门行使监督权的专门行政监督机关，即行政监察机关和行政审计机关，它们依法对行政活动享有专门的监督权。

在我国，作为执政党的中国共产党常常也对行政机关及其工作人员行使行政职权、履行行政职责的活动实施监督，但这种监督并非法制化的直接监督形式。中国共产党的监督主要是通过对行政机关中具有党员身份的行政工作人员的监督来实现对行政活动的监督，因此，这种监督具有间接性。而且，中国共产党的监督更多是政治监督而非法律监督，中国共产党不是严格意义上的行政法制监督与救济主体。

我国《宪法》还确认了公民对国家机关活动的监督权、检举权、控告权等，因此，有学者认为公民以及社会企事业法人单位或非法人单位，也是行政法制监督主体；在现实中，新闻媒体对违法或不当行政活动的曝光实际上也起到了监督作用。但不论是公民的监督权，还是社会团体、单位或新闻媒体的监督，都不是法定化的直接监督形式，它们必须通过相关国家机关的法制化的权力监督途径来实现对行政主体及其工作人员的法制监督以及对行政相对人的权利救济。因此，不是法定的行政法制监督与救济主体。

复习思考

一、选择题

1. 下列属于行政法律关系构成要素的是（　　　）。
   A. 行政法律关系的主体　　　B. 行政法律关系的内容
   C. 行政法律关系的客体　　　D. 行政法律关系的变动

2. 下列关于行政法律关系特征的表述，正确的是（　　　）。
   A. 行政法律关系中必有一方是行政主体
   B. 行政法律争议只能由法院通过司法程序解决
   C. 行政法律关系主体的权利义务一般由当事人约定
   D. 行政法律关系是平等、对称性的法律关系

3. 某消费者协会根据消费者的举报对一商场出售的品牌皮鞋进行了查验，之后经质量监督局确认该商场存在商品欺诈行为，并予以处罚。请问在本情景中，处于行政相对人地位的是（　　　）。
   A. 某消费者协会　　　　　　B. 消费者
   C. 商场　　　　　　　　　　D. 质量监督局

4. 下列关于行政管理法律关系与监督行政法律关系的表述正确的是（　　）。

   A. 行政主体在行政管理法律关系中居于主导地位，在监督行政法律关系中处于受监督地位

   B. 行政管理法律关系与监督行政法律关系都是多重复杂的行政法关系

   C. 行政管理法律关系与监督行政法律关系都具有不平等性

   D. 行政管理法律关系的客体是物质财富、精神财富和行为，监督行政法律关系的客体是行政行为

5. 下列关于监督行政法律关系的表述，正确的是（　　）。

   A. 监督行政法律关系是一种多重的、复杂的法律关系

   B. 监督行政法律关系不包含行政诉讼法律关系

   C. 监督行政法律关系主体之间的权利义务具有对等性

   D. 监督行政法律关系是以行政相对方为监督对象的法律关系

6. 行政法关系的主体包括（　　）。

   A. 行政主体　　　　　　　B. 行政公务员

   C. 行政相对人　　　　　　D. 行政法制监督机关

7. 下列关于行政主体与行政法关系主体之间关系的说法，错误的是（　　）。

   A. 行政主体在行政管理关系中占有主导地位，而且是行政法关系主体中最重要的一种

   B. 行政主体在各种行政法关系中均可构成一方关系主体

   C. 行政主体在行政监督法律关系中不具有行政主体地位

   D. 行政主体与行政法关系主体实际上行政法上的同一概念

8. 关于行政相对人的说法，正确的是（　　）。

   A. 行政相对人只能是受行政行为直接影响的个人或组织

   B. 行政相对人只能是法人，非法人组织不能作为相对人

   C. 行政机关也可能行政相对人

   D. 国家公务员不可能作为行政相对人

9. 行政相对人的法律地位体现为（　　）。

   A. 是行政管理行为的对象

   B. 是行政管理活动的参与人

   C. 是行政救济法律关系中的救济对象

   D. 是行政法制监督关系中的监督主体

10. 下列具有行政主体资格的是（　　）。

    A. 接受区人民政府委托从事计划生育管理工作的居委会

    B. 国家工商行政管理总局根据《商标法》规定设立的商标评审委员会

    C. 某县公安局内设的法制科

    D. 某县政府信访办公室

11. 行政相对人在行政主体作出与自身权益有关的，特别是不利的行为时，有权陈述自己的意见，这是相对人的（　　）。

A. 了解权　　　　B. 申辩权　　　　C. 申诉权　　　　D. 建议权

二、名词解释

行政法关系　特别权力关系　行政主体　行政相对人　行政法制监督机关　行政救济机关

三、简答题

1. 简述行政法上法律关系的特征。
2. 简述行政法上法律关系的种类。
3. 简述行政主体的特征。
4. 简述行政相对人的特征。

四、论述题

1. 试述行政主体在各类行政法关系中的地位。
2. 试述行政相对人在各类行政法关系中的地位。

五、案例分析

案情：朱某于2010年11月被某县人大常委会决定任命为县教育局局长。2011年4月该县委召开常委会议，决定免去朱某县教育局总支书记和教育局局长的职务。朱某对县党委的决定不服，欲诉诸法律解决。

问题：（1）朱某与县教育局之间是否存在行政法律关系？为什么？

（2）朱某与县委之间的问题能否适用行政法解决？为什么？

拓展阅读

［1］胡建淼："行政关系和行政法律关系"，载《政治与法律》1984年第5期。

［2］罗豪才、方世荣："论发展变化中的中国行政法律关系"，载《法学评论》1998年第4期。

［3］杨解君、温晋锋："行政法律关系新论"，载《南京大学法律评论》1998年第1期。

［4］王成栋："行政法律关系基本理论问题研究"，载《政法论坛》2001年第6期。

［5］敖双红："试论我国内部行政法律关系——兼论西方'特别权力关系'"，载《当代法学》2002年第4期。

［6］杨海坤、章志远："行政法律关系基本理论问题探析"，载《河南省政法管理干部学院学报》2004年第1期。

［7］李仁燕："高校内部行政法律关系论"，中国政法大学2007年博士学位论文。

［8］周兰领："论政府与公立学校的行政法律关系"，中国政法大学2007年博士

学位论文。

　　[9] 郑春燕:"现代行政过程中的行政法律关系",载《法学研究》2008年第1期。

　　[10] 鲁鹏宇:"论行政法学的阿基米德支点——以德国行政法律关系论为核心的考察",载《当代法学》2009年第5期。

　　[11] 袁曙宏等:《行政法律关系研究》,中国法制出版社1999年版。

　　[12] 方世荣:《论行政相对人》,中国政法大学出版社2000年版。

第四章 行政违法及其责任

学习提要

　　行政法在依法赋予行政法关系主体各方权利或职权的同时，也要求各方依法履行相应的法定义务或职责，行政法关系主体各方不履行行政法规范设置的义务或职责时就构成行政违法，就应当承担相应的行政法律责任。行政主体及其行政公务人员有违法或不当实施行为的情形是对其实施行政法制监督的前提和原因，行政相对人有违法行为是对其实施行政处罚或行政强制的前提和原因。因此，行政违法和行政法律责任的相关基础理论，是我们后面学习行政行为理论和行政法制监督与救济理论前必须掌握的前期基础知识。本章第一节对行政违法的基本内涵、构成要件和主要分类逐一进行了介绍，第二节介绍了行政法律责任的基本内涵、构成、种类及形式以及追究等知识。本章知识的学习要记住行政违法和行政法律责任的基本内涵及构成要件，要理解并掌握行政违法和行政法律责任的类型、行政法律责任的追究原则及免于追究情形；要了解行政法律责任的追究途径。

本章知识结构图

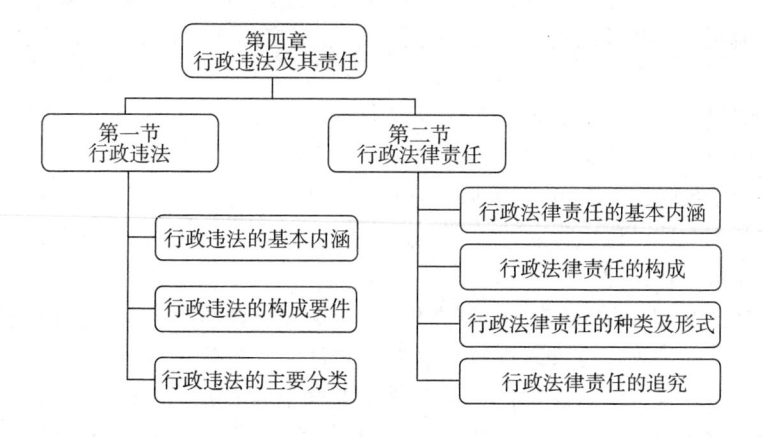

```
                    第四章
                  行政违法及其责任
                   ┌──────┴──────┐
               第一节            第二节
              行政违法         行政法律责任
                 │                 │
          ┌──────┤          ┌──────┤
          │行政违法的基本内涵│      │行政法律责任的基本内涵│
          ├──────┤          ├──────┤
          │行政违法的构成要件│      │行政法律责任的构成│
          ├──────┤          ├──────┤
          │行政违法的主要分类│      │行政法律责任的种类及形式│
                             ├──────┤
                             │行政法律责任的追究│
```

第一节 行政违法

一、行政违法的基本内涵

（一）行政违法的概念

行政违法这一概念有广义和狭义之分。广义的行政违法是指行政法律关系主体违反行政法律规范所规定的义务，破坏了受法律保护的行政法律关系，对社会造成一定程度的危害，但尚未构成犯罪的行为。广义的行政违法包括行政主体一方的行政违法和行政相对人一方的行政违法。

狭义的行政违法有两种观点。一种观点专指行政主体一方的行政违法行为，即国家行政机关、法律法规授权组织、受委托组织及行政公务人员实施的违反行政法律规范的行政行为；另一种观点则专指行政相对人一方的违法行为，是指公民、法人或其他组织违反行政法律规范所规定的义务，危害国家、社会公益或个人、组织的合法权益，尚未构成犯罪而应当给予行政制裁的行为。

> 注意：由于学界对"行政违法"概念的使用并不统一，请特别注意本书对该概念的界定。同时，请注意本书对"行政违法"与"违法行政"概念的区别使用。

本书中所称的"行政违法"采用广义，对于行政主体一方的行政违法行为，本书使用"违法行政"这一概念称之。因此，本书使用的行政违法与违法行政是两个不同的概念。

（二）行政违法的特征

行政违法的特征是行政违法区别于其他性质违法的具体表现，也是行政违法本质的外在表现。与民事违法、刑事违法和违纪行为等相比较，行政违法具有如下特征：

1. 行政违法的主体是行政法律关系主体。从违法的主体来看，行政违法的主体首先必须处于行政法律关系之中，也就是说，违法行为的主体以行政主体或行政相对人的资格出现时，才有可能构成行政违法。应当注意的是，作为行政法律关系一方主体的行政主体，违反行政法律规范所规定的义务，是由其公务员或者从业人员的具体行政行为作出的。

2. 行政违法是一种尚未构成犯罪的行为。从侵害的程度来看，行政违法是一种尚未构成犯罪的行为。行政违法与犯罪都是对社会有害的行为，都违反了相应的法律规范。但是，二者既有质的区别又有量上的联系和差异。质的区别表现为：两者由不同的法律规范（分别为行政法律规范和刑事法律规范）所调整，依法被追究不同的法律责任（分别为行政责任和刑事责任）。其量上的联系与差异表现为：行政违法与犯罪相比较，其对社会的危害程度较轻微。若某种行政违法的后果严重，对社会的危害程度大，则可能被刑法规定为犯罪。因此，社会危害程度的大小、轻重成为划分犯罪与行政违法的基准。某种行政违法一旦上升为犯罪，就不再由行政法律规范调整，而归入刑事法律规范的调整范围。

3. 行政违法是违反行政法律规范的行为。从侵害的对象来看，行政违法首先是对法律规范的违反，而不是单纯的违纪行为。任何违法，均是对一定法律规范的违犯。仅仅是违反了党纪、团纪以及其他社会团体章程的行为，不构成违法，也不构成行政违法。其次，行政违法是违反行政法律规范，侵害行政法律规范所调整和保护的行政关系的行为。其他的违法行为，如违反民事等其他法律规范，侵害法律保护的其他关系的行为，不能构成行政违法。

4. 行政违法的法律后果是承担行政法律责任。从承担的法律后果来看，行政违法的法律后果是承担行政责任。现代国家行政法治的原理要求"有法必依，违法必究"，即违反行政法律规范，不履行法定义务或者不依法履行法定义务，构成行政违法的任何人、任何组织，都必须接受法律制裁，绝不容许游离于法律之外。因此，任何行政违法主体，都必须对其行政违法行为承担法律责任。

二、行政违法的构成要件

行政违法的构成要件，是指行政法律规范规定的、构成行政违法所必须具备的条件。具体表现为：

（一）行为人负有行政法规范设定的义务

行政法律关系的内容主要体现在对各主体的权利（权力）、义务（职责）的规定。行政违法是行政法律关系主体对行政法规范所设定的作为义务和不作为义务的违反。因此，具有相关的法定义务，是构成行政违法的重要条件之一。行政主体依法享有行政管理的权力，同时负有必须履行职责的义务。然而，不同的行政主体的具体义务并不相同。特定的法律规范所规定的义务，一般要求特定的行政主体及其公务员来履行。某一行政主体及其公务员所负有的义务，并不一定适用于其他行政主体及其公务员。所以，要确定行政法律关系主体的某种义务是否构成行政违法，必须首先确认其是否具有相关的法定义务。

（二）行为人未履行行政法规范设定的义务

行政法律关系主体享有行政法上的权利（权力），同时负有行政法上义务（职责）。仅有法定的义务，行政违法还只是一种可能性，只有当行政法律关系主体没有履行或者未依法履行相关的义务时，才能构成行政违法。没有不履行法定义务的行为，就不存在行政违法的问题。也就是说，行政违法必须有违反法定义务的行为存在，仅仅是试图违反法定义务的思想意识活动不构成行政违法。并且，这种行为是违反行政法律规范的，不履行法定义务的作为或者不作为，它破坏了法律规范所保护的行政关系，对社会具有一定的危害性。

（三）行为人未履行义务源于主观上的过错

根据法学原理，行为人在主观上有过错，是构成违法的要件之一。所谓主观过错，是指行为人实施行为时的一种心理状态，包括故意和过失两种形态。故意，是指能够预见其行为的损害后果并希望其发生；过失，是指对其行为的结果应该预见，而由于疏忽大意未能预见，或者虽然预见到，但由于轻信这种行为所造成的损害后果可以避免而未采取相应的措施，从而导致损害后果的发生。

但是，由于行政违法一般都是比较轻微的违法行为，加上行政法注重效率，因此，只要行为人实施了违反行政法规范所确定的义务的行为，就视其存在故意或者过失，即具备了过错的要件，因而构成了行政违法，不必再追究其主观因素，只是法律另有规定的除外。当然，行政主体对其公务员的违法行为，要考虑是否存在主观过错的问题，即要考虑实施违法行为的公务员是否存在故意或者重大过失，以确定是否需要追偿的问题。

三、行政违法的主要分类

行政管理活动的复杂性以及行政违法主体的多样性，决定了行政违法行为的多样性。根据不同的标准，从不同的角度，行政违法可以进行多种分类。

（一）行政主体的违法与行政相对人的违法

根据行政法律关系主体的不同，可以将行政违法分为行政主体的违法与行政相对人的违法。行政主体的违法和行政相对人的违法所引起的责任后果，在内容和形式上都有所不同。

行政主体的违法称为违法行政，具体可分为国家行政机关的行政违法、公务员的行政违法、被授权组织的行政违法、被委托组织或者个人的行政违法。具体而言，国家行政机关的行政违法，由行政机关自身承担行政责任；公务员的行政违法，由其所属行政机关承担行政责任，再由该行政机关对有故意或者重大过失的公务员行使追偿权；被授权组织的行政违法，由该组织承担行政责任；被委托组织或者个人的行政违法，由委托行政机关承担行政责任，再由委托行政机关依据委托关系追究该组织或者个人的相关责任。行政相对人的行政违法，是指行政相对人在行政管理过程中，由于不履行行政法上的义务，破坏行政管理秩序，而依法承担的由相应的作为行政主体的行政机关或法律法规授权组织追究的行政法律责任。行政主体的行政违法，承担的是国家责任，行政相对人的行政违法，承担的是行政责任。这两种责任统一于行政法律责任之下。

（二）作为的行政违法和不作为的行政违法

根据行政违法表现方式和状态的不同，行政违法又可分为作为的行政违法和不作为的行政违法。作为的行政违法，是指行政法律关系主体以作为的方式实施了行政法规范所禁止的行为，如行政主体滥用职权、超越职权；行政相对人实施了行政法规范所禁止的违法行为。不作为的行政违法，是指行政法律关系主体未履行行政法规范要求其作为或按特定方式作为的义务，即未履行（包括没有正确履行）法定义务的状态。不作为的行政违法的构成要件有三：一是行为人依法具有法定的作为义务；二是行为人具有作为的可能性；三是行为人没有履行或没有全面履行作为义务。

（三）实质性行政违法和形式性行政违法

根据内容和形式的不同，行政违法可以分为实质性行政违法和形式性行政违法。

实质性行政违法，又称实体上行政违法，是指行政法律关系主体的行为在内容上违反了行政法律规范的实质性要件。具体表现为：①行为主体不合法；②行为超出了行为主体的法定权限；③意思表示不真实；④行为的内容同行政法律规范所规定的目的、原则和规则相悖。

形式性行政违法，又称程序上行政违法，是指行政法律关系主体的行为，在形式上违反了行政法律规范的形式要件。具体表现为：①行为的作出和实施不符合行政法律规范所规定的程序；②行为的表现形式不符合法律规范所规定的形式。

实质性行政违法所引起的法律后果，是依据实体法追究行为主体的惩罚性行政责任，而形式性行政违法所引起的法律后果，一般是依据程序法追究行为主体的补救性行政责任。实质性行政违法往往被撤销，从其发生时即没有法律效力；而形式性行政违法一般经过有效的补救措施，仍能发生法律效力，有些亦可被撤销。

（四）内部行政违法和外部行政违法

根据行政的范围及与行政相对人的关系，行政违法可分为内部行政违法和外部行政违法。

内部行政违法，是指行政主体内部在组织、领导、指挥、监督等环节中发生的行政违法行为，如上级行政机关对下级行政机关进行违反其权限规定的指挥、监督等。外部行政违法，是指行政主体和行政相对人，在行政管理活动中发生的行政违法行为，如行政机关非法拘留公民，行政相对人不履行行政行为所确定的义务等。

内部行政违法和外部行政违法的救济手段不同。前者限于行政救济，而后者不仅可以进行行政救济，而且还可以借助司法救济。

第二节　行政法律责任

一、行政法律责任的基本内涵

（一）行政法律责任的概念

行政法律责任，通常简称行政责任。与行政违法相对应，行政责任也有广义与狭义之分，狭义的行政责任也有行政主体的法律责任与行政相对人的法律责任之别。广义的行政责任是指行政法律关系主体由于违反行政法的规定而应承担的法律后果。行政责任并不是仅指行政主体因其行政活动违法而承担的法律责任，还应当包括行政相对人在行政管理过程中，由于不履行行政法上的义务，依法应承担的法律责任。行政责任是相对于刑事责任、民事责任而言的一种法律责任。这种法律责任的前提，是有违反行政法而不是其他部门法的行为，而且该行为所要承担的后果也是行政法而不是其他部门法规定的后果。

行政法律责任中的"法律责任"一词，是因违法行为而必须承担的特定义务。

这种义务的特定性在于，它不是与权利对应的义务，而是滥用权利或不履行法定义务而被法律加重了的义务，它与原法定义务（也有学者称之为第一性的义务）的区别在于：①作为法律责任的义务是具有惩戒性或者强制履行性的义务；②作为法律责任的义务多数是在原义务基础上另行加重的义务。

（二）行政法律责任的特征

行政法律责任有下列基本的特征：

1. 行政法律责任主体的特定性。行政法律责任主体，必须是行政法律关系主体及参与行政法律关系的国家公务员。这就意味着：其一，承担行政法律责任的主体，既可以是国家行政主体及其执行行政公务的工作人员，也可以是作为行政相对人的公民、法人或者其他组织。其二，只有在行政法律关系之中，才会发生行政法律责任后果。如果行政主体及其工作人员以及其他公民、法人或者其他组织不具有行政法律关系的主体的资格，或没有参与行政法律关系，就不可能产生行政法律责任问题，也就不可能成为行政法律责任的主体。

2. 行政法律责任原因的特定性。行政法律责任，是行政法律关系主体违反行政法律规范设置的义务所引起的法律后果。在行政管理活动中，行政法律关系主体应当履行法定的职责和义务，当行政法律关系主体不履行法定职责和义务时，便违反了行政法律规范所引起的法律后果，但这种法律后果不是违反刑事法律规范或者民事法律规范以及其他规范所引起的。因此，如果行政法律关系主体没有行政法律规范设置的义务，就没有行政法律责任。

3. 行政法律责任追究机关的多样性。行政法律责任的追究机关不像刑事责任、民事责任追究机关那样只限于司法机关。由于行政法律责任是多样化的，分别针对行政主体、行政公务人员、行政相对人甚至一些法律监督主体，因而行政法律责任的追究机关也是多种的。其中行政相对人的行政法律责任直接由行政主体以行政程序来追究，而行政主体、行政公务人员等的行政法律责任则以权力机关、司法机关、上级行政机关、行政复议机关、专门的审计和监察机关等作为追究机关。此外，追究行政法律责任的程序也是多样化的，有权力机关的特别监督程序、行政机关的行政程序、司法机关的司法程序等。可以说，行政法律责任的追究程序，是一套复杂的制度体系。

二、行政法律责任的构成

（一）行政法律责任构成的含义

行政法律责任的构成，亦即行政法律责任的构成要件，是指行为人承担行政法律责任必须具备的标准或者必要条件。它与行政违法的构成要件既有内在联系，又有明显的区别，两者不能混为一谈。行政违法的构成要件旨在判定行为人的某一行为是否违反了行政法律规范，是否构成行政违法的标准，也是区分合法行为与违法行为的基本标准。而行政法律责任的构成，则在于确认某一行为人违反行政法后是否应承担行政法律责任。所以，行政法律责任的构成所要解决的问题是：其一，对行为人的行为是否要追究行政法律责任；其二，对行为人的行为应追究何种行政法律责任。行政法律责任的构成，以行为人的行为已经构成行政违法为基础和条件，是确认行为人违法行为的法律后果及其性质的标准。

（二）行政法律责任的构成要件

行政法律责任的构成具体包括以下要件：

1. 行为人的行为已经构成了行政违法。这是构成行政法律责任的必备前提条件。如前所述，行政法律责任是行为人违反行政法的行为所应承担的后果，如果离开了行政违法行为的客观存在，行政法律责任便无从发生。对尚未构成行政违法的行为人追究行政法律责任，其本身即属违法行为。因此，有违反行政法的行为存在，是构成行政法律责任必不可少的条件。

2. 行为人有承担行政法律责任的能力。所谓行政法律责任能力，是指行政违法的行为人，在法律上具有以自己名义承担行政法律责任的实际能力和资格。如果行为人不具有行政法律责任能力，即使其行为违反了行政法规范，也不能被追究或者被要求承担行政法律责任。在认定行为人是否具有行政法律责任能力时，对不同的对象有着不同的要求。通常对于机关、法人、非法人组织以及行政工作人员而言，认定其责任能力没有特殊要求；而对于行政相对人中的公民而言，认定其具有责任能力，必须要求其达到法定责任年龄，有正常的智力甚至生理状态，否则不得追究其行政法律责任。例如，《行政处罚法》第25条规定"不满14周岁的人有违法行为的，不予行政处罚……"；第26条规定"精神病人在不能辨认或者不能控制自己行为时有违法行为的，不予行政处罚……"。

3. 须有追究行为人行政法律责任的依据。这是行政法律责任的法定原则，即行为人违反行政法的行为，必须在情节、后果上达到一定的程度，才会追究其行政法律责任。其基本含义有如下两点：①对应予追究行政法律责任的违法行为，法律、法规等有明确的规定。即使行为人实施了行政违法行为，但法律、法规并没有规定应当追究其行政法律责任或者规定了应当免除其行政法律责任的，就不得追究其行政法律责任。例如，《行政处罚法》第27条第2款规定："违法行为轻微并及时纠正，没有造成危害后果的，不予行政处罚"。②对应予追究行政法律责任的形式，如行政处罚、行政处分等，法律、法规有明确规定的，有权的国家机关只能采用法定责任形式，追究行政违法者的行政法律责任。

三、行政法律责任的种类及形式

行政法律责任按照承担责任主体的不同，主要可以分为三种：

（一）行政主体的法律责任

行政主体的法律责任，是指行政主体因违反行政法规范而应承担的法律责任。行政主体的法律责任有的要向国家承担，有的要向行政相对人承担。其中，当行政主体作出的违法行政行为不涉及行政相对人但损害了国家、社会公共利益时，就要向国家承担法律责任；当行政主体作出的违法行政行为侵害了行政相对人的合法权益时,则要向相对人承担法律责任。行政主体承担行政法律责任的形式具体包括撤销违法行政行为、纠正不当行政行为、强制履行法定职责或承担行政赔偿责任等。

(二)行政公务人员的法律责任

行政公务人员的法律责任,是指行政公务人员因违反行政法规范而应承担的法律责任。行政公务人员的法律责任是一种个人责任,这种个人责任主要源于行政公务人员的两种违法情况:①在行政机关内部管理中,行政公务人员违反内部管理制度,破坏了行政机关的内部秩序,因而要对国家承担纪律处分责任。②行政公务人员在代表行政机关对外管理时,由于个人的故意违法或者重大过失,致使行政行为违法并造成了对方合法权益的损害。对此,行政机关就其违法行政行为向行政相对人承担法律责任后,可以向行政公务人员追偿,行政公务人员要承担被追偿责任。

(三)行政相对人的法律责任

行政相对人的法律责任,是指行政相对人因违反行政法规范而应承担的法律责任。行政相对人的法律责任也是一种个人责任,这种责任主要是向国家承担的,因为其违法行为主要侵害了国家和社会的公共利益、破坏了国家的行政管理秩序。当然,行政相对人的违法行为在破坏国家行政管理秩序的同时,还可能侵害他人的合法权益,因此还可能承担其他的法律责任。行政相对人承担行政法律责任的方式有:承认错误并纠正违法行为、接受行政处罚、接受行政强制、履行法定义务或依法赔偿损失等。

四、行政法律责任的追究

行政法律责任的追究,是指有权机关根据法律规范的规定和行政法律责任的构成要件,按法定程序和方式,对行政法律关系主体行政法律责任的认定、追究的过程。

(一)追究行政法律责任的原则

1. 责任法定原则。法治行政的原则,不仅要求行政上的义务人严格按照行政法律规范履行其应履行的义务,而且要求对违反行政法律规范的义务人责任的追究,必须依法进行。也就是说,对违反行政法律规范的行为,不追究法律责任不行,不依法追究法律责任也不行。责任法定,是指只有法律规范上的明文规定,才能成为确认和追究违法责任的依据,对违法责任的确认和追究,必须严格依法进行,并严格限制类推适用。只有这样,才能有效地防止追究责任的任意性,真正实现法治行政。

2. 责任与违法程度相一致原则。责任和违法程序相一致的原则,要求适用于违法责任者的法律责任的种类和形式等,必须与违法行为所造成的损害后果,以及违法行为的情节和行为人的责任能力等相一致,必须根据违法行为的程度适用适当的责任形式,选择适当的强度和方式。追究违法行为的责任,是为了给予受到损害的权益适当的补救,惩罚违法行为责任者,以达到教育的目的。如果确认违法责任畸轻,遭受损害的权益就得不到有效的补救,对违法责任者也起不到警戒的作用。反之，如果确认违法责任畸重，也不能实现追究法律责任的目的。对补救性的违法责任而言，若让行政主体及其公务员承担过重的责任，则国家将受到损失；若让行政相对人承担过重的责任，则容易导致人民对行政的不信任，影响政府在人民群众心目中的形象。对惩戒性的违法责任而言，若惩罚过重，受惩罚者将会产生抵触情绪，不利于良性循环的行政管理秩序的建立和完善。因此，追究行政法律责任，必须严格遵守责任和违法程序相一致的原则。

3. 补救、惩戒和教育相结合的原则。违法责任的追究，往往表现为对违法责任者的惩罚，其最终目的或者说最重要的目的在于对受损害的权益的补救，以恢复法治社会的正常秩序。但是，仅靠惩罚或者科处补救性义务，并不一定能有效地控制和防止行政上违法行为的发生。一定程序的惩罚是必要的，而惩罚的目的是教育并使违法责任者更好地履行职责或者义务，最终建立良好的社会法制秩序。所以，在确认和追究违法行政责任时，对责任种类、方式和强度等的选择，都应体现补救、惩罚和教育相结合的原则。

（二）免于追究行政法律责任的情形

在特定情况下，虽然行政法律关系主体的行为符合行政违法的构成要件，并且在事实上对行政关系产生了一定危害，但如果该违法行为符合行政法规定的免责条件，就应当依法不追究行为人的行政法律责任。在实践中，只要行为人的行政违法行为符合下列法定免责条件的，就可以免除其行政法律责任：①行政违法行为的情节特别轻微。行政违法行为"情节特别轻微"一般是指行政违法行为处于预备阶段或中断状态，或只是产生了十分轻微的违法后果。②追究行政法律责任的时效届满。如违反治安管理行为在6个月内没有被公安机关发现的，不再处罚。③行政违法行为旨在保护更大利益。如行为人基于正当防卫、紧急避险或见义勇为而实施违法行为的，应当免除行为人的行政法律责任。④基于不可控制的原因发生行政违法。如盲人违反交通信号灯过马路，公民被胁迫盗窃、卖淫，行政机关要求公民捕杀野生保护动物。⑤行为人在行政违法后表现可嘉。如行政违法行为人主动承认错误并及时改正的，或行为人有检举立功表现的，可以免除行为人的行政法律责任。⑥行为人无承担行政法律责任的能力。如不满14岁的公民、精神病人在不能辨认或者不能控制自己行为时违反治安管理的，不予治安处罚。

（三）追究行政法律责任的途径

承担行政法律责任的主体不同，追究责任的途径也不同。

1. 追究行政主体行政法律责任的途径。根据我国现行法设置的行政法制监督体制，追究行政主体行政法律责任的途径是由人大机关、上级行政机关、专门行政机关、人民检察院或人民法院依职权或依行政相对人的申请，对行政行为进行合法性或合理性审查，并判令该主体承担相应的行政赔偿责任。

2. 追究行政公务员行政法律责任的途径。根据我国现行法设置的行政法制监督体制，追究行政公务员行政法律责任的途径主要是由人事行政机关、行政监察机关或行政审计机关实施行政处分或行政追偿。

3. 追究行政相对人行政法律责任的途径。根据我国现行法设置的行政管理体制，追究行政相对人行政法律责任的途径主要是由行政机关实施行政处罚、行政强制等。

复习思考

一、选择题

1. 下列各项中有关行政违法的表述，正确的是（   ）。
   A. 行政违法的主体是行政主体及其工作人员
   B. 行政违法行为是违反行政法律规范的行为
   C. 行政违法与犯罪仅有量上的不同而没有质的区别
   D. 行政违法的法律后果不具有可制裁性

2. 根据行政的范围及与行政相对人的关系，行政违法可分为（   ）。
   A. 行政主体的行政违法和行政相对方的行政违法
   B. 实质性行政违法和形式性行政违法
   C. 内部行政违法和外部行政违法
   D. 作为行政违法和不作为行政违法

3. 实质性行政违法所引起的法律后果是依据实体法追究行为主体的（   ）。
   A. 补救性行政责任   B. 惩罚性行政责任
   C. 行政赔偿责任   D. 教育性行政责任

4. 可能成为行政违法主体的有（   ）。
   A. 行政机关   B. 法律法规授权的组织
   C. 外国公民   D. 非法人组织

5. 下列行为属于行政违法行为的是（   ）。
   A. 违反行政规章的行政行为   B. 违反党纪的行政行为
   C. 违反社会团体章程的行政行为   D. 违反学校纪律的行为

6. 下列关于行政责任的表述，正确的是（   ）。
   A. 行政责任主体是行政法律关系主体
   B. 行政责任主体只能是公务员
   C. 行政责任是一种法律责任
   D. 行政责任就是行政侵权责任

7. 下列哪种行政行为应该免除对行为人行政责任的追究？（   ）。
   A. 超越行政职权   B. 滥用行政职权
   C. 紧急避险行为   D. 行政违法行为

8. 将行政违法划分为作为行政违法和不作为行政违法的标准是（   ）。
   A. 行政法律关系主体   B. 行政违法的内容和形式
   C. 行政违法的方式和状态   D. 行政的范围

9. 下列属于外部行政相对人承担行政责任形式的是（　　）。
   A. 行政追偿　　　　　　　　B. 接受行政处罚
   C. 行政处分　　　　　　　　D. 履行职务
10. 下列行为属于应免除行政责任的是（　　）。
    A. 某环保部门违法责令某公司停业整顿的行为
    B. 某城管执法人员暴力执法致人受伤的行为
    C. 某警察在执行任务中为避让行人采取的紧急避险行为
    D. 某国家机关公务员严重失职造成重大损失的行为
11. 根据行政违法方式和状态的不同，行政违法可分为（　　）。
    A. 内部行政违法与外部行政违法
    B. 行政主体的违法和行政相对人的违法
    C. 作为行政违法和不作为行政违法
    D. 实质性行政违法和形式性行政违法
12. 下列属于行政主体和公务员承担行政责任的方式的是（　　）。
    A. 行政赔偿　　B. 行政处罚　　C. 行政处分　　D. 通报批评

二、名词解释
行政违法　行政责任

三、简答题
1. 简述行政违法的特征。
2. 简述行政违法的构成要件。
3. 简述行政法律责任的构成要件。
4. 简述追究行政法律责任的原则。
5. 简述免于追究行政法律责任的情形。

四、论述题
试述行政法律关系主体各自承担行政法律责任的主要形式。

拓展阅读

[1] 胡建淼："试探行政违法"，载《杭州大学学报（哲学社会科学版）》1986年第2期。

[2] 苏尚智："关于行政违法行为及其法律责任"，载《政法论坛》1988年第2期。

[3] 应松年："论行政违法"，载《法学杂志》1988年第3期。

[4] 姜明安："行政违法行为与行政处罚"，载《中国法学》1992年第6期。

[5] 许海波："略论行政违法的构成要件"，载《政法论丛》2003年第2期。

[6] 朱新力：《行政违法研究》，杭州大学出版社1999年版。

[7] 杨解君：《行政违法论纲》，东南大学出版社1999年版。

[8] 胡建淼主编：《行政违法问题探究》，法律出版社2000年版。

第二编　行政组织法

第五章　行政组织法的一般原理

学习提要

行政组织法是行政法规范的三大组成部分之一，本章是行政组织法的总论部分，共三节内容。第一节介绍了行政组织法的概念、功能与地位等内容，指出行政组织法是行政法的重要组织部分之一，是规范行政的组织过程和控制行政组织的法，是公共行政合理有效组织的法律基础。第二节介绍了行政组织法的基本原则，具体包括依法组织原则、行政分权原则和组织效率原则。第三节介绍了行政组织法的内容体系，目前我国的行政组织法体系尚不完善，内容也不齐全，这是我国行政法规范建设最为薄弱的环节。从应然和广义的角度，行政组织法包括行政机关组织法、行政机关编制法、公务员法和公物法四大部分内容，除公务员法部分外，其他各部分尽管有不少重要的法律文件，但尚未制定统一的法典，完整的规范体系尚未形成。学习本章时，需要理解行政组织法的概念和功能，依法组织原则、行政分权原则和组织效率原则的含义及要求，要重点理解和掌握行政组织法的内容体系，要了解行政组织法的地位及行政组织法各部分的内容体系。

本章知识结构图

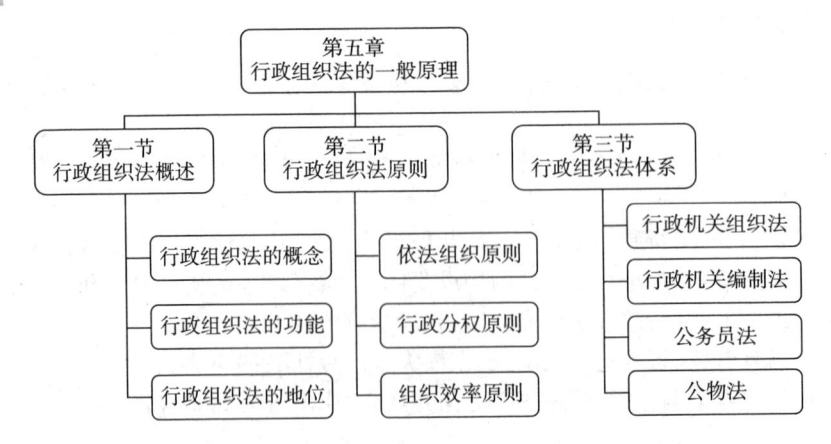

```
                第五章
           行政组织法的一般原理
                  │
        ┌─────────┼─────────┐
     第一节      第二节      第三节
   行政组织法概述  行政组织法原则  行政组织法体系
       │           │           │
   行政组织法的概念  依法组织原则   行政机关组织法
       │           │           │
   行政组织法的功能  行政分权原则   行政机关编制法
       │           │           │
   行政组织法的地位  组织效率原则   公务员法
                               │
                              公物法
```

第一节 行政组织法概述

一、行政组织法的概念

何谓行政组织法，学术界并没有完全一致的定义。本书认为，行政组织法可界定为规范行政组织过程和控制行政组织的法律规范的总称。这一定义可以从以下几个方面来理解：

1. 行政组织法是规范行政组织过程的法。行政是国家管理不可缺少的重要组成部分，如何组织行政，是中央统一集权还是地方分权自治，将哪些事务纳入国家行政管理的范畴，设置哪种类型的行政组织来实施管理等，都是组织行政过程中不可回避的问题。另外，对行政的组织问题是由立法机关控制（法律保留），还是由行政机关自行负责（行政保留），如何保证行政组织过程中的民主、公正和理性，如何进行行政体制改革，组建权力适当、机构精简、运行高效的行政组织体，这些问题都需要从法律上解决，都属于行政组织法的统领范畴。

2. 行政组织法是规范和控制行政组织的法。这是行政组织法的核心功能。规定行政的组织规模和规定行政的组织过程同样重要，只不过对行政组织规模的规制是一种静态的规范和控制，而对行政组织过程的规制则呈现出动态性。行政组织一旦为有权机关设定，既要有法律的充分保障，也要受到法律的严格制约。在保障方面，我们在要求行政机关坚持"法定职责必须为、法无授权不可为"原则的同时，国家必须通过行政组织法来授予各级国家行政组织足够的行政权力，以保证各级组织能够有效地管理和服务社会。在控制方面，基于权力总是会自我膨胀的历史经验，为防止行政组织规模的随意扩大，国家必须通过行政组织法来控制行政组织的规模和结构，依最低需要原则，规定行政组织的行政职能不得随意增减，行政系统的组织结构不得随意改变，行政编制的规模不得随意突破。

3. 行政组织法是对与组织行政和行政组织有关的法律规范的总称。我国对行政组织加以规范的有宪法、法律、法规和规章等不同层次的法律文件。我国现有的行政组织法的法源，除《宪法》关于行政权与行政组织的规定外，主要有以下几部重要的法律文件：《地方各级人民代表大会和地方各级人民政府组织法》（1979）、《国务院组织法》（1982）、《国务院行政机构设置和编制管理条例》（1997）、《公务员法》（2005）、《地方各级人民政府机构设置和编制管理条例》（2007）、《公安机关组织管理条例》（2006）、《行政机关公务员处分条例》（2007）等。可见，我国的行政组织法不是指一个单一的法律文件，而是一系列的法律、法规和规章的集合。行政组织法治比较发达的国家，大都有一套完备的行政组织法规体系，如美国、日本等。我国台湾地区也十分重视行政组织法的体系建设化，于1999年颁布实施的"地方制度法"是比较完善的地方政府组织法。相比较而言，我国大陆的行政组织法立法尚有待完善。

二、行政组织法的功能

行政组织法的功能是指行政组织法可以发挥的作用。在很大程度上，行政组织法的功能是由其基本内容和法律固有的规范性、强制性等特点所决定的。本书认为，从整体上讲，行政组织法的核心功能是规范行政的组织过程和控制行政组织，具体体现为以下几个方面：

（一）为公共行政组织提供法律上的依据

现代公共行政十分复杂艰巨，需要法律技术支持。行政主体制度、行政委托制度、行政分权制度、公务员制度等都离不开法律的确认、规范和保障。因此，行政组织法的首要功能是服务于公共行政的需要。公共行政的开展需要人、财、物、组织机构等各种手段，需要在个人和国家、政府和市场、政府与社会之间进行合理分工，这都需要借助法律手段才能实现。尤其是一些复杂的制度安排，如吸引民间资本参与共有公共设施建设的 BOT 制度，更离不开法律规范。随着社会的进步，公共管理本身对法律制度的依赖日益加重。

（二）保障行政组织的民主、理性和公正

对行政的组织，涉及行政的基本组织形式，行政权的范围，行政组织的规模等重大问题，关涉到广大民众的自由、权利和义务。因而，行政的组织过程需要公民的参与，并应建立在理性和公正的基础上。行政组织法在这方面起着重要的保障作用。首先，行政组织法可以保障公民对行政组织过程的直接参与。如规定行政的基本组织制度由立法机关确定，规定公民有权对行政机关的设置和行政机关的权限提出自己的意见等。其次，行政组织法可以保障行政组织过程和结果的理性和公正。行政组织的过程中，采用何种组织管理形式，设定哪些行政权，设置哪些行政机关，确定多大的行政组织规范等，都需要反复的调查、研究、论证，需要在程序上予以规范和保障。行政组织法正是通过对行政组织的合理设定来确保行政组织结果的合理和公正。

（三）合理设定和分配行政权

这里对行政权的设定包括创设、分配和调整行政权力。行政组织法合理设定行政权的功能具体表现在以下几个方面：首先，合理创设行政权力。创设行政权并确定其界限的首要依据是宪法，但宪法的规定往往比较原则和抽象，需要通过行政组织法来加以细化。一方面，行政组织法可以对行政组织的权限作出统一明确的规定；另一方面，行政组织法可以根据社会的发展，创设新的行政权力或对宪法的规定作出新的阐释。其次，合理分配行政权力。行政权力的分配包括纵向的权力分配和横向的权力分配。行政组织法在行政权的分配上具有独特的优越性。一方面，行政组织立法会比任何决定形式都慎重得多，它需要详细的论证和民众的广泛参与，因而在权力分配的合理性上较有保障；另一方面，涉及权力分配的组织法一旦制定出来，就具有相对稳定性，可防止因人设事，减少人为因素的影响。最后，合理调整行政权力。行政组织法可以根据社会发展的需要、政府职能的转变，适时对行政组织的

权力进行调整,包括赋予行政组织新的权力、取消原有的权力或是对行政权力重新进行分配。

(四) 规范行政组织的设置

行政组织法在这方面的功能尤其突出。具体表现在:①行政组织法可以确定行政组织的合理结构。行政组织由不同性质、地位和层级的行政机关有机构成,其结构直接影响到行政管理的质量和效率,进而影响到相对人的利益。行政组织法以法律的形式来规定其内部关系,实现行政组织结构的合理化。②行政组织法可以明确行政机关的设置标准。行政机关的设置标准一旦为行政组织法规定,即可将行政机关的设置纳入理性的轨道,防止其设置的随意性和非理性。③行政法可以明确行政机关的设置程序。不同地位、性质的行政机关,其设置程序也不相同。重要的行政机关原则上都需要通过立法程序,由立法机关设置。其他行政机关的设置、调整可由行政机关决定,但都需要经过严格的论证程序,以保障其设置的科学合理。

(五) 控制行政组织的规模

由于现代社会行政事务日益增多,而行政组织又缺乏内在的自我约束机制,因此,在整体规模上,行政组织有自我膨胀的趋势。行政组织整体规模增长的失控将造成两大弊端,一是维持庞大的行政组织要消耗大量的国家财力,机关、人员越多,公民的负担就越重,国民将不堪重负;二是人浮于事,行政效率低下。过去我们虽常强调精简人员,但都没有达到预期目的,公务员的总数不但没有减少,反而不断增长,这足以说明对行政组织整体规模控制之必要。行政组织法可以从实体和程序两个方面对行政组织的规模进行控制。

三、行政组织法的地位

(一) 行政组织法在行政法体系中的地位

行政组织法是行政法的组成部分之一,在行政法体系中占有重要地位。

1. 行政组织法是行政法的基本组成部分。行政法是规范和控制行政权的法,行政法通常包含三大部分,即行政组织法、行政行为法和行政法制监督与救济法。从行政的过程来看,行政可分为对行政的组织阶段和行政权的运作阶段,行政组织法是对行政组织阶段的直接规范,如由谁设定行政权和行政组织,如何设定行政权和行政组织等。因此,行政组织法是行政法的主要组成部分。

2. 行政组织法是行政行为法的基础。行政的运作包括三大要素,即管理机关、权限和程序及方式。这里,管理机关的形式及权限需要行政组织法规定。缺乏行政组织的完善立法,行政行为将会处于无序状态。目前,由于我国行政组织的相关立法不完善,行政机关的设置及其职能分配有些混乱,职能重叠、交叉或是管理空缺都客观存在,导致行政管理和服务活动中,部分领域出现多头执法、重复执法、交叉执法现象的同时,又在部分领域出现无人执法、监管空缺的局面。

3. 行政组织法可以推动行政救济法的完善。在我国,行政救济制度包括行政复议制度、行政诉讼制度和行政赔偿制度等。行政组织法对行政主体制度的规定,将为行政诉讼被告的确认、行政行为责任的承担提供法律依据。行政组织法对行政机关的设置、权限的规定，也将为行政案件的审理提供标准，如主体是否违法，行政行为是否越权等。

（二）行政组织法在行政实践中的地位

行政法规范和控制行政权的首要途径是通过行政组织法来规范和控制行政权的权源，行政组织法是公共行政合理有效组织的法律基础。现代公共行政正朝着民主化、分权化和多元化的方向发展，需要法律的支撑和保障。如随着公共行政民营化和市场化的改革，民间团体、民间资本可以广泛进入公共基础设施建设等服务领域，BOT 的模式被广泛采用，这里自然需要通过行政组织立法对政府、行政受委托人以及相对人的权利义务予以规定。在一定程度上，行政组织法为公共行政的多元化发展提供了法律技术。

> 提示：由于我国行政组织法很不完善，当前我国上下级行政机关之间、政府各职能部门之间的权力界限并不清晰，执法权限争议尚未纳入法制轨道，执法中出现的权力争夺、责任推诿或是监管空缺等问题，往往是由上级主管领导应急式地协调解决。这是法治政府建设中应该首先着力解决的最大问题。党的十八届四中全会决定推行的各级政府机关权力清单制度，将有助于行政机关职权和职责的法定化，也有利于未来将执法权限争议纳入司法解决的渠道。

在行政法治实践中，行政组织法同样处于重要地位。行政组织法规范行政组织自身，没有完备的行政组织法，就不可能有成熟的行政组织法律制度。这不仅会使行政组织自身处于混乱状态，也会使行政机关的对外管理杂乱无序，行政法治也就无法真正实现。争夺执法权力、推托执法责任、交叉重复执法和执法监管空缺都会严重削弱政府的社会管理能力，对政府形象造成严重的负面影响。

第二节 行政组织法原则

行政组织法的基本原则是对行政组织法基本精神的概括。行政组织法基本原则的确立要反映现代宪政精神、遵循行政法的基本原则、符合行政管理的规律，同时必须是行政组织法中最高层次的规则。学界一般认为，行政组织法的基本原则有三项：依法组织原则、行政分权原则和组织效率原则。

一、依法组织原则

（一）依法组织原则的含义

国家对行政的组织，或者说行政组织权的行使、行政组织的形成，必须受到法律的约束，这是依法组织原则的核心所在。依法组织原则是现代西方国家行政组织活动中奉行的一项最基本的原则。依法组织意味着将整个的行政组织制度纳入法治轨道，需要重新分配国家权力机关与行政机关在组织行政方面的权限。

（二）依法组织原则的要求

依法组织原则具有丰富的内涵，其具体要求如下：

1. 重要的行政组织问题要由宪法和法律来规定。依法组织原则要求对行政的组织要依法进行。首先，行政组织设置中的重要问题属于法律保留事项。如行政权的设定，中央行政机关的设置、职权，地方行政组织的结构，其他公务法人的设置，公务员制度等，都需要由宪法或法律来规定。这些事项不能授权行政机关自行决定，行政机关更不得各行其是。其次，行政组织法规范可通过行政立法加以具体化。如中央政府可根据有关行政机关设置法的规定，通过行政法规具体分配内部机构的职权。再次，在需要赋予行政机关一定的行政机关设置权的特定情况下，要有法律的特别授权并规定相应的设置标准。最后，行政的组织过程必须由法律规范。从内容来看，行政组织法规范有两类，一类是对行政的直接组织，如行政机关设置法中对行政机关的主管事务、职权、内部机构设置等的规定。另一类是对组织基准的规定，具体的组织由行政机关或社会组织协助完成。如规定国家或地方设置公务法人的类型和标准等。行政的组织过程需要由法律规制。

2. 行政组织法必须公开、明确和相对稳定。行政组织法公开意味着所有的行政组织法律规范，包括行政立法制定的行政组织规范都要正式予以公布，让人民知晓。行政组织法的明确性要求行政法律条文具体、意思清楚、具有可操作性，真正起到对行政组织的规范和控制，而不是模棱两可，无法把握。我国目前行政组织法的条文非常原则，欠缺明确性。行政组织法的稳定性要求行政组织法律在制定后保持相对稳定，不能频繁变动。当然，行政组织需要根据政治、经济、社会的发展而调整，行政组织法也同样要满足发展的需求，这里的稳定仅是相对的。

3. 行政组织法必须切实保障公民的权利和自由。依法组织并不意味着对行政的组织仅为法律所规范，而忽视对公民自由和权利的保障。依法组织的直接宗旨是规范行政组织及其形成过程，但最根本的目的是保障公民的自由和权利。一方面要在行政组织过程中确保公民的参与，另一方面要合理界定行政权与公民权。如果行政权的范围过宽，则会妨碍个人的自由。

4. 违反行政组织法的规定要承担法律责任。对行政的组织要依法进行，无论是行政组织的过程还是行政组织的结果，都需要法律规定，行政机关在法律之外的行政组织行为无效。另外，违反行政组织法的责任人员必须承担相应的法律责任。当然，如果责任人员是政府组成人员，还需要承担相应的政治责任。

二、行政分权原则

在以往的行政组织法研究中很少使用行政分权的概念，引入此概念是因为其在现代行政组织法律制度中具有重要意义。它有利于改变传统集权式管理的观念，促进行政分权制度的建设，推动民主和法治的发展。行政分权建立在民主和法治的基础上，其基本原理就是通过分权，使公民有更多的机会参与管理，从而实现直接民主。

（一）行政分权原则的含义

行政分权原则是指采用分散的方式组织行政，行政权分别由不同组织体或不同行政机关承担。行政分权有两类：一类是在不同主体间的分权。即将行政事务分由多个组织体承担，与集权式管理相对应。这类行政分权的特点是：①国家的行政事务由两个以上的组织体承担。除国家这一原始的行政主体外，还存在其他行政主体；②按照一定的标准在各个组织体之间划分行政事务；③各个组织体之间相对独立，其相互关系由法律调整。另一类是在同一主体内的分权。即在同一组织体内设置不同的机关予以分权，包括纵向分权，如在中央统一行政之下的地方分治；也包括横向分权，如美国独立管制机构，它们大多独立于总统，和总统一起分享行政权。

行政分权源于英国中古世纪的"自治市"。进入近代社会，尤其是 20 世纪以来，行政分权已为许多国家所采用。在西方国家的行政组织法律制度中，行政分权占有重要地位。我国自秦始皇统一后二千多年来，一直实行高度中央集权，习惯于集中式的管理。新中国成立后，我们仍主要采用集中的方式组织和管理行政事务。但随着经济体制改革的深入，地方分权也初见端倪。行政组织法确立并坚持行政分权原则，对我国民主和法治建设具有重要的现实意义。

（二）确立行政分权原则的理由

行政分权在近现代社会的迅速发展及其强大的生命力，足以说明其存在的合理性。因而有必要在我国行政组织制度中肯定这一原则。具体理由在于：

1. 防止行政权过分集中带来的专制。将行政权分散给不同的组织体行使，把一些与地方切身利益相关的行政事务留给地方管理，可以防止权力集中而带来的专制。中央与地方的分权和国家横向部门的权力分配一样，可通过防止权力在任何一级政府的过分集中来保护个人的利益。

2. 减少集中管理的风险，创新管理模式。行政权力分散，管理的风险也会随之分散。行政管理类似于企业经营，过于集中的经营风险大，因而现代大企业往往分散经营，行政管理同样如此。另外，行政分权还有利于管理模式的创新。各个行政组织体可以在其自主管理中，发挥创造力，针对本地方或本部门的实际情况进行管理创新，从而推动政府机关社会管理能力的创新发展。

3. 发挥业务专管优势，提高行政效率。在现代社会，随着科技、经济的发展，个人对政府的依赖加深，国家管理的行政事务也日益增多。如果采用集中式的组织形态，由国家统一管理，则难以迅速作出决策，也不可能及时地将决策付诸实施。

4. 满足特定公务管理的需要。如在文化教育领域，要有学术创新，鼓励学术研究，就需要宽松的环境，避免行政干预。因而，公立大学可实行公务分权。赋予公立大学独立公法人的地位，由其自己依法组织和管理。大学校长可依法选举产生，大学的机构依法自主设置，政府仅负责监督和控制。

（三）行政分权的方式

在现代行政中，行政分权的方式有多种：

1. 联邦制分权。严格地说，联邦制分权不仅限于行政分权，还包含了立法权和司法权在联邦与州之间的分配。州与联邦一样也是政治实体，只不过州不能像一个主权国家那样拥有独立的军事、外交等方面的权力。联邦制分权往往由特定的历史原因形成，如美国、德国等，难以机械地复制采用。

2. 地方自治分权。在单一制国家和地区，如英国、法国、日本以及我国台湾地区等，都采用了地方自治的形式在中央与地方之间实现行政分权。和联邦制国家的州不同，地方自治体的地位不如州独立，也没有相应的地方司法权。但地方自治体可在法律规定的范围内自主管理。

3. 公务自治分权。即将一些特殊性质的公务独立出来，组建公务法人或委托某种行会进行管理，而不受行政机关的直接指挥。公务自治的形式又有两种：一种是组建各种类型的公法人，如非营利性质的公立大学，营利性质的政府公司等；另一种是委托同业行会进行管理，甚至于委托私人进行管理等。西方国家的行政管理社会化趋势是公务分权的一种新发展。

4. 权力下放分权。这是指在同一个组织体内设有中心管理机关和分支机构，中心管理机关将权力下放给分支机构行使。实行权力下放主要是为了提高行政效率。我国目前主要是采用权力下放的形式在中央和地方之间实行分权。

5. 设置特殊行政机构分权。即通过组建相对独立的行政委员会对特定行政领域实施相对独立的行政管理权，委员会除享有独立的行政执法权外，还独立行使相应的规则制定权和纠纷裁判权。如美国的州际商务委员会，我国台湾地区的"台湾地区通讯传播委员会""公平交易委员会"等。

三、组织效率原则

行政组织以发挥效率、成效及效能为其目标，故行政组织之设置、调整、改组、废止等均应符合行政效率原则，否则行政组织必趋于腐化、僵化而无存在之必要，此为现代行政组织之立法趋势。在现代行政组织法律制度中，组织效率原则具有重要地位。

（一）组织效率原则的含义

组织效率原则是指对行政的组织，要以提高效率为宗旨。即组织行政，要以最小的投入获取最大的效益。效率问题自古以来就与组织管理并存，凡是有政府组织存在的地方，就有效率的要求。在现代社会，由于行政事务繁多，行政组织系统庞大，因而效率问题变得尤为突出。第二次世界大战以后，在西方国家以及我国进行的多次行政改革，其目标之一就是提高效率。

效率原则建立在合理的基础上。可以说，现代国家的行政组织制度是人类社会不断探索，寻求合理组织的结果。我国古代行政组织及其官制的演变，西方国家行政组织制度的发展，都体现了对合理组织和对效率的要求。组织效率原则源远流长，这主要是统治的需要。无论是封建的专制统治，还是现代的民主政体，合理高效的行政组织都是维持其运转的基础。

（二）确立组织效率原则的理由

确立组织效率原则，是一种客观需要。该原则存在的理由如下：

1. 实现行政目标的需要。现代行政涉及人们生活的各个方面，其职能也是多方面的。就国家、社会及个人承担的责任来看，行政组织应具有以下四项职能：安全保障职能、经济发展职能、文化建设职能和社会保障职能。为充分履行这些职能，保障行政目标的实现，需要确立组织效率原则。

2. 有效利用管理资源的需要。行政组织的存在与运转需要消耗人力、物力和财力等管理资源。由于管理资源有限，而现代社会的行政职能又日益扩大，因此，必须有效利用管理资源，从而使有限的资源发挥最大的效能。从这一角度看，确立组织效率原则十分必要。

3. 提高行政效益的需要。行政效益原则是行政管理应当坚持的重要原则，是指行政要以较小的经济消耗获取最大的社会效果。行政效益原则是市场经济下行政法发展的需要。市场经济体制作为一种对社会资源进行高效、合理配置的模式，客观上要求与之相匹配的法律制度能保持一致的运行效率，从而促进社会的全面发展。具体到行政组织法律制度中，该原则要求对行政的组织简洁、高效。

4. 保护公民权益的需要。虽然表面上，组织效率原则和公民权益没有直接关联，实际上组织效率却直接影响到公民的权益。组织效率低，意味着管理成本高，即投入大、社会效益小，公民的利益受到损失。另外，如果组织效率低，面对变化的形势，政府不能迅速形成决策并付诸实施，将会错过许多发展机会，从而影响公民的利益。

（三）组织效率原则的具体要求

组织效率原则在行政组织法律制度中，有如下要求：

1. 行政组织精简化。行政组织的精干是高效的前提。机构臃肿、人浮于事，其必然结果就是效率低下。为保证行政组织的精干，通常有三种做法：一是通过立法明确规定行政组织的定员。这种控制行政组织规模的方法比较严格，效果也比较理想，日本就采用这种办法。二是通过控制行政组织预算的方法来限制行政组织的规模。美国、德国等西方国家大多采用此办法。三是通过大规模的机构改革，精简机构、人员来控制行政组织的规模。我国常采用此种方法。比较三种控制模式，前两种主要是法律控制，而第三种主要是人为控制。为满足效率的要求，应运用法律手段来确保行政组织的精干。

2. 行政组织系统化。对行政的组织按系统方式进行，也是组织效率原则的要求。系统组织包含以下两个方面的内容：一是确保国家行政的一体性。行政一体性是指国家行政整个为一体，由最高行政首先指挥、监督，并以此总体向选民与议会负责。行政一体性原则意味着不同公共行政任务尽管有其专业性，从而分别由不同部门与机关完成，但仍然存在一种紧密的关联，由最上位行政首长加以协调并且履行。行政一体性与行政分权并不矛盾，行政一体性并不排除国家之外其他公法人的存在，但所有的行政组织体相互分工和协调。二是确保各组织体（行政机关和公法人）的一体性。国家行政作为一个整体需要遵循一体化的原理，各组织体也同样有一体化的要求。各组织体的机关设置既要强调合理分工，又要考虑工作协调、相互沟通，即作为一个整体发挥功能。尤其是当行政机关规模庞大，内部机构和分支机构众多时，更需要强调其系统性和一体性。

3. 行政组织合理化。行政组织的合理化包含三个方面的要求：①行政组织形态合理。采用最先进的具有民主、法治、效率精神的行政组织形态进行管理，是时代的需要，也是社会发展的必然要求。固然，每一个国家由于其历史、文化以及制度的差异，选择的行政组织形态有很大的差别，但仍有许多共同规律可循。如盛行于西方的地方自治组织形式，以及公务法人制度的广泛应用，都表明这些组织形态具有内在的合理性。②行政组织标准合理。行政组织标准合理包括多重内容，一是组织法规标准合理，即行政机关或单位之设置具有共同的、明确的法规标准。二是行政组织结构合理。一个结构完整合理的行政组织系统应当适应决策、指挥、执行、咨询和监督等环节的组织需要。三是行政机关结构合理。行政机关应当有适当的层次与管理幅度，符合指挥一致、有梯阶并且结构均衡等要求。③行政组织程序合理。行政组织程序包含公法人的成立程序，行政机关的设置、变更程序，行政组织系统的调整程序等。合理的行政组织程序至少应包括两个环节：一是论证环节。这种论证主要由社会各界代表和专家学者完成。二是民主参与环节。行政组织事项的利益相关者都有权参与到组织过程中来，参与决定自己的命运。当然，影响范围不同的行政组织事项，需要的程序也不尽相同。

第三节　行政组织法体系

行政组织法包括哪些内容，涉及哪些基本行政组织制度，直接影响到行政组织法整体功能的发挥。我国目前的行政组织法很不完善，内容也不齐全，从应然和广义的角度，行政组织法包括行政机关组织法、行政机关编制法、公务员法和公物法四大部分内容。其中，行政机关组织法和行政机关编制法常常被统称为狭义的行政组织法。

一、行政机关组织法

（一）行政机关组织法的定义

行政机关组织法是指规定行政机关的性质与地位、设置与权限、相互关系及基本工作制度和法律责任的法律规范的总称。其核心内容是关于行政机关设置及其权限的规定。目前，我国最主要的行政机关组织立法包括《地方各级人民代表大会和地方各级人民政府组织法》（2015）和《国务院组织法》（1982）。

（二）行政机关组织法的内容

行政机关组织法有简有繁，但关于行政机关性质、地位、组织、职权等方面的内容是行政组织法内容的基本组成部分，具体可概括为以下五个方面：

1. 行政机关的性质和地位。如《地方各级人民代表大会和地方各级人民政府组织法》第54条对地方人民政府的性质作了规定，第55条对地方人民政府的地位作了规定。

2. 行政机关的组成及结构。例如《国务院组织法》第2条第1款规定了国务院的组成，第8条和第11条规定了国务院的组织结构。

3. 行政机关的职责权限。例如《地方各级人民代表大会和地方各级人民政府组织法》第59~61条分别规定了县级以上地方人民政府的职权（共10项），省级政府、省会市政府、较大市政府的制定规章权以及乡镇人民政府的职权（共7项）。

4. 行政机关设立、变更、撤销程序。行政组织法主要是实体法，但也规定有关程序问题。如行政机关会议程序，行政职权委托或代理程序以及行政机关设立、变更、撤销程序等。例如《国务院组织法》第8条规定了国务院各部、各委员会的设立、撤销或合并的审批程序，《地方各级人民代表大会和地方各级人民政府组织法》第64条也规定了地方各级政府工作部门的设立、增加、减少或者合并的批准程序。

5. 行政机关的活动原则和制度。行政机关组织法除了规定上述基本内容外，通常还规定行政机关的基本活动原则和制度。如民主集中制原则、首长负责制原则、工作责任制原则，全体会议制度、党务会议制度、委托代理制度，文件签署、批准、备案制度，工作请示、报告、批复制度等。

二、行政机关编制法

（一）行政机关编制法的定义

行政机关编制法是规定行政机关内部机构的设置及比例，规定包括各级人民政府在内的各行政机关的定员及结构比例的法律规范的总称。行政机关编制法既包括行政机关编制基本法，也包括其他有关行政机关编制的法律、法规和实施细则等。目前，我国已有部分行政机关的编制立法出台，如《国务院行政机构设置和编制管理条例》（1997年）和《地方各级人民政府机构设置和编制管理条例》（2007年）。

一般来说，行政机关编制法包括三大块内容：一是行政机关编制自身。即行政机关设置基准、比例、行政机关的定员等；二是行政机关编制管理。即编制管理原则、编制管理机关、编制管理体制、编制管理程序等；三是违反行政机关编制的法律责任。

（二）行政机关编制法的作用

从理论上说，一套完整的行政机关编制法具有以下三个方面的作用：

1. 有效控制行政机关的编制。行政机关与企业、公司等经济组织不同，缺少对自身组织的自律机制。行政机关由国家财政拨款，无论机构多少或人员多少都不会产生破产问题，也不会影响机构及其人员的经济利益。因此，需要通过他律，即通过外在调节和控制手段来予以规制。行政机关编制法正是以其特有的规范性、具体性、明确性和约束性，来有效调控行政机关的编制。

2. 保障行政机关编制管理科学化。行政机关的机构及定员管理必须依科学的原则进行，行政机关编制法可以在科学论证的基础上，把有关行政机关编制管理的实体和程序问题固定下来，以保障行政机关编制管理的科学性，并排除人为的非理性因素的干预。

3. 提高行政效率。将行政组织的整体规模控制在适度的范围内，使其整体设计符合管理的规律，有助于提高行政组织的行政效率。

（三）行政机关编制的立法

加强行政机关编制立法，真正将行政机关编制管理纳入法治的轨道具有重要的意义。首先，加强行政机关编制立法是改变行政机关编制现状、强化行政机关编制管理的需要。我国自改革开放以来，已多次进行行政机构改革，但并没有彻底走出"精简——膨胀——再精简——再膨胀"的怪圈。近年来，国务院要求各级政府机关改革必须要有"三定方案"，各级政府机关出台"三定方案"后，行政组织的规模虽然得到了一定的控制，但"三定方案"的性质不明，有待转化为正式法律文件。其次，加强行政机关编制立法是确保行政民主、法治、保障公民权益的需要。按照民主的要求，行政管理包括行政机关编制管理在内，都要尽可能反映民意。通过行政机关编制立法，可以确保人民对编制管理的参与和监督。同样，按照依法行政

> 提示：所谓"三定方案"，即各级政府制定的机构改革方案必须要"定机构、定编制和定职能"。"三定方案"是各级政府机构制定改革方案时的硬性要求，即要求政府机构改革方案必须明确行政机构的设立是干什么事情的，有哪些内设机构，内设机构的职责各是什么，部门有多少人员编制和领导职数等。

的要求，行政机关编制管理应当依法进行，使之建立在公正、理性的基础上，排除非法干预。另外，通过行政机关编制立法来控制行政机关的机构设置和人员规模，有利于减少国家的财政负担，避免行政机关人浮于事、效率低下，从而间接有利于保障公民的权益。

行政机关编制立法本身需要一个体系。目前，我国虽然已经有部分编制立法，但还缺少行政机关编制基本法的统领，因而有必要加快制定《行政机关编制基本法》。就这部法律的基本内容而言，可以考虑从以下几个方面规定：①总则部分。总则中需要规定行政机关编制立法的宗旨和法律依据、适用范围、编制管理的基本原则和基本制度等。②编制管理机关。具体涉及行政机关编制管理权限的划分和编制管理机关的设置、性质和权限。③行政机关编制标准。即各行政机关的机构定额及比例和人员定额及比例。④行政机关编制管理程序。包括编制审批程序、编制监管程序等。⑤编制违法责任。即违反行政编制管理法律规范除了要依法对负有直接责任的主管人员或其他直接责任人员给予处分外，还应规定违法设立的机构一律无效。

三、公务员法

（一）公务员法的定义

公务员法常常在广义与狭义两种意义上被使用。狭义的公务员法是专指《公务员法》（2006年1月1日起施行）这一法律文件，该法是对我国公务员进行统一立法的第一部法律文件，是我国公务员法的基本法典。广义的公务员法是指对公务员组

织、公务员行为进行调整和规范，并对公务员相关权益予以保障和救济的法律规范的总称。广义的公务员法除《公务员法》外，还包括宪法、法律、行政法规、地方性法规、部门规章、地方规章等各层级法律规范文件中规定公务关系的法律规范。本书采用广义的公务员法概念。

目前，我国公务员立法已经初步形成了一个规范体系，基本可分为公务员总法与公务员分类法。公务员总法是对所有类型公务员的总体性规定，具体的法律规范包括《公务员法》及与其相配套的各种补充性法规。公务员分类法是对各类公务员的分类规定，目前我国已经出台的公务员分类法有《法官法》（1995年7月1日起施行）、《检察官法》（1995年7月1日起施行）和《警察法》（1995年2月28日起施行）等。

（二）公务员法的内容体系

公务员法作为行政组织法的重要组成部分，以国家与公务员之间的职务关系为调整对象，国家各级各类公务员的考试录用、考核晋升、权利义务、培训调动、奖惩福利、免职退休以及管理机构等各项制度，都是公务员法中需要规定的主要内容。我国公务员法主要涉及以下几个方面制度的规范：①公务员分类管理制度规范。即公务员职位设置和职位管理等职位构成方面的规范。②公务员素质保障制度规范。即公务员考试录用、考核、培训、交流和职位聘任等保障公务员素质方面的规范。③公务员激励制度规范。即公务员的职务任免、职务升降、奖励晋升、工资福利保险等方面的规范。④公务员监控制度规范。即公务员义务、纪律、处分、回避、辞退和法律责任方面的规范。⑤公务员权利保障制度规范。即公务员的权利、辞职、退休、申诉和控告等方面的规范。

四、公物法

（一）公物法的定义

公物法是有关公物的设置、管理与利用的法律规范的总称。公物法的调整对象是在行政主体设置与管理公物以及公民利用公物的过程中形成的各种社会关系。这种社会关系受公物法调整的结果，即公物法律关系。公物法律关系包括公物设置法律关系、公物管理法律关系与公物利用法律关系。公物法律关系主体不仅包括行政主体和利用人，而且包括受公物影响的利害关系人，例如公物的私法所有权人、公物附近的居民等。公物法律关系的内容为公物法律关系主体所享有的权利和义务。公物法律关系的客体是公物，主要是公众用公物、公营造物公物和行政财产。

（二）公物法的地位

公物法是行政法的重要组成部分，其在行政法上的地位可以从以下几个方面来认识：

1. 公物法与行政组织法。鉴于公物是行政主体达成行政目的所不可缺少的物质手段，与作为人的手段的公务员相对应，因此理所当然是行政组织法的重要一环，其地位与公务员法相当。这是日本、我国台湾地区绝大多数行政法学者目前的基本态度。

2. 公物法与行政行为法。现代国家进行的社会、经济、文化性服务行政中（给付行政），重要的服务行政形式之一就是通过公众用公物、公共设施、公共企业等的设置和经营来给公众提供日常和公共服务。此外，对基础性公众用公物的修建设置是国家的基本义务，因此，如何修建和设置公物、修建公物对周围环境产生的影响及其控制等，会涉及国家的宏观经济管理行为和环境保护行为。因此，公物作为行政行为的重要物质手段，公物法与行政行为法密切关联，甚至可以说其部分内容就构成行政行为法的重要内容。

3. 公物法与人权保障。公民具体行使宪法所确认的基本权利和自由，例如言论自由、人身自由、游行示威自由、经济活动自由、生存权、受教育权等，都离不开对公物尤其是公众用公物的利用，例如，道路的通行权就是对人身自由的保障或人身自由的体现。因此，公物已经成为保障所有公民基本权利、提高所有公民基本生活水平、维护社会公平不可或缺的重要物质基础。因此，公物法应被视为重要的人权保障法。

（三）我国的公物立法

由于我国没有一套成熟的公物理论为公物方面的立法提供指导，因而有关公物的立法还十分散乱，且其重点关注的是如何保护道路、桥梁、水、环境、文化遗产等公物。目前比较典型的公物法方面的法律文件有《公路法》《水法》《野生动物保护法》《森林法》《幼儿园管理条例》等。由于缺少统一的公物法（基本法），对公物设置、管理、运营、使用和监督的一般规则没有统一的规定，很少有关于公物设置、管理和利用过程中利用人应当享有的基本权利的规定，很少有限制公物管理权力滥用的规定。同时，在公园、图书馆、博物馆、党校财产等公物领域，我们还没有相应的法律来规范。因此，学界认为加快我国《公物管理基本法》的制定尤其紧迫而且必要。

复习思考

一、选择题

1. 下列关于行政组织法的说法，正确的是（　　）。
A. 行政组织法是规范和控制行政组织的法
B. 行政组织法是有关行政组织的法律法规的集合
C. 行政组织法是行政法的重要组成部分之一
D. 《公路法》也属于广义行政组织法的范畴

2. 下列关于行政组织法定原则的说法，正确的是（　　）。
A. 重要的行政组织问题要遵守法律保留原则
B. 行政组织法的根本宗旨是保障公民的权利
C. 行政组织法必须公开、明确而且相对稳定

D. 违法设置的行政组织不是合法的行政主体

3. 下列关于行政分权原则的说法，正确的是（　　）。

A. 行政分权是一种普遍现象　　　B. 行政分权能避免集中专权
C. 行政分权不影响行政效率　　　D. 行政分权的形式多种多样

4. 下列关于行政组织效率原则的说法，正确的是（　　）。

A. 行政要以较小的组织成本消耗获取最大的社会效果
B. 行政机关编制法对保障行政组织效益具有重要作用
C. 组织效率原则要求行政组织的设置精简、系统而且合理
D. 只要符合效率，行政机构的设置可以适当突破法律限定

二、名词解释

行政组织法　行政机关编制法　公物法

三、简答题

1. 简述行政组织法的功能。
2. 简述行政组织法定原则的具体要求。
3. 简述行政分权的具体形式。
4. 简述行政效率原则的基本要求。

四、论述题

1. 试述行政组织法的内容体系。
2. 试述行政机关组织法的主要内容。

拓展阅读

［1］应松年、薛刚凌："行政组织法与依法行政"，载《行政法学研究》1998年第1期。

［2］姜明安、沈岿："法治原则与公共行政组织——论加强和完善我国行政组织法的意义和途径"，载《行政法学研究》1998年第4期。

［3］薛刚凌："我国行政主体理论之检讨——兼论全面研究行政组织法的必要性"，载《政法论坛》1998年第6期。

［4］孟鸿志等：《中国行政组织法通论》，中国政法大学出版社2001年版。

［5］应松年、薛刚凌：《行政组织法研究》，法律出版社2002年版。

［6］肖泽晟：《公物法研究》，法律出版社2009年版。

第六章

行政机关

学习提要

本章所讲授的是行政任务的最主要承担者——行政机关。行政机关的上位概念是行政主体，行政主体的上位概念是行政法主体。行政法主体即行政法律关系主体，包括行政主体、行政相对人、行政公务人员（主要是行政公务员）和行政法制监督主体。行政主体是指依法拥有行政职权，能以自己的名义行使行政职权并能独立承担责任的组织。包括行政机关和被授权的组织（法律、法规授权组织），行政机关是其中最基本和最重要的行政主体。本章第一节对行政机关的概念、特征及分类进行了简要概述；第二节详细分析了我国行政机关的组织体系；第三节介绍了行政机关的主要职责和职权。本章需要重点掌握的是行政机关的特征；行政机关与行政主体、行政组织、行政机构之间的区别与联系；中央行政机关、地方行政机关的体系；行政机构的类型。其中，行政机关与行政主体、行政组织、行政机构之间的区别与联系是本章的难点。本章学习时需要熟悉以下法律文件的相关规定：《宪法》《国务院组织法》《地方各级人民代表大会和地方各级人民政府组织法》《民族区域自治法》《国务院行政机构设置和编制管理条例》《地方各级人民政府机构设置和编制管理条例》等。

本章知识结构图

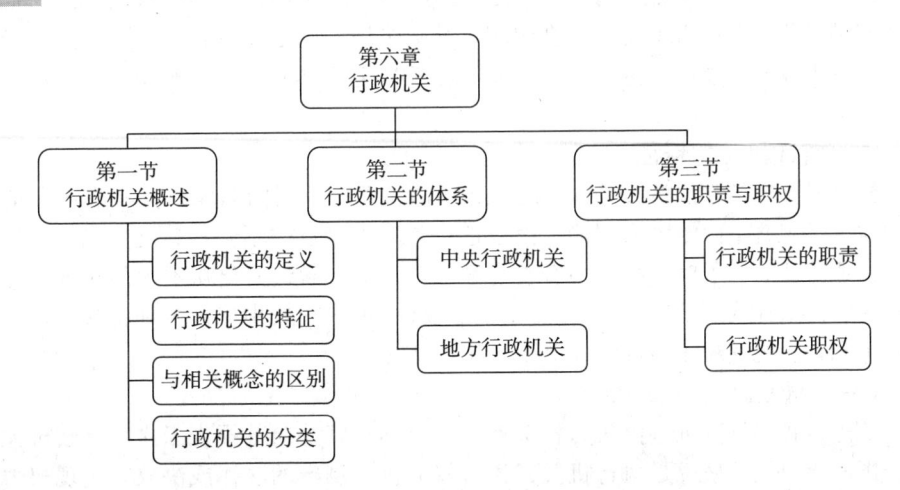

```
                    第六章
                   行政机关
      ┌───────────────┼───────────────┐
    第一节           第二节           第三节
  行政机关概述    行政机关的体系   行政机关的职责与职权
      │               │               │
  行政机关的定义    中央行政机关     行政机关的职责
      │               │               │
  行政机关的特征    地方行政机关     行政机关职权
      │
  与相关概念的区别
      │
  行政机关的分类
```

第一节 行政机关概述

一、行政机关的定义

行政机关是指依宪法或组织法的规定而设置的，依法独立行使国家行政权力，对国家行政事务进行组织和管理的国家机关。对行政机关可以从以下三个层面来理解：

（一）设置依据

行政机关是国家依据宪法或组织法的规定而设置的国家机关，这一点区别于社会组织的设置依据。首先，行政机关是由国家依法设置的，而社会组织主要是由私人向国家主管机关提出申请，由国家主管机关批准成立的；其次，国家设置行政机关的依据是宪法或组织法，区别于依照公司法设立的公司，依照社会团体登记管理条例设立的社会团体等社会组织。

（二）设立目的

行政机关是依法独立行使国家行政权力，对国家行政事务进行组织和管理的国家机关。首先，行政机关能独立地行使国家行政权力，区别于行政机构。行政机构同样是依据宪法、组织法设置的，但行政机构原则上不具有独立行使行政权力的资格，只能以行政机关的名义活动；其次，行政机关所组织和管理的是国家行政事务。所谓行政事务，区别于国家立法事务和司法事务；最后，行政机关所组织和管理的行政事务属于公共事务，区别于私人事务，私人事务领域行政机关无权介入。

（三）组织性质

行政机关属于国家组织而非社会组织。所谓国家组织，是属于国家政权体系的组织，立法机关、司法机关和行政机关都属于国家组织。国家组织设置的唯一目的就是承担相应的国家职能，行使国家公权力。相对于国家组织来说，企业、事业、社团和基层群众自治组织属于社会组织。社会组织原则上没有行政权力，除非经过法律、法规或规章授权。至于政党组织，在性质上同样属于社会组织，没有国家公权力。

二、行政机关的特征

国家机关包括立法机关、行政机关和司法机关。不同的国家机关具有不同的法律地位，承担着不同的国家职能。由于地位和职能特点的不同，其机关也体现出不同的法律特征。为了对行政机关有更全面和深入的了解，需要从不同的角度认识行政机关，而这种认识是通过与立法机关和司法机关的比较中来理解和把握的。与权力机关和司法机关相比，行政机关具有以下特征：

（一）行政机关的法律地位

首先，我国行政机关由权力机关产生，对其负责并向其报告工作。行政机关相对于国家权力机关来说是执行机关，执行权力机关制定的法律或决议，实现权力机关的意志。权力机关是民意机关,通过制定法律等形式来形成国家意志,法律是人民意志和利益的体现。基于民主政治制度之要求,行政机关不能脱离法律行动,即不能不以人民意志行动。行政机关作为法律执行机关,必须依据权力机关制定的法律或决议,管理国家行政事务,接受权力机关的监督。其次,行政机关从属于国家权力机关,并不意味着行政机关不具有独立的法律地位。权力机关不能干涉行政机关依法独立行使行政职权,不能代替行政机行使行政职权,否则就违背了权力分立之制度要求。权力机关只能通过法定途径和形式对行政机关行使行政权力的行为进行监督。

(二) 行政机关的职能

行政机关依法拥有行政职能,行使国家行政权力,管理国家行政事务。国家职能一般分为立法职能、行政职能和司法职能。立法职能是制定规则的职能,行政职能是执行规则的职能,司法职能是适用规则的职能。从权力分工的角度看,这三种国家职能分别由不同的机关行使。在我国,立法职能主要由权力机关行使,司法职能由司法机关(包括各级法院和检察院)行使,行政职能主要由行政机关行使。国家设置行政机关的目的,就是让其行使行政职能,承担行政事务。在我国,行政机关是行政任务最基本和最主要的承担者。

(三) 行政机关的组织体系

行政机关是一种金字塔形科层制的组织体系。科层制组织体系之重要面向表现为一种层级节制结构。从行政机关内部看,行政机关内部体现为一定的层级结构,公务人员上下级职权关系严格按等级划定,上级领导下级,下级服从上级之命令;从行政机关组织系统看,上下级行政机关之间原则上也是一种层级节制关系,即领导从属关系。司法机关和权力机关一般不构成科层制组织体系。首先看法院的组织体系。从法院内部结构看,《法官法》第8条第2项规定,法官"依法审判案件不受行政机关、社会团体和个人的干涉",法官审判案件原则上只服从于法律,不存在下级服从上级之问题;从法院组织系统看,《宪法》第126条规定:"人民法院依照法律规定独立行使审判权,不受行政机关、社会团体和个人的干涉"。法院强调独立,任何一级法院都独立行使审判权,包括独立于上级法院。上级法院只能依照法律规定,通过二审或审判监督程序对下级法院的审判行使监督权。其次看权力机关的组织体系。作为权力机关的各级人民代表大会及其常委会都依法选举产生,依法行使立法权和监督权,对其选举单位或选民负责。上下级权力机关之间并不是领导和被领导关系而是依法监督关系。

(四) 行政机关的决策体制

行政机关在决策体制上一般实行首长负责制。如前所述,在国家公权力中,立法权是制定规则的权力,司法权是适用规则的权力,行政权是执行规则的权力。行政权本质上就是根据立法机关制定的规则管理国家内政外交事务的权力。行政机关在对内政外交事务进行管理时经常需要根据具体情况及时作出判断和决定,首长负责制的决策体制更有助于保证行政效率。而立法权和司法权则不同，立法强调的是民主，体现的是多数人民的意志，故立法机关在通过法案时采用的是投票表决制。《立法法》第24条规定：法律草案修改稿经各代表团审议，由法律委员会根据各代表团的审议意见进行修改，提出法律草案表决稿，由主席团提请大会全体会议表决，由全体代表的过半数通过。《立法法》第29条第1款规定：列入常务委员会会议议程的法律案，一般应当经三次常务委员会会议审议后再交付表决。司法权是中立的国家公权力，注重的是公平正义之价值，故法院在审判案件时一般都采用合议制，案件的判决采用少数服从多数原则。

三、与相关概念的区别

（一）行政机关与行政主体

行政机关与行政主体的关系主要体现在以下四个方面：其一，行政机关是法律概念、行政主体是学理概念。行政主体是指依法拥有行政职权，能以自己的名义行使行政职权并能独立承担责任的组织。其二，行政主体包括行政机关，但不限于行政机关。行政主体包括行政机关和被授权的组织（法律、法规或规章授权的组织）。其三，行政机关不是在任何情况下都是行政主体。行政机关也会以民事主体或行政相对人的身份出现，这时的行政机关的法律地位是机关法人，而非行政主体。如当某行政机关进行购买办公用品这类和其行政职权无关的行为时即为民事主体，又如某行政机关向城建主管部门提出建一办公楼的许可申请，这时提出申请的行政机关即为行政相对人。其四，并非所有的行政机关都是行政主体。根据行政机关职权性质和内容的不同可以将其分为行政决策机关、行政执法机关、行政监督机关、行政咨询机关等。在上述机关中，行政咨询机关主要为决策机关提供意见建议，一般不对外行使行政职权，故其不具有行政主体资格。

（二）行政机关与行政机构

行政机关是与行政机构有着密切关联但又不同的概念，日常生活中机关和机构这两个概念的运用较为含糊。主要表现有：①将独立行使行政职能的基本行政单位称为机关，把机关内部的行政单位称为机构；②所有行政单位都统称为行政机构，如"国务院机构改革"，这里的"机构"指的并不仅是国务院的内部行政单位，而是指国务院的所有行政单位；③把独立的行政单位称为机构，如"国务院直属机构"（包括海关总署、国家税务总局、国家工商行政管理总局、国家体育总局、国家知识产权局等）都属于独立行使行政职能的行政单位。

从行政法学层面理解，行政机构是行政机关的组成部分。行政机关是独立行使行政职能的基本行政单位，行政机构是行政机关的组成单位。行政机构代表其所属的行政机关为行政行为，其行为的法律后果归属于其所属的行政机关。根据宪法和组织法的相关规定，行政机构一般包括三种类型：一是行政机关的内设机构。行政机关的内设机构包括政府的内设机构和政府工作部门的内设机构。行政机关内设机构的名称一般有司、局、处、科、办等；二是政府工作部门的派出机构。政府的工作部门根据行政管理的需要在一定区域内设立派出机构，派出机构的职能相对单一。派出机构的名称一般为公安派出所、税务所、工商所或办事处等；三是议事协调机构或临时机构。这类机构往往没有编制，承担跨部门的协调工作或临时性的工作。议事协调机构或临时机构的名称多为某某工作小组、某某指挥部、某某办公室等。

（三）行政机关与行政组织

对于什么是行政组织，我国行政组织法并没有明确界定，学界理解也有所不同。一种观点认为行政组织是行政机关的集合体，是一集合概念，偏重"学理性"。而行政机关是独立行使行政职能的基本单位，是行政主体，偏重"实用性"。在这种观点下，当我们说中央行政组织时意味着包括了国务院和国务院下属的行政机关，它们都属于中央行政组织范畴。另一类观点认为行政组织是行政机关和行政机构的统称。意思是无论行政机关还是行政机构，都可以称为行政组织。

四、行政机关的分类

（一）政府与政府工作部门

政府是指中央人民政府和地方各级人民政府。中央人民政府即国务院，地方人民政府包括省级人民政府、市级人民政府、县级人民政府和乡镇级人民政府。政府属于一般权限行政机关，是全面管理某一行政区域范围内行政事务的行政机关，其职能权限涉及行政领域的各种行政事务，带有综合性。

政府工作部门（也称政府职能部门）是指国务院和县级以上地方人民政府的组成部门和直属机构等。通常是指各级政府及其派出机关所属的工作部门，如各部、委、厅、局、处等。政府工作部门属于部门权限行政机关，是在一般权限行政机关的管辖下管理某一方面或某几方面行政事务的行政机关，其职能权限一般只涉及特定行政领域或特定行政事务。政府与政府的工作部门是领导从属关系，政府对其工作部门有命令、指挥权，工作部门必须执行。但政府的工作部门仍然是独立的行政机关，有权以自己的名义为行政行为，并独立地承担责任。

（二）常设行政机关与非常设行政机关

常设性行政机关通常指根据宪法或组织法由国家权力机关或行政机关决定设置，有独立的行政编制、固定的预算、办公场所、专职人员以及相应的行政职能，需要承担经常性行政任务的行政机关。非常设性行政机关通常由权力机关或行政机关根据某一临时性任务或工作的需要设置，相应任务或工作完成后，该机构即被撤销。非常设行政机关主要是指承担跨部门协调工作或处理某一临时性工作的议事协调机构或临时机构，这些机构一般不单独设立办事机构，工作人员由已有行政机关内部的相关人员组成，具体工作由某一常设的行政机关承担。在我国，非常设行政机关都属于行政机构，说到行政机关时就是指常设行政机关，非常设性的"机关"都应该归到行政机构范畴。

（三）职能性行政机关与专业性行政机关

职能性行政机关是指按照行政职能分类标准所设立的行政机关。国家行政职能有审计职能、监察职能、人事管理职能、环境保护职能、工商行政管理职能等。根据不同的行政职能设立相应的行政机关，这类行政机关就属于职能性的行政机关。职能性行政机关承担跨部门、跨行业的行政任务。专业性行政机关是指按照行业、产品标准设立的行政机关。国家有农业、林业、水电、石油、电子、机械等行业或产品，根据不同的行业或产品设立不同的行政机关，负责对本行业、产品的行政管理，这类行政机关就属于专业性的行政机关。专业性的行政机关负责行使某一行业、产品相关的行政职能，其职能是综合性的，包含有不同的职能类型。从科学合理设置行政机关的角度看，按职能设置行政机关可以避免行政机关职能不清、职能重叠、部门保护等问题。

（四）首长制行政机关与合议制行政机关

这是根据决策体制进行的分类。首长制行政机关是指行政机关的行政首长拥有行政行为的最终决策或决定权，行政首长对行政机关的行为负责。合议制行政机关（又称委员会制行政机关）是指行政行为的决策或决定必须由委员会以合议方式为之，不能由行政首长个人决定。大多数行政机关都采用首长负责制，以便基于行政管理之效率所需及时作出决策或决定。在我国，即使行政机关名为委员会，如国家发展和改革委员会、国家民族事务委员会、国家卫生和计划生育委员会等，其决策体制仍然是首长负责制（即主任负责制），而非合议制。合议制行政机关的设立往往是因为相应行政职权的行使更需要政治政策、公平公正之考量，如行使行政司法权的行政机关。

（五）行政派出机关与行政派出机构

行政派出机关是指由地方人民政府经有权机关批准，在一定区域内设立的行政机关，行政派出机关是一级地方人民政府派出的行政机关。根据宪法和地方组织法的规定，目前我国的行政派出机关主要有：①省、自治区人民政府派出的行政公署；②县、自治县人民政府派出的区公所；③市辖区、不设区的市人民政府派出的街道办事处。行政派出机关不是将其派出的地方人民政府的组成部分，是独立的行政机关，能以自己的名义为行政行为，并独立地承担责任，是行政主体。行政派出机构是指政府工作部门依照法定程序，根据行政管理工作之需要，在一定的行政区域内设立的一种行政机构。派出机构是政府工作部门派出的行政机构，如市、县、自治县公安局根据工作需要设置的公安派出所。行政派出机构是将其派出的工作部门的组成部分，不是独立的行政机关。除非经过法律、法规或规章授权，派出机构原则上不能以自己的名义为行政行为，也不能独立地承担法律责任，不是行政主体。

> 注意：派出机关是地方政府的派出机关，在性质上属于行政机关；派出机构是政府工作部门的派出机构，在性质上不属于行政机关。

> 注意：如今省级政府派出的行政公署和县级政府派出的区公所都已经很少见了。

第二节 行政机关的体系

一、中央行政机关

中央行政机关，是指国家设置的承担中央行政事务，行使国家行政权力的中央人民政府和其下属的行政机关。按照宪法和组织法的规定，我国中央行政机关包括：

（一）国务院

1. 国务院的性质。国务院即中央人民政府，是最高国家权力机关的执行机关，同时又是最高国家行政机关。我国的政体是人民代表大会制，其他国家机关由其产生并对其负责。作为最高权力机关的执行机关，国务院需执行全国人民代表大会及其常委会制定的法律或作出的决议，对其负责并报告工作，受其监督。同时作为最高的国家行政机关，国务院有权规定各部和各委员会的任务和职责，统一领导各部和各委员会的工作，并且领导不属于各部和各委员会的全国性的行政工作；统一领导全国地方各级国家行政机关的工作，规定中央和省、自治区、直辖市的国家行政机关的职权的具体划分。

2. 国务院的组成。国务院由总理、副总理、国务委员、各部部长、各委员会主任、审计长、秘书长组成，其中总理、副总理、国务委员、秘书长属于国务院的领导成员。国务院实行总理负责制，总理领导国务院的工作，副总理、国务委员协助总理工作。国务院秘书长在总理领导下，负责处理国务院的日常工作。

3. 国务院的工作制度。国务院的工作主要采用全体会议和常务会议方式展开。当国务院召开全体会议时国务院的全部组成人员都要参加，如果是常务会议则只由国务院领导成员参加。总理召集和主持国务院全体会议和国务院常务会议。国务院工作中的重大问题，必须经国务院常务会议或者国务院全体会议讨论决定。

4. 国务院的职能权限。国务院是我国最高权力机关的执行机关，其拥有的职能权限是由权力机关授予的，国务院无权自授职权。根据《宪法》第89条的规定，国务院依法享有：①全国性行政事务的管理权；②对下级行政机关的领导监督权；③行政组织权；④人事管理权等。

> 注意：国务院台湾事务办公室与中共中央台湾工作办公室、国务院新闻办公室与中共中央对外宣传办公室、国务院防范和处理邪教问题办公室与中央防范和处理邪教问题领导小组办公室，均为一个机构两块牌子，列入中共中央直属机构序列。

5. 国务院内设机构。①国务院办公厅：国务院办公厅属于国务院日常办公机构，协助国务院领导处理国务院日常工作。国务院办公厅秘书长在总理领导下工作，是国务院组成人员中的领导成员；②国务院办事机构：国务院办事机构协助国务院总理办理专门事项，不具有独立的行政管理职能。国务院办事机构的设立、撤销或者合并由国务院机构编制管理机关提出方案，报国务院决定。国务院的办事机构包括：国务院侨务办公室、国务院港澳事务办公室、国务院法制办公室、国务院研究室。

> **法条链接：**
>
> **《宪法》**
>
> 第八十九条 国务院行使下列职权：
>
> （一）根据宪法和法律，规定行政措施，制定行政法规，发布决定和命令；
>
> （二）向全国人民代表大会或者全国人民代表大会常务委员会提出议案；
>
> （三）规定各部和各委员会的任务和职责，统一领导各部和各委员会的工作，并且领导不属于各部和各委员会的全国性的行政工作；
>
> （四）统一领导全国地方各级国家行政机关的工作，规定中央和省、自治区、直辖市的国家行政机关的职权的具体划分；
>
> （五）编制和执行国民经济和社会发展计划和国家预算；
>
> （六）领导和管理经济工作和城乡建设；
>
> （七）领导和管理教育、科学、文化、卫生、体育和计划生育工作；
>
> （八）领导和管理民政、公安、司法行政和监察等工作；
>
> （九）管理对外事务，同外国缔结条约和协定；
>
> （十）领导和管理国防建设事业；
>
> （十一）领导和管理民族事务，保障少数民族的平等权利和民族自治地方的自治权利；
>
> （十二）保护华侨的正当的权利和利益，保护归侨和侨眷的合法的权利和利益；
>
> （十三）改变或者撤销各部、各委员会发布的不适当的命令、指示和规章；
>
> （十四）改变或者撤销地方各级国家行政机关的不适当的决定和命令；
>
> （十五）批准省、自治区、直辖市的区域划分，批准自治州、县、自治县、市的建置和区域划分；
>
> （十六）依照法律规定决定省、自治区、直辖市的范围内部分地区进入紧急状态；
>
> （十七）审定行政机构的编制，依照法律规定任免、培训、考核和奖惩行政人员；
>
> （十八）全国人民代表大会和全国人民代表大会常务委员会授予的其他职权。

（二）国务院组成部门

国务院组成部门包括国务院各部、委员会、中国人民银行、审计署。国务院组成部门的正职负责人是国务院的组成人员，这区别于国务院的其他工作部门。国务院组成部门依法分别履行国务院的基本行政管理职能，独立行使相应行政职权。国务院组成部门的设立、撤销或合并由国务院机构编制管理机关提出方案，经国务院常务会议讨论通过后，由国务院总理提请全国人民代表大会决定；在全国人民代表大会闭会期间，提请全国人民代表大会常务委员会决定。

国务院的组成部门包括（共25个）：①国务院各部（共20个）：外交部、国防部、教育部、科学技术部、公安部、国家安全部、监察部、民政部、司法部、财政部、人力资源和社会保障部、国土资源部、建设部、交通运输部、工业和信息化部、水利部、农业部、商务部、文化部、环境保护部；②委员会（共3个）：国家发展和改革委员会、国家民族事务委员会、国家卫生和计划生育委员会；③中国人民银行；④审计署。

> **注意**：监察部与中共中央纪律检查委员会机关合署办公，机构列入国务院序列，编制列入中共中央直属机构；教育部对外保留国家语言文字工作委员会牌子；工业和信息化部对外保留国家航天局、国家原子能机构牌子；环境保护部对外保留国家核安全局牌子。

（三）国务院直属机构和直属特设机构

国务院直属机构是指国务院设立的直属于国务院的行政管理部门，包括总局（总署）、局、室。直属机构不属于国务院的组成部门，机构的正职负责人不是国务院的组成人员。直属机构主管国务院的某项专门业务，具有独立的行政管理职能。国务院直属机构的设立、撤销或者合并由国务院机构编制管理机关提出方案，报国务院决定。

国务院的直属机构包括（共16个）：海关总署、国家税务总局、国家工商行政管理总局、国家质量监督检验检疫总局、国家食品药品监督管理总局、国家新闻出版广电总局（加挂国家版权局牌子）、国家体育总局、国家安全生产监督管理总局、国家统计局、国家林业局、国家知识产权局、国家旅游局、国家宗教事务局、国务院参事室、国务院机关事务管理局、国家预防腐败局（在监察部加挂牌子）。

国务院直属特设机构（共1个）：根据《关于国务院机构改革方案》，国务院设立国有资产监督管理委员会（国资委）作为国务院直属特设机构。宪法和组织法并没有关于特设机构设置的规定，所以特设机构的性质及其与直属机构的区别在法律上并不明确。

法条链接：

《国务院行政机构设置和编制管理条例》

第十三条 国务院办公厅、国务院组成部门、国务院直属机构、国务院办事机构在职能分解的基础上设立司、处两级内设机构；国务院组成部门管理的国家行政机关根据工作需要可以设立司、处两级内设机构，也可以只设立处级内设机构。

第十四条 国务院行政机构的司级内设机构的增设、撤销或者合并，经国务院机构编制管理机关审核方案，报国务院批准。

国务院行政机构的处级内设机构的设立、撤销或者合并，由国务院行政机构根据国家有关规定决定，按年度报国务院机构编制管理机关备案。

(四) 国务院各部、委员会管理的国家局

国务院各部、委员会管理的国家局即俗称的"归口局",是指国务院设立的,由部委管理的行政机关。国家局主管特定的行政业务,独立行使行政管理职能。国务院组成部门管理的国家局的设立、撤销或者合并由国务院机构编制管理机关提出方案,报国务院决定。

国务院各部、委员会管理的国家局包括(共16个):国家信访局(由国务院办公厅管理)、国家粮食局(由国家发展和改革委员会管理)、国家能源局(由国家发展和改革委员会管理)、国家海洋局(由国土资源部管理)、国家测绘地理信息局(由国土资源部管理)、国家烟草专卖局(由工业和信息化部管理)、国家国防科技工业局(由工业和信息化部管理)、国家外国专家局(由人力资源和社会保障部管理)、国家公务员局(由人力资源和社会保障部管理)、国家邮政局(由交通运输部管理)、中国民用航空局(由交通运输部管理)、国家铁路局(由交通运输部管理)、国家文物局(由文化部管理)、国家中医药管理局(由卫生部管理)、国家外汇管理局(由中国人民银行管理)、国家煤矿安全监察局(由国家安全生产监督管理总局管理)。

> 注意:国家档案局与中央档案馆,国家保密局与中央保密委员会办公室,国家密码管理局与中央密码工作领导小组办公室,都是一个机构两块牌子,列入中共中央直属机关的下属机构序列。

(五) 国务院的其他直属单位

除了上述国务院下属的行政机关之外,国务院还下设有事业单位以及一定数量的议事协调机构和临时机构。

1. 国务院直属事业单位。国务院下设有事业单位,这些事业单位相当于部委级别,直属国务院领导,但不是国家行政机关。国务院直属事业单位包括(13个):新华通讯社、中国科学院、中国社会科学院、中国工程院、国务院发展研究中心、国家行政学院、中国地震局、中国气象局、中国银行业监督管理委员、中国证券监督管理委员会、中国保险监督管理委员会、全国社会保障基金理事会、国家自然科学基金委员会。国务院直属事业单位大都承担着行政管理职能,比如中国证券监督管理委员会、保险监督管理委员会、银行监督管理委员会承担着证券、保险和银行的行政监管职能。

2. 国务院议事协调机构或临时机构。国务院根据需要设立有议事协调机构或临时机构,这些机构并不是独立的行政机关,没有编制。它们主要负责跨部门的协调工作或某些临时性的工作。国务院议事协调机构的设立、撤销或者合并,由国务院机构编制管理机关提出方案,报国务院决定。设立国务院议事协调机构,应当严格控制,可以交由现有机关承担职能的或者由现有机关进行协调可以解决问题的,不另设立议事协调机构。设立国务院议事协调机构,应当明确规定承担办事职能的具体工作部门。为处理一定时期内某项特定工作设立的议事协调机构,还应当明确规

定其撤销的条件或者撤销的期限。

国务院议事协调机构或临时机构的职能权限：国务院议事协调机构承担组织协调跨国务院行政机关重要业务工作的任务。国务院议事协调机构议定的事项，经国务院同意，由有关的行政机关按照各自的职责负责办理。在特殊或者紧急的情况下，经国务院同意，国务院议事协调机构可以规定临时性的行政管理措施。

国务院议事协调机构或临时机构主要有：全国爱国卫生运动委员会（具体工作由卫生部承担）、全国绿化委员会（具体工作由国家林业局承担）、国务院学位委员会（具体工作由教育部承担）、国家防汛抗旱总指挥部（具体工作由水利部承担）、国务院妇女儿童工作委员会（具体工作由中华全国妇女联合会承担）、全国拥军优属拥政爱民工作领导小组（具体工作由民政部、总政治部承担）、国务院三峡工程建设委员会（单设办事机构，工作任务完成后撤销）、国务院南水北调工程建设委员会（单设办事机构，工作任务完成后撤销）、国务院纠正行业不正之风办公室（保留名义，工作由监察部承担）等。

> 思考：国务院工作部门和国务院组成部门是否有区别？

二、地方行政机关

地方行政机关是国家设置的承担本行政区域内行政事务，行使国家行政权力的地方人民政府和其下属的行政机关。按照宪法和地方组织法的规定，我国地方行政机关包括：

（一）地方各级人民政府

1. 地方政府的设置。为了有效治理国家，基于地方情况之不同，我国地方政府设置的层次也不尽相同。依据《宪法》和《地方组织法》的规定，我国共有四级地方人民政府。所谓四级是指省、自治区、直辖市人民政府（省级），自治州、地级市人民政府（地市级），县、自治县、不设区的县级市、市辖区人民政府（区县级），以及乡、民族乡、镇人民政府（乡镇级）。但各地方人民政府的设置又有所不同，具体情形有：①两级制（直辖市——市辖区）；②三级制（直辖市——县〈市辖区〉——乡镇，省——地级市〈县、县级市〉——市辖区〈乡〉）；③四级制（省——地级市——县〈县级市〉——乡）。

2. 地方政府的类型。基于解决民族问题和历史遗留问题的需要，依据《宪法》和《地方组织法》的规定，我国设置了三种类型的地方人民政府，包括一般地方政府、民族自治地方政府和特别行政区地方政府。

> 注意：经济特区、开发区、矿山工业区、自然保护区等行政机关的设置虽然和一般地方政府不完全相同，但类型上仍属于一般地方政府。

根据《宪法》和《民族区域自治法》规定，各少数民族聚居的地方实行区域自治。民族自治地方分为自治区、自治州、自治县，各民族自治地方都是中华人民共和国不可分离的部分。民族自治地方设立自治机关，自治机关是国家的一级地方政权机关。民族自治地方的自治机关是自治区、自治州、自治县的人民代表大会和人民政府。各民族自治地方的人民政府都是国务院统一领导下的国家行政机关，都服从国务院。民族自治地方的自治机关的组织和工作，根据宪法和法律，由民族自治地方的自治条例或者单行条例规定。

特别行政区地方政府是根据《宪法》《香港特别行政区基本法》《澳门特别行政区基本法》的规定设立的享有高度自治权的地方政府。全国人民代表大会授权香港和澳门特别行政区依照基本法的规定实行高度自治，享有行政管理权、立法权、独立的司法权和终审权。香港、澳门特别行政区的行政机关和立法机关由香港、澳门永久性居民依照基本法有关规定组成。香港、澳门特别行政区可享有全国人民代表大会和全国人民代表大会常务委员会及中央人民政府授予的其他权力。中央人民政府所属各部门、各省、自治区、直辖市均不得干预香港、澳门特别行政区根据其基本法自行管理的事务。

3. 地方政府的性质。根据《宪法》和《地方组织法》的规定，地方各级人民政府实行双重从属制，即地方各级人民政府既是地方权力机关的执行机关，又是地方各级国家行政机关。地方各级人民政府对本级人民代表大会和上一级国家行政机关负责并报告工作。县级以上的地方各级人民政府在本级人民代表大会闭会期间，对本级人民代表大会常务委员会负责并报告工作。全国地方各级人民政府都是国务院统一领导下的国家行政机关，都服从国务院。

4. 地方政府的组成。省、自治区、直辖市、自治州、设区的市的人民政府分别由省长、副省长，自治区主席、副主席，市长、副市长，州长、副州长和秘书长、厅长、局长、委员会主任等组成。县、自治县、不设区的市、市辖区的人民政府分别由县长、副县长，市长、副市长，区长、副区长和局长、科长等组成。乡、民族乡的人民政府设乡长、副乡长。民族乡的乡长由建立民族乡的少数民族公民担任。镇人民政府设镇长、副镇长。

5. 地方政府的工作制度。地方各级人民政府实行行政首长负责制，由行政首长主持地方各级人民政府的工作。县级以上的地方各级人民政府会议分为全体会议和常务会议，全体会议由本级人民政府全体成员组成，常务会议由本级人民政府的领导成员组成，省长、自治区主席、市长、州长、县长、区长召集和主持本级人民政府全体会议和常务会议。政府工作中的重大问题，须经政府常务会议或者全体会议讨论决定。

法条链接：

《地方各级人民代表大会和地方各级人民政府组织法》

第六十三条 县级以上的地方各级人民政府会议分为全体会议和常务会议。全体会议由本级人民政府全体成员组成。省、自治区、直辖市、自治州、设区的市的人民政府常务会议，分别由省长、副省长，自治区主席、副主席，市长、副市长，州长、副州长和秘书长组成。县、自治县、不设区的市、市辖区的人民政府常务会议，分别由县长、副县长，市长、副市长，区长、副区长组成。省长、自治区主席、市长、州长、县长、区长召集和主持本级人民政府全体会议和常务会议。政府工作中的重大问题，须经政府常务会议或者全体会议讨论决定。

6. 地方政府的职能权限。地方各级人民政府依据宪法和地方组织法规定的行政职能权限，依法独立地行使行政管理权，管理地方行政事务。其职能主要包括：①本行政区域行政事务的管理权；②对下级行政机关的领导监督权；③行政组织权；④人事管理权等。由于地方人民政府的层级不同，其职能权限也有所区别。

法条链接：

《地方各级人民代表大会和地方各级人民政府组织法》

第五十九条 县级以上的地方各级人民政府行使下列职权：

（一）执行本级人民代表大会及其常务委员会的决议，以及上级国家行政机关的决定和命令，规定行政措施，发布决定和命令；

（二）领导所属各工作部门和下级人民政府的工作；

（三）改变或者撤销所属各工作部门的不适当的命令、指示和下级人民政府的不适当的决定、命令；

（四）依照法律的规定任免、培训、考核和奖惩国家行政机关工作人员；

（五）执行国民经济和社会发展计划、预算，管理本行政区域内的经济、教育、科学、文化、卫生、体育事业、环境和资源保护、城乡建设事业和财政、民政、公安、民族事务、司法行政、监察、计划生育等行政工作；

（六）保护社会主义的全民所有的财产和劳动群众集体所有的财产，保护公民私人所有的合法财产，维护社会秩序，保障公民的人身权利、民主权利和其他权利；

（七）保护各种经济组织的合法权益；

（八）保障少数民族的权利和尊重少数民族的风俗习惯，帮助本行政区域内各少数民族聚居的地方依照宪法和法律实行区域自治，帮助各少数民族发展政治、经济和文化的建设事业；

（九）保障宪法和法律赋予妇女的男女平等、同工同酬和婚姻自由等各项权利；

（十）办理上级国家行政机关交办的其他事项。

第六十一条 乡、民族乡、镇的人民政府行使下列职权：

（一）执行本级人民代表大会的决议和上级国家行政机关的决定和命令，发布决定和命令；

（二）执行本行政区域内的经济和社会发展计划、预算，管理本行政区域内的经济、教育、科学、文化、卫生、体育事业和财政、民政、公安、司法行政、计划生育等行政工作；

（三）保护社会主义的全民所有的财产和劳动群众集体所有的财产，保护公民私人所有的合法财产，维护社会秩序，保障公民的人身权利、民主权利和其他权利；

（四）保护各种经济组织的合法权益；

（五）保障少数民族的权利和尊重少数民族的风俗习惯；

（六）保障宪法和法律赋予妇女的男女平等、同工同酬和婚姻自由等各项权利；

（七）办理上级人民政府交办的其他事项。

（二）地方政府工作部门

1. 设置体制。地方各级人民政府根据工作需要和精干的原则，设立必要的工作部门（也称政府职能部门）。政府工作部门的设置主要根据工作需要，不需要和上级工作部门对应设置。工作部门属部门行政机关，职能权限一般只涉及特定行政领域或特定行政事务，其依照有关法律、法规的规定，独立享有并行使相应的行政职权。地方人民政府的工作部门只在县级以上政府设置，乡镇政府不设工作部门。省级政府的工作部门分为组成部门和直属机构，省级以下政府的工作部门不再区分组成部门和直属机构。政府工作部门一般称为厅、局、委员会等。

法条链接：

《地方各级人民政府机构设置和编制管理条例》

第九条 地方各级人民政府行政机构的设立、撤销、合并或者变更规格、名称，由本级人民政府提出方案，经上一级人民政府机构编制管理机关审核后，报上一级人民政府批准；其中，县级以上地方各级人民政府行政机构的设立、撤销或者合并，还应当依法报本级人民代表大会常务委员会备案。

第十三条 地方各级人民政府行政机构根据工作需要和精干的原则，设立必要的内设机构。县级以上地方各级人民政府行政机构的内设机构的设立、撤销、合并或者变更规格、名称，由该行政机构报本级人民政府机构编制管理机关审批。

2. 隶属体制。地方人民政府的工作部门的隶属关系有以下几种情况：①第一类工作部门受本级人民政府统一领导，并且依照法律或者行政法规的规定受上级行政主管部门指导。这类工作部门属多数，如教育、民政等工作部门；②第二类工作部门受本级人民政府统一领导，并且依照法律或者行政法规的规定受上级主管部门领导，属于双重领导部门。这类工作部门属少数，如审计、监察等工作部门；③第三类工作部门只受上级主管部门领导,不受同级政府领导,属于全国垂直领导部门,如海关、金融、国税等;④第四类工作部门在省以下只受上级主管部门领导,不受同级政府领导,属于省以下垂直领导部门,如地税、工商、药监等。

(三)地方政府的派出机关

派出机关是指地方各级人民政府根据地方行政管理的需要,在某一区域内设置派出机关代表该级人民政府对管辖区域内的行政事务进行综合管理的行政组织。派出机关所具有的行政职能是综合的,相当于一级实体政府。

依据宪法和地方组织法规定,行政派出机关共3种,分别是地区行政公署(行政公署设工作部门)、区公所和街道办事处。省、自治区的人民政府在必要的时候,经国务院批准,可以设立若干派出机关(行政公署)。县、自治县的人民政府在必要的时候,经省、自治区、直辖市的人民政府批准,可以设立若干区公所作为它的派出机关。市辖区、不设区的市的人民政府,经上一级人民政府批准,可以设立若干街道办事处作为它的派出机关。

注意:实践中,大量存在由直辖市、地级市或县级政府派出的各类管委会。这些管委会实际上也属于派出机关,但这种派出机关在宪法和组织法上并没有直接依据。

```
国务院
 |------------------------------- 工作部门(部、委、局、办)
 省(自治区、直辖市)
 |------------------------------- 工作部门(厅、局、委、办)
地区行署 ← 市(自治州、设区的市)
 |------------------------------- 工作部门(局、委、办)
 县(自治县、不设区的市、市辖区)
区公所 ← |--------------------- 工作部门(局、委、办)
街道办 ← 乡(民族乡、镇)
  |    |
居委会 村委会
```

图 6-1 行政机关体系结构图

第三节 行政机关的职责与职权

一、行政机关的职责

行政机关职责之大小取决于一国不同的历史传统、不同的发展阶段以及不同的国家理论等因素。根据宪法和组织法等相关法律的规定,在我国,行政机关的主要职责包括:

(一)社会管理

即使是"守夜人"式的国家,保障国家安全、公共安全,维护社会秩序,制裁危害社会治安、破坏经济秩序和其他违法活动也是国家最传统和基本的职责。

（二）公共服务

行政机关的公共服务职责首先涉及一种从管理到服务的观念上的转变，以及在此基础上的职权运作方式的转变。其次，公共服务的范围较难界定，哪些服务属于公共服务，哪些公共服务应该由国家提供，具有争议性。

（三）经济调节

根据宪法规定，我国实行社会主义市场经济。既然是市场经济，就应该由市场在资源配置中起决定性作用，对于市场主体的市场行为，国家应该给予充分的经营自主权，减少干预。政府应该着眼于对经济的宏观调控和市场失灵的情况下政府所应该承担的职责方面。

（四）市场监管

国家应该加强经济立法，为市场主体制定出行为规则，政府根据规则对市场主体的市场行为进行监管，依法禁止任何组织或者个人扰乱社会经济秩序，以维护公共利益以及市场各方主体的利益，实现公平正义。政府在市场中的角色定位应当是市场规则的监督者，而非市场主体。

二、行政机关的职权

行政职权是行政职责的保障，是实现行政职责的手段。行政职权是行政权的具体化，是行政权的具体内容。根据宪法、组织法等相关法律的规定，行政机关的主要职权有：

（一）立法性质的职权

立法性质的职权包括行政机关制定具有法源地位的行政法规和行政规章的权力（即行政立法权）和制定不具有法源地位的行政规范性文件的权力。

首先，根据《宪法》《立法法》等相关法律规定，我国只有特定的行政机关才具有制定行政法规和行政规章的权力，即行政法规和行政规章的制定主体具有法定性，同时其立法权限和立法程序也都具有法定性。行政法规和行政规章属于广义的法的范畴，在性质上，行政立法属于从属性立法，具有准立法性质。其次，所有行政机关都有制定具有普遍约束力的行政规范性文件的权力，行政规范性文件不属于法的范畴，其效力不同于行政法规和行政规章。

（二）执法性质的职权

执法性质的职权即行政处理权，行政处理权是指行政机关对具体行政相对人的权利义务予以处理的权力。广义的行政处理权包括行政命令权、行政处罚权、行政强制权、行政监督权、行政许可权、行政司法权等所有的行政机关为具体行政行为的权力。狭义的行政处理权不包括行政司法权，此处是从狭义上来理解行政处理权。

1. 行政命令权。行政命令是指行政机关向行政相对人发出的要求其为或不为某种行为的意思表示，包括作为命令和不作为命令。行政命令的本质是要求相对人为或不为某种行为，相对人违反行政命令则应承担相应的法律责任。

2. 行政处罚权。行政处罚权是指行政机关对违反行政法规范的行政相对人予以行政制裁的权力。行政处罚针对的对象是行政相对人，该行政相对人违反的不是民法规范或刑法规范，而是行政法规范。行政处罚在性质上是行政制裁，属于行政责任。

3. 行政强制权。行政强制权包括行政强制执行权和行政强制措施权。行政强制措施是指行政机关在行政管理过程中，为制止违法行为、防止证据损毁、避免危害发生、控制危险扩大等情形，依法对公民的人身自由实施暂时性限制，或者对公民、法人或者其他组织的财物实施暂时性控制的行为。行政强制执行是指行政机关或者行政机关申请人民法院，对不履行行政决定的公民、法人或者其他组织，依法强制履行义务的行为。授予行政机关行政强制权可以保障行政机关依法履行职责，维护公共利益和社会秩序，但同时也要对其予以监督，以保护公民、法人和其他组织的合法权益。

4. 行政检查权。行政检查权是指行政机关对行政相对人遵守行政法规范的情况予以检查监督的权力。行政机关行使行政检查权，一方面可以督促行政相对人遵纪守法，另一方面可以及时发现行政相对人的违法行为，对其违法行为予以及时处理，以维护公共利益和他人合法权益。

5. 行政许可权。行政许可权是指行政机关根据公民、法人或者其他组织的申请，经依法审查，准予其从事特定活动的权力。行政许可是一般禁止的解除，是国家管理社会的一种方法，属于事前管理。一般基于安全、为社会提供公信力和合理配置资源等考量，国家会在相关领域采用许可证管理，授予相应行政机关行政许可权。

（三）司法性质的职权

司法性质的职权即行政司法权。行政司法权是指行政机关对特定的纠纷进行处理的权力。司法权作为重要的国家公权力之一，其行使主体是国家司法机关。但在现代社会，部分行政机关依法拥有对特定民事和行政纠纷进行处理的权力，具体包括行政调解、行政仲裁、行政裁决和行政复议。行政机关对上述纠纷的处理原则上不具有终局性，如纠纷的当事人不服行政机关对纠纷的处理，一般可以通过提起诉讼等方式解决。在性质上，行政司法权不属于真正意义上的司法权，具有准司法性质。

复习思考

一、选择题

1. 我国中央人民政府/最高国家行政机关是（　　）。
   A. 全国人大　　　　　　　　B. 全国人大常委会
   C. 国务院　　　　　　　　　D. 中共中央
2. 下列对国务院的表述，正确的是（　　）。
   A. 国家主席的辅助机构　　　B. 中央人民政府

C. 最高国家行政机关　　　　　　D. 最高国家权力机关的执行机关

3. 国务院总理的选举，需根据国家主席的提名，并经过全国人大以全体代表的过半数通过后，由（　　）。

A. 中央政治局任命　　　　　　　B. 委员长任命
C. 国家主席任命　　　　　　　　D. 党的总书记任命

4. 在下列各项中，属于人民政府职能部门的派出机构是（　　）。

A. 行政公署　　　　　　　　　　B. 街道办事处
C. 区公所　　　　　　　　　　　D. 工商所

5. 下列关于行政主体与行政机关的关系表述，正确的是（　　）。

A. 行政主体与行政机关没有任何关系
B. 行政主体就是行政机关
C. 行政主体的范围比行政机关窄
D. 行政主体与行政机关具有包容关系，前者包容后者

6. 下列组织中，一经成立即具有行政主体资格的是（　　）。

A. 国务院法制办　　　　　　　　B. 省人民政府
C. 工商所　　　　　　　　　　　D. 村委会

7. 关于行政主体和行政机关的关系，下列说法错误的是（　　）。

A. 行政机关一般都可以成为行政主体
B. 行政主体是一个行政法学的概念，行政机关是一个具体的法律概念
C. 行政机关是行政主体的代名词
D. 行政主体是行政法律关系一方当事人的总称，行政机关是行政法律关系中具体当事人的称谓

8. 下列组织中，经上级人民政府批准有权设立街道办事处的是（　　）。

A. 省级政府　　　　　　　　　　B. 直辖市人民政府
C. 市辖区人民政府　　　　　　　D. 国务院部门

9. 关于行政机关和机构的设立，下列哪些说法是正确的（　　）。

A. 经国务院批准，省人民政府可以设立行政公署
B. 经市公安局批准，县公安局可以设立派出所
C. 经全国人大常委会批准，国务院可以设立直属机构
D. 经市人民政府批准，县人民政府可以设立区公所

10. 行政机关在决策体制上一般实行（　　）。

A. 民主集中制　　　　　　　　　B. 集体负责制
C. 合议制　　　　　　　　　　　D. 首长负责制

11. 我国地方各级人民政府派出机关的行政法性质是（　　）。

A. 地方一级政府　　　　　　　　B. 独立的行政主体
C. 职能性行政机关　　　　　　　D. 专业性行政机关

12. 在我国，街道办事处的性质是（　　）。
A. 基层人民政府　　　　　　　B. 区人民政府的办事机构
C. 区人民政府的派出机关　　　D. 区人民政府的派出机构

二、名词解释

行政机关　行政机构　派出机关　派出机构

三、简答题

1. 简述行政机关的主要特征。
2. 简述行政机关与行政主体的关系。

四、论述题

1. 试述我国中央行政机关的组织体系。
2. 试述我国地方行政机关的组织体系。

拓展阅读

［1］薛刚凌："我国行政主体理论之检讨——兼论全面研究行政组织的必要性"，载《政法论坛》1998 年第 6 期。

［2］杨解君："行政主体及其类型的理论界定与探索"，载《法学评论》1999 年第 5 期。

［3］张树义："行政主体研究"，载《中国法学》2000 年第 2 期。

［4］沈岿："重构行政主体范式的尝试"，载《法律科学》2000 年第 6 期。

［5］薛刚凌："行政主体之再思考"，载《中国法学》2001 年第 2 期。

［6］王晓丹："试论我国行政主体的重新界定"，载《当代法学》2003 年第 3 期。

［7］孟鸿志等：《中国行政组织法通论》，中国政法大学出版社 2001 年版。

［8］杨凤春：《中国政府概要》，北京大学出版社 2002 年版。

［9］应松年、薛刚凌：《行政组织法研究》，法律出版社 2002 年版。

［10］黎军：《行业组织的行政法问题研究》，北京大学出版社 2002 年版。

［11］王学辉、宋玉波等：《行政权研究》，中国检察出版社 2002 年版。

［12］沈岿：《谁还在行使权力——准政府组织个案研究》，清华大学出版社 2003 年版。

第七章

行政任务的其他承担者

学习提要

行政任务除了由行政机关来主要承担外,还可以由行政机关之外的法律、法规授权组织和受委托的组织、个人来承担。法律、法规授权组织和受委托的组织、个人的法律地位有所区别,法律、法规授权组织是行政主体,即能以自己的名义行使行政职权并能独立承担责任。而受委托承担行政职能的组织、个人则不属于行政主体,其行政行为的后果归属于委托的行政主体。由行政机关之外的组织、个人承担行政任务主要是基于行政分权之考量。本章需要重点掌握的是法律、法规授权的含义;法律、法规授权组织的类型、法律地位;行政委托的含义、类型;受委托组织、个人的条件、法律地位。本章学习时需要熟习以下法律文件:《行政诉讼法》《行政诉讼法执行解释》《村民委员会组织法》《城市居民委员会组织法》等。

本章知识结构图

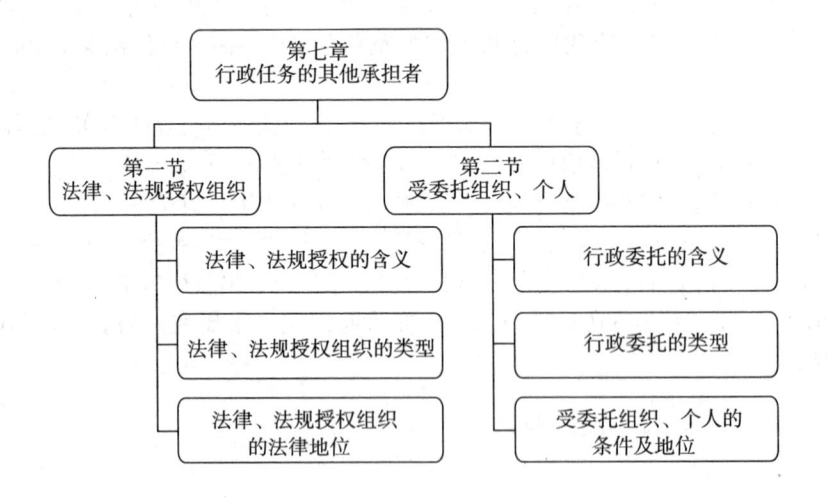

```
              第七章
         行政任务的其他承担者
          /              \
    第一节                第二节
  法律、法规授权组织      受委托组织、个人
      |                      |
  法律、法规授权的含义      行政委托的含义
      |                      |
  法律、法规授权组织的类型    行政委托的类型
      |                      |
  法律、法规授权组织         受委托组织、个人的
     的法律地位              条件及地位
```

第一节 法律、法规授权组织

一、法律、法规授权的含义

法律、法规授权，是指宪法、组织法之外的单行法律、法规或规章将某项或某一方面的行政职权的一部分或全部，通过法定方式授予行政机关之外的组织，该组织经过授权取得行政主体资格的法律制度。法律、法规授权具有以下特点：

> 注意：根据《行政诉讼法》第2条以及《行政诉讼法执行解释》第20、21条规定，规章授权的组织也可以是行政诉讼被告。但由于行政法学界一直将这类组织称为"法律、法规授权组织"，尽管规章也可以授权，但学界普遍仍然沿用原来的称谓。

（一）授权性质

法律、法规授权在性质上是设定行政权的行为，即法律、法规或规章的制定机关通过立法的方式将某项或某一方面的行政职权的一部分或全部赋予行政机关之外的组织。对于被授权组织来说，在获得授权之前，一般并不具有所授予的某项或某一方面的行政职权。

（二）授权依据

授权依据是宪法、组织法以外的法律、法规或规章，即必须由法定机关通过制定法律、法规或规章来授权。首先，无权制定法律、法规或规章的机关无权授权。其次，具有法律、法规或规章制定权的机关也必须通过制定法律、法规或规章的形式来授权，而不能通过普通规范性文件等形式授权。最后，如果是以文件形式"授权"或行政机关自行"授权"则应视为委托，该被"授权"组织未获得行政主体资格。

（三）授权机关

行政授权的依据是宪法、组织法以外的法律、法规和规章，相应地，行政授权的机关就是法律、法规和规章的制定机关，无法律、法规或规章制定权的机关不能成为法定授权机关。在我国，法律、法规和规章的制定主体是特定的，包括特定的国家权力机关和特定的国家行政机关，除此之外的其他国家机关不能成为法定授权机关。

（四）被授权组织

获得授权的组织是非行政机关组织，包括行政机构和社会组织。依照宪法、组织法成立的行政机关，作为行政主体无需授权。国家设立行政机关时就已经规定其行使相应的行政职权，无需单行法律、法规或规章的授权，行政机关属于职权性行政主体。一般来说，社会组织本身并没有行政职权，只有经过法律、法规或规章的授权，才取得了行政主体资格；行政机构具有一定的行政职权，但原则上代表所属行政机关为行政行为，并不具有行政主体资格，除非经过法律、法规或规章的特别授权。

（五）授权权限

一般来说，社会组织获得法律、法规或规章授予的是特定的、具体的、完整的一项或几项行政职权。首先，行使行政职权的主体主要还是国家行政机关，也就是说国家行政机关仍然是行政任务的主要承担者。只是作为例外，基于行政任务性质不同，可以选择不同类型的组织来承担一定的行政职能，以弥补科层制行政组织之不足。所以授予的行政职权不会是概括性的、一般性的、广泛的，而是特定的、具体的、完整的一项或几项行政职能。

（六）法律效果

法律、法规授权的结果是使被授权组织获得执行被授予行政职权的行政主体资格。即被授权组织能以自己的名义行使行政职权并能独立承担法律责任，能够作为行政复议的被申请人、行政诉讼的被告。

根据上述法律、法规授权的定义，法律、法规授权组织即可定义为：获得法律、法规授权而具有行政主体资格的组织。行政法学上一般通称"法律、法规授权组织"，属于授权行政主体。

> **理解**：法律、法规或规章的授权包括直接授权和间接授权。所谓直接授权是指法律、法规或规章直接明确将某一行政职权授权给行政机关之外的组织；间接授权是指法律、法规或规章并没有直接明确将某一行政职权授权给行政机关之外的某组织，而是在法律、法规或规章中授权行政机关根据需要，由行政机关再授权符合条件的组织，相当于二次授权。间接授权不同于行政机关自行授权，所谓行政机关自行授权是指法律、法规或规章中未授权行政机关进行二次授权，行政机关自行授权属于无权授权，应视为委托。

二、法律、法规授权组织的类型

由行政机关之外的组织行使行政职权，承担行政任务是基于行政分权原则的考量。行政分权原则的确立，主要是基于民主价值取向，需要加强社会自治，向社会分权；同时也是为了克服科层制行政弊端和行政职能扩张之需要。行政分权包括不同组织体之间的分权和同一组织体中的分权，具体的分权形式包括地方自治分权、公务自治分权、权力下放分权等。在我国，行政分权的最主要方式就是通过法律、法规或规章将一部分行政职权授权给行政机关之外的其他组织。在实践中，法律、法规或规章授权组织的范围相当广泛，大致可以归纳为下述两类：

（一）行政机构

行政机构是指在行政机关内设立的代表行政机关行使行政职权的内部组织单位，行政机构是行政机关的组成部分。除法律、法规或规章有特别授权外，行政机构对外不能以自己的名义发布决定和命令，其行为的一切法律后果归属于所属行政机关。法律、法规和规章授权的行政机构包括：

1. 行政机关工作部门的内设机构。行政机关根据工作需要和精干原则，可以设立必要的内设机构。行政机关的内设机构包括政府的内设机构和政府工作部门的内设机构，其名称一般为司、局、处、科、办等。行政机关内设机构设置的主要依据是《国务院行政机构设置和编制管理条例》和《地方各级人民政府机构设置和编制管理条例》。除依据上述两个条例设置内设机构外，也有行政机关的某些内设机构是依据单行法律、法规的授权规定而直接设立的专门内设机构，如直接依据《专利法》规定而设置的专利复审委员会，其是专利行政部门的内设机构。《专利法》第41条第1款规定："国务院专利行政部门设立专利复审委员会。专利申请人对国务院专利行政部门驳回申请的决定不服的，可以自收到通知之日起3个月内，向专利复审委员会请求复审。专利复审委员会复审后，作出决定，并通知专利申请人。"

一般情况下，行政机关内设机构不具有独立对外作出行政行为的行政主体资格，但如果根据法律、法规的授权，则可以以自己的名义对外作出行政行为，从而成为授权行政主体。被法律、法规授权独立行使一定行政职权并独立承担法律责任的内设机构有商标局、商标评审委员会和公安机关出入境管理机构等。

> **法条链接：**
>
> 《商标法》
> 第二条 国务院工商行政管理部门商标局主管全国商标注册和管理的工作。国务院工商行政管理部门设立商标评审委员会，负责处理商标争议事宜。
>
> 《出境入境管理法》
> 第七十条 本章规定的行政处罚，除本章另有规定外，由县级以上地方人民政府公安机关或者出入境边防检查机关决定；其中警告或者5000元以下罚款，可以由县级以上地方人民政府公安机关出入境管理机构决定。

2. 行政机关工作部门的派出机构。政府的工作部门根据工作需要可以在一定区域内设立派出机构，派出机构职能单一，人事、财务不独立，原则上以所属机关名义为行为并由所属机关承担法律责任。派出机构的名称一般叫某某派出所、某某工商所、某某税务所、某某办事处等。如根据《公安机关组织管理条例》第6条第1款规定："设区的市公安局根据工作需要设置公安分局。市、县、自治县公安局根据工作需要设置公安派出所。"被法律、法规授权独立行使一定行政职权并独立承担法律责任的派出机构有公安派出所、税务所和工商所等。

> **法条链接：**
>
> 《治安管理处罚法》
> 第九十一条 治安管理处罚由县级以上人民政府公安机关决定；其中警告、500元以下的罚款可以由公安派出所决定。
>
> 《税收征收管理法》
> 第七十四条 本法规定的行政处罚，罚款额在2000元以下的，可以由税务所决定。

> **《工商行政管理所条例》**
> 第八条 工商所的具体行政行为是区、县工商局的具体行政行为，但有下列情况之一的，工商所可以以自己的名义作出具体行政行为：
> （一）对个体工商户违法行为的处罚；
> （二）对集市贸易中违法行为的处罚；
> （三）法律、法规和规章规定工商所以自己的名义作出的其他具体行政行为。
> 前款第（一）、（二）项处罚不包括吊销营业执照。

3. 议事协调机构或临时机构。无论是国务院还是地方各级人民政府都有权根据工作需要设置议事协调机构或临时机构，这些机构并不是独立的行政机关，没有编制。它们主要负责跨部门的协调工作或某些临时性的工作。如根据《地方各级人民政府机构设置和编制管理条例》第 11 条规定：地方各级人民政府设立议事协调机构，应当严格控制；可以交由现有机构承担职能的或者由现有机构进行协调可以解决问题的，不另设立议事协调机构。为办理一定时期内某项特定工作设立的议事协调机构，应当明确规定其撤销的条件和期限。该法第 12 条规定：县级以上地方各级人民政府的议事协调机构不单独设立办事机构，具体工作由有关的行政机构承担。

议事协调机构或临时机构主要负责跨部门的协调工作或某些临时性的工作，一般不会被授权成为行政主体。但《国务院行政机构设置和编制管理条例》第 6 条规定："……在特殊或者紧急的情况下，经国务院同意，国务院议事协调机构可以规定临时性的行政管理措施。"

（二）社会组织

1. 社会团体。社会团体，是指公民自愿组成，为实现会员共同意愿，按照其章程开展活动的非营利性社会组织。社会团体一般是依照《社会团体登记管理条例》设立，也有依照特别法律规定而设，比如依照《律师法》设立的律师协会、依照《消费者权益保护法》设立的消费者权益保护协会、依照《工会法》设立的工会等。在我国，社会团体若被法律、法规授权行使一定行政职能，则成为被授权的行政主体，如根据《注册会计师法》授权注册会计师协会取得了注册会计师考试、注册等方面的行政管理权。在我国，取得行政主体资格的社会团体还有轻工总会、纺织总会、医学会、工青妇等社会团体。

2. 事业组织。事业组织，是指国家为了社会公益事业目的，由国家机关或者其他组织利用国有资产举办的，从事教育、科技、文化、卫生等活动的社会服务组织。在我国，事业组织若经过法律、法规的授权承担着一定的行政职能，则取得行政主体资格。如《城市生活无着的流浪乞讨人员救助管理办法》第 2 条规定："县级以上城市人民政府应当根据需要设立流浪乞讨人员救助站。救助站对流浪乞讨人员的救助是一项临时性社会救助措施。"第 15 条规定："救助站不履行救助职责的，求助人员可以向当地民政部门举报；民政部门经查证属实的，应当责令救助站及时提供救助，并对直接责任人员依法给予纪律处分。"根据上述规定，作为事业组织的救助站承担着对流浪乞讨人员的社会救助职能。在我国，取得行政主体资格的事业单位还有国务院直属的事业单位证监会、银监会、保监会等。

3. **企业组织**。在我国，企业包括国有企业和非国有企业。企业是营利性的社会组织，一些特殊类型的企业，既从事经营活动，又承担着某一方面的行政管理职能。如中国船舶总公司、中国石化总公司、中国纺织工业总公司、烟草总公司、盐业公司、电信局、铁路局、邮电局等，它们兼具行政组织和经济组织双重属性。如《铁路法》第 3 条规定："国务院铁路主管部门主管全国铁路工作，对国家铁路实行高度集中、统一指挥的运输管理体制，对地方铁路、专用铁路和铁路专用线进行指导、协调、监督和帮助。国家铁路运输企业行使法律、行政法规授予的行政管理职能。"第 72 条规定："本法所称国家铁路运输企业是指铁路局和铁路分局。"

> **法条链接：**
>
> 《注册会计师法》
> 　　第七条　国家实行注册会计师全国统一考试制度。注册会计师全国统一考试办法，由国务院财政部门制定，由中国注册会计师协会组织实施。
> 　　第九条　参加注册会计师全国统一考试成绩合格，并从事审计业务工作 2 年以上的，可以向省、自治区、直辖市注册会计师协会申请注册……
>
> 《中华人民共和国学位条例》
> 　　第八条　学士学位，由国务院授权的高等学校授予；硕士学位、博士学位，由国务院授权的高等学校和科学研究机构授予……
>
> 《中华人民共和国邮政法实施细则》
> 　　第三条　市、县邮电局（含邮政局，下同）是全民所有制的经营邮政业务的公用企业（以下简称邮政企业），经邮电管理局授权，管理该地区的邮政工作……

4. **基层群众性自治组织**。在我国，基层群众自治组织是指城市居民委员会和村民委员会。城市居民委员会和村民委员会不属于国家组织，是社会组织，是地方自治和地方分权的制度设计。基层群众自治组织行使的公权力主要基于《村民委员会组织法》和《城市居民委员会组织法》的规定。《村民委员会组织法》第 2 条第 1、2 款规定："村民委员会是村民自我管理、自我教育、自我服务的基层群众性自治组织，实行民主选举、民主决策、民主管理、民主监督。村民委员会办理本村的公共事务和公益事业，调解民间纠纷，协助维护社会治安，向人民政府反映村民的意见、要求和提出建议。"

三、法律、法规授权组织的法律地位

法律、法规授权组织的法律地位体现在以下两个方面：

1. 法律、法规授权组织具有行政主体地位。法律、法规授权组织具有行政主体地位不是指该授权的组织为任何行为都具有行政主体地位，而是指其在行使法律、法规所授予的行政职权时是行政主体。因此法律、法规授权的组织可以以自己的名义行使法律、法规所授予的行政职权，并由其本身就行使所授予职权的行为对外承担法律责任。法律、法规授权组织可以作为行政复议的被申请人、行政诉讼的被告。

2. 法律、法规授权组织所为行为并非在行使行政职权时，其仅属于一般意义上的社会组织，不具有行政主体的法律地位。作为法律、法规授权的社会团体、企业组织、事业组织等，除了以行政主体的身份行使行政职权外，仍会从事其他的和行政职权无关的活动，比如会以民事主体的身份从事民事活动，为民事行为，也会成为其他行政主体管理的行政相对人。

> **法条链接：**
>
> **《行政诉讼法执行解释》**
>
> 第二十条　行政机关组建并赋予行政管理职能但不具有独立承担法律责任能力的机构，以自己的名义作出具体行政行为，当事人不服提起诉讼的，应当以组建该机构的行政机关为被告。
>
> 行政机关的内设机构或者派出机构在没有法律、法规或者规章授权的情况下，以自己的名义作出具体行政行为，当事人不服提起诉讼的，应当以该行政机关为被告。
>
> 法律、法规或者规章授权行使行政职权的行政机关内设机构、派出机构或者其他组织，超出法定授权范围实施行政行为，当事人不服提起诉讼的，应当以实施该行为的机构或者组织为被告。
>
> 第二十一条　行政机关在没有法律、法规或者规章规定的情况下，授权其内设机构、派出机构或者其他组织行使行政职权的，应当视为委托。当事人不服提起诉讼的，应当以该行政机关为被告。

第二节　受委托组织、个人

一、行政委托的含义

行政委托，是指行政主体依法将一定的行政职权委托另一行政主体或其他社会组织、个人，受托方以委托方名义行使行政职权并由委托方承担责任的法律制度。行政委托具有以下特点：

（一）委托性质

行政委托不同于法律、法规授权行为，授权是行政权的创设行为，是立法机关通过制定法律、法规的形式将一定的行政职权直接或间接的授予某一组织行使，该组织因此取得了行政主体资格。行政委托中作为委托方的是行政主体，其本身拥有需要委托事项的行政职权。行政委托是行政主体把自己的行政职权委托给其他组织或个人，而不是创设一项行政职权。

（二）委托当事人

委托方是行政主体，被委托方（受托方）是其他行政主体或其他社会组织、个人。其一，受托方可以是其他行政主体。这些行政主体在受托之前并没有所受托的行政职权，虽然受托方也是行政主体，但在行使委托的行政职权时，仍要以委托方的名义行使，并由委托方承担责任。其二，受托方可以是其他社会组织。所谓其他社会组织是指并不具有行政主体资格的社会组织。这些社会组织基于行政主体的委托，代表行政主体行使一定的行政职权。其三，受托方也可以是个人。首先，有法律明确规定的情形下，可以将一定行政职权委托给个人；其次，如果法律并没有规定禁止委托个人，那么在行政委托实践中，也可以根据具体情况将一定的行政职权委托给个人。

（三）委托依据

首先，委托要依法委托，所谓依法委托是指法律、法规或规章明确规定行政主体可以将特定的行政职权委托给其他组织、个人，或者虽然没有法律、法规或规章明确规定，但根据行政管理需要，在不违背法律精神和法律目的情况下，也可以实施委托。其次，在符合依法委托的前提下，委托机关作出委托决定，并和受托方签订委托合同，双方的权利义务受合同约束。受托方依法律规定和合同约定行使委托的行政职权，禁止擅自转委托。

（四）委托权限

首先，行政机关委托出去的应该是法律允许委托的行政职权。根据行政职权本身的性质和职权重要性等不同，有些行政职权依法不能委托行使，如行政立法权只能由特定的行政机关行使，行政拘留权只能由公安机关行使等。其次，委托机关应该根据行政管理需要，将允许委托的行政职权的一部分或全部委托出去。行政委托不意味着法律允许委托而必须委托，是否将相应的行政职权委托出去，行政机关基于必要性考量，有委托与否的裁量权。

（五）法律效果

行政委托的法律效果是在委托者与受托者之间形成公法上的委托代理关系。受托方能以委托方的名义行使行政职权，并由委托方承担法律责任。受托方不是行政主体，委托方是行政主体。

二、行政委托的类型

从现行法律、法规或规章的规定和行政管理实践来看，受委托组织、个人的范围相当广泛。受托方包括其他行政主体、其他社会组织和个人，从类型上可以归纳为下述两类：

（一）行政主体之间的委托

一个行政主体依法可以将其一定的行政职权委托给另一行政主体，被委托方本身也是行政主体，但在行使委托的职权时必须以委托方的名义并由委托方承担责任。如《行政许可法》第24条规定："行政机关在其法定职权范围内，依照法律、法规、规章的规定，可以委托其他行政机关实施行政许可。委托机关应当将受委托行政机关和受委托实施行政许可的内容予以公告……"《烟草专卖法》第16条规定："经营烟草制品零售业务的企业或者个人，由县级人民政府工商行政管理部门根据上一级烟草专卖行政主管部门的委托，审查批准发给烟草专卖零售许可证。已经设立县级烟草专卖行政主管部门的地方，也可以由县级烟草专卖行政主管部门审查批准发给烟草专卖零售许可证。"

（二）行政主体委托其他社会组织、个人

这里被委托的其他社会组织是指并不具有行政主体资格的社会组织，其他社会组织、个人依据委托行使委托范围内的行政职权。如《税收征收管理法》第29条规定："除税务机关、税务人员以及经税务机关依照法律、行政法规委托的单位和人员外，任何单位和个人不得进行税款征收活动。"《税收征收管理法实施细则》第44条规定："税务机关根据有利于税收控管和方便纳税的原则，可以按照国家有关规定委托有关单位和人员代征零星分散和异地缴纳的税收，并发给委托代征证书。受托单位和人员按照代征证书的要求，以税务机关的名义依法征收税款，纳税人不得拒绝；纳税人拒绝的，受托代征单位和人员应当及时报告税务机关。"

三、受委托组织、个人的条件及地位

（一）受委托组织、个人的条件

现行法律对受委托组织、个人需要具备哪些条件并没有全面统一的规定，有单行法律对此有所调整，典型的是《行政处罚法》。该法具体规定了受委托行使行政处罚权的组织应当满足的条件，包括：①受委托组织应是依法成立的管理公共事务的事业组织。首先，如果行政机关将其处罚权委托出去，意味着受托方在性质上一定是事业组织，不能是企业等社会组织，也不能是个人；其次，该事业组织是依法成立的管理公共事务的事业组织，这意味着该事业组织本身也应该是行政主体，否则它不可能具有公共事务的管理权。②具有熟悉有关法律、法规、规章和业务的工作人员。依法行政是行政权运作的基本原则要求，行政权要合法、合理的行使。受委托的组织依法行使行政处罚权，意味着该组织内一定具有熟悉与处罚事项相关的法律、法规、规章和相关的业务知识的工作人员，否则无法做到依法行政。③对违法行为需要进行技术检查或者技术鉴定的，应当有条件组织进行相应的技术检查或技术鉴定。前两个条件是必备条件，而该条件是或然条件。受托组织是否需要具备相应物质条件需要视违法行为是否需要技术检查和鉴定而定。

其实，对于受托行使行政职权的组织需要具备的条件要求可以考虑在立法时作出框架式调整，但不宜规定得过于具体。具体需要具备哪些条件应该在行政委托过

程中，根据不同的行政委托事项设置不同的标准。现代公共行政管理下的行政委托除了行政主体之间的委托外，更多的是基于公共行政的社会化和市场化考量，将大量的技术性事项和执行性事项由政府委托给社会组织或个人承担。公共行政不再由政府垄断，而是可以由全社会广泛参与，为社会组织和个人参与公共行政提供了契机，符合公共行政民主化和多元化之要求。因此，政府在选择由谁来提供公共服务，必须基于公共利益的考量。在选择受托方时，应根据委托事项的性质，对受托方所需要具备的资格资质设置合理的条件。同时，由于行政委托制度亦涉及社会组织、个人的行政管理参与权，政府在选择受托方时应遵循公法合同之竞争原则。

（二）受委托组织、个人的法律地位

受委托组织、个人的法律地位体现在以下两个方面：

1. 在与行政相对方的关系上，受委托组织、个人是行为主体，但不是行政主体。其行使的行政职权必须以委托行政主体的名义进行，且由委托行政主体对其行为向外部承担法律责任。委托行政主体作为行政复议的被申请人、行政诉讼的被告和行政赔偿的赔偿义务机关。

2. 在与委托行政主体的关系上，受委托组织、个人与委托行政主体之间形成公法上的代理关系，属于内部行政法律关系，受委托组织或个人是内部行政法律关系的当事人，依法律规定和合同约定享有相应的权利和义务。

> 思考：行政机关，法律、法规授权组织和受委托组织、个人的行政权来源。

复习思考

一、选择题

1. 我国普通高等学校依法享有授予学业证书、奖励和惩处学生等教育管理权。这说明高校是（　　）。

　　A. 行政机关　　　　　　　B. 行政机关的派出机关

　　C. 行政机关委托的组织　　D. 法律、法规授权组织

2. 下列属于法律、法规授权组织的行为有（　　）。

　　A. 学校对严重违纪的学生开除学籍

　　B. 交警对醉酒驾车司机强制拘留

　　C. 电网公司下达配电指标

　　D. 卫生防疫站对某水源查封检疫

3. 当法律、法规授权的社会组织、企业或事业法人在行使一定的行政管理职能时，他们的法律地位体现为（　　）。

　　A. 具有与行政主体相同的法律地位

　　B. 以自己的名义行使法律、法规授予的行政职权

　　C. 对其所行使的行政职权独立承担法律责任

　　D. 具有行政诉讼被告的主体资格

4. 受行政机关委托行使行政处罚权的组织需具备的条件包括（   ）。
   A. 是依法成立的管理公共事务的事业组织
   B. 具有行政主体资格
   C. 有熟悉相关法律、法规、规章和业务的工作人员
   D. 有条件组织进行相应的技术检查或者技术鉴定
5. 行业协会成为行政主体的必备条件是（   ）。
   A. 行业协会章程的授权
   B. 特定法律或法规的授权
   C. 主管行政机关的委托
   D. 获得行政相对人的认可
6. 食品药品监督局将涉嫌违规使用添加剂的问题食品送给食品检验所进行检验。这里食品检验所的法律性质是（   ）。
   A. 行政机关
   B. 行政主体
   C. 法律法规授权组织
   D. 行政机关委托的组织

二、名词解释
法律、法规授权组织　　行政委托

三、简答题
1. 简述法律、法规授权组织的法律地位。
2. 简述受委托组织、个人的法律地位。

四、案例分析
案情：某县医院根据上级文件的规定和主管部门批准，向县邮电局申请开通"120"急救电话，县邮电局拒绝开通，致使县医院购置的急救车辆和其他设施至今不能正常运转，从而遭受损失。县医院遂以县邮电局为被告向县法院提起诉讼，请求判令县邮电局立即履行开通"120"急救电话的职责，并赔偿县医院的经济损失。县邮电局辩称："120"急救电话属于全社会，不属于县医院。根据文件的规定，县邮电局确对本县开通"120"急救电话承担义务，但是不承担对某一医院开通"120"急救电话的义务。原告申办"120"急救电话，不符合文件的规定，请求法院驳回县医院诉讼请求。县人民法院经审理查明：医疗机构申请开通"120"急救电话的程序是，经当地卫生行政部门指定并提交书面报告，由地、市卫生行政部门审核批准后，到当地邮电部门办理"120"急救电话开通手续。原告县医院是一所功能较全、急诊科已达标的二级甲等综合医院，具备设置急救中心的条件。县卫生局曾指定县医院开办急救中心，开通"120"急救电话。县医院向被告县邮电局提交了开通"120"急救专用电话的报告，县邮电局也为县医院安装了"120"急救电话，但是该电话一直未开通。县医院曾数次书面请求县邮电局开通"120"急救电话，县邮电局仍拒不开通。

问题：本案县医院与县邮电局之间的争议属于民事争议还是行政争议，为什么？

拓展阅读

[1] 马怀德:"公务法人问题研究",载《中国法学》2000年第4期。

[2] 李迎宾:"试论村民自治组织的行政主体地位",载《行政法学研究》2000年第4期。

[3] 林卉:"私立学校公务法人地位问题之初探",载《行政法学研究》2001年第3期。

[4] 石佑启:"论公共行政之发展与行政主体多元化",载《法学评论》2003年第4期。

[5] 黎军:《行业组织的行政法问题研究》,北京大学出版社2002年版。

第八章

行政公务员

学习提要

本章所讲授的是代表行政机关实施行政管理行为之个人——行政公务员。在行政法学中，行政主体是享有并行使行政权的主体，但行政主体仅仅是一种组织形式。作为一种组织形式，行政主体只能是在名义上为行政行为，而事实上，任何行政行为都是由具体的行政公务人员做出来的。代表行政主体为行政行为的是行政公务人员，包括行政公务员和其他行政公务人员，其中最主要的是行政公务员。本章需要重点掌握的是行政公务员范围、行政公职关系和行政公务员的基本制度，其中行政公职关系的性质是本章的难点。本章学习时需要用到以下法律文件：《宪法》《国务院组织法》《地方各级人民代表大会和地方各级人民政府组织法》《法官法》《检察官法》《公务员法》《行政机关公务员处分条例》等。其中《公务员法》是调整公务员制度的一般法，是学习本章的基础和核心。

本章知识结构图

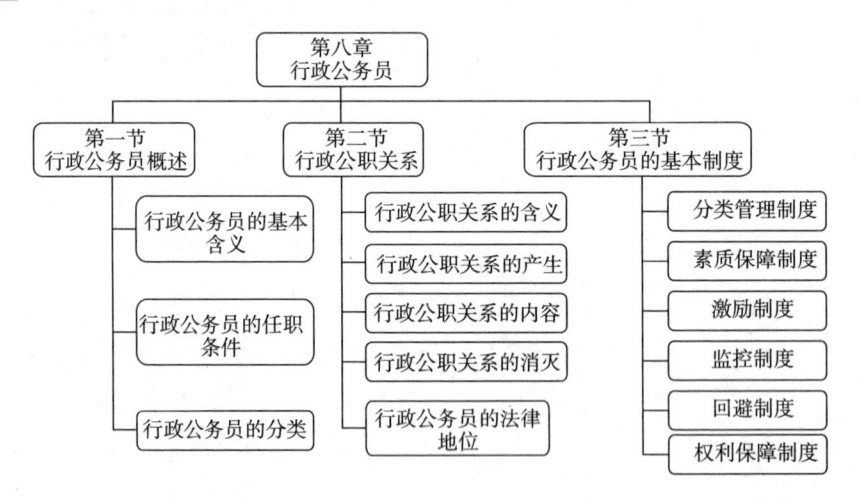

```
                      第八章
                     行政公务员
           ┌────────────┼────────────┐
        第一节         第二节         第三节
      行政公务员概述  行政公职关系  行政公务员的基本制度
        │              │              │
   行政公务员的基本   行政公职关系的含义   分类管理制度
        含义
                     行政公职关系的产生   素质保障制度
   行政公务员的任职
        条件         行政公职关系的内容   激励制度

                     行政公职关系的消灭   监控制度
   行政公务员的分类
                     行政公务员的法律     回避制度
                           地位
                                        权利保障制度
```

第一节 行政公务员概述

一、行政公务员的基本含义

（一）行政公务员的概念与特征

行政公务员，是指为履行公务而任职于各级国家行政机关，纳入国家行政编制管理并由国家财政负担其工资福利的工作人员。

行政公务员有以下特征：首先，行政公务员必须是任职于中央或地方国家行政机关，担任国家行政职务，依法行使行政职权，执行公务的人员。其次，行政公务员必须是依法定程序和方式任用，纳入国家行政编制管理的人员。最后，行政公务员必须是在行政机关内享受国家规定的公务员待遇，由国家财政负担其工资福利的工作人员。

（二）行政公务员与相关概念的比较

1. 行政公务员与公务员。行政公务员与公务员是既有联系，又有区别的两个概念。《公务员法》第2条对公务员的定义是，依法履行公职、纳入国家行政编制、由国家财政负担工资福利的工作人员。根据这一定义，国家公务员除包括行政公务员以外，还包括权力机关、司法机关、政党机关、政协机关等的公务员。因此，行政公务员只是公务员中的一种。

2. 行政公务员与行政公务人员。学理上一般认为行政公务人员是指依法能代表行政主体，以行政主体的名义实施行政行为，其行为后果归属于行政主体的个人。行政公务人员包括行政公务员和其他行政公务人员。其他行政公务人员包括：①行政机关临时借用的执行公务的人员；②在法律、法规授权组织中执行公务，但不属于公务员的人员；③在行政主体委托组织中执行公务，但不属于公务员的人员；④受行政主体委托实施行政公务的人员等。

（三）行政公务员的范围

对于国家工作人员中哪些人员属于行政公务员，要注意两点：首先，行政公务员是任职于各级国家行政机关的工作人员，这就意味着任职于权力机关、司法机关、政党机关、政协机关等的工作人员不属于行政公务员；其次，由于行政公务员必须是国家行政机关具备行政编制的工作人员，因此，行政机关中的工勤人员不是行政公务员，因为它实行的是企业编制，行政机关中实行的事业编制人员也不是行政公务员，但其参照公务员实施管理。

二、行政公务员的任职条件

公民担任国家公务员需要具备一定的条件，《公务员法》从三个方面规定了担任国家公务员的条件。

（一）担任公务员的基本条件

《公务员法》第11条对公务员任职的基本条件作了一般性规定，要求公务员应当具备下列条件：①具有中华人民共和国国籍；②年满18周岁；③拥护中华人民共和国宪法；④具有良好的品行；⑤具有正常履行职责的身体条件；⑥具有符合职位要求的文化程度和工作能力；⑦法律规定的其他条件。以上条件是报考各级国家机关公务员时必须满足的最低条件。

（二）担任公务员的具体条件

《公务员法》第23条规定，报考公务员，除应当具备本法第11条规定的条件外，还应当具备省级以上公务员主管部门规定的拟任职位所要求的资格条件。在实践中，公务员主管部门公布的公务员招考条件，通常在性别、年龄、身高、专业、学历、户籍、工作经历及政治面貌方面有一些具体的要求。根据公务员招考的操作流程，这些具体要求实际上是各招考单位根据招考岗位的工作需要拟定的，省级以上公务主管部门实际上只是统一公布而并非真正是由其统一规定的。

（三）担任公务员的消极条件

《公务员法》第24条规定，下列人员不得录用为公务员：①曾因犯罪受过刑事处罚的；②曾被开除公职的；③有法律规定不得录用为公务员的其他情形的。公民只要有以上情形之一，终生不得录用为国家公务员。

三、行政公务员的分类

（一）政务类与业务类

在两党制或多党制国家，其公务员一般可分为政务类公务员与业务类公务员，行政公务员中也存在相应的分类。

政务类行政公务员通常是指通过选举或委任的方式产生，主要负责政策的制定，并因其政策之成败或任命者之考量决定其去留的行政公务员。政务类行政公务员需要服从执政党的意志，维护执政党的利益，随执政党共进退。业务类行政公务员通常是指通过公开竞争考试的方式进入行政公务员系统，主要负责政策的执行，在政治上保持中立的行政公务员，原则上长期任职。

由于我国不实行政党轮流执政制度，故没有政务类行政公务员与业务类行政公务员之区分。

（二）一般职与特别职

根据公务员任用法律的不同，在我国，公务员可以分为一般职公务员与特别职公务员，行政公务员中也存在相应的分类。

一般职行政公务员是指只须依照《公务员法》的规定进行管理的行政公务员。对一般职行政公务员的义务、权利和管理，适用《公务员法》之规定。特别职行政公务员是指除必须遵照执行《公务员法》的规定外还必须遵照执行特别法规定的行政公务员。对特别职公务员的义务、权利和管理除适用《公务员法》之外，还适用有关特别法之规定。如我国警察，除必须遵照执行《公务员法》的规定外，还必须执行《警察法》的规定。在我国，法官、检察官、警察、职业军人等都属于特别职公务员。

（三）综合管理类、专业技术类与行政执法类

根据公务员所任职位类型的不同，公务员可以分为综合管理类公务员、专业技术类公务员、行政执法类公务员，行政公务员也有这种分类。

综合管理类行政公务员是指在行政机关中承担综合管理职能的行政公务员。专业技术类行政公务员是指在行政机关中承担专业技术职能，为实施行政管理提供技术支持和保障的行政公务员。行政执法类行政公务员是指在承担社会管理职能的行政执法部门从事执法工作的行政公务员。

对于具有职位特殊性，需要单独管理的，国务院可以增设其他职位类别。

（四）领导职务与非领导职务

根据公务员所担任领导职务的不同，公务员可以分为领导职务公务员和非领导职务公务员，行政公务员也有这种分类。

领导职务行政公务员是指在各级各类行政机关中，具有组织、管理、决策、指挥职能的行政公务员。领导职务层次分为10个职务层次：国家级正职、国家级副职、省部级正职、省部级副职、厅局级正职、厅局级副职、县处级正职、县处级副职、乡科级正职、乡科级副职。

非领导职务行政公务员是指在各级各类行政机关中，不具有组织、管理、决策、指挥职能的行政公务员。非领导职务层次在厅局级以下设置。综合管理类的非领导职务分为8个职务层次：巡视员、副巡视员、调研员、副调研员、主任科员、副主任科员、科员、办事员。

第二节 行政公职关系

一、行政公职关系的含义

（一）行政公职关系的概念与特征

行政公职关系，是指行政公务员依法定程序和方式任职于国家行政机关，因其所担任的国家行政职务而与所任职行政机关及其他国家机关之间所产生的权利义务关系。行政公务员与国家的关系属于行政法调整的内部行政关系，是具有权利义务内容的法律关系，而非人格服从关系。行政公职关系具有以下特征：

1. 行政公职关系是行政机关与公务员之间的关系。在行政公职关系中，一方当事人为国家行政机关，另一方当事人为行政公务员。行政公职关系理论上是国家与行政公务员的关系，但国家是抽象的法律主体，由行政机关代表国家作为一方当事人与公务员直接发生权利义务关系。

2. 行政公职关系是具有权利义务内容的法律关系。近代国家建立之前，官吏与君主之间是一种人格服从关系，官吏相对于君主而言只有义务而无任何权利，官职的取得乃君主之恩赐。现代公务员制度是建立在服务公职乃是公民法定权利之观念

基础上，成为公务员并非国家恩赐或恩惠。获得公务员身份不意味着需要承担不定量的义务，公务员承担义务的同时也享有相应的权利，其权利义务均需法治化，受法律调整。

3. 行政公职关系双方当事人权利义务具有不对等性。行政公职关系中，行政机关和公务员双方都是当事人，都是享有权利和承担义务的主体，双方法律地位是平等的。法律地位平等不意味着双方权利义务也是对等的。在行政公职关系中，行政机关居于主导地位，公职关系的产生、变化、消灭以及对公务员的管理主要体现的是行政机关的单方意志。同时在公职关系中，行政机关拥有的更多是实体性权力，而公务员在该关系中拥有的主要是程序权利方面的保障。

4. 行政公职关系的权利义务具有法定性。行政公职关系作为一种行政法律关系，当事人（行政机关和公务员）之间的权利义务是法律预先设定的，而不是双方约定的，这意味着行政机关不能未经过立法程序单方面为公务员设定权利义务。调整行政机关与公务员的权利义务关系主要依据是《公务员法》等相关法律。需要注意的是，聘任制也是我国公务员产生的方式之一。如果公民是通过聘任的方式成为公务员，聘任机关和受聘公民可以在聘任合同中约定双方的权利和义务。

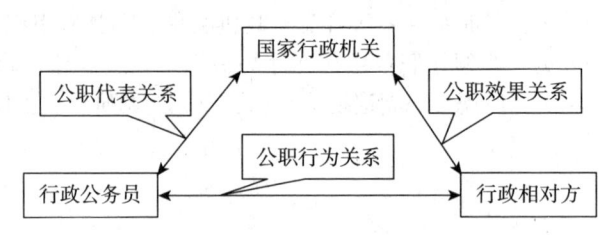

图 8-1　行政公职关系的模型

（二）行政公职关系的性质

1. 行政公职关系是内部行政法律关系。行政公职关系不是一般公民与行政机关之间的关系，而是公民基于公务员身份与行政机关之间的权利义务关系，该关系属于内部行政法律关系。行政公职关系是内部行政法律关系中的一种，内部行政法律关系除行政公职关系之外，还包括上下级行政机关之间、平行行政机关之间、行政机关与其内设机构及派出机构之间、行政机关与被授权组织、被委托组织或个人之间的关系等。

2. 行政公职关系是特殊劳动合同关系。公民依据法定程序和方式进入行政公务员系统担任行政职务，代表国家履行公职，相当于为国家工作，这种关系近似于公民通过签订劳动合同为企业工作。区别在于，公民与企业的劳动关系是以契约自治为基本原则、法律约束为例外的劳动合同关系。行政公职关系也是劳动合同关系，只是双方权利义务非自由商定，而是已被法律予以大幅度调整的法定关系。相比普通劳动关系而言，行政公职关系是特殊的劳动合同关系。

3. 行政公职关系是国家委托代理关系。公务员基于所担任的国家行政职务，代表国家行使职权，与国家形成委托代理关系，其行使职权的效果由国家承担。行政公职关系的本质在于公民通过法定程序和方式进入公务员系统，从而取得了以国家名义行使行政职权的资格，这相当于国家的委托授权行为。公务员基于委托从事公务而具有普通公民所不具有的权利和义务，区别于一般公民与国家的关系。

二、行政公职关系的产生

行政公职关系的产生是指公民经过法定程序和方式开始担任国家行政机关公职。行政公职关系产生方式通常有：

（一）考任

《公务员法》第21条规定：录用担任主任科员以下及其他相当职务层次的非领导职务公务员，采取公开考试、严格考察、平等竞争、择优录取的办法。民族自治地方依照该规定录用公务员时，依照法律和有关规定对少数民族报考者予以适当照顾。新录用的公务员试用期为1年。试用期满合格的，予以任职；不合格的，取消录用。

（二）选任

在我国，通过选举产生的行政公务员只适用于政府组成人员中的领导成员的任用。选任制公务员在选举结果生效时即任当选职务；按照国家规定实行任期制，任期届满不再连任，或者任期内辞职、被罢免、被撤职的，其所任职务即终止。选任制公务员的产生方式依据的是宪法、组织法等法律。这类公务员属于特别职公务员。

（三）聘任

根据《公务员法》第95条规定，机关根据工作需要，经省级以上公务员主管部门批准，可以对专业性较强的职位和辅助性职位实行聘任制。但所列职位涉及国家秘密的，不实行聘任制。机关聘任公务员可以参照公务员考试录用的程序进行公开招聘，也可以从符合条件的人员中直接选聘。聘任机关和公民按照平等自愿、协商一致的原则，签订书面的聘任合同，确定机关与所聘公务员双方的权利、义务。聘任合同经双方协商一致可以变更或者解除。聘任合同期限为1~5年。聘任合同可以约定试用期，试用期为1~6个月。聘任制公务员按照国家规定实行协议工资制。

（四）调任

根据《公务员法》第64条规定：国有企业事业单位、人民团体和群众团体中从事公务的人员可以调入机关担任领导职务或者副调研员以上及其他相当职务层次的非领导职务。调任机关应当根据法律规定，对调任人选进行严格考察，并按照管理权限审批，必要时可以对调任人选进行考试。公务员调任制度是公务员交流制度的一种。

三、行政公职关系的内容

行政公职关系的内容是指在行政公职关系中公务员所承担的义务与享有的权利和行政机关所具有的职权与职责。行政公务员的义务与权利和行政机关的职权与职责是行政公职关系的一体两面，一对范畴。

（一）行政公务员的义务与权利

公务员的义务是指公务员基于公务员身份对国家所承担的义务。国家设置公务员的目的在于其代表国家执行公务，达成国家行政管理目标，公务员义务是基于"执行公务"这一核心而设置的，主要属于职务上的义务。违反公务员的义务需要承担的是《公务员法》上的法律责任，而不是作为普通公民而承担的法律责任。根据《公务员法》第12条规定，公务员的义务有：①模范遵守宪法和法律；②按照规定的权限和程序认真履行职责，努力提高工作效率；③全心全意为人民服务，接受人民监督；④维护国家的安全、荣誉和利益；⑤忠于职守，勤勉尽责，服从和执行上级依法作出的决定和命令；⑥保守国家秘密和工作秘密；⑦遵守纪律，恪守职业道德，模范遵守社会公德；⑧清正廉洁，公道正派；⑨法律规定的其他义务。

公务员与国家间的公职关系属于法律关系，那就意味着公务员不仅在该关系中承担义务，同样也享有相应的权利。公务员的权利是指公务员基于其公务员身份对国家所享有的权利。公务员的权利主要包括工作条件保障权、身份保障权、经济保障权、保障请求权等重要权利。根据《公务员法》第13条规定，公务员的权利有：①获得履行职责应当具有的工作条件；②非因法定事由、非经法定程序，不被免职、降职、辞退或者处分；③获得工资报酬，享受福利、保险待遇；④参加培训；⑤对机关工作和领导人员提出批评和建议；⑥提出申诉和控告；⑦申请辞职；⑧法律规定的其他权利。

> **法条链接：**
>
> **《公务员法》**
>
> 第五十四条 公务员执行公务时，认为上级的决定或者命令有错误的，可以向上级提出改正或者撤销该决定或者命令的意见；上级不改变该决定或者命令，或者要求立即执行的，公务员应当执行该决定或者命令，执行的后果由上级负责，公务员不承担责任；但是，公务员执行明显违法的决定或者命令的，应当依法承担相应的责任。

（二）公务员管理机关的职权与职责

行政机关的职权与职责是指行政机关在对公务员管理方面所享有的职权与职责。其职权与职责是针对公务员所享有和履行的，而不是针对普通公民，并主要体现在对公务员的具体管理中。行政机关在公务员管理方面所享有的职权与职责非常广泛，其职权包括：提名任免权、考试录用权、考核奖惩权、培训交流权等。其职责包括：①为公务员提供职务保障；②为公务员提供经济保障；③为公务员提供身份保障；④在公务员管理中，公正执法；⑤接受公务员的批评建议；⑥正确对待和处理公务员的申诉与控告；等等。

四、行政公职关系的消灭

行政公职关系的消灭是指行政公务员身份的丧失或者行政公职关系的内容全部终止的法律事实。行政公职关系的消灭的主要原因有：辞去公职、辞退、离休、退休、罢免、开除、判处刑罚、丧失国籍、死亡等。

（一）辞去公职

公务员的辞职包括辞去公职和辞去领导职务。导致公职关系消灭的辞职指的是辞去公职，是指公务员依照法律、法规的规定，申请终止其与国家机关公职关系的法律行为。根据《公务员法》第80条规定，公务员辞去公职，应当向任免机关提出书面申请。任免机关应当自接到申请之日起30日内予以审批，其中对领导成员辞去公职的申请，应当自接到申请之日起90日内予以审批。

（二）辞退

《公务员法》第83条规定，公务员有下列情形之一的，予以辞退：①在年度考核中，连续两年被确定为不称职的；②不胜任现职工作，又不接受其他安排的；③因所在机关调整、撤销、合并或者缩减编制员额需要调整工作，本人拒绝合理安排的；④不履行公务员义务，不遵守公务员纪律，经教育仍无转变，不适合继续在机关工作，又不宜给予开除处分的；⑤旷工或者因公外出、请假期满无正当理由逾期不归连续超过15天，或者一年内累计超过30天的。《公务员法》第84条规定，对有下列情形之一的公务员，不得辞退：①因公致残，被确认丧失或者部分丧失工作能力的；②患病或者负伤，在规定的医疗期内的；③女性公务员在孕期、产假、哺乳期内的；④法律、行政法规规定的其他不得辞退的情形。

辞退公务员，按照管理权限决定。辞退决定应当以书面形式通知被辞退的公务员。被辞退的公务员，可以领取辞退费或者根据国家有关规定享受失业保险。公务员辞职或者被辞退，离职前应当办理公务交接手续，必要时按照规定接受审计。

（三）退休、离休

公务员退休，是指公务员达到一定的年龄和工龄，或因丧失工作能力而根据法律规定办理手续，离开工作岗位，享受一定数额的退休金和其他待遇的法律行为。行政公务员退休后，行政公职关系终止，但不终止国家对公务员给予退休金等单方面照顾之义务。

离休是公务员离职休养，是公务员退休制度的一种特殊形式。《公务员法》对离休制度未予调整，1982年国务院发布的《国务院关于老干部离职休养的几项规定》，对老干部离休的有关具体问题进行了规范。离休的对象针对的是新中国成立前参加中国共产党领导的革命战争、脱产享受供给制待遇的和从事地下革命工作的老干部。老干部离休后，政治待遇不变，生活待遇略为从优。

（四）罢免、开除

行使罢免权的主体是各级人民代表大会，罢免的对象是由人大选举或决定的公务员，即政府组成人员中的领导人员。根据《宪法》第63条规定，全国人民代表大会有权罢免国务院总理、副总理、国务委员、各部部长、各委员会主任、审计长、秘书长；根据《中华人民共和国地方各级人民代表大会和地方各级人民政府组织法》第 10 条规定，地方各级人民代表大会有权罢免本级人民政府的组成人员。

行政机关公务员违反法律、法规、规章以及行政机关的决定和命令，应当承担纪律责任的，依法给予行政处分。开除是在对公务员的行政处分中最严重的一种惩戒措施，曾被开除公职的公民不可能再重新进入公务员系统。

（五）判处刑罚

公务员任职期间因为犯罪被判处刑罚的，丧失担任公务员的资格，行政机关应该依法开除其公职，其与国家的行政公职关系因而结束。

（六）丧失国籍

依据公务员法规定的公务员之条件，其中一项必备条件是具有中华人民共和国国籍。如果丧失国籍同样失去了公务员身份。

（七）死亡

如公务员死亡，其与国家之间形成的行政公职关系终结。死亡包括自然死亡和宣告死亡，公务员无论是何种原因导致的自然死亡，其与国家之间的公职关系都已消灭。至于宣告死亡，被宣告死亡人在宣告死亡前的下落不明期间是否仍具有公务员身份仍有疑问。

五、行政公务员的法律地位

普通公民经过法定程序成为行政机关公务员后，其法律身份变得较为复杂。不同的法律身份有不同的权利和义务，针对不同的对象，分别承担不同的法律责任。其不同的法律身份是不能予以混淆的，这涉及对行政公务员的不同法律身份认定问题。

（一）行政公务员的多重身份

1. 普通公民身份。公民依法定程序和方式成为国家公务员后，取得公务员身份，但其作为普通公民的身份并没有丧失。在日常非公务活动中属于普通公民身份，公务员以普通公民身份从事的行为是个人行为，公务员个人行为的法律效果归属于个人。

2. 公务员身份。公民一旦成为行政机关公务员，便取得公务员身份。承担作为公务员的相应义务和享有作为公务员的相应权利，该义务与权利的对方当事人是国家（行政机关）。公务员与行政机关共同构成了内部行政关系（行政公职关系）的当事人。

3. 行政主体的代表身份。行政公务员以所任职国家行政机关代表的身份执行公务时，取得了行政机关的代表身份。行政公务员作为行政机关代表在执行公务时，行使的是行政机关的法定权力，履行的是行政机关的法定义务。其所从事的行为是公务行为，公务行为的法律效果由国家（行政机关）承担。

（二）行政公务员的行为识别

由于公务员多重身份的特点，使对公务员所为行为的调整和识别变得重要。

当公务员在为某一行为时，可能是作为普通公民的个人行为，也可能是以行政主体代表的身份所为的公务行为。在行政法理论中，区分公务行为与个人行为的界限非常重要,它不仅关系到相应行为的效力,而且关系到行为责任的归属。目前,我国法律对二者的识别并没有统一明确的规定,实践中一般需要对一些要素进行考量,需要考量的要素有:一是时间要素,看公务员是否是在工作时间所为的行为;二是名义要素,看公务员是否是以行政机关的名义所为的行为;三是公益要素,看公务员的行为所维护的是否是公共利益;四是职责要素,看公务员是否是行使职权、履行行政职责的行为;五是命令要素,看是否是上级命令为的行为;六是公务标志要素,看公务员是否显示了公务标志,如工作证、执法证、服装、徽章、器械等。上述六种要素都很难独立作为是否为公务行为的识别标准,所以在具体认定过程中,必须综合考虑这些相关要素,不能仅以其中某一标准来衡量、判断。

一般认为,在认定公务行为的诸要素中,公务标志要素和职责要素起着决定性的作用,将二者结合适用可以作为认定公务行为的一般标准。首先,对于公务标志要素的要求,可以称之为认定公务行为的形式要件,是指公务员在为某一行为的过程中是否表明了其公务员的身份,使相对方明了其身份

注意:形式和实质要件标准只是一般性的,仍然有特殊例外。在具体认定时,仍然需要对以上诸要素进行综合分析、判断。

属性;其次,对于职责要素的要求,可以称之为认定公务行为的实质要件,是指公务员所为的行为是否在行使行政职权、履行行政职责,区别于行使一般公民权利和其他国家权力的行为;最后,职责要素应与公务标志要素基本保持一致,所谓二者基本保持一致,意味着行为人在表明身份的基础上,只要其行使了与其身份相适应的行政职权,就可以认定为公务行为。反之,如果行为人所表示出的公务身份与其行使的职权明显不一致,在这种情形下,应认定为个人行为。至于行为的实施时间、是否超越或滥用职权以及命令有无可以不予考虑。

第三节 行政公务员的基本制度

一、分类管理制度
(一) 公务员管理机构
我国公务员管理实行公务员主管部门综合管理与机关内设人事机构事务管理相结合的方式进行。

我国公务员主管部门由各级党委组织部门和政府人事部门组成,共分为中央、省级、地市级、县级四级。中央与地方公务员管理机关之间实行统一管理与分级管理相结合的原则。

机关内设人事管理机构在同级公务员主管部门的指导下,在本单位或本部门党委或党组的领导下进行机关公务员具体事务管理工作。

(二) 公务员管理模式
1. 职位分类。根据《公务员法》规定,我国实行公务员职位分类制度。公务员

职位类别按照公务员职位的性质、特点和管理需要，划分为综合管理类、专业技术类和行政执法类等类别。国务院根据《公务员法》，对于具有职位特殊性，需要单独管理的，可以增设其他职位类别。各职位类别的适用范围由国家另行规定。

各机关依照确定的职能、规格、编制限额、职数以及结构比例，设置本机关公务员的具体职位，并确定各职位的工作职责和任职资格条件。

2. 职务序列。国家根据公务员职位类别设置公务员职务序列。公务员职务分为领导职务和非领导职务。领导职务层次分为：国家级正职、国家级副职、省部级正职、省部级副职、厅局级正职、厅局级副职、县处级正职、县处级副职、乡科级正职、乡科级副职。

综合管理类的领导职务根据宪法、有关法律、职务层次和机构规格设置确定。综合管理类的非领导职务分为：巡视员、副巡视员、调研员、副调研员、主任科员、副主任科员、科员、办事员。非领导职务层次在厅局级以下设置。

综合管理类以外其他职位类别公务员的职务序列，根据《公务员法》由国家另行规定。

表 8-1　公务员职位等次与职位名称对应表

职位等次	职位名称				
	中央	省、自治区、直辖市	地级市（州、盟）	县、区县级市	乡、镇
总理级	国务院总理				
副总理级	国务院副总理、国务委员				
省部级	委员会主任、部长、秘书长、审计长、中国人民银行行长	省长、自治区主席、直辖市市长			
副省部级	委员会副主任、副部长、副秘书长、副审计长、办事机构主任、中国人民银行副行长、参事室主任	副省长、自治区副主席、直辖市副市长、副省级城市市长			
厅局级	司长、局长、主任、直属局副局长、办事机构副主任、巡视员	厅长、局长、办公厅主任、副省级城市副市长、巡视员	州长、市长、盟长、专员		
副厅局级	副司长、副局长、助理巡视员	副厅长、副局长、办公厅副主任、助理巡视员	副州长、副市长、副盟长、副专员		
处级	处长、调研员	处长、调研员	处长、调研员	县长、市长	
副处级	副处长、助理调研员	副处长、助理调研员	副处长、助理调研员	副县长、副市长	

续表

职位等次	职位名称				
	中央	省、自治区、直辖市	地级市（州、盟）	县、区县级市	乡、镇
正科级	主任科员	主任科员	主任科员	局长、委员会主任	乡长、镇长
副科级	副主任科员	副主任科员	副主任科员	副局长、委员会副主任	副乡长、副镇长
科员	科员	科员	股长、科员	科员	科员
办事员	办事员	办事员	办事员	办事员	办事员

3. 级别设置。公务员的职务应当对应相应的级别。公务员职务与级别的对应关系，由国务院规定。公务员的职务与级别是确定公务员工资及其他待遇的依据。公务员的级别根据所任职务及其德才表现、工作实绩和资历确定。公务员在同一职务上，可以按照国家规定晋升级别。

国家根据人民警察以及海关、驻外外交机构公务员的工作特点，设置与其职务相对应的衔级。

表8-2 公务员职位等次与职位级别对应表

职位等次	职位级别
国务院总理	一级
国务院副总理、国务委员	二～三级
部级正职、省级正职	三～四级
部级副职、省级副职	四～五级
司级正职、厅级正职、巡视员	五～七级
司级副职、厅级副职、助理巡视员	六～八级
处级正职、县级正职、调研员	七～十级
处级副职、县级副职、助理调研员	八～十一级
科级正职、乡级正职、主任科员	九～十二级
科级副职、乡级副职、副主任科员	九～十三级
科员	九～十四级
办事员	十～十五级

二、素质保障制度

（一）公务员录用

公务员的录用，是指国家机关根据法定的条件和程序，面向社会通过公开考试、严格考察、平等竞争、择优录用的办法,将普通公民录用为国家公务员的一种人事制度。在遵循公开、平等、竞争和择优的基本原则和德才兼备的选拔标准基础上,通过录用程序,普通公民即具有了公务员身份。

1. 录用主管机关。《公务员法》第22条规定:"中央机关及其直属机构公务员的录用,由中央公务员主管部门负责组织。地方各级机关公务员的录用,由省级公务员主管部门负责组织,必要时省级公务员主管部门可以授权设区的市级公务员主管部门组织。"

2. 录用程序。发布招考公告(网上公告)、组织报名(网上进行)、资格审查(网上初审)、笔试(分区进行)、面试(用人单位进行)、资格复审(用人单位进行)、考察(用人单位进行)、体检(集中体检)、录用公示(网上公示7天)、审批备案(主管部门审批)、办理录用手续、报到试用(试用期1年)、任职。

(二)公务员考核

公务员的考核是指公务员主管机关按照法定的管理权限,依照国家公务员考核的内容、标准、程序和方法,对国家公务员进行考察和审核,考核结果作为调整公务员职务、级别、工资以及对公务员进行奖励、培训、辞退依据的制度。

1. 考核内容。对公务员的考核,按照管理权限,全面考核公务员的德、能、勤、绩、廉,重点考核工作实绩。公务员的考核分为平时考核和定期考核。定期考核以平时考核为基础。

2. 考核等次。定期考核的结果分为优秀、称职、基本称职和不称职四个等次。公务员在定期考核中被确定为不称职的,按照规定程序降低一个职务层次任职。定期考核的结果作为调整公务员职务、级别、工资以及公务员奖励、培训、辞退的依据。公务员考核具体适用《国家公务员考核规定(试行)》相关规定。

(三)公务员培训

公务员培训是指国家机关根据经济、社会发展的需要,按照职位要求和有关规定,有计划、有组织地对公务员进行的以提高其政治素质和业务能力为主要目的的培养和训练。

1. 培训种类。根据《公务员法》第61条,我国公务员培训包括:①新录用人员应当在试用期内进行初任培训;②对晋升领导职务的公务员应当在任职前或者任职后1年内进行任职培训;③对从事专项工作的公务员应当进行专门业务培训;④对全体公务员应当进行更新知识、提高工作能力的在职培训,其中对担任专业技术职务的公务员,应当按照专业技术人员继续教育的要求,进行专业技术培训;⑤国家有计划地加强对后备领导人员的培训。

2. 培训管理。公务员的培训实行登记管理。公务员参加培训的时间由公务员主管部门按照《公务员法》第61条规定的培训要求予以确定。公务员培训情况、学习成绩作为公务员考核的内容和任职、晋升的依据之一。

(四)公务员交流

公务员的交流是指国家机关根据公务员工作的需要或公务员个人愿望,通过调任、转任或挂职锻炼等形式变换公务员的工作岗位,从而产生、变更或消灭公职关系的人事管理活动与过程。公务员交流的形式多样,主要包括调任、转任、挂职锻炼。

1. 公务员的调任。公务员的调任是指国有企业、事业单位、人民团体和群众团体中从事公务的人员调入国家机关担任领导职务或者副调研员以上及其他相当职务层次的非领导职务。

2. 公务员的转任。公务员的转任是指国家公务员因工作需要或其他正当理由,在不同职位、不同地区、不同部门之间的调动。公务员的转任是在行政机关内部进行的平级调动,它既可以是在机关之间的调动,也可以是在某一机关内部不同职位之间的调动。

3. 公务员挂职锻炼。挂职锻炼是指为培养锻炼公务员的需要,国家机关有计划地选派在职国家公务员在一定时间内到下级机关或者上级机关、其他地区机关以及国有企业、事业单位担任职务,但不改变公务员与原任职机关人事关系的公务员交流制度。

三、激励制度

（一）公务员职务任免

公务员职务任免包括国家公务员的任职和免职。公务员的任职是指公务员任免机关依法任用公务员担任某一职务的活动。公务员的免职是指公务员任免机关依法免去公务员担任某一职务的活动。

1. 公务员任职情形。国家公务员有下列情形之一的,应当予以任命职务:①新录用人员试用期满合格的;②从其他机关及企业、事业单位调入国家行政机关的;③转换职位的;④晋升或降低职务的;⑤免职后需要恢复工作的;⑥其他原因需要任职的。

2. 公务员免职的法定情形。具体包括:①因职务交流、职务升降而免职。这种免职称为程序性免职;②因离职学习期限超过1年或者因健康原因不能坚持正常工作1年以上而免职;③因任期届满、退休、离休而免职;④因法定情形而自动免职:受到刑事处罚、受到撤职以上行政处分、被辞退、因机构变动而调动原任职位、死亡;⑤因其他原因而导致职务发生变化的免职。

法条链接：

《公务员法》

第三十八条　公务员职务实行选任制和委任制。

领导成员职务按照国家规定实行任期制。

第三十九条　选任制公务员在选举结果生效时即任当选职务；任期届满不再连任，或者任期内辞职、被罢免、被撤职的，其所任职务即终止。

第四十条　委任制公务员遇有试用期满考核合格、职务发生变化、不再担任公务员职务以及其他情形需要任免职务的，应当按照管理权限和规定的程序任免其职务。

> **第四十一条** 公务员任职必须在规定的编制限额和职数内进行，并有相应的职位空缺。
>
> **第四十二条** 公务员因工作需要在机关外兼职，应当经有关机关批准，并不得领取兼职报酬。

（二）公务员职务升降

公务员的职务升降包括公务员职务的晋升和降低，简称为晋职和降职。公务员晋职是指公务员管理机关根据工作需要和公务员本人的德才表现与工作业绩，依法提高公务员职务的活动。公务员的降职是指公务员管理机关根据工作需要和量才适用原则，依法将由于各种原因不能胜任现职的公务员，改任较低职务的一种活动。

1. 公务员升职。

（1）升职条件。公务员晋升职务，应当具备拟任职务所要求的思想政治素质、工作能力、文化程度和任职经历等方面的条件和资格；公务员晋升职务，应当逐级晋升。特别优秀的或者工作特殊需要的，可以按照规定破格或者越一级晋升职务。

（2）升职程序。公务员晋升领导职务，按照下列程序办理：首先，民主推荐，确定考察对象；其次，组织考察，研究提出任职建议方案，并根据需要在一定范围内进行酝酿；再次，按照管理权限讨论决定；最后，按照规定履行任职手续。公务员晋升非领导职务，参照上述程序办理。

公务员晋升领导职务的，应当按照有关规定实行任职前公示制度和任职试用期制度。

2. 公务员降职。公务员降职并不是对公务员的惩戒行为，降职的原因不是因为公务员违反了公务员的相关义务和纪律。公务员降职的原因包括：①公务员在定期考核中被确定为不称职的，按照规定程序降低一个职务层次任职；②公务员不能胜任现职，又不宜转任同级的其他职务的。

> **法条链接：**
>
> **《公务员法》**
>
> **第四十五条** 机关内设机构厅局级正职以下领导职务出现空缺时，可以在本机关或者本系统内通过竞争上岗的方式，产生任职人选。
>
> 厅局级正职以下领导职务或者副调研员以上及其他相当职务层次的非领导职务出现空缺，可以面向社会公开选拔，产生任职人选。
>
> 确定初任法官、初任检察官的任职人选，可以面向社会，从通过国家统一司法考试取得资格的人员中公开选拔。

（三）公务员奖励制度

公务员奖励是指公务员主管机关根据公务员法的规定，对工作表现突出，有显著成绩和贡献，或者有其他突出事迹的公务员或者公务员集体给予精神和物质鼓励的制度。奖励坚持精神奖励与物质奖励相结合、以精神奖励为主的原则。

1. 奖励的条件。《公务员法》第 49 条规定，公务员或者公务员集体有下列情形之一的，给予奖励：①忠于职守，积极工作，成绩显著的；②遵守纪律，廉洁奉公，作风正派，办事公道，模范作用突出的；③在工作中有发明创造或者提出合理化建议，取得显著经济效益或者社会效益的；④为增进民族团结、维护社会稳定做出突出贡献的；⑤爱护公共财产，节约国家资财有突出成绩的；⑥防止或者消除事故有功，使国家和人民群众利益免受或者减少损失的；⑦在抢险、救灾等特定环境中奋不顾身，做出贡献的；⑧同违法违纪行为作斗争有功绩的；⑨在对外交往中为国家争得荣誉和利益的；⑩有其他突出功绩的。

2. 奖励的种类。对公务员的奖励主要有精神奖励和物质奖励两种类型。根据《公务员法》及《公务员奖励规定（试行）》规定，我国对公务员奖励的类型有：嘉奖、记三等功、记二等功、记一等功、授予荣誉称号。同时，对受到奖励的公务员个人与集体还一次性发给奖金或者其他待遇。

3. 奖励的撤销。《公务员法》第 52 条规定，公务员或者公务员集体有下列情形之一的，撤销奖励：①弄虚作假，骗取奖励的；②申报奖励时隐瞒严重错误或者严重违反规定程序的；③有法律、法规规定应当撤销奖励的其他情形的。

（四）公务员的工资福利保险

1. 公务员的工资。公务员实行国家统一的职务与级别相结合的工资制度。公务员工资制度贯彻按劳分配的原则，体现工作职责、工作能力、工作实绩、资历等因素，保持不同职务、级别之间的合理工资差距。国家建立公务员工资的正常增长机制。

公务员工资包括基本工资、津贴、补贴和奖金。公务员基本工资一般由职务工资、级别工资、基础工资、工龄工资几部分组成。公务员按照国家规定享受地区附加津贴、艰苦边远地区津贴、岗位津贴等津贴。公务员按照国家规定享受住房、医疗等补贴、补助。公务员在定期考核中被确定为优秀、称职的，按照国家规定享受年终奖金。

公务员的工资水平应当与国民经济发展相协调、与社会进步相适应。国家实行工资调查制度，定期进行公务员和企业相当人员工资水平的调查比较，并将工资调查比较结果作为调整公务员工资水平的依据。

2. 公务员的福利。公务员按照国家规定享受福利待遇。国家根据经济社会发展水平提高公务员的福利待遇。公务员实行国家规定的工时制度，按照国家规定享受休假。公务员在法定工作日之外加班的，应当给予相应的补休。

3. 公务员的保险。国家建立公务员保险制度，保障公务员在退休、患病、工伤、生育、失业等情况下获得帮助和补偿。

公务员因公致残的，享受国家规定的伤残待遇。公务员因公牺牲、因公死亡或者病故的，其亲属享受国家规定的抚恤和优待。公务员保险是劳动保险的一种，是国家对因生育、年老、疾病、伤残和死亡等原因，暂时或永久丧失劳动能力的公务员给予物质保障的制度。

四、监控制度

（一）公务员的纪律

公务员的行为纪律是指国家机关为保障实现其职能，维护机关的秩序和正常运转而制定的，要求每一个公务员必须遵守的行为规范。公务员纪律一般包括政治纪律、工作纪律、廉政纪律、道德纪律几个方面。

公务员必须遵守纪律，不得有下列行为：①散布有损国家声誉的言论，组织或者参加旨在反对国家的集会、游行、示威等活动；②组织或者参加非法组织，组织或者参加罢工；③玩忽职守，贻误工作；④拒绝执行上级依法作出的决定和命令；⑤压制批评，打击报复；⑥弄虚作假，误导、欺骗领导和公众；⑦贪污、行贿、受贿，利用职务之便为自己或者他人谋取私利；⑧违反财经纪律，浪费国家资财；⑨滥用职权，侵害公民、法人或者其他组织的合法权益；⑩泄露国家秘密或者工作秘密；⑪在对外交往中损害国家荣誉和利益；⑫参与或者支持色情、吸毒、赌博、迷信等活动；⑬违反职业道德、社会公德；⑭从事或者参与营利性活动，在企业或者其他营利性组织中兼任职务；⑮旷工或者因公外出、请假期满无正当理由逾期不归；⑯违反纪律的其他行为。

（二）公务员的惩戒

对公务员的惩戒又称为行政处分，是指公务员主管机关对违反职务上义务和纪律行为的公务员依法实施的一种法律制裁。

1. 行政处分种类。公务员受行政处分种类分为：警告、记过、记大过、降级、撤职和开除。公务员在受处分期间不得晋升职务和级别，其中受记过、记大过、降级、撤职处分的，不得晋升工资档次。受处分的期间为：警告，6个月；记过，12个月；记大过，18个月；降级、撤职，24个月。受撤职处分的，按照规定降低级别。

2. 行政处分解除。行政处分的解除是指国家公务员受到除开除以外的行政处分后，在受处分期间有悔改表现，并且没有再发生违纪行为的，处分期满后，由处分决定机关解除处分的法律行为。处分决定机关解除处分的，应当书面通知公务员本人，解除处分后，晋升工资档次、级别和职务不再受原处分的影响；但是，解除降级、撤职处分的，不视为恢复原级别、原职务。

法条链接：

《行政机关公务员处分条例》

第八条 行政机关公务员在受处分期间不得晋升职务和级别，其中，受记过、记大过、降级、撤职处分的，不得晋升工资档次；受撤职处分的，应当按照规定降低级别。

第十条　行政机关公务员同时有两种以上需要给予处分的行为的，应当分别确定其处分。应当给予的处分种类不同的，执行其中最重的处分；应当给予撤职以下多个相同种类处分的，执行该处分，并在一个处分期以上、多个处分期之和以下，决定处分期。

行政机关公务员在受处分期间受到新的处分的，其处分期为原处分期尚未执行的期限与新处分期限之和。

处分期最长不得超过48个月。

第十二条　有下列情形之一的，应当从重处分：

（一）在2人以上的共同违法违纪行为中起主要作用的；

（二）隐匿、伪造、销毁证据的；

（三）串供或者阻止他人揭发检举、提供证据材料的；

（四）包庇同案人员的；

（五）法律、法规、规章规定的其他从重情节。

第十三条　有下列情形之一的，应当从轻处分：

（一）主动交代违法违纪行为的；

（二）主动采取措施，有效避免或者挽回损失的；

（三）检举他人重大违法违纪行为，情况属实的。

第十四条　行政机关公务员主动交代违法违纪行为，并主动采取措施有效避免或者挽回损失的，应当减轻处分。

行政机关公务员违纪行为情节轻微，经过批评教育后改正的，可以免予处分。

第二十七条　从事或者参与营利性活动，在企业或者其他营利性组织中兼任职务的，给予记过或者记大过处分；情节较重的，给予降级或者撤职处分；情节严重的，给予开除处分。

第二十九条　有下列行为之一的，给予警告、记过或者记大过处分；情节较重的，给予降级或者撤职处分；情节严重的，给予开除处分：

（一）拒不承担赡养、抚养、扶养义务的；

（二）虐待、遗弃家庭成员的；

（三）包养情人的；

（四）严重违反社会公德的行为。

有前款第（三）项行为的，给予撤职或者开除处分。

第三十三条　违反规定超计划生育的，给予降级或者撤职处分；情节严重的，给予开除处分。

五、回避制度

公务员的回避是指公务员就所任的职务、任职的地域、执行公务行为，为保证公务员公正执行公务，对于涉及特定利害关系的情况，需要予以避开的法律行为。

（一）回避种类

1. 任职回避。公务员之间有夫妻关系、直系血亲关系、三代以内旁系血亲关系以及近姻亲关系的，不得在同一机关担任双方直接隶属于同一领导人员的职务或者有直接上下级领导关系的职务，也不得在其中一方担任领导职务的机关从事组织、人事、纪检、监察、审计和财务工作。因地域或者工作性质特殊，需要变通执行任职回避的，由省级以上公务员主管部门规定。

2. 地域回避。公务员担任乡级机关、县级机关及其有关部门主要领导职务的，应当实行地域回避，法律另有规定的除外。

> 思考：辞去公职、辞去领导职务、引咎辞去领导职务和责令辞去领导职务有何区别？

3. 公务回避。公务员执行公务时，有下列情形之一的，应当回避：①涉及本人利害关系的；②涉及与本人有夫妻关系、直系血亲关系、三代以内旁系血亲关系以及近姻亲关系的；③其他可能影响公正执行公务的。

（二）回避程序

公务员有应当回避情形的，本人应当申请回避；利害关系人有权申请公务员回避；其他人员可以向机关提供公务员需要回避的情况。机关根据公务员本人或者利害关系人的申请，经审查后作出是否回避的决定，也可以不经申请直接作出回避决定。

六、权利保障制度

（一）辞职制度

公务员辞职，是指公务员依法申请终止其与国家机关的公职关系的法律行为。辞职权是公务员的法定权利，属于公民劳动权的组成部分，但是公务员辞职也是有法律限制的，并非所有的公务员都可以辞职。

1. 公务员辞职的限制。《公务员法》第81条规定，公务员有下列情形之一的，不得辞去公职：①未满国家规定的最低服务年限的；②在涉及国家秘密等特殊职位任职或者离开上述职位不满国家规定的脱密期限的；③重要公务尚未处理完毕，且须由本人继续处理的；④正在接受审计、纪律审查，或者涉嫌犯罪，司法程序尚未终结的；⑤法律、行政法规规定的其他不得辞去公职的情形。

2. 公务员辞职的程序。公务员辞职的程序是：①公务员本人向任免机关提出书面申请；②任免机关应当自接到申请之日起30日内予以审批，其中对领导成员辞去公职的申请，应当自接到申请之日起90日内予以审批；③办理公务交接手续，必要时接受财务审计。

(二) 退休制度

公务员退休,是指公务员达到国家规定的退休年龄或者完全丧失工作能力的,根据法律规定办理手续,离开工作岗位,享受国家规定的退休金和其他待遇的法律行为。

1. 退休方式与条件。自愿退休,又称提前退休或者批准退休,是指具备法定的最低退休条件的公务员,自愿申请退休,离开公务员队伍的制度。《公务员法》第88条规定,公务员符合下列条件之一的,本人自愿提出申请,经任免机关批准,可以提前退休:①工作年限满30年的;②距国家规定的退休年龄不足5年,且工作年限满20年的;③符合国家规定的可以提前退休的其他情形。

强制退休,又称应当退休或者安排退休,是指公务员在达到法定的最高退休年龄或者完全丧失工作能力时,由任免机关命令其退休的制度。公务员符合下列条件之一的,应当退休:①达到国家规定的退休年龄,一般男年满60周岁、女年满55周岁;②完全丧失工作能力。

2. 退休待遇。公务员退休后,享受国家规定的退休金和其他待遇,国家为其生活和健康提供必要的服务和帮助,鼓励发挥个人专长,参与社会发展。

3. 从业限制。公务员退休后,原系领导成员的公务员在离职3年内,其他公务员在离职两年内,不得到与原工作业务直接相关的企业或者其他营利性组织任职,不得从事与原工作业务直接相关的营利性活动。

法条链接:

《公务员法》

第一百零二条 公务员辞去公职或者退休的,原系领导成员的公务员在离职3年内,其他公务员在离职两年内,不得到与原工作业务直接相关的企业或者其他营利性组织任职,不得从事与原工作业务直接相关的营利性活动。

公务员辞去公职或者退休后有违反前款规定行为的,由其原所在机关的同级公务员主管部门责令限期改正;逾期不改正的,由县级以上工商行政管理部门没收该人员从业期间的违法所得,责令接收单位将该人员予以清退,并根据情节轻重,对接收单位处以被处罚人员违法所得1倍以上5倍以下的罚款。

(三) 申诉制度

公务员申诉是指公务员对国家机关作出的涉及本人权益的人事处理决定不服,依法向有关国家机关提出申请,由有关国家机关重新进行审查并予以处理的法律制度。

1. 申诉范围。公务员对涉及本人的下列人事处理不服的,可以提出申诉:①处分；②辞退或者取消录用；③降职；④定期考核定为不称职；⑤免职；⑥申请辞职、提前退休未予批准；⑦未按规定确定或者扣减工资、福利、保险待遇；⑧法律、法规规定可以申诉的其他情形。

2. 申诉程序。公务员可以选择先申请原处理机关复核后，再向有权机关申诉的程序，也可以选择直接向有权机关申诉的程序。

（1）复核后申诉。公务员对涉及本人的属于申诉范围的人事处理不服的，可以自知道该人事处理之日起 30 日内向原处理机关申请复核；对复核结果不服的，可以自接到复核决定之日起 15 日内，按照规定向同级公务员主管部门或者作出该人事处理的机关的上一级机关提出申诉。

（2）直接申诉。公务员对涉及本人的属于申诉范围的人事处理不服的，也可以不经复核，自知道该人事处理之日起 30 日内直接提出申诉。

对省级以下机关作出的申诉处理决定不服的，可以向作出处理决定的上一级机关提出再申诉。

注意：行政机关公务员对处分不服向行政监察机关申诉的，按照《行政监察法》的规定办理。

3. 申诉处理。原处理机关应当自接到复核申请书后的 30 日内作出复核决定。受理公务员申诉的机关应当自受理之日起 60 日内作出处理决定；案情复杂的，可以适当延长，但是延长时间不得超过 30 日。复核、申诉期间不停止人事处理的执行。

（四）控告制度

公务员控告是指公务员认为国家机关及其领导人员侵犯其合法权益的，可以依法向上级机关或者有关的专门机关提出控告，要求其处理的法律制度。受理控告的机关应当按照规定及时处理。公务员提出申诉、控告，不得捏造事实，诬告、陷害他人。

（五）人事仲裁制度

公务员的人事仲裁制度是指聘任制公务员与所在机关之间因履行聘任合同发生争议，依法向人事争议仲裁委员会提出仲裁申请，由人事争议仲裁委员会对其纠纷予以居中仲裁的人事争议仲裁制度。

国家建立人事争议仲裁制度，根据需要设立人事争议仲裁委员会。人事争议仲裁委员会由公务员主管部门的代表、聘用机关的代表、聘任制公务员的代表以及法律专家组成。聘任制公务员与所在机关之间因履行聘任合同发生争议的，可以自争议发生之日起 60 日内向人事争议仲裁委员会申请仲裁。人事争议仲裁应当根据合法、公正、及时处理的原则，依法维护争议双方的合法权益。

当事人对仲裁裁决不服的，可以自接到仲裁裁决书之日起 15 日内向人民法院提起诉讼。仲裁裁决生效后，一方当事人不履行的，另一方当事人可以申请人民法院执行。

☞ 复习思考

一、选择题

1. 下列哪些做法不符合有关公务员管理的法律法规规定？（　　）
   A. 县公安局法制科科员李某因 2002 年和 2004 年年度考核不称职被辞退
   B. 小王 2004 年 7 月通过公务员考试进入市法制办工作，因表现突出于 2005 年 1 月转正
   C. 办事员张某辞职离开县政府，单位要求他在离职前办理公务交接手续
   D. 县财政局办事员田某对单位的开除决定不服向县人事局申诉，在申诉期间财政局应当保留田某的工作

2. 关于聘任制公务员，下列做法正确的是（　　）。
   A. 某县保密局聘任两名负责保密工作的计算机程序员
   B. 某县财政局与所聘任的 1 名会计师实行协议工资制
   C. 某市林业局聘任公务员的合同期限为 10 年
   D. 某县公安局聘任网络管理员的合同需经上级公安机关批准

3. 关于公务员录用的做法，下列哪一选项是正确的？（　　）
   A. 县公安局经市公安局批准，简化程序录用 1 名特殊职位的公务员
   B. 区财政局录用一名曾被开除过公职但业务和能力优秀的人为公务员
   C. 市环保局以新录用的公务员李某试用期满不合格为由，决定取消录用
   D. 国务院卫生行政部门规定公务员录用体检项目和标准，报中央公务员主管部门备案

4. 下列哪种做法符合《公务员法》的规定？（　　）
   A. 某卫生局副处长李某因在定期考核中被确定为基本称职，被降低一个职务层次任职
   B. 某市税务局干部沈某到该市某国有企业中挂职锻炼 1 年
   C. 某市公安局与技术员田某签订的公务员聘任合同，应当报该市组织部门批准
   D. 某地环保局办事员齐某对在定期考核中被定为基本称职不服，向有关部门提出申诉

5. 下列哪些情形违反《公务员法》有关回避的规定？（　　）
   A. 张某担任家乡所在县的县长
   B. 刘某是工商局局长，其侄担任工商局人事处科员
   C. 王某是税务局工作人员，参加调查一企业涉嫌偷漏税款案，其妻之弟任该企业的总经理助理
   D. 李某是公安局局长，其妻在公安局所属派出所担任户籍警察

6. 下列哪一做法不属于公务员交流制度？（　　）
   A. 沈某系某高校副校长，调入国务院某部任副司长

B. 刘某系某高校行政人员，被聘为某区法院书记员
C. 吴某系某国有企业经理，调入市国有资产管理委员会任处长
D. 郑某系某部人事司副处长，到某市挂职担任市委组织部副部长

7. 关于国家机关公务员处分的做法或说法，下列哪一选项是正确的？（ ）

A. 张某受记过处分期间，因表现突出被晋升一档工资
B. 孙某撤职处分被解除后，虽不能恢复原职但应恢复原级别
C. 童某受到记大过处分，处分期间为24个月
D. 田某主动交代违纪行为，主动采取措施有效避免损失，应减轻处分

8. 国家公务员对其所在的行政机关给予的行政处分不服，其可能的救济途径是（ ）。

A. 向行政复议机关申请复议　　B. 向行政监察机关申诉
C. 申请劳动争议仲裁机关仲裁　D. 向人民法院提起行政诉讼

9. 公务员在年度考核中连续两年被确定为"不称职"的，将被（ ）。

A. 开除　　　　B. 辞退　　　　C. 惩戒　　　　D. 调离

10. 下列选项中属于我国公务员行政处分的形式有（ ）。

A. 降级　　　　B. 免职　　　　C. 撤职　　　　D. 责令辞职

11. 下列人员中，可以被录用为公务员的是（ ）。

A. 曾因犯罪受过刑事处罚的　　B. 曾因违纪受过行政处罚的
C. 曾被开除公职的　　　　　　D. 没有中国国籍的

12. 依据我国公务员法，公务员被辞退的情形有（ ）。

A. 不胜任现职工作，又不接受其他安排的
B. 在年度考核中，连续两年被确定为不称职的
C. 组织或者参加非法组织的
D. 受到记大过处分的
E. 因犯罪受到刑事处罚的

13. 公务员对主管的行政机关作出的行政处分不服，接受申诉的机关是（ ）。

A. 上一级行政机关　　　　B. 行政监察机关
C. 行政复议机关　　　　　D. 人民法院

二、名词解释

行政公务员　行政公职关系　挂职锻炼

三、简答题

1. 简述行政公职关系的产生方式。
2. 简述公务员的多重身份及其识别标准。
3. 简述导致行政公职关系消灭的情形。
4. 简述行政公务员回避基本类型。
5. 简述公务员申诉的基本程序。

四、论述题

试述我国《公务员法》规定的担任公务员的条件。

五、案例分析

案情：2013 年 7 月 4 日晚 10 时许，李某因嫖娼被某区公安分局民警刘某现场抓获，刘某发现李某正是自己一朋友王某托其查找多日的债务人，便将李某带回公安分局讯问。在回公安分局途中，刘某暗示李某如果立即归还王某债务可以考虑减轻对其处罚，李某称无现钱可还。于是，刘某在讯问时示意联防队员杨某（系区公安分局招聘人员）对李某进行殴打，致李某轻伤。后李某因嫖娼行为被治安拘留 10 天。拘留期间，在李某家属按规定与李某见面时，刘某示意李某家属，如果不能在 5 日内替李某归还所欠王某债务，李某还会有麻烦。于是李某家属按刘某要求替李某归还了王某所有债务。李某拘留期满后被按时释放。

问题：（1）民警刘某夜间抓获李某的行为是否属于"公务行为"，为什么？

（2）联防队员杨某殴打李某的行为是否属于"公务行为"，为什么？

（3）刘某为朋友王某逼债的行为是否属于"公务行为"，为什么？

拓展阅读

［1］徐银华、石佑启、杨勇萍：《公务员法新论》，北京大学出版社 2005 年版。

［2］张柏林：《〈中华人民共和国公务员法〉教程》，党建读物出版社、中国人事出版社 2005 年版。

［3］林弋主编：《公务员法立法研究》，中国人事出版社、党建读物出版社 2005 年版。

［4］吴志华：《当今国外公务员制度》，上海交通大学出版社 2008 年版。

［5］应松年主编：《公务员法》，法律出版社 2010 年版。

［6］［美］戈登·塔洛克：《官僚体制的政治》，柏克、郑景胜译，商务印书馆 2012 年版。

第三编　行政行为法

第九章　行政行为概述

学习提要

行政法规范和控制行政权的重要途径之一是通过行政行为法来规范和控制行政权的行使过程，以达到防止行政权滥用的目的，行政行为法是行政法的重要组成部分，行政行为法律制度是行政行政法学的重要研究内容。本章分三节，分别对行政行为的含义、分类和效力等行政行为法的一般理论进行介绍。行政行为是指行政机关或法律法规授权组织为实现行政目的，运用行政权所实施行政管理和服务活动的行为。对行政行为这一概念需要从行政行为的概念、特征、类型及内容多角度进行理解。行政行为依据不同的标准可以进行不同的分类，但最主要的是法律行为、准法律行为和事实行为，内部行为和外部行为，抽象行为和具体行为以及依职权行为和依申请行为这四组基础分类。行政行为的效力分为公定力、确定力、拘束力和执行力等，行政行为效力时间涉及生效时间和失效时间等问题。本章学习时需要重点掌握行政行为的构成与界定、行政行为的基本分类和行政行为效力的内容与时间等内容。

本章知识结构图

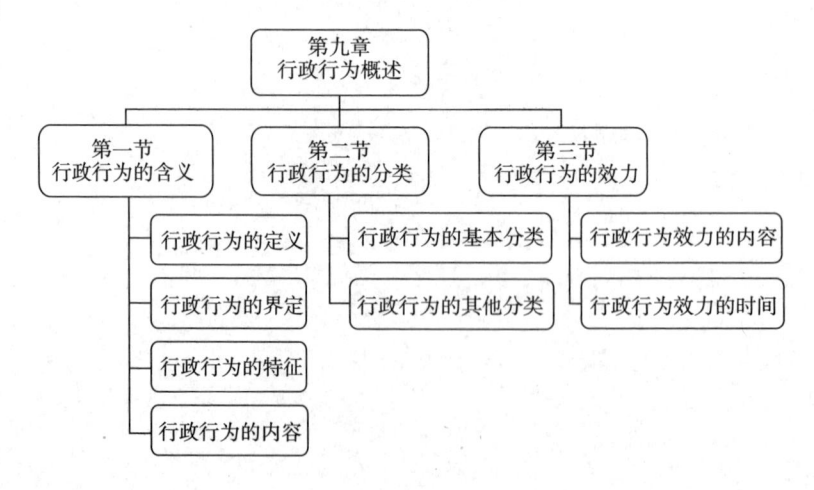

```
                    第九章
                  行政行为概述
        ┌───────────┼───────────┐
     第一节        第二节        第三节
   行政行为的含义  行政行为的分类  行政行为的效力
        │             │             │
   行政行为的定义  行政行为的基本分类  行政行为效力的内容
   行政行为的界定  行政行为的其他分类  行政行为效力的时间
   行政行为的特征
   行政行为的内容
```

第一节　行政行为的含义

一、行政行为的定义

行政行为这一概念可以从不同的角度进行定义，行为主体说认为行政行为是指行政机关实施的一切行为；行政权说认为行政行为是行政机关运用行政权所作的行为；公法行为说认为行政行为是具有行政法（公法）意义或效果的行为。本书采用行政权说，即行政行为是指行政机关或法律法规授权组织为实现行政目的，运用行政权所实施的管理或服务行为。这一概念揭示了判断一个行为是否属于行政行为的以下三个要件。

（一）主体要件

行政行为的行为主体是行政机关或法律法规授权组织，这是判断一个行为是否属于行政行为的主体要件。行政行为只能由行政机关或法律法规授权组织（即行政主体）作出，至于是由行政主体直接作出，还是行政主体通过公务员或其他工作人员，或是委托其他社会组织作出，均不影响行政行为的性质。但是，如果是行政主体以外的其他国家机关或其他社会组织，在无行政主体委托的情形下所作出的行为，不能认为是行政行为。如权力机关的立法行为、人民法院的审判行为。

（二）内容要件

行政行为是行政主体行使行政权的行为，这是判断一个行为是否属于行政行为的内容要件。行政主体所实施的行为也并非都是行政行为，能够成为行政主体的行政机关或社会组织通常也是民事活动的主体，即属于民法上的机关法人、事业单位法人或社团法人等。行政行为必须是行政主体运用行政权力所作出的行为，无行政权力的存在和运用就无行政行为，行政行为正是享有行政权的组织具体运用行政权力方式的外在表现。行政权的运用即通常所说的行使行政职权或履行行政职责。

（三）形式要件

行政行为是客观上现实存在的行为，这是判断一个行为是否属于行政行为的形式要件。行政行为应当是行政主体的表现于外部的、客观化了的意志。行政主体只有将自己的意志通过意思表示、观念表示或实际行动等形式表示出来，并被外界所认知后，才能成为一个行政行为。如果行政主体尚未作出相应的意思表示或观念表示，也没有任何实际行为，就无法被外界所认识，就应视为行政行为不存在。

二、行政行为的界定

在明确了行政行为概念的基础上，有必要将行政行为与相邻行为区别开来。

（一）行政行为与假行政行为

假行政行为又称行政行为的不成立，是指不具备行政行为成立的某一要件，但具有行政行为的某些类似特征的非行政行为。假行政行为主要表现为以下几种形态：①不具备行政主体资格的组织或个人实施的本该由行政主体实施的行为。如企事业单位的"行政罚款"、公民假冒国家工作人员所作出的罚款、收费等行为。②行政主体没有运用行政权而是基于其他权利所作出的行为。行政主体以民事主体身份从事民事活动时，所实施的行为就不是行政行为而是民事行为。

（二）行政行为与个人行为

行政公务员的个人行为是指行政公务员以普通公民或自然人的身份实施的、与其职务无关的个人行为。行政公务员可以以公务员身份代表行政主体实施行政行为，也可以以普通公民身份实施个人行为。为准确区分公务员的行为是行政行为还是个人行为，实践中一般认为应综合考虑或选择考虑公务员实施该行为的时间、地点、目的、职责等因素。公务人员的行为发生在工作时间和工作地点的是行政行为，反之则是个人行为；公务人员出于公务目的反映行政主体意志的行为属于行政行为，出于私人目的反映个人意志的行为属于个人行为；公务人员以行政主体名义作出的行为属于行政行为，以个人名义作出的属于个人行为；公务人员履行职责范围内的行为属于行政行为，不属于职责范围内的行为不是行政行为；等等。

（三）行政行为与国家行为

国家行为又称为统治行为、政治行为或政府行为，是指国家机关以国家的名义运用国家主权所实施的行为。国家行为往往涉及重大的国家利益，具有很强的政治性。国家行为具体包括：①国防军事行为。如备战、作战或对外宣战、应战。②外交行为。如与外国建交、签订国际条约、协议等。③紧急动员行为。即宪法和特别法所规定的由有关行政机关所行使的紧急行为，如宣布戒严、重点防治或救灾行为。④其他重大国家公益行为。如国家计划的重大调整、重大建设项目的调整等。国家行为在主体上、内容上或形式上都与行政活动类似或有联系，但这些行为并不受行政法的约束，而是受特别法的约束，一般不认为是行政行为。

三、行政行为的特征

行政行为作为行政权的外化表现形式，其典型特征体现在：服务性、从属法律性、单方意志性、强制性、无偿性。

（一）服务性

国家运用行政权力的强制性维护社会的基本秩序，实际上体现的仍然是国家权力的服务性。即为国民创造一个适合生存、发展、竞争、安全的社会环境，这是国家的基本职能。而国家运用国家行政权力直接服务于社会、服务于民的基本职能也是国家行政活动的目的。由于国家利益与社会公共利益和人民大众的根本利益在总体上是一致的，因此，保护国家的利益实际上就是保护社会公共利益，就是保护公民个人的根本利益；行政行为对违反国家法律和社会公共秩序的行为的制裁，就是对遵纪守法的国民的服务。

（二）从属法律性

在我国议行合一的体制之下，行政机关从属于法律、从属于国家权力机关，行政主体的行政权来源于立法机关所制定法律的授予。行政主体的行政行为也就是执行国家法律的行为，也即行政执法行为。因此，行政行为必须接受法律的约束，依法行政原则就是行政机关活动的准则。我国宪法也体现了这一现代行政法治精神，规定行政权的来源是宪法和法律，行政机关行使行政权的行为必须从属于宪法和法律。任何行政行为（特别是管制性行政行为）必须有法律依据并接受法律全面、全过程的监控，而不能凌驾于法律之上或游离于法律之外，违法行政将承担相应的法律责任。

（三）单方意志性

行政行为是运用行政权对国家和社会公共事务进行管理和提供公共服务的法律行为。一般情况下，行政主体的单方意思表示就可以在行政机关与相对人之间形成权利义务关系。所以行政行为具有单方性。现代社会，行政相对人虽然广泛参与参政议政，但最终意志仍然是由行政主体的意思表示来决定的。因此，行政相对人的行政参与并没有改变行政行为的单方性。但行政行为的单方意志性并不意味着行政主体在实施行政行为时不听取行政相对人的陈述和申辩，随着政府职能的转变和政府行为方式的变化，双方性的行政行为也逐渐产生，其重要性也逐渐凸显出来。如行政合同、行政奖励等。

（四）强制性

行政行为是法律的一种实施，是行政主体的执法行为的体现，具有国家的强制力，行政行为一经作出即具有确定力、约束力、执行力，行政相对人必须服从，不得拒绝。行政行为在作出或实现过程中，遇有其他不可克服的障碍时，可以运用其行政权力和手段，或依法借助其他国家机关的强制手段消除障碍，保障行政行为实现。但现代行政发展后，有些行政行为（如行政指导、行政奖励等）具有了非强制性的特征。可以说，行政行为是以强制性为主，以非强制性为补充。

（五）无偿性

行政机关行使行政权提供的公共服务原则上应当是无偿的。因为行政机关提供公共服务的基础是行政机关享有国家的行政权力，行政机关行使行政权力所需要的成本由国家财政支付。国家财政是通过国家税收或公共资源的经营收入承担，而这些财政力量和公共资源是属于全体人民的，即全体人民已经通过税收和财政方式支付了行政成本。因此，行政机关对公共利益的维护和公共资源的分配就不应当再收费，应当是无偿的。即使收取部分对公共资源的占有或使用费，也应当是归于全体国民所有。当然，如果特定的单位或个人额外地享受了更多的公共资源时（即公共资源的独占使用），对其征收一定费用，即实行有偿使用也是公平合理的。同时，必须强调的是，这里的无偿主要是指行政权力与相应利益之间的非对价关系。

四、行政行为的内容

行政行为的内容是指行政行为所内含的意思和目的。行政行为作为一种法律行为，其法律意义上的作用就是产生、变更或消灭一定的法律关系，因此，行政行为的内容都与权利义务有关。准确地讲，不同的行政行为有不同的行为内容，概括而言，行政行为的内容大致有以下几类：

（一）设定权利或义务

设定权利和义务是指行政行为规定和确立行政主体与行政相对人各自应有的权利和义务。行政行为为公民、法人或其他组织设定权利和义务可以通过抽象行政行为来实现。如行政法规、行政规章规定公民在某种情况下有得到物质帮助的权利，行政主体有给予帮助的义务；或行政主体有收税的权利，公民有纳税的义务等。其也可以通过具体行政行为来实现，如行政处罚为被处罚人设定了缴纳罚款或接受拘留的义务，行政许可为被许可人设定了实施该许可事项的权利等。

（二）实现权利或义务

实现权利和义务是指行政行为具体落实行政主体与行政相对人各自的法定权利和义务。法律、法规规定的任务需要一定的行为来实现，行政主体的各种职权、职责均须落实在其行政行为之中。法律规定或行政行为确定的义务要通过行政强制执行来实现，行政主体的服务义务需要通过行政给付行为来实现。同时，在许多情况下，行政相对人的权利义务往往也需要行政行为才能实现。这是因为在行政管理中，行政相对人有些法定的权利需要一定的程序才能实际享有，有些法定的义务需要一定的行政督促才能实际履行，这就需要行政行为发挥作用。如行政相对人申请行政机关强制执行其在行政裁决中获得的权利。

（三）变更权利或义务

变更权利或义务即对行政相对人既有权利的剥夺、限制或对义务的减免。剥夺、限制权利是指用行政行为取消、制约相对一方已经取得的某种权利，是对行政相对人违法行为的惩罚或是对其未能及时履行义务的一种强制，也有的是因行政相对人不再具有享有某种权利的前提条件而取消其权利。减免义务是指通过行政行为来减免相对人原有的义务，这种减免是因为承担原有义务的条件发生了变化，取得法定应当减免的条件。

（四）界定权利或义务

界定权利或义务即是指在行政相对人之间或行政主体与行政相对人之间的权利义务关系出现矛盾争议时，行政主体依据法律法规确认当事人之间的权利或义务关系，并对当事人受侵害的合法权利予以补救或使之恢复原状。以此为内容的行政行为主要有行政确认、行政裁决、行政调解、行政复议、行政赔偿等形式。

（五）确认法律事实

确认法律事实是指运用行政行为认定与某种权利义务有重要关系的法律事实。法律事实并不是权利义务，但它往往是得到某种权利义务的必要条件，通过行政行为确认之后，将必然地导致应有的权利义务关系。如行政主体对一公民作出其属于未成年人的确认，就必然会使该公民进而享有未成年人应有的各种特定权利。除此以外，行政机关作出的证明行为、鉴定行为、公证行为、鉴证行为等，都是以确认法律事实为内容。

第二节 行政行为的分类

一、行政行为的基本分类

(一) 行政法律行为、准行政法律行为与行政事实行为

以行政行为法律效果和表意要素的不同为标准,可以分为行政法律行为、准行政法律行为和行政事实行为。行政法律行为是行政主体基于行政职权作出的旨在产生、变更或消灭行政法律关系的设定行为;准行政法律行为简称准行政行为,是行政主体在行政管理过程中就具体事实作出观念表示,并依据法律规定发生法律效果的行为;行政事实行为是指行政主体在实施行政管理、履行服务职能过程中作出的不以设定、变更或消灭行政法律关系为目的的行为。

> **注意**:国内行政法学界更流行两分法,即将行政行为分为行政法律行为和行政事实行为,本书所指的准行政法律行为部分或者被归入广义的行政法律行为中,或者被归入广义的行政事实行为中。

一般认为,行政法律行为的构成要件大致分为四个方面:①行政主体要素。即行政法律行为的主体必须是行政机关及法律法规授权的组织。②行政权能要素。即行政法律行为必须是行政主体运用行政权所作的行为。③意思表示要素。即行政法律行为必须要有设定、变更或消灭行政法律关系的意思表示。④法律效果要素。行政法律行为能够引起行政法律关系的产生、变更或消灭。行政法律行为是行政行为的主要存在形式,包括行政立法行为、行政规范性文件、具体行政行为和行政合同行为等。

准行政行为与行政法律行为的最大区别在于意思表示和法律效果方面的特殊性。准行政行为不具备行政法律行为的意思表示要素,即并没有设定、变更或消灭行政法律关系的意思表示,而只是就具体事实作出认识或澄清的观念表示。准行政行为也产生一定的法律效果,但是与行政法律行为通过行政主体的意思表示产生直接的法律效果不同,准行政行为并不直接产生法律效果,行政主体实施的准行政行为依照法律的具体规定或者依赖于新的事实出现才能对行政相对方的权利义务发生法律效果。准行政法律行为是行政行为的重要存在形式,主要包括确认行为、证明行为、鉴定行为、通知行为、受理行为等。

行政法律行为与准行政法律行为基于行政主体的意思表示或观念表示,都会产生直接或间接的法律效果。而行政主体实施行政事实行为本身不以产生一定的法律效果为目的,也就是既不表达对行政相对人权利义务的处分意思,也不存在对相关事实作出认识或澄清的观念表示,因而其法律效果具有不确定性。行政事实行为也是行政主体的重要行为形式,包括补充性事实行为(如行政机关销毁收缴的违禁品)、即时性事实行为(如拖走抛锚的车辆)、建议性事实行为(如境外旅游的风险预警、商品价格预测)和服务性事实行为(如发布天气预报、竖立测绘标志)等。

表 9–1　行政法律行为、准行政法律行为、行政事实行为比较表

行为类型	行政法律行为	准行政法律行为	行政事实行为
表意要素	意思表示	观念表示	无意思或观念表示
法律效果	直接法律效果	间接法律效果	法律效果不确定

区分行政法律行为、准行政法律行为和行政事实行为的意义在于，我国现行法对三者确立了不同的监督和救济体制，行政相对人认为行政法律行为违法或不当的，可以申请行政复议或提起行政诉讼，造成相对人权利损害的还应当承担赔偿责任；准行政法律行为如果间接地加强了其他行政主体对相关事实处分的效果或者对抗该效果时，就意味着对行政相对人的权利义务产生了实际影响，这时它可以成为行政复议或行政诉讼的监督对象；行政事实行为不产生法律效果并不等于不会发生法律后果，行政相对人由于配合行政事实行为的实施而导致利益损失、或者行政事实行为违法实施导致行政相对人权益损失的，行政主体应当承担相应的赔偿责任。

（二）内部行政行为与外部行政行为

以行政行为适用的法律关系领域与效力作用的对象不同为标准进行划分，行政行为可以分为内部行政行为和外部行政行为。内部行政行为是指行政主体基于行政隶属关系，针对内部行政组织或工作人员所实施的，只在行政组织内部产生法律效力的行政行为。内部行政行为主要有以下几种类型：①上级行政机关对下级行政机关的工作指导与监督行为；②行政机关对行政机关工作人员的人事管理和工作管理行为；③行政机关委托其他组织或个人行使职权的行政委托行为；④行政机关之间的公务协助行为。外部行政行为是指行政主体基于行政管辖关系，针对本行政组织以外的社会组织或个人，在社会范围内产生法律效力的行政行为。行政主体实施的行政立法、行政许可、行政给付、行政奖励、行政征收、行政处罚、行政强制、行政裁决等行为都是典型的外部行政行为。

内、外行政行为的区别之处在于：①内外行政行为产生的关系基础不同。内部行政行为以行政隶属关系为基础，外部行政行为以行政管辖关系为基础。②内外行政行为所适用的规范依据不同。内部行政行为受行政组织法规范和调整，外部行政行为受行政行为法规范和调整。③内外行政行为的行为手段与方式不同。内部行政行为以行政指令、行政协调、行政检查、行政监察、行政处分等为行为手段和方式，外部行政行为以行政立法、行政审批、行政给付、行政奖励、行政征收、行政处罚、行政强制、行政裁决等为行为手段和方式。

区分内部行政行为和外部行政行为的现实意义在于，我国现行法对内外行政行为设置了不同的救济途径。内部行政行为的监督与救济途径主要是行政首长协调、行政监察、行政审计和行政申诉等；外部行政行为的监督与救济途径主要是行政复议、行政诉讼、行政赔偿等。

（三）抽象行政行为与具体行政行为

这是以行政行为针对的行政相对方是否特定、行政行为是否具有反复适用效力为标准进行的分类。抽象行政行为是指行政主体针对不特定的人或事作出的、具有普遍约束力的、能反复适用的规范性文件的行为。抽象行政行为具有对象不特定性、效力普遍性、可反复适用性以及不可直接执行性等特征。抽象行政行为往往需要具体行政行为具体化后才可以直接执行。具体行政行为是指行政主体针对特定的人或事作出的具体措施的行为。具体行政行为具有对象特定性、一次适用性和可直接执行性等特征。

注意：台湾地区行政法学界认为在抽象行政行为与具体行政行为之外还有一类行政行为，称为"一般处分"，这类行政行为即是行政机关就特定行政事项对不特定的人作出的具体处理措施。这类行政行为在大陆地区行政法学上被归入具体行政行为范畴。

抽象行政行为与具体行政行为的区别在于：①行为对象是否特定。针对特定的人或特定的事实施的行政行为是具体行政行为，而针对不特定的人或不特定的事实施的行为是抽象行政行为。②行为是否具有反复适用性。抽象行政行为具有反复适用性，具体行政行为不具有反复适用性。③表现形式不同。抽象行政行为通常表现为具有普遍约束力的行政规范性文件，具体行政行为则表现为具体的行政决定。④是否可以直接执行。抽象行政行为一般不可以直接进入执行程序，而具体行政行为则一般可以直接执行。

区分抽象行政行为和具体行政行为的现实意义在于，我国现行法为二者设置了不同的监督与救济制度。抽象行政行为的监督主要由权力机关或上级行政机关行使撤销权或变更权，公民、法人或其他组织不服抽象行政行为的，不能直接申请行政复议或提起行政诉讼，只能在行政复议或行政诉讼中对部分抽象行政行为提请附带审查。公民、法人或其他组织不服具体行政行为的，则可以直接对其申请行政复议或提起行政诉讼，具体行政行为违法造成公民、法人或其他组织合法权益损害的，还要承担行政赔偿责任。

（四）依职权行政行为与依申请行政行为

以行政主体是否可以主动作出行政行为为标准，行政行为可以分为依职权行政行为和依申请行政行为。行政行为的这种区分是学术界比较常用的区分。

依申请行政行为，或者称被动性行政行为、消极行政行为，是指行政主体只有在相对方申请的条件下方能作出的行政行为。依申请行政行为具有下列特征：①行为的启动以行政相对人的申请为要件；②依申请的行政行为多数是授益性行政行为；③依申请行政行为的目的在于抑制公益上的危险；④依申请行政行为多数是要式行政行为。依申请行政行为具有多种多样的形式，在我国主要有：行政许可、行政给付、行政奖励、行政确认、行政裁决等。此外，助成性行政指导、某些行政合同的缔结、行政仲裁等新型行政管理手段也需要依相对人的申请进行，也可以归为依申请行政行为。被动性是依申请具体行政行为的典型特征，其一般行为程序分为申请、受理、审核、决定和送达等阶段。

依职权行政行为，或者称主动性行政行为、积极行政行为，是指行政主体依其所具有的法定行政职权即可直接作出，而不需要以行政相对人的申请作为启动前提条件的行政行为。与依申请行政行为相比，依职权行政行为具有主动性、强制性、及时性、侵益性等特征。依职权行政行为具有多种多样的表现形式，在我国现实生活中主要有行政规划、行政命令、行政征收、行政征用、行政处罚、行政强制、行政检查等。此外，规制性行政指导、部分行政合同的缔结与履行也带有依职权性。

依申请的行政行为与依职权行政行为的区别主要有：①性质不同。依申请行政行为主要是授益性行政行为，依职权行政行为往往是损益性行政行为。②强制性程度不同。依申请行政行为一般不通过强制手段来实现，而依职权行政行为一般具有较强的强制性。③启动程序不同。依申请行政行为依公民、法人或其他组织的申请而启动，依职权行政行为是由行政机关依职责启动。

二、行政行为的其他分类

（一）羁束行政行为与裁量行政行为

这是以行政行为受到法律规范拘束的程序为标准进行的分类。

羁束行政行为是指法律规范对行政行为的范围、条件、标准、形式、程序等作了较详细、具体、明确规定的行政行为。由于行政机关在实施羁束性行政行为时没有选择余地，故对羁束性行政行为的评判只有合法性问题，没有合理性问题。裁量行政行为是指法律规范仅对行政行为的目的、行为范围等作了一般原则性规定，而将行为的具体条件、标准、幅度、方式等留给行政主体自行选择确定的行政行为。由于行政机关实施裁量行政行为时有是否作为以及如何作为的选择余地，故对裁量行政行为的评价除了合法性问题之外，还有合理性问题。

（二）作为行政行为与不作为行政行为

这是以行政行为是否以作为方式来表现为标准进行的分类。

作为行政行为是指行政主体以积极的、直接对客体发生作用的方式实施的行为，表现出一定的动作或动作系列；不作为行政行为是指行政主体以消极的、间接对客体发生作用的方式表现的行政行为。不作为行为有广义与狭义之分，狭义的不作为仅仅是指行政机关及其工作人员没有任何行为的状态，而广义的不作为还包括行政机关明确表示的拒绝作为，如拒绝发放行政许可证。当然，如果从外观上讲，行政机关的拒绝作为实际上是一种作为的表现形态。

（三）单方行政行为与双方行政行为

这是以行政行为成立时参与意思表示的当事人的数目为标准进行的分类。

单方行政行为是指行政主体依靠单方意思表示即可成立而无须征得行政相对方同意的行政行为；双方行政行为是指行政主体为实现公务目的，须与行政相对方协商达成一致才能成立的行政行为。行政机关实施单方行政行为尽管不需要获得行政相对人的同意，但并不意味着不让行政相对人参与行政程序，也不是不听取行政相对人的陈述和申辩,行政机关实施任何对行政相对人权益可能造成不利影响的行政行为,都应当听取行政相对人的陈述和申辩。

（四）要式行政行为与非要式行政行为

这是以行政行为是否应当具备一定的法定形式为标准进行的分类。

要式行政行为是指必须具备某种法定的形式或遵守法定的程序才能成立生效的行政行为；非要式行政行为是指不需一定方式和程序,无论采取何种形式都可以成立的行政行为。一般来讲,对公民、法人或其他组织合法权益造成较大影响的行政行为,法律规定都应当采取特定的行为方式,而只有对公民、法人或其他组织合法权益造成轻微影响的少数行政行为,法律才允许行政机关灵活方式实施行为。

（五）自为行政行为与委托行政行为

自为行政行为是指行政主体依据法定职权或法律、法规、规章的授权而以自己的名义作出的行政行为,自为行政行为又分为职权行政行为和授权行政行为。委托行政行为是指由行政机关委托的组织或个人从事行政管理或服务活动而实施的行政行为。自为行政行为与委托行政行为,主要是根据行为实施者作出行政行为时是否是以自己的名义为区分标准的,自为行政行为是行为实施者以自己的名义作出的行政行为,而委托行政行为是行为实施者以他人的名义作出的行政行为。

（六）授益性行政行为与负担性行政行为

这是以行政行为对行政相对人是否有利为标准进行的分类。

授益性行政行为是指行政主体为行政相对人设定权益、免除或减少义务的行政行为；负担性行政行为是指行政主体为行政相对人设定义务或剥夺、限制权利的行政行为。一般来讲,授益性行政行为往往也是依申请的行政行为,而负担性行政行为则是依职权行政行为。但须注意的是,有些行政行为为行政相对人设定权益的同时,也要求相对人承担特定的义务,这类授益行政行为称为负担性授益行政行为；有些行政行为对一部分行政相对人具有授益性,对另一部分行政相对人则具有损益性,这类行为称为复效行政行为。

第三节 行政行为的效力

一、行政行为效力的内容

行政行为的效力即是行政行为对行政法关系主体所产生的法律上的影响效力。依据通说,行政行为的效力包括公定力、确定力、拘束力和执行力四个方面。

（一）公定力

公定力又称推定有效力,是指行政行为一经作出,除非有重大、明显违法的情形,即被推定为合法而要求所有机关、组织或个人予以尊重的一种法律效力。行政行为的公定力并不意味着行政行为当然合法,而是说明行政行为即使事实上不合法,在被有权机关撤销、变更之前是一直有效的。

行政行为的公定力的具体含义包括：①行政行为的公定力是一种法律上推定的法律效力；②行政行为的公定力以行政行为成立为前提，依法不成立的行政行为不具有公定力；③行政行为的公定力随着行政行为被确认无效或被撤销而消失。

一般认为，行政法上之所以要承认行政行为的公定力，是出于对行政主体地位与作用的信任和尊重进而促进法安定性的考虑。行政行为的公定力并不是对行政主体和行政相对人而言的一种法律效力，而是对行政主体以外的任何机关、组织和个人而言的一种尊重义务，它要求一切机关、组织或个人对行政主体所作的具体行政行为表示尊重，不能任意予以否定。

是否所有的行政行为都有公定力，在理论上存在争议。本书认为，并不是所有的行政行为都具有公定力。首先，由于具有重大、明显违法情形的行政行为属于不成立或无效的行为，自然没有法律上的合法效力，也就不存在公定力。其次，由于行政事实行为是不具有法律效力的行政行为，因而，行政事实行为也就不存在公定力。总之，依法不成立或无效的行政行为、行政事实行为也不具有行政行为的其他效力。

（二）确定力

确定力是指已生效的行政行为对行政主体和行政相对人所具有的不受任意改变的法律效力。这里的改变，既包括撤销、重作，也包括变更。它既包括对事实认定和法律适用的改变，也包括对权利义务的改变，但一般不包括对告知的改变和对具体行政行为的解释。这一效力来源于法安定性原则和诚信原则。

行政行为的确定力包括形式确定力和实质确定力两个方面。形式确定力也称不可争辩力，是对行政相对人而言的，是指行政相对人不得任意请求改变已生效的行政行为，否则其请求将被视为无效请求，而不予受理。实质确定力也称不可变更力，是对行政主体而言的，指行政主体不得任意改变已确定的行政行为，否则应承担相应的法律责任。不可变更力是相对的，行政主体如果发现行政行为确实具有违法情形，可依法予以改变。实质确定力有利于使个人利益免受反复性行政专横或行政随意性的再三加害，形式确定力则有利于行政意志的实现和权利义务的稳定。

（三）拘束力

行政行为的拘束力是指行政行为成立后，其内容对行政主体、行政相对人所产生的法律上的约束力，必须遵守、服从。拘束力是针对行政主体和行政相对人双方而言的，对他人不具有拘束力。具体表现在：①对相对方的拘束力。即对于生效的行政行为，行政相对方必须严格遵守、服从和执行，完全地履行行政行为的内容或设定的义务，不得违反或拒绝。②对行政主体的拘束力。即行政行为作出生效后，行政主体必须严格遵守行政行为所决定的内容，受行政行为内容的约束。

拘束力是一种约束力、限制力，即要求遵守的法律效力。发生拘束力的是行政行为所设定的权利义务，同时，这种权利义务又是作为其他行为的一种规则，必须得到遵守。拘束力所直接指向的是行为，是对行为的一种强制规范，如果有关行为违反了这种规则,则行为人应承担相应的法律责任。

拘束力与确定力是不同的,确定力所保护的是行政行为本身不受任意改变,拘束力所要求的是行为人的行为应当与具体行政行为相一致。在法律效果上,相对人违反形式确定力的申请或起诉将不被受理,相对人违反拘束力的行为将受到行政处罚。行政行为是行政主体运用行政权、执行法律的活动,因此,行政行为的拘束力就来源于法的约束力。

(四) 执行力

行政行为的执行力是指已经生效的行政行为,要求行政主体和行政相对人对其内容予以实现的法律效力。行政行为的执行力与其他法律效力一样,是潜在于行政行为内部的一种法律效力,而不是根据这种执行力来采取的,表现于具体行政行为外部的执行行为或强制措施。

执行力是对行政主体和行政相对人双方主体的一种法律效力。双方主体对行政行为所设定的内容都具有实现的权利和义务。当该行政行为为行政相对人设定义务时,行政主体具有要求行政相对人履行义务的权利,行政相对人负有履行义务的义务。当该行为为行政相对人设定权利即为行政主体设定义务时,行政相对人具有要求行政主体履行义务的权利,行政主体负有履行义务的义务。

执行力是实现具体行政行为内容的效力,这里的内容是指具体行政行为设定的权利和义务。行政行为执行力的实现方式有两种,即自行履行和强制履行。其中,对行政相对人的强制履行包括行政强制执行和司法强制执行,对行政主体的强制履行包括行政诉讼及有关监督。因此,执行力可以分为自行履行力和强制实现力。

总之,理解行政行为的执行力必须注意:①行政行为具有执行的效力,并不等于所有行政行为都必须执行。如果一个行政行为并没有设定权利或义务,则不存在执行的问题。②行政行为具有执行力,并不意味着行政行为在任何情况下都必须强制履行。如果行政主体或行政相对人主动履行了相关的义务,则不需要强制履行。③行政行为具有执行力,也并不是行政行为成立后,就必须立即予以执行。如果行政行为确定了执行力的起算期,则义务主体在期满后才具有履行义务。

二、行政行为效力的时间

行政行为效力的时间所要分析的是具体行政行为从何时起发生法律效力,持续到何时止法律效力消失的问题,也称行政行为的时间效力或行政行为的存续力。行政行为效力时间涉及生效时间和失效时间等问题。

(一) 行政行为的生效

行政行为的生效时间是指行政行为成立后对行政主体、行政相对方及其他社会组织或个人产生法律效力的起算点,即是行政行为对行政法关系主体如何及何时产生法律效力的时间。行政行为的生效时间由行政行为的生效规则确定,行政行为的生效规则包括:

1. 即时生效。即时生效指行政行为一经作出即具有效力,对相对人立即生效。

即时生效的行政行为是当场作出的行政行为，其适用范围相对较窄，适用条件较为严格，它一般适用于紧急情况下所作出的需要立即实施的行为。

2. 告知生效。告知生效是指行政主体将行政行为的内容采取公告、宣告等有效形式，使相对方知悉、明了行政行为的内容，该行政行为对相对方才能开始生效。如果在公告中附以生效时间的，则属于附期限生效。告知的形式主要有公告、布告、通告、公报、广播、电视播报等。与受领生效不同，告知生效往往适用于难以具体确定或难以送达的具体相对人，包括不特定的抽象行政相对人或住所地不具体的行政相对人。

3. 受领生效。即行政行为须为行政相对方受领，才开始生效。所谓受领，是指行政机关将行政行为告知行政相对方，并为相对方所接受。受领是使相对人对行政行为的内容了解、知悉的方式，但受领并不意味着必须得到相对方的同意，相对人同意与否并不影响行政行为的生效。受领生效一般适用于特定人为行为对象的行政行为，一般适用送达的方式。送达的方式有当场送达、邮寄送达、留置送达、公告送达等方式。

4. 附条件生效。附条件生效是指行政行为的生效附有一定的条件，在所附条件成就时，行政行为才开始生效。需要指出的是，附条件生效中的"条件"是指行政主体在作出行政行为时附加的其他条件，而非指附加有关法律、法规设定的条件。

(二) 行政行为的失效

行政行为的失效是指行政行为效力的终止。行政行为可能因行政行为内容的实现、期限届满等正当原因而失效，也可能因被认定为无效或被撤销、废止而失效。

1. 行政行为因内容实现或期限届满而失效。行政行为的内容已经实现，即行政行为所设定的义务已经得到履行或强制履行，权利已经得到实现。因行政行为内容已经实现而失效是行政行为失效的一种普遍形式，但并不适用于每一个行政行为。附效力期限的行政行为，在期限届满时也会失效。期限届满并不意味着行政行为的内容已经得到实现。如果期限届满，权利主体因自己的过错没有行使权利，则该权利归于消灭；义务主体因自己的过错没有履行义务，则应当依法承担法律责任。

2. 行政行为被宣告无效而失效。行政行为成立时具有重大而明显违法（瑕疵）情形的，属于无效行政行为。如果行政行为具有下列情形，有权机关可依职权或依行政相对人的申请宣布该行为为无效行政行为：①不具有行政主体资格的组织或个人实施的行为；②行政主体受胁迫作出的行政行为；③行政行为的实施将导致犯罪的行为；④没有实施可能的行政行为；⑤行政行为明显缺乏法律或政策依据；⑥其他重大且明显违法的行政行为。行政行为无效的法律后果包括：①行政相对方可以在任何时候请求有权国家机关宣布该行为无效；②有权国家机关可以在任何时候宣布相应行政行为无效；③行政行为被宣布无效后，行政主体通过该行为从行政相对方处获取的利益应当返还，所增加的义务应当取消，造成的损失应当赔偿。

3. 行政行为被撤销而失效。行政行为的撤销是指在行政行为具有可撤销的情形下，由有权机关作出撤销决定而使其失去法律效力。行政行为有下列情形之一的，有权机关可以依行政相对方的申请或依职权予以撤销：①行政行为不合法；②行政行为不合理。行政行为被撤销后的法律后果包括：①行政行为自撤销之日起失去法律效力，撤销的效力可一直追溯到行政行为作出之日；②行政行为撤销后，由此造成国家利益、公共利益和相对方的损失应当根据双方的过错程度承担责任。

4. 行政行为被废止而失效。行政行为的废止是指有权机关在特殊的情形下，向未来解除原本合法的行政行为的法律效力，从而使那些没有继续存在必要或已经不符合现存法律政策的行政行为失去效力。行政行为具有下列情形之一，可以依照法定程序废止：①行政行为所依据的法律规范依据被修改、废止或撤销；②行政事务环境发生变化，行政行为的继续存在将有碍社会政治、经济、文化的发展，甚至给国家和社会利益造成重大损失；③行政行为已完成原定目标、任务，实现了国家的行政管理目的，从而没有继续存在的必要；④原行政行为具有撤销条件附款，如今附款条件具备。行政行为废止的法律后果包括：①行政行为自废止之日起失效，失效前的效力及产生的利益固定；②行政相对方因法定的情形废止时，相对方可以获得国家补偿。

复习思考

一、选择题

1. 下列属于行政行为的是（   ）。
   A. 某行政机关辞退本单位清洁工
   B. 某公安局对醉酒驾车的张某拘留 15 天
   C. 某工商局吊销某企业营业执照
   D. 某商场对在商场内抽烟的顾客刘某罚款 50 元
2. 以行政机关是否可以主动作出行政行为为标准，行政行为分为（   ）。
   A. 抽象行政行为和具体行政行为
   B. 羁束行政行为和自由裁量行政行为
   C. 要式行政行为和非要式行政行为
   D. 依职权行政行为和依申请行政行为
3. 抽象行政行为区别于具体行政行为的主要特点在于抽象行政行为的（   ）。
   A. 执行性   B. 普遍性   C. 裁量性   D. 可诉性
4. 同行政违法与行政不当的划分相联系的行政行为分类是（   ）。
   A. 内部行政行为与外部行政行为
   B. 羁束行政行为与自由裁量行政行为
   C. 行政立法行为与行政执法行为
   D. 抽象行政行为与具体行政行为
5. 税务机关必须严格依法征税，这说明税收征缴是（   ）。

A. 羁束行政行为　　　　　　B. 自由裁量行政行为
C. 抽象行政行为　　　　　　D. 授益行政行为

6. 有效成立的行政行为非依法律规定不得随意变更或撤销，是行政行为的（　　）。
A. 确定力　　B. 拘束力　　C. 公定力　　D. 执行力

7. 行政主体不明确或者明显超越职权的行政行为是（　　）。
A. 有效行政行为　　　　　　B. 无效行政行为
C. 可撤销行政行为　　　　　D. 应废止的行政行为

8. 下列属于行政行为废止条件的是（　　）。
A. 行政行为具有特别重大的违法情形
B. 行政行为明显越权
C. 行政行为程序不合法
D. 行政行为完成原定目标、任务

9. 下列属于内部行政行为的是（　　）。
A. 某市工商局为张某颁发营业执照
B. 某市公安局对王某进行警告处罚
C. 某市卫生局检查某医院的病历情况
D. 某市政府对所属区政府下达年终考核的通知

10. 行政行为所依据的法律经过国家立法机关依法修改，此行政行为如果继续实施，则与新的法律规定相抵触。对于此行政行为，作出此行政行为的行政主体应当（　　）。
A. 予以废止　　B. 予以撤销　　C. 宣告无效　　D. 确认违法

11. 以行政职权的来源为标准，行政行为可分为（　　）。
A. 自为的行为、授权的行为和委托的行为
B. 要式行政行为和非要式行政行为
C. 单方行政行为和双方行政行为
D. 作为行政行为与不作为行政行为

12. 行政处罚决定因行政相对人签收装有行政处罚决定书的邮政快递而生效。此行政处罚的生效规则是（　　）。
A. 即时生效　　B. 受领生效　　C. 公告生效　　D. 附条件生效

13. 下列属于无效行政行为的是（　　）。
A. 没有署行政主体的名称，不盖印章的行政决定
B. 在王某持刀威胁下，工商行政管理部门工作人员为其办理了营业执照
C. 税务机关对某高校卫生进行检查、处理
D. 工商机关对张某行政拘留10日

二、名词解释

行政行为　抽象行政行为　具体行政行为　羁束行政行为　内部行政行为　行政裁量行为

三、简答题

1. 简述行政行为的成立要件。
2. 简述行政行为的特征。
3. 简述行政行为的一般内容。
4. 简述抽象行政行为与具体行政行为的区别。
5. 简述内部行政行为与外部行政行为的区别。
6. 简述行政行为的生效规则。

四、论述题

1. 试述行政行为的法律效力。
2. 试述行政行为失效的具体情形。

拓展阅读

［1］王周户："行政行为界定的法律问题"，载《行政法学研究》1995 年第 3 期。

［2］杨海坤、陈迎："国内行政行为分类研究述评"，载《黑龙江社会科学》2000 年第 3 期。

［3］章志远："行政行为无效问题研究"，载《法学》2001 年第 7 期。

［4］沈开举、王红建："试论行政行为的成立"，载《行政法学研究》2002 年第 1 期。

［5］叶必丰：《行政行为的效力研究》，中国人民大学出版社 2002 年版。

［6］金伟峰：《无效行政行为研究》，法律出版社 2005 年版。

［7］赵宏：《法治国下的行政行为存续力》，法律出版社 2007 年版。

第十章 抽象行政行为

学习提要

本章所讲授的是行政权运作的方式之一——抽象行政行为。以行政行为针对的行政相对人是否特定、行政行为是否具有反复适用性为标准将行政行为分为具体行政行为和抽象行政行为。根据抽象行政行为的法律地位不同，抽象行政行为可以分为属于"法"范畴的行政立法和不属于"法"范畴的行政规范性文件。本章需要重点掌握的是行政立法的性质；行政立法的主体及其权限；对行政立法的监督；行政立法与行政规范性文件的区别；对行政规范性文件的监督。其中行政立法权限、对行政立法和行政规范性文件的监督是本章学习的难点。本章学习时需要用到以下法律文件：《宪法》《国务院组织法》《地方各级人民代表大会和地方各级人民政府组织法》《各级人民代表大会常务委员会监督法》《立法法》《行政法规制定程序条例》《规章制定程序条例》《法规规章备案条例》等，学习时需要熟习法条的具体规定。

本章知识结构图

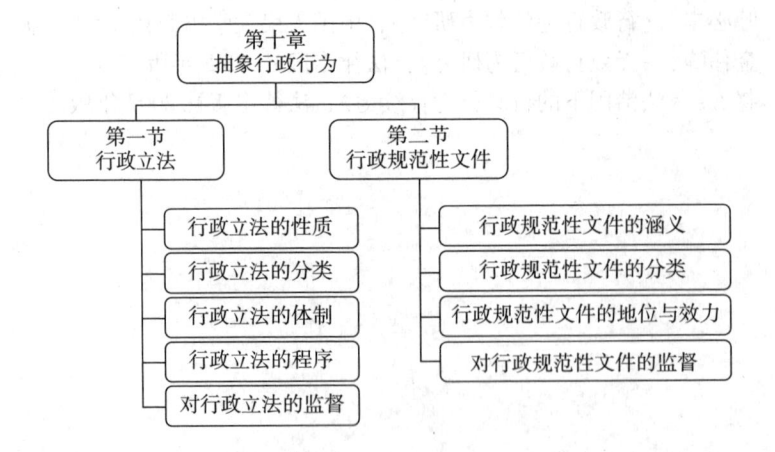

```
                第十章
              抽象行政行为
              ┌─────┴─────┐
          第一节          第二节
         行政立法      行政规范性文件
        ├ 行政立法的性质      ├ 行政规范性文件的涵义
        ├ 行政立法的分类      ├ 行政规范性文件的分类
        ├ 行政立法的体制      ├ 行政规范性文件的地位与效力
        ├ 行政立法的程序      └ 对行政规范性文件的监督
        └ 对行政立法的监督
```

第一节 行政立法

一、行政立法的性质

对于什么是行政立法，可以从动态意义和静态意义两方面来理解。动态意义上的行政立法是指特定的行政机关依照准立法程序制定行政法规和行政规章的行为活动；静态意义上的行政立法是指特定的行政机关依照准立法程序制定的行政法规和行政规章。我国的行政立法，是行政性质与立法性质的有机结合，它既具有行政性质，是一种抽象行政行为；又具有立法性质，是一种准立法行为。

（一）行政立法的行政性

行政立法的行政性质表现在：①从主体和权力要素看，行政立法的主体是特定的国家行政机关，行政立法权属于行政权。特定行政机关制定行政法规和行政规章的活动属于行政机关行使行政权的活动，是具有立法性质的行政活动，不同于立法机关制定法律的立法活动。行政立法行为是行政行为，属抽象行政行为范畴。②从调整的社会关系看，行政立法所调整的主要是与行政管理有关的社会关系。行政立法规范的主要是行政管理事务以及与行政管理密切关联的事务，这些事务都和行政权运作相关，都属于行政关系范畴。③从立法的目的看，行政立法的根本目的是实施和执行权力机关制定的法律，实现行政管理目标。行政机关在性质上是国家权力机关的执行机关，执行权力机关的意志。行政立法的目的主要是为了能够更好地实施和执行法律，实现权力机关所确定的国家目标。

（二）行政立法的立法性

行政立法的立法性质表现在：①行政立法是特定行政机关代表国家以国家的名义制定法律规范的活动。行政机关和国家权力机关一样都属于国家机关，行政权属于国家公权力，代表国家利益，体现国家意志。②行政立法属于法的范畴，具有法的普遍性、规范性、强制性等基本特征。行政立法是具有普遍约束力的行为规范，对其管辖范围内的组织、个人都具有约束力，并由国家强制力作为其实施的保障。③行政立法必须遵循相应的立法程序，即行政立法程序。行政立法主要依据国务院制定的《行政法规制定程序条例》《规章制定程序条例》《法规规章备案条例》规定的程序，未遵守相应程序所制定的行政法规和行政规章属于程序违法，依法应予以撤销。

二、行政立法的分类

（一）职权立法与授权立法

这是依据行政立法权力来源的不同为标准进行的分类。

职权立法是指国家行政机关直接依照宪法或组织法规定的行政立法权制定行政法规和行政规章的活动。职权立法既可以是创制性立法，也可以是执行性立法。根据《宪法》第89条第1款规定，国务院有权根据宪法和法律，规定行政措施，制定行政法规，发布决定和命令。国务院制定的《信访条例》《城市生活无着的流浪乞讨人员救助管理办法》都是依据宪法规定的行政法规制定权直接制定的行政法规，属于职权立法中的创制性立法范畴。国务院制定《行政复议法实施条例》是为了更有效地执行《行政复议法》而制定的，该实施条例并没有行政复议法的授权，而是直接依据自己的行政法规制定权自行制定的，属于职权立法的执行性立法范畴。

授权立法是指国家行政机关依照特定法律、法规授权或依照专门的授权决议所授予的行政立法权制定行政法规或行政规章的活动。授权立法又分为依照特定法律、法规授权的一般授权立法与依照专门授权决议的特别授权立法。全国人大常委会制定的《税收征收管理法》第93条规定："国务院根据本法制定实施细则"。国务院根据该法律的授权制定了《税收征收管理法实施细则》，该实施细则应属于特定法律的授权，是一般授权立法范畴。第六届全国人大第三次会议通过《关于授权国务院在经济体制改革和对外开放方面可以制定暂行的规定或者条例的决定》，该决定是一种特别授权，国务院依据该授权制定的行政法规就属于特别授权立法范畴。

> 提示：也有观点认为，行政立法并没有所谓职权立法，行政立法在性质上都属于授权立法。区别是有的行政立法是根据宪法、组织法授权制定，有的行政立法是根据特定法律、法规授权或专门的授权决议制定。

（二）执行性立法与创制性立法

这是依据行政立法内容、目的的不同为标准进行的分类。

执行性立法是指为了执行法律、法规或上级行政机关的行政规范性文件而作出具体规定，以便于更切合实际情况的行政立法活动。首先，执行性立法是对原有规则的具体化，本身并不创制新的规则（新的权利和义务）；其次，执行性立法既可以是依据宪法或组织法直接制定的职权性立法，也可以是基于特定法律或法规授权的授权性立法。执行性立法的名称一般为实施细则、实施条例、实施办法等。

创制性立法是指行政机关为了填补法律或法规的空白或者变通法律或法规的规定，以实现行政职能而进行的行政立法活动。创制性立法主要分为自主性立法、补充性立法和试验性立法。行政机关在还没有法律或法规授权的前提下，直接根据宪法或组织法规定的职能权限进行的创制性立法，称为自主性立法。行政机关基于特定法律、法规授权或依照专门的授权决议授权，为了变通法律或法规的规定而进行的创制性立法称为补充性立法。行政机关基于法律或权力机关的特别授权，对本应由法律规定的事项，在条件尚不充分、经验尚未成熟或社会关系尚未定型的情况下，先由行政机关作出有关规定，经过一段试验期以后，再总结经验，由法律正式规定下来的行政立法称为试验性立法。

（三）中央行政立法和地方行政立法

这是依据国家行政机关的纵向体系为标准进行的分类。

中央行政立法是指由中央国家行政机关依法制定行政法规和行政规章的活动。

在我国，国务院制定的行政法规和国务院组成部门、具有行政管理职能的直属机构制定部门规章的活动都属于中央行政立法。从立法权限分配角度来说，对于全国性行政管理事务的规范，应当由中央行政机关进行立法。中央行政立法在全国范围内具有法律效力。

地方行政立法是指由地方国家行政机关依法制定行政规章的活动。在我国，省、自治区、直辖市和设区的市、自治州的人民政府制定的地方政府规章活动属于地方行政立法。地方行政立法的法律效力及于本地方行政管辖区域。

三、行政立法的体制

（一）行政立法主体

行政立法的主体是指依法取得行政立法权，可以制定行政法规或行政规章的国家行政机关。在我国，行政立法包括行政法规和行政规章（部门规章和地方政府规章），具有行政立法权的主体包括：①国务院。国务院有权制定行政法规。②国务院的组成部门（部、委、行、署）和具有行政管理职能的直属机构。国务院各部、委员会、中国人民银行、审计署和具有行政管理职能的直属机构有权制定部门规章。③省级人民政府和设区的市、自治州人民政府。省、自治区、直辖市和设区的市、自治州的人民政府有权制定地方政府规章。

> **理解**：行政机关取得行政立法权是我国立法权分化的结果，这种分化包括横向分化与纵向分化。从1954年《宪法》规定的全国人民代表大会是行使国家立法权的唯一机关，唯一立法权的宪政制度几经演变，直至《立法法》对立法权进行了统一确认。

（二）行政立法权限

行政立法主体的立法权限是指行政立法主体行使相应立法权力的范围和程度。

行政立法权限的大小受法律保留、授权和行政管理职权的限制。首先，关于法律保留的限制。在立法领域的法律保留是指立法机关（全国人大及其常委会）就特定的事项享有专属的立法权，有立法权的其他机关不能侵犯其专属立法领域。法律保留分为绝对保留和相对保留，绝对保留是指有关事项必须由立法机关"亲自"以法律决定，不得授权其他机关代为立法；相对保留是指有关事项立法机关可以授权其他机关代为立法。法律保留的领域越大，意味着其他立法主体的立法权限越小。其次，关于授权的限制。在立法领域的授权是指有权机关将本属于自己的立法权限依法授予其他立法主体的行为。授权决定应当明确授权的目的、事项、范围、期限以及被授权机关实施授权决定应当遵循的原则等，被授权机关应当严格按照授权决定行使被授予的权力。最后，关于行政管理职权的限制。不同的行政机关都有其法定的行政管理职权，即行政机关管理行政事项的范围。对于职权立法中的执行性立法和自主性立法，其有权进行立法的事项应是其具有行政管理职权的事项。

1. 国务院的立法权限。根据《立法法》第65条规定，国务院有权根据宪法和法律，制定行政法规。行政法规可以就下列事项作出规定：①执行性立法。为执行法律的规定需要制定行政法规的事项。②自主性立法。《宪法》第89条规定的国务院行政管理职权的事项。③授权立法（实验性立法）。应当由全国人民代表大会及其常务委员会制定法律的事项，国务院根据全国人民代表大会及其常务委员会的授权决定先制定的行政法规，经过实践检验，制定法律的条件成熟时，国务院应当及时提请全国人民代表大会及其常务委员会制定法律。根据《立法法》所确立的法律保留原则，属于法律保留中相对保留的事项可以授权国务院进行实验性立法。

> **法条链接：**
>
> 《立法法》
> 第八条 下列事项只能制定法律：
> （一）国家主权的事项；
> （二）各级人民代表大会、人民政府、人民法院和人民检察院的产生、组织和职权；
> （三）民族区域自治制度、特别行政区制度、基层群众自治制度；
> （四）犯罪和刑罚；
> （五）对公民政治权利的剥夺、限制人身自由的强制措施和处罚；
> （六）税种的设立、税率的确定和税收征收管理等税收基本制度；
> （七）对非国有财产的征收、征用；
> （八）民事基本制度；
> （九）基本经济制度以及财政、海关、金融和外贸的基本制度；
> （十）诉讼和仲裁制度；
> （十一）必须由全国人民代表大会及其常务委员会制定法律的其他事项。
> 第九条 本法第8条规定的事项尚未制定法律的，全国人民代表大会及其常务委员会有权作出决定，授权国务院可以根据实际需要，对其中的部分事项先制定行政法规，但是有关犯罪和刑罚、对公民政治权利的剥夺和限制人身自由的强制措施和处罚、司法制度等事项除外。

2. 部门规章的立法权限。根据《立法法》第80条规定，国务院各部、委员会、中国人民银行、审计署和具有行政管理职能的直属机构，可以根据法律和国务院的行政法规、决定、命令，在本部门的权限范围内，制定规章。部门规章规定的事项应当属于执行法律或者国务院的行政法规、决定、命令的事项。第81条规定，涉及两个以上国务院部门职权范围的事项，应当提请国务院制定行政法规或者由国务院有关部门联合制定规章。

3. 地方政府规章的立法权限。根据《立法法》第82条规定，省、自治区、直辖市和设区的市、自治州的人民政府，可以根据法律、行政法规和本省、自治区、直辖市的地方性法规，制定规章。地方政府规章可以就下列事项作出规定：①执行性立法：为执行法律、行政法规、地方性法规的规定需要制定规章的事项；②自主性立法：属于本行政区域的具体行政管理事项。

设区的市、自治州的人民政府制定地方政府规章，限于城乡建设与管理、环境保护、历史文化保护等方面的事项。应当制定地方性法规但条件尚不成熟的，因行政管理迫切需要，可以先制定地方政府规章。规章实施满两年需要继续实施规章所规定的行政措施的，应当提请本级人民代表大会或者其常务委员会制定地方性法规。

> **注意**：没有法律或者国务院的行政法规、决定、命令的依据，部门规章不得设定减损公民、法人和其他组织权利或者增加其义务的规范，不得增加本部门的权力或者减少本部门的法定职责。
> 没有法律、行政法规、地方性法规的依据，地方政府规章不得设定减损公民、法人和其他组织权利或者增加其义务的规范。

四、行政立法的程序

行政立法程序是指行政立法主体依照法定权限制定、修改和废止行政法规和行政规章所应遵循的方式、步骤、顺序和时限。目前有关规范行政立法程序的法律文件是全国人大制定通过的《立法法》，国务院制定通过的《行政法规制定程序条例》《规章制定程序条例》和《法规规章备案条例》等。依据上述法律、行政法规之规定，行政立法程序主要包括立项、起草、审查、决定与公布、备案等环节。下面以行政法规的制定程序为例予以进一步阐述。

```
行政立法程序
├─ 立项 ─ 起草 ─ 审查 ─ 决定与公布 ─ 备案
```

图 10-1　行政立法程序流程图

（一）立项

立项是指进行行政立法规划，即行政立法主体的法制机构根据国民经济和社会发展计划所规定的任务，编制有指导性的行政立法的规划和计划。具体包括以下三个环节：

1. 报请立项（即提案权）。国务院有关部门认为需要制定行政法规的，应当于每年年初编制国务院年度立法工作计划前，向国务院报请立项。国务院有关部门报送的行政法规立项申请，应当说明立法项目所要解决的主要问题、依据的方针政策和拟确立的主要制度。

2. 编制立法计划。国务院法制机构应当根据国家总体工作部署对部门报送的行政法规立项申请汇总研究，突出重点，统筹兼顾，拟订国务院年度立法工作计划。列入国务院年度立法工作计划的行政法规项目应当符合下列要求：①适应改革、发展、稳定的需要；②有关的改革实践经验基本成熟；③所要解决的问题属于国务院职权范围并需要国务院制定行政法规的事项。

3. 批准程序。行政法规的立法计划须报国务院审批。对列入国务院年度立法工作计划的行政法规项目，承担起草任务的部门应当抓紧工作，按照要求上报国务院。国务院年度立法工作计划在执行中可以根据实际情况予以调整。

（二）起草

起草是指由有行政立法权的行政机关对列入计划需要制定的行政法规和行政规章，进行草拟法案的活动。

1. 起草主体。行政法规由国务院组织起草。国务院年度立法工作计划确定行政法规由国务院的一个部门或者几个部门具体负责起草工作，也可以确定由国务院法制机构起草或者组织起草。

2. 内容要求。起草行政法规，除应当遵循立法法确定的立法原则，并符合宪法和法律的规定外，还应当符合下列要求：一是体现改革精神，科学规范行政行为，促进政府职能向经济调节、社会管理、公共服务转变；二是符合精简、统一、效能的原则，相同或者相近的职能规定由一个行政机关承担，简化行政管理手续；三是切实保障公民、法人和其他组织的合法权益，在规定其应当履行的义务的同时，应当规定其相应的权利和保障权利实现的途径；四是体现行政机关的职权与责任相统一的原则，在赋予有关行政机关必要的职权的同时，应当规定其行使职权的条件、程序和应承担的责任。

3. 程序要求。其一，起草行政法规，应当深入调查研究，总结实践经验，广泛听取有关机关、组织和公民的意见。听取意见可以采取召开座谈会、论证会、听证会等多种形式。其二，起草行政法规，起草部门应当就涉及其他部门的职责或者与其他部门关系紧密的规定，与有关部门协商一致；经过充分协商不能取得一致意见的，应当在上报行政法规草案送审稿（以下简称行政法规送审稿）时说明情况和理由。其三，起草行政法规，起草部门应当对涉及有关管理体制、方针政策等需要国务院决策的重大问题提出解决方案，报国务院决定。

4. 送审要求。起草部门向国务院报送的行政法规送审稿，应当由起草部门主要负责人签署。几个部门共同起草的行政法规送审稿，应当由该几个部门主要负责人共同签署。起草部门将行政法规送审稿报送国务院审查时，应当一并报送行政法规送审稿的说明和有关材料。行政法规送审稿的说明应当对立法的必要性、确立的主要制度，各方面对送审稿主要问题的不同意见，征求有关机关、组织和公民意见的情况等作出说明。有关材料主要包括国内外的有关立法资料、调研报告、考察报告等。

（三）审查

审查是指行政法规、行政规章草案拟定之后，送交政府主管机构进行审议、核查，并听取社会公众意见的程序。

1. 审查主体。报送国务院的行政法规送审稿，由国务院法制机构负责审查。

2. 审查内容。国务院法制机构主要从以下方面对行政法规送审稿进行审查：一是是否符合宪法、法律的规定和国家的方针政策；二是是否符合关于行政法规内容要求的规定；三是是否与有关行政法规协调、衔接；四是是否正确处理有关机关、组织和公民对送审稿主要问题的意见；五是其他需要审查的内容。

3. 审查程序。其一，国务院法制机构应当将行政法规送审稿或者行政法规送审稿涉及的主要问题发送国务院有关部门、地方人民政府、有关组织和专家征求意见。国务院有关部门、地方人民政府反馈的书面意见，应当加盖本单位或者本单位办公厅（室）印章。重要的行政法规送审稿，经报国务院同意，向社会公布，征求意见。其二，国务院法制机构应当就行政法规送审稿涉及的主要问题，深入基层进行实地调查研究，听取基层有关机关、组织和公民的意见。其三，行政法规送审稿涉及重大、疑难问题的，国务院法制机构应当召开由有关单位、专家参加的座谈会、论证会，听取意见，研究论证。其四，行政法规送审稿直接涉及公民、法人或者其他组织的切身利益的，国务院法制机构可以举行听证会，听取有关机关、组织和公民的意见。其五，国务院有关部门对行政法规送审稿涉及的主要制度、方针政策、管理体制、权限分工等有不同意见的，国务院法制机构应当进行协调，力求达成一致意见；不能达成一致意见的，应当将争议的主要问题、有关部门的意见以及国务院法制机构的意见报国务院决定。

4. 审查结果。国务院法制机构应当认真研究各方面的意见，与起草部门协商后，对行政法规送审稿进行修改，形成行政法规草案和对草案的说明。行政法规送审稿有下列情形之一的，国务院法制机构可以缓办或者退回起草部门：一是制定行政法规的基本条件尚不成熟的；二是有关部门对送审稿规定的主要制度存在较大争议，起草部门未与有关部门协商的；三是上报送审稿不符合《行政法规制定程序条例》第15条、第16条的规定。

法条链接：

《行政法规制定程序条例》

第十五条 起草部门向国务院报送的行政法规送审稿，应当由起草部门主要负责人签署。几个部门共同起草的行政法规送审稿，应当由该几个部门主要负责人共同签署。

第十六条 起草部门将行政法规送审稿报送国务院审查时，应当一并报送行政法规送审稿的说明和有关材料。

行政法规送审稿的说明应当对立法的必要性，确立的主要制度，各方面对送审稿主要问题的不同意见，征求有关机关、组织和公民意见的情况等作出说明。有关材料主要包括国内外的有关立法资料、调研报告、考察报告等。

（四）决定与公布

决定是指行政立法机关以正式会议的形式讨论表决通过行政法规或行政规章文件的程序。行政法规草案由国务院常务会议审议，或者由国务院审批。行政法规草案经国务院法制机构进行审查后，由国务院法制机构主要负责人提出提请国务院常务会议审议的建议；对调整范围单一、各方面意见一致或者依据法律制定的配套行政法规草案，可以采取传批方式，由国务院法制机构直接提请国务院审批。国务院常务会议审议行政法规草案时，由国务院法制机构或者起草部门作说明。

公布是指将通过的行政法规、行政规章以一定的形式向社会公布并决定其实施日期的程序。国务院法制机构应当根据国务院对行政法规草案的审议意见，对行政法规草案进行修改，形成草案修改稿，报请总理签署国务院令公布施行。签署公布行政法规的国务院令载明该行政法规的施行日期。行政法规签署公布后，及时在国务院公报和在全国范围内发行的报纸上刊登。国务院法制机构应当及时汇编出版行政法规的国家正式版本。在国务院公报上刊登的行政法规文本为标准文本。行政法规应当自公布之日起30日后施行；但是，涉及国家安全、外汇汇率、货币政策的确定以及公布后不立即施行将有碍行政法规施行的，可以自公布之日起施行。

（五）备案

备案是指行政立法机关将已经公布的行政法规与行政规章报送法定的机关，由法定机关予以审查决定是否备案的程序。《立法法》规定，行政法规在公布后的30日内由国务院办公厅报全国人民代表大会常务委员会备案。备案程序不影响行政立法的实施，但备案机关经审查发现有关行政立法违法或不适当的有权依据《立法法》规定的权限予以改变或撤销。

五、对行政立法的监督

（一）监督内容

行政立法的合法性要件包括主体合法、权限合法、内容合法和程序合法。根据《立法法》第96条和《法规规章备案条例》第10条的规定，对行政立法的监督内容包括：

1. 主体合法性。依据宪法、组织法、立法法规定，具有行政立法权的是法定的行政机关，即国务院、国务院组成部门、具有行政管理职能的直属机构以及省、自治区、直辖市和设区的市、自治州的人民政府。没有行政立法权的机关制定的所谓"行政立法"，只能称之为行政规范性文件，性质上不属于行政立法的范畴。

2. 权限合法性。由于我国是多元的立法主体，有权力机关立法和行政机关立法，有中央机关立法和地方机关立法。不同的立法主体有不同的立法权限，对于行政立法来说，无论是其进行职权立法还是进行授权立法，其制定的行政法规和行政规章都不能超越其法定立法权限。

3. 内容合法性。对行政立法内容的监督，既包括合法性监督，也包括合理性监督。监督内容主要有以下几方面：①下位法是否违反上位法的规定。由于立法主体多元，不同立法主体所立之法的位阶各不相同，下位法不能和上位法抵触。如行政法规不能违反宪法、法律；部门规章不能违反宪法、法律和行政法规；地方政府规章不能违反宪法、法律、行政法规和地方性法规。②地方性法规与部门规章之间或者不同规章之间对同一事项的规定不一致，是否应当改变或者撤销一方的或者双方的规定。上述地方性法规与部门规章以及不同规章之间属于相同法源位阶，是相同位阶地方性法规与部门规章或者不同规章之间内容发生冲突（规定不一致）。但这类冲突不是指哪一方内容违法的问题，而是指哪一方内容不合理问题，是对内容合理性的考量与选择。③规章的规定是否适当。

4. 程序合法性。行政立法是否遵守《立法法》《行政法规制定程序条例》《规章制定程序条例》所规定的方式、步骤、顺序、时限的程序要求。如果行政法规和行政规章，不是依照《立法法》《行政法规制定程序条例》《规章制定程序条例》所规定的程序制定的，属于程序违法。

（二）监督主体

对行政立法的监督包括权力机关的监督，上级行政机关的监督和人民法院的监督，从权力分工的角度来说，这些监督主体的监督范围和监督能力有所不同。

1. 权力机关的监督。权力机关对行政立法的监督权限是：①裁决权。全国人大常委会对下列两种争议有裁决权：一是地方性法规与部门规章之间对同一事项的规定不一致，不能确定如何适用时，由国务院提出意见，国务院认为应当适用地方性法规的，应当决定在该地方适用地方性法规的规定；认为应当适用部门规章的，应当提请全国人民代表大会常务委员会裁决。二是根据授权制定的法规与法律规定不一致，不能确定如何适用时，由全国人民代表大会常务委员会裁决。②撤销权。权力机关对下列情形的行政立法有撤销权：一是全国人民代表大会常务委员会有权撤销同宪法和法律相抵触的行政法规；二是地方人民代表大会常务委员会有权撤销本级人民政府制定的不适当的规章；三是授权机关有权撤销被授权机关制定的超越授权范围或者违背授权目的的法规，必要时可以撤销授权。

2. 上级行政机关的监督。上级行政机关对行政立法的监督权限是：①裁决权。部门规章之间、部门规章与地方政府规章之间对同一事项的规定不一致时，由国务院裁决。②改变或撤销权。一是国务院有权改变或者撤销不适当的部门规章和地方政府规章；二是省、自治区人民政府有权改变或者撤销下一级人民政府制定的不适当的规章。

3. 人民法院的监督。人民法院对行政立法的监督权限是：人民法院对行政立法有选择适用权。根据《行政诉讼法》的相关规定，人民法院对行政立法行为的监督主要体现在人民法院对具体案件的审判活动中，法院对于法律的适用上。法院对法律的适用有两种情况：一是直接选择适用。如下位法的规定不符合上位法的，人民法院原则上应当适用上位法。这意味着人民法院有权对行政法规和行政规章是否合法进行认定和选择适用，合法的予以适用，反之则不予适用。但人民法院无权对行政立法直接进行撤销或改变，所以其选择适用权应称之为间接监督权；二是由有权机关裁决后再适用。冲突规范所涉及的事项比较重大、有关机关对是否存在冲突有不同意见、应当优先适用的法律规范的合法有效性尚有疑问或者按照法律适用规则不能确定如何适用时，法院应该依据《立法法》规定的程序逐级送请有权机关裁决。法院根据有权机关的裁决结果进行适用，在这种情况下，意味着法院对行政立法并没有行使监督权。

（三）监督程序

对于行政立法的监督，无论是权力机关的监督，还是上级行政机关的监督，一般是通过法规规章的备案审查程序和违宪、违法审查程序来实现的。

1. 备案审查程序。所谓备案审查程序指的是行政法规和行政规章公布后，应当依法交由法定机关备案，由备案机关进行审查后决定备案与否的程序。

第一，关于备案机关。根据《立法法》第98条的规定，①行政法规报全国人民代表大会常务委员会备案；②部门规章和地方政府规章报国务院备案；地方政府规章应当同时报本级人民代表大会常务委员会备案；设区的市、自治州的人民政府制定的规章应当同时报省、自治区的人民代表大会常务委员会和人民政府备案；③根据授权制定的法规应当报授权决定规定的机关备案。

第二，关于备案程序。对于报全国人大常委会备案的程序目前未有具体规定，报地方人大常委会备案的程序适用各地方的规定。国务院制定的《法规规章备案条例》规范的是由行政机关备案的法规、规章的程序。①报送备案。法规、规章公布后，应当自公布之日起30日内，依法报送法定备案机关备案。报送法规备案，按照全国人民代表大会常务委员会关于法规备案的有关规定执行。报送规章备案，应当提交备案报告、规章文本和说明，并按照规定的格式装订成册，一式十份。报送法规、规章备案，具备条件的，应当同时报送法规、规章的电子文本。②备案登记。报送法规、规章备案，符合法定条件的，国务院法制机构予以备案登记；不属于法规、规章性质的，不予备案登记；属于法规、规章性质，但提交的备案材料不符合规定的，暂缓办理备案登记。③备案审查。国务院法制机构对报送国务院备案的法规、规章，就下列事项进行审查：是否超越权限；下位法是否违反上位法的规定；地方性法规与部门规章之间或者不同规章之间对同一事项的规定不一致，是否应当改变或者撤销一方的或者双方的规定；规章的规定是否适当；是否违背法定程序。国务院法制机构审查法规、规章时，认为需要有关的国务院部门或者地方人民政府提出意见的，有关的机关应当在规定期限内回复；认为需要法规、规章的制定机关说明有关情况的，有关的制定机关应当在规定期限内予以说明。④备案处理。一是经审查，地方性法规同行政法规相抵触的，由国务院提请全国人民代表大会常务委员会处理。二是地方性法规与部门规章之间对同一事项的规定不一致的，由国务院法制机构提出处理意见，报国务院依照《立法法》第95条第1款第2项的规定处理。三是经审查，规章超越权限，违反法律、行政法规的规定，或者其规定不适当的，由国务院法制机构建议制定机关自行纠正；或者由国务院法制机构提出处理意见报国务院决定，并通知制定机关。四是部门规章之间、部门规章与地方政府规章之间对同一事项的规定不一致的，由国务院法制机构进行协调；经协调不能取得一致意见的，由国务院法制机构提出处理意见报国务院决定，并通知制定机关。五是对于违反《规章制定程序条例》规定制定的无效规章和涉及国务院两个以上部门职权范围的事项，制定行政法规条件尚不成熟，需要制定规章的，国务院有关部门应当联合制定规章，但国务院有关部门单独制定的无效规章，备案机关不予备案，并通知制定机关。六是规章在制定技术上存在问题的，国务院法制机构可以向制定机关提出处理意见，由制定机关自行处理。

2. 违宪、违法审查程序。我国对行政立法的违宪、违法审查包括立法审查和行政审查两种。

对行政法规的审查属于立法审查，审查主体是全国人大常委会。根据《立法法》第99～101条的规定，审查的具体程序是：①审查要求或建议的提起。国务院、中央军事委员会、最高人民法院、最高人民检察院和各省、自治区、直辖市的人民代表大会常务委员会认为行政法规同宪法或者法律相抵触的，可以向全国人民代表大会常务委员会书面提出进行审查的要求。其他国家机关和社会团体、企业事业组织以及公民认为行政法规同宪法或者法律相抵触的，可以向全国人民代表大会常务委员会书面提出进行审查的建议。②专门委员会审查。对于法定主体提出的审查要求，由全国人民代表大会常务委员会工作机构分送有关的专门委员会进行审查、提出意见。对于其他国家机关和社会团体、企业事业组织以及公民提出的审查建议申请，由全国人大常务委员会工作机构进行研究，必要时，送有关的专门委员会进行审查、提出意见。③向制定机关提出书面审查意见、研究意见。全国人民代表大会专门委员会、常务委员会工作机构在审查、研究中认为行政法规同宪法或者法律相抵触的，可以向制定机关提出书面审查意见、研究意见；也可以由法律委员会与有关的专门委员会、常务委员会工作机构召开联合审查会议，要求制定机关到会说明情况，再向制定机关提出书面审查意见。制定机关应当在两个月内研究提出是否修改的意见，并向全国人民代表大会法律委员会和有关的专门委员会或者常务委员会工作机构反馈。④全国人大常委会审议。全国人民代表大会法律委员会、有关的专门委员会、常务委员会工作机构根据规定，向制定机关提出审查意见、研究意见，制定机关按照所提意见对行政法规进行修改或者废止的，审查终止。全国人民代表大会法律委员会、有关的专门委员会、常务委员会工作机构经审查、研究认为行政法规同宪法或者法律相抵触而制定机关不予修改的，应当向委员长会议提出予以撤销的议案、建议，由委员长会议决定提请常务委员会会议审议决定。这里需要注意

> 提示：也有观点认为，我国并没建立违宪审查制度。《立法法》第99~101条是规定在《立法法》第5章适用与备案审查部分，只是备案审查包括备案机关的主动审查和依申请审查，依申请审查仍属于备案审查制度。

的是，全国人民代表大会有关的专门委员会和常务委员会工作机构应当按照规定要求，将审查、研究情况向提出审查建议的国家机关、社会团体、企业事业组织以及公民反馈，并可以向社会公开。

对行政规章的审查属于行政审查，审查的主体是有权的行政机关。根据《规章制定程序条例》的规定，国家机关、社会团体、企业事业组织、公民认为规章同法律、行政法规相抵触的，可以向国务院书面提出审查的建议，由国务院法制机构研究处理。国家机关、社会团体、企业事业组织、公民认为较大的市的人民政府规章同法律、行政法规相抵触或者违反其他上位法的规定的，也可以向本省、自治区人民政府书面提出审查的建议，由省、自治区人民政府法制机构研究处理。

第二节 行政规范性文件

一、行政规范性文件的涵义

(一) 行政规范性文件的概念

行政规范性文件是指行政主体为了执行法律、法规和规章，实施社会管理职能，依照法定权限和法定程序制定和发布的、除行政法规和行政规章以外的具有普遍约束力的行为规则，属于抽象行政行为的一种。行政规范性文件在宪法和组织法上称为"行政措施""决定""命令"，行政复议法中称为"规定"，行政诉讼法称为"具有普遍约束力的决定、命令"，行政处罚法称为"其他规范性文件"等。所以行政规范性文件并不是法律概念，而是并没有形成统一共识的学理概念。在学理上一般称为其他抽象行政行为、行政规范性文件、其他行政规范性文件或行政规定等。

(二) 行政规范性文件的特征

行政规范性文件具有以下几个特点：①制定主体的广泛性。我国宪法和组织法几乎授予所有的行政机关都有制定行政规范性文件的权力。根据《宪法》第89条第1款的规定，国务院有权"根据宪法和法律，规定行政措施，制定行政法规，发布决定和命令"；《地方各级人民代表大会和地方各级人民政府组织法》第59条规定，县级以上的地方各级人民政府行使的职权包括"执行本级人民代表大会及其常务委员会的决议，以及上级国家行政机关的决定和命令，规定行政措施，发布决定和命令"。②效力的多层次性与从属性。行政规范性文件数量众多，各自的效力与制定主体的法律地位相对应，从上到下呈现多层级的特点。且行政规范性文件的效力原则上从属于行政机关制定的行政法规和行政规章。③规范性与普遍适用性。行政规范性文件在内容上是具有普遍约束力的行为规则，是对公民、法人和其他组织行为的调整，具有规范性。同时，其效力普遍适用于制定主体所管辖的行政区域的公民、法人或者其他组织，具有普遍适用性。

(三) 行政规范性文件与行政立法的区别

行政规范性文件与行政法规和行政规章都属于抽象行政行为，都是对社会关系的一般调整。但二者之间也存在如下区别：其一，制定主体不同。行政规范性文件的制定主体上至国务院，下至乡镇人民政府，所有的行政主体都能制定行政规范性文件；而行政法规和行政规章的制定主体则是特定的国家行政机关。其二，制定程序不同。行政规范性文件的制定程序是依照《国家行政机关公文处理办法》和《规章制定程序条例》规定的程序；而行政法规和规章的制定程序是依照《立法法》《行政法规制定程序条例》和《规章制定程序条例》等规定的程序，制定程序严格和规范。其三，名称不同。根据《国家行政机关公文处理办法》的规定，行政规范性文件在形式上一般称为：命令（令）、决定、公告、通告、通知、通报、报告、请示、批复、意见、函、会议纪要。行政法规和行政规章在形式上一般使用（暂行）条例（规章不能使用条例）、（暂行）规定、办法等名称。其四，法律地位不同。行政规范性文件不是法的渊源，不属于法的范畴；而行政法规和行政规章是法的渊源，属于法的范畴。

二、行政规范性文件的分类

（一）创制性文件

创制性文件是指行政机关或被授权组织为不特定公众创设新的权利义务的行政规范性文件。具体又分为依职权的创制性文件和依授权的创制性文件。依职权的创制性文件是指行政机关根据宪法和组织法规定的固有职权而制定的行政规范性文件。在我国，行政机关都具有制定创制性行政规范性文件的权力，但根据依法行政原则，依职权的创制性文件只能制定授益性的创制性文件。依授权的创制性文件是指行政机关根据宪法和组织法以外的法律、法规、规章或上级行政规范性文件的授权而制定的行政规范性文件。因为这种规范性文件有授权法依据，故依授权的创制性文件既可以是授益性文件，也可以是侵益性文件。在具体的法律实践中，有时基于依授权的行政规范性文件在内容上的拘束力不完整，在对其援引时，需要同时援引作出授权的法律、法规、规章，这种作出授权的法律、法规、规章即属于准用性法律规范。

（二）解释性文件

解释性文件是指行政机关为了实施法律、法规或规章，统一各个行政机关及其公务员对法律、法规或规章的理解及执行活动，对法律、法规或规章进行解释而形成的行政规范性文件，包括法定解释性文件和自主解释性文件两类。法定解释性文件是指具有法定解释权的行政机关对法律、法规和规章进行法定解释而形成的行政规范性文件。这类法定解释性文件本身属于法源范畴，应该将其定性为法律解释中的行政解释，而不宜定性为行政规范性文件。自主解释性文件是指行政机关为了所属行政主体及其工作人员对法律、法规、规章及特定行政规范性文件的认识，对法律、法规、规章及特定行政规范性文件进行解释而形成的行政规范性文件。自主解释性文件不属于法的范畴，其解释不具有法律效力。自主解释性文件的主要作用是行政机关统一内部对法的理解，避免在行政执法过程中，不同的行政机关、不同的行政执法人员对同一法规范，作出不同的解释。

（三）指导性文件

指导性文件是指行政主体为了达到行政管理目标制定的不具有强制适用性，旨在引导公民、法人或其他组织为或不为某种行为的行政规范性文件。首先，指导性文件的是为了达到一定的行政管理目标而制定的行为规范，但这类行为规范并没有为公民、法人或其他组织设定相应的法律效果，属于软性规范。其次，指导性文件不具有强制适用性，是国家管理社会的一种柔性措施。行政主体和人民法院都不能强制执行和实施该指导性文件，只能依赖于相对人的自主决定。最后，指导性文件旨在对人的行为起到一种引导作用，是希望被指导方为或不为某种行为以实现相应的行政管理目标。相对于直接影响相对人权利、义务的行政规范性文件来说，用指导文件的方式调整人的行为，体现了国家在行政管理中更多地注入了民主、人权等价值考量。

三、行政规范性文件的地位与效力

（一）行政规范性文件的地位

行政规范性文件不具有法源的地位。根据《立法法》等相关法律规定，在我国，法源是一个相对封闭的系统。所谓法是指具有立法权的特定机关，依照法定的立法权限和法定的立法程序制定的规范性文件。有观点认为下列两种行政规范性文件应该属于法源范畴：

1. 法定解释性文件。因为根据《行政法规制定程序条例》和《规章制定程序条例》的规定，国务院对行政法规的解释与行政法规具有同等的法律效力，规章制定主体对规章的解释与规章具有同等的法律效力，属于法定解释，具有法源的地位。其实，这类法定解释性文件应该将其归类于法律解释范畴，而不宜定性为行政规范性文件。如前所述，调整行政规范性文件制定的主要是《国家行政机关公文处理办法》和《规章制定程序条例》，而调整法定解释性文件制定的是《行政法规制定程序条例》和《规章制定程序条例》。很显然，国家并没有把法定解释性文件作为行政规范性文件对待，而是把其划入法源范畴。基于此，法定解释性文件应该从行政规范性文件中独立出来。

2. 行政规范性文件因准用性法律规范的存在而被行政主体援用时，该行政规范性文件与法律规范相结合而具有了法源的地位。虽然这类规范性文件在法律实践中被援用，但不能因此认定其具有法源地位，因为无论哪类规范性文件在法律实践都可能被援用。由于这类行政规范性文件并不属于《立法法》所框定的法的范畴，所以不能认定其具有法源地位。

（二）行政规范性文件的效力

1. 效力等级。首先，由于行政规范性文件是不同的行政机关制定的，基于行政机关的法律地位不同，其效力也具有层级性。上级机关制定的行政规范性文件效力高于下级机关制定的行政规范性文件的效力；其次，行政规范性文件不属于法的范畴，其效力低于法律、法规、规章。但有一个例外，即部门规章的效力低于国务院行政规范性文件的效力。因为根据《立法法》第80条之规定，部门规章规定的事项应当属于执行法律或者国务院的行政法规、决定、命令的事项。国务院的决定、命令主要是指国务院制定的规范性文件，部门规章需要执行国务院的决定、命令，故其效力低于国务院行政规范性文件的效力。

2. 效力内容。首先，行政规范性文件作为行政行为，具有行政行为所具有的公定力、确定力、拘束力。其次，行政规范性文件作为具有普遍约束力的行政行为，在行政执法中对行政主体具有适用力；在行政复议中可以作为行政复议机关审理复议案件的依据；在行政诉讼领域中，行政规范性文件对人民法院不具有法律规范意义上的约束力。诉讼当事人可以用以作为论证相应具体行政行为是否合法的依据，人民法院审查具体行政行为合法性的同时，应同时审查作为具体行政行为依据的行政规范性文件的合法性。对合法、有效并合理、适当的行政规范性文件，法院在认定被诉具体行政行为合法性时应承认其效力。

四、对行政规范性文件的监督

（一）内部监督

内部监督即行政机关的监督，包括备案审查监督和复议审查监督。

1. 备案审查监督。下级行政机关制定和发布行政规范性文件后，应当向上级行政机关备案，接受备案机关的审查。上级行政机关经审查发现行政规范性文件违法或不适当时，有权改变或撤销下级行政机关违法或不适当的决定和命令。

2. 复议审查监督。其一，在行政复议案件中，复议申请人认为具体行政行为所依据的行政规范性文件违法，可以对该行政规范性文件申请附带审查（对国务院制定的行政规范性文件在行政复议时不能提出附带审查要求）。行政复议机关对该规定有权处理的，应当在30日内依法处理；无权处理的，应当在7日内按照法定程序转送有权处理的行政机关依法处理，有权处理的行政机关应当在60日内依法处理。其二，在行政复议案件中，行政复议机关在对被申请人作出的具体行政行为进行审查时，认为其依据不合法（包括行政规范性文件作为依据的情形），行政复议机关有权主动审查依据。复议机关对该依据有权处理的，应当在30日内依法处理；无权处理的，应当在7日内按照法定程序转送有权处理的国家机关依法处理。

（二）外部监督

外部监督即行政机关以外的其他国家机关的监督，包括权力机关的监督和司法机关的监督。

1. 权力机关的监督。根据《各级人民代表大会常务委员会监督法》的规定，权力机关的监督主要体现为权力机关对本级人民政府制定的行政规范文件有予以撤销的权力。全国人民代表大会常务委员会有权撤销国务院制定的同宪法和法律相抵触的行政法规、决定和命令。地方人民代表大会常务委员会有权撤销本级人民政府制定的不适当的规章和作为规范性文件的决定、命令。

2. 司法审查监督。 依据我国《行政诉讼法》及其相关司法解释之规定，首先，作为抽象行政行为的行政规范性文件，不属于法院的受案范围，法院不受理单独针对抽象行政行为提起的诉讼。其次，公民、法人或者其他组织认为行政行为所依据的国务院部门和地方人民政府及其部门制定的规范性文件不合法，在对行政行为提起诉讼时，可以一并请求对该规范性文件进行审查。规范性文件不合法的，人民法院不作为认定行政行为合法的依据，并在裁判理由中予以阐明，但无权撤销、改变该规范性文件或宣布该规范性文件无效。

复习思考

一、选择题

1. 下列关于行政立法特点的表述，正确的是（ ）。
   A. 行政立法只有立法性质而不具有行政性质
   B. 行政立法只有行政性质而不具有立法性质
   C. 行政立法是行政性质和立法性质的有机结合
   D. 行政立法与权力机关立法的性质完全相同

2. 下列各主体中，有权进行行政立法的是（ ）。
   A. 广州市人民政府   B. 广州市人大常委会
   C. 广州市中级人民法院   D. 广州市天河区人民政府

3. 组织起草行政法规的是（ ）。
   A. 各级人民政府   B. 国务院
   C. 县级以上人民政府   D. 省级人民政府和国务院各部委

4. 下列选项中，属于行政法规的是（ ）。
   A. 《中华人民共和国立法法》（全国人大制定）
   B. 《中华人民共和国治安管理处罚法》（全国人大常委会制定）
   C. 《社会团体登记管理条例》（国务院制定）
   D. 《普通高等学校学生管理规定》（教育部制定）

5. 国务院对不适当的部门规章（ ）。
   A. 有权撤销，但无权改变   B. 有权改变或者撤销
   C. 无权撤销，但有权改变   D. 无权撤销，也无权改变

6. 根据《立法法》的规定，有权撤销同宪法和法律相抵触的行政法规的是（ ）。
   A. 国务院   B. 全国人民代表大会常务委员会
   C. 最高人民检察院   D. 最高人民法院

7. 我国地方政府规章的制定主体有（ ）。
   A. 省、自治区、直辖市人民政府
   B. 直辖市政府所在地的区人民政府

C. 经济特区所在地的市人民政府
D. 民族自治州人民政府

8. 关于行政法规制定程序的说法，下列哪一选项是正确的？（   ）

A. 行政法规的制定程序包括起草、审查、决定和公布，立项不属于行政法规制定程序

B. 几个部门共同起草的行政法规送审稿报送国务院，应当由牵头部门主要负责人签署

C. 对重要的行政法规送审稿，国务院法制办经国务院同意后向社会公布

D. 行政法规应当在公布后 30 日内由国务院法制办报全国人大常委会备案

9. 下列哪一选项符合规章制定的要求？（   ）

A. 某省政府所在地的市政府将其制定的规章定名为"条例"

B. 某省政府在规章公布后 60 日向省人大常委会备案

C. 基于简化行政管理手续考虑，对涉及国务院甲乙两部委职权范围的事项，甲部单独制定规章加以规范

D. 某省政府制定的规章既规定行政机关必要的职权，又规定行使该职权应承担的责任

10. 行政规范性文件的法律地位体现为（   ）。

A. 对行政相对人具有拘束力和强制执行力

B. 对行政机关具有公定力和确定力

C. 是行政复议机关审理复议案件的依据，又是复议的对象

D. 公民、法人和组织可以就规范性文件的合法性向法院提起诉讼

11. 对本级人民政府制定的不适当的规章，地方人大常委会有权（   ）。

A. 改变　　　　　　　　　　B. 撤销

C. 改变和撤销　　　　　　　D. 确认无效

12. 在我国负责各级政府行政立法或规范性文件的立项规划、起草审议、备案监督的工作机构是（   ）。

A. 政府的办公机构　　　　　B. 政府的法制机构

C. 政府的司法行政机关　　　D. 政府的监察行政机关

13. 某省政府副省长在其职权分工范围内，签署了一份在该省范围内实施的具有普遍约束力的规定。该规定属于（   ）。

A. 地方性法规　　　　　　　B. 地方政府规章

C. 单行条例　　　　　　　　D. 行政规范性文件

二、名词解释

行政立法　行政规范性文件

三、简答题

1. 简述行政立法的性质。

2. 简述行政立法的主要程序阶段。
3. 简述职权立法与授权立法的区别。
4. 简述执行性立法与创制性立法的区别。
5. 简述行政规范性文件与行政立法的区别。
6. 简述行政规范性文件的主要类型。

四、论述题
1. 试述我国行政立法的主体及其权限。
2. 试述我国行政立法的监督体制。

五、案例题

案情：高某系 A 省甲县个体工商户，其持有的工商营业执照载明经营范围是林产品加工，经营方式是加工、收购、销售。高某向甲县工商局缴纳了松香运销管理费后，将自己加工的松香运往 A 省乙县出售。当高某进入乙县时，被乙县林业局执法人员拦截。乙县林业局以高某未办理运输证为由，依据 A 省地方性法规《林业行政处罚条例》以及授权省林业厅制定的《林产品目录》（该目录规定松香为林产品，应当办理运输证）的规定，将高某无证运输的松香认定为"非法财物"，予以没收。高某提起行政诉讼要求撤销没收决定，法院予以受理。

注：《森林法》及行政法规《森林法实施条例》涉及运输证的规定如下：除国家统一调拨的木材外，从林区运出木材，必须持有运输证，否则由林业部门给予没收、罚款等处。A 省地方性法规《林业行政处罚条例》规定"对规定林产品无运输证的，予以没收"。

问题：省林业厅制定的《林产品目录》的性质是什么？可否适用于本案？理由是什么？

☞ 拓展阅读

［1］叶必丰、周佑勇：《行政规范研究》，法律出版社 2002 年版。
［2］崔卓兰、于立深：《行政规章研究》，吉林人民出版社 2002 年版。
［3］刘莘：《行政立法研究》，法律出版社 2003 年版。

第十一章

依申请具体行政行为

学习提要

具体行政行为以行政主体是否可以主动作出为标准,可以分为依职权具体行政行为和依申请具体行政行为。依申请具体行政行为是指行政主体只有在相对方申请的条件下方能作出的行政行为。被动性是依申请具体行政行为的典型特征,一般行为程序分为申请、受理、审核、决定和送达等阶段。依申请具体行政行为具有多种多样的形式,主要有:行政许可、行政给付、行政奖励、行政确认、行政裁决等,本章将逐一对这些具体行政行为进行介绍。本章第一节重点介绍了行政许可这类典型的依申请具体行政行为,第二节分别简单介绍了行政给付、行政奖励、行政确认和行政裁决四类依申请具体行政行为。行政许可制度是本章学习的重点,也是司法考试的重点。学习时必须结合《行政许可法》的条文规定掌握行政许可的基本概念和各项制度,其中行政许可的设定是本章学习的难点。学习时注意,依申请具体行政行为不仅仅限于本章中所介绍的几种,实践中还有其他种类形式。

本章知识结构图

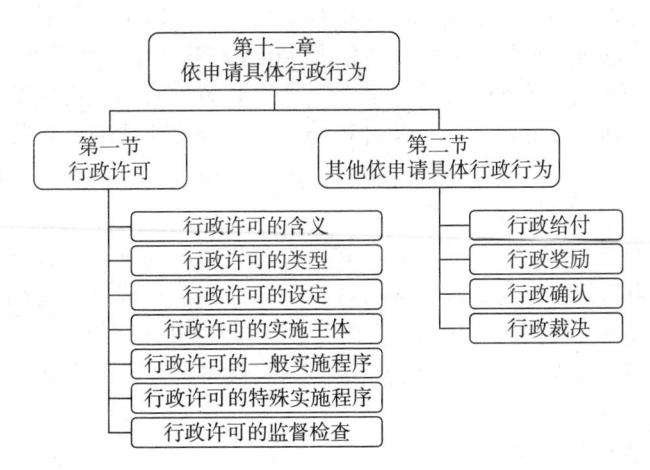

```
                    第十一章
                  依申请具体行政行为
                        │
           ┌────────────┴────────────┐
        第一节                    第二节
       行政许可              其他依申请具体行政行为
          │                          │
     ─ 行政许可的含义           ─ 行政给付
     ─ 行政许可的类型           ─ 行政奖励
     ─ 行政许可的设定           ─ 行政确认
     ─ 行政许可的实施主体       ─ 行政裁决
     ─ 行政许可的一般实施程序
     ─ 行政许可的特殊实施程序
     ─ 行政许可的监督检查
```

第一节 行政许可

一、行政许可的含义

（一）行政许可的概念

《行政许可法》第2条规定："本法所称行政许可，是指行政机关根据公民、法人和其他组织的申请，经依法审查，准予其从事特定活动的行为。"根据该条的规定，学术界一般将行政许可定义为，行政机关根据公民、法人或者其他组织的申请，经依法审查，通过颁发许可证、执照等形式，赋予其从事某种活动的法律资格或实施某种行为法律权利的具体行政行为。《行政许可法》第3条第2款规定："有关行政机关对其他行政机关或者对其直接管理的事业单位的人事、财务、外事等事项的审批，不适用本法。"由此可见，我们通常所指的行政许可更多指的是外部行政行为。

（二）行政许可的特征

行政许可行为具有下述特征：

1. 行政许可是一种依申请行政行为。一般来说，行政许可只能依当事人的申请而发生，行政主体不能主动作出。无申请，即无行政许可。

2. 行政许可是一种要式行政行为。行政许可一般是行政机关采用颁发许可证、执照等形式准许相对人从事活动，许可证或执照都是有正规的格式、日期、印章等形式的行政文书。

3. 行政许可是一种授益性行政行为。行政许可是行政主体赋予行政相对方某种法律资格或法律权利的行政行为，行政相对人获得许可即是获得了从事特定活动的权利或者资格，就可以行使许可的权利并获得相关利益。

4. 行政许可是有限设禁和解禁的行政行为。行政许可的定义表明，行政许可的基本制度内容包括三个方面：一是某种行为或活动存在法律的一般禁止；二是行政主体对行政相对人予以一般禁止的解除；三是行政相对人因此获得了从事某种活动或实施某种行为的资格或权利。

5. 行政许可的主体为特定的行政主体。一般来讲，只有基于行政管辖权，行使对行政相对人申请的审校与批准权的行政机关或法律法规授权的组织，才是行政许可的主体。一般的社会团体、自治协会向其成员颁发资格证书及许可性文件的行为，不是这里所指的行政许可行为。公民、法人或其他组织允许对方从事某种活动的行为也不能称为行政许可。

二、行政许可的类型

根据《行政许可法》第12条的规定，我们可以将行政许可分为以下五个类型：

1. 一般许可。一般许可是指只要申请人依法向主管行政主体提出申请，经有权主体审查核实其符合法定的条件，该申请人就能够获得从事某项活动权利或者资格，对申请人并无特殊限制的许可。对直接涉及国家安全、公共安全、经济宏观调控、生态环境保护以及直接关系人身健康、生命财产安全等特定活动，需要按照法定条件予以批准事项的许可，大都属于一般许可的范畴。如驾驶执照、排污许可是典型的一般许可。

2. 特许。特许是指直接为相对人设定权利能力、行为能力、特定的权利或者总括性法律关系的行为。特许主要是基于行政、社会或者经济上的需要，将本来属于国家或者某行政主体的某种权利（力）赋予私人的行政行为。特许主要适用于对有限自然资源开发利用、公共资源配置以及直接关系公共利益的特定行业的市场准入等事项。特许有数量限制，一般采用招标、拍卖等竞争性方式来实施。采矿许可，国有土地使用许可，水、电、公交、移动通信等经营权许可，都是典型的特许。

3. 认可。认可是由行政机关对申请人是否具备特定技能的认定，主要适用于为公众提供服务并且直接关系公共利益的职业、行业，需要确定具备特殊信誉、特殊条件或者特殊技能等资格、资质的事项。认可一般没有数量限制，但不排除它在一定时期、一定情况下实行阶段性的数量控制。法律职业资格许可、医生执业资格许可等都是典型的认可。

4. 核准。核准是指由行政机关按照技术标准、技术规范对某些事项依法进行检验、检测、检疫，并根据检验、检测、检疫的结果作出行政许可决定的行政行为。主要适用于直接关系公共安全的、人身健康、生命财产安全的重要设备、设施、产品、物品，需要按照技术标准、技术规范，通过检验、检疫、检测等方式进行审定的事项。在核准事项中，只要这些物品达到有关标准，就应准予许可，不应有数量上的限制。各种药品批文、产品合格证等就是典型的核准。

5. 登记。登记是由行政机关确立企业或者其他组织的特定主体资格，主要适用于企业或其他组织的设立等需要确定主体资格的事项。一般来讲，只要申请人具备了获得主体资格的条件，行政机关就必须给予登记，因此登记也没有数量限制。工商营业执照，社团设立登记，都是典型的登记许可。

> 思考：认可、核准和登记这三种许可形式之间有什么差别？

三、行政许可的设定

行政许可的设定是指行政法规范通过设置普遍禁止并规定一定解禁条件的形式，对某些事务进行国家干预的法律制度。行政许可设定制度包括三个方面的内容：一是什么事项可以设定行政许可，什么事项不能设定行政许可，这是行政许可的设定范围问题。二是指关于哪些行政法规范可以设定行政许可，这是行政许可的设定权限问题。三是如何设定行政许可，这是关于行政许可设定程序的问题。

（一）行政许可设定的范围

关于行政许可的设定范围，《行政许可法》第11条规定了一项总的原则："设定行政许可，应当遵循经济和社会发展规律，有利于发挥公民、法人或者其他组织的积极性、主动性，维护公共利益和社会秩序，促进经济、社会和生态环境协调发展"。这一规定表明行政许可范围的设定应当遵循的原则有：①遵循经济和社会发展规律原则；②有利于发挥公民、组织积极性、主动性原则；③维护公共利益和社会秩序原则；④促进经济、社会和生态环境协调发展原则。

根据上述原则，《行政许可法》第12条列举了可以设定行政法许可的事项范围，包括：①直接涉及国家安全、公共安全、经济宏观调控、生态环境保护以及直接关系人身健康、生命财产安全等特定活动，需要按照法定条件予以批准的事项；②有限自然资源开发利用、公共资源配置以及直接关系公共利益的特定行业的市场准入等，需要赋予特定权利的事项；③提供公众服务并且直接关系公共利益的职业、行业，需要确定具备特殊信誉、特殊条件或者特殊技能等资格、资质的事项；④直接关系公共安全、人身健康、生命财产安全的重要设备、设施、产品、物品，需要按照技术标准、技术规范，通过检验、检测、检疫等方式进行审定的事项；⑤企业或者其他组织的设立等，需要确定主体资格的事项；⑥法律、行政法规规定可以设定行政许可的其他事项。

同时，第13条又对第12条所列举的事项设定行政许可进行了限制，即这些事项通过下列方式能够解决的，不得设定行政许可：①公民、法人或者其他组织能够自主决定的；②市场竞争机制能够有效调节的；③行业组织或者中介机构能够自律管理的；④行政机关采用事后监督等其他行政管理方式能够解决的。

> 注意：第13条在规定这些情形时，其措辞是"可以"而非"不可以"，即这几种情形只是在决定是否对某一事项设定许可时应当考虑的因素，而不是说一旦某个事项符合这些条件，就必然不能设定许可。

（二）行政许可设定的权限

根据《行政许可法》第14～17条的规定，我国行政许可法对行政许可设定权的划分规则是：①全国人大及其常委会制定的法律可以就任何可设定行政许可的事项设定行政许可。②国务院通过制定行政法规、发布决定的方式，就可设定行政许可而法律未设定许可的事项设定行政许可；行政法规可以在法律设定的行政许可事项范围内，对实施该行政许可作出具体规定。③地方性法规可以就可设定行政许可而法律、行政法规未设定许可的事项设定行政许可；地方性法规可以在法律、行政法规设定的行政许可事项范围内，对实施该行政许可作出具体规定。④因行政管理的需要，确需立即实施行政许可的，省级政府规章可以设定临时性的行政许可。⑤地方性法规和省级政府规章，不得设定应当由国家统一确定的公民、法人或者其他组织的资格、资质的行政许可；不得设定企业或者其他组织的设立登记及其前置性行政许可。其设定的行政许可，不得限制其他地区的个人或者企业到本地区从事生产经营和提供服务，不得限制其他地区的商品进入本地区市场。⑥法规、规章对实施上位法设定的行政许可作出的具体规定，不得增设行政许可；对行政许可条件作出的具体规定，不得增设违反上位法的其他条件。

⑦除法律、法规、省级政府规章以外的其他规范性文件一律不得设定行政许可。上述规定，可以用下列表格来归纳：

表 11-1　行政许可设定权限简表

	经常性许可	非经常性许可	制作具体规定	禁止设定许可
法律	可立法设定	不设定	无上位许可规范	
行政法规	法律未规定的可设定	法律未规定的，必要时可以决定方式设定；实施后除临时性许可外，应及时提请全国人大及其常委会立法或自行制定行政法规	行政法规、地方性法规、规章可以在上位法范围内作出具体规定，但不得增设许可，不得增设违反上位法的其他条件	无特殊禁止
地方法规	上位法未规定的可设定	不设定		1. 由国家统一确定资格资质的许可； 2. 企业或其他组织的设立登记及其前置性许可； 3. 限制外地生产、经营、服务和商品的进入
省级地方规章	无权设定	上位法未设定的必要时可以设定临时性许可；实施满1年需继续实施的应当提请本级人大及其常委会制定地方性法规		

（三）行政许可设定的程序

行政许可的设定，是通过制定法律、行政法规、地方性法规、行政规章等方式来实现的，因此，行政许可设定的程序就是制定这些立法文件的程序，大多规定于《立法法》及若干行政法规中，对此无需特别说明。但由于许可的设定事关国家对公民自由的干预和限制，需要格外慎重，因此，《行政许可法》对于许可的设定，又特别规定了一些其他程序。

1. 形成性程序。即关于如何形成有关设定行政许可的法律文件的程序。《行政许可法》特别规定，起草法律草案、法规草案和省级政府规章草案，拟设定行政许可的，起草单位负有两种程序性义务：一是听取意见的义务，起草单位应当采取听证会、论证会的方式听取意见；二是说明

> 注意：《行政许可法》明确规定，能够授权社会组织实施行政许可的依据必须是法律、法规，这意味着由行政规章作出的授权是无效的。

义务，起草单位应当向制定机关说明设定该许可的必要性，对经济和社会可能产生的影响以及听取和采纳意见的情况。

2. 评价性程序。即用于评价行政许可必要性的程序，包括：①设定机关的评价。要求设定机关定期对其设定的行政许可进行评价，如果认为已设定的许可能够通过该法第13条规定的自主决定、市场调节、行业自律、事后监督等方式解决的，应当对该许可及时予以修改和废止。②实施机关的评价。行政许可实施机关可以对已设

定许可的实施情况及其存在的必要性适时进行评价，并将意见报告该许可的设定机关。③普通公众的评价。公民、法人或其他组织可以向行政许可设定机关和实施机关就行政许可的设定和实施提出意见和建议。

3. 修正性程序。即在不修改、废止或撤销设定许可文件本身的情况下，通过变通方式对其加以修正，使其适应社会生活的变化发展。鉴于我国幅员辽阔，区域经济发展极不平衡，因此，《行政许可法》规定局部地区可以停止实施某些许可事项。即省级政府对行政法规的设定的、有关经济事务的许可，根据本行政区域的经济和社会发展状况，认为能够通过第13条自主决定、市场调节、行业自律、事后监督等方式解决的，经报国务院批准后，可以在本行政区域内停止实施该行政许可。

四、行政许可的实施主体

行政许可的实施主体，即实施行政许可的组织，是指对许可申请进行审查，从而决定是否准许或者认可申请人所申请的活动或资格的行政机关和法律法规授权组织。行政许可可以由多种行政组织来实施，我国《行政许可法》规定了三类实施主体，即行政机关、法律法规授权组织和行政机关委托的组织。

（一）行政机关实施许可

大多数行政机关都可以成为行政许可的实施主体，而且行政许可原则上由具有行政许可权的行政机关在其法定职权范围内实施。

如果一个事项需要多个行政机关审批决定的，可以实施相对集中许可。即经国务院批准，省级政府可以决定由一个行政机关行使多个行政机关的行政许可权。实行相对集中许可的目的在于便利当事人，减轻其程序性负担，落实行政法上的高效便民原则。其实质是许可权在不同的行政机关之间重新配置，将本来分属多个行政机关的许可权集中地配属于其中的一个机关或另外一个机关，原来的机关就此失去对该事项的许可实施权，这些机关如果再继续实施许可，其行为无效。

为落实许可便民原则，行政机关实施许可应当实行许可办公方式改革。《行政许可法》要求，行政许可由一个行政机关内设的多个机构办理的，该行政机关应当确定一个机构统一受理行政许可的申请，统一送达行政许可决定。行政许可由地方政府两个以上部门分别实施的，该级政府可以确定一个部门受理行政许可申请，并转告有关部门分别提出意见后统一办理，或者组织有关部门联合、集中办理。这就是通常所说的"一个窗口对外"。

（二）授权组织实施许可

法律、法规授权具有管理公共事务职能的组织，在法定授权范围内，以自己的名义实施行政许可。被授权组织实施许可，适用行政机关实施许可的规定。如注册会计师协会组织注册会计师考试并颁发证书。

> 注意：《行政许可法》明确规定，能够授权社会组织实施行政许可的依据必须是法律、法规，这意味着由行政规章作出的授权是无效的。

目前，在我国的行政许可制度中最常见的被授权组织主要是行政机关的内设机构和派出机构。此外，还有一类专业技术组织，可以根据法律法规的授权，对直接关系公共安全、人身健康、生命财产安全的设备、设施、产品、物品进行检验、检测、检疫。专业技术组织及其人员对所实施的检验、检测、检疫结论承担法律责任。

（三）受委托机关实施许可

行政机关在法定职权范围内，依照法律、法规、规章的规定，可以委托其他行政机关实施行政许可，委托实施的行政许可，委托者和被委托者都应当承担一定的义务。关于委托实施行政许可的规定，其注意要点如下：①有委托的依据，行政机关在法定职权范围内委托实施行政许可，必须有法律、法规、规章的依据，其他规范性文件不足以成为委托依据；②委托内容需公告，委托者应将受托者与委托内容公告，并对受委托者实施许可的行为进行监督，同时对该行为引起的法律后果负责；③不得转委托，被委托者应当以委托者的名义实施行政许可，且不得将该许可事项转委托于他人实施；④受委托机关必须是行政机关，而不能是一般的组织或个人。

> 建议：理清授权实施行政许可和委托实施行政许可的区别。这样记忆起来不易混淆。

五、行政许可的一般实施程序

行政许可的实施程序即行政主体实施行政许可的步骤、方式、顺序和时限。行政许可实施的一般程序包括申请、受理、审查、决定四个阶段。

（一）申请程序

行政许可的申请程序因申请人行使自己的申请权而开始。行政许可申请是公民、法人或其他组织向行政机关提出从事依法需要取得行政许可的活动的意思表示。

为便于公民、法人或其他组织提出许可申请，行政许可法规定了行政机关的特定义务。包括：①提供文本义务。当事人申请行政许可需要采用格式文本的，行政机关应当提供，格式文本中不得包含与当事人所申请的行政许可事项没有直接关系的内容。②公示信息义务。行政机关应当将法律、法规、规章规定的有关行政许可的事项、依据、条件、数量、程序、期限、当事人需要提交全部材料的目录，以及申请书的范本等，在办公场所公示。③解释说明义务。申请人要求行政机关对公示内容予以说明、解释的，行政机关应当予以说明、解释，提供准确、可靠的信息。

同时，为规范公民、法人或其他组织的申请行为，申请人提出许可申请时必须遵循三项要求：首先，申请人可以亲自提出申请，也可以委托代理人提出申请，但该项许可事项依法应当由当事人亲自申请的除外；其次，申请人可以通过信函、电报、电传、传真、电子数据交换、电子邮件等方式提出申请；最后，申请人必须保证申请材料的真实性，申请人应当如实向行政机关提交有关材料、反映真实情况，并对材料的真实性负责。行政许可申请人隐瞒有关情况或者提供虚假材料申请行政许可的，行政机关不予受理或者不予行政许可，并给予警告；行政许可申请属于直接关系公共安全、人身健康、生命财产安全事项的，申请人在1年内不得再次申请该行政许可。

（二）受理程序

行政机关对于申请人提出的许可申请，根据不同的情况，按以下方式处理：

（1）登记受理。当事人的申请符合下列条件的，应予受理：申请事项确实需要获得行政许可；申请事项属于本机关的职权范围；申请材料齐全并符合法定形式。

（2）补正后受理。申请材料存在错误，可以当场补正的，应当允许当事人当场更正之后受理其申请；无法当场补充或者更正的，应当当场或在5日内一次告知申请人需要补正的全部内容，当事人依法补正有关材料的应予受理。对于第二种情况，如行政机关逾期不告知补正内容，视为自收到申请材料之日起已经受理。

（3）不受理。当事人的申请属于下列情况的，行政机关对其申请不予受理：申请事项依法不需要取得行政许可的；申请事项依法不属于本机关职权范围的（在决定不受理的同时应当告知申请人向其他行政机关申请）；申请人的申请材料存在缺失或错误，在行政机关告知其补充更正后，仍未依法补充或更正的。

> 注意：无论行政机关最后是否受理申请，都应当出具加盖本机关专用印章和注明日期的书面凭证。

（三）审查程序

行政机关对许可申请的审查，包括形式审查和实质审查，形式审查即只对申请人提交的材料是否齐全、是否符合法定形式进行审查；实质审查是指行政机关对申请人是否符合法定许可条件进行的审查，行政机关进行实质审查时，需要对申请材料的实质内容进行核实。

在审查程序中，法律规定了行政机关的相关义务，包括：①核实义务。即行政机关需要对申请材料的实质内容进行核实的，需要派2名以上工作人员进行核实。②报送义务。即针对需要跨级审查的许可事项，应当由下级行政机关先予审查，并在法定的期限内将初步审查意见和全部申请材料直接报送上级行政机关。③告知义务。即行政机关对行政许可申请进行审查时，发现行政许可事项直接关系他人重大利益，应当告知该利害关系人，申请人和利害关系人有权进行陈述和申辩，行政机关应当听取其意见。

行政机关实施许可审查，可以采用听证方式进行。《行政许可法》规定，法律、法规、规章规定实施行政许可应当听证的事项，或者行政机关认为需要听证的其他涉及公共利益的重大行政许可事项，行政机关应当向社会公告，并举行听证。行政许可直接涉及申请人与他人之间重大利益关系的，行政机关在作出行政许可决定前，应当告知申请人、利害关系人享有要求听证的权利；申请人、利害关系人在被告知听证权利之日起5日内提出听证申请的，行政机关应当在20日内组织听证。行政许可听证应当按照下列要求进行：①行政机关应当于举行听证的7日前将举行听证的时间、地点通知申请人、利害关系人，必要时予以公告；②听证应当公开举行；③行政机关应当指定审查该行政许可申请的工作人员以外的人员为听证主持人，申请人、利害关系人认为主持人与该行政许可事项有直接利害关系的，有权申请回避；④举行听证时，审查该行政许可申请的工作人员应当提供审查意见的证据、理由，申请人、利害关系人可以提出证据，并进行申辩和质证；⑤听证应当制作笔录，听证笔录应当交听证参加人确认无误后签字或者盖章，行政机关应当根据听证笔录作出许可决定。

启动方式：
1. 依职权听证：行政机关对法定事项或其认为涉及公共利益的重大事项应当决定听证；
2. 依申请听证：对直接涉及申请人与他人重大利益的事项，应当告知听证权。

听证期限：
1. 申请期限：权利人应在被告知听证权利之日起5日内申请听证；
2. 组织期限：行政机关应当在20日内组织听证；
3. 告知期限：行政机关应当举行听证7日前告知听证的时间、地点，必要时予以公告。

听证回避：
1. 实体回避：申请人、利害关系人有权申请与该许可有直接关系利害关系的主持人回避；
2. 程序回避：应当指定审查许可申请的工作人员以外的人员为听证主持人。

案卷排它：
1. 听证应当制作听证笔录，笔录应当交听证参加人确认无误后签字或盖章；
2. 行政机关应当根据听证笔录作出决定。

图 11-1 行政许可听证程序图

（四）决定程序

行政许可的决定，主要包括准予许可和不准予许可两种情况。行政许可是要式法律行为，无论是准予许可，还是不准予许可的决定，都必须以书面形式作出。行政机关作出准予行政许可的决定，需要颁发行政许可证件的，应当向申请人颁发加盖本行政机关印章的许可证书、合格证书、批准文件或证明文件等。行政机关实施检验、检测、检疫的，可以在检验、检测、检疫合格的设备、设施、产品、物品上加贴标签或者加盖检验、检测、检疫印章。行政机关举行了许可听证程序的，应当根据听证笔录作出行政许可决定。对于准予许可的决定还应当公开，以便公众查阅。

依法作出的行政许可将产生法定的效力，由法律和行政法规设定的行政许可，原则上在全国范围内有效。地方性法规与省级地方政府规章设定的行政许可，一般只在本区域内有效；由法律和行政法规设定的行政许可，也可以仅在一定区域内有效。比如当前的法律职业资格许可就规定对于报考资格放宽地区或分数线放宽地区的考生，通过考试后获得的资格证书只在本地区有效。

（五）许可期限

许可的决定时限自许可申请受理之日起计算；以数据电文方式受理的，自数据电文进入行政机关指定的系统之日起计算；数据电文需要确认收讫的，自申请人收到收讫确认之日起计算。关于具体的期限规定，包括以下几种情况：

> 注意：行政许可所有的期限都是工作日。

（1）当场决定。申请人的申请材料齐全、符合法定形式的，行政机关能够当场作出决定的，应当当场作出书面的许可决定。

（2）一个主体实施的决定。对不能当场作出决定的许可事项，如果是由一个机关单独实施的,该机关应当自受理之日起 20 日内作出许可决定。20 日内不能作出决定的,经本机关负责人批准可以延长 10 日,并将延长期限理由告知申请人。法律、法规作出例外规定的,从其例外。

（3）平级多个主体实施许可的决定。行政机关采取统一办理、联合办理、集中办理的方式受理的行政许可,应当自受理办理之日起 45 个工作日内作出许可决定。45 日不能办结的,经本级政府负责人批准可以延长 15 日,并应当将延长的理由告知申请人。

（4）跨级多个主体实施许可的决定。对于需要跨级审查的许可事项,其最终作出许可决定的总时限仍按上述规定处理。但要注意,法律对下级机关提出初步审查意见的时限作出了规定,要求下级机关自其受理之日起 20 内审查完毕。当然,法律、法规另有规定的除外。

（六）变更与延续

变更和延续是行政许可决定的后续程序。被许可人在获得行政许可后,可能因为各种原因又要求变更行政许可事项,或者在许可期届满时要求行政机关延长许可期限。行政机关对当事人变更或延续的申请,都经过类似于一般程序的申请、受理、审查和决定过程,并无特殊之处。《行政许可法》唯一强调的是期限问题,且针对的仅是延续程序。规定对被许可人如需延续行政许可有效期的,应当在该其有效期届满 30 日前向原决定机关提出申请,如法律、法规、规章另有规定的,从其例外。行政机关应当在该行政许可有效期届满前作出是否准予延续的决定,逾期未作出决定的,视为准予许可。

六、行政许可的特殊实施程序

一般来说,实施行政许可行为需要遵守行政许可的一般程序,但是,由于行政许可种类和形式较多,除普通许可之外,还涉及特许、认可、核准、登记等不同类型的许可,这些许可类型在具体内容和功能等方面存在较大差异,许可的条件和方式也各异,在许可审查和决定中需要有不同的程序,以确保行政机关合法、高效实施行政许可。这构成了实施行政许可的特殊程序,包括以下几种:

（一）招标、拍卖程序

《行政许可法》规定,行政机关实施对有限自然资源开发利用、公共资源配置以及直接关系公共利益的特定行业的市场准入等需要赋予特定权利事项的行政许可的,行政机关应当通过招标、拍卖等公平竞争的方式作出决定。但是,法律、行政法规另有规定的,依照其规定。从本质上说,这些行为都属于形成自然垄断的特许性公用事业,由于需要进行数量控制,因而只有通过设定行政许可来实现对稀缺资源的公平分配和有效利用。为实现公平分配,则需要通过招标、拍卖的方式来实施行政许可。

行政机关通过招标、拍卖等方式作出行政许可决定的具体程序,依照有关法律、行政法规的规定。其中,招标许可的具体程序一般包括发布招标公告、投标、开标和评标、中标和签订合同、颁发许可证等几个阶段。拍卖许可的具体程序一般包括拍卖委托、拍卖公告与展示、拍卖实施、签署拍卖成交确认书、颁发行政许可证件等几个阶段。《行政许可法》规定，行政机关按照招标、拍卖程序确定中标人、买受人后，应当作出准予行政许可的决定，并依法向中标人、买受人颁发行政许可证件。行政机关违反本条规定，不采用招标、拍卖方式，或者违反招标、拍卖程序，损害申请人合法权益的，申请人可以依法申请行政复议或者提起行政诉讼。

（二）行政认可程序

认可，一般是指确认特定公民、法人或其他组织具备从事特定活动的资格和能力的行政许可。《行政许可法》规定，行政机关实施对提供公众服务并且直接关系公共利益的职业、行业，需要确定具备特殊信誉、特殊条件或者特殊技能等资格、资质事项的行政许可，如果是赋予公民特定资格依法应当举行国家考试的，行政机关应当根据考试成绩和其他法定条件作出行政许可决定；如果是赋予法人或者其他组织特定的资格、资质的，行政机关根据申请人的专业人员构成、技术条件、经营业绩和管理水平等的考核结果作出行政许可决定。但是，法律、行政法规另有规定的，依照其规定。认可的具体形式包括考试和考核。

1. 考试。考试主要适用于对公民赋予特定资格的情形。公民特定资格的考试依法由行政机关或者行业组织实施，公开举行。行政机关或者行业组织应当事先公布资格考试的报名条件、报考办法、考试科目以及考试大纲。但是，不得组织强制性的资格考试的考前培训，不得指定教材或者其他助考材料。

2. 考核。考核主要适用于对法人或其他组织赋予资格、资质的情形。赋予法人或其他组织特定资格或资质的，行政机关应当根据申请人的专业人员构成、技术条件、经营业绩和管理水平等的考核结果作出行政许可决定。为确保考核公开、公正、公正，行政机关应当事前公布考核内容、时间、标准、等次及依据等事项。

（三）行政核准程序

核准是指由行政机关按照技术标准、技术规范对某些事项依法进行检验、检测、检疫，并根据检验、检测、检疫的结果作出行政许可决定的行政行为。主要适用于直接关系公共安全、人身健康、生命财产安全的重要设备、设施、产品、物品，需要按照技术标准、技术规范，通过检验、检疫、检测等方式进行审定的事项。这类行政许可事项技术性较强，申请人能否取得行政许可，完全取决于相应的技术标准、技术规范。实施行政核准机构通常包括行政机关和符合法定条件的专业技术组织，核准的标准必须是事先公布的技术标准或技术规范。

《行政许可法》规定，行政机关实施检验、检测、检疫，应当自受理申请之日起5日内指派两名以上工作人员按照技术标准、技术规范进行检验、检测、检疫。不需要对检验、检测、检疫结果作进一步技术分析即可认定设备、设施、产品、物品是否符合技术标准、技术规范的，行政机关应当当场作出行政许可决定。行政机关根据检验、检测、检疫结果，作出不予行政许可决定的，应当书面说明不予行政许可所依据的技术标准、技术规范。在核准过程中,行政机关一般没有裁量权。

(四)行政登记程序

行政登记是由行政机关确立企业或者其他组织的特定主体资格,主要适用于企业或其他组织的设立等需要确定主体资格的事项。行政登记程序的具体步骤包括申请登记、受理申请、审查与决定几个阶段。行政机关对于登记的审查包括形式审查和实质审查。形式审查是对申请提交的文件、证件的完备性、有效性进行的审查。行政机关对登记只实施形式审查的许可事项,只要申请人提交的申请材料齐全、符合法定形式的,行政机关应当当场予以登记。实质审查是行政机关对申请人所提交的文件、证件和填报的登记注册书的真实性、合法性所进行的审查。行政机关对登记要实施实质审查的许可事项,行政机关实施行政登记时,应当指派两名以上工作人员对申请材料的实质内容进行核实。

七、行政许可的监督检查

(一)行政许可监督检查含义

广义的行政许可监督检查一般包括两种情形,一是指上级行政机关对下级行政机关实施行政许可的情况进行了解、检查、监督以及纠正的监督活动。二是指行政机关依照法定职权,对被许可人从事行政许可事项的活动是否遵守法律、法规、规章以及执行行政命令、决定的情况进行了解、检查、监督以及纠正的行政行为。前一种情形是对行政许可实施行为的监督,是行政法制监督的范畴;后一种情形是对被许可人从事行政许可事项活动的执法检查,是行政执法的范畴。这里所指的行政许可的监督检查,主要是从后一种意义上来理解的,是狭义的行政许可监督检查。

行政机关对被许可人的监督检查具有以下特征:①许可监督检查的主体可以是颁发许可证的行政主体,即行政许可实施主体,也可以是行政许可主体以外的其他行政主体。比如,颁发许可证机关的上级行政机关。②许可监督检查的对象是已经获得从事行政许可事项的公民、法人或其他组织,即被许可人。③许可监督检查的内容是被许可人遵守法律、法规、规章,执行行政机关的决定、命令的情况。④许可监督检查的目的是防止和纠正被许可人的违法行为,保证被许可事项的实施符合法律规定的行政目标。

(二)行政许可监督检查的步骤

行政许可的监督检查是行政许可权的自然延伸,它要求对被许可事项进行事后监督检查,从而把事前审批与事后监督统一起来,有利于行政管理工作有序进行。行政许可监督检查作为一种事后监督方式,在实践中的一般步骤是:①拟定监督检查计划。行政机关作出行政许可后,负有监督职责的行政机关应当依据法律规定的职权,或根据群众的举报启动行政许可监督检查程序,拟定监督检查计划以确定监督检查的对象、内容、时间和检查措施。②实施许可监督检查。行政机关实施许可检查必须按照法定时间或正常时间进行,不得妨碍被许可人正常的生产经营活动;参加检查的人员应出示证件以表明身份,检查有关实物和场所时应当通知当事人到场（法律、行政法规另有规定除外）；检查过程应当制作记录并由检查人员签字后归档，公众有权查阅检查记录，但行政机关应当为被许可人保守技术秘密和商业秘密。③撰写检查报告。行政机关对监督检查完毕后，应当撰写检查报告分析说明被许可人遵守法律、法规、规章，执行行政机关决定、命令的情况，并应当作出检查结论。行政机关拟作出不利于被许可人的检查结论的，应当听取被许可人的陈述和申辩。检查结论应当说明理由，并告知被许可人不服检查结论的救济途径。

（三）行政许可的监督检查处理

行政许可的监督检查是要促进被许可人合法有效地从事被许可的活动，实现行政许可的目的。对于被许可人未按要求从事的被许可活动，或者出现了法定的特殊情形，许可监督检查机关可以分情形分别作出下列处理：

1. 责令改正。这是针对被许可人未按要求从事被许可活动所适用的最常用的处理措施。《行政许可法》规定：①被许可人未依法履行开发利用自然资源义务或者未依法履行利用公共资源义务的，行政机关应当责令限期改正；被许可人在规定期限内不改正的，行政机关应当依照有关法律、行政法规的规定予以处理。②取得直接关系公共利益的特定行业的市场准入行政许可的被许可人，应当按照国家规定的服务标准、资费标准和行政机关依法规定的条件，向用户提供安全、方便、稳定和价格合理的服务，并履行普遍服务的义务；未经作出行政许可决定的行政机关批准，不得擅自停业、歇业。被许可人不履行上述规定义务的，行政机关应当责令限期改正，或者依法采取有效措施督促其履行义务。③对直接关系公共安全、人身健康、生命财产安全的重要设备、设施，行政机关应当督促设计、建造、安装和使用单位建立相应的自检制度。行政机关在监督检查时，发现直接关系公共安全、人身健康、生命财产安全的重要设备、设施的存在安全隐患的，应当责令停止建造、安装和使用，并责令设计、建造、安装和使用单位立即改正。

2. 撤销许可。行政机关在监督检查时，发现行政许可有下列情形之一的，可以撤销行政许可：①行政机关工作人员滥用职权、玩忽职守作出准予行政许可决定的；②超越法定职权作出准予行政许可决定的；③违反法定程序作出准予行政许可决定的；④对不具备申请资格或者不符合法定条件的申请人准予行政许可的；⑤依法可以撤销行政许可的其他情形。行政许可因上述情形被撤销，被许可人合法权益受到损害的，行政机关应当依法给予赔偿。行政机关在监督检查时，发现被许可人以欺骗、贿赂等不正当手段取得行政许可的，应当予以撤销，被许可人基于行政许可取得的利益不受保护。撤销行政许可可能对公共利益造成重大损害的，不予撤销。

3. 注销许可。被许可事项在实施过程中出现下列情形之一的，行政机关应当依法办理有关行政许可的注销手续：①行政许可有效期届满未延续的；②赋予公民特定资格的行政许可，该公民死亡或者丧失行为能力的；③法人或者其他组织依法终止的；④行政许可依法被撤销、撤回，或者行政许可证件依法被吊销的；⑤因不可抗力导致行政许可事项无法实施的；⑥法律、法规规定应当注销行政许可的其他情形。

4. 行政处罚。行政机关在监督检查时，发现被许可人有下列行为之一的，行政机关应当依法给予行政处罚，构成犯罪的，依法追究刑事责任：①涂改、倒卖、出租、出借行政许可证件，或者以其他形式非法转让行政许可的；②超越行政许可范围进行活动的；③向负责监督检查的行政机关隐瞒有关情况、提供虚假材料或者拒绝提供反映其活动情况的真实材料的；④被许可人以欺骗、贿赂等不正当手段取得行政许可的；⑤法律、法规、规章规定的其他违法行为。被许可人以欺骗、贿赂等不正当手段取得的行政许可属于直接关系公共安全、人身健康、生命财产安全事项的，申请人在3年内不得再次申请该行政许可。

```
          ┌ 撤回、变更许可   ┌ 行政机关可以依法撤回或变更许可：
          │ （针对合法）     │ (1) 许可所依据的法律、法规、规章修改或者废止的；
          │                  │ (2) 准予许可所依据的客观情况发生变化。
          │                  └ ▲特点：①许可行为作出时为合法；②撤回主体为作出许可实施机关。
          │
          │                  ┌ 应当撤销
          │                  │          ┌ 被许可人以欺骗、贿赂等不正当手段取得行政许可的：
          │                  │          │ (1) 许可的行政机关或其上级机关应当撤销；
          │                  │ （申请人 │ (2) 行政机关应当给予行政处罚；
          │                  │  过错）  │ (3) 许可属于直接关系公共安全、人身健康、生命财产安全事项的，
          │                  │          │     申请人在3年内不得再次申请该许可。
          │                  │          └ ▲以欺骗手段申请许可的（隐瞒情况、提供虚假材料），行政机关
          │ 撤销              │              不予受理或不予许可并给予警告，对直接关系公共安全、人身健康、
          │ （针对违法）      │              生命财产安全事项的，申请人在1年内不得再次申请该许可。
          │                  │
          │                  │          ┌ 行政许可机关或上级机关可以根据利害关系人的申请或依职权，撤销许可：
          │                  │          │ (1) 工作人员滥用职权、玩忽职守的；
          │                  │ 可以撤销 │ (2) 超越法定职权的；
          │                  │ （机关   │ (3) 违反法定程序的；
          │                  │  过错）  │ (4) 对不具备申请资格或不符合法定条件的申请人进行许可的。
          │                  │          └ ▲以上情况，许可被撤销，如果造成被许可人合法权益损害的，
          │                  │              应当依法予以赔偿。
          │                  └ 不予撤销：符合撤销的情形，但是撤销可能对公共利益造成重大损害的，不予撤销。
          │
          │ 注销              ┌ 1. 许可期限届满未延续；
          │ （不存在或        │ 2. 赋予公民特定资格的行政许可，该公民死亡或丧失行为能力的；
            无法实现）        │ 3. 法人或其他组织终止的；
                              │ 4. 许可依法被吊销、撤销或撤回的；
                              └ 5. 因不可抗力导致许可无法实施的。
```

图11-2 许可监督检查的行政处罚适用简图

第二节 其他依申请具体行政行为

一、行政给付

(一) 行政给付的含义

行政给付有广义和狭义之分。国内行政法学界对行政给付的研究一般都是从狭义上展开的，往往仅限于行政物质帮助。在我国，行政给付亦称行政救济或行政物质帮助，是指行政主体在公民年老、疾病或者丧失劳动能力等情况下，以及在公民失业、低经济收入或者遭受天灾、人祸等特殊情况下，依照有关法律、法规、规章或者政策的规定，无偿提供一定的物质帮助或者其他优待的具体行政行为。

行政给付作为一种具体行政行为，具有以下几个特征：①行政给付是一种授益性行政行为。行政给付是行政主体向行政相对人无偿提供一定的物质帮助或者其他优待的授益性行政行为。②行政给付是依申请的行政行为。在我国，除了自然灾害的救济等紧急状态下的行政主体主动实施之外，就绝大多数行政给付来说，给付对象的申请是其必不可少的程序。③行政给付的对象是特定的行政相对人。与行政许可等依申请行政行为的申请人具有较强的广泛性和平等性不同，行政给付的对象具有较强的限定性和倾向性，只有特定的行政相对人才能申请行政给付。④行政给付是行政机关的职责性行为。行政给付对处于特殊情况下公民的行政物质帮助是有关行政机关代表国家履行的一项救助职责，这种职责，既包括法律、法规、规章和有关行政规范规定的职责，又包括行政主体确定或承诺的职责。

(二) 行政给付的种类

综合我国现有的法律、法规和政策的规定，可以将行政给付的形式概括为以下四种情形：

1. 抚恤金。这是最为常见的行政给付形式，一般包括以下四种情形：①牺牲、病故人员抚恤金。即军人或公务员牺牲或病故后，国家发放给其家属的抚恤金。②残疾抚恤金。即在军人或公务员因公受伤致残后，国家对其本人的残疾抚恤金。③军烈属、复员退伍军人生活补助费。④退伍军人安置费，即国家发放给退伍军人的一次性建房补助费。

2. 特定人员离退休金。此项行政给付主要包括如下三种情形：①由民政部门管理军队离休干部的离休金、生活补助费、副食品价格补贴以及取暖补贴、护理费、丧葬费、遗属生活困难补助等；②由民政部门管理军队退休干部、无军职的退休职工和由民政部门发放退休金的地方退休人员的退休金、副食品价格补贴以及取暖补贴、护理费、丧葬费、遗属生活困难补助等；③由民政部门发放退职金的退职人员生活费、副食品价格补贴。

3. 社会救济、福利金。此项行政给付主要包括以下几种情形：①农村社会救济，即用于农村五保户、贫困户等的救济；②城镇社会救济，即用于城镇居民中无依无靠、无生活来源的孤老残幼和贫困户等的救济；③精简退职老弱病残职工救济；④社会福利金，即用于对社会福利院、敬老院、儿童福利院等社会福利机构，流浪乞讨人员收容救助、安置以及社会残疾人团体及其福利生产单位、科研机构的经费资助。

4. 自然灾害救济金及救济物资。此项给付主要包括两种情形：①生活救济费和救济物资，即用于解决灾民吃、穿、住及治病等困难，适当扶持灾民生产自救的经费和物资；②安置抢救转移费及物资援助，即用于发生特大自然灾害、紧急情况下临时安置、抢救、转移灾民的费用支出及物资援助。

（三）行政给付的原则

行政机关对特定公民实施行政物质帮助，应当遵循以下三项原则：

1. 公平、公正、平等的原则。行政给付，其目的在于赋予特定行政相对人一定的物质权益或者与物质权益有关的权益，应该坚持公平、公正的原则，对符合条件的公民一律平等地实施，不允许有差别对待。对于行政给付的申请，行政机关通常只要没有正当的理由便不能拒绝。

2. 信赖保护与持续给付的原则。除了一次性或临时性发放的行政给付外，大多数行政给付是定期性的，应当进行连续的、稳定的供给。有时因情况发生了变化，需要改变有关条件或标准时，应当以法律或行政法规的形式予以规定，对行政方面的改变权应设置适当的限制。当然，当有关行政给付是依据政策文件展开时，其条件或标准的变动亦应该以相应级别的政策文件形式进行。

3. 程序规范、透明的原则。行政给付作为行政机关的一种法律行为，须按照一定程序实施。我国的行政给付，在实践中大致包括以下三种情形来理解行政给付的程序：①定期发放的行政给付，如伤残抚恤金；②一次性发放的行政给付，如因公牺牲人员的丧葬费；③临时性发放的行政给付，如自然灾害救济。

二、行政奖励

（一）行政奖励的含义

行政奖励，是指行政主体为了表彰先进、激励后进，充分调动和激发人们的积极性和创造性，依照法定条件和程序，对为国家、人民和社会做出突出贡献或者模范地遵纪守法的行政相对人，给予物质或者精神奖励的具体行政行为。行政奖励作为一种依申请的具体行政行为，具有以下几个特点：

1. 行政奖励的主体是行政机关或法律法规授权的组织，未经授权的个体企业、外资企业或者一般的社会组织等非行政主体实施的奖励行为，不是行政奖励。

2. 行政奖励的对象是贡献突出或者模范遵纪守法的组织或者个人。行政主体奖励的目的在于表彰先进，激励和推动后进，调动和激发广大人民群众的积极性和创造性。

3. 行政奖励是不具有强制执行力的具体行政行为。行政奖励与其他具体行政行为不同的是，行政奖励不具有强制执行力，被奖励者对于行政主体给予的奖励可以放弃，这是由受奖权本身具有可放弃性决定的。

4. 行政奖励是必须依法定条件和程序实施的行政行为。行政奖励的内容、方式、程序及条件等，都是由国家的行政法律规范予以明确规定，行政主体必须依法作出行政奖励行为。

（二）行政奖励的种类

行政奖励作为一种行政管理手段历来受到人们的重视，激励性政策与惩戒性政策相辅相成，共同成为现代国家管理社会的有效手段。行政奖励行为的广泛性决定了行政奖励形式的多样性，一定的奖励形式是行政奖励内容的反映。根据不同的法律、法规和规章的规定，行政奖励的内容和形式主要体现在以下三个方面：

1. 精神方面的权益。即给予受奖人某种荣誉，如授予劳动模范等荣誉称号，通报表扬，通令嘉奖，记功（一等功、二等功、三等功），颁发奖状、荣誉证书、奖章等。

2. 物质方面的权益。即发放奖金和各种奖品。

3. 职务方面的权益。即予以晋级或者晋职，但这种奖励的对象具有限定性，并且由于牵涉到职权方面的权益，一定要有组织法上的依据。

（三）行政奖励的原则

行政奖励手段的合理运用，无疑能够激励人们更多地作出有益于社会、有益于国家、有益于人民的事情。但如使用不当，则难以发挥其表彰先进、鞭策后进的作用。因此，为确保行政奖励发挥其应有的作用，就必须保证其合法、合理、公正地行使。具体说来，行政奖励的设定和实施应坚持以下几项原则：

1. 依法奖励、实事求是的原则。行政奖励是一种法定行为，任何行政奖励都必须坚持法定的标准和条件，实事求是地进行。行政奖励如果脱离法定的标准和条件，由领导者个人的意志任意决定，或者实行"轮流受奖"，不仅不能发挥行政奖励的激励作用，反而会产生负面效应。

2. 奖励与受奖行为相当的原则。在实施行政奖励时，奖励的内容和形式必须与被奖励的行为相适应，奖励的等级与贡献大小相适应，做到论功行赏、合理适度。

3. 精神奖励和物质奖励相结合原则。我国行政奖励制度一贯坚持精神奖励和物质奖励相结合的原则，并且贯彻以"精神奖励为主、物质奖励为辅"的方针，而对于职权方面的奖励，应当严格按照组织法的规定进行。

4. 公正、合理、民主、平等原则。行政奖励只有确保奖励的科学性、公正性和权威性，才能达到表彰先进、鞭策后进的目的。因此，强调公正、合理、民主、平等的奖励原则，就是要求行政奖励必须以实际功绩和贡献为评奖的唯一依据，必须要有一套体现民主、公正和平等的评奖机制。

5. 及时性、时效性和稳定性原则。行政管理活动的特点决定了行政行为必须对行政需要及时地作出反映，因此，行政奖励应当及时。同时，行政奖励只是表明受奖者在那个时期的功绩和贡献，因此，行政奖励应当贯彻时效性原则，不能搞一旦受奖、终身得益。同样,行政奖励应当连续不断地给予符合条件者以奖励,以更好地发挥行政奖励激励后进的作用。

需要注意的是行政给付与行政奖励的共同点都是行政机关给予相对人一定的利益,但有如下区别:

表11-2 行政给付与行政奖励比较表

	对象	形式
行政给付	生活困难的社会弱势群体	只给与物质利益(主要指发放抚恤金、保险金等)
行政奖励	作出先进行为与贡献的人	物质奖励(奖金等)和精神奖励(荣誉等)相结合

三、行政确认

（一）行政确认的含义

行政确认是指行政主体依法对行政相对人的法律地位、法律关系或有关法律事实进行甄别,给予确定、认可、证明（或否定）并予以宣告的具体行政行为。行政确认作为一种依申请的行政行为,具有以下几个特点:

1. 行政确认行为的主体是行政主体。也就是说,只有行政机关以及法律法规授权的组织,针对行政法律规范所规定的需要确认的事项,依照法定的程序,依据法定的条件作出的确认行为才能称之为行政确认。

2. 行政确认行为是行政主体实施的行政行为。行政确认权是国家政权的组成部分,尽管行政确认行为中的行政主体往往处在平等主体当事人双方之间,但是,行政主体的确认权不是源于当事人的自愿委托,而是直接来源于国家的行政管理权,是由相关法律法规授予的。

3. 行政确认行为是对行政相对人的法律地位、权利义务的认定。行政确认行为的直接对象是那些权利义务与行政相对人的法律地位紧密相关的特定法律事实或法律关系。可以说,对相对人法律地位、权利义务的确认或否定,是行政确认的目的或内容。

4. 行政确认行为是要式行政行为。行政确认行为必须以法定的书面形式作出,否则将难以产生预期的法律效力。

5. 行政确认行为是羁束行政行为。行政确认是对特定法律事实或法律关系是否存在的宣告,而某种法律事实或法律关系是否存在,是由客观事实和法律规定决定的。

（二）行政确认的形式

根据法律规范和行政活动的实际情况,行政确认主要有以下几种具体形式:

1. 认定。认定是指对个人或者组织已有的法律地位、权利义务以及确认事项是否符合法律要求的承认和肯定,例如对解除合同效力的确认、对交通事故的责任认定、对产品质量的合格认证等。

2. 证明。证明是指行政主体向其他人明确肯定被证明对象的法律地位、权利义务或者某项情况，如各种学历、学位证明、居民身份、货物原产地证明等。

3. 登记。登记是指行政主体应申请人申请，在政府有关登记簿册中记载相对人的某种情况或者事实，并依法予以正式确认的行为。例如，土地确权登记、房屋产权登记、户口登记等。

4. 鉴定。鉴定是指行政机关或法律、法规授权组织依靠专门的技术，对特定事故的发生条件及原因进行分析，进而作出责任划分的法律行为。在我国，鉴定行为主要有事故（医疗、交通、火灾）鉴定、产品质量鉴定、伤残等级鉴定、劳动能力鉴定等。

> 思考：下列哪些行为属于行政确认？
> A. 颁发宅基地使用证
> B. 对产品质量是否合格的认证
> C. 颁发持枪证
> D. 颁发出国护照

（三）行政确认的内容

以上各种形式的行政确认，其所确认的内容可以分为两个方面，即法律事实或者法律关系。

1. 法律事实。行政确认中的法律事实，除具有一般法律事实的性质外，着重于强调其特定的确定行政相对人的法律地位或者权利义务的属性。对特定的法律事实的确认，是行政确认中数量较多的部分，涉及的规范较广，内容较复杂。

2. 法律关系。行政确认中的法律关系也是特定的，是确定行政相对人的法律地位或者权利义务的法律关系。目前，我国法律、法规有关特定法律关系的行政确认大致有如下内容：①不动产所有权的确认。包括城镇私有房屋所有权、土地所有权确认等。②不动产使用权的确认。包括自然资源使用权、土地使用权确认等。③合同效力的确认。包括劳动争议仲裁委员会对无效劳动合同的确认以及对解除合同效力的确认。④专利权的确认。包括职务发明的专利权确认等。

（四）行政确认的作用

行政确认作为国家行政管理的一种手段，在现实生活中具有以下几个方面的重要作用：

1. 能为法院审判活动提供准确、客观的处理依据。随着行政审判工作的展开和深入发展，事实审和法律审将逐步呈现职能分离的趋势，法院的审判活动将越来越依赖于行政机关对事实的认定。因此，行政确认对于迅速、有效、准确地展开行政审判，具有极其重要的意义。

2. 有利于行政机关进行科学管理。行政确认的本质在于使个人、组织的法律地位和权利义务取得法律上的承认，在这种法律承认的基础上，个人、组织才能申请各种需要取得的权利，并且通过证明等手段使其权利和地位为他人所公认。因此，行政确认将使个人、组织的权益受到法律的承认，任何人不得侵犯。

3. 有利于预防和解决各种纠纷。行政确认可以使当事人的法律地位和权利义务都得以明确,不致因含糊不清而发生争议。同样,一旦发生纠纷,运用行政确认手段,有利于纠纷的正确解决。例如,行政机关对土地权属的确认,有利于土地侵权赔偿争议的解决。

四、行政裁决

（一）行政裁决的含义

行政裁决是行政机关广泛应用的一种裁决方式,也是法律文件中经常涉及的一个概念,有时指行政处罚裁决,有时用于机关依职权对所有纠纷进行的裁决。这里所说的行政裁决,专门指行政机关依照法律规范的授权,对当事人之间发生的、与行政管理活动密切相关的、与合同无关的民事纠纷进行审查,并作出裁决的行政行为。这种行政裁决行为具有以下几个特征:

1. 行政裁决以当事人之间发生与行政管理活动密切相关的民事纠纷为前提。民事争议传统上一概由司法机关管辖,但20世纪以后,随着社会经济的发展和政府职能的扩张,行政机关逐渐介入民事纠纷的裁决。但行政机关并非裁决所有的民事纠纷,只在民事纠纷与行政管理密切相关的情况下,经法律、法规的授权,才对相应的民事纠纷进行裁决。

2. 行政裁决的主体是法律法规授权的行政机关。没有专门法律、法规或规章的授权,行政机关便不能成为行政裁决的主体。目前,我国《土地管理法》《森林法》《草原法》《食品卫生法》《专利法》《药品管理法》《医疗事故处理条例》等法律、法规或者规章,对侵权赔偿争议和权属争议,都作出了授权有关行政机关裁决相应争议的规定。

3. 行政裁决是行政机关行使裁决权的活动。行政裁决权的行使,具有行使一般行政权的特征,民事纠纷当事人是否同意或者是否承认,都不会影响行政裁决的成立和其法律效力。当事人对行政裁决不服,只能向法院提起行政诉讼。

4. 行政裁决是解决民事纠纷的行政司法行为。从行政裁决解决民事纠纷的角度来看,行政裁决权本质上类同于司法裁判权,有关行政裁决的制度设计,必须充分考虑这一因素。但是,行政裁决毕竟是由行政机关实施的,行政机关对相关民事纠纷的裁决程序的严密性和裁决结果的法律效力都与司法裁判有一定的差异。综合这两个方面,行政裁决是解决民事纠纷的行政司法行为。

（二）行政裁决与行政调解的区别

行政调解是指由国家行政机关主持的,对特定纠纷进行调解以化解争议的活动。行政调解与行政裁决有如下区别:①行政调解是行政机关处理纠纷的一种经常性行为方式,属于行政机关的非职权活动;行政裁决是行政机关依据法律、法规授权而从事的一种职权性行政行为。②行政调解是非权力性活动,行政调解不具有强制效力,依赖于当事人的自觉履行;行政裁决是权力性活动,行政裁决是具有法律约束力的决定,具有国家强制执行的效力。③行政调解当事人未达成协议或一方反悔的,当事人只能就原民事争议依法提起民事诉讼;行政裁决当事人如是对行政裁决不服,可以依法申请行政复议或提起行政诉讼。

（三）行政裁决的种类

在实践活动中，行政裁决主要发生在与行政管理活动密切相关的民事权属纠纷、侵权赔偿纠纷等领域，因此，行政裁决也主要包括这两种类型。

1. 权属纠纷的裁决。权属纠纷，是指双方当事人因某一财产的使用权与所有权的归属产生争议，包括草原、土地、水、滩涂及矿产等自然资源的权属争议，双方当事人可依法向有关行政机关请求确认，并作出裁决。例如对土地所有权、使用权的权属产生的争议，依法请求土地管理机关给予裁决。权属纠纷的裁决结果是使权属关系得以确定。

2. 侵权赔偿的裁决。侵权纠纷是由于一方当事人的合法权益受到他方的侵犯而产生的纠纷。产生侵权纠纷时，当事人可以请求行政机关予以裁决。例如对商标权、专利权的侵犯所引起的纠纷，分别由工商行政管理部门、专利管理机关进行裁决，此外在治安管理、食品卫生、药品管理、环境保护等领域也广泛存在行政裁决。裁决侵权纠纷的目的在于制止侵权行为，保障当事人的合法权益。

（四）行政裁决的原则

行政裁决对与行政管理活动密切相关的民事纠纷的及时裁决，对于稳定既存的法律关系，纠正不法侵权行为，建立和维护良好的社会秩序，都具有重要的意义。行政机关在实施裁决行为时，也必须坚持以下原则，才能有效发挥行政裁决的重要作用。

1. 公平公正原则。行政机关运用行政裁决权裁决民事纠纷，必须坚持和贯彻公正、平等的原则。首先，裁决机关必须在法律上处于独立的第三方地位。其次，裁决者应当实行严格的回避制度。最后，裁决机关必须客观而全面的认定事实、正确地适用法律，并实行裁决程序公开。

2. 简便迅捷原则。行政机关行使行政裁决权，必须在程序上考虑行政效率和有效实现现行行政职能，在确保纠纷得以公正解决的前提下，尽可能地采取简单、迅速、灵活的裁决程序。

3. 客观准确原则。行政机关必须客观而全面的认定事实，根据案情的需要，有时需要组织有关调查、勘验或者鉴定，例如在交通事故争议、医疗事故争议、环境污染事故争议等案件中，必须坚持客观、准确的原则，尊重科学、尊重事实。

复习思考

一、选择题

1. 下列属于行政许可的是（　　）。
   A. 房产过户登记　　　　　　B. 户口登记
   C. 房产抵押登记　　　　　　D. 民办非企业单位登记

2. 某市政府决定关闭一影响市容环境的屠宰场，并给予受到损失的业主以相应的经济补偿。市政府的这一行为体现了行政许可的（　　）。

A. 合法性原则　　　　　　　B. 合理性原则

C. 比例原则　　　　　　　　D. 信赖保护原则

3. 关于行政许可，下列表述正确的有（　　）。

A. 行政许可存在的前提是法律的一般禁止

B. 行政许可是授益性行政行为

C. 任何规范性文件都可以设定行政许可

D. 依法取得的行政许可可以自主转让

4. 行政机关作出准予行政许可的决定，向申请人颁发、送达行政许可证件应当自作出决定之日起（　　）。

A. 10 日内　　　　　　　　B. 15 日内

C. 30 日内　　　　　　　　D. 60 日内

5. 属于排他性许可的有（　　）。

A. 专利许可　　　　　　　　B. 商标许可

C. 卫生许可　　　　　　　　D. 采矿许可

6. 某卫生局给李某颁发卫生许可证后发现李某申请行政许可时提交的是虚假材料。为此，卫生局应当（　　）。

A. 吊销李某的许可证　　　　B. 撤销李某的许可证

C. 撤回李某的许可证　　　　D. 暂扣李某的许可证

7. 根据《行政许可法》的规定，行政机关应当依法办理有关行政许可注销手续的是（　　）。

A. 行政许可有效期届满未延续的

B. 法人或者其他组织依法终止的

C. 行政许可证件依法被吊销的

D. 因不可抗力导致行政许可事项无法实施的

8. 行政机关提供行政许可申请书格式文本（　　）。

A. 自行决定收费　　　　　　B. 根据规定收费

C. 根据成本收费　　　　　　D. 不得收费

9. 下列属于附义务的行政许可有（　　）。

A. 护照　　　　　　　　　　B. 专利许可证

C. 烟草专卖许可证　　　　　D. 建设用地许可证

10. 下列哪些地方性法规的规定违反《行政许可法》？（　　）

A. 申请餐饮服务许可证，须到当地餐饮行业协会办理认证手续

B. 申请娱乐场所表演许可证，文化主管部门收取的费用由财政部门按一定比例返还

C. 外地人员到本地经营网吧，应当到本地电信管理部门注册并缴纳特别管理费

D. 申请建设工程规划许可证，需安装建设主管部门指定的节能设施

11. 某公司准备在某市郊区建一座化工厂，向某市规划局、土地管理局、环境保护局和建设局等职能部门申请有关证照。下列有关该案的哪些表述是正确的？（　　）

A. 某公司应当对其申请材料实质内容的真实性负责

B. 某市人民政府应当组织上述四个职能部门联合为某公司办理手续

C. 拟建化工厂附近居民对核发该项目许可证照享有听证权利

D. 如果某公司的申请符合条件，某市人民政府相关职能部门应在 45 个工作日内为其办结全部证照

12. 对直接关系公共利益的行业中垄断性企业的市场准入和法定经营活动的许可叫作（　　）。

A. 核准　　　　B. 特许　　　　C. 一般许可　　　　D. 认可

13. 下列哪些情形属于行政给付（　　）。

A. 某县政府征用农村集体土地 30 亩，给予补偿费 90 万

B. 民政部门给牺牲军人家属发放抚恤金

C. 社会保障部门对失业工人发放救济金

D. 某校学生得了重病，县政府发动群众给其捐款治病

14. 下列属于行政确认的有哪些？（　　）

A. 颁发宅基地使用证　　　　B. 对产品质量是否合格的认证

C. 颁发持枪证　　　　　　　D. 颁发出国护照

15. 房产登记行为属于一种（　　）。

A. 行政规划　　B. 行政确认　　C. 行政许可　　D. 行政调查

16. 我国《专利法》第 60 条规定，对未经专利权人许可，实施其专利的侵权行为，专利权人或者利害关系人可以请求专利管理机关进行处理，这种处理是一种（　　）。

A. 行政许可　　B. 行政调解　　C. 行政仲裁　　D. 行政裁决

17. 下列属于行政裁决的有（　　）。

A. 食品安全监管部门对奶制品三聚氰胺超标损害赔偿责任的裁决

B. 劳动争议委员会裁决某企业补偿员工工伤补偿金

C. 商标评审委员会对一起商标侵权纠纷案件的裁决

D. 村民委员会对村民土地承包合同纠纷的裁决

18. 下列属于行政奖励的是（　　）。

A. 因高考成绩优秀，学校奖励张某 3000 元

B. 因工作业绩优秀，公司奖励王某年终奖金 1 万元

C. 因见义勇为，市政府授予刘某"好市民"荣誉称号

D. 因照顾孤儿，赵某被某电视台评为 2011 年"感动中国"人物

19. 市民张某为救助 2 名溺水少年而牺牲。经当地政府确认授予其见义勇为先进

分子称号，奖励其30万元奖金，并对其贫困家庭发放困难补助金。政府对见义勇为人员的保护行为包括（　　）。

A. 行政确认　　B. 行政奖励　　C. 行政给付　　D. 行政补偿

20. 劳动行政机关的工伤鉴定属于（　　）。

A. 行政奖励　　B. 行政确认　　C. 行政许可　　D. 行政裁决

二、名词解释

行政许可　行政给付　行政奖励　行政确认　行政裁决

三、简答题

1. 简述行政许可的特征。
2. 简述行政许可的性质。
3. 简述《行政许可法》对行政许可的分类。
4. 简述《行政许可法》关于许可期限的规定。
5. 简述应当予以撤销行政许可的情形。
6. 简述应当予以注销行政许可的情形。
7. 简述行政给付的种类。
8. 简述行政裁决行为的特征。

四、论述题

1. 试述《行政许可法》关于行政许可设定范围的规定。
2. 试述行政法规范对行政许可的设定权限划分。
3. 试述我国行政许可实施的主体体制。
4. 试述我国行政许可的一般实施程序。

五、案例题

1. **案情**：经工商局核准，甲公司取得企业法人营业执照，经营范围为木材切片加工。甲公司与乙公司签订合同，由乙公司供应加工木材1万吨。不久，省林业局致函甲公司，告知按照本省地方性法规的规定，新建木材加工企业必须经省林业局办理木材加工许可证后，方能向工商行政管理部门申请企业登记，违者将受到处罚。1个月后，省林业局以甲公司无证加工木材为由没收其加工的全部木片，并处以30万元罚款。期间，省林业公安局曾传唤甲公司人员李某到公安局询问该公司木材加工情况。甲公司向法院起诉要求撤销省林业局的处罚决定。因甲公司停产，无法履行与乙公司签订的合同，乙公司要求支付货款并赔偿损失，甲公司表示无力支付和赔偿，乙公司向当地公安局报案。2010年10月8日，公安局以涉嫌诈骗为由将甲公司法定代表人张某刑事拘留，1个月后，张某被批捕。2011年4月1日，检察院以证据不足为由作出不起诉决定，张某被释放。张某遂向乙公司所在地公安局提出国家赔偿请求，公安局以未经确认程序为由拒绝张某请求。张某又向检察院提出赔偿请求，检察院以本案应当适用修正前的《国家赔偿法》，此种情形不属于国家赔偿范围为由拒绝张某请求。

问题：省林业局要求甲公司办理的木材加工许可证属于何种性质的许可？地方性法规是否有权创设？

2. **案情：**甲集团公司经 A 市人民政府的批准，在该市的繁华地区建商业大厦，为此在这一地区的 40 户居民要拆迁。甲集团公司取得该市房屋拆迁主管部门的许可后，分别与 40 户居民就拆迁补偿形式和补偿金额、安置用房面积和安置地点、搬迁过渡方式和过渡期限等问题进行协商并签订协议，其中因与 14 户居民就拆迁补偿金额有分歧而未能达成协议。就此甲集团公司与这 14 户居民向批准拆迁的房屋拆迁主管部门申请裁决。A 市房屋拆迁主管部门根据国务院《城市房屋拆迁管理条例》关于"拆迁人与被拆迁人对补偿形式和补偿金额、安置用房面积和安置地点、搬迁过渡方式和过渡期限，经协商达不成协议的，由批准拆迁的房屋拆迁主管部门裁决"的规定，裁决甲集团公司一次性补偿拆迁费的数额。甲集团公司对此有异议。于是向人民法院提起诉讼。

问题：（1）市房屋拆迁主管部门的行为属于何种行为？

（2）甲集团公司对 A 市房屋拆迁主管部门裁决有异议，应提起何诉讼？

拓展阅读

［1］傅红伟：《行政奖励研究》，北京大学出版社 2003 年版。

［2］柳砚涛：《行政给付研究》，山东人民出版社 2006 年版。

［3］姬亚平：《行政奖励法制化研究》，法律出版社 2009 年版。

［4］喻少如：《行政给付制度研究》，人民出版社 2011 年版。

［5］王小红：《行政裁决制度研究》，知识产权出版社 2011 年版。

［6］应松年主编：《行政许可法教程》，法律出版社 2012 年版。

第十二章

依职权具体行政行为

学习提要

具体行政行为以行政主体是否可以主动作出为标准，可以分为依职权具体行政行为和依申请具体行政行为。依职权具体行政行为是相对于依申请具体行政行为而言的，是指行政机关无需相对方请求，便可以主动实施的行政行为。主动性是依职权具体行政行为的典型特征。依职权具体行政行为具有多种多样的形式，主要有：行政规划、行政命令、行政检查、行政征收、行政征用、行政处罚和行政强制等。本章分三节，对一些重要的依职权行政行为逐一展开介绍，本章第一节和第二节重点介绍了行政处罚和行政强制两类典型的依职权行政行为，第三节简单介绍了行政规划、行政检查和行政征收等其他依职权行政行为。行政处罚和行政强制制度是本章学习的重点，也是司法考试的重点。学习时请结合《行政处罚法》和《行政强制法》的条文规定理解并掌握其基本概念和各项具体制度，其中行政处罚与行政强制的设定是本章学习的难点。学习时注意，依职权具体行政行为不仅限于本章中所介绍的几种，实践中还有其他种类形式。

本章知识结构图

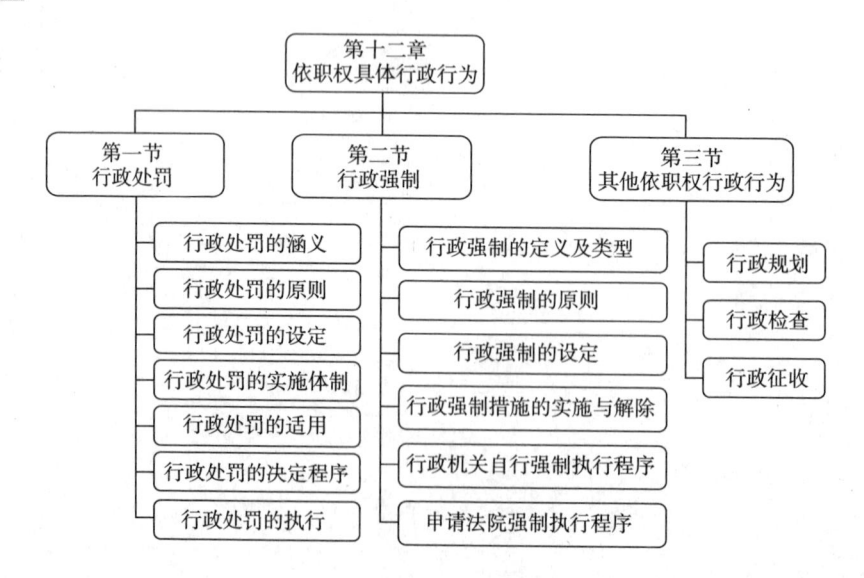

```
                第十二章
            依职权具体行政行为
    ┌───────────┼───────────┐
  第一节        第二节         第三节
  行政处罚      行政强制    其他依职权行政行为
    │             │             │
行政处罚的涵义   行政强制的定义及类型   行政规划
行政处罚的原则   行政强制的原则        行政检查
行政处罚的设定   行政强制的设定        行政征收
行政处罚的实施体制 行政强制措施的实施与解除
行政处罚的适用   行政机关自行强制执行程序
行政处罚的决定程序 申请法院强制执行程序
行政处罚的执行
```

第一节 行政处罚

一、行政处罚的涵义

（一）行政处罚的概念与特征

行政处罚，是指行政机关或法律法规授权组织对违反行政管理秩序但尚未构成犯罪的公民、法人或其他组织等给予人身的、财产的、名誉的或其他形式法律制裁的具体行政行为。行政处罚作为一种依职权行政行为，具有以下的特征：

1. 行政处罚是由特定主体依法实施的行政行为。在我国，有权作出行政制裁的行为主体有多种，但行政处罚的主体只有行使行政职权的行政机关或法律法规授权组织。而且行政主体是否享有行政处罚权以及享有何种行政处罚权、在多大范围内享有行政处罚权，还必须基于行政法律规范的规定。行政主体必须严格依照法定权限行使行政处罚权，超越法定权限的处罚是无效的。

2. 行政处罚是针对特定对象依法实施的行政行为。行政处罚的对象仅仅限定于有违反行政法律规范行为的公民、法人或其他组织，而且对公民、法人或其他组织权益的限制或剥夺，或者是科以特定义务，都必须依照法律的规定进行，受到处罚种类和幅度的限制。

3. 行政处罚的目的注重的是对违法者予以惩戒和教育。行政处罚的最终目的是为了有效实施行政管理，维护公共利益和社会秩序，保护公民、法人或者其他组织的合法权益。行政处罚的直接目的是对违法者予以惩戒和教育，使其以后不再犯。

4. 行政处罚是具有制裁性质的行政行为。行政主体通过行政处罚，使公民、法人或者其他组织的权利或者权利能力被剥夺或者受到限制，或者强制要求公民、法人或者其他组织履行特定义务，因此体现出明显的强制性和制裁性。

（二）行政处罚的种类与形式

行政处罚的目的是剥夺或限制当事人的一定权利，而行政处罚种类划分标准，依据就是当事人被剥夺或限制的权利类型上的不同。据此，行政处罚可以被划分为人身罚、行为罚、财产罚与声誉罚。

1. 人身罚。又称自由罚，是指以限制被处罚人的人身自由为内容的行政处罚，是行政处罚中最严厉的一种处罚手段。但与刑罚措施不同的是，行政处罚中的人身罚只能针对公民的人身自由，不能针对公民的生命。目前，我国法律规定的人身罚形式主要包括行政拘留，对外国人或无国籍人还可以适用驱逐出境、禁止入境或出境、限期出境等。

2. 行为罚。又称资格罚、能力罚，是指以限制或剥夺被处罚人从事特定行为的资格或能力为内容的行政处罚。具体表现为责令停产停业、暂扣或吊销许可证和执照、责令改正、依法取缔等形式，如责令企业停业整顿、吊销驾驶证、暂扣营业执照等。行为罚事关被处罚人从事特定行为的行为资格或能力，也是一种较严厉的处罚,对其设定与实施的要求也比较严厉。

3. 财产罚。是指以剥夺被处罚人一定数量财产为内容的行政处罚,具体表现为罚款与没收。其中罚款是最为常见的、应用最广泛的行政处罚形式;没收则包括没收违法所得与没收非法财物。

> **注意**:违法所得与非法财物的区别:违法所得是指违法行为人从事违法活动所获得的利益,非法财物是指来源不合法或者用于从事非法活动的财物。

4. 声誉罚。又称名誉罚、申诫罚,即以公布违法行为人的姓名或名称、违法行为等信息的形式,对行为人的违法行为进行否定性评价,或辅之以告诫、警告、教育等形式警示行为人以后不要再从事该类违法行为的行政处罚。《行政处罚法》规定的声誉罚只有警告,一些单行法还规定了通报批评的处罚形式。声誉罚属于程度较轻的行政处罚,其运用相对广泛。

(三) 行政处罚与行政处分

在我国行政法学上,行政处罚与行政处分是相区别的概念,行政处分是指国家行政机关对有违法、失职、违纪的工作人员实施的一种惩戒措施。行政处罚与行政处分虽然都是国家行政机关作出的制裁行为,但有较大区别,体现在:①行政处罚是行政机关对社会实施行政管理的行为,是外部行政行为;行政处分是行政机关对内部工作人员的管理行为,是内部行政行为。②行政处罚由依法拥有行政处罚权的行政机关或法律法规授权组织实施;行政处分是由依法享有人事管理权的行政机关实施。③行政处罚制裁的是有行政违法行为的公民、法人或其他组织;行政处分制裁的是有行政违纪行为的行政机关工作人员。

> **注意**:台湾地区行政法学上的行政处分概念与大陆地区行政法学上的行政处分概念完全不同,台湾地区的"行政处分"大致与本书所说的具体行政行为的概念相当。

④行政处罚的形式包括警告、罚款、没收、责令停产停业、暂扣或者吊销执照或许可证、行政拘留等;行政处分的形式包括警告、记过、记大过、降级、撤职和开除6种。⑤公民、法人或其他组织不服行政处罚,可以依法申请行政复议、提起行政诉讼或请求国家赔偿;行政工作人员对行政处分不服,只能提起行政申诉。

二、行政处罚的原则

行政处罚原则是指由行政法规范所确立的,对行政处罚的设定和实施具有普遍指导意义的法律原则。根据行政处罚法的规定和行政实践,行政处罚应当遵循的原则主要有:处罚法定原则、公正公开原则、处罚与教育相结合原则、保障相对人权利原则、一事不再罚原则、过罚相当原则、职能分离原则等。

(一) 处罚法定原则

行政处罚法定原则是指行政处罚必须依法进行,其核心内涵是法无明文规定为违法行为的,不作为违法行为进行处罚;法明文规定为违法行为且应当受到处罚的,按照法律规定的处罚种类、程度、方式和程序处罚。这一原则的具体内涵有:①行政处罚设定法定。即法律、法规或规章可以规定哪些行为应当接受哪些处罚,其处罚设定必须遵守《立法法》和《行政处罚法》的规定。②处罚主体及其职权法定。即实施行政处罚的主体应当是合法成立并依法享有行政处罚权的行政主体。③行政处罚的依据法定。即公民、法人或其他组织的哪些行为应当受到处罚，应当受到哪种处罚，都应当有法律、法规或规章的明确规定，没有规定则不应当受罚。④处罚内容、程序和形式法定。即对于法定应予以处罚的行为，必须依据法定的程序对之科以法定种类和内容的行政处罚。

（二）公正公开原则

公开公开原则可以分解为处罚公正原则和处罚公开原则两项要求。

处罚公正，即实施行政处罚必须以事实为依据，与违法行为的事实、性质、情节以及社会危害程度相当（即过罚相当）。重要的是在实施行政处罚时，不仅要求处罚裁量必须在法定幅度和范围内实施，而且要求在内容必须要做到：①实施处罚的动因符合行政目的；②处罚决定要建立在正当考虑的基础上；③行政处罚行为必须合乎理性，不违背常规、常情、常理；④行政处罚轻重程度与违法事实、性质、情节及危害大小相适应。

处罚公开是指处罚的依据和过程要公开。要求：①对违法行为给予行政处罚的规定必须公布；未经公布的，不得作为行政处罚的依据。②处罚过程要有相对方的参与和了解，以监督行政主体及其公务员依法、公正地行使职权，保障相对方的合法权益。

（三）处罚与教育相结合原则

《行政处罚法》第5条规定："实施行政处罚，纠正违法行为，应当坚持处罚与教育相结合，教育公民、法人或者其他组织自觉守法。"教育必须以处罚为后盾，教育也不能代替处罚。为了达到制止并预防违法的目的，对受处罚的违法行为人，应当在给予处罚时给予帮助教育，二者不可偏废。

（四）保障相对人权利原则

即行政主体对相对方实施行政处罚时，必须保障行政相对人充分享有陈述申辩权，并确保行政相对人有获得事后救济的请求权。《行政处罚法》第6条规定："公民、法人或其他组织对行政机关所给予的行政处罚，享有陈述权、申辩权；对行政处罚不服的，有权依法申请行政复议或者提起行政诉讼。公民、法人或其他组织因行政机关违法给予行政处罚受到损害的，有权依法提出赔偿要求。"陈述权和申辩权是行政相对人于行政处罚过程中的法定权利，复议申请权、起诉权和赔偿请求权是行政相对人对行政处罚享有的救济请求权，都不能以任何形式被剥夺。

（五）职能分离原则

行政处罚作为对公民、法人或其他组织的权益实施剥夺或限制的制裁性行政行为，如果行政机关过于集中行使处罚权，很容易导致权力的滥用。对此，《行政处罚法》设置了一系列制度来实现行政处罚职能的适度分离。这一原则包括下列内容：①行政处罚的设定和实施相分离。行政处罚的设定由法律、法规和规章制定机关行使,行政处罚的实施由法律、法规或规章规定的行政机关行使。②行政处罚调查人员与处罚决定人员分离。行政处罚调查人员一般由行政机关普通公务员实施开展,行政处罚的决定权则由行政机关首长行使,重大行政处罚还必须要由行政机关首长集体研究作出。③行政处罚决定与罚款收缴分离。除依法可以当场收缴罚款外,作出处罚决定的行政机关不能收缴罚款,而是由被处罚人到指定的银行缴纳罚款,银行再将罚款直接上缴国库。④调查人员与听证人员分离。在行政处罚听证程序中,为保证听证程序公正,参与案件调查的人员不能作为处罚听证主持人。

三、行政处罚的设定

行政处罚的设定是指国家机关根据社会管理的需要,在有关法律、法规或规章中,规定对哪些违法行为可以进行处罚,以及可以实施哪种处罚的制度,即行政处罚权的创设。《行政处罚法》中规定的行政处罚设定,既包括法律、法规或规章对行政处罚权创设,又包括在上位法已经创设了行政处罚权的情况下,下位法对上位法进行细化规定的执行性规定。

(一) 行政处罚的创设性规定

根据《行政处罚法》的规定,法律、法规和规章创设行政处罚权的权限有所不同,具体规则是:①法律可以创设各种形式的行政处罚。②行政法规可以创设除限制人身自由以外的行政处罚。③地方性法规可以创设除限制人身自由、吊销企业营业执照以外的行政处罚。④国务院部、委员会或国务院授权的直属机构制定的规章对违反行政管理秩序的行为,可以创设警告或者一定数量罚款的行政处罚。罚款的限额由国务院规定。⑤省、自治区、直辖市人民政府和省、自治区人民政府所在地的市人民政府以及经国务院批准的较大的市人民政府制定的规章对违反行政管理秩序的行为,可以创设警告或者一定数量罚款的行政处罚。罚款的限额由省、自治区、直辖市人民代表大会常务委员会规定。⑥除上述法律、法规或规章外,其他规范性文件不得创设行政处罚。

表 12-1 行政处罚的设定权简表

规范层级	设定权限
法律	可以设定各类行政处罚;限制人身自由的法律保留
行政法规	除限制人身自由之外的所有处罚
地方性法规	除限制人身自由、吊销企业营业执照之外的所有处罚
部门规章	警告、一定数额的罚款,罚款数额由国务院决定
地方规章	警告、一定数额的罚款,罚款数额由省级人大常委会决定

(二) 行政处罚的执行性规定

行政处罚的执行性规定,就是对已经设定的行政处罚作出进一步的、具体的规定。行政法规、地方性法规、行政规章都可以对上位法已经创设的处罚事项作出具体规定。但这种规定必须遵循上位法优先的原则，不得违反上位法规定的给予行政处罚的行为、种类、幅度。这一规则应作如下理解：

1. 不得违背上位法规定的处罚行为。即不能改变行政处罚的适用范围，上位法规定了这种处罚是适用于什么行为的，下位法不能篡改将其适用到别的行为上去。如法律规定对酒后驾驶机动车的给予处罚500元～1000元的处罚，作为下位法的行政法规在进一步规定时，就不能规定对疲劳驾驶机动车的也给予这个处罚。

2. 不得违反上位法规定的处罚种类。即上位法一旦规定对某一行为给予什么种类的处罚，下位法就既不能增加也不能减少，但是在可能的情况下可以作出一定的选择。如行政法规规定对集贸市场中价格欺诈行为，可以罚款或暂扣半个月营业执照，如果工商总局的部门规章进一步规定：对于这种行为，只给予罚款，或者只暂扣营业执照——这都违反了上位法所规定的处罚种类。当然，部门规章可以规定在哪些具体情况下罚款，哪些具体情况下暂扣营业执照。

3. 不得违反上位法规定的处罚幅度。处罚幅度一般在罚款（如罚款20～200元）、拘留（如拘留5～10日）、暂扣许可证和执照（如暂扣1～3个月）这几类处罚中可能出现，由一个上限和一个下限构成。不违反幅度，就是既不能改变其上限，也不能改变其下限，只能在这个幅度范围内区分具体情况规定其适用。

> **建议**：在学习这一部分时，建议将所学知识与《行政处罚法》重点法条结合理解记忆，《行政处罚法》的重点法条包括第8~14条。

四、行政处罚的实施体制

（一）行政处罚的实施机关

根据《行政处罚法》的规定，行政处罚的实施主体具体包括以下三种情况：

1. 行政机关实施处罚。具体包括两种情形，一是行政处罚由具有行政处罚权的行政机关在法定职权范围内实施。这就是行政机关依职权实施处罚的情形。二是国务院或者经国务院授权的省、自治区、直辖市人民政府可以决定一个行政机关行使有关行政机关的行政处罚权，但限制人身自由的行政处罚权只能由公安机关行使。这就是实践中的相对集中处罚。

2. 法律法规授权组织实施处罚。即法律法规授权的具有管理公共事务职能的组织可以在法定授权范围内实施行政处罚。这就是依授权实施行政处罚的情形。但要注意的是，行政处罚的授权依据只能是法律或法规，规章不能作为授权的依据。

3. 受委托组织实施行政处罚。行政机关依照法律、法规或者规章的规定，可以在其法定权限内委托特别组织实施行政处罚。行政机关委托实施处罚时必须遵守下列规则：①行政机关只能委托符合以下条件的组织实施处罚：依法成立的管理公共事务的事业组织；具有熟悉有关法律、法规、规章和业务的工作人员；对违法行为需要进行技术检查或者技术鉴定的，应当有条件组织进行相应的技术检查或者技术鉴定。行政机关不得委托其他组织或者个人实施行政处罚。②受委托组织在委托范围内,以委托行政机关名义实施行政处罚,不得再委托其他任何组织或者个人实施行政处罚。③委托行政机关对受委托的组织实施行政处罚的行为应当负责监督,并对该行为的后果承担法律责任。

(二)行政处罚的管辖

行政处罚的管辖,即行政机关或法律法规授权组织对违法行为查处上的分工,具体的管辖规则如下:

1. 行政主体如认为所查处的违法行为已经构成犯罪的,应将案件移送司法机关处理。如司法机关认定该行为尚未构成犯罪的,则应将案件退回行政主体作为行政案件处理。

2. 行政处罚由违法行为发生地的县级以上地方人民政府具有行政处罚权的行政机关管辖,法律、行政法规另有规定的除外。

3. 两个以上行政主体对同一违法行为都有处罚管辖权的,或者违法行为地点难以查明的,由最先查处的行政主体管辖。

4. 两个以上行政主体对管辖发生争议的,应协商解决;协商不成的,报请共同的上一级行政机关指定管辖。

5. 行政处罚的级别管辖由具体法律、法规规定,但上一级行政有权管辖下一级行政主体管辖的行政处罚案件,下一级行政主体如认为确有必要,可以将所管辖的处罚案件报请上一级机关管辖。

6. 行政主体实施行政处罚,如果违法行为人、证人或利害关系人不在其管辖的行政区域,可以委托这些人员所在区域的行政机关讯问或调查取证。

表12-2 行政处罚的实施机关简表

	实施机关
一般分散处罚体制	1. 行政机关:县级以上人民政府或其职能部门
	2. 法律、法规授权组织(规章不得授权)
	3. 委托的组织(法律、法规规章皆可规定)
相对集中处罚体制	1. 国务院或者国务院授权的省级政府可以决定将原本属于多个行政机关享有的行政处罚权交由一个行政机关行使
	2. 限制人身自由的行政处罚只能由公安机关行使
	3. 中央垂直领导机关(海关、国税、金融、外汇管理)的处罚权不能被集中行使

五、行政处罚的适用

行政处罚的适用,也就是行政主体在认定相对方行为违法的基础上,将行政法律规范规定的行政处罚原则、形式、具体方法等运用到具体行政违法案件中的活动。

(一)行政处罚适用的条件

行政处罚的适用必须具备一定的条件,包括以下几个方面:

1. 行政处罚适用的前提条件是行政违法行为的客观存在。行政主体必须依据法律规定，确定公民、法人或其他组织存在违反行政管理秩序的行为，才能适用行政处罚。《行政处罚法》第 30 条规定："公民、法人或者其他组织违反行政管理秩序的行为，依法应当给予行政处罚的，行政机关必须查明事实；违法事实不清的，不得给予行政处罚。"

2. 行政处罚适用的主体条件是由适格的行政主体实施。即实施行政处罚的行政主体必须是依法具有行政处罚管辖权的行政机关或法律法规授权组织。针对不同的处罚种类和形式，法律规定了一些限制性条件。如《行政处罚法》第 16 条规定，限制人身自由的行政处罚权只能由公安机关行使；《治安管理处罚法》第 10 条规定，公安机关只能吊销由公安机关发放的许可证；第 91 条规定，公安派出所只能作出警告和罚款 500 元以下的处罚决定。

3. 行政处罚适用的对象条件是行政违法者，并且其具有责任能力。行政处罚的对象并非是所有的行政违法者，只有具有责任能力的行政违法者才会受到行政处罚。根据《行政处罚法》第 25 条和第 26 条的规定，不满 14 周岁的未成年人和不能辨认或者不能控制自己行为的精神病人，不给予处罚。

> 注意：①间歇性精神病人在精神正常时有违法行为的，应当给予行政处罚；②醉酒的人违反治安管理的，应当给予处罚。

4. 行政处罚适用的时效条件是未超过责任追究时效。行政处罚对违反行政管理秩序的行政违法者追究责任还必须未超过责任追究时效，超过法定追究责时效的，则不得对违法者适用行政处罚。《行政处罚法》第 29 条规定："违法行为在 2 年内未被发现的，不再给予行政处罚。法律另有规定的除外。前款规定的期限，从违法行为发生之日起计算；违法行为有连续或者继续状态的，从行为终了之日起计算。"《治安管理处罚法》第 22 条规定："违反治安管理行为在 6 个月内没有被公安机关发现的，不再处罚。前款规定的期限，从违反治安管理行为发生之日起计算；违反治安管理行为有连续或者继续状态的，从行为终了之日起计算。"

（二）行政处罚适用的原则

行政处罚的适用应当遵守以下两项原则：

1. 行政处罚与责令纠正并行原则。《行政处罚法》第 23 条规定："行政机关实施行政处罚时，应当责令当事人改正或者限期改正违法行为。"这就是行政处罚与责令纠正并行原则。该原则具体要求：①有权实施行政处罚的行政机关也有权责令违法行为人改正其违法行为，行政机关在实施行政处罚时应当同时责令违法行为人改正其违法行为；②行政处罚和责令纠正是两个并行的行为，不能相互替代，既不能"罚而不管"，也不能"管而不罚"。

2. 一事不再罚原则。尽管《行政处罚法》第 24 条只是规定："对当事人的同一个违法行为，不得给予两次以上罚款的行政处罚。"但是，学界普遍认为，一事不再罚原则应当包括以下两个方面的内容：①违法行为人的一个违法行为，如果只违反一个法律规范，不得给予两次以上的行政处罚。②违法行为人的某一违法行为，如果违反了多个法律规范的规定，存在多个处罚事由的，也不得适用两次以上同种类的行政处罚。

（三）不予处罚的适用

不予处罚是指因法定事由的存在，行政机关对某些形式上虽然违法，但实质上不应承担违法责任的人不适用行政处罚。不予处罚包括应当不予处罚和可以不予处罚两种情形。

1. 应当不予处罚。根据《行政处罚法》的相关规定，行政违法具有下列情形之一的不予处罚：①不满14周岁的人有违法行为的；②精神病人在不能辨认或者不能控制自己行为时有违法行为的；③违法行为轻微并及时纠正，没有造成危害后果的；④违法事实不清的；⑤超过处罚时效。除此之外，学术界认为有下列情形的也应当不予处罚：①行为属于正当防卫行为的；②行为属于紧急避险行为的；③因意外事故而导致违法的；④因行政机关的责任造成违法的。

2. 可以不予处罚。即行政机关对是否给予处罚享有裁量权。如根据《治安管理处罚法》第14条和第19条规定，违反治安管理有下列情形之一的，减轻处罚或者不予处罚：①盲人或者又聋又哑的人违反治安管理的；②情节特别轻微的；③主动消除或者减轻违法后果，并取得被侵害人谅解的；④出于他人胁迫或者诱骗的；⑤主动投案，向公安机关如实陈述自己的违法行为的；⑥有立功表现的。

（四）从轻或减轻处罚的适用

从轻处罚是指行政主体在法定的处罚方式和处罚幅度内，对行政违法行为人选择适用较轻的方式和幅度较低的处罚；减轻处罚是指行政主体对违法相对人在法定处罚幅度最低限度以下适用行政处罚。根据《行政处罚法》的规定，有下列情形之一的，应当依法从轻或者减轻行政处罚：①已满14周岁不满18周岁的人有违法行为的；②主动消除或者减轻违法行为危害后果的；③受他人胁迫有违法行为的；④配合行政机关查处违法行为有立功表现的；⑤其他依法从轻或者减轻行政处罚的。其中，其他依法从轻或者减轻行政处罚的情形，主要是指其他单行法规定的特殊情况。如有《治安管理处罚法》第19条规定的情形，就应当减轻或不予处罚。

（五）从重处罚的适用

从重处罚是从轻处罚的对称，是指行政主体在法定的处罚方式和幅度内，对违法相对方在数种处罚方式中适用较严厉的处罚方式，或者在某一处罚方式允许的幅度内适用接近于上限或上限的处罚。

注意：从重处罚必须是在法律、法规范围规定的范围内进行，超出法定范围即成为加重处罚。加重处罚是违法的。

一般来说，从重处罚主要适用于主观恶性较大的行政违法行为。如《治安管理处罚法》就规定，违反治安管理有下列情形之一的，从重处罚：①有较严重后果的；②教唆、胁迫、诱骗他人违反治安管理的；③对报案人、控告人、举报人、证人打击报复的；④6个月内曾受过治安管理处罚的。

（六）行政处罚的竞合适用

行政处罚的竞合是指行政违法行为人的违法行为同时构成了民事侵权或刑事犯罪，而需要同时承担行政责任和民事责任或追究刑事责任。因此，具体包括行政处罚与民事责任竞合、行政处罚与刑事责任竞合两种情况。

1. 行政处罚与民事责任的竞合。《行政处罚法》第7条第1款规定："公民、法人或者其他组织因违法受到行政处罚，其违法行为对他人造成损害的，应当依法承担民事责任。"从这一规定来看，公民、法人或者其他组织的行政违法行为构成民事侵权的，违法行为人不能因为被行政处罚而免除民事责任，也不能因为承担了民事责任而免除行政处罚责任。当然，如果违法行为人承担了民事责任而取得了被侵害人谅解的，可以作为请求从轻或减轻处罚的事由。

2. 行政处罚与刑事责任的竞合。在实践中，行政处罚与刑事责任竞合的适用主要有三种处理方法：①只由司法机关实施刑事处罚。《行政处罚法》第7条规定，公民、法人或者其他组织违法行为构成犯罪，应当依法追究刑事责任，不得以行政处罚代替刑事处罚。司法机关对违法行为人追究了刑事责任的，不再适用行政处罚。②免除刑罚后适用行政处罚。《刑法》第37条规定："对于犯罪情节轻微不需要判处刑罚的，可以免予刑事处罚，但是可以根据案件的不同情况，予以训诫或者责令具结悔过、赔礼道歉、赔偿损失，或者由主管部门予以行政处罚或者行政处分。"③刑事处罚与行政处罚相互折抵。《行政处罚法》第28条规定："违法行为构成犯罪，人民法院判处拘役或者有期徒刑时，行政机关已经给予当事人行政拘留的，应当依法折抵相应刑期。违法行为构成犯罪，人民法院判处罚金时，行政机关已经给予当事人罚款的，应当折抵相应罚金。"

（七）对单位"两罚"处罚的适用

法人或其他组织（以下简称法人）同自然人一样，有违反行政管理秩序行为时也应当受到处罚。但由于法人是由个人组成的集合体，法人的行政违法行为是其成员以法人的名义实施的。因此，对法人的行政违法行为可以适用"两罚"，也就是既处罚单位整体，又处罚主管人员和其他直接责任人员。如《治安管理处罚法》第18条就规定："单位违反治安管理的，对其直接负责的主管人员和其他直接责任人员依照本法的规定处罚。其他法律、行政法规对同一行为规定给予单位处罚的，依照其规定处罚。"

对法人实施"两罚"时要注意，法人作为整体的行政处罚责任与主管人员或直接责任人员的个人责任是两个不同的责任，应当注意追究牵连责任或避免替代责任。所谓追究牵连责任，是指不仅追究法人和直接违法行为人的行政处罚责任，而且还应追究没有直接实施违法行为但对违法行为负有监管责任的人的行政处罚责任。所谓避免替代责任，是指对主管人员或直接责任人员的处罚责任不能由他人代替，不允许法人指定不应负责的其他成员代替受罚。

六、行政处罚的决定程序

行政处罚的程序是指行政处罚主体对违法相对方实施行政处罚的步骤、方式、时限与形式的总和。根据《行政处罚法》的规定，行政处罚程序有三种类型，即简易程序、普通程序和听证程序。

（一）行政处罚的普通程序

行政处罚的普通程序也称一般程序，是行政机关作出行政处罚决定的一个基本程序。行政处罚普通程序适用于除适用简易程序和听证程序以外的其他所有行政处罚案件，适用范围最为广泛。行政处罚普通程序的基本程序步骤包括立案、调查、听取意见和审查决定四个阶段。

1. 立案。行政机关在行政执法检查或接到群众举报后，对于属于本机关管辖范围内并在追究时效内的行政违法行为或者违法嫌疑情况，认为有调查处理必要的，应当正式立案。立案的条件包括：①经初步判断有行政违法行为的发生；②违法行为是应当受行政处罚的行为；③属于本机关管辖；④行政违法行为在追责时效内；⑤不属于适用简易程序的情形。

2. 调查。"先取证，后处罚"是行政处罚程序最基本的原则，行政机关在立案后，应当对案件进行全面调查，对主要事实和证据进行查对核实，取得必要的证据，并查证有关应依据的行政法律规范。调查的程序要求是：①执法人员不得少于两人，并应当向当事人或者有关人员出示证件。②询问当事人或者有关人员或者检查应当制作笔录。③可以采取抽样取证或进行证据保全。④执法人员与当事人有直接利害关系的，应当回避。

3. 听取意见。《行政处罚法》规定，行政机关在作出行政处罚决定之前，应当告知当事人作出行政处罚决定的事实、理由及依据，并告知当事人依法享有的权利。当事人有权进行陈述和申辩，行政机关必须充分听取当事人的意见。行政机关及其执法人员在作出行政处罚决定之前，不按照上述规定向当事人告知给予行政处罚的事实、理由和依据，或者拒绝听取当事人的陈述、申辩的，行政处罚决定不能成立，当事人放弃陈述或者申辩权利的除外。

4. 审查决定。行政处罚案件调查终结并听取当事人意见后，行政机关负责人应当对调查结果和当事人的陈述申辩意见进行审查，根据不同情况分别作出如下决定：①确有应受行政处罚的违法行为的，根据情节轻重及具体情况，作出行政处罚决定；②违法行为轻微，依法可以不予行政处罚的，不予行政处罚；③违法事实不能成立的，不得给予行政处罚；④违法行为已构成犯罪的，移送司法机关。对情节复杂或者重大违法行为给予较重的行政处罚，行政机关的负责人应当集体讨论决定。行政处罚决定作出后，行政机关应当制作行政处罚决定书并依法送达当事人。

（二）行政处罚的简易程序

普通程序是行政处罚的标准程序，但在一些特殊情况下，法律需要行政主体有效率地作出行政处罚决定。因此，《行政处罚法》规定了简易处罚程序。行政处罚的简易程序，又称当场处罚程序，是指在具备某些条件的情况下，行政处罚一般程序的立案、调查、审查和决定等程序环节进行简化，由行政执法人员在现场作出行政处罚决定的程序。

行政处罚案件适用简易程序必须符合法律规定的条件，根据《行政处罚法》第 33 条的规定，这些条件包括两个方面：一是违法事实确凿并有法定依据；二是处罚较轻。所谓处罚较轻，是指属于《行政处罚法》规定的下列情形之一：①对个人或单位处以警告处罚；②对个人处以 50 元以下罚款；③对法人或者其他组织处以 1000 元以下罚款。

注意：《治安管理处罚法》第100条和《道路交通安全法》第107条则规定对违法行为人处以警告或200元以下罚款时，可以适用简易程序当场作出处罚决定。

简易处罚程序尽管将处罚时间限定在"当场"，但行政主体的执法人员在进行当场处罚时，应遵循下列程序步骤或方式：①应当出示证件以表明执法者身份；②应当向被处罚人说明其违法事实、处罚依据和处罚理由；③应当给予当事人陈述和申辩的机会；④应当场填写预定格式、编有号码的行政处罚决定书，并当场交付被处罚人；⑤当场作出的行政处罚决定，必须报所属行政机关备案。

（三）行政处罚的听证程序

听证程序并不是与上述普通程序、简易程序相并列的独立处罚程序，而是在特殊重大行政处罚案件中，行政主体在普通程序中的听取意见阶段，通过专门举行听证会的形式听取当事人的陈述与申辩的程序阶段，行政主体在听证会听取意见后，应当根据听证笔录作出行政处罚决定。

由于听证程序中导入了辩论、质证等司法程序要素，在一定程度上会影响行政处罚的效率。因此，听证程序主要适用于对当事人权益影响重大的案件。《行政处罚法》第 42 条规定："行政机关作出责令停产停业、吊销许可证或者执照、较大数额罚款等行政处罚决定之前，应当告知当事人有要求举行听证的权利；当事人要求听证的，行政机关应当组织听证……"这里，较大数额罚款一般由单行法律规定，如《治安管理处罚法》规定的数额是 2000 元以上。

注意：《行政处罚法》第42条第2款规定："当事人对限制人身自由的行政处罚有异议的，依照治安管理处罚法有关规定执行。"但2006年施行的《治安管理处罚法》（代替原来的《治安管理处罚条例》）对此并没有明确规定。

听证程序是一个相对独立的程序阶段，一般依照以下要求组织进行：①当事人要求听证的，应当在行政机关告知后 3 日内提出；②行政机关应当在听证的 7 日前，通知当事人举行听证的时间、地点；③除涉及国家秘密、商业秘密或者个人隐私外，听证公开举行；④听证由行政机关指定的非本案调查人员主持，当事人认为主持人与本案有直接利害关系的，有权申请回避；⑤当事人可以亲自参加听证，也可以委托 1~2 人代理；⑥举行听证时，调查人员提出当事人违法的事实、证据和行政处罚建议，当事人进行申辩和质证；⑦听证应当制作笔录，笔录应当交当事人审核无误后签字或者盖章。

七、行政处罚的执行

行政处罚的执行程序，是指有关国家机关保证行政处罚决定所确定的当事人义务得以履行的程序。没有行政处罚的执行，行政处罚决定就没有任何意义，只有确保行政处罚决定的内容得以实现，才能够确保整个国家社会生活有序发展。

（一）行政处罚执行的原则

行政处罚的执行应当坚持以下两项原则，一是申诉不停止执行的原则。即行政处罚决定依法作出后，当事人应当在行政处罚决定的期限内履行，当事人对行政处罚决定不服申请行政复议或者提起行政诉讼的，除法律另有规定外，行政处罚不停止执行。二是作出罚款决定的机关和收缴罚款的机构分离的原则。即行政机关作出罚款决定后，除具备法律规定的特别情形可以当场收缴罚款外，不得收缴罚款。行政机关应当指定银行作为收缴罚款的专门机构，当事人应当自收到行政处罚决定书之日起15日内到指定的银行缴纳罚款，银行应当收受罚款，并将罚款直接上缴国库。

（二）当场收缴罚款程序

行政罚款的收缴原则上实行罚缴分离原则，但《行政处罚法》同时规定，在下列情况下，行政执法人员可以当场收缴罚款：①依法给予20元以下的罚款的；②不当场收缴事后难以执行的；③在边远、水上、交通不便地区，当事人向指定的银行缴纳罚款确有困难，经当事人提出当场缴纳的。

> 注意：《治安管理处罚法》第104条第1项规定，公安机关对处50元以下的罚款，被处罚人对罚款无异议的，可以当场收缴罚款。

行政执法人员当场收缴罚款的具体程序是：①出具罚款收据。行政机关及其执法人员当场收缴罚款的，必须向当事人出具省级财政部门统一制发的罚款收据；不出具财政部门统一制发的罚款收据的，当事人有权拒绝缴纳罚款。②罚款的缴付。执法人员当场收缴的罚款，应当自收缴罚款之日起2日内，交至行政机关；在水上当场收缴的罚款，应当自抵岸之日起2日内交至行政机关；行政机关应当在2日内将罚款缴付指定的银行。

（三）强制执行程序

对于行政机关作出的行政处罚决定，当事人应当在规定期限内自觉履行，如果当事人逾期不履行行政处罚决定，作出行政处罚决定的行政机关可以采取下列措施：

1. 执行罚。当事人到期不缴纳罚款的，每日按罚款数额的3%加处罚款。根据《行政强制法》的规定，加处罚款的总额不得超过原罚款金额，而且行政机关实施加处罚款过30日，经催告当事人仍不履行的，具有行政强制执行权的行政机关可以强制执行，没有行政强制执行权的行政机关应当申请人民法院强制执行。

2. 直接强制执行。如果行政机关实施行政处罚时，已经查封、扣押当事人的财物，或已经冻结当事人存款的，可以根据法律规定，将查封、扣押的财物拍卖或者将冻结的存款划拨抵缴罚款。

3. 间接强制执行。即行政处罚机关如果不能实施执行罚或者实施执行罚无法促使当事人履行，而且行政机关又不享有直接强制执行权，行政机关可以依法申请人民法院强制执行。

4. 暂缓执行或分期缴纳。如果当事人并非故意不履行，而是客观上不能履行时，应当依法不予强制执行。当事人确有经济困难，需要延期或者分期缴纳罚款的，经当事人申请和行政机关批准，可以暂缓或者分期缴纳。

（四）行政拘留的执行

行政拘留是对违反行政管理秩序的公民人身自由实施的较为严重的行政制裁，因此，应当谨慎适用。具体应当遵守有以下规定：

1. 法定情形不执行拘留。《治安管理处罚法》第21条规定，违反治安管理行为人有下列情形之一，依照本法应当给予行政拘留处罚的，不执行行政拘留处罚：①已满14周岁不满16周岁的；②已满16周岁不满18周岁，初次违反治安管理的；③70周岁以上的；④怀孕或者哺乳自己不满1周岁婴儿的。

2. 因申诉暂缓执行拘留。根据《治安管理处罚法》的规定，被处罚人不服行政拘留处罚决定，申请行政复议、提起行政诉讼的，可以向公安机关提出暂缓执行行政拘留的申请。公安机关认为暂缓执行行政拘留不致发生社会危险的，由被处罚人或者其近亲属提供担保人，或者按每日行政拘留200元的标准交纳保证金，行政拘留的处罚决定暂缓执行。担保人应当符合下列条件：①与本案无牵连；②享有政治权利，人身自由未受到限制；③在当地有常住户口和固定住所；④有能力履行担保义务。担保人应当保证被担保人不逃避行政拘留处罚的执行，担保人不履行担保义务，致使被担保人逃避行政拘留处罚的执行的，由公安机关对其处3000元以下罚款。被决定给予行政拘留处罚的人交纳保证金，暂缓行政拘留后，逃避行政拘留处罚的执行的，保证金予以没收并上缴国库，已经作出的行政拘留决定仍应执行。行政拘留的处罚决定被撤销，或者行政拘留处罚开始执行的，公安机关收取的保证金应当及时退还交纳人。

3. 行政拘留的合并执行。《治安管理处罚法》第16条规定："有两种以上违反治安管理行为的，分别决定，合并执行。行政拘留处罚合并执行的，最长不超过20日。"

第二节 行政强制

一、行政强制的定义及类型

（一）行政强制的含义

行政强制，是指行政机关在实施行政管理过程中出现违反义务或者义务不履行的情况下，为了维护和实现公共利益，由行政主体或者行政主体申请人民法院，对公民、法人或其他组织的财产以及人身自由等予以强制而采取的措施。行政强制具有以下几个方面的特点：①实施行政强制的前提条件是公民、法人或其他组织有违反法定义务或者义务不履行的情况。②实施行政强制的目的是维护和实现公共利益，确保行政的实效性。③实施行政强制的主体必须是法定的行政机关或人民法院，其他组织或个人不得实施行政强制。④行政强制的客体是公民的人身自由或公民、法人或其他组织的财产。

为了规范行政强制的设定和实施，保障和监督行政机关依法履行职责，维护公共利益和社会秩序，保护公民、法人和其他组织的合法权益。我国于 2011 年 6 月 30 日颁布了《行政强制法》，该法于 2012 年 1 月 1 日起实施。作为行政强制的一般法，该法规定行政强制措施和行政强制执行的设定和实施适用《行政强制法》。但同时规定，发生或者即将发生自然灾害、事故灾难、公共卫生事件或者社会安全事件等突发事件，行政机关采取应急措施或者临时措施，依照有关法律、行政法规的规定执行。行政机关采取金融业审慎监管措施、进出境货物强制性技术监控措施，依照有关法律、行政法规的规定执行。根据《行政强制法》的上述规定，我们可以将行政强制分为行政强制措施、行政强制执行和特殊行政强制三个类型。

（二）行政强制措施

《行政强制法》第 2 条规定，行政强制措施是指行政机关为制止违法行为、防止证据损毁、避免危害发生、控制危险扩大等情形，依法对公民的人身自由实施暂时性限制，或对公民、法人、其他组织的财物实施暂时性控制的行为。因此，行政强制措施是一种预防性、暂时性、非惩罚性的行政行为。首先，行政强制措施是一种预防性措施。实施行政强制措施的目的是制止违法行为、防止证据损毁、避免危害发生、控制危险扩大等，是一种面向未来的预防性行为。其次，行政强制措施是一种暂时性措施。行政强制措施的行为表现是对公民的人身自由实施暂时性限制，或者对公民、法人或者其他组织的财物实施暂时性控制，一旦其预防的目的达到了就应当解除。最后，行政强制措施是一种非惩罚性措施。行政强制措施既然是对尚未发生的违法行为或危害后果的控制与预防，就必然不同于对已经发生的违法行为的惩罚，因为后者是行政处罚的功能。

《行政强制法》第 9 条将行政强制措施的种类列举为以下几种：①限制公民人身自由；②查封场所、设施或者财物；③扣押财物；④冻结存款、汇款；⑤其他行政强制措施。据此，以《行政强制法》的规定为基础，以行政强制措施所针对的标的不同为标准，行政强制措施可以分为以下三类：①对人身及人身自由的强制。具体的实施形式主要有强制隔离、强制治疗、强制戒毒、强制约束、强制检疫、强行驱散、强制遣返、强制带离、留置盘问、强制搜身、传唤和询问等。②对财产的强制。如查封设施或者财物、扣押财物、冻结存款或汇款、强制收缴、强制销毁、强制许可、强制出售、证据保全等。③对特定场所的强制。如查封场所、交通管制、现场管制、强制检查或搜查等。

(三) 行政强制执行

《行政强制法》第2条规定，行政强制执行是指行政机关或者行政机关申请法院对不履行行政决定的公民、法人或者其他组织，依法强制其履行义务的行为。行政强制执行具有以下几个特点：①行政相对人不履行应履行的义务，这是适用行政强制执行的前提条件；②行政强制执行的主体是法律法规规定的行政机关或人民法院；③行政强制执行的目的是实现义务的履行或者达到与履行义务相对的状态。

《行政强制法》第12条规定的行政强制执行方式具体包括以下几种：①加处罚款或者滞纳金；②划拨存款、汇款；③拍卖或者依法处理查封、扣押的场所、设施或者财物；④排除妨碍、恢复原状；⑤代履行；⑥其他强制执行方式。学术界以采取强制执行的方法为标准，将行政强制执行分为间接强制执行和直接强制执行。

1. 间接强制执行。是指行政机关不通过自己的直接强制措施迫使义务人履行其应当履行的义务或达到与履行义务相同的状态，而是通过某些间接的手段达到上述目的所采取的行政强制方法。间接强制执行方法具体包括：①执行罚。执行罚又称为罚锾或强制金，是指行政机关对拒不履行行政法义务的相对方，科处一定数额的金钱给付义务，以促使其履行义务的行政强制方法。执行罚主要体现为征收滞纳金、滞报金、加处罚款等方式。如行政处罚执行中，对相对人按罚款金额按日加处3%的罚款就属于执行罚。②代履行。代履行是指行政机关自己或委托他人代替义务人履行相应义务，并在履行后向义务人收取一定费用的强制方式。如行政机关要求某公民拆除违章建筑，该公民逾期不履行，则行政机关委托他人代为拆除，并在拆除后向该公民收取所产生的费用。

2. 直接强制执行。是指行政主体对逾期拒不履行行政法义务的相对方的人身或财产自行采取强制手段，直接强迫其履行义务，或通过强制手段达到与义务人履行义务相同状态的一种行政强制执行方式。直接强制执行的具体方式包括：①强制划拨存款或汇款；②强制拍卖或者依法处理查封、扣押的场所、设施或者财物；③排除妨碍、恢复原状。排除妨碍即排除行政违法行为对行政管理秩序造成的妨碍，如强制拆除违章建筑、不规范广告牌等；恢复原状即恢复到违法行为发生前的状态，如耕地复垦、恢复植被、清除污染等。

表12-3 行政强制措施与行政强制执行对此表

	实施主体	适用目的	主要类型	基本特征
强制措施	1. 法律法规授权的行政机关 2. 被授权组织（法律和行政法规授权） 3. 具备资格的行政执法人员 4. 行使集中处罚权的行政机关 5. 不得委托	1. 为制止而强制 2. 为预防而制止 3. 为保障而强制	1. 限制人身自由：盘问、传唤、扣留、检查、隔离、驱散、带离现场驱散、紧闭 2. 财产：查封现场、设施或财物；扣押物品；冻结存款汇款	1. 临时性 2. 单向性 3. 非惩罚性

续表

	实施主体	适用目的	主要类型	基本特征
强制执行	1. 行政机关 2. 人民法院	为实现前提性具体行政行为确定的义务而强制	1. 间接强制如代履行、执行罚 2. 直接强制入划拨、拍卖、排除妨碍、恢复原状	1. 替代性 2. 从属性 3. 有时带惩罚性

（四）特殊行政强制

这里所指的特别行政强制，是指由于具有较大的特殊性而不适用《行政强制法》的规定，但必须遵守其他法律、行政法规特别规定的行政强制，具体包括以下三类：

1. 突发事件的应急处置措施。如《传染病防治法》《动物防疫法》《突发事件应对法》等法律和《突发公共卫生事件应急条例》《重大动物疫情应急条例》等行政法规规定的隔离治疗和医学观察、紧急免疫接种、封锁、扑杀、销毁、强制检疫、立即拘留、扣留、禁闭、强行驱散、疏散等措施。

2. 金融业审慎监管措施。如《证券法》《保险法》《银行业监督管理法》《商业银行法》等法律和《证券公司监督管理条例》《证券公司风险处置条例》《期货交易管理条例》等行政法规规定的限制交易、限制或者暂停部分业务、托管、接管、监督接管等强制措施。

3. 进出境技术监控措施。如《进出口商品检验法》《国境卫生检疫法》《进出境动植物检疫法》等法律和《进出口商品检验法实施条例》《进出境动植物检疫法实施条例》《农业转基因生物安全管理条例》等行政法规规定的检验、检疫措施等。

二、行政强制的原则

为保证行政强制的科学设定和实施，《行政强制法》第 4~8 条规定，行政强制的设定和实施应当遵循以下原则。

（一）行政强制法定原则

行政强制是一种对公民、法人或者其他组织的权利进行限制的行政权力，必须来自法律法规的特别授权，严禁行政强制主体自我授权。因此，行政强制的设定和实施必须坚持法律保留原则和法律优先原则，行政机关实施强制必须做到职权法定，严格遵守"无法律即无强制"。据此，《行政强制法》第 4 条规定，行政强制的设定和实施，应当依照法定的权限、范围、条件和程序。

（二）行政强制适当原则

行政强制适当原则要求对行政机关设定行政强制权是为了公共利益所必须，对行政相对人设定行政强制义务应当适当，不能超出需要的限度。行政强制适当原则是为行政机关行使自由裁量权设置的一种内在标准，它要求行政机关在行使自由裁量权时，所选择的强制方式和手段必须与法律所要实现的目的相一致、合乎比例。据此，我国《行政强制法》第 5 条规定，行政强制的设定和实施，应当适当。采用非强制手段可以达到行政管理目的的，不得设定和实施行政强制。这是关于行政强制适当原则的一般性规定。

（三）教育与强制相结合原则

教育与强制相结合原则主要是指行政强制实施过程中，应当贯彻并发挥教育的功能，促进当事人更加主动地履行行政法律义务。具体来说，在采取行政强制前，应当先告诫当事人，并且通过说服教育给予当事人依法自觉履行法定义务的机会。只有经过说服教育当事人仍不自觉履行法定义务时，才能实行强制。为此，《行政强制法》第6条规定，实施行政强制，应当坚持教育与强制相结合。此外，《行政强制法》所规定的强制前催告程序，也是教育与强制相结合原则的具体体现。

（四）禁止谋利原则

禁止谋利原则是公务廉洁性的基本要求，该原则要求行政机关不得以行政强制权的行使来谋求单位或者个人的利益。其法理基础有二：一是行政强制权作为一种公共资源，应当为了实现公共目的而运用，它是一种非生产性的资源，如果行政强制权可以用来参与营利活动，则必然会成为公权力的行使者进行"寻租"的捷径。二是行政机关所设定的行政强制条件必须与其实施的行政行为具有正当的内在联系，否则即是一种权力滥用的恣意，其主要目的在于防止行政机关利用其优势地位，将其职责作商业化的使用。鉴于我国有些地方和部门存在着"执法创收"的问题，《行政强制法》第7条规定，行政机关及其工作人员不得利用行政强制权为单位或者个人谋取利益。

（五）保障相对人权利原则

"无救济即无权利"，保障和救济权利是一项基本的行政法治原则。行政强制作为一种侵益性行政行为，极其容易对公民、法人或其他组织的合法权益造成不利影响，据此，《行政强制法》第8条规定，公民、法人或者其他组织对行政机关实施行政强制，享有陈述权、申辩权；有权依法申请行政复议或者提起行政诉讼；因行政机关违法实施行政强制受到损害的，有权依法要求赔偿。公民、法人或者其他组织因人民法院在强制执行中有违法行为或者扩大强制执行范围受到损害的，有权依法要求赔偿。

三、行政强制的设定

行政强制的设定是指法律法规规定哪些情形下行政机关可以实施行政强制以及可以实施何种行政强制的活动。我国《行政强制法》对行政强制措施的设定以及行政强制执行的设定都予以了明确规定，特殊行政强制的设定和实施依照有关法律、行政法规的规定执行。

（一）行政强制措施的设定

行政强制措施的设定规则包括创制性设定规则和执行性设定规则。

1. 行政强制措施的创制性设定规则。具体是：①行政强制措施由法律设定。②尚未制定法律，且属于国务院行政管理职权事项的，行政法规可以设定除限制公民人身自由和冻结存款、汇款及应当由法律规定的行政强制措施以外的其他行政强制措施。③尚未制定法律、行政法规，且属于地方性事务的，地方性法规可以设定查封场所、设施或者财物或扣押财物的行政强制措施。④法律、法规以外的其他规范性文件不得设定行政强制措施。

2. 行政强制措施的执行性设定规则。具体是：①法律对行政强制措施的对象、条件、种类作了规定的，行政法规、地方性法规不得作出扩大规定。②法律中未设定行政强制措施的，行政法规、地方性法规不得设定行政强制措施。但是，法律规定特定事项由行政法规规定具体管理措施的，行政法规可以设定除限制公民人身自由和冻结存款、汇款和应当由法律规定的行政强制措施以外的其他行政强制措施。

（二）行政强制执行的设定

行政强制执行的设定规则是：行政强制执行由法律设定，法律没有规定行政机关强制执行的，作出行政决定的行政机关应当申请人民法院强制执行。这里的法律是狭义的法律，不包括效力低于法律的行政法规、地方性法规、自治条例、单行条例以及行政规章等。

（三）设定行政强制的认证与评估

为保障行政强制的设定是必要的且科学的，《行政强制法》规定了设定行政强制的认证与评估制度，具体规则是：①起草法律草案、法规草案，拟设定行政强制的，起草单位应当采取听证会、论证会等形式听取意见，并向制定机关说明设定该行政强制的必要性、可能产生的影响以及听取和采纳意见的情况。②行政强制的设定机关应当定期对其设定的行政强制进行评价，并对不适当的行政强制及时予以修改或者废止。③行政强制的实施机关可以对已设定的行政强制的实施情况及存在的必要性适时进行评价，并将意见报告该行政强制的设定机关。④公民、法人或者其他组织可以向行政强制的设定机关和实施机关就行政强制的设定和实施提出意见和建议；有关机关应当认真研究论证，并以适当方式予以反馈。

表12-4　行政强制设定权简表

规范层级	行政强制的设定权
法律	可设定各类行政强制措施；限制人身自由、冻结存款和汇款的由法律保留；行政强制执行只能由法律设定
行政法规	尚未制定法律，属于国务院职权的可以设定限制人身自由、冻结存款之外的行政强制措施
地方性法规	上位法未规定的，可对地方性事物设定查封、扣押类行政强制措施

四、行政强制措施的实施与解除

（一）实施行政强制措施的一般规定

1. 实施主体及人员。《行政强制法》对实施行政强制措施的主体及人员规定是：

①行政强制措施由法律、法规规定的行政机关在法定职权范围内实施。行政强制措施权不得委托。②依据《行政处罚法》的规定行使相对集中行政处罚权的行政机关，可以实施法律、法规规定的与行政处罚权有关的行政强制措施。③行政强制措施应当由行政机关具备资格的行政执法人员实施，其他人员不得实施。

2. 实施行政强制措施的一般程序。行政机关实施行政强制措施应当遵守下列规定：①实施前须向行政机关负责人报告并经批准；②由两名以上行政执法人员实施；③出示执法身份证件；④通知当事人到场；⑤当场告知当事人采取行政强制措施的理由、依据以及当事人依法享有的权利、救济途径；⑥听取当事人的陈述和申辩；⑦制作现场笔录；⑧现场笔录由当事人和行政执法人员签名或者盖章，当事人拒绝的，在笔录中予以注明；⑨当事人不到场的，邀请见证人到场，由见证人和行政执法人员在现场笔录上签名或者盖章；⑩法律、法规规定的其他程序。

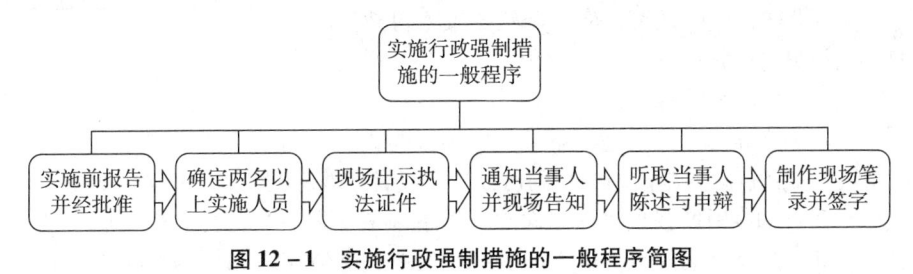

> 注意：情况紧急需要当场实施行政强制措施的，行政执法人员应当在24小时内向行政机关负责人报告，并补办批准手续。

图 12-1　实施行政强制措施的一般程序简图

（二）实施行政强制措施的特别规定

1. 限制人身自由强制措施的特别规定。依照法律规定实施限制公民人身自由的行政强制措施，还应当遵守下列规定：①当场告知或者实施行政强制措施后立即通知当事人家属实施行政强制措施的行政机关、地点和期限；②在紧急情况下当场实施行政强制措施的，在返回行政机关后，立即向行政机关负责人报告并补办批准手续；③法律规定的其他程序。

2. 查封、扣押强制措施的特别规定。具体要求是：①查封、扣押限于涉案的场所、设施或者财物，不得查封、扣押与违法行为无关的场所、设施或者财物；不得查封、扣押公民个人及其所扶养家属的生活必需品；当事人的场所、设施或者财物已被其他国家机关依法查封的，不得重复查封。②行政机关决定实施查封、扣押的，应当履行《行政强制法》第18条规定的程序，制作并当场交付查封、扣押决

> 注意：延长查封、扣押的决定应当及时书面告知当事人，并说明理由。对物品需要进行检测、检验、检疫或者技术鉴定的，查封、扣押的期间不包括检测、检验、检疫或者技术鉴定的期间。检测、检验、检疫或者技术鉴定的期间应当明确，并书面告知当事人。检测、检验、检疫或者技术鉴定的费用由行政机关承担。

定书和清单；查封、扣押清单一式二份，由当事人和行政机关分别保存。③查封、扣押的期限不得超过30日；情况复杂的，经行政机关负责人批准，可以延长，但是延长期限不得超过30日；法律、行政法规另有规定的除外。④对查封、扣押的场所、设施或者财物，行政机关应当妥善保管或委托第三人保管，不得使用或者损毁；造成损失的，应当承担赔偿责任；因查封、扣押发生的保管费用由行政机关承担。

3. 冻结强制措施的特别规定。具体是：①冻结存款、汇款的数额应当与违法行为涉及的金额相当；已被其他国家机关依法冻结的，不得重复冻结。②行政机关决定实施冻结存款、汇款的，应当向金融机构交付冻结通知书；金融机构接到冻结通知书后，应当立即予以冻结，不得拖延，不得在冻结前向当事人泄露信息；法律规定以外的行政机关或者组织要求冻结当事人存款、汇款的，金融机构应当拒绝。③依照法律规定冻结存款、汇款的，作出决定的行政机关应当在3日内向当事人交付冻结决定书。④自冻结存款、汇款之日起30日内，行政机关应当作出处理决定或者作出解除冻结决定；情况复杂的，经行政机关负责人批准，可以延长，但是延长期限不得超过30日。法律另有规定的除外。

> 注意：冻结存款的期限，只有全国人大及其常委会制定的法律有特别规定的才能构成例外。

（三）行政强制措施的解除

1. 限制人身自由强制措施的解除。实施限制人身自由的行政强制措施不得超过法定期限，实施行政强制措施的目的已经达到或者条件已经消失，应当立即解除。

2. 查封、扣押财产强制措施的解除。有下列情形之一的，行政机关应当及时作出解除查封、扣押决定：①当事人没有违法行为；②查封、扣押的场所、设施或者财物与违法行为无关；③行政机关对违法行为已经作出处理决定，不再需要查封、扣押；④查封、扣押期限已经届满；⑤其他不再需要采取查封、扣押措施的情形。解除查封、扣押应当立即退还财物；已将鲜活物品或者其他不易保管的财物拍卖或者变卖的，退还拍卖或者变卖所得款项。变卖价格明显低于市场价格，给当事人造成损失的，应当给予补偿。

3. 冻结强制措施的解除。有下列情形之一的，行政机关应当及时作出解除冻结决定：①当事人没有违法行为；②冻结的存款、汇款与违法行为无关；③行政机关对违法行为已经作出处理决定，不再需要冻结；④冻结期限已经届满；⑤其他不再需要采取冻结措施的情形。行政机关作出解除冻结决定的，应当及时通知金融机构和当事人。金融机构接到通知后，应当立即解除冻结。行政机关逾期未作出处理决定或者解除冻结决定的，金融机构应当自冻结期满之日起解除冻结。

五、行政机关自行强制执行程序

（一）自行强制执行的一般程序

行政机关强制执行程序是指法律规定的具有行政强制执行权的行政机关，在实施强制执行过程中所应遵循的步骤、方式和时限。《行政强制法》对行政机关强制执行的程序作了以下一般性的规定和要求：

1. 行政机关实施强制执行前应当履行催告履行程序。《行政强制法》要求：①行政机关作出强制执行决定前，应当事先催告当事人履行义务，催告应当以书面形式作出。②当事人收到催告书后有权进行陈述和申辩，行政机关对当事人提出的事实、理由和证据应当进行记录、复核，当事人提出的事实、理由或者证据成立的应当采纳。③经催告，当事人逾期仍不履行行政决定，且无正当理由的，行政机关可以作出强制执行决定，强制执行决定应当以书面形式作出。④在催告期间，对有证据证明有转移或者隐匿财物迹象的，行政机关可以作出立即强制执行决定。

2. 在特定情况下，行政机关可以决定中止执行。《行政强制法》第39条规定，在下列情况下，中止执行：①当事人履行行政决定确有困难或者暂无履行能力的；②第三人对执行标的主张权利，确有理由的；③执行可能造成难以弥补的损失，且中止执行不损害公共利益的；④行政机关认为需要中止执行的其他情形。中止执行的情形消失后，行政机关应当恢复执行。对没有明显社会危害，当事人确无能力履行，中止执行满3年未恢复执行的，行政机关不再执行。

3. 在特定情况下，行政机关可以决定终结执行。《行政强制法》第40条规定，在下列情况下，终结执行：①公民死亡，无遗产可供执行，又无义务承受人的；②法人或者其他组织终止，无财产可供执行，又无义务承受人的；③执行标的灭失的；④据以执行的行政决定被撤销的；⑤行政机关认为需要终结执行的其他情形。

4. 在特定情况下，行政机关可以执行回转。《行政强制法》第41条规定，行政机关在强制执行中或者执行完毕后，据以执行的行政决定被撤销、变更，或者执行错误的，应当恢复原状或者退还财物；不能恢复原状或者退还财物的，依法给予赔偿。

5. 行政机关与被执行人在执行过程中可以和解。《行政强制法》第42条规定，实施行政强制执行，行政机关可以在不损害公共利益和他人合法权益的情况下，与当事人达成执行协议。执行协议可以约定分阶段履行；当事人采取补救措施的，可以减免加处的罚款或者滞纳金。当事人不履行执行协议的，行政机关应当恢复强制执行。

6. 行政机关强制执行时间和方式的禁止性规定。《行政强制法》第43条规定，行政机关不得在夜间或者法定节假日实施行政强制执行，但情况紧急的除外。行政机关不得对居民生活采取停止供水、供电、供热、供燃气等方式迫使当事人履行相关行政决定。

（二）金钱给付义务的执行程序

金钱给付义务的强制执行，主要包括加处罚款或者滞纳金，划拨存款、汇款，拍卖或者依法处理查封、扣押的场所、设施或者财物。《行政强制法》第45～49条对这几类行政强制执行的实施程序作了具体规定。

1. 加处罚款或者滞纳金。《行政强制法》规定，行政机关实施加处罚款或者滞纳金时，应当按下列要求进行：①行政机关应当依法作出加处罚款或者滞纳金的决定，并将加处罚款或者滞纳金的标准告知当事人。②加处罚款或者滞纳金的数额不得超出金钱给付义务的数额。③实施加处罚款或者滞纳金超过 30 日，经催告当事人仍不履行的，具有行政强制执行权的行政机关可以强制执行。

2. 划拨存款、汇款。《行政强制法》规定，行政机关实施划拨存款、汇款时，应当按下列要求进行：①划拨存款、汇款应当由法律规定的行政机关决定，并书面通知金融机构。②金融机构接到行政机关依法作出划拨存款、汇款的决定后，应当立即划拨。③法律规定以外的行政机关或者组织要求划拨当事人存款、汇款的，金融机构应当拒绝。

3. 拍卖或者处理查封、扣押的场所、设施或者财物。《行政强制法》规定，行政机关实施拍卖或者处理查封、扣押的场所、设施或者财物时，应当按下列要求进行：①在实施行政管理过程中已经采取查封、扣押措施的行政机关，可以将查封、扣押的财物依法拍卖抵缴罚款。②依法拍卖财物，由行政机关委托拍卖机构依照《拍卖法》的规定办理。③划拨的存款、汇款以及拍卖和依法处理所得的款项应当上缴国库或者划入财政专户，任何行政机关或者个人不得以任何形式截留、私分或者变相私分。

（三）代履行程序

行政强制执行机关采取代履行方式强制执行的，应当遵循下列要求：

1. 代履行的范围。《行政强制法》第 50 条规定，行政机关依法作出要求当事人履行排除妨碍、恢复原状等义务的行政决定，当事人逾期不履行，经催告仍不履行，其后果已经或者将危害交通安全、造成环境污染或者破坏自然资源的，行政机关可以代履行，或者委托没有利害关系的第三人代履行。

2. 代履行的要求。根据《行政强制法》第 51、52 条的规定，代履行应当遵守下列规定：①代履行前应送达决定书。代履行决定书应当载明当事人的姓名或者名称、地址，代履行的理由和依据、方式和时间、标的、费用预算以及代履行人。②代履行 3 日前应催告当事人履行。代履行 3 日前，催告当事人履行，当事人履行的，停止代履行。③代履行时，作出决定的行政机关应当派员到场监督。④相关人员应当在执行文书上签字。代履行完毕，行政机关到场监督的工作人员、代履行人和当事人或者见证人应当在执行文书上签名或者盖章。⑤代履行不得采用暴力、胁迫以及其他非法方式。⑥紧急情况下可以立即实施代履行。需要立即清除道路、河道、航道或者公共场所的遗洒物、障碍物或者污染物，当事人不能清除的，行政机关可以决定立即实施代履行；当事人不在场的，行政机关应当在事后立即通知当事人，并依法作出处理。

六、申请法院强制执行程序

（一）行政机关申请法院强制执行的条件

根据《行政强制法》的规定，行政机关申请人民法院强制执行具体行政行为，必须具备以下条件：①当事人对行政机关作出的具有执行内容的行政决定既不申请复议或者提起行政诉讼，又不自觉履行；②法律没有授予行政机关强制执行权，或者明确授予了行政机关强制执行权，但同时又规定可以申请法院强制执行；③行政机关已催告当事人履行，而当事人在催告书送达 10 日后仍未履行义务；④行政机关必须自当事人的起诉期限届满之日起 3 个月内向有管辖权的人民法院提出强制执行申请。

（二）行政机关申请法院强制执行的管辖

根据《行政强制法》及最高人民法院《行政诉讼法执行解释》的相关规定，行政机关申请人民法院强制执行具体行政行为的，由申请人所在地的基层人民法院受理；执行对象为不动产的，由不动产所在地的基层人民法院受理。同时，为解决实践中可能出现的执行困难，基层人民法院认为执行确有困难的，可以报请上级人民法院执行；上级人民法院可以决定由其执行，也可以决定由下级人民法院执行。

（三）行政机关申请法院强制执行的手续

行政机关申请强制执行时，必须向法院提交相应的材料，以便人民法院进行审查。根据《行政强制法》第 55 条和《行政诉讼法执行解释》第 91 条的规定，行政机关申请人民法院强制执行其具体行政行为，应当提交下列材料：①强制执行申请书，强制执行申请书应当由行政机关负责人签名，加盖行政机关的印章，并注明日期；②据以执行的行政决定书及作出决定的事实、理由和依据；③当事人的意见及行政机关催告情况；④申请强制执行标的情况；⑤被执行人财产状况；⑥法律、行政法规规定的其他材料。

（四）行政机关申请法院强制执行的受理

根据《行政强制法》的规定，人民法院接到行政机关强制执行的申请，应当在 5 日内作出是否受理的裁定。根据情况分别作出如下处理：①经审查认为符合条件的申请，应当立案受理并通知申请人；②对不符合条件的申请，应当裁定不予受理并通知申请人，同时应说明不予受理的理由。行政机关对人民法院不予受理的裁定有异议的，可以在 15 日内向上一级人民法院申请复议，上一级人民法院应当自收到复议申请之日起 15 日内作出是否受理的裁定。

（五）人民法院对行政决定的审查

人民法院受理行政机关申请执行其具体行政行为的案件后，应当由行政审判庭组成合议庭对具体行政行为的合法性进行审查，并就是否准予强制执行作出裁定。人民法院对非诉行政行为的合法性审查主要通过书面方式进行，合议庭一般应当在受理后 7 日内作出裁定。

申请执行的具体行政行为存在下列情形的，合议庭应当采用类似开庭审理的方式进行审查：①明显缺乏事实根据的；②明显缺乏法律、法规依据的；③其他明显违法并损害被执行人合法权益的。适用听证程序的非诉执行案件，人民法院应当自受理之日起 30 日内作出是否执行的裁定。

(六) 人民法院对行政决定的裁定

人民法院经审查，认为行政行为认定事实基本清楚，适用法律法规基本正确，符合基本的行政程序的，应当作出准予执行的裁定。但被申请执行的行政行为有下列情形之一的，人民法院应当裁定不准予执行：①明显缺乏事实根据的；②明显缺乏法律、法规依据的；③其他明显违法并损害被执行人合法权益的。人民法院裁定不予执行的，应当说明理由，并在5日内将不予执行的裁定送达行政机关。行政机关对人民法院不予执行的裁定有异议的，可以自收到裁定之日起15日内向上一级人民法院申请复议，上一级人民法院应当自收到复议申请之日起30日内作出是否执行的裁定。

(七) 人民法院对准予执行裁定的执行

人民法院裁定准予执行的，应当在法定期限内组织实施强制执行。根据最高人民法院《关于人民法院办理执行案件若干期限的规定》（法发［2006］35号）的规定，非诉执行案件一般应当在立案之日起3个月内执行完结。有特殊情况须延长执行的，应当报请本院院长或副院长批准。《行政强制法》第59条规定："因情况紧急，为保障公共安全，行政机关可以申请人民法院立即执行。经人民法院院长批准，人民法院应当自作出执行裁定之日起5日内执行。"

第三节 其他依职权行政行为

一、行政规划

(一) 行政规划的概念与特征

行政规划是指行政主体为了实现特定的行政目标而对未来一定时期内拟采取的方法、步骤和措施依法作出的具有约束力的设计与计划。行政规划在实践中表现为行政主体在实施公共事业及其他活动之前，首先综合地提示有关行政目标，事前制定出规划蓝图，以作为具体的行政目标，并进一步制定为实现该综合性目标所必需的各项政策性大纲。

行政规划具有以下几个特征：①综合性。行政规划是一个有关目标、过程和行为的综合体，包括了行政目标的设定以及为实现行政目标所采用的各种方法、步骤和措施，是一种具有复杂性、多样性和系统性的目标、过程和行为的综合体系。②法定性。行政规划的制定及实施将在较长时间内对相对人的权利义务产生持续性影响，应当依法进行。但由于行政规划是为实现特定行政目标而预先构架的政策性大纲和发展蓝图并由实体法对其内容加以制约，不具有可行性，因此，各国更注重对行政规划实施程序控制。③裁量性。一般情况下，法律只规定行政规划的总体目标或规划者在规划时应当考虑的因素，而对规划的具体内容和手段则授权给规划者自由裁量确定，行政规划具有广泛的自由裁量性。④强制性。行政规划的强制性是它与行政指导行为的重大区别，行政规划的实施必须有方方面面的具体执行措施相配合和保障，受规划约束的相对人或行政机关不得违反规划实施行为，否则将受到法律制裁。

（二）行政规划的作用

行政规划对于行政主体和行政相对人有不同的作用。

行政规划对行政主体的作用体现在目标预定性、协调性和自律性等方面。目标预定性，即行政规划能够使行政主体明确自己未来一定时期的行政工作要达到的目标，避免行政的盲目性和随意性；协调性，即如果行政目标的实现需要若干行政主体的配合协作时，行政规划能够有效地将有关行政主体的组织协调起来，共同协作完成行政规划确定的目标和任务；自律性，即行政规划本身就是行政主体在行政管理中自我约束的规范，行政主体必须采取规划拟定的有效措施保证规划目标的实现。

行政规划对行政相对人的作用主要体现为获取行政信息和利益诱导方面。行政规划是对未来行政的政策设计与构想，往往会涉及特定利益的再分配。了解和掌握行政规划是行政相对人获取行政信息的一处重要途径，它既有利于行政相对人了解信息后根据自己的需求理性地选择和调整自己的生产和生活，又有利于行政规划得到行政相对人协助与配合。

（三）行政规划的分类

在实践中，行政规划种类繁多，形式多样。根据不同的标准可以有不同的分类：①以规划层级为标准，可以分为国家级规划、省部级规划、地市级规划、区县级规划；②以规划对象范围为标准，可以分为综合规划（总体规划）与特定规划（专项规划）；③以规划期限为标准，可以分为长期规划、中期规划、短期规划；④以规划存在形式为标准，可以分为法规性规划和非法规性规划；⑤以规划效力为标准，可以分为指导性规划、拘束性规划；等等。

（四）行政规划的法制化

尽管我国实践中的行政规划种类繁多，形式多样，但我国关于行政规划的立法却十分滞后，已有的行政规划立法多出现在城市规划领域，其他领域的规划立法严重缺失。我国目前还没有统一的行政规划立法，行政规划的法制化程度不高。在行政规划实践中，也广泛存在规划不民主、不科学、不稳定等问题，对规划相对人的权利救济也普遍缺失。因此，我国应当加快行政规划的法制化建设，尽快制定行政规划基本法，并有针对性地解决规划不民主、不科学、不稳定等问题，将行政规划行为明确纳入行政复议或行政诉讼的受案范围。

二、行政检查

（一）行政检查的概念与特征

行政检查，又称行政监督检查，是行政主体基于其依法享有的行政职权，为了保障相关法律、法规、规章及有关行政命令、行政处理决定等得到遵守和执行，对公民、法人或其他组织守法和履行法定义务的情况进行检查、了解、监督的外部具体行政行为。行政检查具有以下几个方面的特征：①行政检查的主体很广泛，可以说，所有的行政机关都享有职权范围内的检查权；②行政检查的内容很明确，主要是对公民、法人或其他组织守法和履行法定义务的情况进行检查、了解和监督；③行政检查的手段和方法具有多样性，检查的手段、时间和空间具有灵活性；④行政检查会影响到相对人的生产和生活，程序要求很严格。

（二）行政检查的作用

行政检查是行政执法行为的重要组成部分，在行政执法活动中发挥着极其重要的作用，主要表现在以下几个方面：①行政检查是国家行政机关有效实施行政执法活动的重要手段。行政主体通过行政检查，督促行政相对人自觉遵守法律规定，严格执行行政决定和命令，履行法定义务，以保障国家行政管理职能真正落实到位。②行政检查是正确作出和执行有关行政行为的前提和基础。行政机关实施行政许可、奖励、处罚或是强制，都必须通过行政检查掌握行政相对人守法的具体情况。③行政检查可以预防和及时纠正行政相对人的违法行为。行政主体通过行政检查可以了解行政相对人守法的情况，尽早发现问题，及时发出警告，并促其迅速纠正违法行为。④行政检查能够推动行政立法、行政决策的科学化和完备化。行政主体通过行政检查可以及时反馈法律制度实施的实际效果，发现现有法律规划存在的疏漏与不足，以便为有权机关修改相关法律制度提供信息资料。

（三）行政检查的种类和方法

行政检查无论就其主体，还是其内容或是其对象来讲，都非常广泛，学术界对行政检查的种类及方法的概括也呈现出不同的观点。一般来讲，实践中的行政检查主要有以下几种形式：①审查，即行政主体对相对人提交的有关书面材料进行核实的检查形式；②调查，即行政主体通过询问、讯问，查阅书面材料等形式查明有关情况的检查形式；③查验，即行政主体对相对人的某种证件或物品进行检查、核实的检查形式；④鉴定，即行政主体自己或委托专门机构对某种物品进行鉴别、化验的检查形式；⑤勘验，即行政主体对行为现场进行查看、测量的检查形式；⑥统计，即行政主体通过数据分析来了解情况的检查手段；⑦听取汇报，即行政主体通过听取相对人汇报和说明以了解情况的检查方式。

三、行政征收

（一）行政征收的概念与特征

行政征收是指行政主体基于国家和社会公共利益的需要，根据法律规定，以强制方式无偿取得相对方财产所有权的具体行政行为。行政征收是现实生活中十分常见的一类具体行政行为，对此，我国《宪法》第10条第3款确认了对土地的征收与补偿制度，第13条第3款还规定对私有财产的一般征收和征用制度。除此以外，《税收征收管理法》《个人所得税法》《土地管理法》和《国有土地上房屋征收与补偿条例》等法律法规对相关领域的行政征收行为进行了规范。

行政征收具有以下特征：①单方性。行政征收是行政主体针对行政相对方实施的一种单方具体行政行为，征收的对象、数额及征收程序完全由行政主体一方依法确定，无需与行政相对人协商一致。②强制性。行政征收的实质在于行政主体以强制方式取得相对方的财产所有权，行政相对人必须服从行政征收命令，否则要承担一定的法律后果。③法定性。行政征收的实施必须以相对方负有行政法上的缴纳义务为前提，行政相对人没有法律上的缴纳义务，任何组织不得实施行政征收行为；享有行政征收权的行政机关也必须依法实施行政征收行为。④无偿性。行政征收是国家行政机关凭借法律赋予的权力强制取得国家履行其统治职能所需要的财物，是财产的单向流转，无需向被征收主体偿付任何报酬。

（二）行政征收与相关制度的区别

1. 行政征收与公用征收。公用征收是行政主体根据社会公共利益的需要，按照法律规定的程序并在给予相应补偿的情况下，以强制方式取得相对人财产权益的一种行政行为。行政征收与公用征收同为行政主体征收相对人财产所有权的强制手段，两者的区别主要表现为：①行政征收是无偿的，公用征收要给予适当补偿；②行政征收是固定且连续的，公用征收是非固定的，只有基于公共利益需要才能实施；③行政征收以相对人负有行政法上的缴纳义务为前提，公用征收的相对人并不负有行政法上的缴纳义务；④行政征收一般是动产且多为金钱，公用征收多为土地、房屋等不动产。

2. 行政征收与公共征用。行政征用是指行政主体为了公共利益的需要，依照法定程序强制使用相对方财产或劳务的一种具体行政行为。它与行政征收的区别在于：①行政征收的结果是行政主体取得了被征收财产的所有权，公共征用中行政主体仅仅只是取得了被征用财产的使用权；②行政征收的标的一般为财产而且多为金钱，公共征用的标的除财产外，还包括劳务；③行政征收是无偿的，国家不给予补偿，公共征用时国家要给予适当补偿。

3. 行政征收与行政征购。行政征购是指行政主体以合同方式取得相对方财产所有权的一种行政行为，行政征购关系是一种特殊的买卖关系。行政征购与行政征收的区别在于：①行政征收是单方行政行为，行政征购属于行政合同行为；②行政征收是无偿的，行政征购方要支付征购物品的对价；③行政征收适用行政决定程序，行政征购适用行政合同的订立程序。

4. 行政征收与行政没收。行政没收是指行政主体对行政违法相对人的非法财产或违法所得缴归国家的行政处罚方式。它与行政征收的区别在于：①行政征收以相对人负有行政法上的缴纳义务为前提，行政没收以相对人违反行政法的有关规定为条件；②行政征收属于一种独立的行政行为，行政没收是行政处罚行为的一种；③行政征收适用专门的行政征收程序，行政没收适用行政处罚程序；④行政征收主要针对相对人的合法财产，行政没收主要针对相对人的非法财产或违法所得；⑤行政征收往往具有连续性，行政没收属于一次性行为。

（三）行政征收的类型

我国行政征收大体上有行政征税和行政收费两种类型。

1. 行政征税。行政征税是指国家税务行政主体行使征收权，依照税法规定的标准，强制、无偿地向纳税义务人收取税款的行政行为。行政征税是国家无偿参与国民收入的分配、取得公共财政收入的一种方式，具有强制性、无偿性和固定性的特征。行政征税包括对内征收的产品税、营业税、增值税、所得税、消费税、资源税等，也包括对外征收的关税、反倾销税、反补贴税等。我国行政征税的行政机关主要有国家税务局、地方税务局、海关等。行政征税的方式主要有查账征收、查定征收、查验征收、定期定额征收以及代扣代缴、代收代缴等。

2. 行政收费。行政收费是指行政主体直接行使行政征收权，向特定的公民、法人或其他组织强制收取一定额度的费用的行为。在实践中，行政收费的名目繁多，大致可以分为以下几种：①以筹措建设资金为目的的收费，如养路费、机场建设费等；②以保护自然资源为目的的收费，如管理费、资源使用费等；③以保护环境为目的的收费，如排污费、垃圾处理费等；④以发展教育为目的的收费，如农村教育事业附加费；⑤以发展社会保障事业为目的的收费，如养老保险费；⑥以价值干预为目的的收费，如原油价格调节基金；⑦以弥补机关经费不足为目的的收费，如乡镇企业管理费、个体工商户管理费。鉴于实践中经常出现的行政机关巧立名目乱收费现象比较严重，我国一是要加快"费改税"改革；二是要确立行政收费法定原则，统一收费主体；三是要建立行政收费听证制度、审批制度，严格收费票据管理。

复习思考

一、选择题

1. 吊销、暂扣许可证和执照属于行政处罚中的（   ）。
   A. 人身自由罚　　　　　　B. 行为罚
   C. 财产罚　　　　　　　　D. 声誉罚

2. 依据《行政处罚法》的规定，由于生理缺陷原因而导致违法的，行政主体应当（   ）。
   A. 减轻处罚　　B. 从轻处罚　　C. 不予处罚　　D. 正常处罚

3. 某省政府根据国务院的授权，决定由城市综合执法局统一行使数个政府职能部门的行政处罚权。根据《行政处罚法》的规定，城市综合执法局不能行使（   ）。
   A. 交通管理机关的罚款权
   B. 环境保护局的责令停产停业权
   C. 公安机关的行政拘留权
   D. 工商行政管理部门的吊销营业执照权

4. 张某在某超市购物时，一包口香糖因在购物车夹缝中被遗漏而没有付款。张某推车出超市门口时，超市保安发现了没有付款的口香糖。超市保安认为张某属于盗窃行为，要求按超市的规定对张某罚款200元。下列说法正确的是（   ）。
   A. 超市具有行政主体资格，可以对顾客行使处罚权

B. 超市的罚款规定属于自主管理的行为，应当有效
C. 超市保安的罚款行为属于执行超市规定的正当行为
D. 超市不具有行政主体资格，其罚款行为不合法

5. 依据《行政处罚法》规定，除法律另有规定外，违法行为未被发现不再给予行政处罚的时限是（　　）。

A. 3 个月　　　　B. 6 个月　　　　C. 2 年　　　　D. 3 年

6. 下列行政处罚案件中，可以适用简易程序的是（　　）。

A. 交警对张某处以 500 元罚款
B. 环保管理部门对某企业作出停业整顿的处理决定
C. 工商管理部门对公司作出吊销营业执照的处理决定
D. 城市管理部门对某超市促销音乐音量过大处以 800 元罚款

7. 行政相对人到期不缴纳罚款的，每日加处罚款的标准为罚款额的（　　）。

A. 1%　　　　B. 3%　　　　C. 5%　　　　D. 10%

8. 王某驾车违章，交警拟处以 100 元罚款。王某不服强辞申辩，交警又以王某态度蛮横为由变更为罚款 200 元。关于该交警处罚王某的行为，下列说法正确的是（　　）。

A. 该处罚违反了比例原则
B. 该处罚违反了行政程序正当原则
C. 该处罚违反了保障相对人权利原则
D. 该交警处罚王某的行为合法合理

9. 适用听证程序的行政处罚种类有（　　）。

A. 行政拘留　　　　　　　　B. 较大数额罚款
C. 责令停产停业　　　　　　D. 吊销许可证或者执照

10. 个体户华某在某市 A 区取得经营许可证，在 B 区违法经营。下列哪一选项是正确的？（　　）

A. B 区行政机关应当得到 A 区作出行政许可决定的机关委托后依法对华某的违法行为予以处理
B. B 区行政机关应当依法将案件移送 A 区作出行政许可决定的行政机关处理
C. 此案应由 A、B 区有关行政机关共同处理
D. B 区行政机关应当依法将华某的违法事实和处理结果抄告 A 区作出行政许可决定的机关

11. 运输公司指派本单位司机运送白灰膏。由于泄漏，造成沿途路面大面积严重污染。司机发现后即向公司汇报。该公司即组织人员清扫被污染路面。下列哪些选项是正确的？（　　）

A. 路面被污染的沿途三个区的执法机关对本案均享有管辖权，如发生管辖权争议，由三个区的共同上级机关指定管辖

B. 对该运输公司应当依法从轻或者减轻行政处罚
C. 本案的违法行为人是该运输公司
D. 本案的违法行为人是该运输公司和司机

12. 关于行政处罚和行政许可行为，下列哪些说法是不正确的？（　　）

A. 行政处罚和行政许可的设定机关均应定期对其设定的行政处罚和行政许可进行评价

B. 法律、法规授权的具有管理公共事务职能的组织，可依授权行使行政处罚权和行政许可权

C. 行政机关委托实施行政处罚和行政许可的组织应当是依法成立的管理公共事务的事业组织

D. 行政机关依法举行听证的，应当根据听证笔录作出行政处罚决定和行政许可决定

13. 根据行政处罚法的规定，下列哪些说法是正确的？（　　）

A. 违法行为轻微，及时纠正没有造成危害后果的，应当依法减轻对当事人的行政处罚

B. 行政机关使用非法定部门制发的罚款单据实施处罚的，当事人有权拒绝处罚

C. 对情节复杂的违法行为给予较重的行政处罚，应由行政机关的负责人集体讨论决定

D. 除当场处罚外，行政处罚决定书应按照民事诉讼法的有关规定在 7 日内送达当事人

14. 1997 年 5 月，万达公司凭借一份虚假验资报告在某省工商局办理了增资的变更登记，此后连续四年通过了工商局的年检。2001 年 7 月，工商局以办理变更登记时提供虚假验资报告为由对万达公司作出罚款 1 万元，责令提交真实验资报告的行政处罚决定。2002 年 4 月，工商局又作出撤销公司变更登记，恢复到变更前状态的决定。2004 年 6 月，工商局又就同一问题作出吊销营业执照的行政处罚决定。关于工商局的行为，下列哪一种说法是正确的？（　　）

A. 2001 年 7 月工商局的处罚决定违反了行政处罚法关于时效的规定

B. 2002 年 4 月工商局的处罚决定违反了一事不再罚原则

C. 2004 年 6 月工商局的处罚决定是对前两次处罚决定的补充和修改，属于合法的行政行为

D. 对于万达公司拒绝纠正自己违法行为的情形，工商局可以违法行为处于持续状态为由作出处罚

15. 下列哪些情形属于间接强制执行措施？（　　）

A. 张某患传染病，拒绝住院治疗，卫生机关将其强制送入传染病医院治疗

B. 某单位拒绝拆除违章建筑，城建行政主管部门委托某工程队拆除该违章建筑

C. 某交通管理局将没收的黑车委托某停车场管理

D. 某公司拖欠罚款，行政机关决定每日按罚款数额的3%加处罚款

16. 质监局发现王某生产的饼干涉嫌违法使用添加剂，遂将饼干先行登记保存，期限为1个月。有关质监局的先行登记保存行为，下列哪一说法是正确的？（　　）

A. 系对王某的权利义务不产生实质影响的行为

B. 可以由2名执法人员在现场直接作出

C. 采取该行为的前提是证据可能灭失或以后难以取得

D. 登记保存的期限合法

17. 甲公司从澳大利亚某公司购买了2万吨化肥运抵某市。海关认定甲公司在无进口许可证等报关单证的情况下进口货物，且未经海关许可擅自提取货物，遂以保证金的名义向甲公司收缴人民币200万元。随后作出罚款1000万元的行政处罚决定。甲公司认为处罚过重，但既未缴纳罚款，也未申请行政复议或者提起行政诉讼。下列说法错误的是（　　）。

A. 海关可以直接将甲公司缴纳的保证金抵缴部分罚款

B. 海关只能申请法院强制执行其处罚决定

C. 海关应当自甲公司起诉期限届满之日起180日内提出行政强制执行申请

D. 海关申请强制执行其处罚决定，应当由海关所在地的中级人民法院受理

18. 一企业没有履行除雪的行政法义务，某政府管理部门雇人替其除雪并责令该企业支付必要的除雪费用。这种行为属于（　　）。

A. 行政征收　　B. 行政处罚　　C. 执行罚　　D. 代执行

19. 拍卖已查封、扣押财产属于（　　）。

A. 直接行政强制执行　　　　B. 间接行政强制执行

C. 直接行政强制措施　　　　D. 间接行政强制措施

20. 行政机关申请人民法院强制执行其具体行政行为的时间应当是自被执行人的法定起诉期限届满之日起（　　）。

A. 30日内提出　　　　　　　B. 60日内提出

C. 90日内提出　　　　　　　D. 180日内提出

21. 行政机关申请人民法院强制执行其具体行政行为的案件，受理法院是（　　）。

A. 申请人所在地的基层人民法院

B. 具体行政行为发生地的基层人民法院

C. 第一审人民法院

D. 第二审人民法院

22. 行政机关在调查或者进行检查时，执法人员不得（　　）。

A. 少于两人　　　　　　　　B. 多于两人

C. 少于三人　　　　　　　　D. 多于三人

23. 在我国，行政征收与行政征用的主要区别是（　　）。

A. 法定性　　　B. 羁束性　　　C. 补偿性　　　D. 无偿性

24. 公安执法人员将涉嫌危害治安秩序的人员强制带离现场进行盘问的行为是一种（　　）。

A. 行政拘留　　　B. 刑事拘留　　　C. 行政监察　　　D. 行政强制

25. 下列属于行政征收的是（　　）。

A. 个人所得税　　　　　　　　B. 高速公路过路费
C. 小区物业费　　　　　　　　D. 高校学生学费

26. 工商机关表明身份、通知当事人到场、进入现场检查的行为属于（　　）。

A. 行政命令　　　　　　　　　B. 行政强制措施
C. 行政强制执行　　　　　　　D. 行政监督检查

二、名词解释

行政处罚　执行罚　代履行　行政强制措施　行政强制执行　行政规划　行政检查　行政征收

三、简答题

1. 简述行政处罚与行政处分的区别。
2. 简述行政处罚的种类和形式。
3. 简述行政处罚的适用条件。
4. 简述一事不再罚原则的含义。
5. 简述应当从轻或者减轻行政处罚的情形。
6. 简述不执行行政拘留处罚的情形。
7. 简述行政处罚简易程序。
8. 简述行政强制的类型与形式。
9. 简述行政强制的原则。
10. 行政机关申请法院强制执行的条件。

四、论述题

1. 试述行政处罚的设定规则。
2. 试述行政强制的设定规则。

五、案例分析题

1. **案情**：2002年9月24日，某市劳动局的执法人员到私营业主吴爱华的工厂进行检查，发现有多处不符合劳动安全卫生标准。对此劳动局执法人员作了劳动安全检查记录，并作出了"限3日内改进，罚款人民币2000元"的处理意见，吴爱华当场签了字。当天工作人员扣留了吴爱华的"特殊工种用工许可证"。9月27日，劳动安全稽查组对吴爱华作出了第84号行政处罚决定书，于当日送达，吴爱华于9月29日缴纳了罚款。几天后，劳动安全稽查组又到其工厂检查，认为仍不符合要求，继续扣留"特殊工种用工许可证"。

问题：（1）据查，扣留吴爱华工厂的特殊工种用工许可证的法律依据是该省人大常委会通过的一个立法文件，该扣留行为是否合法？理由是什么？

（2）如果劳动局要吊销吴爱华工厂的特殊工种用工许可证，其是否可以要求举行听证？说明理由。

2. **案情：** 2009 年 10 月 14 日晚 7 时 30 分左右，司机孙×驾车行至一路口时被一男子拦下。拦车男子声称：天冷事急打不到车，请孙×捎他一程，孙×同意。上车后，该男子声称要按出租车价格付钱，孙×专注开车并未理会。孙×车开出四五分钟后，该男子要下车并同时掏出 10 元钱扔在车的仪表盘上，随后该男子伸脚急踩刹车，并伸手拔车的钥匙。与此同时，孙×看到他车的前侧驶来一辆面包车，车上冲下几名便衣男子自称是执法队的，他们认定孙×在开黑车拉客，搞非法营运。于是，这几名便衣男子拿走了孙×的驾驶证和行车证，扣留了孙×的汽车，并将孙×拉到附近停着的一辆车上。此时，拦车男子早已跑掉。孙×想报警，但其手机也被这些执法者没收。车上的几名身穿制服的男子对孙×进行了讯问，并拿出 P 区城市管理行政执法局调查处理通知书指控孙×搞非法营运，令其在调查处理通知书上签字。孙×在与这些执法者解释了 1 个小时无果的情况下，被迫签字才得以离开。事发后，孙×感到冤枉，绝望之下他砍下自己的小手指以示清白。

问题：（1）P 区城市管理行政执法局便装执法行为的性质。

（2）P 区城市管理行政执法局便装执法行为是否合法与适当？为什么？

拓展阅读

［1］金伟峰、姜裕富：《行政征收征用补偿制度研究》，浙江大学出版社 2007 年版。

［2］王青斌：《行政规划法治化研究》，人民出版社 2010 年版。

［3］应松年主编：《行政处罚法教程》，法律出版社 2012 年版。

［4］应松年主编：《行政强制法教程》，法律出版社 2013 年版。

第十三章

其他行政行为

学习提要

大多数具体行政行为都可以归类到依申请行政行为或依职权行政行为，但实践中还有些具体行政行为无法归类到这二者之中，包括行政合同行为、行政指导行为和行政事实行为，这三类行政行为分别具有不同于一般行政行为的典型特征：行政合同行为是一种双方行政行为，行政指导行为不具有强制效力，行政事实行为在法律效果方面与行政法律行为和准行政法律行为不同。这三类行政行为各自的特殊性影响到了对其监督与救济途径及方式的制度设计，因此有必要充分理解与掌握。本章分三节内容对这三类具体行政行为逐一进行介绍。学习行政合同时重点掌握行政合同的特征及具体类型，并注意结合《政府采购法》的法条规定；学习行政指导时要注意理解其概念与特征；学习行政事实行为时要注意理解其概念、合法性及救济问题。

本章知识结构图

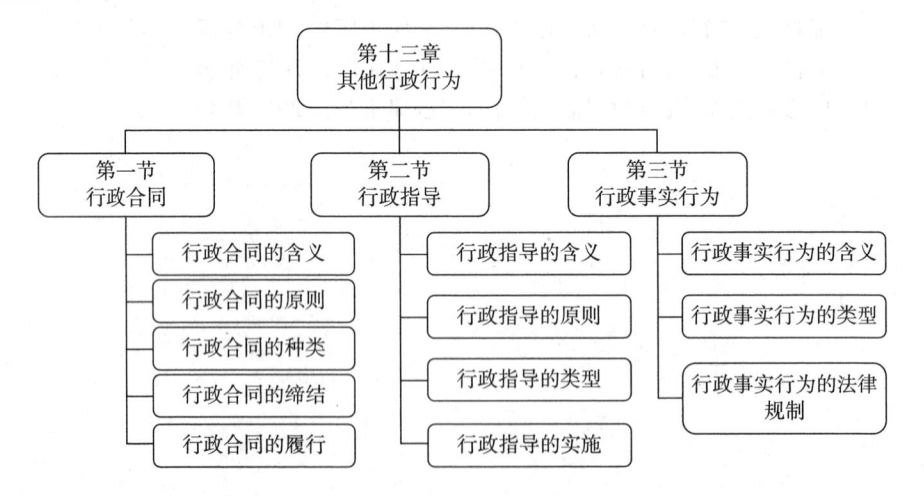

```
                    第十三章
                   其他行政行为
        ┌──────────────┼──────────────┐
      第一节          第二节          第三节
      行政合同        行政指导      行政事实行为
        │              │              │
   行政合同的含义   行政指导的含义   行政事实行为的含义
        │              │              │
   行政合同的原则   行政指导的原则   行政事实行为的类型
        │              │              │
   行政合同的种类   行政指导的类型   行政事实行为的法律
        │              │                规制
   行政合同的缔结   行政指导的实施
        │
   行政合同的履行
```

第一节 行政合同

一、行政合同的含义

行政合同，也叫行政契约，指行政机关为达到维护与增进公共利益，实现行政管理目标之目的，与相对人之间经过协商一致达成协议的一种双方行政行为。行政合同是现代行政法中合意、协商等行政民主精神的具体体现，已经成为现代社会中行政机关不可或缺的一项行政管理手段。行政合同具有以下特征：

1. 行政性。行政合同的行政性是指行政机关借助合同的形式实现其行使行政职权的目的，它不同于行政机关以民事法人的身份与他人就民事权利义务订立的私法合同。行政合同的行政性表现在：①行政合同中必有一方是具有法定行政职权的行政机关或法律法规授权的组织；②行政合同的内容是行政管理的公共事务，具有公益性；③行政主体一方在行政合同的签订、变更和履行上享有行政优益权。

2. 合意性。行政合同的合意性区别于其他行政行为的单方性，它是指行政合同的订立必须以行政机关与行政相对人共同协商一致为前提。这一特征决定了行政合同仍然属于合同的范畴，受合同的一般原理指导。行政合同的合意性表现在：①行政合同的签订遵守契约自由原理，行政相对人对行政合同是否订立、行政合同内容等有一定的选择权；②行政合同的内容具有可妥协性，表现为行政相对人有权提出修正行政合同内容的建议，行政主体根据具体情况可以应相对人的要求作出让步。

3. 法定性。行政合同的法定性是指行政合同订立、履行、变更和解除都必须遵守法律规范，行政机关不得法外实施行政合同行为。行政合同的法定性表现在：①行政机关订立行政合同必须与其行政管辖事务有关，不得超越其行政管辖权订立行政合同；②行政机关选择适用行政合同方式实施管理时，不得违背法律法规的禁止性规定；③行政机关在行政合同的订立、履行、变更或解除时，必须依法行使行政优益权，不得滥用行政优益权。

二、行政合同的原则

行政合同的原则是行政合同在订立、履行、变更和解除过程中所应当遵循的基本准则。依据行政法原理，行政合同的原则有：

（一）公开竞争原则

公开竞争原则，是指行政合同一般应当在公开招标、投标、公开竞争的基础上订立。该原则不仅是民事合同订立的原则，也是行政合同订立时应遵循的原则。由于行政合同的行政性，该原则对行政合同的合法、公平订立至关重要，也是保证国民公平竞争、享有和使用公共资源的体现。行政合同的公开竞争原则可从以下几个方面来理解：①订立行政合同要求行政主体事先公开表示订立合同的意向及公布合同的内容。如行政主体欲出让国有土地，应当事先公开订立合同的要约及出让土地的位置、面积、用途、使用年限等，使行政相对方能全面了解行政主体签订合同的要约。②行政合同在签订过程中要求行政主体平等地对待行政相对各方，让参与的各方有均等的机会展示自己的优势和实力。公平、公正、公开的竞争既能保证公意的达成，减少行政成本，提高行政效益，也有利于防止官商勾结、权力寻租等腐败现象的出现。

（二）全面履行原则

全面履行原则，是指行政合同依法成立之后，行政主体和行政相对人双方必须根据行政合同约定的权利和义务不折不扣地全面履行行政合同的所有条款。行政合同涉及公共利益，如果行政合同双方主体不全面履行，必然会影响到公共利益的有效维护。因此，行政合同的全面履行是行政合同依法成立的必然结果，并且行政合同的全面履行构成了行政合同法律效力的核心内容和行政合同消灭的主要原因。理解行政合同的全面履行原则，要注意以下两点：①全面履行原则的道德基础是诚实信用，如果缺乏诚实信用的道德基础，全面履行原则将无法落实。鉴于行政机关一方在行政合同的履行中享有行政优益权，应当严格规范行政优益权的行使，以避免行政机关以行政优益权为借口不全面履行合同。②因情势变更导致行政合同的订立基础丧失时，如强制继续履行行政合同，可能造成显失公平，或者损害社会公共利益的结果，则全面履行原则将不再发生法律效力。在这种情况下，行政合同应当依据法定程序解除。

（三）公益优先原则

公益优先原则是指在行政合同履行过程中，如果私人利益与公共利益发生冲突，则行政主体为了维护公共利益，可以依据行政优益权变更或解除行政合同。与民事合同不同，行政主体签订行政合同是实现行政管理目标，维护公共利益。因此，行政主体对行政合同的履行享有民事合同主体不享有的行政优益权，具体体现为对合同履行的监督权、指挥权、单方变更权和解除权。在行政合同履行过程中，行政主体行使行政优益权时需注意以下几点：①行政主体认为行政合同的继续履行将不利于公共利益时，有权变更、解除行政合同；②行政主体对行政相对人履行合同的行为具有监督权，在必要时可采取强制或制裁措施促使行政相对人履行合同；③作为变更、解除行政合同理由的"公共利益"，行政主体对其内涵享有初步判断权，但最终判断权在法院；④行政主体基于公共利益变更或解除行政合同时，由此造成行政相对人合法权益遭受损害的，要依法给予补偿。

三、行政合同的种类

由于行政管理实践中的行政合同种类繁杂、形式多样，而且部分行政合同难以定性、疑惑颇多。这里仅仅介绍实践中比较典型的几类行政合同。

（一）公产独占使用行政合同

一般认为，公产是指供公众使用或供公务使用的财产，以不动产为主，具体表现为海洋公产、河川湖泊公产、空中公产和地面公产，例如道路、铁路、桥梁、军港、兵工厂、公立医院、公立学校、博物馆、展览馆、通信设施等。公产使用的方式和原则因公众用公产和公务用公产的不同而不同，公众用公产的使用又有共同使用和独占使用之分。公众对公产的共同使用意味着公众不需要对公产享有任何特殊的权利即可直接使用；公众对公产的独占使用则是使用人根据行政主体所赋予的权利单独占用公产的使用形式。公产的独占使用可以基于行政主体的允许（行政许可）而实现，也可以由行政主体与私人间所缔结的合同来约定。我国涉及公产独占使用的合同包括特许经营合同、国有土地使用权出让合同、国有企业承包经营合同和租赁合同等类型。

（二）BOT 特许权协议

BOT 是英文"Build Operate Transfer"的缩写，意即"建设—运营—移交"，其基本含义是政府同私营部门签订合同，授予其参与某些基础设施或公共工程建设的特许权，由该私营部门独自或联合政府部门组成项目公司或开发公司，负责该项目的筹资、设计、承建等，项目建成后由私营部门（或项目公司）在一定时间内负责运营管理，待其收回筹资的本息并获取一定利润后，或者待约定运营期限届满后，再将整个项目无偿移交给政府或政府部门。BOT 作为一种公共工程或基础设施建设的投资融资方式，有很多种具体协议项目形式，主要包括公共工程特许合同、公共工程捐助合同和公共工程建设承包合同等类型。

（三）政府采购合同

政府采购合同是指各级国家机关、事业单位和团体组织，使用财政性资金采购依法制定的集中采购目录以内的或者采购限额标准以上的货物、工程和服务的活动中，与供应商签订的行政合同。政府采购活动中的采购，是指采购人或其代理机构以合同方式有偿取得供应商货物、工程和服务的行为，包括购买、租赁、委托、雇用等。政府采购的货物，是指各种形态和种类的物品，包括原材料、燃料、设备、产品等。政府采购的工程，是指建设工程，包括建筑物和构筑物的新建、改建、扩建、装修、拆除、修缮等。政府采购的服务，是指除货物和工程以外的其他政府采购对象。

（四）其他行政合同

除上述三类典型的行政合同外，实践中的行政合同还包括以下几种形式：

1. 公用征收补偿合同。公用征收补偿合同是指行政主体为了社会公共利益，征用相对人的财产并给予补偿的行政合同。这类合同目前广泛运用于城市建设、交通铁路、水利设施等基础建设领域，《土地管理法》和《国有土地上房屋征收与补偿条例》对此都有明确的规定。公用征收补偿合同中，征收部分属于单方行政行为，即征收是行政主体的单方决定；但是行政补偿部分是行政合同的范畴，即如何补偿以及补偿数额的确定等，必须经过与相对人协商后达成一致。

2. 国家科研合同。国家科研合同是行政机关与科研机构之间就国家重大科研项目，由国家提供资助，科研机构提供科研成果签订的协议。国家科研合同不同于《合同法》所调整的技术开发、转让等民事合同，它以公共利益为目的，往往是为了完成某项与国计民生有重大关系的科研技术项目的开发,由政府牵头参与,与科研机构签订合同,政府提供资助,科研机构完成项目开发后将成果交付政府。

3. 计划生育合同。计划生育合同是指计划生育管理部门与育龄夫妇之间,就育龄夫妇按国家计划生育指标生育,国家为其提供一定优惠所达成的协议。

4. 农村土地承包经营合同。农村土地承包经营合同是我国出现最早的行政合同,它是农村集体经济组织根据国家的政策与农户之间就集体土地承包经营签订的协议。

四、行政合同的缔结

一般来讲,行政合同的缔结方式主要有招标、拍卖、竞争性谈判和直接磋商等形式。

(一) 招标

招标是指由行政主体事先设定行政合同的标底和主要条款,行政相对人根据要求承诺并竞标,行政主体经法定评标、议标程序,选择最优者为中标方并与之订立行政合同的方式。我国公共工程建设承包合同、政府采购合同、国家科研合同的订立主要就使用招标方式订立。行政合同使用招标方式订立的,应当适用《招标投标法》的规定。根据该法规定,招标具体分为公开招标和邀请招标两种形式。

根据《招标投标法》的规定,以招标形式订立行政合同,一般分为以下几个阶段:①招标告知。即招标人在正式招标 20 日以前发布招标公告或送达投标邀请书。②投标。具备投标资格的法人或其他组织必须在招标截止时间前将投标文书送达投标地点,投标人少于三个的应当重新招标。③开标和评标。招标人应当在投标截止日主持开标,邀请所有投标人参加。评标由招标人依法组建的评标委员会在保密的情况下进行,评标委员会完成评标后,应当提出书面评标报告,并推荐合格的中标候选人。④中标。招标人可以根据评标委员会提出的书面评标执行和推荐的中标候选人确定中标人,也可以授权评标委员会直接确定中标人。中标人确定后,招标人应当向中标人发出中标通知书,并同时将中标结果通知所有未中标的投标人。⑤签订合同。招标人和中标人应当自中标通知书发出之日起 30 日内,按照招标文件和中标人的投标文件订立书面合同。招标人和中标人不得再行订立背离合同实质性内容的其他协议。

(二) 拍卖

拍卖是指由行政主体通过预设的拍卖程序,由竞拍人参与竞拍,最后与出价最高者订立行政合同的一种方式。我国国有土地使用权出让以及罚没财物的处理主要就使用拍卖方式订立行政合同。行政主体在行政管理活动中要通过拍卖方式处理财物的,应当委托拍卖机构依照《拍卖法》的规定办理。

根据《拍卖法》的规定,行政主体在行政管理活动中要通过拍卖方式处理财物的,一般分为以下几个程序:①拍卖委托。行政主体要委托拍卖机构拍卖财物的,应当与拍卖机构签订书面委托拍卖合同。②拍卖公告与展示。拍卖机构应当于拍卖日 7 日前通过报纸或者其他新闻媒介发布拍卖公告,在拍卖前展示拍卖标的并提供查看拍卖标的的条件及有关资料。③竞拍。拍卖师应当于拍卖前宣布拍卖规则和注意事项，并说明标的物是否有保留价。竞买人的最高应价经拍卖师落槌或者其他公开表示买定的方式确认后，拍卖成交。④签订合同。拍卖成交后，买受人和拍卖人应当签署成交确认书。拍卖买受人确定后，行政主体应当根据拍卖成交确认书与买受人签订行政合同。

（三）竞争性谈判

竞争性谈判是指行政主体对不能或不宜采用招标或拍卖方式缔约的事项，通过与多个行政相对人分别谈判，从中选择最合适的人选缔结合同的方式。《政府采购法》规定，对符合下列情形之一的货物或者服务，可以依法采用竞争性谈判方式采购：①招标后没有供应商投标或者没有合格标的或者重新招标未能成立的；②技术复杂或者性质特殊，不能确定详细规格或者具体要求的；③采用招标所需时间不能满足用户紧急需要的；④不能事先计算出价格总额的。

《政府采购法》规定，采用竞争性谈判方式采购的，应当遵循下列程序：

1. 成立谈判小组。谈判小组由采购人的代表和有关专家共3人以上的单数组成，其中专家的人数不得少于成员总数的2/3。

2. 制定谈判文件。谈判文件应当明确谈判程序、谈判内容、合同草案的条款以及评定成交的标准等事项。

3. 确定邀请参加谈判的供应商名单。谈判小组从符合相应资格条件的供应商名单中确定不少于三家的供应商参加谈判，并向其提供谈判文件。

4. 谈判。谈判小组所有成员集中与单一供应商分别进行谈判。在谈判中，谈判的任何一方不得透露与谈判有关的其他供应商的技术资料、价格和其他信息。谈判文件有实质性变动的，谈判小组应当以书面形式通知所有参加谈判的供应商。

5. 确定成交供应商。谈判结束后，谈判小组应当要求所有参加谈判的供应商在规定时间内进行最后报价，采购人根据符合采购需求、质量和服务相等且报价最低的原则从谈判小组提出的成交候选人中确定成交供应商，并将结果通知所有参加谈判的未成交的供应商。

（四）直接磋商

直接磋商是指行政主体根据行政合同的内容，与事先选定的行政相对人就行政合同的内容进行协商，达成一致后订立行政合同的一种方式。协议订立行政合同的方式是最常用的方式，我国公用征收补偿合同、农村土地承包合同等，一般都采用这种方式订立。直接磋商的缔结方式，在《政府采购法》中表现为单一来源采购和询价采购两种方式。根据该法规定，符合下列情形之一的货物或者服务，可以依法采用直接磋商方式采购：①只能从唯一供应商处采购的；②发生了不可预见的紧急情况不能从其他供应商处采购的；③必须保证原有采购项目一致性或者服务配套的要求，需要继续从原供应商处添购，且添购资金总额不超过原合同采购金额10%的；④采购的货物规格、标准统一，现货货源充足且价格变化幅度小的政府采购项目。

根据《政府采购法》的规定，采取询价方式进行政府采购的，应当遵循下列程序：

1. 成立询价小组。询价小组由采购人的代表和有关专家共3人以上的单数组成，其中专家的人数不得少于成员总数的2/3。询价小组应当对采购项目的价格构成和评定成交的标准等事项作出规定。

2. 确定被询价的供应商名单。询价小组根据采购需求，从符合相应资格条件的供应商名单中确定不少于三家的供应商，并向其发出询价通知书让其报价。

3. 询价。询价小组要求被询价的供应商一次报出不得更改的价格。

4. 确定成交供应商。采购人根据符合采购需求、质量和服务相等且报价最低的原则确定成交供应商，并将结果通知所有被询价的未成交的供应商。

五、行政合同的履行

从某种意义上讲，行政合同与民事合同之间的差异在行政合同的履行阶段有更集中的反映。由于行政合同中行政主体一方享有行政优益权，使得当事人地位平等、非经双方同意合同条款不得变更、合同义务必须遵守等私法契约的基本原则在行政合同的履行中不能严格执行。为了补偿行政相对人因行政优益权所遭受的特别损失，行政相对人也享有民事合同中所没有的权利。

（一）行政主体的行政优益权

结合各国行政合同的理论与实践，行政主体在行政合同的履行中享有的行政优益权主要体现在：

1. 合同履行的监督检查权。行政主体对行政合同的履行过程及其履行情况有权进行经常性的监督检查，借以掌握或了解行政合同履行的数量和质量以及是否符合公共利益的要求等，这对于督促行政相对人切实履行义务，进而实现行政合同的既定目的，具有重要意义。

2. 合同履行的指挥权和强制执行权。行政主体对行政合同的履行具有指挥权，因为行政合同的履行必须符合公共利益，而行政主体是公共利益的判断者。对于不依照行政合同的约定履行义务的行政相对人，行政主体可以无需请求法院判决而依职权直接行使强制权。

3. 合同履行中的单方变更或解除权。在行政合同履行过程中，如果发生不可抗力或情势变更，使得继续履行行政合同可能违背公共利益或无法实现既定目标时，行政主体可以无需请求法院判决而依职权单方面变更或解除行政合同。

4. 合同履行中的制裁权。在行政合同履行过程中，如果行政相对人违反合同约定，行政主体可以无需法院判决而直接依职权对行政相对人实施惩戒的制裁，制裁方式包括征收违约金、责令赔偿损失、强制代履行、解除合同等。

（二）行政相对人的履约补偿权

行政主体在行政合同的履行过程中享有和行使行政优益权，对于行政合同所预期的行政目的的顺利实现固然起着决定性作用，但是，行政相对人却会因此遭受行政合同约定义务之外的特别损失。从某种意义上讲，这是行政相对人为维护公共利益而所做的"特别牺牲"。据此，为行政相对人所遭受的特别损失给予补偿是现代行政法治的必然要求，通过补偿，不但可以维持行政合同双方主体地位的平衡，而且可以实现公共利益与个人利益的平衡。所以，行政相对人因行政主体在行政合同中行使诸如指挥权、强制执行权、单方面变更或解除合同权以及制裁权等遭受损失时，可以请求行政主体给予补偿。

（三）对行政优益权的程序控制

在防止行政优益权滥用方面，仅仅赋予行政相对人在履行合同中的补偿请求权是不够的，还应当构建相应的程序制度来对其实施过程进行控制。据此，在行政合同的履行过程中建立以下程序制度可以在一定程度上防止行政主体滥用行政优益权：

1. 资讯公开制度。即要求行政主体向行政相对人公开合同履行过程中的相关信息资料，行政相对人也有权查阅行政主体所掌握的相关信息资料，防止内幕交易及行贿受贿等腐败滋生。

2. 说明理由制度。即要求行政主体行使行政优益权时，必须向行政相对人说明采取这些特权措施的具体理由。

3. 听证协商制度。即行政相对人如果对行政主体在履行行政合同过程中行使行政优益权的行为持有重大不同意见时，行政主体应当通过听证或其他方式听取行政相对人的意见，并与之沟通协商、消除分歧。

4. 参与保留制度。即对于行政合同履行过程中的重大变更事项，应当征得其他行政机关的核准或同意，或者与其他行政机关会同办理。

第二节 行政指导

一、行政指导的含义

行政指导，是指行政主体基于国家的法律、政策规定，在其所管辖的行政事务范围内，适时灵活地采取劝告、建议等方式引导行政相对人自愿采取一定的作为或不作为行为，以实现行政管理目的的行政行为。行政指导是现代行政法中合作、协商民主精神发展的结果，也是现代市场经济发展过程中对市场调节失灵和政府干预双重缺陷的一种补救方式。行政指导具有以下三个方面的特征：

1. 行政性。行政指导的行政性体现在以下两个方面：①行政指导行为是行政主体基于行政职能做出的行政行为，是发生在行政管理领域中的一种法律现象；②行政指导的目的是通过一种非权力性行为达到与实施行政权力殊途同归的目的，并降低行政成本。

2. 多样性。行政指导行为的多样性是指法律对行政指导的具体方法没有作出明确的羁束性规定，而由行政主体根据实际情况决定。常见的行政指导方式有引导、劝告、建议、协商、示范、制定导向性政策、发布官方信息等。行政指导的多样性既反映了行政主体在行政指导活动中拥有较大的自由裁量权,也说明了行政指导在具体实施中的复杂性以及防止被行政机关滥用的重要性。

3. 自愿性。行政指导的本质是非行政权的行为,承受行政指导行为的行政相对人是否接受指导取决于其自由意志。行政相对人对行政指导行为不具有必须服从的义务,行政指导行为因此也不具有一般行政行为的法律上的可救济性。

二、行政指导的原则

根据行政法理论和现行有关国家行政程序法的规定,行政指导行为的原则可以确定为:

(一) 正当性原则

正当性原则是指行政指导行为必须最大限度保障行政相对人对行政指导的可接受性。这种可接受性表现为行政相对人主观上认为如果其接受行政机关作出的行政指导,将会产生对其有利的法律结果。从利己的人性本能出发,行政相对人对于可选择的行政指导必然会将自己的利益在限定的范围内最大化。如果行政相对人认为行政指导对其可能产生不利影响或者没有好处,一般是不会接受行政机关作出的行政指导的。我们之所以在这里将正当性作这样的界定,是因为行政指导行为是以行政相对人接受为产生预期作用的前提条件。

(二) 自愿性原则

自愿性原则是指行政指导行为应为行政相对人认同和自愿接受,因为行政指导行为不是一种行政主体以行政职权实施的、期以产生法律效果的行政行为,行政指导对行政相对人不具有法律上的约束力。"自愿"的本意是人在没有外在强迫下做自己想做的事,法律上的"自愿"还应加上"在不损害他人合法权益的前提下"之条件。行政指导不是行政机关的权力性行为,其没有国家强制力为后盾,行政相对人即使不愿意接受行政指导行为,行政机关也不能借助国家强制力驱使行政相对人违心接受。否则,行政机关的行政指导行为就变质为具有强制力的行政命令或行政强制了。

(三) 必要性原则

必要性原则是指行政主体采取行政指导行为比实施行政行为可能会产生更好的客观效果的一种主观认识。行政主体行使行政职权的基本目的在于维持一个正常的社会秩序,促进社会的全面进步。如果通过非行政行为也能达到这一目的,或者可以降低行政成本,行政主体完全可以作出选择,采用非行政行为实现行政目的。因此,在行政指导中确立必要性原则,是基于行政效益理论。在现代社会中,行政管理的资源是有限的,有的资源甚至是稀缺的。为了减轻社会负担,行政机关应当通过主观努力,实现有限的行政管理资源的效用最大化。

三、行政指导的类型

行政指导行为最为突出的特点就是灵活多样、不拘一格和追求效率,这与行政指导作为非权力强制行为的性质是相适应的。实践中,行政指导的方式主要有以下几种类型：

（一）劝说类行政指导

劝说类行政指导具体包括劝告、劝诫、劝阻、说服等形式。劝告说服是行政机关通过陈述情理希望行政相对人接受行政指导的一种方式。劝告说服是以行政机关说理为前提，虽然行政行为也要求行政机关说理，但行政行为总是与强制联系在一起的。由于行政指导没有国家强制力为后盾，因此，要使行政相对人接受行政指导的重要方式之一就是行政机关应当以理服人，行政机关要推行行政指导方式，必须学会讲道理。

（二）建议类行政指导

建议类行政指导具体包括提议、建议、意见、主张、提倡等形式。建议是行政机关根据行政管理目的的需要，将自己对实现行政管理目的方法、途径等形成的看法告诉给行政相对人，希望行政相对人在政治、经济和文化活动中响应其建议，从而有助于行政机关达成行政管理的目的的行为。建议一般具有具体的内容，行政相对人接受后具有可操作性。如果行政相对人在接受建议后需要行政机关帮助，行政机关应当给予满足。行政机关正确运用行政指导的方式，客观上可以产生良好的社会效果，对提升"善良政府"形象具有重要的促进功能。

（三）协商类行政指导

协商类行政指导具体包括商讨、协商、沟通、斡旋、协调等形式。协商是行政机关为了取得行政相对人的支持，实现某一行政管理目标，而与行政相对人就某一行政管理事项进行商讨，增进互相了解与沟通，谋求与行政相对人达成共识的行为。行政管理活动的实施往往会影响部分行政相对人的既得利益，行政主体如果能事先就此问题与行政相对人进行协商，听取其意见，顾及其利益损失，则有利于获得行政相对人对行政管理活动的理解与支持。

（四）奖励类行政指导

奖励类行政指导具体包括赞同、表彰、宣传、示范、推荐、推广、鼓励、激励、勉励等形式。奖励是行政机关通过给予行政相对人一定的物质和精神鼓励，引导行政相对人从事有助于行政机关达成行政管理目标的行为。物质鼓励是行政机关给予行政相对人一定数量的奖金或者奖品。精神鼓动是行政机关给予行政相对人一定的名誉。行政指导中的奖励方式是基于人从事社会活动具有谋利的本性，通过物质或者精神的刺激满足人的需要，使人从事某种特定的活动。

（五）帮助类行政指导

帮助类行政指导具体包括发布信息、辅导、帮助、告知、指点、提醒等形式。帮助是行政机关通过为行政相对人提供某种便利的条件，引导行政相对人实施符合行政机关达成行政管理目标的活动。在现代社会中，行政机关因其所处的优越地位使其掌握了许多政治、经济和文化发展的资讯，而行政相对人因处于行政被管理的地位，具有天然的被动性。如果行政机关在行政相对人从事政治、经济和文化活动时给予必要的帮助，必然可以引导行政相对人的行为朝行政机关确定的管理目标方向发展。

四、行政指导的实施

（一）行政指导的实施依据

行政指导是否需要以及需要什么样的依据，在行政法理论上一直是有争议的。我们认为，没有任何法律依据的行政指导与法治原则明显不符而不宜提倡，否则，行政机关很可能也很容易借用行政指导之名行违法行政活动。但是，要求行政指导必须具有具体的法律条文依据也是不可能的，否则行政指导就会丧失其不拘一格的特性。因此，我们认为在行政指导实践中不必强制要求行政指导的实施必须具有明确的法律条文依据，只需要行政主体在其职权范围内实施行政指导时，不违反法律明确规定即可。行政实践中，部分法律规范也为行政主体实施行政指导提供了明确的规范依据。如《教师法》第18条第1款规定："各级人民政府和有关部门应当办好师范教育，并采取措施，鼓励优秀青年进入各级师范学校学习。各级教师进修学校承担培训中小学教师的任务。"

（二）行政指导的实施要求

尽管行政指导行为不具有对行政相对人的合法权益的强制性效力，但它毕竟是行政机关基于公务而实施的一种行为，具有侵犯行政相对人合法权益的可能性。因此，行政主体在实施行政指导行为时，必须遵守以下条件：①行政主体对行政指导行为所关涉的事务具有法定的行政管辖权；②行政主体实施行政指导应当明示依据，并受之约束；③行政主体作成行政指导行为后，非经法定程序不得随意撤销、变更；④行政主体不能借助于行政强制力实施行政指导行为，不得迫使行政相对人接受行政指导行为。

（三）行政指导的实施程序

行政指导方式多样，程序也十分灵活，各国行政指导程序的法定化、规范化程度都普遍不高。但一般来说，行政主体实施行政指导一般要经历以下程序阶段。

1. 必要性与可行性论证。即行政主体在依职权或依行政相对人申请启动行政指导之前，应当通过研究相关法律或政策规定，调查了解真实情况，确定有无必要实施行政指导。必要时，可以向专家和专业部门进行咨询论证。

2. 具体实施行政指导。在具有实施行政指导必要的前提下，行政主体可以根据行政事务特点，灵活采取合适的指导方式对行政相对人实施具体的指导。行政主体实施行政指导应当时刻保持与行政相对人的良好沟通，对于一些重大的指导行为，行政主体可以采取听证会、座谈会等方式听取行政相对人对行政指导内容和方式的意见。

3. 指导终结与评估。行政指导实现了行政管理目的或者行政相对人拒绝接受行政指导的，行政主体应当及时终结行政指导，对行政指导的过程和效果进行评估总结，对行政指导过程中的违法违规行为进行适时的纠正，对行政相对人合法权益因行政指导遭受的损失依法予以补偿或赔偿。

第三节 行政事实行为

一、行政事实行为的含义

在现代行政法中,行政事实行为是行政主体实施行政管理活动的重要行为方式。所谓行政事实行为,是指行政主体基于其行政职权而实施的,不产生法律约束力,而以影响或改变事实状态为目的的一种行政行为。行政事实行为主要具有如下法律特征:

1. 行政性。行政事实行为的行政性主要体现在:①行政事实行为的实施主体是享有行政管理职权的行政机关或法律法规授权组织;②行政事实行为是行政机关或法律法规授权组织在管辖权范围内借助行政职权实施的一种行政行为;③行政机关或法律法规授权组织实施事实行为主要的法律依据是行政方面的法律、法规、规章或行政政策。

2. 可致损性。行政主体尽管在实施行政事实行为时并没有对行政相对人的合法权益进行处分的意思,但它基于法律规范的规定,也可能对行政相对人的合法权益产生事实上的影响或改变,行政事实行为具有可致权益受损性。其原因在于,行政事实行为仍然属于行政主体基于行政职权而实施的行政行为,行为目的仍然是为维持社会秩序,必然会涉及对行政相对人权利与自由的适当限制,任何与行政事实行为相对峙的行为,都可能导致制裁性的或其他不利的法律后果。由于行政事实行为的可致损性,行政相对人的合法权益因违法行政事实行为遭受损失时,可以请求行政救济。

3. 多样性。行政事实行为在客观上表现为多种行为方式。这主要是源于:①行政事实行为绝大多数是行政主体依据法律的一般原则而实施的,其行为模式很少有明确的法律规定;②行政事实行为主要是行政主体为达成行政管理目的的补充性行政行为,只要有助于实现行政管理目的的行为方式,行政主体都可以采用;③行政管理实践中需要行政主体采取灵活多样的行政事实行为方式来适应复杂多变的行政管理事务,一般不将行政事实行为纳入统一的行政程序法调整。

二、行政事实行为的类型

(一) 补充性行政事实行为

补充性行政事实行为,又称执行性行政事实行为,它是指行政主体为了实现一个已经作出的行政行为内容而实施的行为。补充性行政事实行为不具有独立的法律地位,它是辅助执行一个已经成立的行政行为的行为。如:工商局销毁收缴的假冒伪劣产品的行为。辅助性行政事实行为本身不具有法律上的约束力,它只是行政法律行为法律效力的体现与落实。

(二) 即时性行政事实行为

即时性行政事实行为是指行政主体在执行公务过程中,为确保正常的社会秩序或公务活动的顺利实现而采取的一种行为。如:拖走抛锚的车辆或清理倒在公路上的树木，以保证公路交通顺畅。即时性行政行为具有临时性、紧急性的特征，其行为方式由行政主体根据实际情况裁量决定。

（三）建议性行政事实行为

建议性行政事实行为是行政主体为避免行政相对人的合法权益受到不必要的损失，根据自己所掌握的信息资料作出判断，而向行政相对人提出的可以实施或不要实施某种行为的忠告、建议等。如：对优质产品的推荐，对某种商品的价格预测等。建议性行政事实行为对行政相对人支配性最弱。

（四）服务性行政事实行为

服务性行政事实行为是行政主体基于服务行政的法律精神，基于行政职权为社会或者特定的行政相对人提供服务的行为。如交通警察安装交通标志、气象部门发布天气预报等。服务性行政事实行为的结果是为行政相对人提供各种便利。

三、行政事实行为的法律规制

（一）行政事实行为的合法性

现代法治国家要求任何行政活动都必须服膺于依法行政的理念，行政事实行为作为行政活动的一种，当然也不能免除这种义务。"无法律就无行政"，行政事实行为应该符合相应的合法性要求。具体说来主要包括以下三个方面：其一，行政机关应当在法定权限范围内实施行政行为。一方面行政机关必须在其法定职权范围内实施行政事实行为，越权行为应无效；另一方面，属于行政机关职责的事项，行政机关必须作出相应行政事实行为，不能怠于或拖延履行公共职责。其二，行政事实行为的内容应该符合法律。这里的"符合法律"不仅仅指符合法律法规等法律条文，还包括符合法律的原则和精神。其三，行政事实行为的作出要符合比例原则。行政机关如果小题大做或者基于疏忽、错误判断所作的行政事实行为应属于不法行为。从以上几点也可以看出，行政事实行为的合法性要求与行政行为原则上并没有太大区别，但是事实上行政事实行为的合法性要件比较宽松，特别是大多情况享有所谓的法外空间，而且一般不受行政程序法的制约。此外，行政事实行为的受益人也不能适用信赖利益保护的原则。

（二）行政事实行为的救济

我国对违法的行政事实行为主要规定了两种责任：一是刑事责任。行政事实行为若造成公民人身、财产重大损害，负主要责任的行政人员构成犯罪的，应当承担相应的刑事责任。二是国家赔偿责任。我国《国家赔偿法》第2条第1款规定：国家机关和国家机关工作人员行使职权，有本法规定的侵犯公民、法人和其他组织合法权益的情形，造成损害的，受害人有依照本法取得国家赔偿的权利。同时，第3条第2~4项还明确规定，行政机关及其工作人员在行使行政职权时有下列侵犯人身权情形之一的，受害人有取得赔偿的权利：①非法拘禁或者以其他方法非法剥夺公民人身自由的；②以殴打、虐待等行为或者唆使、放纵他人以殴打、虐待等行为造成公民身体伤害或者死亡的；③违法使用武器、警械造成公民身体伤害或者死亡的。

这些规定赋予了行政相对人对违法行政事实行为的赔偿救济请求权。

我国《行政诉讼法》规定，行政行为除非被《行政诉讼法》明确排除不可诉之外，都属于可诉的行政行为，行政事实行为作为行政行为的一种，原则上也是可诉的。在行政管理活动中，公民、法人或其他组织认为行政事实行为作为或不作为违法，侵害其合法权益的，即享有排除请求权和作为请求权。所谓排除请求权，是指如果行政机关实施的行政事实行为对相对人权益仍存在着持续的侵害状态，那么受损害的相对人可以提起行政诉讼，要求行政机关停止该违法行政事实行为，消除侵害。而作为请求权是指，如果行政机关应该实施而未实施某种行政事实行为，那么相对人可以提起行政诉讼，要求行政机关履行法定职责，实施该行政事实行为。

复习思考

一、选择题

1. 下列关于行政合同的表述，正确的是（　　）。
   A. 行政合同的当事人一方必定是行政主体
   B. 行政合同的成立只需行政机关单方意志
   C. 行政合同履行、变更或解除，行政机关享有优益权
   D. 行政合同的纠纷不能通过司法救济

2. 下列情形需订立行政合同的是（　　）。
   A. 某建筑公司拟承建县政府办公楼
   B. 某建筑公司拟修建县乡村公路
   C. 某建筑公司拟承建县政府家属宿舍
   D. 某建筑公司拟承建县中学教学楼

3. 下列选项中，不属于行政合同的是（　　）。
   A. 政府采购合同　　　　　　B. 专利转让合同
   C. 公共工程合同　　　　　　D. 工业企业承包合同

4. 在行政合同中，行政相对人的权利是（　　）。
   A. 单方变更或解除合同的权利
   B. 对不履行义务的行政机关的制裁权
   C. 对合同履行的监督权和指挥权
   D. 不可预见的困难情况的补偿权

5. 行政主体对于行政合同的履行、变更或解除享有（　　）。
   A. 优益权　　　B. 受偿权　　　C. 豁免权　　　D. 处置权

6. 下列不具有强制力的行政行为是（　　）。
   A. 行政确认　　B. 行政规划　　C. 行政调查　　D. 行政指导

7. 下列选项中属于行政指导性质的行为是（　　）。
   A. 国务院法制局拟定的国务院年度立法规划

B. 国务院发布的《××年产业发展政策纲要》
C. 公安部发布禁止旅客携带危险品上车的规定
D. 环保局责令超标排污企业限期整改的通告

8. 下列选项中，属于行政事实行为的是（　　）。
   A. 吊销营业执照　　　　　　B. 销毁盗版音像制品
   C. 户口登记　　　　　　　　D. 拆迁补偿

9. 行政事实行为的特征主要有（　　）。
   A. 行政性　　　　　　　　　B. 不具备法律约束力
   C. 多样性　　　　　　　　　D. 法定性

10. 下列关于行政指导，表述正确的是（　　）。
    A. 行政指导具有双方性
    B. 行政指导属于"消极行政"的范畴
    C. 行政指导具有法律强制力
    D. 行政指导能直接产生法律效果

二、名词解释

行政合同　行政指导　行政事实行为

三、简答题

1. 简述行政合同的主要类型。
2. 简述行政指导的主要特征。
3. 简述行政事实行为的主要类型。

四、案例分析

案情： 某省公路局为了修建一条高速公路，与某道路建筑公司签订协议。双方约定，由该道路建筑公司自筹资金并负责修建高速公路；自高速公路修建完毕五年内，由道路建筑公司按物价部门批准的收费标准向使用高速公路的车辆收费，作为其收回投资和利润的回报。

问题：（1）省公路局与道路建筑公司签订的上述协议是行政合同还是民事合同？为什么？

（2）如果对该协议发生争议，双方协商不成，道路建筑公司向人民法院提起民事诉讼还是行政诉讼？为什么？

☞ 拓展阅读

［1］余凌云：《行政契约论》，中国人民大学出版社2000年版。
［2］莫于川等：《法治视野中的行政指导》，中国人民大学出版社2005年版。
［3］杨解君主编：《中国行政合同的理论与实践探索》，法律出版社2009年版。
［4］陈晋胜：《行政事实行为研究》，知识产权出版社2010年版。

第十四章 行政程序与信息公开

学习提要

行政法对行政权实施规范与控制的另一重要途径是通过行政程序法来规范和控制行政权的实施过程，这其中，行政信息公开是防止行政权逾越或滥用的重要方式。本章分两节内容，分别对行政程序和行政信息公开的相关基础知识进行一般性介绍。我国目前尚未制定统一的行政程序法典，各类行政行为程序主要由单行法律法规来规制，如《行政法规制定程序条例》《行政法规制定程序条例》《行政处罚法》《行政许可法》《行政强制法》等，学习本章时，要结合行政程序的单行法规定理解掌握行政程序的基本原则和基本制度。2008年，国务院颁布实施了《政府信息公开条例》，学习时要结合该条例的相关规定来理解和掌握行政信息公开的具体制度内容。

本章知识结构图

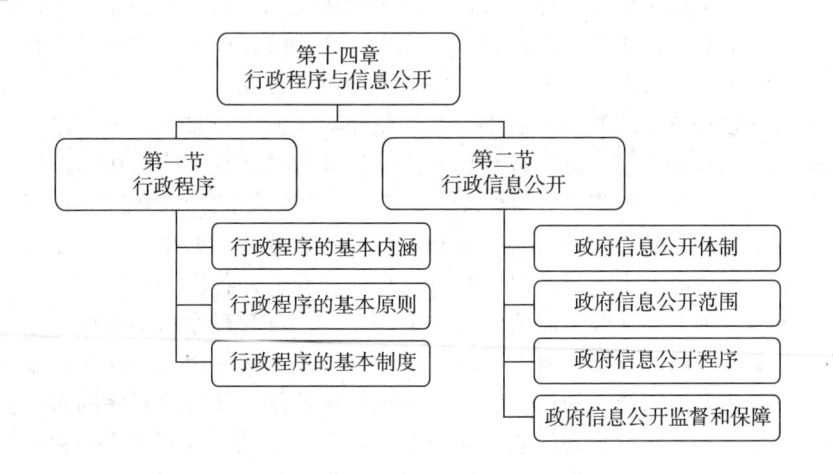

```
            第十四章
         行政程序与信息公开
         /              \
    第一节               第二节
    行政程序             行政信息公开
      |                    |
   行政程序的基本内涵    政府信息公开体制
   行政程序的基本原则    政府信息公开范围
   行政程序的基本制度    政府信息公开程序
                        政府信息公开监督和保障
```

第一节 行政程序

一、行政程序的基本内涵

（一）行政程序的概念

行政程序是指行政主体实施行政行为时所应遵循的方式、步骤、顺序和时限所构成的一个连续过程。行为方式、步骤构成了行政行为的空间表现形式，行为的顺序、时限构成了行政行为的时间表现形式，所以，行政程序本质上是行政行为空间和时间表现形式的结合。有时，行政机关实施行政行为离不开行政相对人的参与，因此，行政相对人参与行政行为程序也是行政程序不可缺少的内容。

当前，我国行政程序的立法在中央层面尚未统一，主要分散于各单行法律和法规中，如《行政法规制定程序条例》《行政法规制定程序条例》和《法规规章备案条例》对行政立法程序进行了详细的规定，《行政处罚法》第五章规定了行政处罚决定程序，《行政许可法》第四章规定了行政许可实施程序，《治安管理处罚法》第四章规定了治安管理处罚程序，《行政强制法》第三章规定了行政强制措施实施程序、第四章规定了行政机关强制执行的程序。此外，2012年公安部修订通过了《公安机关办理行政案件程序规定》。但在湖南和山东省等地方，行政程序立法实现了法典化，2008年，湖南省率先制定了《湖南省行政程序规定》，山东省于2011年颁布了《山东省行政程序规定》。上述两个地方的行政程序规定，对于我国制定统一的行政程序法具有重要的示范意义。

（二）行政程序的特征

行政程序作为行政权的实现程序，具有以下几个典型特征：

1. 法定性。行政程序的法定性，是指用于规范行政行为的程序一般应通过制定法实现法律化，使其具有控制行政行为合法、正当运作的强制力量。行政程序的法定性表明：①并不是所有行政行为的程序都必须法定化，只有那些能够对行政行为产生控制功能的程序，才有必要成为法定程序；②行政程序的法定性意味着无论是行政机关还是行政相对人，在进行行政法律活动时都必须遵守预定的行为程序，否则将承担程序违法所带来的不利后果；③行政相对人遵守行政行为的程序，实质上是通过相对人的程序参与，监督行政机关依法实施行政行为，从而达到保护自己合法权益的目的，因此，与其说是相对人的义务，不如说是相对人的程序性权利。

2. 多样性。行政程序的多样性，是指因行政行为性质上的差异性导致行政主体所遵守的行政程序在客观上呈现出多种行政程序并存，并各自调整不同行政行为的格局。行政程序的多样性表明需要注意以下两点：①行政程序的多样性尽管增加了行政程序法统一立法的难度，但不同性质的行政行为之间客观上也存在着基本相同的行政程序，因此制定统一的行政程序法典也是可能的；②行政程序的多样性要求我们既要关注各种行政行为之间应当共同遵守的程序规则，也要关注每种行政行为所具有的特殊程序规则，这为在统一行政程序法指导下为不同行政行为的程序分别立法提供了理论和现实的基础。

3. 分散性。行政程序的分散性是指存在多种法律形式规定行政程序，从而使行政程序分散于众多的、具有不同效力的法律文件之中。对于行政程序所具有的这一客观现实特征，我们可以从以下几个方面作进一步分析：①许多国家和地区在统一的行政程序法之外存在着单行的规定行政程序的法律文件。如美国除了《联邦行政程序法》外，还有《行政会议法》《阳光下的政府法》《信息自由法》《隐私权法》等单行法律文件。②在某些行政实体法中规定了相应的行政程序法规范。如我国《国家赔偿法》中规定的行政赔偿处理程序，《公务员法》中规定公务员申诉控告程序。③在尚未制定统一的行政程序法典之前，可以针对不同性质的行政行为制定各种单一的行政程序法律文件。例如，我国的《行政法规制定程序条例》《行政法规制定程序条例》《公安机关办理行政案件程序规定》等专门程序性法律文件。

（三）行政程序的价值

行政程序作为规范行政权行使过程、体现法治形式合理性的行为过程，是实现行政法治的重要前提；而行政程序发达与否，是衡量一国行政法治程度的重要标志。行政程序具有以下重要价值：

1. 行政程序有利于保障公民参政权的有效行使。传统的公民参政权在20世纪之后的社会法治化过程中已显露出无法弥补的缺陷，公民只能通过自己在议会中的代表在例会中行使对行政权力的监督，而且这种监督基本上是事后监督。行政程序可以让公民越过自己的代表直接介入行政权的行使过程。在这个过程中，公民权可以成为约束行政权合法、正当行使的一种外在规范力量，并随时可以对行政权的行使是否合法与正当在法律范围内提出抗辩，为行政机关行使职权提供一个反思的机制，有利于预防违法或不当行政行为的发生，并在发生时得到及时纠正，这符合现代行政法治精神所要求的合作与协商原则。

2. 行政程序有利于保护行政相对人的程序权利。在过去的立法过程中，我们只注意规定行政相对人的法律实体权利，这种轻视法律程序权利的结果往往使行政机关以国家神化为理由剥夺公民实体上的权利。因为，任何法律实体权利如果没有相应的法律程序权利予以保障，则立法赋予再多的法律实体权利也是没有任何意义的。世界各国的经验也证明，行政实体法发展到一定程度时，行政程序也必然会逐步发展起来。而且，在行政管理法律关系中，行政相对人的法律程序权利只能通过相应的行政程序来保障。

3. 行政程序有利于提高行政效率。行政效率是行政权的生命。在现代国家中，人们不会容忍行政机关低效率地行使行政职权。行政权运行机制的设定，在许多情况下都是受制于行政效率，如行政诉讼过程中不停止执行、行政行为的合法性由行政机关自己最终决定等。这就是法治的代价。此外，通过行政程序让行政相对人介入行政过程，允许其对行政机关的行政行为作出评价，让行政相对人的"怒"发泄在行政行为过程中，从而获得行政相对人对行政行为结果的认同并自觉履行，减少事后争讼对行政行为执行带来的阻力。

4. 行政程序有利于促使行政主体依法行使职权。行政程序本身所具有的可控制行政行为的功能，决定了行政程序具有促使行政主体依法行使职权的作用。其一，行政程序要求行政主体应当给予行政相对人同等、充分的机会来陈述理由和要求，明确告知其程序权利以及程序结束后产生的法律后果，并不得基于不正当的动机来模糊解释有关行政程序的概念。因此，许多国家都把听证、告知、回避等法律程序制度列为行政程序法不可缺少的内容，其目的是促使行政主体依法行使行政职权。其二，行政程序可以对行政裁量权实施可行性监控。行政实体法规定的对行政裁量权的监督难以起到制约作用，而行政程序却可以较有效地起到这方面的作用。其三，行政程序可以为行政权趋于正当、合理产生一种引导作用，引领行政权行使的正确方向。

二、行政程序的基本原则

行政行为过程应当公开、公平、公正，符合行政效率的要求，能有效保障行政相对人的参与权。因此，行政程序的基本原则包括公开原则、公平公正原则、效率原则和参与原则，同时符合上述各项原则的行政程序才具有合法正当性，才可称得上正当法律程度。

（一）程序公开原则

行政公开是指行政主体在行使行政职权时，除涉及国家秘密、个人隐私和商业秘密外，必须向行政相对人及社会公开与行政职权有关的事项。行政相对人因此可以通过参与行政程序维护自己的合法权益，监督行政机关依法行使行政权力。我国正式确立行政公开原则的法律是1996年的《行政处罚法》，此后的《行政复议法》《行政许可法》《行政强制法》都规定了公开原则，特别是2007年国务院颁布的《政府信息公开条例》，为全面贯彻实施行政公开原则，建立一个公开、透明的政府提供了基本的法律基础。

公开是现代民主政治的要求。尽管传统的民主制度并不欠缺参与机制，但这种参与机制只限于通过选举议员和国家元首来实现其民主参与的目的，这种民主实践在议会主权强盛的年代里被认为是一种最好的民主政治。但是，20世纪以后，许多国家普遍出现议会大权旁落和行政权扩张的社会变迁，国家权力的重心也由议会转到了政府。在民主国家中，人们普遍认为原有的民主政治还可以控制议会，但已无法通过议会有效地控制政府，有时议会反而被政府所控制。于是通过扩大民主政治中的参与机制摆脱民主制度困境的方略，为许多国家所采纳。

在行政程序法中确立程序公开原则，是现代民主政治发展的基本要求。这一原则的法治意义是将行政权运作的基本过程公开于社会，接受社会的监督，防止行政权被滥用。公开原则应当包括如下主要内容：①行使行政权的依据必须公开。这里的"依据"包括两方面的内容：如果行使行政权的依据是抽象的法律法规等，则必须事先以法定形式向社会公布；如果行使行政权的依据是具体的事实，行政机关必须在作出决定前将其告知行政相对人。②行政信息公开。行政相对人了解、掌握行政信息，是其参与行政程序、维护自身合法权益的重要前提。因此，行政机关根据行政相对人的申请，应当及时、迅速地提供其所需要的行政信息，除非法律有不得公开的禁止性规定。③设立听证制度。听证是行政机关在作出影响行政相对人合法权益的决定前，由行政相对人表达意见、提供证据以及行政机关听取意见、接受证据的程序所构成的一种法律制度。它是行政程序法的核心。④行政决定公开。行政机关对行政相对人的合法权益作出有影响的决定，必须向行政相对人公开，从而使行政相对人不服决定时能及时行使行政救济权。

（二）公平公正原则

行政程序的公平公正原则是指行政主体行使行政权应当公平、公正，尤其是公平、公正地行使行政裁量权。对行政机关来说，公平、公正地行使行政权力是树立行政权威的源泉；对行政相对人来说，行政机关公平、公正地行使行政权是他们信任、服从行政权的基础。

行政程序公平、公正原则主要包括如下内容：①行政程序立法应当赋予行政相对人应有的行政程序权利，同时为行政机关设置相应的行政程序义务，以确保行政程序公平公正原则在行政程序立法时得以体现；②行政机关所选择的行政程序必须符合客观事实，具有可行性；③行政机关所选择的行政程序必须符合客观规律和常规，具有科学性；④行政机关所选择的行政程序必须符合社会公共道德，具有合理性；⑤行政机关所选择的行政程序必须符合社会一般公正心态，具有正当性。

（三）参与原则

参与原则是指行政主体在作出行政行为过程中，除法律有特别规定外，应当尽可能为行政相对人提供参与行政行为过程的条件和机会，从而确保行政相对人实现行政程序权益，也可以使行政行为更加符合社会公共利益。"公众参与的核心在于其有效性，通常表现为参与者的心理上的'成就感'和参与者对政策的实际影响。"[1]行政参与原则的法律价值是使行政相对人一方在行政程序中成为具有独立人格的主体，而不是行政权随意支配的、附属的客体。参与原则的内容集中体现在行政相对人的行政程序上的权利。

参与原则赋予行政相对人的权利主要包括：①获得通知权。获得通知权是指行政相对人在符合参与行政程序的法定条件下，有要求行政机关通知其何时、以何种方式参与行政程序的权利。获得通知是行政相对人的权利，相应地便是行政机关应当履行的义务。②陈述权。陈述权是行政相对人就行政案件所涉及的事实向行政机关作陈述的权利。行政相对人行使陈述权是行政案件证据来源的途径之一。③抗辩权。抗辩权是行政相对人针对行政机关提出的不利指控，依据其掌握的事实和法律向行政机关提出反驳、旨在从法律上消灭或者减轻行政机关对其提出的不利指控的权利。抗辩权从本质上说是一种防卫权，是为了防御国家行政权的侵犯而享有的一种基本权利。④申请权。申请权是行政相对人请求行政机关启动行政程序的权利。行政相对人行使申请权的目的是希望通过行政程序来维护自身的合法权益，是行政相对人获得行政程序主体资格的重要条件。申请权在行政程序中可以分解为听证请

---

[1] 王锡锌：《公众参与和行政过程——一个理念和制度分析的框架》，中国民主法制出版社2007年版，第69页。

求权、回避请求权、阅览卷宗请求权和复议请求权等。

（四）效率原则

行政效率原则是指行政程序中的各种行为方式、步骤、顺序和时限的设置，都必须有助于确保基本的行政效率，并在不损害行政相对人合法权益的前提下适当提高行政效率。行政效率是行政权的生命，没有基本的行政效率，就不可能实现行政权维护社会所需要的基本秩序的功能。但是，过分地强调行政效率，又会损及行政相对人的合法权益。因此，行政程序法的效率原则要求，提高行政效率不得损害行政相对人的合法权益，提高行政效率不得违反公平原则。

效率原则主要通过以下行政程序制度来体现：①时效制度。时效是指行政程序法律关系的主体，在法定期限内不作为，待法定期限届满后即产生相应不利的法律后果。行政机关在法定期限内不行使职权，期限届满后不得再行使，并应承担相应法律责任；行政相对人在法定期限内不行使权利，期限届满后即丧失相应的权利，并承担相应的法律后果。②代理制度。代理是指行政程序法律关系主体不履行或无法履行法定义务时，依法由他人代为履行的制度。代理发生的前提是这种法定义务具有可替代性，否则不得适用代理。③不停止执行制度。不停止执行是指行政相对人因不服行政决定提出复议或诉讼后，除非有《行政复议法》第21条或《行政诉讼法》第56条特别规定的情形，被质疑的行政行为可以不停止执行。

三、行政程序的基本制度

行政程序制度是由行政程序法规范所确立的，体现和贯彻落实行政程序基本原则的程序法律制度。

（一）行政回避制度

行政回避是指为了保证行政公务员不因亲属关系等因素对公务活动产生不良影响，而在法律上对行政公务员在任职和执行公务等方面作出限制性规定的制度。我国行政回避制度包括任职回避、公务回避和地域回避三种类型，任职回避与地域回避是行政组织法上的制度，公务回避是行政程序法上的制度。

任职回避又称亲属回避，是指行政公务员之间有夫妻关系、直系血亲关系、三代以内旁系血亲关系以及近姻亲关系的，不得在同一机关担任双方直接隶属于同一领导人员的职务或者有直接上下级领导关系的职务，也不得在其中一方担任领导职务的机关从事组织、人事、纪检、监察、审计和财务工作。

地域回避也称地区回避，是指担任一定层次领导职务的公务员不得在自己的原籍、原地区担任公职的公务员回避制度。《公务员法》第69条规定，公务员担任乡级机关、县级机关及其有关部门主要领导职务的，应当实行地域回避，法律另有规定的除外。

公务回避是指为防止与某一公务有利害关系的行政公务员直接或间接参与处理该公务，或者施加影响，而对其执行公务活动所作的限制。《公务员法》第70条规定，公务员执行公务时，有下列情形之一的，应当回避：①涉及本人利害关系的；

②涉及与本人有夫妻、直系血亲、三代以内旁系血亲以及近姻亲等亲属关系人员的利害关系的；③其他可能影响公正执行公务的。其他可能影响公正执行公务的情形包括：①在与本案有关的程序中担任过证人、鉴定人的；②当事人为社团法人，公务员作为其成员之一的；③与当事人有公开敌意或亲密友谊的；④其他有充分证据可以证明公务员不能公正处理案件的。

行政回避既可由行政工作人员自行请求回避，也可由行政相对方申请回避，是否回避由有权机关或领导人决定。回避一般要经过申请——审查——决定三个步骤。

（二）行政听证制度

行政听证制度是指行政机关在作出影响行政相对方合法权益的决定之前，行政机关告知行政相对方决定理由和听证权利，由行政相对方陈述意见、提供证据以及行政机关听取意见、接纳证据并作出相应决定等程序所构成的一种法律制度。行政听证制度是与立法听证制度、司法听证制度相区别的概念。立法听证是立法机关在立法程序中举行的听证程序；司法听证是司法机关在审判或检察程序中举行的听证程序。行政听证可以分为正式听证与非正式听证。

正式听证是借助于司法审判程序而发展起来的一种听证形式，其内部结构为三角形的程序模式，在这种模式中，听证主持人居中，行政机关调查人员和行政相对人各执一方，进行指控和抗辩，相互交涉。这种程序模式讲究方式按部就班，因此会浪费大量的人力、物力和财力，也不适应行政效率的要求。正式听证主要适用于行政立法的公听会和适用于重大具体行政行为的听证，一般有法律明确规定的范围。

非正式听证是指不采用司法型审判程序听取意见，且不依笔录作为裁决唯一依据的一种程序模式。在非正式听证中，行政机关对如何进行听证具有较大的自由裁量权，它可以根据案件审理的需要决定程序的进展，或者中止、终结程序。非正式听证不太强调听证的形式，只要使当事人得到一个表达意见的机会，也就满足了给予当事人听证权利的要求。因此，行政程序法一般对非正式听证仅作些原则性规定。非正式听证形式主要有听取相对方陈述、申辩、听讯等。

行政听证是一个相对独立的程序，即行政听证程序。行政听证程序是否合理、正当决定了行政程序的质量。正式听证程序的基本阶段分为：①告知行政相对人听证权；②行政相对人提出听证申请；③行政机关举行听证会，当事人进行质辩；④听证主持人根据当事人质辩意见作出听证结论。非正式听证程序一般也包括上述几个程序阶段，但是并不一定举行听证会，行政机关可以采取要求相对人提交书面意见或是听取当事人口头陈述等形式开展。

（三）政府信息公开制度

目前，为贯彻坚持行政公开原则，我国已经颁布实施了《政府信息公开条例》（2008年5月1日起实施），确立了我国政府信息公开制度。本书将在本章第二节专门介绍政府信息公开制度，在此不赘述。

(四) 说明理由制度

说明理由制度是指行政主体在作出对行政相对方合法权益产生不利影响的行政行为时，除法律有特别规定外，必须向行政相对方说明其作出该行政行为的事实根据、法律依据以及进行自由裁量时所考虑的政策、公益等因素的一种法律制度。说明理由制度是程序公正原则的具体要求，具有附属性、论理性、明确性和程序性特征。说明理由的内容包括行政行为的合法性理由与正当性理由（合理性理由）。

行政行为的合法性理由是指用于支撑行政行为合法性的事实根据和法律依据。支撑行政行为合法性的事实根据不仅要求客观世界存在案件发生的各种痕迹，而且还要求这些痕迹应当由行政机关通过合法程序收集的证据加以证实，因此，这里的事实根据是被合法证据所证实了的法律事实。支撑行政行为合法性的法律依据是指用于支撑行政行为具有合法性的法律规范。依法行政原理要求行政机关作出的行政行为必须具有法律依据，并将所依据的法律规范作为行政行为的理由之一告诉行政相对人，从而使行政相对人根据自己的经历、体验和法律认知水平来判断行政行为的合法性，继而作出是否接受的决定。

行政行为的正当性理由是指用于支撑行政行为自由裁量的事实根据和法律依据。行政行为正当性的理由具体包括筛选事实的理由与选择适用法律依据的理由等方面。行政机关在定案过程中经常要对在调查过程中获得的事实进行筛选，将认为与案件有关的事实列入作出行政行为的事实根据，同时排除与案件无关的事实。行政机关的这一筛选行为是一种主观判断，就本质而言，是一种行政裁量活动，行政机关应当对事实筛选的理由向行政相对人说明。对于一个事实已经确定的行政案件，行政机关随即面临着法律适用的选择，这种法律适用的选择也存在裁量选择的空间，如对不确定法律概念的解释、对法律空白规范的弥补等。行政机关应当对法律规范的选择适用向行政相对人说明理由。

行政行为是否说明理由以及说明理由是否充分，会影响行政行为的合法性，一般来讲：①法律要求行政行为必须说明理由而未说明理由的，行政行为不合法；②法律要求行政行为可以不说明理由而未说明理由的，行政行为合法有效；③行政行为说明理由但错误的，行政行为不合法。

第二节 行政信息公开

2007年4月5日，国务院颁布了《政府信息公开条例》，确立了我国的政府信息公开制度。政府信息，是指行政机关在履行职责过程中制作或者获取的，以一定形式记录、保存的信息。政府信息公开的目的在于保障公民、法人或其他组织依法获取政府信息，提高政府工作的透明度，促进依法行政，充分发挥政府信息对人民群众生产、生活和经济社会活动的服务作用。

一、政府信息公开体制

政府信息公开体制，指的是各类相关主体在政府信息公开活动中的角色、职责和相互关系。根据《政府信息公开条例》的规定，我国政府信息公开体制包括以下几点内容：

（一）政府信息公开的管理体制

《政府信息公开条例》规定，各级人民政府是政府信息公开工作的领导机关，从总体上领导本行政区域内的政府信息公开工作。各级政府对信息公开工作的领导需要借助特定的部门来实施，以推进、指导、协调、监督本行政区域内的政府信息公开工作。根据《政府信息公开条例》的规定，我国各级政府负责政府信息公开工作的主管机构主要是政府办公厅（室），具体说来：①国务院主管政府信息公开工作的机构是国务院办公厅。国务院办公厅是全国政府信息公开工作的主管部门，负责推进、指导、协调、监督全国的政府信息公开工作。②县级以上地方政府主管政府信息公开工作的机构原则上是政府的办公厅（室），也可能是其确定的其他部门。多数地方政府以办公厅（室）为主管部门，少数地方以法制办、信息办、监察局等为主管部门。

（二）政府信息公开的主体

根据《政府信息公开条例》的规定，制作或获取各类政府信息的行政机关、法律法规授权组织或公共企事业单位都有义务依法公开其所制作或获取的政府信息。据此，我国政府信息的公开主体遵循"谁制作谁公开，谁保存谁公开"的原则。具体包括：①各级人民政府及县级以上政府工作部门。这些行政机关有义务公开其在行政管理活动中所制作、获取的政府信息。②法律、法规授权的具有管理公共事务职能的组织。这些法律法规授权组织有义务公开其在授权范围内实施公共事务管理职能时制作、获取的政府信息。③教育、医疗单位、计划生育、供水、供电、供气、供热、环保、公共交通等公共企事业单位。这些企事业单位有义务参照《政府信息公开条例》的规定公开其在提供社会公共服务过程中制作、获取的信息。

（三）政府信息公开的工作机构

政府信息公开的工作机构是指政府信息公开主体依法指定的具体负责本机关单位政府信息公开工作的办公机构。《政府信息公开条例》明确规定，各类政府信息公开主体都应当建立、健全本单位的政府信息公开工作制度，并指定机构负责本单位政府信息公开的日常工作。这样的机构就是政府信息公开工作机构。

《政府信息公开条例》规定，政府信息公开工作机构的具体职责是：①具体承办本行政机关的政府信息公开事宜；②维护和更新本行政机关公开的政府信息；③组织编制本行政机关的政府信息公开指南、政府信息公开目录和政府信息公开工作年度报告；④对拟公开的政府信息进行保密审查；⑤本行政机关规定的与政府信息公开有关的其他职责。

(四) 政府信息公开的原则

《政府信息公开条例》规定，政府信息公开主体在政府信息公开工作中，应当遵循以下原则：

1. 公正、公平、便民原则。即政府信息公开主体公开政府信息时，应当公正公平，并尽可能为老百姓提供便利。

2. 及时、准确原则。即政府信息公开主体应当及时、准确地公开政府信息。行政机关发现影响或者可能影响社会稳定、扰乱社会管理秩序的虚假或者不完整信息的，应当在其职责范围内发布准确的政府信息予以澄清。

3. 沟通协调一致原则。即政府信息公开主体应当建立健全政府信息发布协调机制，政府信息公开主体发布政府信息涉及其他机关单位的，应当与有关机关单位进行沟通、确认，保证所发布的政府信息准确一致。政府信息公开主体发布政府信息依照国家有关规定需要批准的，未经批准不得发布。

4. 确保安全稳定原则。即政府信息公开主体公开政府信息，不得危及国家安全、公共安全、经济安全和社会稳定。

二、政府信息公开范围

(一) 应主动公开的一般政府信息

政府信息以公开为原则，以保密为例外。除因保密等原则不公开或限制公开的政府信息外，其他政府信息都属于主动公开的内容。这些信息不待公众提出申请，政府机关都必须主动公开供公众周知、查阅。《政府信息公开条例》规定，行政机关应主动公开的政府信息是：①涉及公民、法人或者其他组织切身利益的；②需要社会公众广泛知晓或者参与的；③反映本行政机关机构设置、职能、办事程序等情况的；④其他依照法律、法规和国家有关规定应当主动公开的。

(二) 县级以上政府及其部门应重点公开的信息

县级以上人民政府及其工作部门重点公开的政府信息包括：①行政法规、规章和规范性文件；②国民经济和社会发展规划、专项规划、区域规划及相关政策；③国民经济和社会发展统计信息；④财政预算、决算报告；⑤行政事业性收费的项目、依据、标准；⑥政府集中采购项目的目录、标准及实施情况；⑦行政许可的事项、依据、条件、数量、程序、期限以及申请行政许可需要提交的全部材料目录及办理情况；⑧重大建设项目的批准和实施情况；⑨扶贫、教育、医疗、社会保障、促进就业等方面的政策、措施及其实施情况；⑩突发公共事件的应急预案、预警信息及应对情况；⑪环境保护、公共卫生、食品药品、产品质量的监督检查情况。

(三) 县市两级政府应重点公开的信息

《政府信息公开条例》规定，设区的市级人民政府、县级人民政府及其部门重点公开的政府信息还应当包括下列内容：①城乡建设和管理的重大事项；②社会公益事业建设情况；③征收或征用土地、房屋拆迁及其补偿、补助费用的发放、使用情况；④抢险救灾、优抚、救济、社会捐助等款物的管理、使用和分配情况。

（四）乡政府应重点公开的信息

《政府信息公开条例》规定，乡镇政府应主动公开的重点信息包括：①贯彻落实国家关于农村工作政策的情况；②财政收支、各项专项资金的管理和使用情况；③乡（镇）土地利用总体规划、宅基地使用的审核情况；④征收或者征用土地、房屋拆迁及其补偿、补助费用的发放、使用情况；⑤乡（镇）的债权债务、筹资筹劳等情况；⑥抢险救灾、优抚、救济、社会捐助等款物的发放情况；⑦乡镇集体企业及其他乡镇经济实体承包、租赁、拍卖等情况；⑧执行计划生育政策情况。

（五）依申请公开的政府信息

除上述行政机关应主动公开的政府信息外，公民、法人或者其他组织还可以根据自身生产、生活、科研等特殊需要，向国务院部门、地方各级人民政府及县级以上地方人民政府部门申请获取相关政府信息。

（六）涉密政府信息的公开

涉密政府信息就是涉及国家秘密、商业秘密和个人隐私的政府信息，由于这些政府信息的特殊性，《政府信息公开条例》对其进行了特别规定：①行政机关应当建立健全政府信息发布保密审查机制，明确审查的程序和责任。经保密审查，认定为涉及国家秘密的信息，绝对不公开。②涉及商业秘密和个人隐私的政府信息公开，应当征得权利人同意。权利人同意公开的，行政机关可以决定公开；如果权利人不同意公开，但行政机关认为不公开可能对公共利益造成重大影响的涉及商业秘密、个人隐私的政府信息，也可以予以公开。

三、政府信息公开程序

（一）主动公开

行政机关主动公开政府信息的方式，《政府信息公开条例》有如下规定：

1. 主动公开政府信息的途径。《政府信息公开条例》规定，行政机关必须将主动公开的政府信息，通过政府公报、政府网站、新闻发布会，以及报刊、广播等便于公众知晓的方式公开。

2. 主动公开政府信息的场所。《政府信息公开条例》规定，各级人民政府应当在国家档案馆、公共图书馆设置政府信息查阅场所，并配备相应的设施、设备，为公民、法人或者其他组织获取政府信息提供便利。行政机关可以根据需要设立公共查阅室、资料索取点、信息公告栏、电子信息屏等场所、设施，公开政府信息。行政机关应当及时向国家档案馆、公共图书馆提供主动公开的政府信息。

3. 主动公开政府信息的期限。《政府信息公开条例》规定，属于行政机关主动公开范围内的政府信息，行政机关应当自该政府信息形成或者变更之日起 20 个工作日内予以公开；法律、法规对政府信息公开的期限另有规定的，从其规定。

4. 主动公开政府信息的要求。《政府信息公开条例》规定，行政机关应当编制、公布政府信息公开指南和政府信息公开目录，并及时更新。政府信息公开指南应当包括政府信息的分类、编排体系、获取方式，政府信息公开工作机构的名称、办公地址、办公时间、联系电话、传真号码、电子邮箱等内容。政府信息公开目录应当包括政府信息的索引、名称、内容概述、生成日期等内容。

(二) 依申请公开

对于公民、法人或其他组织申请公开政府信息的方式和程序,《政府信息公开条例》有如下规定:

1. 申请政府信息公开的方式与要求。《政府信息公开条例》规定,公民、法人或者其他组织向行政机关申请获取政府信息的,应当采用书面形式(包括数据电文形式);采用书面形式确有困难的,申请人可以口头提出,由受理该申请的行政机关代为填写政府信息公开申请。政府信息公开申请应当包括下列内容:①申请人的姓名或者名称、联系方式;②申请公开的政府信息的内容描述;③申请公开的政府信息的形式要求。此外,公民、法人或者其他组织向行政机关申请提供与其自身相关的税费缴纳、社会保障、医疗卫生等政府信息的,应当出示有效身份证件或者证明文件。

2. 行政机关对政府信息公开申请的处理。对申请公开的政府信息,行政机关根据下列情况分别作出处理:①属于公开范围的,应当告知申请人获取该政府信息的方式和途径;②属于不予公开范围的,应当告知申请人并说明理由;③依法不属于本行政机关公开或者该政府信息不存在的,应当告知申请人,对能够确定该政府信息的公开机关的,应当告知申请人该行政机关的名称、联系方式;④申请内容不明确的,应当告知申请人作出更改、补充;⑤申请公开的政府信息中含有不应当公开的内容,但是能够作区分处理的,行政机关应当向申请人提供可以公开的信息内容;⑥行政机关认为申请公开的政府信息涉及商业秘密、个人隐私,公开后可能损害第三方合法权益的,应当书面征求第三方的意见。

3. 依申请公开政府信息的答复期限。对于依行政相对人申请公开的政府信息,行政机关收到申请后,能够当场答复的,应当当场予以答复;行政机关不能当场答复的,应当自收到申请之日起15个工作日内予以答复;如需延长答复期限的,应当经政府信息公开工作机构负责人同意,并告知申请人,延长答复的期限最长不得超过15个工作日。申请公开的政府信息涉及第三方权益的,行政机关征求第三方意见所需时间不计算在上述规定的期限内。

4. 政府信息公开申请的处理要求。《政府信息公开条例》规定:①行政机关依申请公开政府信息,应当按照申请人要求的形式予以提供;无法按照申请人要求的形式提供的,可以通过安排申请人查阅相关资料、提供复制件或者其他适当形式提供。②公民、法人或者其他组织有证据证明行政机关提供的与其自身相关的政府信息记录不准确的,有权要求该行政机关予以更正。该行政机关无权更正的,应当转送有权更正的行政机关处理,并告知申请人。③申请公开政府信息的公民存在阅读困难或者视听障碍的,行政机关应当为其提供必要的帮助。

5. 申请政府信息公开的费用。《政府信息公开条例》规定,行政机关依申请提供政府信息,除可以收取检索、复制、邮寄等成本费用外,不得收取其他费用,也不得通过其他组织、个人以有偿服务方式提供政府信息。申请公开政府信息的公民确有经济困难的,经本人申请、政府信息公开工作机构负责人审核同意,可以减免相关费用。

四、政府信息公开监督和保障

(一)信息公开工作考评

《政府信息公开条例》规定,各级人民政府应当建立健全政府信息公开工作考核制度、社会评议制度和责任追究制度,定期对政府信息公开工作进行考核、评议。政府信息公开工作主管部门和监察机关负责对行政机关政府信息公开的实施情况进行监督检查。各级行政机关应当在每年3月31日前公布本行政机关的政府信息公开工作年度报告。

政府信息公开工作年度报告的内容包括:①主动公开政府信息的情况;②依申请公开政府信息和不予公开政府信息的情况;③政府信息公开的收费及减免情况;④因政府信息公开申请行政复议、提起行政诉讼的情况;⑤政府信息公开工作存在的主要问题及改进情况;⑥其他需要报告的情况。

(二)信息公开监督举报

公民、法人或者其他组织认为行政机关不依法履行政府信息公开义务的,可以向上级行政机关、监察机关或者政府信息公开工作主管部门举报。收到举报的机关应当予以调查处理。行政机关违反《政府信息公开条例》的规定,未建立健全政府信息发布保密审查机制的,由监察机关、上一级行政机关责令改正;情节严重的,对行政机关主要负责人依法给予处分。

行政机关违反《政府信息公开条例》的规定,有下列情形之一的,由监察机关、上一级行政机关责令改正;情节严重的,对行政机关直接负责的主管人员和其他直接责任人员依法给予处分;构成犯罪的,依法追究刑事责任:①不依法履行政府信息公开义务的;②不及时更新公开的政府信息内容、政府信息公开指南和政府信息公开目录的;③违反规定收取费用的;④通过其他组织、个人以有偿服务方式提供政府信息的;⑤公开不应当公开的政府信息的;⑥违反《政府信息公开条例》规定的其他行为。

(三)依申请公开信息救济

行政机关在政府信息公开工作中的具体行政行为,如果侵犯公民、法人和其他组织的合法权益的,受害者可以申请行政复议或提起行政诉讼:①向行政机关申请获取政府信息,行政机关拒绝提供或者逾期不予答复的;②认为行政机关提供的政府信息不符合其在申请中要求的内容或者法律、法规规定的适当形式的;③认为行政机关主动公开或者依他人申请公开政府信息侵犯其商业秘密、个人隐私的;④认为行政机关提供的与其自身相关的政府信息记录不准确,要求该行政机关予以更正,该行政机关拒绝更正、逾期不予答复或者不予转送有权机关处理的;⑤认为行政机关在政府信息公开工作中的其他具体行政行为侵犯其合法权益的。公民、法人或者其他组织认为政府信息公开行政行为侵犯其合法权益造成损害的，可以一并或单独提起行政赔偿请求。

复习思考

一、选择题

1. 关于行政程序法表述正确的是（   ）。
   A. 行政程序法是关于行政诉讼程序的法
   B. 行政程序法是内部行政法
   C. 我国没有统一的行政程序法
   D. 违反行政程序法不需要承担法律责任

2. 体现行政程序的主要制度有（   ）。
   A. 表明身份制度   B. 告知制度
   C. 调查制度   D. 听证制度

3. 行政主体在作出行政处罚决定之前，应当告知行政相对人拟作出行政处罚决定的事实根据、法律依据等事项。此项制度属于（   ）。
   A. 行政信息公开制度   B. 行政听证制度
   C. 行政说明理由制度   D. 行政回避制度

4. 公务员遇到与本人有利害关系的公务处理行为必须实行回避，是一种（   ）。
   A. 职务回避   B. 地域回避   C. 身份回避   D. 岗位回避

5. 某交通局拟修建一条城际高速路。在发包竞价过程中，该交通局项目负责人单独约见参与竞标的一位投资方商谈竞价。这一做法违反了行政程序中的（   ）。
   A. 回避制度   B. 不单方接触制度
   C. 职能分离制度   D. 信赖利益保护制度

6. 实施行政行为的人员需要回避的情形有（   ）。
   A. 本人为当事人
   B. 曾经作为鉴定人或者证人参与过该项行政活动
   C. 是一方当事人的近亲属
   D. 与当事人有其他关系，足以影响作出公正决定

7. 下列哪一项信息是县级和乡（镇）人民政府均应重点主动公开的政府信息？（   ）
   A. 征收或征用土地、房屋拆迁及其补偿、补助费用的发放、使用情况
   B. 社会公益事项建设情况
   C. 政府集中采购项目的目录、标准及实施情况
   D. 执行计划生育政策的情况

8. 某镇政府主动公开一胎生育证发放情况的信息。下列哪些说法是正确的？

（　　）
  A. 该信息属于镇政府重点公开的信息
  B. 镇政府可以通过设立的信息公告栏公开该信息
  C. 在无法律、法规或者规章特别规定的情况下，镇政府应当在该信息形成之日起 3 个月内予以公开
  D. 镇政府应当及时向公共图书馆提供该信息
  9. 因一高压线路经过某居民小区，该小区居民李某向某市规划局申请公开高压线路图。下列哪些说法是正确的？（　　）
  A. 李某提交书面申请时应出示本人有效身份证明
  B. 李某应说明申请信息的用途
  C. 李某可以对公开信息方式提出自己要求
  D. 某市规划局公开信息时，可以向李某依法收取相关成本费
  10. 法院应当受理下列哪些对政府信息公开行为提起的诉讼？（　　）
  A. 黄某要求市政府提供公开发行的 2010 年市政府公报，遭拒绝后向法院起诉
  B. 某公司认为工商局向李某公开的政府信息侵犯其商业秘密向法院起诉
  C. 村民申请乡政府公开财政收支信息，因乡政府拒绝公开向法院起诉
  D. 甲市居民高某向乙市政府申请公开该市副市长的兼职情况，乙市政府以其不具有申请人资格为由拒绝公开，高某向法院起诉

二、名词解释

行政程序　行政回避　行政听证　政府信息

三、简答题

1. 简述正当行政程序的基本要求。
2. 简述我国行政回避的基本类型。
3. 简述政府信息公开的主要原则。

四、论述题

1. 试述行政机关主动公开政府信息的程序。
2. 试述行政机关依申请公开政府信息的程序。

拓展阅读

  [1] 陈峰："法治理念下的行政程序证据制度研究"，苏州大学博士学位论文，2010 年。
  [2] 姜明安主编：《行政程序研究》，北京大学出版社 2006 年版。
  [3] 黄学贤：《中国行政程序法的理论与实践——专题研究述评》，中国政法大学出版社 2007 年版。
  [4] 应松年主编：《行政程序法》，法律出版社 2009 年版。
  [5] 杨伟东：《政府信息公开主要问题研究》，法律出版社 2013 年版。

第四编 行政法制监督与救济法

第十五章

行政法制监督与救济概述

学习提要

行政法对行政权的规范和控制依赖于综合发挥行政组织法、行政行为法和行政法制监督与救济法等行政法规范的作用。行政法制监督与救济法设立了一系列行政法制监督制度，旨在实现对违法或不当行使行政职权或不依法履行行政职责行为的监督，并通过行政救济制度来实现对行政相对人的权利救济。行政法制监督与救济法是行政法规范的三大组成部分之一。本章主要对行政法制监督与救济制度的基本理论进行一般介绍，第一节介绍了行政行为合法性的基础理论，行政行为的合法性是理解违法行政、行政侵权，以及对违法行政、行政侵权实施监督与救济的基础。第二节和第三节分别介绍了行政法制监督和行政救济的一般知识，重点介绍了我国行政法制监督与救济的基本途径及其具体方式，学习本章对于宏观把握我国行政法制监督与救济的制度体系具有重要意义。学习本章内容需要了解违法行政的表现形式，行政法制监督制度的分类，行政救济制度的分类；需要理解行政行为的合法要件，违法行政的含义，违法行政与行政违法的关系，行政侵权与违法行政的关系，行政法制监督与行政监督检查的区别；需要理解并掌握我国行政法制监督的概念、途径和方式，行政救济的概述、途径和方式。

本章知识结构图

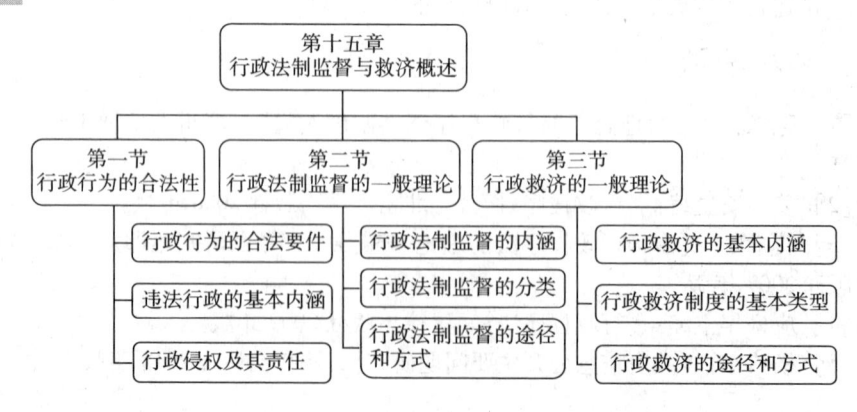

```
                第十五章
            行政法制监督与救济概述
    ┌───────────────┼───────────────┐
  第一节            第二节            第三节
行政行为的合法性  行政法制监督的一般理论  行政救济的一般理论
    │               │                   │
行政行为的合法要件   行政法制监督的内涵    行政救济的基本内涵
    │               │                   │
违法行政的基本内涵   行政法制监督的分类    行政救济制度的基本类型
    │               │                   │
行政侵权及其责任    行政法制监督的途径    行政救济的途径和方式
                    和方式
```

第一节　行政行为的合法性

对行政行为的监督与救济，主要是对违法或不当行政行为的监督及其侵权结果的救济。现实中违法行政行为形态各异，但都属于不满足行政行为合法要件的行为。学习行政法制监督救济制度首先要了解行政行为的合法要件。

一、行政行为的合法要件

像医生研究病理需要首先认识健康人体一样，研究违法行政也必须先从合法行政行为的构成要件着手。行政行为的合法要件是指判定行政行为合法的基本标准，或者说是行政行为合法应当具备的条件。从法律法规对行政行为的规定和要求来看，各类行政行为有它们共同应当符合的合法要件，也有各自特有的一些条件，前者称之为行政行为合法的一般要件，后者称之为行政行为合法的特别要件，我们这里只对一般要件进行介绍。学术界普遍认为，各类行政行为都应当具有的合法要件包括以下四个方面：

（一）行为主体合法

行政行为的主体应当合法，这是行政行为合法的主体要件。所谓主体合法，是指合法行政行为必须是由具备行政主体资格的组织所为的行为，即行政行为的主体必须具备实施该行为的权利能力和行为能力。行政行为是由行政组织实施的，但并非所有的行政组织都具有行政主体资格。一般而言，行政机关都是通过其工作人员代表行使行政职权或履行行政职责的，但有时行政机关还会委托一定的机关或组织行使职权。行政行为实施主体的这种复杂情况，必然在主体上产生许多要求。据此，行政行为的主体合法应包括以下几项具体要求：①实施行政行为的组织必须是依法成立的组织。不是依法成立的组织不得实施行政行为，其所实施的行政行为也不具有合法性。②以自己名义实施行政行为的组织应具备行政主体资格。不具有行政主体资格的组织以自己名义实施的行为不是合法行政行为。③实施行为的公职人员应具有合法的身份。代表行政主体实施行政行为的公职人员，必须是合法取得公职人员身份的人员。④行政主体委托其他组织或个人行政时，委托必须合法。合法的行政委托应当符合以下三个条件：一是委托的行政机关必须具备合法的委托权限；二是接受委托者必须具备从事被委托行政活动的能力；三是被委托者必须在委托权限内实施行政行为。

（二）行为权限合法

任何行政机关只能在法律规定的权限范围内行政，这个权限范围包括行政事务管辖权、地域管辖权和层级管辖权。行政事务管辖权即国家行政机关是根据宪法和法律分门别类设置的，每一个行政机关只能对某些行政事项享有管辖权，只能就其管辖范围内的事项实施行政行为。行政地域管辖权即行政机关是依据行政区域设置的，行政机关行使行政权都有着地域上的限制，只能对本区域内的行政事务实施行政行为。行政级别管辖权即行政机关是根据宪法和组织法分层级设置的,每一层级行政机关在行政手段和方式及事项范围方面有一定的限制,行政机关不得违反这些限制性规定实施行政行为。

行政主体只能在法定的职权范围内实施行政行为,越权无效。行政行为应当符合行政主体的权限范围,这是行政行为合法的权限要件。权限合法,是指行政主体必须在法定的职权范围内实施行政行为,必须符合一定的权限规则。也就是说,行政机关必须在自己的事务管辖权、地域管辖权和级别管辖权等范围内作出行政行为;被授权组织必须在法律、法规或规章授权范围内作出行政行为;被委托组织必须在受委托的权限范围内作出行政行为。同时,行政行为的实施也不得有滥用职权的情形。

(三) 行为内容合法

行政行为的内容应当合法、适当,这是行政行为合法的内容要件。行政行为的内容合法是指行政行为所涉及的权利、义务,以及对这些权利、义务的影响或处理,均应符合法律、法规的规定和社会公共利益。如果行政行为的内容违反法律的规定和要求,或者行政行为明显违背法律的目的或公共利益,则属于违法的行政行为。所谓行政行为的内容适当,是指行政行为的内容要明确、适当,而且应当公正、合理。

行政行为内容合法适当包括以下要求:①行政行为的目的应当符合立法本意,不能曲解立法意图或背离法律的宗旨和原则;②行政行为所依据或认定的事实应当客观真实,且有充分确凿的证据支持,行政行为的意思表示或观念表示应当真实、完整和确定;③行政行为具有充分的法律依据,抽象行政行为具有上位法依据,具体行政行为适用法律、法规、规章正确;④行政行为对行政相对人权利义务的处理幅度、范围合法,理由充分;⑤行政行为公正、合理,内容符合实际,切实可行,符合常识、常情、常理。

(四) 行为程序合法

行政程序是行政主体实施行政行为的方式、步骤、顺序与时限的表现形式及要求。任何行政行为的实施都是经过一定的程序表现出来,没有脱离程序的行政行为,行政程序是行政行为的基本要素。行政主体实施行政行为,必须按照法定的程序进行,不得违反法定程序任意作出某种行为,否则就构成行政行为程序违法。

行政行为应当符合法定程序的原则性要求包括以下四个方面:①行政行为实施的法定程序步骤不能缺省;②行政行为不能颠倒法定的环节和顺序;③要式行政行为必须具备法律所要求的形式;④行政行为必须遵守法定的程序期限要求。具体要求包括两个方面:一是必须符合行政行为程序的一般要求,如表明身份规则、说明理由制度、听取意见制度等;二是必须符合与该种行政行为性质相适应的特别程序要求,如行政立法程序的规划、起草、征求意见、审查、审议、发布等。

二、违法行政的基本内涵

(一) 违法行政的概念

违法行政是相对合法行政而言的,是指行政组织及其工作人员所实施的违反行政法律规范的规定和要求的行政行为。准确理解违法行政这一概念，需要从以下三个方面来认识：

1. 违法行政是指行政组织及其工作人员的行为违法。这里的行政组织既包括行政机关，也包括法律法规授权组织和受委托的行政组织或个人。行政机关是最主要的行政主体，行政机关的内部行政机构及其公务员实施的行政行为在法律效果上归属于行政机关。社会组织在法律、法规或规章授权范围内实施行政行为一旦违法，也就成为违法行政的主体。受委托的组织及其工作人员以委托行政机关的名义实施的行政行为一旦违法，其后果由委托的行政机关承受，尽管不是行政主体，但都可以作为违法行政的主体。

2. 违法行政是指与行政权有关的行为违法。这就意味着违法行政不包括行政组织及其工作人员的民事行为、个人行为及其他非行政行为的违法情形。行政机关作为民事主体实施的行为不是行政行为，即使违法也不受行政法律规范的调整。在行政管理活动中，行政工作人员实施的与其公务员身份和职务无关的行为是其个人行为，不属于行政行为的范畴；行政工作人员代表行政机关实施民事上的职务行为时，其行为也不属于行政行为的范畴。

3. 违法行政是违反了行政法律规范的行为。违法行政必须具有违法性，但这种违法性表现为对行政法律规范的违反，而不是对宪法规范、刑事法规范、民事法规范或其他性质的法律规范的违反，否则就不属于违法行政而是违宪行为、犯罪行为、民事违法行为等。在实践中，如果行政行为既违反行政法律规范，又违反其他法律规范，便是违法行政与违宪、刑事犯罪或民事违法的竞合。违法行政在行为规范上主要是针对行政主体和行政人员的行为规范，不包括行政相对人在行政领域中作为被管理者的权利义务规范，后者是行政相对人违法行为违反的行政法律规范。

（二）违法行政与行政违法的关系

行政违法是与民事违法、刑事违法相对应的概念，是指行政法律关系主体违反行政法律规范，侵害法律保护的行政关系而尚未构成犯罪、应受行政制裁的行为。这里的违法行政与行政违法是两个不同的概念。

违法行政与行政违法的相同点是：①二者所指违法行为都是违反行政法律规范的行为，不是违反宪法规范、刑事法规范、民事法规范或者其他性质法律规范的行为；②二者所指违法行为的程度是相同的，都是具有一定的社会危害性，但尚未构成犯罪的行为；③二者的法律责任是相同的，都是承担行政法律责任，而不是违宪责任、民事责任或刑事责任。

注意："行政违法"一词有广义与狭义之分。其中，狭义"行政违法"的一种观点是指行政主体及其工作人员违法实施行政行为，即这里所指的"违法行政"。本书是从广义上使用"行政违法"概念的，请参阅第四章内容。

违法行政与行政违法的不同点在于，行政违法强调的是行为违反的法律规范的属性，即行为违反的是行政法律规范而不是其他法律规范。而违法行政强调的是违法行为的主体是行政主体及其工作人员，而不是其他国家机关、社会组织或是个人。从这个角度讲，违法行政是包含于行政违法之中的下属概念。如果在行政法关系中来理解二者的区别，行政主体和行政相对人对行政法律关系的破坏属于行政违法，而行政主体对行政法律关系的破坏属于违法行政。如果行政违法是行政相对人实施的违反行政法律规范、尚未构成犯罪的违法行为，该类违法行为应当是行政机关管理和制裁的对象，由行政机关来追究行为主体相应的行政法律责任，如实施行政强制、行政处罚或责令赔偿损失等。违法行政是行政主体及其工作人员违反行政法律规范、尚未构成犯罪的行为，因此，违法行政主要是由其他国家机关对行政主体及其工作人员追究相应的行政违法责任，如撤销或变更违法行为、接受行政处分或承担行政赔偿责任等。

（三）违法行政的表现形式

对照合法行政行为必须满足的四个要件，违法行政行为在现实中的表现形式多种多样，一般可以概括为以下几种类型：

1. 行政主体构成违法。实践中主要表现为以下几种情况：①行政主体内部机构以自己的名义对外为行政意思表示；②没有合法公务员身份的"公务员"对外为行政意思表示；③行政主体为意思表示时公务人员不符合法定要求，如不足法定人数、该回避未回避等；④缺少法律上必须由其他组织协作的行为；等等。

2. 行政主体主观违法。即行政主体作出行政行为时意思表示的瑕疵达到一定的严重程度。实践中主要表现为以下几种形式：①意思表示非出于自愿，如受胁迫或强制作出表示；②意思表示不真实，如因欺诈或错误而为意思表示；③意思表示不合法，如出于私人利益而违法表示。

3. 行政超越职权。即行政主体超越其法定行政职权范围作出的违法行政行为。任何行政机关只能在法律规定的权限范围内行政，这个权限范围包括行政事务管辖权、地域管辖权和层级管辖权，如果行政机关的行政行为超越了法律在上述三个方面设定的范围，就会形成行政越权违法行为，具体情形包括逾越事务管辖权、逾越地域管辖权、逾越层级管辖权和管辖权综合逾越等。

4. 行政滥用职权。行政滥用职权即滥用行政自由裁量权，是指行政主体及其工作人员在职务权限范围内违反行政合理性原则的自由裁量行为。实践中，滥用自由裁量权的具体表现形式主要有以下几种情形：①背离法定行政目的实施行为；②不相关的考虑。即考虑了不相关的因素，或没有考虑相关因素；③违反可行性原则；④违反比例原则；⑤违反平等对待原则；⑥不遵守行政惯例；⑦结果显失公正；等等。

5. 事实问题错误。行政行为的事实问题包括：证据材料是否符合法定的证据种类、收集证据的程序和方法是否合法、在事实方面的行政推定和认知是否合法、行政程序举证责任的分配是否合法、行政证据是否确凿充分等。如果行政行为在上述事实问题方面出现了违法，即构成行政行为的事实错误，具体形式包括无中生有、事实误会、证据不确凿、证据不足等。

6. 适用法律法规错误。即行政主体在作出具体行政行为时，适用了不应适用的法律、法规，或没有适用应该适用的法律、法规的违法行为。实践中，具体表现形式包括：①没有法律依据的情况下实施行政行为；②错误选择法律文件或法律条文实施行政行为；③选择适用法律规范依据不全或重复适用。

7. 行为内容违法。任何行政行为在内容上都必须完整、确定、合法并可能，缺少其中任何一项都构成行政行为内容的瑕疵，此瑕疵达到一定的严重程度即构成行政行为内容违法。具体表现为：①行政行为未说明理由、说明理由不符合要求或所说明的理由直接违法；②行政行为的内容要求相对人实施将构成违法甚至犯罪的行为；③行政行为内容要求相对人实施一个在法律上或事实上不可能实现的行为；④行政行为所确立的权利义务不明确、不完整或相互矛盾；等等。

8. 行政不作为违法。行政不作为违法即行政失职，是指行政主体有积极实施法定行政作为的义务，并且能够履行而未履行的状态。行政失职的具体表现包括拒不履行法定职责的行政失职和拖延履行法定职责的行政失职。

9. 行政程序违法。即行政主体的行政行为不符合法律对作出该行为在行为方式、行为步骤和行为时限等方面的要求。其中行为方式违法是指行政行为不符合法律规定的表现形式；行为步骤违法是指行政行为未能按照法律规定的步骤作出；行为时限违法是指行政主体未能在法律规定的时间限度内实施行为。

（四）行政行为的违法程度

行政行为的违法有一定的程度差异。在行政法学上，一般认为：①如果行政行为只是轻微违法，则属于行政行为瑕疵；对于具有轻微违法瑕疵的行政行为，行政机关可以依职权或依行政相对人的申请纠正而治愈该瑕疵，瑕疵行政行为治愈后具有合法行政行为的效力；②如果行政行为严重违法，则可能使行政行为被认定为无效，无效行政行为不能治愈，任何有权国家机关可以依职权或依行政相对人的申请宣告该行为无效，经宣告无效的行政行为自始不具有法律效力；③如果行政行为违法程度介于轻微违法与严重违法之间时，则属于一般违法，是可撤销的行政行为，有权机关可以依行政相对方的申请或依职权予以撤销，被撤销的行政行为自始丧失法律效力。

三、行政侵权及其责任

（一）行政侵权的含义

行政侵权是指行政机关、法律法规授权组织、受委托行使行政权的组织在行使行政职权、履行行政职责过程中，违反法律规定的义务，以作为或不作为的方式侵犯行政相对人的合法权益，依法应当承担法律责任的行为。行政侵权的这一定义包括了以下几层意思：

1. 行政侵权的主体是行政行为的实施主体。具体包括行政机关、法律法规授权组织以及受委托行使行政权的组织或个人，其他国家机关或其工作人员、公民、法人或组织等不构成行政侵权的主体，其所实施的侵权行为属于其他性质的国家侵权或民事侵权。

2. 行政侵权的行为必须是与行使行政权有关的行为。这种行为即执行职务行为，它既包括行政行为，也包括行使职权过程中的事实行为。行政工作人员的个人行为、行政机关的民事行为所造成的侵权不属于行政侵权的范畴。

3. 行政侵权的性质是违反了行政法规范设定的义务。行政主体享有行政法上的权力，也负有相应的义务，只有当行政主体违反法定义务、不履行法定职责时，才能构成行政侵权。如果行政主体依法行使行政权造成了相对人的权益损失，并不构成行政侵权。

4. 行政侵权的客体是行政相对人的合法权益。这里侵害行政相对人的合法权益既包括直接侵害相对人的合法利益，也包括妨害行政相对人享有或行使权利，但不包括非法利益。

（二）行政侵权与违法行政的关系

违法行政是构成行政侵权的条件之一，两者形成一种条件关系。一般来讲，行政行为违法如果对行政相对人合法权益造成损害，则构成行政侵权，但如果违法行政行为只是侵害了公共利益或是对公共利益保护不力，并没有侵害特定行政相对人的合法权益，则不构成行政侵权。因此，违法行政行为只有同时侵害了行政相对人的合法权益时才构成行政侵权。违法行政与行政侵权的联系表现在：①行为主体相同，即都是行政主体及其工作人员；②都发生在行政主体及其工作人员执行行政公务的过程中；③表现形式和发生的领域基本相同。

但违法行政与行政侵权的区别也很明显，表现在：①二者的构成要件不尽相同。违法行政是行政主体的行政行为违反了行政法律规定的要求，行政侵权则在此基础上还包括违法行为致使行政相对人合法权益遭受损失的事实。②违法行政与行政侵权所造成的损害结果不同。行政侵权必然是对行政相对人的合法权益造成了损害；而违法行政则没有这种必然性。③违法行政与行政侵权承担不同的法律责任。行政侵权与行政赔偿相联系，重在对行政相对人权利的保障，以行政主体承担行政侵权责任（行政赔偿责任）为后果；违法行政与行政责任相联系，重在对行政主体及其工作人员依法行政的监督，以行政主体承担行政责任为后果。

（三）行政侵权责任

行政主体及其工作人员如果实施了行政侵权行为，依法就应当承担行政侵权责任。行政侵权责任是指行政主体违反行政法律义务，侵犯公民、法人或其他组织的合法权益，而依法应承担的法律后果。根据这一定义，行政侵权责任的构成要件是：①行政主体实施了行政侵权行为；②行政相对人的合法权益遭受损害；③侵权行为与损害后果之间具有因果关系；④行政主体依法应当承担法律责任。

行政侵权责任与行政法律责任是两个不同的概念，行政法律责任简称行政责任，是指国家机关、社会组织或个人违反行政法律规范而依法所应承担的法律后果。它是法律责任中的一种，与民事法律责任、刑事法律责任、违宪法律责任构成现代法律责任的整体。因此，行政法律责任是与行政违法相对应的概念，是行政违法行为主体对其违法行为承担的法律后果；行政侵权责任是与行政侵权相对应的概念，是行政主体对其行政侵权行为承担的法律后果。根据责任主体的不同，行政法律责任可分为行政主体的行政法律责任、行政公务员的行政法律责任和行政相对人的行政法律责任。而行政侵权责任只是行政主体的行政法律责任，因此，行政侵权责任是行政法律责任的下属概念。

行政侵权责任是一种法律责任，现行法规定行政主体承担行政侵权责任的方式包括：①撤销违法行政行为。即通过撤销违法行政行为的方式使其违法的效力得到消除。②纠正违法或不当行为。即按照法定要求对违法或不当的行政行为进行纠正以消除其违法效力的状态。③履行法定职责。即要求行政主体按照法律履行职责以消除行政失职的违法状态。④承担行政赔偿责任。即通过赔礼道歉、恢复名誉、消除影响、返还权益、恢复原状或金钱赔偿等方式，弥补相对人的合法权益损失。

第二节 行政法制监督的一般理论

行政权有被违法或不当行使的可能，而且一旦被违法或不当行使，便会对行政法治秩序产生破坏，因此，必须依法实施监督以防止或纠正违法或不当的行政行为，恢复被破坏的行政法治秩序。

一、行政法制监督的内涵

（一）行政法制监督的概念

任何权力都需要监督，这是法治的一个基本理念。建立科学合理的行政法制监督制度体系，对于防止和纠正行政权的滥用、保障行政相对人的合法权益以及建设社会主义法治国家都具有重要的意义。行政法制监督是指具有法定监督权的主体，依照法定的监督职权、监督范围和监督程序对行政主体及其工作人员行使行政职权、履行行政职责活动进行监督的法律制度的总称。这一定义揭示了行政法制监督的以下几个特点：

1. 行政法制监督的主体特定。现代民主国家对行政机关及其工作人员享有监督权的主体非常广泛，不仅国家机关，而且政党、社会团体、企事业单位、社会舆论、公民个人等都依法享有监督的权力（权利），都可以通过不同的途径和方式进行监督。但行政法制监督的主体只能是法律特别授予监督权的国家机关。非国家机关的组织或个人的监督主要是政治监督和民主监督，不是严格意义上的法律监督，不是行政法制监督。

2. 行政法制监督的对象确定。行政法制监督的对象就是行政机关及其工作人员。既可以是国家行政机关及其工作人员，也可以是法律、法规授权的组织及其工作人员，还可以是受委托行使行政权的组织及其工作人员。

3. 行政法制监督的内容特定。行政法制监督的内容是行政主体及其工作人员行使行政权、履行行政职责的行为，即行政行为，而且不限于行政法律行为，还包括准行政法律行为和行政事实行为。行政法制监督的范围不仅包括行政活动的合法性，也包括行政活动的合理性。

4. 行政法制监督是制度综合体。对行政机关及其工作人员行为的监督不是依靠单一的制度来实现的，而是由许多监督制度形成的制度体系，由不同的主体、通过不同的途径和方式来实现对行政机关及其工作人员的全方位监督。

（二）行政法制监督与行政监督检查的区别

依据通说，行政监督检查可以简称行政检查，是行政主体为了保障相关法律、法规、规章及有关行政命令、行政处理决定等得到遵守和执行，基于其依法享有的行政职权，对公民、法人或其他组织守法和履行法定义务的情况进行检查、了解、监督的外部具体行政行为。

从上述行政监督检查的定义可以看出，行政法制监督与行政监督检查是两个不同的概念，二者主要区别是：①监督关系不同。行政法制监督是行政法制监督主体对行政机关或行政工作人员的监督，行政机关或其工作人员是被监督的对象；行政监督检查是行政机关对行政相对人的执法监督，行政机关是执法监督的行政主体；②监督内容不同。行政法制监督属于权力对权力的监督，监督的内容是行政权的行使是否合法、适当；行政监督检查是行政权对相对人权利的监督，执法监督的内容是行政相对人是否遵守法律法规或行政决定；③监督程序和方式不同。行政法制监督主体不同，对行政行为的监督程序和方式也不同，但这些程序及其方式都体现出权力对权力的制衡性特征；行政监督检查程序属于行政执法程序，行政监督检查的程序和方式体现出公权力对私权利的命令和支配性特征。

二、行政法制监督的分类

基于我国的基本政治和法律制度，我国的行政法制监督制度形成了一个"纵横交错、多层次、全方位"的制度综合体。从不同的角度可以对我国的行政法制监督制度进行不同的分类。

（一）以监督主体为标准的分类

以监督主体的不同为标准，我国行政法制监督制度可以分为：①权力机关的监督，即全国人民代表大会和地方各级人民代表大会及其常委会的监督；②司法机关的监督，包括审判机关的监督和检察机关的监督；③行政机关的内部监督，具体又分为层级监督、审计监督和行政监察，也有的将其分为一般行政监督和专门行政监督（审计监督和行政监察）。

（二）以监督对象为标准的分类

以监督对象的不同为标准，我国行政法制监督制度可以分为：①侧重于对行政机关的监督，如行政复议和行政诉讼；②侧重于对行政公务员的监督，如行政监察；③对行政机关和公务员都实施的监督，如权力机关的监督。

（三）以监督内容为标准的分类

以监督内容的不同为标准，也可以作出不同的分类：①对抽象行政行为的监督和对具体行政行为的监督。前者主要由权力机关通过备案审查制度实施监督，行政审判机关和行政复议机关原则上只直接监督具体行政行为，对抽象行政行为只是附带审查监督；②对行政行为合法性的监督和对行政行为合理性的监督。权力机关和审判机关原则上只对行政行为的合法性进行监督，而对行政行为的合理性的监督一般只能由行政机关内部实施。

（四）以监督时间为标准的分类

以监督时间的不同为标准，行政法制监督可以分为事前监督、事中监督和事后监督。如行政复议和行政诉讼属于事后监督，而行政机关内部的层级监督，则是贯穿事前、事中、事后的全过程监督。

（五）以监督关系为标准的分类

以监督主体与监督对象的关系不同为标准，可以分为内部监督与外部监督。行政机关实施的复议监督、审计监督和行政监察是行政系统内部的监督；而权力机关的监督及司法机关的监督是外部监督。

三、行政法制监督的途径和方式

我国现行法规定建立了对行政机关及其工作人员实施全方位监督的制度体系，下面以监督主体为标准，分别介绍各类监督的具体途径和方式。

（一）权力机关监督

根据宪法规定，行政机关由人民代表大会产生，是权力机关的执行机关，对它负责，受它监督。我国权力机关基于宪法的授权对行政机关及其工作人员实施监督，这种监督具有民主性、权威性和全局性等特征。

根据我国现行法律规定，权力机关对行政机关进行监督的主要内容是：①对行政机关是否依法实施宪法、法律和法规进行监督；②对行政机关制定的行政法规、规章、决定和命令进行合宪性、合法性监督；③对国民经济社会发展计划和财政预算的编制和执行情况进行监督；④对各级政府组成人员的重要人事任免进行监督；⑤对行政机关采取的重大行政措施及对人民群众普遍关心和反映强烈问题的行政处置情况的监督；等等。

根据我国现行法律的规定，权力机关对行政机关监督的基本形式包括：①听取和审议政府工作报告、专题工作报告；②审查、批准或调整政府国民经济社会发展计划和财政预算；③对行政管理行为提出质询或询问；④对政府日常工作或专项工作进行视察或调查；⑤对政府工作提出建议、批评或意见；⑥处理民众对政府及其工作部门的申诉和控告；⑦审查政府的行政法规、规章、决定和命令；⑧对政府组成人员进行罢免。

（二）司法机关监督

司法机关的行政法制监督就是司法机关作为监督主体的监督，我国的司法机关包括人民法院和人民检察院，因此，对行政机关及其工作人员的行政行为的司法监督理论上包括审判监督和检察监督。但在我国已经形成具体法律制度的主要是人民法院对行政机关及其工作人员的诉讼监督，即行政诉讼制度。

在行政诉讼中，人民法院对于违法的具体行政行为可以判决撤销或确认违法，对行政失职行为可以责令履行法定职责，对显失公正的行政处罚决定可以判决变更。同时，人民法院在审理行政案件中，认为行政机关的主管人员、直接责任人员违反政纪的，应当将有关材料移送该行政机关或者其上一级行政机关或者监察、人事机关；认为有犯罪行为的，应当依法移送公安、检察机关。

在检察监督方面，目前有学者主张赋予检察机关提起行政公诉的权力，即允许检察机关在行政机关违法行政侵害公共利益而没有适格原告的情况下，代表公共利益提起行政公益诉讼。

（三）行政内部监督

行政内部监督是指行政系统内的上下级行政机关相互之间存在的法律监督以及行政系统内部设立的专门监督机关对行政机关及其工作人员所进行的监督。

行政内部监督的特点是：①广泛性。凡是行政主体及其工作人员行使行政职权有关的领域，都属于政府内部监督的范围，这远比权力机关监督和司法机关监督的范围要广；②及时性。政府内部监督是伴随行政执法活动进行的，程序也相对简便，能够及时发现违法行政和不当行政，以便迅速作出调整和纠正；③隶属性。政府内部监督是在具有层级关系、隶属关系的上下级政府之间、政府与所属部门之间以及专门机关与一般行政机关之间展开的；④局限性。政府内部监督是行政性的，为体现行政效率原则而在监督程序的严密和规范方面有所受限，从整个行政系统来看，这种自我监督所固有的弱点在所难免。

行政内部监督从监督的内容和组织形式上看，可以分为层级监督和专门监督。层级监督是基于行政隶属关系，由上级行政机关对下级行政机关所进行的监督。具体制度形式包括：①工作报告制度；②执法检查制度；③审查批准制度；④行政复议制度；⑤备案检查制度；⑥考核奖惩制度。专门监督是指政府内部设置的具有专门监督职能的机关对行政机关及其工作人员的特定行为的监督，具体制度包括审计监督和行政监察。审计监督是指审计机关依据《审计法》对行政机关的行政行为涉及财政财务收支活动进行审查核算的活动。行政监察是指国家各级行政监察机关依据《行政监察法》对行政机关及其工作人员执行国家法律、法规、政策和决定、命令情况以及违法、违纪行为进行监视、督察和惩戒的活动。

第三节 行政救济的一般理论

"无救济即无权利"，在行政行为违法或侵权，对公民、法人或其他组织的合法权益造成侵害的情况下，应当给予救济。

一、行政救济的基本内涵

(一) 行政救济的概念

学术界对"行政救济"这个词有两种理解，一种理解是指对行政行为所造成的合法权益损害实施的救济，即从救济的客体角度理解为对行政侵权的权利救济；另一种理解是指公民、法人或其他组织的权利遭受损害后，由行政机关提供救济，即从救济的主体角度理解为由行政机关提供的权利救济。但大多数学者通常是从救济客体角度来使用这个词的，本书也采用这种用法。行政救济是指公民、法人或其他组织认为行政机关的行政行为违法或失当造成自己合法权益损害，请求有关国家机关给予补救的法律制度的总称。

从这个角度定义的行政救济，具有以下几层含义：其一，行政救济是对合法权益的救济，即行政救济的对象是公民、法人或其他组织的合法权益。这意味着，只有合法权益才需要救济，国家权力不需要救济。其二，行政救济是对行政侵权所实施的救济。即行政救济发生的原因是行政侵权行为，对于行政机关所进行的社会救助不属于行政救济的范畴。其三，行政救济一般应当在法律上形成某种制度。现代社会禁止私力救济，对公民权利的救济须有立法的规定并进而形成制度，才符合法治的要求。对于可以实现权利补救但没有成为法律制度的某些方式，如通过媒体曝光或是向人大代表反映意见等，则不属于行政救济制度。其四，行政救济制度是各种法律补救制度的总称，现行法上规定的行政复议、行政诉讼、行政仲裁、信访等都属于行政救济制度的范畴。

(二) 行政救济的特征

行政救济制度是行政法律制度中一个相对独立的制度体系，与其他行政法律制度相比，具有以下特征：

1. 行政救济法律关系是一种三方法律关系。在行政救济法律关系中，三方法律关系主体分别是救济请求方、被请求方和救济机关。其中救济请求方与被请求方是行政争议的双方当事人，救济机关则是裁决行政争议的第三方。

2. 在行政救济法律关系中，当事人的法律地位相对固定。行政救济通常是因为行政相对人认为行政主体及其工作人员所作出的行政行为侵犯了其合法权益，要求救济机关排除违法行政行为。因此，在行政救济法律关系中，行政相对人是救济请求方，行政主体是救济被请求方，双方地位不能互换。

3. 行政救济程序由行政相对人申请启动，具有事后补救性。任何法律上的救济制度都是为了补救侵权行为所造成的损害，无侵权损害就不存在救济，权利损害在前，请求救济在后，行政救济也不例外。因此，行政救济程序只能是由行政相对人提出救济请求方能启动。

4. 行政救济以保护行政相对人的合法权益为主要目的。行政救济要实现对行政相对人受损害的合法权益的补救，必须依法纠正违法或不当的行政行为，客观上具有监督行政的功能。但行政救济应当以救济相对人合法权益为主要目的，因为在行政管理法律关系中，行政主体居于主动、优越的管理者地位，对其自身的合法权益可以通过法律赋予的行政权力予以保障，而行政相对人权利受到行政主体侵害时却不能自行救济，只能求助于国家机关给予救济。若行政救济不以保护行政相对人合法权益为主要目的，则相对人合法权益难以得到有效保护，行政救济程序也就没有存在的价值和意义。

5. 行政救济的途径和方法具有法定性。行政救济是一种法律救济制度，它的性质、途径、程序、方法等都由法律明文规定，具有法定性特征。主要表现为：①行政相对人享有的救济权利法定；②实施行政救济的主体和途径法定；③行政救济的程序、标准和方法法定。

（三）行政救济与行政法制监督的关系

行政救济与行政法制监督都是由有权国家机关对违法行政或不当行政的监督和补救，二者联系十分紧密，但二者是两个不同的概念范畴，主要区别有：①发生时间不同。行政救济主要是事后进行的，行政法制监督则事前、事中、事后均可进行；②启动程序不同。行政救济因行政相对人的请求而启动，行政法制监督可由监督机关依职权启动，也可因行政相对人的请求而启动；③针对对象不同。行政救济是对行政相对人受损害权益的救济，行政法制监督是对行政主体的违法行政或不当行政的监督，违法或不当行政不一定造成特定行政相对人的权益损害；④法律效果不同。行政救济既可实现对行政相对人权益的救济，还可实现对违法行政行为的监督；而行政法制监督则不一定能实现对相对人的权利救济。从我国现有的法律制度来看，行政复议、行政诉讼、行政仲裁和行政信访等行政救济法律制度，也属于行政法制监督制度，但现有的行政法制监督制度并不都是行政救济制度，如行政审计、行政监察等都只能归入行政法制监督制度的范畴。

二、行政救济制度的基本类型

行政救济制度并不是单一的制度，而是由一系列制度组成的制度系统，根据不同的标准，行政救济制度可以有不同的分类。

（一）以行政救济机关为标准的分类

以行政救济机关的不同为标准，行政救济可以分为权力机关的救济、司法机关的救济和行政机关的救济。权力机关的救济是指行政机关的行政行为违法或不当侵犯行政相对人的合法权益，依行政相对人的申请，由国家权力机关提供的法律救济，如西方国家的议会监察专员对公民权利的申诉救济。司法机关的救济是指行政机关的行政行为违法或不当侵犯行政相对人的合法权益，依行政相对人的申请，由国家司法机关提供的法律救济，如英美国家的司法审查制度以及大陆法系国家和我国的行政诉讼制度。行政机关的救济是指行政机关的行政行为违法或不当侵犯行政相对人的合法权益，依行政相对人的申请，由上级行政机关提供的法律救济，如我国的行政申诉救济和行政复议救济。

（二）以相对人选择权为标准的分类

依行政相对人选择救济途径的自主性不同，可将行政救济划分为可选择性救济和法定性救济。选择性救济是指行政相对人选择何种救济途径，由行政相对人决定，随便选择，不受限制。如《行政诉讼法》第44条第1款规定，对属于人民法院受案范围的行政案件，公民、法人或者其他组织可以先向行政机关申请复议，对复议决定不服的，再向人民法院提起诉讼；也可以直接向人民法院提起诉讼。法定性行政救济是指相对人选择何种救济途径，必须依法律的规定作出，而不得依自己随便选择。如根据行政复议法的规定，公民、法人或者其他组织认为行政机关的具体行政行为侵犯其已经依法取得的自然资源所有权或者使用权的，应当先申请行政复议；对行政复议决定不服的，可以依法向人民法院提起行政诉讼。又如，根据现行法律规定，公务员对涉及本人的人事处理决定不服的，只能向有权机关提起行政申诉，而不能申请行政复议或提出行政诉讼。

（三）以行政救济关系为标准的分类

以行政救济机关和救济请求人关系的不同，可把行政救济分为内部行政救济与外部行政救济。内部行政救济是指因行政机关的内部行政行为违法或不当，侵犯内部组织和工作人员的合法权益所引起的救济，如行政公务员对涉及本人的人事处理决定不服的申诉救济。外部行政救济，是指在外部行政法律关系中，因行政机关的行政行为违法或不当，侵犯了公民、法人或其他组织的合法权益所引进的行政救济，如行政复议救济和行政诉讼救济。外部行政救济是行政救济的主要表现形式。

> **注意：**"内部行政救济"一词有多种用法，有时我们也将由行政机关提供的法律救济称为内部行政救济。与此对应，权力机关、司法机关提供的救济称为外部救济。

（四）以行政救济对象为标准的分类

以引起行政救济的行政行为的不同，也可以对行政救济进行不同的分类：①行政合法性救济与行政合理性救济。因行政行为违法侵害行政相对人合法权益引起的救济是行政合法性救济，因行政行为不当侵害相对人合法权益引起的救济是行政合理性救济。②对抽象行政行为的救济与对具体行政行为的救济。对抽象行政行为的救济是指因行政机关抽象行政行为违法侵权所引起的行政救济，对具体行政行为的救济是指因行政机关具体行政行为违法侵权所引起的行政救济。

三、行政救济的途径和方式

（一）行政救济的途径

行政救济途径是指在行政相对人的合法权益受到行政主体行政行为侵害时，法律所提供的救济渠道和途径，我国现行法是以行政救济机关的不同来设置的救济途径。

1. 行政机关的救济。在我国，由行政机关实施行政救济的主要途径是行政复议制度，此外，申诉、仲裁和信访也是行政机关提供的救济途径。其中，行政申诉包括公务员申诉、学生申诉和教师申诉等制度。行政仲裁主要是聘任制公务员的权利救济途径。行政信访是其他途径无法提供救济时的补充救济途径。

2. 司法机关的救济。在英美法系国家，司法机关提供的救济主要是司法审查制度，在大陆法系国家及我国大陆及台湾地区，则主要是行政诉讼制度。

3. 权力机关的救济。即由国家议会提供的救济，在西方国家主要是议会监察专员制度，在我国主要是向各级权力机关提起申诉救济（即向权力机关提起的信访救济）。

在上述几种救济途径中，行政复议制度、行政诉讼制度是我国行政救济制度的基本途径，也是本书所要介绍的主要制度。

（二）行政救济的方式

行政救济的方式是指实施救济的表现形式，也是行政权力侵犯相对人权利所承担责任的方式。救济方式的应用应当以将损害回复到未受损害时的情形为目的。从救济的方式上，可以将行政救济分为程序上的救济方式和实体上的救济方式。

程序上的救济方式是对违法或失当行政行为本身给予的补救。行政救济要实现对违法或失当行政行为的纠正，结束违法或不当状态，使行政机关作出的行政行为符合法律的目的和要求，这是对行政行为本身的救济。对行政行为本身实施救济的方式有：①撤销违法或不当的行政行为；②变更违法或不当的行政行为；③确认行政行为违法或无效；④责令行政机关履行法定职责等。

实体上的救济方式是针对行政行为所造成的结果而实施的救济，主要是对行政行为造成的后果给予补救。它以损害的实际发生为前提，其方式主要是金钱赔偿，此外还有返还原物、恢复原状、赔礼道歉等方式。

对不同的行政行为，救济方式可能会同时适用或交叉适用。对于大多数违法或不当的行政行为，其救济方式是既要有程序上的救济，又要有实体上的救济，以使行政相对人的合法权益得到充分的保护。但对于合法行政行为造成的损害，以及对违法的事实行为，一般只能进行实体上的救济，程序上的救济方式已经没有意义。我国行政赔偿制度对这些实体上的救济方式进行了详细规定，是本书将要讨论的主要内容。

复习思考

一、选择题

1. 行政行为的合法要件是（　　）。
   A. 行政行为的主体应当合法　　B. 行政行为的内容应当合法适当
   C. 行政主体行为时未超越权限　　D. 行政行为应符合法定程序和方式

2. 下列有关违法行政的描述，正确的是（　　）。
   A. 违法行政是行政机关或其工作人员的违法
   B. 违法行政是违反行政法律规范的行为
   C. 违法行政必然构成行政侵权

D. 违法行政须承担行政责任
3. 下列选项中，属于权力机关监督行政的方式有（　　）。
A. 听取和审议政府工作报告
B. 视察
C. 审查政府行政法规、国民经济和社会发展计划
D. 质询
4. 在我国，专门的行政监督有（　　）。
A. 权力机关的监督　　　　　　B. 层级监督
C. 行政监察　　　　　　　　　D. 审计监督
5. 在我国，行政监察的对象是（　　）。
A. 公民、法人和组织　　　　　B. 国家机关及其工作人员
C. 行政机关及其公务员　　　　D. 涉嫌违法犯罪的组织或者个人
6. 行政法制监督的对象是（　　）。
A. 国家行政机关　　　　　　　B. 法律、法规授权的组织
C. 行政相对方　　　　　　　　D. 受委托行使行政权的组织或个人
7. 下列机关中可成为行政监督检查主体的是（　　）。
A. 省人大常委会　　　　　　　B. 最高人民检察院
C. 国务院　　　　　　　　　　D. 全国人大常委会
8. 行政侵权责任的主体是（　　）。
A. 行政法律关系主体　　　　　B. 行政主体
C. 行政主体及其公务员　　　　D. 行政相对方
9. 行政主体承担行政法律责任的方式有（　　）。
A. 撤销违法行政行为　　　　　B. 纠正不当行政行为
C. 履行法定职责　　　　　　　D. 履行行政赔偿义务
10. 下列属于行政救济制度形式的是（　　）。
A. 行政复议　　B. 行政诉讼　　C. 行政赔偿　　D. 信访制度
11. 关于行政救济的表述正确的是（　　）。
A. 行政救济是指政府救助弱者的行为
B. 行政救济是无偿的
C. 行政救济是对行政相对人受损害的权利的补救
D. 行政救济是依职权的行政行为
12. 关于行政救济的特征，下列说法正确的是（　　）。
A. 行政救济以被救济人生活困难为前提
B. 行政救济的方式通常是物质帮助
C. 行政救济是无偿的
D. 行政救济是一种直接的救济

二、名词解释

违法行政　行政违法　行政侵权　行政监察　行政审计　行政救济

三、简答题

1. 简述行政行为的合法要件。
2. 简述行政主体承担行政侵权责任的方式。
3. 简述行政法制监督与行政监督检查的区别。

四、论述题

1. 试述我国行政法制监督的基本途径及方式。
2. 试述我国行政救济的基本途径及方式。

拓展阅读

［1］林莉红："行政救济基本理论问题研究"，载《中国法学》1999年第1期。

［2］林莉红、孔繁华："论违法行政行为"，载《河南省政法管理干部学院学报》2000年第5期。

［3］许海波："略论行政违法的构成要件"，载《政法论丛》2003年第2期。

［4］应松年："行政救济制度之完善"，载《行政法学研究》2012年第2期。

［5］姚锐敏、易凤兰：《违法行政及其法律责任研究》，中国方正出版社2000年版。

［6］沈开举、王钰：《行政责任研究》，郑州大学出版社2004年版。

［7］杨解君主编：《行政责任问题研究》，北京大学出版社2005年版。

［8］胡肖华：《走向责任政府：行政责任问题研究》，法律出版社2006年版。

［9］王臻荣主编：《行政监督概论》，高等教育出版社2009年版。

［10］杨曙光、王敦生、毕可志：《行政执法监督的原理与规程研究》，中国检察出版社2009年版。

［11］梁津明等：《行政不作为之行政法律责任探究》，中国检察出版社2011年版。

［12］黄启辉：《行政救济构造研究：以司法权与行政权之关系为路径》，武汉大学出版社2012年版。

第十六章 行政复议

学习提要

本章所讲授的是对行政权的内部监督机制，同时也是对行政相对人的救济机制之一——行政复议制度。行政复议不同于行政诉讼，行政诉讼是行政系统外的对行政权实施监督和对行政相对人进行救济的制度。在行政法学上，行政复议属于行政司法的范畴，是行政复议机关以第三方的身份解决行政相对人与行政主体之间的行政争议，所采用的复议程序具有两造对立性质。本章需要重点掌握的是行政复议的范围、行政复议案件的管辖、行政复议的参加人和行政复议的程序，其中行政复议的范围和复议申请人的资格是本章的难点。本章的基本内容主要是以《行政复议法》和《行政复议法实施条例》两个法律文件的规定为基础，学习时请务必熟悉并掌握相关法条的具体规定。

本章知识结构图

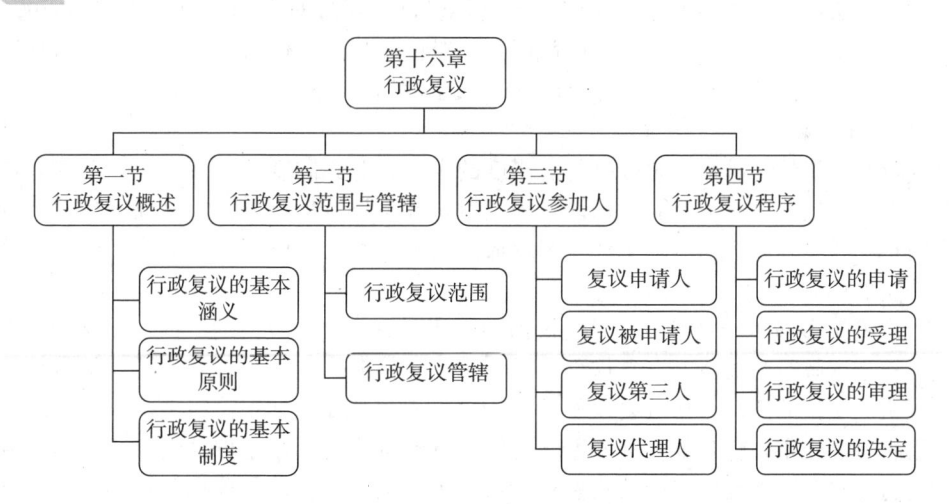

```
                    第十六章
                    行政复议
    ┌──────────┬──────────┬──────────┬──────────┐
  第一节        第二节        第三节        第四节
行政复议概述  行政复议范围与管辖  行政复议参加人  行政复议程序

行政复议的基本   行政复议范围    复议申请人    行政复议的申请
涵义
行政复议的基本                 复议被申请人   行政复议的受理
原则           行政复议管辖
                              复议第三人    行政复议的审理
行政复议的基本
制度                           复议代理人    行政复议的决定
```

第一节 行政复议概述

一、行政复议的基本涵义

（一）行政复议的概念与特征

行政复议，是指公民、法人或其他组织认为具体行政行为违法或不当，侵犯其合法权益，依法向行政复议机关提出复查申请，行政复议机关依照法定程序对被申请的具体行政行为进行合法性、合理性审查，并作出行政复议决定的一种法律制度。根据行政复议的上述定义，行政复议制度具有以下特点：

1. 行政复议程序因行政相对人的申请而启动。行政复议行为是依申请的行政行为，实行不告不理（不申请不复议），行政复议机关对具体行政行为的复议审查具有被动性，没有行政相对人的行政复议申请，行政复议机关不得主动对相关具体行政行为实施复议审查。

2. 行政复议是对具体行政行为的复议审查。行政行为有抽象行政行为和具体行政行为之分，行政复议机关只受理对具体行政行为的审查申请，行政相对人不得对作为具体行政行为依据的行政规范性文件直接申请复议审查，但可以申请附带审查。

注意：行政调解、行政仲裁、行政裁决和行政复议都属于解决争议性质的行政司法行为，但前三者解决的是民事争议，行政复议解决的是行政争议。

3. 行政复议对具体行政行为实施全面审查。行政复议机关对具体行政行为既实施合法性审查，也实施合理性审查，是全方位之审查。对于违法或不当的具体行政行为，行政复议机关有权予以依法变更、撤销或确认其违法或不当。

4. 行政复议是行政复议机关化解行政争议的活动。行政复议是因行政相对人认为具体行政行为违法或不当而引起，这本质上是行政主体与行政相对人就具体行政行为的合法性、合理性产生了争议。行政复议机关通过对具体行政行为实施审查，对具体行政行为进行合法性、合理性评判，纠正行政主体作出的违法或不当的具体行政行为，从而解决行政主体与行政相对人之间的行政争议。

（二）行政复议的性质

行政复议的性质乃是对行政复议制度的定性。对其制度的定性可以基于其外在表现形式，也可以基于其制度功能。为了对行政复议制度有更深入全面的理解，本书将单独介绍其制度功能。从外在表现形式角度，可以从以下两方面来把握行政复议制度的性质：

1. 行政复议的行政性。行政复议活动本质上是一种行政活动，行政复议行为本质上属于行政行为的范畴。具体理由是：①从主体要素看，行政复议活动是由行政复议机关实施的活动，行政复议机关是国家行政机关，而非司法机关。依照行政复议管辖制度规定，行政复议机关主要是作出行政行为的行政主体的上级行政机关或主管行政机关，都是国家行政机关；②从权力要素看，行政复议机关行使的行政复议权属于行政职权的范畴，行政复议活动是行政机关行使行政职权的活动。正因为行政复议本质上是行政活动，所以，根据《行政诉讼法》的规定，行政相对人对行政复议机关作出的行政复议决定不服，可以以复议机关为被告（单独被告或共同被告）提起行政诉讼。即复议决定本身也是一种可以起诉的行政行为。

2. 行政复议的准司法性。行政复议的准司法性是指行政复议机关作为第三方，借用人民法院审理案件的某些方式,解决行政主体与行政相对人之间的行政争议。行政复议属于行政司法的范畴,是行政复议机关居间解决行政争议的活动。行政复议为解决行政主体与行政相对人之间的行政争议,需要以双方当事人提交的证据和法律依据来判断争议具体行政行为的合法性和合理性,具有法院裁判纠纷的特点。为保证行政复议机关对具体行政行为合法性、合理性进行公正判断,法律为行政复议规定了较为严格的程序,这些程序体现了司法程序的某些特点,如有关举证责任的规定,申请人、第三人阅卷权的规定,申请人、第三人委托代理人的规定,复议申请撤回的规定,复议中止与终止的规定等。但行政复议毕竟不同于法院的审判活动,其程序仍然属于行政程序,表现为对司法程序的简化与吸收,具有司法程序的特点,故称之为准司法性。

(三) 行政复议的功能

行政复议的功能是指行政复议制度基于各项具体的制度设计所客观具备的、对社会各方面能够产生积极作用的能力或功效。一般来讲,行政复议具有以下三个方面的功能:

1. 权利救济功能。即行政复议是保护公民、法人和其他组织的合法权益,对行政权侵权实施救济的制度。行政复议通过行政复议机关对具体行政行为实施审查,对具体行政行为进行合法性、合理性判断,纠正违法或不当的具体行政行为,实现对行政相对方的权利救济。因此,行政复议制度是对行政权侵权实施救济的重要制度,是行政系统内部的救济途径,是国家行政救济机制的重要环节。

2. 监督行政功能。行政复议制度是在行政系统内部设立的一套对行政权的监督制度,旨在监督行政权是否合法和合理运作。行政复议实际上是上级行政机关对下级行政机关或所属行政主体的违法或不当的具体行政行为实施的监督,这种监督是行政系统内部的监督和纠错行为,不同于行政系统外部的人民法院进行的司法审查监督。根据《行政复议法》对行政复议目的之规定,行政复议制度功能之一就是为了防止和纠正违法的或者不当的具体行政行为,保障和监督行政机关依法行使职权。

3. 纠纷解决功能。行政复议活动由行政争议引起,该争议即是行政相对人与行政主体之间关于具体行政行为的合法性、合理性的争议。行政复议活动也就是行政复议机关根据行政相对人的申请,就具体行政行为的合法性和合理性进行审查,并依法对具体行政行为是否合法、合理作出判断和相应裁决的活动。

行政复议制度的上述三项功能与行政诉讼制度的功能具有相似性,这三项功能如果发挥得好,还可以减少人民法院受理行政案件、解决行政争议的负担,从这个意义上讲,行政复议还有为法院减轻负担的综合性功能。

二、行政复议的基本原则

行政复议的基本原则是指由《行政复议法》所规定的,为实现行政复议立法目的和遵循行政复议规律而设定的,对行政复议具有基本指导作用的行为准则。根据《行政复议法》的规定和行政复议实践,行政复议应当遵循的基本原则有:合法复议原则、公正复议原则、公开复议原则、及时复议原则、复议便民原则等。

（一）合法复议原则

行政复议应当遵循合法原则，即履行行政复议职责的行政复议机关，必须严格地按照法律所规定的职责权限，以事实为根据，以法律为准绳，对行政相对方申请复议的具体行政行为，按照法定程序进行审查并作出复议决定。因为行政复议本身是行政复议机关在行使行政职权，行政职权的运作都需要遵守合法性原则。

合法原则的具体内容如下：①履行行政复议职责的行政复议机关应当合法。具体要求是：其一，行政复议机关必须是根据《行政复议法》的规定对提起复议的具体行政行为具有管辖权的行政机关；其二，行政复议机关内的复议机构和人员应当是复议机关内专门从事复议工作的机构和人员；其三，行政复议机构审理行政复议案件，应当由两名以上行政复议人员参加；其四，行政复议决定应该由行政复议机关的负责人同意或者集体讨论通过。②行政复议机关审理案件的依据应当合法。行政复议机关审理复议案件，以法律、行政法规、地方性法规、规章以及上级行政机关依法制定和发布的具有普遍约束力的决定、命令为依据，其上述依据本身应该具备合法性。③作出的行政复议决定内容应当符合法律规定。被审查的具体行政行为合法、合理，行政复议机关应该依法作出维持决定；被审查的具体行政行为违法或明显不当，行政复议机关应该依法作出变更、撤销或确认违法等决定。④审理复议案件应当遵守行政复议法所规定的复议程序。有关行政复议的申请、受理、审理和决定等步骤、顺序、时限和形式的规定都应当合法。

（二）公正复议原则

行政复议应当遵循公正复议原则，即行政复议机关依法进行行政复议应当做到依法办事、合乎情理，在行政主体与行政相对方之间保持公平公正，不偏私、不歧视、不专断。行政复议既要合法，也要合理，公正原则主要是对行政复议机关在行使行政裁量权时的要求。

公正原则的具体要求是：①行政复议机关在处理复议案件时，必须充分考虑申请人与被申请人两方面的合法权益，不偏袒、不歧视任何一方，严格依法办事；②对申请人的合法、合理的正当权利要求坚决维护，对其不合法、不合理的要求要依法驳回；③对被申请人的违法或不当行政行为必须严格地按照法律、法规的要求处理，做到不庇护和不放纵违法或失当行政行为，同时对合法、合理的行为应依法坚决予以维护。

（三）公开复议原则

行政复议应当遵循公开原则，即行政复议机关原则上应当向行政复议当事人和社会公开行政复议的过程和结果，除非涉及国家秘密、商业秘密和个人隐私。行政公开原则一方面涉及对个人合法权益的保障，同时基于民主价值考量，也关系到公民的行政参与权和对公权力的监督问题。这一原则要求行政复议中应当遵循下列要求：①行政复议过程应当公开；②行政复议决定应当公开；③与行政复议相关的行政信息应当公开。

（四）及时复议原则

行政复议应当遵循及时原则，即行政复议机关应当在法定期限内，及时受理申请、尽快完成案件的审查和根据审查结论作出决定。这一原则要求行政复议过程应当遵循下列要求：①受理复议申请应当及时。行政复议机关收到行政复议申请后，应当及时对复议申请是否符合法定条件进行审查，从而作出是否受理的决定；②审理复议案件的各项工作应当抓紧进行。行政复议机关受理复议案件后应当按照程序进行，抓紧时间调查、取证和收集材料，不应拖延。对收集到的各种材料、证据要尽快分析，并及时决定采用何种方式进行审理；③作出复议决定应当及时。复议案件经审理后，行政复议机构应当迅速拟定复议决定书报送复议机关负责人同意或者集体讨论通过后，依法作出行政复议决定；④应当及时处理当事人不履行复议决定的行为。对作出原具体行政行为的行政机关不履行或拖延履行行政复议决定的，行政复议机关或者有关上级行政机关应当责令限期履行，并追究或者建议追究有关人员的行政责任。对行政相对人不起诉又不履行行政复议决定的，起诉期限届满后，作出具体行政行为的行政机关、行政复议机关应依法强制执行或者申请人民法院强制执行。

（五）复议便民原则

行政复议应当遵循便民原则，即在尽量节省费用、时间、精力的情况下，保证公民、法人或者其他组织充分行使行政复议权利，确保当事人实现行政复议的目的。行政复议的具体制度设计应该体现便民原则，如下列有关规定：①对于复议申请形式的规定。申请人提出申请的形式可以是书面形式，也可以是口头形式。书面申请书可以采用当面递交、邮寄或者传真等方式，有条件的复议机构可以接受以电子邮件形式提出的申请；②对于行政复议管辖中选择管辖的规定以及对于特别管辖的县级地方人民政府转送义务的规定；③对于补充材料的规定。行政复议申请材料不齐全或者表述不清楚的，行政复议机构应一次性书面通知申请人需要补正的事项等。

三、行政复议的基本制度

（一）一级复议制度

一级复议制度是指行政争议经过行政复议机关一次审理并作出裁决之后，即使申请人对复议机关的复议决定不服，也不能再申请复议，只能寻求行政诉讼等其他救济途径。行政复议之所以采用一级复议制，主要考虑到行政复议作为在行政系统内部设置的监督救济机制，既有优势，也有不足。其优势是行政复议机关主要是作出具体行政行为的行政主体的上级行政机关或主管行政机关，提起争议的事项属于其专业性领域，且其程序相对司法程序来说更简便、效率更高。但同时行政复议制度也有"自己做自己案件的法官"之嫌，其公正性存在一定疑问。况且，行政复议申请人对复议决定不服仍有向司法机关提起司法审查之权利，由司法机关为其合法权益提供进一步救济。

一级复议制度的具体内容是：①从申请人的角度看，行政相对人不服具体行政行为的，只能行使一次行政复议的申请权。其一，如果行政相对人撤回了复议申请，原则上不能就同一具体行政行为以同一事实和理由再重新申请复议。其二，如果复议机关已经作出复议决定，申请人不能就原行政行为或行政复议决定向行政复议机关或行政复议机关的上级行政机关再次提出复议申请；②从行政复议机关的角度看，行政复议机关对被申请的具体行政行为只能作出一次行政复议决定，无论该复议决定是否合法，都具有确定力，行政复议机关不得再重新审议或更改决定。如果要撤销或改变复议决定只能由法定机关通过法定程序进行；③只有法律例外规定的情形下，才实行两级复议制。我国法律规定的两级复议制一般是选择性的，即具体行政行为复议后，如果对复议决定不服，可以选择再申请复议或到人民法院起诉，若选择再复议，则复议是终局的，不能再起诉。

> **法条链接：**
> **《行政复议法》**
> 第十四条 对国务院部门或者省、自治区、直辖市人民政府的具体行政行为不服的，向作出该具体行政行为的国务院部门或者省、自治区、直辖市人民政府申请行政复议。对行政复议决定不服的，可以向人民法院提起行政诉讼；也可以向国务院申请裁决，国务院依照本法的规定作出最终裁决。

（二）书面复议制度

书面复议制度是指行政复议机关对行政复议申请人提出的申请和被申请人提交的答辩，以及有关被申请人作出具体行政行为的依据和证据不进行开庭审理，只是在书面审查的基础上作出行政复议决定的制度。

这一制度的具体内容是：①行政复议机关对行政复议案件的审查，原则上是对当事人所提交的书面材料的审查，即一般情况下是通过书面材料认定争议具体行政行为的合法性和合理性。对书面材料中涉及的问题如需要进一步了解的，可以要求当事人提供补充材料或行政复议机关亲自调查和核实证据；②行政复议机关对行政复议案件的审查，原则上不开庭审查。行政复议机关可以向行政复议当事人了解案件情况，但不是必须让双方当事人互相质证、辩论；③行政复议机关审理重大、复杂案件时，申请人提出要求或者行政复议机构认为必要时，可以采用开庭形式审查，举行听证会，但这仅仅是一种例外。

行政复议确立书面复议制度，具体理由及现实意义是：①有利于提高行政争议解决的效率，符合行政复议立法的指导思想。行政复议实际上是对具体行政行为合法性和合理性的复查，如果行政复议机关像法院一样开庭审查，则需时过长，不利于被申请人及时、有效地行使行政权，申请人也将要投入和耗费大量的时间和精力；

②行政复议机关作为被申请人的上级行政机关或主管行政机关,对被申请的具体行政行为所涉及的行政事务比较熟悉,通过书面审查一般可以查清行政复议案件的事实,达到作出行政复议决定的要求;③通过书面审查,可以避免复议申请人和被申请人因开庭庭审而产生的对抗情绪,有利于行政争议在背对背的情况下获得有效化解。

第二节 行政复议范围与管辖

一、行政复议范围

(一)行政复议范围的概念

行政复议的范围,是指行政相对人认为行政主体作出的行政行为侵犯其合法权益,依法可以向行政复议机关请求审查的行政行为的范围,也是行政复议机关依照行政复议法律规定,可以受理的行政争议案件的范围。行政复议范围的大小影响到行政复议制度对行政权的监督能力和对行政相对人的救济能力。

法律对行政复议范围的确立方式有概括式、列举式和混合式。我国《行政复议法》对行政复议范围的规定采用了混合式,即概括式和列举式的结合。所谓概括式是指法律对行政复议范围进行抽象概括的规定模式。我国《行政复议法》第2条是对行政复议范围的一般抽象式概括。列举式是指法律对行政复议范围进行逐项列举的规定模式。《行政复议法》第6~8条采用了列举式规定,其中包括肯定式列举和否定式列举。

(二)可申请复议的行政行为

1. 对行政复议范围的概括规定。《行政复议法》第2条规定:"公民、法人或者其他组织认为具体行政行为侵犯其合法权益,向行政机关提出行政复议申请,行政机关受理行政复议申请、作出行政复议决定,适用本法。"根据该条的规定,可申请行政复议的行政行为是具体行政行为,可申请复议救济的权益是合法权益,未被法律所确认的利益不能获得复议救济。

2. 对行政复议范围的列举规定。根据《行政复议法》第6条的规定,行政复议受案范围包括:①对行政机关作出的警告、罚款、没收违法所得、没收非法财物、责令停产停业、暂扣或者吊销许可证、暂扣或者吊销执照、行政拘留等行政处罚决定不服的;②对行政机关作出的限制人身自由或者查封、扣押、冻结财产等行政强制措施决定不服的;③对行政机关作出的有关许可证、执照、资质证、资格证等证书变更、中止、撤销的决定不服的;④对行政机关作出的关于确认土地、矿藏、水流、森林、山岭、草原、荒地、滩涂、海域等自然资源的所有

> 理解:行政复议的范围可以总结为:只要是行政相对人认为具体行政行为侵犯其合法权益的,就属于行政复议范围。关键词是"具体行政行为"和"合法权益",这里的"合法权益"不仅指人身权、财产权,也包括受教育权等合法权益。

权或者使用权的决定不服的;⑤认为行政机关侵犯合法的经营自主权的;⑥认为行政机关变更或者废止农业承包合同,侵犯其合法权益的;⑦认为行政机关违法集资、征收财物、摊派费用或者违法要求履行其他义务的;⑧认为符合法定条件,申请行政机关颁发许可证、执照、资质证、资格证等证书,或者申请行政机关审批、登记有关事项,行政机关没有依法办理的;⑨申请行政机关履行保护人身权利、财产权利、受教育权利的法定职责,行政机关没有依法履行的;⑩申请行政机关依法发放抚恤金、社会保险金或者最低生活保障费,行政机关没有依法发放的;⑪认为行政机关的其他具体行政行为侵犯其合法权益的。

(三) 可附带审查的行政规定

1. 附带审查的行政规定范围。《行政复议法》第7条第1款规定,公民、法人或其他组织认为行政机关的具体行政行为所依据的下列规定不合法,在对具体行政行为申请行政复议时,可以一并向行政复议机关提出对该规定的审查申请:①国务院部门的规定;②县级以上地方各级人民政府及其工作部门的规定;③乡、镇人民政府的规定。

2. 附带审查的行政规定条件:其一,这里的行政规定是指行政法规、规章之外的行政规范性文件,但不包括国务院的行政规范性文件(对国务院的规定不能提出附带审查);其二,提出附带审查的规定必须是被申请行政复议的具体行政行为的依据,没有作为争议具体行政行为依据的行政规定,不能对其提起附带审查的申请。

3. 审查行政规定的程序。对于提出附带审查的规定,行政复议机关对该规定有权处理的,应当在30日内依法处理;无权处理的,应当在7日内按照法定程序转送有权处理的行政机关依法处理,有权处理的行政机关应当在60日内依法处理。处理期间,中止对具体行政行为的审查。

> 注意:《行政复议法》第27条还规定了对具体行政行为依据的主动审查制,其条件是:①行政相对人对具体行政行为提起了复议申请,但并没有对具体行政行为的依据提出任何请求;②行政复议机关对具体行政行为进行审查时,认为其依据不合法,这里的"依据"不限于可以提起附带审查的规定,还包括法律、法规、规章和国务院的规定等;③行政复议机关主动对"依据"审查。对于"依据"的审查,行政复议机关有权处理的,应当在30日内依法处理;无权处理的,应当在7日内按照法定程序转送有权处理的国家机关依法处理。处理期间,中止对具体行政行为的审查。

(四) 排除行政复议的事项

对于哪些行政行为被排除出行政复议的范围,主要考虑到依据我国现行的行政法制监督和救济制度,如这些行政行为能被依法监控,并能为相对人合法权益提供相应的救济途径,这部分行政行为可以不进入行政复议范围。

关于下列几种事项的争议案件,不属于行政复议的受理范围:①抽象行政行为。抽象行政行为包括行政立法和行政规范性文件。依据《行政复议法》的规定,对于行政立法(行政法规和规章)既不能直接提起行政复议也不能提出附带审查要求;

对于行政规范性文件（不包括国务院文件）可以提出附带审查，但不能直接对行政规范性文件提起行政复议。公民、法人或者其他组织认为行政法规、行政规章或行政规范性文件违法或不适当的，依照《宪法》《立法法》等规定可以向权力机关和上级行政机关提出审查要求或建议，由有权机关依法予以改变或撤销；②内部行政行为。不能提起行政复议的内部行政行为是指行政机关作出的行政处分或者其他人事处理决定。对于不服行政机关作出的行政处分或者其他人事处理决定的，被处分人或处理人可以依照《公务员法》《行政监察法》等规定提出复核、申诉；③部分行政司法行为。不能提起行政复议的部分行政司法行为是指行政机关对民事纠纷作出的调解或者其他处理，这里的其他处理主要是指行政仲裁行为。对于不服行政机关对民事纠纷作出的调解或者其他处理的，公民、法人或者其他组织可以依法采取向人民法院提起诉讼等救济手段。

二、行政复议管辖

（一）行政复议管辖的概念

行政复议管辖，是指行政复议机关对行政复议案件在受理上的具体分工，即行政相对人应当向哪一行政机关提起行政复议申请，由该行政机关来行使行政复议权。具有行政复议管辖权的机关即为行政复议机关。

（二）行政复议的管辖规则

行政复议的管辖包括一般管辖和特别管辖。行政复议的管辖原则是：上一级管辖原则。

1. 一般管辖。所谓一般管辖是指申请人对各级政府或者政府的工作部门作出的具体行政行为不服申请复议的管辖规则。一般管辖规则是：①对县级以上地方各级人民政府工作部门的具体行政行为不服的，由申请人选择，可以向该部门的本级人民政府申请行政复议，也可以向上一级主管部门申请行政复议。②对海关、金融、国税、外汇管理等实行垂直领导的行政机关和国家安全机关的具体行政行为不服的，向上一级主管部门申请行政复议。③申请人对经国务院批准实行省以下垂直领导的部门作出的具体行政行为不服的，可以选择向该部门的本级人民政府或者上一级主管部门申请行政复议；省、自治区、直辖市另有规定的，依照省、自治区、直辖市的规定办理。④对地方各级人民政府的具体行政行为不服的，向上一级地方人民政府申请行政复议。对省、自治区人民政府依法设立的派出机关所属的县级地方人民政府的具体行政行为不服的，向该派出机关申请行政复议。⑤对国务院部门或者省、自治区、直辖市人民政府的具体行政行为不服的，向作出该具体行政行为的国务院部门或者省、自治区、直辖市人民政府申请行政复议。对行政复议决定不服的，可以向人民法院提起行政诉讼；也可以向国务院申请裁决，国务院依照行政复议法的规定作出最终裁决。申请人对两个以上国务院部门共同作出的具体行政行为不服的，可以向其中任何一个国务院部门提出行政复议申请，由作出具体行政行为的国务院部门共同作出行政复议决定。

2. 特别管辖。所谓特别管辖是指申请人对派出机关，派出机构，法律、法规授权组织，撤销机关或多机关联合作出的具体行政行为不服申请复议的管辖规则。特别管辖规则是：①对县级以上地方人民政府依法设立的派出机关的具体行政行为不服的，向设立该派出机关的人民政府申请行政复议；②对政府工作部门依法设立的派出机构依照法律、法规或者规章规定，以自己的名义作出的具体行政行为不服的，向设立该派出机构的部门或者该部门的本级地方人民政府申请行政复议；③对法律、法规授权的组织的具体行政行为不服的，分别向直接管理该组织的地方人民政府、地方人民政府工作部门或者国务院部门申请行政复议；④对两个或者两个以上行政机关以共同的名义作出的具体行政行为不服的，向其共同上一级行政机关申请行政复议；⑤对被撤销的行政机关在撤销前所作出的具体行政行为不服的，向继续行使其职权的行政机关的上一级行政机关申请行政复议。

> **注意**：对于特别管辖，申请人也可以向具体行政行为发生地的县级地方人民政府提出行政复议申请。接受申请的县级地方人民政府，应当自接到该行政复议申请之日起7日内，转送有关行政复议机关，并告知申请人。

（三）行政复议管辖问题处理

1. 管辖争议的处理（指定管辖）。两个或两个以上的行政机关在某一行政复议案件的管辖上发生互相推诿或互相争夺管辖权的，报请共同的上一级机关指定管辖。

2. 管辖错误的处理（移送管辖）。行政复议机关对已经受理的行政复议案件，经审查发现自己对该案件无管辖权时，将该案件移送给有管辖权的复议机关管辖。

第三节 行政复议参加人

行政复议参加人主要是复议申请人、复议被申请人、复议第三人和复议代理人。

一、复议申请人

（一）申请人的概念

行政复议申请人是指对行政主体作出的具体行政行为不服，依据法律、法规的规定，以自己的名义向行政复议机关提出行政复议申请，要求复议机关对该具体行政行为进行审查并作出复议决定的公民、法人或者其他组织。行政复议申请人是复议当事人之一，所谓复议当事人是指行政复议法律关系的权利享有者或义务承担者。

（二）申请人的资格

行政复议申请人应当是同时具备以下资格条件的人：

1. 申请人必须是作为行政相对人的公民、法人或者其他组织。首先，行政相对人是指与被申请复议的具体行政行为有利害关系的公民、法人或者其他组织。所谓利害关系是指公民、法人或者其他组织的合法权益受到了具体行政行为的影响。合法权益受到影响的行政相对人不仅指具体行政行为的直接对象人，也指合法权益受到了具体行政行为影响的间接对象人。认定行政复议申请人不以具体行政行为的直接指向对象为标准,而是以合法权益是否受到了具体行政行为影响这一要素作为标准。其次,申请人的范围包括公民、法人或者其他组织。公民是指中国公民、也包括外国人和无国籍人;组织包括中国法人或者其他组织,也包括外国法人或者其他组织。

> **提示**:行政相对人可以从广义和狭义上理解。广义的行政相对人包括直接相对人和间接相对人;狭义的行政相对人仅指直接相对人,间接相对人可以表述为利害关系人。本书从广义上理解行政相对人,具体包括直接相对人和利害关系人。

2. 申请人必须是认为具体行政行为侵害了其合法权益的人。首先,如上文所述,申请人是合法权益受到具体行政行为影响的行政相对人,这种影响包括有利影响和不利影响。行政复议申请人是合法权益受到具体行政行为不利影响即受到侵害的人。其次,行政相对人主观上认为行政主体的具体行政行为侵犯其合法权益,申请行政复议只是相对人的主观意思表示,至于被申请审查的具体行政行为客观上是否侵犯行政相对人的合法权益,有待行政复议机关进一步审查。

3. 申请人必须以自己的名义向行政复议机关提出复议申请。因为申请人认为自己的合法权益受到具体行政行为侵害,其提起复议是为了保护自己的合法权益,必须以自己的名义为之。有权申请行政复议的公民为无民事行为能力人或者限制民事行为能力人的,其法定代理人可以代为申请行政复议。

具备申请行政复议资格的个人死亡的,其近亲属可以以申请人的身份申请行政复议;具备申请行政复议资格的组织消亡的,承受其权利的组织可以以申请人的身份申请行政复议。

> **法条链接**:
>
> **《行政复议法实施条例》**
>
> 第六条 合伙企业申请行政复议的,应当以核准登记的企业为申请人,由执行合伙事务的合伙人代表该企业参加行政复议;其他合伙组织申请行政复议的,由合伙人共同申请行政复议。
>
> 前款规定以外的不具备法人资格的其他组织申请行政复议的,由该组织的主要负责人代表该组织参加行政复议;没有主要负责人的,由共同推选的其他成员代表该组织参加行政复议。
>
> 第七条 股份制企业的股东大会、股东代表大会、董事会认为行政机关作出的具体行政行为侵犯企业合法权益的,可以以企业的名义申请行政复议。

二、复议被申请人

(一)被申请人的概念与条件

行政复议被申请人是指具体行政行为被行政复议的申请人指控违法或不适当,

侵犯行政复议申请人的合法权益，并由复议机关通知参加复议活动的行政机关或法律、法规授权组织。行政复议被申请人是复议当事人之一。

作为行政复议被申请人必须具备以下条件：①被申请人必须是行政主体。在我国，只有行政主体才能以自己的名义为行政行为，并能承担由此而产生的法律责任，因此，行政复议被申请人只能是行政机关或法律法规授权的组织；②行政复议被申请人必须是作出被申请复议的具体行政行为的行政主体。基于责任自负之原则，作出具体行政行为的行政主体要对自己的行为承担法律上的责任；③被申请人是其具体行政行为受申请人指控并由行政复议机关通知参加行政复议的行政主体。

（二）被申请人的确定规则

行政复议被申请人的基本确定规则是："谁为行为主体且为行政主体，谁为被申请人"。

1. 行政机关作出具体行政行为的，行政机关为被申请人（行政机关）。下级行政机关依照法律、法规、规章规定，经上级行政机关批准作出具体行政行为的，批准机关为被申请人（批准机关）。

2. 获得法律、法规授权的组织实施行政行为的，该组织为复议被申请人（法律、法规授权组织）；行政机关设立的派出机构、内设机构或者其他组织，未经法律、法规授权，对外以自己名义作出具体行政行为的，该行政机关为被申请人（设立行政机关）。

3. 两个以上行政主体共同作出具体行政行为的，共同为复议被申请人（共同行政主体）；行政主体与非行政主体以共同名义作出具体行政行为的，行政主体为被申请人（行政主体一方）。

4. 行政机关委托的组织作出具体行政行为的，委托的行政机关是复议被申请人（委托行政机关）。

5. 作出具体行政行为的组织被撤销的，继续行使其职权的行政机关是被申请人（继续行使被撤销组织职权的行政机关）。但是如果没有继续行使其职权的行政机关，则由作出撤销决定的行政机关为被申请人（撤销决定行政机关）。

三、复议第三人

（一）第三人的概念

行政复议第三人是指与被申请行政复议的具体行政行为有利害关系，而参加到他人已经开始的行政复议活动中来的公民、法人或者其他组织。行政复议第三人是复议当事人之一。

（二）第三人的特征

行政复议第三人具有以下特征：①必须是行政复议申请人与被申请人以外的公民、法人或者其他组织；②必须与被申请行政复议的具体行政行为有利害关系；③第三人是以自己的名义，为维护自己的合法权益而参加复议活动；④第三人必须是在复议案件立案以后、复议决定作出之前参加的人；⑤第三人参加复议程序既可通过申请参加，也可由复议机关通知参加。第三人不参加行政复议，不影响行政复议案件的审理。

（三）第三人的类型

第三人是与被申请行政复议的具体行政行为有利害关系之公民、法人或者其他组织，具体包括申请人型利害关系人和被申请人型利害关系人。

1. 申请人型利害关系人。所谓申请人型利害关系人是指与具体行政行为有利害关系，具有成为行政复议申请人资格的第三人。例如下列情形：①行政处罚案件中的被处罚人和受害人。如果被处罚人对行政处罚不服提起行政复议，那么被处罚人是复议申请人，受害人应作为第三人；反之，如果受害人提起行政复议，那么被处罚人应作为第三人；②行政处罚中的共同被处罚人。如果部分被处罚人对行政处罚不服提起复议申请，那么共同被处罚人中没提起复议申请之人应作为第三人；③行政裁决中的被裁决当事人。在行政裁决中，不接受裁决的一方当事人提起行政复议，另一方当事人应作为第三人。

> **理解：**申请人型利害关系人和被申请人型利害关系人的确立标准不是以第三人在行政复议中支持申请人一方或者被申请人一方，而是指该第三人本可以或应该成为复议申请人或者被申请人。

2. 被申请人型利害关系人。所谓被申请人型利害关系人是指与具体行政行为有利害关系，可以成为行政复议的被申请人的第三人（例外：由于法律上原因不具有被申请人资格）。例如下列情形：①两个以上的行政主体针对同一事件作出相互矛盾的具体行政行为，相对人对其中一个具体行政行为不服申请复议，作出矛盾具体行政行为的其他行政主体应作为第三人；②行政主体与非行政主体以共同名义作出具体行政行为，申请人对该具体行政行为不服申请复议，其中行政主体应该是被申请人，非行政主体应作为第三人。

四、复议代理人

（一）复议代理人的概念与特征

行政复议代理人是指接受复议申请人、第三人的委托，代为参加复议活动的人。代理人属于行政复议的参加人，但不是复议当事人。

行政复议代理人的特征是：①行政复议中只有申请人和第三人能够委托代理人，法律未授权被申请人委托代理人；②代理人只能以被代理人的名义，为维护被代理人的利益而进行复议活动；③代理人必须在代理权限范围内实施代理行为，行为法律后果由被代理人承担。

（二）复议代理人的类型

1. 法定代理人。有权申请行政复议的公民和参加到行政复议中的第三人为无民事行为能力人或者限制民事行为能力人的，其法定代理人可以代为申请和参加行政复议。

2. 委托代理人。根据《行政复议法》和《行政复议实施条例》的规定：申请人、第三人可以委托1~2名代理人参加行政复议。申请人、第三人委托代理人的，应当向行政复议机构提交授权委托书。授权委托书应当载明委托事项、权限和期限。公民在特殊情况下无法书面委托的，可以口头委托。口头委托的，行政复议机构应当核实并记录在卷。申请人、第三人解除或者变更委托的，应当书面报告行政复议机构。

对于委托代理人的范围，《行政复议法》并没有规定，可以参照《行政诉讼法》对代理人范围的规定。复议申请人与复议第三人可以委托：①律师、基层法律服务工作者；②当事人的近亲属或者工作人员；③当事人所在社区、单位以及有关社会团体推荐的公民。

第四节 行政复议程序

一、行政复议的申请

行政复议申请是指行政相对人不服行政主体的具体行政行为而向复议机关提出要求改变该具体行政行为的请求。相对人提出行政复议申请是行政复议程序的起点。根据《行政复议法》的规定，申请行政复议需要满足三个方面的组成要件：由有权提出复议申请的人在法定期限内申请复议、申请复议应当符合法定的条件及形式。

（一）复议申请应在法定期限提出

《行政复议法》第9条规定："公民、法人或者其他组织认为具体行政行为侵犯其合法权益的，可以自知道该具体行政行为之日起60日内提出行政复议申请；但是法律规定的申请期限超过60日的除外。因不可抗力或者其他正当理由耽误法定申请期限的，申请期限自障碍消除之日起继续计算。"

> 思考：《中国公民往来台湾地区管理办法》（国务院2015年6月14日第661号令修订公布）第36条规定："被处罚人对公安机关处罚不服的，可以在接到处罚通知之日起15日内，向上一级公安机关申请复议，由上一级公安机关作出最后的裁决；也可以直接向人民法院提起诉讼。"请问：如果被处罚人超过15日但在60日内申请行政复议，该申请是否超期？

（二）复议申请应符合法定条件

申请行政复议时应当符合下列实体条件：①申请人是行政相对人。即申请人是认为具体行政行为侵犯其合法权益的公民、法人或者其他组织；②有明确的被申请人。有明确的被申请人不等于要求是正确的被申请人。根据《行政复议实施条例》第22条之规定：申请人提出行政复议申请时错列被申请人的，行政复议机构应当告知申请人变更被申请人。行政复议机关不能基于申请人错列被申请人而直接拒绝受理；③有具体的复议请求和事实根据；④属于申请复议的范围；⑤属于受理复议机关管辖；⑥法律、法规规定的其他条件。

（三）复议申请应符合法定形式

申请人申请行政复议，可以书面申请，也可以口头申请。申请人书面申请行政复议的，可以采取当面递交、邮寄或者传真等方式提出行政复议申请；有条件的行政复议机构可以接受以电子邮件形式提出的行政复议申请。口头申请的，行政复议机关应当记录申请人的基本情况、复议请求、事实和理由等，当场制作行政复议申请笔录并交申请人核对或者向申请人宣读，并由申请人签字确认。

复议申请书应当包括以下内容：①申请人情况；②被申请人情况；③复议请求；④主要事实与理由；⑤申请人签名或者盖章；⑥申请年月日。

二、行政复议的受理

（一）复议申请的处理

行政复议机关在收到行政复议申请后，应当在5日内进行审查。并根据《行政复议法》和《行政复议实施条例》的规定作出如下处理：

1. 受理申请。公民、法人或者其他组织认为行政机关的具体行政行为侵犯其合法权益提出行政复议申请，除不符合《行政复议法》和《行政复议实施条例》规定的申请条件的，行政复议机关必须受理。行政复议申请符合下列规定的，应当予以受理：①有明确的申请人和符合规定的被申请人；②申请人与具体行政行为有利害关系；③有具体的行政复议请求和理由；④在法定申请期限内提出；⑤属于行政复议法规定的行政复议范围；⑥属于收到行政复议申请的行政复议机构的职责范围；⑦其他行政复议机关尚未受理同一行政复议申请，人民法院尚未受理同一主体就同一事实提起的行政诉讼。

申请人就同一事项向两个或者两个以上有权受理的行政机关申请行政复议的，由最先收到行政复议申请的行政机关受理；同时收到行政复议申请的，由收到行政复议申请的行政机关在10日内协商确定；协商不成的，由其共同上一级行政机关在10日内指定受理机关。协商确定或者指定受理机关所用时间不计入行政复议审理期限。

2. 不予受理。行政复议机关对不符合《行政复议法》和《行政复议实施条例》规定的行政复议申请决定不予受理。已经受理的决定驳回复议申请，并书面通知申请人；符合申请要求但不属于本机关受理的行政复议申请，应当告知申请人向有关行政复议机关提出。

3. 通知补正。行政复议申请材料不齐全或者表述不清楚的，行政复议机构可以自收到该行政复议申请之日起5日内书面通知申请人补正。补正通知应当载明需要补正的事项和合理的补正期限。无正当理由逾期不补正的，视为申请人放弃行政复议申请。补正申请材料所用时间不计入行政复议审理期限。

4. 异议处理。公民、法人或者其他组织依法提出行政复议申请，行政复议机关无正当理由不予受理的，上级行政机关认为行政复议机关不予受理行政复议申请的理由不成立的，可以先行督促其受理；经督促仍不受理的，应当责令其限期受理，必要时也可以直接受理；认为行政复议申请不符合法定受理条件的，应当告知申请人。

(二) 行政复议与行政诉讼的关系

行政复议和行政诉讼都是对行政权的监督和对相对人的救济制度，二者之间的关系有三种：自由选择关系、复议前置关系和限制选择关系。行政复议和行政诉讼的关系主要是自由选择关系，后两种关系是例外。

1. 自由选择关系。自由选择关系是指对于具体行政行为的争议，行政相对人可以选择先提起行政复议，对行政复议决定不服再提起行政诉讼，也可以选择直接提起行政诉讼。对于复议和诉讼自由选择的案件，当事人向行政复议机关申请复议时，已经向人民法院就该案提起行政诉讼的，行政复议机关不再受理。复议机关受理案件后，在复议机关就案件作出复议决定前，当事人向人民法院提起行政诉讼的，人民法院不予受理。

2. 复议前置关系。复议前置关系又称复议必经式，是指对于具体行政行为的争议，法律、法规规定行政相对人必须先提起行政复议，对行政复议决定不服再提起行政诉讼，不能不经行政复议而迳行提起行政诉讼。对于法定复议前置的行政纠纷案件，公民、法人或者其他组织未申请复议并经复议机关处理前，向人民法院提起行政诉讼的，人民法院不予受理。

对于法定复议前置案件，行政复议机关决定不予受理或者受理后超过行政复议期限不作答复的，公民、法人或者其他组织可以自收到不予受理决定书之日起或者行政复议期满之日起15日内，依法向人民法院提起行政诉讼。

3. 限制选择关系。限制选择关系是指对于具体行政行为的争议，行政相对人可以选择提起行政复议，也可以选择直接提起行政诉讼，但如果申请行政复议，对行政复议不服的则不能再提起行政诉讼，这种情况属于选择终局制。如《中国公民往来台湾地区管理办法》第36条规定的情形。在选择复议后实际上剥夺了相对人提起司法审查的机会，不利于对相对人的权利保障，因此适用范围较窄，而且这种选择一般发生在已经复议后再选择的情况。

法条链接：

《中华人民共和国行政复议法》

第三十条　公民、法人或者其他组织认为行政机关的具体行政行为侵犯其已经依法取得的土地、矿藏、水流、森林、山岭、草原、荒地、滩涂、海域等自然资源的所有权或者使用权的，应当先申请行政复议；对行政复议决定不服的，可以依法向人民法院提起行政诉讼。

根据国务院或者省、自治区、直辖市人民政府对行政区划的勘定、调整或者征用土地的决定，省、自治区、直辖市人民政府确认土地、矿藏、水流、森林、山岭、草原、荒地、滩涂、海域等自然资源的所有权或者使用权的行政复议决定为最终裁决。

（三）复议受理的法律效力

1. 排除其他管辖权。申请人与被申请人之间的行政争议正式进入复议程序，其他任何国家机关、组织都没有对本案的管辖权。

2. 复议不停止执行。除有特殊情况外，行政复议不停止被申请具体行政行为的执行。除外情况是：①被申请人认为需要停止执行的；②行政复议机关认为需要停止执行的；③经申请人申请，行政复议机关认为其要求合理的；④法律、法规规定停止执行的。

3. 行政复议程序正式开始。行政复议机关如没有法定事由，必须完成行政复议的全部程序并对行政争议作出决定。

三、行政复议的审理

行政复议审理是指行政复议机关对申请复议的案件进行实质性审查的活动。行政复议审理涉及审理的制度、审理的内容、审理的期限等相关问题。

（一）复议审理制度

行政复议的审理制度包括一级复议制度、书面复议制度、审查制度、证据制度、撤回申请制度、和解、调解制度、中止、终止制度等。一级复议和书面复议制度是行政复议之基本制度，前文对之已具体论述，下面对行政复议审理中的其他制度予以介绍。

1. 审查制度。行政复议的审查制度有全面审查和限定审查两种情况。所谓全面审查是指行政复议机关在行政复议中，对被申请人作出的具体行政行为进行全面审查，不受申请人申请复议范围的限制，也不受被申请人作出的具体行政行为的限制。所谓限定审查是指行政复议机关在行政复议中，仅就复议申请人提出申请的问题进行审查，对申请人未提出审查申请的问题不予审查。我国行政复议的审查采用的是全面审查制度，经过全面审查后，行政复议机关根据审查结果作出复议决定。

2. 证据制度。根据《行政复议法》和《行政复议实施条例》的规定，行政复议中的证据制度主要涉及的是关于当事人的举证责任、举证时限、阅卷权以及行政复议机关的调查取证权等。

（1）申请人。首先，申请人对其复议申请是否符合条件承担初步证明责任。申请人对其申请应当提供的证明材料有：一是认为被申请人不履行法定职责的，提供曾经要求被申请人履行法定职责而被申请人未履行的证明材料；二是申请行政复议时一并提出行政赔偿请求的，提供受具体行政行为侵害而造成损害的证明材料；三是法律、法规规定需要申请人提供证据材料的其他情形。其次，申请人、第三人具有阅卷权。申请人、第三人可以查阅被申请人提出的书面答复、作出具体行政行为的证据、依据和其他有关材料，除涉及国家秘密、商业秘密或者个人隐私外，行政复议机关不得拒绝。行政复议机关应当为申请人、第三人查阅有关材料提供必要条件。

（2）被申请人。被申请人对具体行政行为的合法性和合理性承担举证责任。其一，行政复议机关负责法制工作的机构应当自行政复议申请受理之日起 7 日内，将行政复议申请书副本或者行政复议申请笔录复印件发送给被申请人。其二，被申请人应当自收到申请书副本或者申请笔录复印件之日起 10 日内，提出书面答复，并提交当初作出具体行政行为的证据、依据和其他有关材料。其三，被申请人未依照上述规定提出书面答复、提交当初作出具体行政行为的证据、依据和其他有关材料的，视为该具体行政行为没有证据、依据，行政复议机关应当决定撤销该具体行政行为。

> 注意：在行政复议过程中，被申请人不得自行向申请人和其他有关组织或者个人收集证据。

（3）行政复议机关。行政复议机构认为必要时，可以实地调查核实证据；行政复议人员向有关组织和人员调查取证时，可以查阅、复制、调取有关文件和资料，向有关人员进行询问。调查取证时，行政复议人员不得少于 2 人，并应当向当事人或者有关人员出示证件。被调查单位和人员应当配合行政复议人员的工作，不得拒绝或者阻挠。需要现场勘验的，现场勘验所用时间不计入行政复议审理期限。

> 注意：行政复议期间涉及专门事项需要鉴定的，当事人可以自行委托鉴定机构进行鉴定，也可以申请行政复议机关委托鉴定机构进行鉴定。鉴定费用由当事人承担。鉴定所用时间不计入行政复议审理期限。

3. 撤回申请制度。复议机关受理案件以后，申请人在行政复议决定作出前自愿撤回行政复议申请的，经行政复议机构同意，可以撤回。申请人撤回行政复议申请的，不得再以同一事实和理由提出行政复议申请。但是，申请人能够证明撤回行政复议申请违背其真实意思表示的除外。行政复议期间被申请人改变原具体行政行为的，不影响行政复议案件的审理。但是，申请人依法撤回行政复议申请的除外。

4. 和解制度。《行政复议法实施条例》第 40 条规定："公民、法人或者其他组织对行政机关行使法律、法规规定的自由裁量权作出的具体行政行为不服申请行政复议，申请人与被申请人在行政复议决定作出前自愿达成和解的，应当向行政复议机构提交书面和解协议；和解内容不损害社会公共利益和他人合法权益的，行政复议机构应当准许。"

5. 调解制度。对于行政复议案件，原则上不适用调解结案。但《行政复议法实施条例》第 50 条规定，有下列情形之一的，行政复议机关可以按照自愿、合法的原则进行调解：①公民、法人或者其他组织对行政机关行使法律、法规规定的自由裁量权作出的具体行政行为不服申请行政复议的；②当事人之间的行政赔偿或者行政补偿纠纷。当事人经调解达成协议的，行政复议机关应当制作行政复议调解书。调解书应当载明行政复议请求、事实、理由和调解结果，并加盖行政复议机关印章。行政复议调解书经双方当事人签字，即具有法律效力。调解未达成协议或者调解书生效前一方反悔的，行政复议机关应当及时作出行政复议决定。

6. 复议中止制度。行政复议期间有下列情形之一，影响行政复议案件审理的，行政复议中止：①作为申请人的自然人死亡，其近亲属尚未确定是否参加行政复议的；②作为申请人的自然人丧失参加行政复议的能力，尚未确定法定代理人参加行政复议的；③作为申请人的法人或者其他组织终止，尚未确定权利义务承受人的；④作为申请人的自然人下落不明或者被宣告失踪的；⑤申请人、被申请人因不可抗力，不能参加行政复议的；⑥案件涉及法律适用问题，需要有权机关作出解释或者确认的；⑦案件审理需要以其他案件的审理结果为依据，而其他案件尚未审结的；⑧其他需要中止行政复议的情形。行政复议中止的原因消除后，应当及时恢复行政复议案件的审理。行政复议机构中止、恢复行政复议案件的审理，应当告知有关当事人。

7. 复议终止制度。行政复议期间有下列情形之一的，行政复议终止：①申请人要求撤回行政复议申请，行政复议机构准予撤回的；②作为申请人的自然人死亡，没有近亲属或者其近亲属放弃行政复议权利的；③作为申请人的法人或者其他组织终止，其权利义务的承受人放弃行政复议权利的；④申请人与被申请人依照《行政复议实施条例》第40条的规定，经行政复议机构准许达成和解的；⑤申请人对行政拘留或者限制人身自由的行政强制措施不服申请行政复议后，因申请人同一违法行为涉嫌犯罪，该行政拘留或者限制人身自由的行政强制措施变更为刑事拘留的。依照行政复议中止原因的第①项、第②项、第③项规定中止行政复议，满60日行政复议中止的原因仍未消除的，行政复议终止。

（二）复议审理内容

根据我国行政复议的全面审查之制度要求，行政复议机关审查的内容一般包括：

1. 审查具体行政行为。行政复议机关受理复议案件后，对争议的具体行政行为进行审查。既审查具体行政行为的合法性，也审查其合理性。

2. 附带审查行政规定。复议申请人在申请复议时一并提出附带审查作为具体行政行为依据的行政规定，复议机关有权审查规定的则依法作出改变或撤销的决定，复议机关无权审查的则依法转送有权行政机关审查。

3. 主动审查行政行为依据。行政复议机关在对被申请人作出的具体行政行为进行审查时，认为作为具体行政行为的依据不合法，复议机关有权审查的则依法作出改变或撤销的决定，复议机关无权审查的则依法转送有权机关审查。

4. 审查行政赔偿请求。复议申请人在申请复议时一并提出行政赔偿请求的，复议机关在对具体行政行为合法性与合理性作出复议决定的同时，对赔偿请求一并处理。

5. 主动审查赔偿问题。申请人在申请行政复议时没有提出行政赔偿请求的，行政复议机关在依法决定撤销或者变更罚款、撤销违法集资、没收财物、征收财物、摊派费用以及对财产的查封、扣押、冻结等具体行政行为时，应当同时责令被申请人返还财产，解除对财产的查封、扣押、冻结措施，或者赔偿相应的价款。

（三）复议审理依据

行政复议机关应该以法律、行政法规、地方性法规、规章和上级行政机关依法制定和发布的具有普遍约束力的决定、命令为依据，来判定行政行为的合法性和合理性。但行政复议机关对上述依据不是必须无条件地适用，而是有权对作为依据的部分行政规定进行附带审查或对依据进行主动审查。当然，对相关规定或依据，行政复议机关有权审查的，则依法作出审查决定，无权审查的则依法转送有权机关处理。

（四）复议审理期限

行政复议案件的审理期限有以下几项规定：①处理复议申请的期限（收到复议申请之日起5日）；②向被申请人发送申请书副本的期限（受理之日起7日）；③被申请人提交答辩、证据的期限（自收到申请书副本之日起10日）；④对部分行政规定的附带处理期限（有权自行处理30日，移送处理7日内移送，有权行政机关60日内处理）；⑤行政复议机关主动对依据提出审查的处理期限（有权自行处理30日，移送处理7日内移送，有权机关60日内处理）；⑥行政复议整个案件的处理期限（自受理复议申请之日起60日，法律规定少于60日除外，特殊情况下负责人批准可以最多延长30日）。

四、行政复议的决定

行政复议决定是指行政复议机关在对具体行政行为的合法性和合理性进行审查的基础上所作出的审查结论。行政复议决定的内容以行政复议决定书的形式表现出来。

（一）复议决定的程序

行政复议机关负责法制工作的机构应当对被申请人作出的具体行政行为进行审查，提出意见，经行政复议机关的负责人同意或者集体讨论通过后，依法作出行政复议决定。

（二）复议决定的种类

1. 决定维持。行政复议机关认为争议具体行政行为合法、适当从而作出肯定其法律效力的决定。决定维持具体行政行为的条件是：①事实清楚、证据确凿；②适用依据正确；③程序合法；④未超越职权；⑤未滥用职权；⑥内容适当。以上六个条件需要同时具备，行政复议机关才能做出维持的决定。

2. 决定限期履行。行政复议机关认为被申请人不履行法定职责违法，作出责令其在一定期限内履行的复议决定。其适用的条件是：①被申请人对申请人负有需要履行的法定职责；②被申请人无正当理由拒绝或拖延履行其职责；③决定被申请人限期履行职责仍有必要。符合以上条件，行政复议机关可作出限期履行的决定。

3. 决定撤销、变更或确认违法。行政复议机关认为争议具体行政行为违法或明显不当从而作出撤销、变更或者确认该具体行政行为违法的决定。其适用的条件是：①主要事实不清、证据不足的；②适用依据错误的；③违反法定程序的；④超越职权的；⑤滥用职权的；⑥内容明显不当的。行政复议机关认为具体行政行为有以上情形之一的，可以依法决定撤销、变更或确认违法。

决定撤销该具体行政行为或者确认该具体行政行为违法的，可以责令被申请人在一定期限内重新作出具体行政行为；行政复议机关责令被申请人重新作出具体行政行为的，被申请人不得以同一事实和理由作出与原具体行政行为相同或者基本相同的具体行政行为；行政复议机关责令被申请人重新作出具体行政行为的，被申请人应当在法律、法规、规章规定的期限内重新作出具体行政行为；法律、法规、规章未规定期限的，重新作出具体行政行为的期限为60日。公民、法人或者其他组织对被申请人重新作出的具体行政行为不服，可以依法申请行政复议或者提起行政诉讼。

被申请人未依照《行政复议法》第23条的规定提出书面答复、提交当初作出具体行政行为的证据、依据和其他有关材料的，视为该具体行政行为没有证据、依据，行政复议机关应当决定撤销该具体行政行为。

具体行政行为有下列情形之一的，行政复议机关可以决定变更：①认定事实清楚，证据确凿，程序合法，但是明显不当或者适用依据错误的；②认定事实不清，证据不足，但是经行政复议机关审理查明事实清楚，证据确凿的。行政复议机关在申请人的行政复议请求范围内，不得作出对申请人更为不利的行政复议决定。

4. 决定驳回行政复议申请。有下列情形之一的，行政复议机关应当决定驳回行政复议申请：①申请人认为行政机关不履行法定职责申请行政复议，行政复议机关受理后发现该行政机关没有相应法定职责或者在受理前已经履行法定职责的；②受理行政复议申请后，发现该行政复议申请不符合《行政复议法》和《行政复议实施条例》规定的受理条件的。上级行政机关认为行政复议机关驳回行政复议申请的理由不成立的，应当责令其恢复审理。

5. 决定赔偿。具体分两种情形：①依申请赔偿。申请人在申请行政复议时可以一并提出行政赔偿请求，行政复议机关对符合国家赔偿法的有关规定应当给予赔偿的，在决定撤销、变更具体行政行为或者确认具体行政行为违法时，应当同时决定被申请人依法给予赔偿；②依职权赔偿。申请人在申请行政复议时没有提出行政赔偿请求的，行政复议机关在依法决定撤销或者变更罚款，撤销违法集资、没收财物、征收财物、摊派费用以及对财产的查封、扣押、冻结等具体行政行为时，应当同时责令被申请人返还财产，解除对财产的查封、扣押、冻结措施，或者赔偿相应的价款。

（三）复议决定的救济

除行政复议终局决定外，复议申请人对复议决定不服，可以在收到复议决定之日起15日内或法律规定的期限内向人民法院提起行政诉讼。复议机关如果维持了原具体行政行为，复议申请人不服该维持决定提起行政诉讼，复议机关和作出原具体行政行为的行政主体是共同被告。复议机关如果改变了原具体行政行为，复议申请人不服该改变决定提起行政诉讼，复议机关是被告。

复议申请人对于省级人民政府、国务院部门作出的行政复议决定不服，既可以向人民法院起诉，也可以向国务院申请裁决，申请国务院裁决的，国务院的裁决为终局裁决，当事人不得再向人民法院起诉。

（四）复议决定的生效

复议决定的生效规则是：①复议申请人在收到复议决定后提起行政诉讼，或申请国务院裁决的，起诉或申请被受理后，行政复议决定不生效；②当事人在起诉期限内没有起诉或没有申请国务院裁决的，期限届满时复议决定生效，行政复议生效后产生行政行为所具有的效力；③根据国务院或者省、自治区、直辖市人民政府对行政区划的勘定、调整或者征用土地的决定，省、自治区、直辖市人民政府确认土地、矿藏、水流、森林、山岭、草原、荒地、滩涂、海域等自然资源的所有权或者使用权的行政复议决定为终局裁决，自裁决作出之日起生效。

（五）复议决定的执行

对于生效的行政复议决定的执行，当事人不履行复议决定的，按下列情况处理：①申请人不履行复议决定的，维持具体行政行为的行政复议决定由作出具体行政行为的行政机关依法强制执行，或者申请人民法院强制执行；变更具体行政行为的复议决定由行政复议机关依法强制执行，或者申请人民法院强制执行。②被申请人不履行或拖延履行行政复议决定的，行政复议机关或者有关上级行政机关应当责令被申请人限期履行。

复习思考

一、选择题

1. 下列关于行政复议说法正确的有（　　）。
   A. 行政复议以行政相对人的申请为前提
   B. 行政复议机关只对具体行政行为的合法性进行审查
   C. 行政复议机关对行政赔偿纠纷可以进行调解
   D. 行政复议机关对行政机关行使自由裁量权的行政行为案件不能进行调解

2. 根据我国《行政复议法》的规定，下列事项可以申请行政复议的是（　　）。
   A. 某居民对公安机关的民事调解结果不服
   B. 某公务员对本机关年度考核的结论不服
   C. 某学生对所在高校的开除处分决定不服
   D. 某企业对住房建设部发布的《市政公用事业特许经营管理办法》的有关规定不服

3. 下列选项中，不可以申请行政复议的是（　　）。
   A. 内部行政行为　　　　　　　　B. 调解或仲裁民事纠纷的行为
   C. 行政法规、规章等抽象行政行为　D. 国防外交等国家行为

4. 刘某对某市海关作出的行政处罚决定不服，复议机关应该是（　　）。
   A. 某市海关　　　　　　　　　　B. 某市海关的上一级海关
   C. 某市人民政府　　　　　　　　D. 某省人民政府

5. 公民、法人或者其他组织向行政复议机关提出行政复议申请的期限是从知道

具体行政行为之日起的（　　）。

A. 10 日内　　　B. 15 日内　　　C. 30 日内　　　D. 60 日内

6. 我国《种子法》规定，违法经营、推广应当审定而未经审定通过的种子的，可处以 1 万元以上 5 万元以下罚款。某省人民政府在其制定的《某省种子法实施办法》中规定，违法经营、推广应当审定而未经审定通过的种子的，可处以 3 万元以上 5 万元以下罚款。下列说法哪些是正确的？（　　）

A.《实施办法》超越了《种子法》的规定，无效

B.《实施办法》没有超越《种子法》的规定，有效

C. 国务院若认为《实施办法》超越了《种子法》的规定，有权予以撤销

D. 受处罚人不服处罚申请行政复议的同时，可以对《实施办法》一并请求审查

7. A 市某县土地管理局以刘某非法占地建住宅为由，责令其限期拆除建筑，退还所占土地。刘某不服，申请行政复议。下列哪一种说法是正确的？（　　）

A. 复议机关只能为 A 市土地管理局

B. 若刘某撤回复议申请，则无权再提起行政诉讼

C. 刘某有权委托代理人代为参加复议

D. 若复议机关维持了某县土地管理局的决定，刘某逾期不履行的，某县土地管理局可以自行强制执行

8. 肖某提出农村宅基地用地申请，乡政府审核后报县政府审批。肖某收到批件后，不满批件所核定的面积。下列哪些选项是正确的？（　　）

A. 肖某须先申请复议，方能提起行政诉讼

B. 肖某申请行政复议，复议机关为县政府的上一级政府

C. 肖某申请行政复议，应当自签收批件之起 60 日内提出复议申请

D. 肖某提起行政诉讼，县政府是被告，乡政府为第三人

9. 齐某不服市政府对其作出的决定，向省政府申请行政复议，市政府在法定期限内提交了答辩，但没有提交有关证据、依据。开庭时市政府提交了作出行政行为的法律和事实依据，并说明由于市政府办公场所调整，所以延迟提交证据。下列哪一选项是正确的？（　　）

A. 省政府应接受市政府延期提交的证据材料

B. 省政府应中止案件的审理

C. 省政府应撤销市政府的具体行政行为

D. 省政府应维持市政府的具体行政行为

10. 对下列哪些情形，行政复议机关可以进行调解？（　　）

A. 市政府征用某村土地，该村居民认为补偿数额过低申请复议

B. 某企业对税务机关所确定的税率及税额不服申请复议

C. 公安机关以张某非法种植罂粟为由对其处以拘留 10 日并处 1000 元罚款，张某申请复议

D. 沈某对建设部门违法拆除其房屋的赔偿决定不服申请复议

11. 关于行政复议第三人，下列哪一选项是错误的？（　　）

A. 第三人可以委托 1~2 名代理人参加复议

B. 第三人不参加行政复议，不影响复议案件的审理

C. 复议机关应为第三人查阅有关材料提供必要条件

D. 第三人与申请人逾期不起诉又不履行复议决定的强制执行制度不同

12. 关于行政复议有关事项的处理，下列哪些说法是正确的？（　　）

A. 申请人因不可抗力不能参加行政复议致行政复议中止满 60 日的，行政复议终止

B. 复议进行现场勘验的，现场勘验所用时间不计入复议审理期限

C. 申请人对行政拘留不服申请复议，复议期间因申请人同一违法行为涉嫌犯罪，该行政拘留变更为刑事拘留的，行政复议中止

D. 行政复议期间涉及专门事项需要鉴定的，当事人可以自行委托鉴定机构进行鉴定

13. 国务院某部对一企业作出罚款 50 万元的处罚。该企业不服，向该部申请行政复议。下列哪一说法是正确的？（　　）

A. 在行政复议中，不应对罚款决定的适当性进行审查

B. 企业委托代理人参加行政复议的，可以口头委托

C. 如在复议过程中企业撤回复议的，即不得再以同一事实和理由提出复议申请

D. 如企业对复议决定不服向国务院申请裁决，企业对国务院的裁决不服向法院起诉的，法院不予受理

二、名词解释

行政复议　一级复议　复议申请人　复议被申请人

三、简答题

1. 简述行政复议的性质。

2. 简述行政复议的功能。

3. 简述行政复议的主要原则。

4. 简述行政复议申请人的资格。

5. 简述行政案件的复议与诉讼的受理关系。

6. 简述行政复议决定的种类及适用条件。

四、论述题

1. 试述行政复议的受理范围。

2. 试述行政复议的管辖规则。

3. 试述行政复议被申请人的确定规则。

五、案例分析

1. **案情：** 王某于 2010 年 10 月 30 日在甲省 A 市人民医院做骨外科手术失败。实

施手术者为张某。张某，2008 年大学毕业后到 A 市人民医院骨外科工作，2009 年 9 月参加了全国医师资格考试，成绩合格，2010 年 10 月 1 日获得执业医师资格审批通过，2011 年 3 月 1 日领到执业医师资格证书。王某认为张某在实施手术时，没有医师执业证书，应属非法行医，多次要求 A 市人民医院及张某赔偿其人身损害，双方争议未果。2011 年 6 月 1 日，王某向甲省 A 市卫生局请求认定张某诊疗行为为非法行医。A 市卫生局于 2011 年 7 月 15 日给予书面答复，认为张某直到 2011 年 3 月 1 日才拿到执业医师资格证书是因为证件制作、上报验印有个过程，因此不能认定张某诊疗行为为非法行医。王某不服，欲申请行政复议，但在 2011 年 8 月王某因病情恶化死亡，留有妻子刘某和儿子王小小（19 岁）。

问题：（1）若王某妻子刘某和儿子王小小申请行政复议，本案的行政复议参加人有哪些？

（2）若刘某申请行政复议，本案中具有管辖权的复议机关有哪些？请说明理由。

2. **案情**：2012 年 10 月，X 市某区公安局和文化局根据市公安局和文化局联合下发的《关于整顿网吧的通知》整顿网吧。在联合执法大检查中，发现王某经营的网吧存在很多违法行为，区公安局与区文化局共同决定吊销王某的文化经营许可证。2012 年 10 月 4 日，王某收到了行政处罚决定书，决定书上盖有区公安局和区文化局的公章。王某不服，准备提起行政复议。

问题：（1）该案应该由哪个机关复议？请说明理由。

（2）王某能否要求复议机关审查市公安局与文化局联合下发的《关于整顿网吧的通知》的合法性？请说明理由。

3. **案情**：刘某对某市城市管理执法局的行政处罚决定不服，向该市人民政府提起行政复议。在行政复议期间，城市管理执法局重新收集了部分证据并提供给复议机关，复议机关根据这些证据作出维持决定。刘某不服并向人民法院提起行政诉讼。在法定期限内，城市管理执法局又将这些证据提交给法院并提交了一些在复议期间没有提交的证据。

问题：（1）复议机关的决定是否合法？为什么？

（2）本案的举证责任主体是谁？城市管理执法局在复议期间没有提交的证据能否作为定案证据？

拓展阅读

［1］刘东升：“行政复议制度重构”，中国政法大学 2006 年博士学位论文。

［2］杨小君：《我国行政复议制度研究》，法律出版社 2002 年版。

［3］邰风涛主编：《行政复议法教程》，中国法制出版社 2011 年版。

［4］樊华辉：《行政复议制度新论》，法律出版社 2012 年版。

［5］王莉：《行政复议功能研究——以走出实效性困局为目标》，社会科学文献出版社 2013 年版。

第十七章

行政诉讼

学习提要

行政诉讼俗称"民告官",是行政相对人不服行政行为向人民法院起诉行政主体,由人民法院对行政行为实施合法性审查,根据审查结论作出相应裁判的制度及相应的活动。行政诉讼制度是世界各国普遍采行的一项对行政行为实施监督与救济的法律制度,也是我国行政法制监督与救济制度体系中的重要制度设计,是我国三大基本诉讼制度之一。我国《行政诉讼法》及相关司法解释对行政诉讼范围、管辖、参加人、证据、程序、裁判等问题进行了详细规定,本章将对这些问题进行逐一讲解。学习本章要重点掌握行政诉讼受案范围的具体规定、行政案件管辖的基本规则、行政参加人的资格及范围、各类证据规则及其运用、各类裁判形式及其适用等司法考试的重点。学习本章时,务必要结合《行政诉讼法》和《行政诉讼法执行解释》《行政案件管辖规定》《行政诉讼证据规定》《行政诉讼法适用解释》等司法解释的具体法条规定。学习时注意将行政复议、行政诉讼和民事诉讼制度结合起来,注意比较和区分。

第十七章 行政诉讼

本章知识结构图

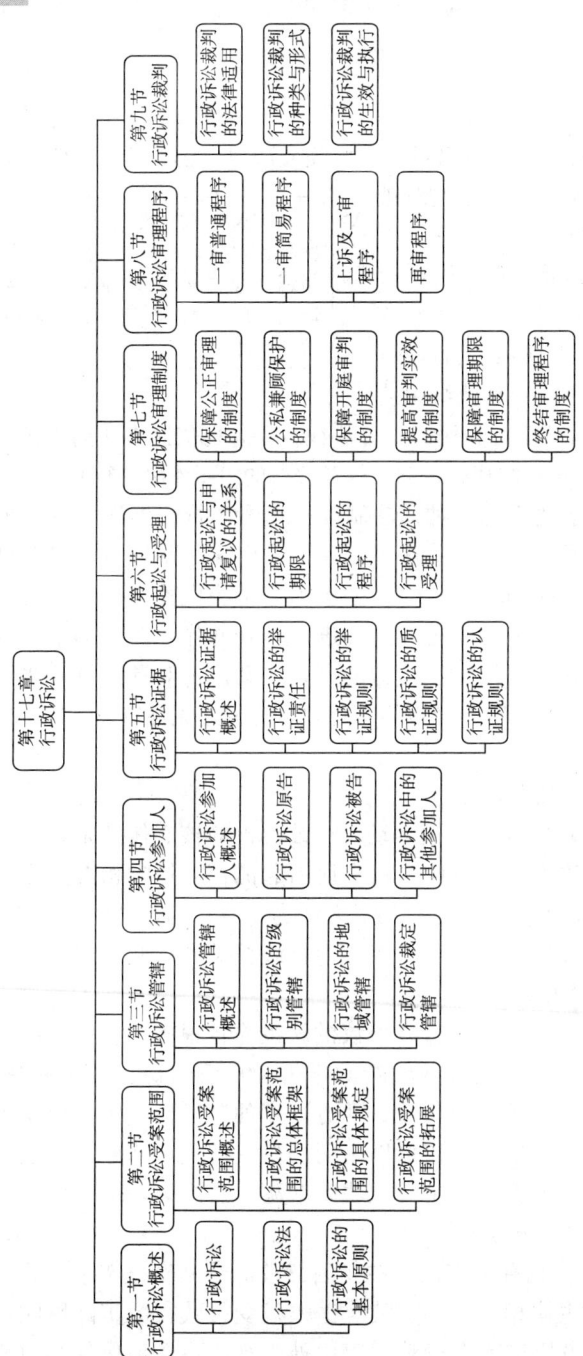

- 第一节 行政诉讼概述
  - 行政诉讼
  - 行政诉讼法
  - 行政诉讼的基本原则

- 第二节 行政诉讼受案范围
  - 行政诉讼受案范围概述
  - 行政诉讼受案范围的总体框架
  - 行政诉讼受案范围的具体规定
  - 行政诉讼受案范围的拓展

- 第三节 行政诉讼管辖
  - 行政诉讼管辖概述
  - 行政诉讼的级别管辖
  - 行政诉讼的地域管辖
  - 行政诉讼裁定管辖

- 第四节 行政诉讼参加人
  - 行政诉讼参加人概述
  - 行政诉讼原告
  - 行政诉讼被告
  - 行政诉讼中的其他参加人

- 第五节 行政诉讼证据
  - 行政诉讼证据概述
  - 行政诉讼的举证责任
  - 行政诉讼的举证规则
  - 行政诉讼的质证规则
  - 行政诉讼的认证规则

- 第六节 行政起诉与受理
  - 行政起诉与申请复议的关系
  - 行政起诉的期限
  - 行政起诉的程序
  - 行政起诉的受理

- 第七节 行政诉讼审理制度
  - 保障公正审理的制度
  - 公私兼顾保护的制度
  - 保障开庭审判的制度
  - 提高审判实效的制度
  - 保障审理期限的制度
  - 终结审理程序的制度

- 第八节 行政诉讼审理程序
  - 一审普通程序
  - 一审简易程序
  - 上诉及二审程序
  - 再审程序

- 第九节 行政诉讼裁判
  - 行政诉讼裁判的法律适用
  - 行政诉讼裁判的种类与形式
  - 行政诉讼裁判的生效与执行

第一节 行政诉讼概述

一、行政诉讼

（一）行政诉讼的定义

行政诉讼，是指公民、法人或其他组织对行政机关或法律、法规授权组织的行政行为不服，向人民法院提起诉讼，人民法院对被诉行政行为进行合法性审查并依法就行政争议作出裁判的司法活动。行政诉讼是我国最主要的行政法律救济制度之一，与行政复议、行政赔偿等制度一起构成了我国救济法律制度体系。《行政诉讼法》第2条规定，公民、法人或者其他组织认为行政机关和行政机工作人员的行政行为侵犯其合法权益，有权依照本法向人民法院提起诉讼。前述所称行政行为，包括法律、法规、规章授权的组织作出的行政行为。

> 建议：从行政诉讼的定义可以发现，行政诉讼与民事诉讼有许多相似之处，我们在后面学习行政诉讼制度时，请随时注意与民事诉讼制度相比较。

行政诉讼是世界各国都普遍建立的一种司法制度，我国"行政诉讼"这一概念是个舶来品，来源于大陆法系国家。在英美法系国家，与大陆法系行政诉讼制度相类似的制度称为"司法审查"（judicial review），是指国家司法机关应行政相对人的申请，依法对行政机关的行政行为是否违宪和违法进行审查并作出裁判的活动，广义的司法审查既包括对行政机关的委任立法行为的审查，又包括对具体行政决定的审查；既包括对行政行为的违法性审查，又包括对行政行为的违宪性审查。

（二）行政诉讼的特征

我国行政诉讼制度具有以下几个特征：

1. 行政诉讼是法院解决行政争议的司法活动。行政诉讼的核心任务是解决行政争议。所谓行政争议，是指行政主体因行使公权力而引起的，与行政相对人之间产生的矛盾纠纷。行政争议在形式上表现为行政相对人认为行政行为不合法或不合理。构成行政争议必须具备以下条件：一是争议的双方为行政机关和行政相对人；二是争议是由行政机关实施行政行为引起的。

2. 行政诉讼的主管机关是人民法院。行政争议的解决途径很多，既可以由行政机关自行解决，具体制度形式包括行政复议、行政申诉、行政信访、行政仲裁等；也可以由议会机关（我国为人大机关）来解决，西方国家的制度形式是议会申诉专员，我国的制度形式是人大信访和质询；还可以由司法机关解决，部分大陆法系国家由专门设置的行政法院解决，英美国家由普通法院解决，我国则是由人民法院解决。人民法院解决行政争议的活动即是行政诉讼。

3. 行政诉讼中的原告和被告具有恒定性。在我国行政诉讼制度框架下，原告一方恒定是在行政程序中与行政主体相对应的、其合法权益受行政行为实际影响的公民、法人或其他组织，被告一方恒定是在行政程序中处于行政主体地位的行政机关或法律、法规授权的组织。双方在诉讼中的地位不能调换。

(三) 行政诉讼的功能

行政诉讼的功能是指行政诉讼制度基于各项具体的制度设计所客观具备的、对社会各方面能够产生积极作用的能力或功效。行政诉讼是一个具备多项功能的制度,一般来讲,行政诉讼主要有以下三个方面的功能:

1. 权利救济功能。行政诉讼制度是在国家行政权的行使运用中,公民、法人或其他组织认为自己的合法权益受到不法侵害,请求人民法院予以权利救济的法律制度设计。因此,行政诉讼制度具有救济行政相对人合法权益的功能,正因如此,行政诉讼制度通常也被称为行政救济制度。

2. 监督行政功能。在国家行政权的行使运用中,行政权的享有或行使者违法行使或不当行使行政权会对国家法制秩序造成破坏,行政诉讼制度是通过行政相对人的起诉,由人民法院对行政权的行使运用过程实施事后审查监督,行政诉讼制度实质上是司法权对行政权的监督制度设计。

3. 纠纷解决功能。行政诉讼制度是人民法院根据原告的起诉,解决原告与被告之间关于行政行为的合法性的争议,人民法院通过行政诉讼程序对行政行为的合法性进行审查,依法对行政行为是否合法作出司法判断,从而解决当事人之间的行政争议。

(四) 行政诉讼与行政复议的比较

行政诉讼与行政复议都是我国行政法制监督与救济的具体制度形式,二者有许多相同之处,具体表现在:①功能作用相同。即都具有权利救济、监督行政和纠纷解决功能。②救济与监督对象相同。即都是对行政相对人合法权益的救济机制,也都是对行政权行使的监督形式。③客体相同。即都是针对具体行政行为的审查监督。

行政诉讼与行政复议作为我国行政法制监督与救济的两种并行制度,也有许多不同之处:①审理组织不同。行政复议的审理组织是行政复议机关及行政复议机构,行政诉讼的审理组织是人民法院及行政审判庭。②制度性质不同。行政复议是行政系统内部的监督和救济机制,行政诉讼则是行政系统之外的监督与救济机制。③程序规则不同。行政复议适用的程序与行政诉讼适用的程序大体相似,但具体规则有诸多不同。④审查标准不同。行政复议机关可以对行政行为实施合法性和合理性审查,而人民法院在行政诉讼中原则上只实施合法性审查。⑤再救济途径不同。行政相对人对行政复议决定不服原则上可以提起行政诉讼,而对行政诉讼裁判不服,除依法可以上诉之外,没有其他救济途径。

二、行政诉讼法

(一) 行政诉讼法的定义

行政诉讼法有广义与狭义之分。狭义的行政诉讼法是指 1989 年 4 月 4 日由第七届全国人民代表大会第二次会议通过,于 1990 年 10 月 1 日起施行的《中华人民共和国行政诉讼法》,该法于 2014 年进行了一次较大幅度的修订,修订条款于 2015 年 5

月1日起实施。广义的行政诉讼法是指由国家机关制定的用以规范各种行政诉讼活动、调整行政诉讼关系的各种法律规范的总称。

广义的行政诉讼法具有下列特征：①从形式上看，行政诉讼法是有关行政诉讼的各种法律规范的总和；②从内容上看，行政诉讼法是有关人民法院及诉讼参与人在诉讼中的地位及诉讼行为规则的各种法律规范的总和；③从功能上看，行政诉讼法既是行政相对人合法权益的救济法，也是行政主体行使职权的保障法与监督法，还是人民法院行使行政审判权的基本规范；④从地位上看，行政诉讼法是有自己调整对象的独立法律部门（行政法部门下的次级法律部门）。

（二）行政诉讼法的渊源

行政诉讼法的渊源是指有关行政诉讼的法律规范的表现形式、存在形式、载体形式。广义的行政诉讼法是一系列法律规范的总和，其渊源形式主要包括：①宪法中的某些条款。宪法中有关国家行政权与司法权配置、法院组织等方面的规定等都是行政诉讼的重要规范形式，相关条文有《宪法》第5、21、41、123~127、129、131和134条等。②行政诉讼法和有关法律，如《行政诉讼法》《人民法院组织法》《人民检察院组织法》《民事诉讼法》以及各类行政行为法，行政行为法中关于该类行政行为的可诉性规定、起诉期限规定等，都是行政诉讼法的重要存在形式。③行政法规、地方性法规、规章中有关行政诉讼的规定，如国务院2006年颁布的《诉讼费用交纳办法》、2007年颁布的《政府信息公开条例》关于政府信息公开行政行为可诉性及其起诉期限的规定。④法律解释，包括立法解释、司法解释和行政解释，其中主要是最高人民法院的司法解释，如2002年最高人民法院颁布的《关于行政诉讼证据若干问题的规定》。⑤国际条约。我国加入国际条约后，有关涉外行政案件的管辖及审理都必须以这些国际条约为基础，国际条约是涉及行政诉讼中的重要规范形式。

注意：《行政诉讼法》第101条规定："人民法院审理行政案件，关于期间、送达、财产保全、开庭审理、调解、中止诉讼、终结诉讼、简易程序、执行等，以及人民检察院对行政案件受理、审理、裁判、执行的监督，本法没有规定的，适用《中华人民共和国民事诉讼法》的相关规定。"学习时注意把握《行政诉讼法》与《民事诉讼法》适用的参照关系。

三、行政诉讼的基本原则

（一）行政诉讼原则的含义

任何一个法律部门都有自己的基本原则。行政诉讼的基本原则，是指由宪法、行政诉讼法和相关法律规定的，反映我国行政诉讼制度的基本特点、目的、宗旨和一般规律，贯穿于行政诉讼活动的整个过程或者主要过程，指导和规范行政诉讼法律关系主体的诉讼行为，对行政诉讼制度的实施具有普遍指导意义的行为准则。

行政诉讼的原则具有以下特征：①法定性。行政诉讼中应当遵守的各项基本原则及其所涉及的内容，都是由宪法和法律具体规定的。②普适性。在行政诉讼中，人民法院的行政审判活动及诉讼当事人及参与人的诉讼活动，都必须接受行政诉基本原则的约束。③指导性。行政诉讼的基本原则是制定行政诉讼法律规范的出发点,当某些诉讼行为缺少法律法规的具体规定或者具体规定不完善时,它还可以成为指导行政诉讼行为的直接法律依据。④抽象概括性。行政诉讼的基本原则集中体现了行政诉讼的基本特点和精神实质,是对行政诉讼的基本制度或者基本价值追求等问题所作的高度抽象,因而具有较强的抽象性和概括性。

(二) 行政诉讼的一般原则

行政诉讼的一般原则,也称行政诉讼与民事诉讼、刑事诉讼的共有原则,是指由《宪法》《法院组织法》《人民检察院组织法》和三大诉讼法所规定的,在行政诉讼与民事诉讼、刑事诉讼中共同适用并需共同遵守的诉讼原则。行政诉讼的一般原则具体包括:①人民法院依法独立行使审判权原则;②以事实为根据、以法律为准绳原则;③合议、回避、公开审判和两审终审原则;④当事人诉讼地位平等原则;⑤使用本民族语言文字原则;⑥辩论原则;⑦检察监督原则;等等。

尽管上述原则是行政诉讼与民事诉讼、刑事诉讼共同适用并须共同遵守的基本原则,但部分原则在行政诉讼中有特殊意义,理解与适用时要重点注意以下几点:

1. 人民法院依法独立行使审判权原则在行政诉讼中具有重要意义。这是因为,行政诉讼中的被告是行政机关,基于目前人民法院在财政与人事等方面对政府的依赖性,人民法院在行政诉讼中难以保持中立公正,现实中也很容易受到被告行政机关及其上级行政机关的不当干预。

2. 行政诉讼当事人地位平等原则不同于刑事诉讼和民事诉讼。刑事诉讼中强调的是对被告适用法律平等原则,在民事诉讼中则强调当事人诉讼权利平等原则。之所以在行政诉讼中要强调当事人地位平等,是因为在行政管理关系中行政机关处于强势地位,行政机关工作人员也常常将其地位优势带到诉讼活动中,不愿意屈尊当被告,不积极出庭应诉、不听从审判指挥或不执行法院生效裁判等,甚至出现当庭对原告实施行政强制等情况,而法院也没有将原被告平等地对待。

(三) 行政诉讼特有的基本原则

行政诉讼的特有原则是指由行政诉讼法规范所规定的,只能适用于行政诉讼活动或在行政诉讼活动中有特殊内容与要求的诉讼原则。行政诉讼的特有原则包括特有的基本原则和特有的一般原则。

行政诉讼的特有基本原则有:①合法性审查原则。即在行政诉讼中,人民法院审查的对象主要是被告的行政行为,不是原告的行为;人民法院原则上只审查被诉行政行为的合法性,不审查其合理性。人民法院在行政诉讼中之所以只审查合法性,不审查合理性,主要是由于行政行为合理性问题是由行政自由裁量权行使引起的,除自由裁量权行使明显不合理外,人民法院对自由裁量权行使的一般合理问题并不具有比行政机关更大的优势。②保障原告诉权原则。即在行政诉讼中,人民法院、被告应当依法履行职责和义务,确

> **注意:** 学界对行政行为的合理性审查有非常激烈的争论,欲作更深理解须补充阅读相关文献。

实保障原告的诉讼权利。这一原则具体的内容包括：其一，人民法院应当依法受理原告的合法起诉；其二，被告不得干预人民法院受理原告的起诉；其三，被告应当依法参加诉讼，并不得干扰法院依法独立公正审判案件；其四，被告应当尊重法院的裁判，依法履行生效裁判。

行政诉讼特有的一般原则是指在行政诉讼各程序阶段或各制度设计中应当坚持的基本原则，包括：①不停止执行争讼行政行为原则；②被告负主要举证责任原则；③不适用调解结案原则；④依职权全面审查原则；⑤司法变更权有限原则；等等。这些原则留待在后续章节中做详细介绍。

第二节 行政诉讼受案范围

一、行政诉讼受案范围概述

（一）行政诉讼受案范围的概念

行政诉讼受案范围，也称法院的行政诉讼主管范围，是指人民法院对哪些行政案件可以受理，对哪些行政案件具有司法主管权的范围。行政诉讼受案范围理论是行政诉讼理论中的一个前提性问题，在美国行政法理论上称为司法审查的可得性，在法国行政诉讼理论上称为行政法院的审判权范围。我国行政诉讼受案范围的定义，包含了以下三层含义：①行政诉讼受案范围是公民、法人或其他组织的合法权益能获得司法补救的范围；②行政诉讼受案范围标志着人民法院对行政机关行政活动实施司法审查的范围；③行政诉讼受案范围决定着法院与人大机关、行政机关在处理解决行政案件上的合理分工。

（二）行政诉讼受案范围的规定方式

行政诉讼法对受案范围的规定方式主要有概括式、列举式和混合式三种。概括式即由统一的法典或判例概括地确定一个标准，相对人只要符合这个标准即可提起行政诉讼。列举式理论上有肯定列举与否定列举两种，但一般国家都是肯定列举式，即由单行的法律或者判例分别列举法院可以受理行政案件的事项范围。混合式即既有概括规定，也有列举规定，一般都是采用"肯定概括+否定列举"的模式。

我国《行政诉讼法》和《行政诉讼法执行解释》对行政诉讼受案范围的规定采用了两种不同的模式。从我国《行政诉讼法》第2、12、13条的规定来看，《行政诉讼法》对行政诉讼受案范围的立法规定方式是混合模式，即："肯定概括+肯定列举+否定列举"。《行政诉讼法执行解释》第1条采用了"肯定概括+否定列举"这一比较科学的规定方式。

二、行政诉讼受案范围的总体框架

2014年修订的《行政诉讼法》将法院审查的对象由原来的"具体行政行为"修改为"行政行为"，并从行政行为的主体和客体角度进一步扩大了行政诉讼的受案范围，据此，我国行政诉讼的受案范围应当从以下三个方面予以整体把握：

(一)行政行为的主体范围

现行立法对行政诉讼受案范围的肯定性概括规定涉及两个条文。一是《行政诉讼法》第2条,该条规定:"公民、法人或者其他组织认为行政机关和行政机关工作人员的行政行为侵犯其合法权益,有权依照本法向人民法院提起诉讼。前款所称行政行为包括法律、法规、规章授权的组织作出的行政行为。"二是《行政诉讼法执行解释》第1条第1款,该款规定:"公民、法人或者其他组织对具有国家行政职权的机关和组织及其工作人员的行政行为不服,依法提起诉讼的,属于人民法院行政诉讼的受案范围。"根据上述规定,从行政行为的主体角度来看,行政行为不仅是行政机关实施的行政行为,还包括法律、法规和规章授权组织作出的行政行为。随着我国政府职能转化的深化,一些事业单位、社会团体等社会组织承担了越来越多的行政管理和服务职能,这些社会组织行使公共行政职能引发的争议,应当通过行政诉讼解决。

(二)行政行为的形式范围

2014年修订《行政诉讼法》时将原"具体行政行为"修改为"行政行为",从"行政行为"的形式范围角度,需要从以下几个方面来综合理解:①行政行为包括作为和不作为两种形态。行政行为侵犯公民、法人或其他组织的合法权益,既可以由行政机关的积极作为引起,也可以由行政机关的消极不作为引起。不论是行政机关的作为行为还是不作为行为,只要相对人认为违法或不当的,都属于受案范围。②行政行为包括行政法律行为、准行政法律行为和行政事实行为。行政行为侵犯公民、法人或其他组织的合法权益,既可能是行政机关以明确的意思表示而实施的对相对人合法权益产生了直接不利影响的法律行为,也可能是行政机关基于观念表示而实施的对相对人合法权益产生了间接不利影响的准法律行为,还可能是行政机关没有任何意思表示或观念表示作出的对相对人合法权益产生了实际不利影响的事实行为。

(三)行政行为的客体范围

《行政诉讼法》第2条规定,公民、法人或者其他组织认为行政行为侵犯其合法权益的,有权依照本法向人民法院提起诉讼,这里的"合法权益",修改前主要是指人身权和财产权,但同时原法第11条第2款规定"人民法院受理法律、法规规定可以提起诉讼的其他行政案件。"该规定为其后制定法律、法规留下了扩大受案范围的空间,将一些涉及行政相对人社会保障权、知情权的案件逐步纳入。2014年修改《行政诉讼法》时,进一步扩大了受保护的合法权益范围。一是具体列举了其他合法权益的情形,将一些具体的社会保障权、知情权和公平竞争权纳入受案范围;二是保留了原法关于人民法院受理法律、法规规定可以提起诉讼的其他行政案件。因此,从行政行为的客体范围来看,修改后的行政诉讼法规定的"合法权益",不再仅仅限于人身权和财产权。

三、行政诉讼受案范围的具体规定

《行政诉讼法》第12条、第13条和第53条对行政诉讼受案范围进行了具体规定。结合相关司法解释,行政诉讼受案范围包括肯定列举、否定列举和对行政规定的附带审查三个方面。

(一) 行政诉讼受案范围的肯定列举

现行法对行政诉讼受案范围的具体列举规定涉及的条文是《行政诉讼法》第12条,根据该条的规定,人民法院受理公民、法人或者其他组织提起的下列诉讼:①对行政拘留、暂扣或者吊销许可证和执照、责令停产停业、没收违法所得、没收非法财物、罚款、警告等行政处罚不服的。这里的"等"是不完全列举;②对限制人身自由或者对财产的查封、扣押、冻结等行政强制措施和行政强制执行不服的。这一规定与《行政强制法》第8条的规定相一致,但这里的行政强制执行只是行政机关实施的强制执行行为;③申请行政许可,行政机关拒绝或者在法定期限内不予答复,或者对行政机关作出的有关行政许可的其他决定不服的。这一规定与《行政许可法》第7条的规定一致;④对行政机关作出的关于确认土地、矿藏、水流、森林、山岭、草原、荒地、滩涂、海域等自然资源的所有权或者使用权的决定不服的;⑤对征收、征用决定及其补偿决定不服的;⑥申请行政机关履行保护人身权、财产权等合法权益的法定职责,行政机关拒绝履行或者不予答复的;⑦认为行政机关侵犯其经营自主权或者农村土地承包经营权、农村土地经营权的。其中农村土地经营权是从农村土地承包经营权中分离出来的一项权利;⑧认为行政机关滥用行政权力排除或者限制竞争的;⑨认为行政机关违法集资、摊派费用或者违法要求履行其他义务的;⑩认为行政机关没有依法支付抚恤金、最低生活保障待遇或者社会保险待遇的;⑪认为行政机关不依法履行、未按照约定履行或者违法变更、解除政府特许经营协议、土地房屋征收补偿协议等协议的;⑫认为行政机关侵犯其他人身权、财产权等合法权益的。这一规定可以理解为包括了行政法上所有的行政行为类型;⑬法律、法规规定可以提起诉讼的其他行政案件。这一规定说明,行政相对人的起诉没有《行政诉讼法》的规定时,必须有其他法律、法规的规定才属于受案范围。

> 注意:联系《行政复议法》第6条、第7条,比较行政诉讼与行政复议受案范围的相同与不同。

(二) 行政诉讼受案范围的否定排除

《行政诉讼法》第13条和《行政诉讼法执行解释》第1条第2款对不属于行政诉讼受案范围的事项进行了逐一列举,具体包括:①国防、外交等国家行为。国家行为,是指国务院、中央军事委员会、国防部、外交部等根据宪法和法律的授权,以国家的名义实施的有关国防和外交事务的行为,以及经宪法和法律授权的国家机关宣布紧急状态、实施戒严和总动员等行为。②行政法规、规章或者行政机关制定、发布的具有普遍约束力的决定、命令。其中,"具有普遍约束力的决定、命令"是指行政机关针对不特定对象发布的、能反复适用的行政规范性文件。③行政机关对行政机关工作人员的奖惩、任免等决定。具体是指行政机关作出的涉及该行政机关公务员权利义务的决定,是行政机关内部的人事管理行为。④法律规定由行政机关最终裁决的具体行政行为。这里的"法律",是指全国人民代表大会及其常务委员会制定、通过的规范性文件。⑤公安、国家安全等机关依照刑事诉讼法的明确授权实施的行为。这类行为是刑事司法行为,不属于行政行为,自然不属于行政诉讼受案范围。⑥调解行为以及法律规定的仲裁行为。当事人对这类行为不服,可以依法通过民事诉讼寻求再救济。⑦不具有强制力的行政指导行为。行政指导行为都不具有强制力,因而不可诉。⑧驳回当事人对行政行为提起申诉的重复处理行为。这里的重复处置行为由于没有改变原有行政法律关系,没有对行政相对人创设新的权利义务,所以不是新的行为。⑨对公民、法人或者其他组织权利义务不产生实际影响的行为。该类行为没有对相对人的权利义务产生实际影响,没有司法审查的必要。

思考:各类不可诉行政行为的法理考量是什么?

(三)行政诉讼可附带审查的行政规定

1. 附带审查的行政规定范围。《行政诉讼法》第53条第1款规定,公民、法人或者其他组织认为行政行为所依据的国务院部门和地方人民政府及其部门制定的规范性文件不合法,在对行政行为提起诉讼时,可以一并请求对该规范性文件进行审查。根据该规定,公民、法人或其他组织认为行政机关的具体行政行为所依据的下列规定不合法,在对具体行政行为提起诉讼时,可以一并向人民法院提出对该规定的审查申请:①国务院部门的规定;②县级以上地方各级人民政府及其工作部门的规定;③乡、镇人民政府的规定。

2. 附带审查的行政规定条件。对行政规定的附带审查必须满足以下条件:其一,公民、法人或其他组织不能单独就行政规定提出审查请求,必须是在对具体行政行为提起诉讼时一并提出附带审查;其二,这里的行政规定是指行政法规、规章之外的行政规范性文件,但不包括国务院的行政规范性文件(对国务院的规定不能提出附带审查);其三,提出附带审查的规定必须作为被诉具体行政行为的依据,没有作为争议具体行政行为依据的行政规定,对其不能提出附带审查的申请。

四、行政诉讼受案范围的拓展

我国新修订的《行政诉讼法》仍然没有将内部人事处理决定纳入受案范围。我国行政诉讼法将内部人事管理行为排除在受案范围之外,主要是基于以下原因:①行政诉讼尚不完善和成熟,经验不足,重点应放在外部行政法律关系方面。②行政机关内部人事管理属于机关内部自身建设的问题,这些问题具有很强的政策性,由法院审查其合法性难度很大。③我国行政系统内部已经设置有对内部行政行为的救济机制,即行政申诉。④内部行政行为的合法性问题属于行政机关自身建设的问题,是行政机关自制的范畴,法院不宜通过审判程序来对这类事务加以干预。⑤法院作为与国家行政机关具有同等法律地位的审判机关,如果对行政机关的内部行政行为进行审查,不利于保证行政管理的效率。⑥不论是在英美法系国家,还是在大陆法系国家,并不是所有的内部行政行为都可诉,部分内部行政行为被排除在行政诉讼受案范围之外。

目前，国内大多数学者主张将部分内部行政行为纳入行政诉讼受案范围，对其实施司法审查。内部行政行为主要有两类：①行政机关之间的领导、指导、监督、协助行为；②行政机关与其工作人员之间的人事管理行为。根据《行政诉讼法》第13条第3项的规定，公民、法人或其他组织对于行政机关对行政机关工作人员的奖惩、任免等决定不服向人民法院提起行政诉讼的，人民法院不予受理。从此规定来看，对于第二类内部行政行为的可诉性问题，现行行政诉讼法已经明确排除；对于第一类内部行政行为，尽管现行行政诉讼法并没有明确排除，但实践中一般将其排除在受案范围之外。对此，学界主流观点认为：①对于行政机关之间的领导、指导、监督、协助行为，我们可以借鉴日本的经验，建立机关诉讼制度；②对于行政机关对行政机关工作人员的人事管理行为，如果该行为影响到工作人员的身份变化或重要权利，则可以纳入受案范围。在《行政诉讼法》修改过程中，有专家就建议将对公务员的录用、开除、辞退等行为纳入受案范围。

第三节 行政诉讼管辖

一、行政诉讼管辖概述

（一）行政诉讼管辖的概念

行政诉讼案件的管辖，是指人民法院之间受理第一审行政案件的分工和权限。我国行政诉讼管辖制度具有以下含义：其一，行政诉讼管辖只是法院系统内部相互之间的分工和权限。即行政诉讼管辖不涉及国家机关之间解决行政争议的权限与分工。国家机关之间解决行政争议的权限分工，特别是与行政机关之间的权限与分工，是行政案件的主管问题，这由行政诉讼受案范围来确定。其二，行政诉讼管辖是法院之间受理第一审行政案件的分工和权限。即行政诉讼管辖不涉及第二审行政案件的管辖问题，因为根据行政诉讼的审级规定，一审管辖权明确了，二审行政案件的管辖也就明确了。其三，行政诉讼管辖是人民法院对行政案件较为稳定的分工。行政诉讼管辖一经确定，有管辖权的人民法院始终对此案具有管辖权，除非出现了上级法院提审，指定其他法院管辖，或出现了排斥原审法院管辖的其他特殊情况。也就是说，行政诉讼管辖一经确定即有恒定的效力。

（二）行政诉讼管辖的特征

与民事诉讼管辖或刑事审判管辖不同，我国行政诉讼管辖体制具有以下特征：一是除知识产权法院外，其他专门人民法院不管辖行政诉讼案件。最高人民法院2000年颁布的《行政诉讼法执行解释》明确规定，专门人民法院不审理行政案件，也不审查和执行行政机关申请执行其具体行政行为的案件。2014年《全国人民代表大会常务委员会关于在北京、上海、广州设立知识产权法院的决定》规定，知识产权法院管辖有关专利、植物新品种、集成电路布图设计、技术秘密等专业技术性较强的第一审知识产权民事和行政案件。不服国务院行政部门裁定或者决定而提起的第一审知识产权授权确权行政案件，由北京知识产权法院管辖。二是人民法院行政审判庭主管行政诉讼案件。《行政诉讼法执行解释》明确规定，各级人民法院行政审判庭审理行政案件和审查行政机关申请执行其具体行政行为的案件。三是基层人民法院的派出法庭不受理行政诉讼案件。我国大多数基层人民法院设置了派出法庭，但最高人民法院《行政诉讼法执行解释》明确规定，人民法庭不审理行政案件，也不审查和执行行政机关申请执行其具体行政行为的案件。

（三）行政诉讼管辖的分类

根据行政诉讼法的规定，行政诉讼管辖主要涉及以下重要分类：

1. 法定管辖与裁定管辖。行政诉讼管辖的确定方法与依据有两种，一是由法律直接规定，根据法律直接规定而形成的管辖规则称为"法定管辖"；二是由人民法院以裁定书直接确定，根据法院裁定而形成的管辖规则称为"裁定管辖"。行政诉讼法定管辖是针对诉讼管辖的一般情形作出的规定，裁定管辖则是针对特殊情形而作出的处理，目的是为了落实法定管辖的规定，或是对法定管辖进行微调。法定管辖可以被法院的裁定管辖所改变，但裁定管辖则不可以被法定管辖所调整。

2. 级别管辖与地域管辖。确定行政诉讼管辖可以从两个维度来进行，一方面是从"纵"的方面在上下级法院之间进行分工，另一方面是从"横"的方面在同级而不同区域的法院之间进行分工。行政案件在上下级法院之间的分工被称为级别管辖，而在同级不同区域的法院之间的分工被称为地域管辖。行政案件的具体管辖法院必须同时依据级别管辖规定和地域管辖规定才能最终确定。

3. 共同管辖与单一管辖。行政诉讼共同管辖，也称选择管辖，是指根据法律规定，两个以上的法院对同一个诉讼案件都有管辖权的法律制度。在共同管辖中，原告有选择管辖法院的权利，而原告的选择将最终决定案件的实际管辖权。单一管辖则是根据法律规定，只有一个法院对行政案件有管辖权。因此，在单一管辖中，行政案件的管辖法院直接由法律确定，当事人没有自由选择的余地。

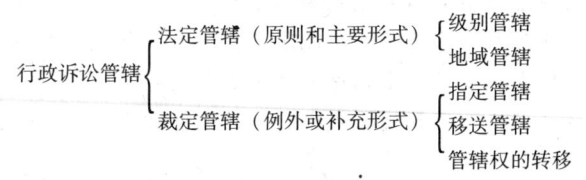

行政诉讼管辖 { 法定管辖（原则和主要形式） { 级别管辖 / 地域管辖 ; 裁定管辖（例外或补充形式） { 指定管辖 / 移送管辖 / 管辖权的转移

图 17-1　行政诉讼管辖分类图

二、行政诉讼的级别管辖

行政诉讼级别管辖是上下级人民法院之间受理第一审行政案件的分工和权限。根据行政诉讼法的规定，各级法院管辖行政案件的分工如下：

（一）基层人民法院管辖

《行政诉讼法》第 14 条规定："基层人民法院管辖第一审行政案件。"这一规定表明了我国基层人民法院拥有对第一审行政案件的普遍管辖权，除由中级人民法院、高级人民法院及最高人民法院所管辖的行政案件外，其他所有行政案件都由基层人民法院管辖。现行法之所以规定原则上由基层人民法院管辖第一审行政案件，主要是考虑：①方便当事人参加诉讼；②方便法院审理案件；③有利于将行政争议解决在基层。

（二）中级人民法院管辖

根据《行政诉讼法》及相关法律和司法解释的规定，我国中级人民法院的管辖范围包括：①被告级别较高的行政案件。即尚未纳入知识产权法院管辖的知识产权案件。具体包括海关处理的行政案件和被告为国务院部门或县级以上地方政府的行政案件。②有关知识产权案件。具体包括有关专利权的行政案件、涉及集成电路布图设计的行政案件、植物新品种纠纷的行政案件和商标复审案件。③具有涉外因素的重大案件。具体包括重大涉外或者涉及港澳台地区的案件，高级人民法院指定的反倾销、反补贴案件，和国际贸易行政纠纷案件。④社会影响重大的共同诉讼、集团诉讼案件。⑤其他重大、复杂案件。

注意：有关行政诉讼案件的级别管辖，司法考试的切入点一般都是考查中级人民法院的管辖范围。

法条链接：

全国人大常委会《关于在北京、上海、广州设立知识产权法院的决定》（2014年8月13日）

二、知识产权法院管辖有关专利、植物新品种、集成电路布图设计、技术秘密等专业技术性较强的第一审知识产权民事和行政案件。

不服国务院行政部门裁定或者决定而提起的第一审知识产权授权确权行政案件，由北京知识产权法院管辖。

知识产权法院对第一款规定的案件实行跨区域管辖。在知识产权法院设立的3年内，可以先在所在省（直辖市）实行跨区域管辖。

三、知识产权法院所在市的基层人民法院第一审著作权、商标等知识产权民事和行政判决、裁定的上诉案件，由知识产权法院审理。

四、知识产权法院第一审判决，裁定的上诉案件，由知识产权法院所在地的高级人民法院审理。

（三）高级人民法院管辖

根据《行政诉讼法》第16条的规定，高级人民法院管辖本辖区内重大、复杂的第一审行政案件。对于哪些属于重大、复杂的行政案件，主要从被告的行政地位、原告的人数、诉讼标的、所涉重大的政治经济关系等方面综合考虑。

注意：《行政诉讼法适用解释》第8条规定："作出原行政行为的行政机关和复议机关为共同被告的，以作出原行政行为的行政机关确定案件的级别管辖。"

除此以外，反倾销、反补贴一审行政案件，原则上也由被告所在地高级人民法院管辖。

（四）最高人民法院管辖

《行政诉讼法》第 17 条规定，最高人民法院管辖全国范围内重大、复杂的第一审行政案件。

三、行政诉讼的地域管辖

我国行政案件的地域管辖具体可以分为一般地域管辖和特殊地域管辖，特殊地域管辖具体包括共同管辖、合并管辖、相对集中管辖和专属管辖。

（一）一般地域管辖

行政案件由最初作出具体行政行为的行政机关所在地人民法院管辖。我国《行政诉讼法》确立的这种地域管辖规则与《民事诉讼法》上的"原告就被告"原则是相通的。行政诉讼地域管辖采用"原告就被告"原则，主要是考虑：①便于法院调查和审理案件；②便于被告出庭应诉，降低行政成本；③大多数情况下不会影响原告的出庭应诉。

（二）共同管辖

共同管辖主要有以下两类行政案件：①经复议的行政案件。经复议的行政案件，不论复议机关是维持还是改变原行政行为，都可以由原行政机关所在地人民法院管辖，也可以由复议机关所在地人民法院管辖。②限制人身自由的案件。《行政诉讼法》及相关司法解释规定，对限制人身自由的行政强制措施不服的案件，由被告所在地或者原告所在地人民法院管辖。这里的"原告所在地"，包括原告的户籍所在地、经常居住地和被限制人身自由地。

（三）合并管辖

合并管辖又称牵连管辖，是指对某个案件有管辖权的人民法院可以一并审理与该案有牵连的其他案件。最高人民法院《行政诉讼法执行解释》第 9 条第 2 款规定："行政机关基于同一事实既对人身又对财产实施行政处罚或者采取行政强制措施的，被限制人身自由的公民、被扣押或者没收财产的公民、法人或者其他组织对上述行为均不服的，既可以向被告所在地人民法院提起诉讼，也可以向原告所在地人民法院提起诉讼，受诉人民法院可一并管辖。"

（四）相对集中管辖

修订后的《行政诉讼法》第 18 条第 2 款规定，经最高人民法院批准，高级人民法院可以根据审判工作的实际情况，确定若干人民法院跨行政区域管辖行政案件。被确定跨行政区域管辖行政案件的法院实施的诉讼管辖为相对集中管辖，法院跨区域相对集中管辖行政案件制度的确立，旨在解决行政诉讼实践中存在的地方保护和行政干预等现实问题。

（五）专属管辖

专属管辖是指以被诉具体行政行为所指向的对象所在地为标准确定管辖法院的

制度。我国《行政诉讼法》第 20 条规定："因不动产提起的行政诉讼，由不动产所在地人民法院管辖。"

四、行政诉讼裁定管辖

（一）移送管辖

行政诉讼案件的移送管辖是指人民法院对已经受理的案件经审查发现不属于本院管辖时，将行政案件裁定移送给有管辖权的人民法院管辖的管辖制度。

行政诉讼案件的移送管辖必须满足三个条件：①移送的行政案件必须是已经受理的行政案件，即诉讼程序已经开始，但案件并未审结，仍在第一审程序之中；②移送案件的人民法院认为自己对行政案件没有管辖权，即移送法院错误受理了行政案件；③接受移送的人民法院必须对该行政案件有管辖权，即移送法院必须将案件移送到有管辖权的人民法院。

移送管辖将产生以下效力：①受移送的人民法院不得拒收、退回或自行再移送；②案件一经人民法院移送即生效，管辖被确定；③如果移送确有错误，受移送的人民法院没有管辖权，则只能由受移送的人民法院提出意见，报请与移送人民法院共同的上一级人民法院决定。

（二）指定管辖

指定管辖是指上级人民法院根据法律的规定，以裁定方式将某一案件指定由某个下级人民法院管辖的管辖制度。指定管辖主要适用于以下三种情况：①管辖权不能行使的指定。即由于发生了特殊原因，如自然灾害、战争、意外事故等，使有管辖权的人民法院不能行使管辖权时，由上级法院指定管辖。②管辖权不能确定的指定。即当两个或两个以上人民法院对同一行政案件的管辖权发生争议而不能通过协商解决时，由上级法院指定管辖。例如，原告向两个有管辖权的法院提起诉讼，两个法院同时收到起诉状。③管辖权不宜行使的指定。在下列情况下中级人民法院可以指定本辖区其他基层人民法院管辖相关行政案件：一是当事人以案件重大复杂为由或者认为有管辖权的基层人民法院不宜行使管辖权，直接向中级人民法院起诉的；二是当事人向有管辖权的基层人民法院起诉，受诉人民法院在 7 日内未立案也未作出裁定，当事人向中级人民法院起诉的。

（三）管辖权的转移

管辖权的转移是指经上级人民法院决定或同意，对第一审行政案件的管辖权，由下级人民法院移送给上级人民法院审理的管辖制度。行政案件管辖权的转移实际上是管辖权在明确无纠纷的前提下发生的转移，体现了管辖制度在原则基础上的灵活性，是一种由法定管辖法院向非法定管辖法院的案件管辖转移。管辖权的转移有以下两种方式：①上级法院提审下级法院管辖的第一审行政案件；②下级法院报请上级法院审理自己管辖的行政案件。从实践来看，管辖权转移的发生主要有以下事由：①由于案件存在案情复杂、业务性较强、难度较大等因素，原法定管辖法院审理案件力所不及；②受案外因素的干扰，原法定管辖法院审理案件有实际困难；等等。

第四节 行政诉讼参加人

一、行政诉讼参加人概述

（一）行政诉讼参加人的含义

行政诉讼的参加人，是指依法参加行政诉讼活动，享有诉讼权利、承担诉讼义务，并且与诉讼争议或诉讼结果有利害关系的人。《行政诉讼法》第四章就行政诉讼的各类参加人作出了专门规定，据此规定，行政诉讼第一审程序的参加人包括原告（共同原告）、被告（共同被告）、诉讼第三人、诉讼代理人等。其中，原告（共同原告）、被告（共同被告）、诉讼第三人属于广义行政诉讼当事人。行政诉讼参加人在二审程序中有上诉人、被上诉人、一审原告、一审被告、一审第三人、诉讼代理人等称谓；在再审程序中有再审申请人、再审被申请人、原审原告、原审被告、原审第三人等称谓；在执行程序有执行申请人、被申请执行人、执行代理人、执行异议人等称谓。

行政诉讼参加人与行政诉讼参与人是不同的概念，行政诉讼参与人包括行政诉讼参加人和证人、鉴定人、翻译人、勘验人、辅助专家，后五类人员一般称为其他诉讼参与人。诉讼参加人与其他诉讼参与人都是参加行政诉讼活动的人，在行政诉讼活动中享有相应的权利、承担相应的义务。其他诉讼参与人与诉讼参加人的区别在于，其他诉讼参与人在法律上与案件没有利害关系，他们参与行政诉讼活动主要是辅助法院查清案件事实，以便法院对案件作出正确的裁判。在行政诉讼中，其他诉讼参与人的主要任务在于实事求是地提供证言、证物、鉴定笔录、勘验笔录以及提供翻译等。

（二）行政诉讼当事人的特征

行政诉讼当事人是指因被诉行政行为发生争议，以自己的名义参加行政诉讼活动，受人民法院裁判约束的诉讼参加人。行政诉讼一审程序中的当事人包括

注意：诉讼当事人有广义和狭义之分，狭义的诉讼当事人不包括诉讼第三人。

原告（共同原告）、被告（共同被告）和诉讼第三人。行政诉讼当事人具有以下典型特征：首先，行政诉讼当事人是发生争议的行政管理法律关系主体。行政诉讼活动是人民法院解决行政争议的活动，行政争议的双方分别是行政主体和行政相对人。当行政相对人向人民法院起诉行政主体，行政争议的双方主体就转化为行政诉讼中的原告、被告或第三人。因此，行政诉讼当事人就是行政争议的当事人。其次，行政诉讼当事人是以自己的名义进行诉讼的主体。这是当事人与诉讼代理人相区别的一个特征。行政诉讼当事人要通过诉讼来解决自己而不是他人的权利义务争议，也就需要原告以其自己的名义起诉、被告以自己的名义应诉、第三人以自己的名义参加诉讼。最后，行政诉讼当事人是受人民法院裁判约束的参加人。由于行政诉讼当事人是行政争议的当事人，而法院的裁判是针对行政争议作出的，所以，行政诉讼

当事人是直接受到裁判法律效力拘束的人，也就是必须要承担诉讼裁判的一切法律后果。法院在裁判中确定的权利和义务，也就是当事人享有或承担的权利义务。

二、行政诉讼原告

（一）行政诉讼原告的涵义

行政诉讼原告是指对行政行为不服向人民法院提起诉讼，以自己的名义参加诉讼并受法院裁判约束的行政行为相对人或与被诉行政行为有利害关系的公民、法人或其他组织。从行政诉讼原告的上述定义可以看出，行政诉讼原告具有以下几个特征：①行政诉讼原告只能是行政行为相对人或其他与被诉行政行为有利害关系的公民、法人或其他组织；②行政诉讼原告是对行政行为不服并提起了诉讼的行政相对人或利害关系人；③行政诉讼原告必须是以自己的名义起诉、应诉并受法院裁判约束的行政相对人或利害关系人。

（二）行政诉讼原告的资格要件

公民、法人或其他组织对行政行为不服，向人民法院起诉必须具备作为原告的资格要件，这即是行政诉讼原告的资格要件，也就是公民、法人或其他组织成为行政诉讼原告的权利能力。《行政诉讼法》第25条第1款规定："行政行为的相对人以及其他与行政行为有利害关系的公民、法人或者其他组织，有权提起诉讼。"《行政诉讼法执行解释》第12条规定："与具体行政行为有法律上利害关系的公民、法人或者其他组织对该行为不服的，可以依法提起行政诉讼。"据此，行政诉讼原告的资格要件是：与被诉行政行为有法律上的利害关系。

判断公民、法人或其他组织与被诉行政行为之间是否具有法律上的利害关系，不能仅仅看起诉人是否为被诉行政行为的直接相对人，还应当观察行政行为是否对其合法权益直接或间接地造成了不利影响。即与被诉行政行为有法律上的利害关系，应当理解为被诉行政行为对公民、法人或其他组织的权利义务已经或将会产生实际影响。一般而言，被诉行政行为对公民、法人或其他组织的权利义务已经或将会产生实际影响主要包括以下几种情况：①行政行为已经或将会剥夺或限制公民、法人或其他组织的合法权益；②行政行为为公民、法人或其他组织已经或将会设定法律上的义务；③行政行为的效力或者内容发生变化已经或将会使公民、法人或其他组织的权利义务受到影响；④行政行为给公民、法人或其他组织的既有权利义务已经或将会制造冲突或矛盾；⑤行政行为所认定的事实或法院对该事实的审查已经或将会对公民、法人或其他组织造成不利后果。

（三）行政诉讼原告的具体范围

结合《行政诉讼法》及相关司法解释关于行政诉讼原告资格的规定，除被诉行政行为的直接行政相对人都具有原告资格外，下列法律上的利害关系人也可以作为适格原告向人民法院提起行政诉讼：①被诉的行政行为涉及其相邻权或者公平竞争权的公民、法人或其他组织；②与被诉的行政复议决定有法律上利害关系或者在复议程序中被追加为第三人的公民、法人或其他组织；③要求主管行政机关依法追究加害人法律责任的公民、法人或其他组织；④与撤销或者变更具体行政行为有法律上利害关系的公民、法人或其他组织；⑤认为联营、合资、合作企业权益或者自己一方合法权益受行政行为侵害的联营企业、中外合资或者合作企业的联营、合资、合作各方；⑥非国有企业被行政机关注销、撤销、合并、强令兼并、出售、分立或者改变企业隶属关系的，该企业或者其法定代表人可以提起诉讼；⑦农村土地承包人等土地使用权人对行政机关处分其使用的农村集体所有土地行为不服的，可以以自己的名义提起诉讼。

> 思考：第⑥点为什么限定为非国有企业？第⑦点中的"处分"包含哪些情况？

（四）行政诉讼原告资格的转移

行政诉讼原告资格转移，是指由于法定事由致使原告在客观上不复存在时，由其他相关的个人或组织接替其原告地位提起并参加诉讼的情形。根据我国《行政诉讼法》及相关司法解释的规定，行政诉讼原告的资格在以下两种情形下可以发生转移：①有权提出诉讼的公民死亡，其近亲属可以作为原告提起诉讼。②有权提起诉讼的法人或其他组织终止，承受其权利、义务的法人或其他组织可以作为原告提起诉讼。

行政诉讼原告资格的转移必须具备以下几个条件：①享有原告资格的行政相对人不复存在。即作为公民形态的行政相对人死亡（包括生理死亡和宣告死亡），作为法人或其他组织形态的行政相对人终止（包括解散、撤销、注销、合并、分离或破产等）。②对行政行为的起诉权仍然有效存在。即享有起诉权的公民、法人或其他组织终止时，起诉有效期仍未终了。③原告的法定权利承受人仍然存在。公民死亡时的原告承受人是其近亲属，包括配偶、父母、子女、兄弟姐妹、祖父母、外祖父母、孙子女、外孙子女和其他具有扶养、赡养关系的亲属；法人或其他组织终止时的原告承受人是承受其权利、义务的法人或其他组织。④原告资格被转移人不具有原告资格。如果被转移人本身具有原告资格，则不会存在原告资格的转移问题。

> 思考：与死亡公民有抚养关系的亲属是否具有原告资格？

三、行政诉讼被告

（一）行政诉讼被告的含义

行政诉讼的被告，是指因其实施的行政行为或行政不作为被公民、法人或其他组织起诉，由人民法院通知应诉的国家行政机关或法律法规授权组织。行政诉讼被告具有以下特征：①被告须是因行政行为或行政不作为被起诉的组织；②被告须是由人民法院通知应诉的组织；③被告既可以是行政机关，也可以是法律、法规或规章授权组织。

行政诉讼被告由行政管理关系中的行政主体转化而来，因此，二者具有紧密的联系，表现为行政诉讼被告与行政主体在范围上是相通的，都是依法享有和行使国家行政职权的行政机关或法律法规授权组织。但二者也不能等同，区别是：①二者范畴属性不同。行政诉讼被告是行政机关或法律法规授权组织在行政诉讼法律关系中的称谓，而行政主体是行政机关或法律法规授权组织在行政管理法律关系中的称谓。②二者法律地位不同。行政机关或法律法规授权组织在行政管理法律关系中作为行政主体时对行政相对人具有支配权，而在行政诉讼法律关系中作为被告则与行政相对人处于平等的地位，不再拥有行政支配地位。③范围不完全相同。行政管理法律关系中的行政主体在行政诉讼中不一定都会成为被告，在共同行为中，只有被相对人起诉的行政主体才会成为行政诉讼被告。

（二）确定行政诉讼被告的一般规则

确定行政诉讼被告的一般原则是"谁为主体、谁为被告"，即在享有和行使国家行政职权的行政机关、法律法规授权组织和委托行政的组织或个人中，谁是被诉行政行为的行政主体，谁就是行政诉讼中的被告。具体说来有以下情形：①公民、法人或者其他组织直接向人民法院提起诉讼的，作出具体行政行为的行政机关是被告。②经复议的案件，复议机关决定维持原行政行为的，作出原行政行为的行政机关和复议机关是共同被告；复议机关改变原行政行为的，复议机关是被告。③复议机关在法定期限内未作出复议决定，公民、法人或者其他组织起诉原行政行为的，作出原行政行为的行政机关是被告；起诉复议机关不作为的，复议机关是被告。④两个以上行政机关作出同一具体行政行为的，共同作出具体行政行为的行政机关是共同被告。⑤由行政机关委托的组织所作的具体行政行为，委托的行政机关是被告。⑥行政主体不履行法定职责被公民、法人或其他组织起诉的，被起诉未履行作为义务的行政主体是被告。

> **法条链接：**
>
> 《行政诉讼法适用解释》
>
> 第六条　行政诉讼法第26条第2款规定的"复议机关决定维持原行政行为"，包括复议机关驳回复议申请或者复议请求的情形，但以复议申请不符合受理条件为由驳回的除外。
>
> 行政诉讼法第26条第2款规定的"复议机关改变原行政行为"，是指复议机关改变原行政行为的处理结果。

（三）特殊情形下行政诉讼被告的确定

确定行政诉讼被告时要注意下列特殊规定：①行政机关组建并赋予行政管理职能但不具有独立承担法律责任能力的机构，以自己的名义作出具体行政行为，当事人不服提起诉讼的，应当以组建该机构的行政机关为被告。②行政机关的内设机构或者派出机构在没有法律、法规或者规章授权的情况下，以自己的名义作出具体行政行为，当事人不服提起诉讼的，应当以该行政机关为被告。③法律、法规或者规章授权行使行政职权的行政机关内设机构、派出机构或者其他组织，超出法定授权范围实施行政行为,当事人不服提起诉讼的,应当以实施该行为的机构或者组织为被告。④行政机关在没有法律、法规或者规章规定的情况下,授权其内设机构、派出机构或者其他组织行使行政职权的,应当视为委托。当事人不服提起诉讼的,应当以该行政机关为被告。⑤当事人不服经上级行政机关批准的具体行政行为,向人民法院提起诉讼的,应当以在对外发生法律效力的文书上署名的机关为被告。⑥具体行政行为由具备行政主体资格的组织与不具备行政主体资格的组织共同作出的,具有行政主体资格的组织为被告。

> 思考:甲市公安局、乙区公安分局、丙公安派出所都以自己的名义分别对张某、李某和王某作出了下列治安行政处罚决定,被处罚人不服直接向法院起诉,请选择恰当的被告:A.甲市公安局;B.乙区公安分局;C.丙公安派出所
> (1)对张某处以300元罚款。(　)
> (2)对李某处以1000元罚款。(　)
> (3)对王某处以5天治安拘留。(　)

(四)行政诉讼被告的转移、变更与追加

1. 行政诉讼被告的转移。根据《行政诉讼法》第26条的规定,行政机关作出行政行为后被撤销或者职权变更的,继续行使其职权的行政机关是被告。在现实生活中,还有一种情况是,行政机关作出行政行为后被撤销,但没有继续行使其职权的行政机关,在这种情况下,我们认为应当以同级人民政府为被告;属于垂直领导的,由上级主管部门为被告。

2. 行政诉讼被告的变更。在行政诉讼中,对于行政主体的违法行政行为,可能由于行政相对人的法律知识、水平的不足而难以判断行政行为的真正主体,从而出现告错被告的情况。《行政诉讼法执行解释》第23条第1款规定:"原告所起诉的被告不适格,人民法院应当告知原告变更被告;原告不同意变更的,裁定驳回起诉。"

3. 行政诉讼被告的追加。在行政诉讼中,对于行政主体的违法行政行为,可能由于行政相对人的法律意识和水平的不足而不敢告或遗漏被告。在这种情况下,人民法院应当告知原告有权追加相关行政主体作为被告。《行政诉讼法执行解释》第23条第2款规定:"应当追加被告而原告不同意追加的,人民法院应当通知其以第三人的身份参加诉讼。"《行政诉讼法适用解释》第7条规定:"复议机关决定维持原行政行为的,作出原行政行为的行政机关和复议机关是共同被告。原告只起诉作出原行政行为的行政机关或者复议机关的,人民法院应当告知原告追加被告。原告不同意追加的,人民法院应当将另一机关列为共同被告。"

四、行政诉讼中的其他参加人

(一)行政共同诉讼人

《行政诉讼法》第27条规定:"当事人一方或者双方为2人以上,因同一行政行为发生的行政案件,或者因同类行政行为发生的行政案件、人民法院认为可以合并审理并经当事人同意的,为共同诉讼。"因此,共同诉讼具有以下几个特征:①共同诉讼是原告或被告一方或两方为两个或两个以上当事人的诉讼;②共同诉讼是因同

一行政行为或同类行政行为发生的行政诉讼;③共同诉讼是由同一个人民法院行使管辖权。

共同诉讼因共同诉讼人参与诉讼的事由不同,可以分为必要共同诉讼和普通共同诉讼。必要共同诉讼是指因同一行政行为而参加到诉讼中来的诉讼。普通共同诉讼是指两个或两个以上的原告或被告,因法院合并审理同类行政行为而参加到诉讼中来的诉讼。

共同诉讼中,原告为两个或两个以上的,称为共同原告;被告为两个或两个以上的,称为共同被告。共同原告和共同被告统称为共同诉讼人。必要共同诉讼中的共同诉讼人称为必要共同诉讼人,普通共同诉讼中的共同诉讼人称为普通共同诉讼人。共同原告或共同被告的诉讼主体资格及确定方式与普通诉讼中的原告或被告一致,并在诉讼中享有同等的权利,承担同等的诉讼义务。

(二)行政诉讼第三人

行政诉讼第三人是指同被诉行政行为或行政诉讼裁判有利害关系,为维护自身的合法权益而申请参加诉讼或由法院通知参加诉讼的,除原告和被告以外的公民、法人或其他组织。行政诉讼第三人具有以下特征:①第三人是行政诉讼中除原告和被告以外的第三方诉讼参加人,具有独立的法律地位;②第三人是同被诉的具体行政行为或行政诉讼裁判有利害关系的人;③第三人是以自己的名义,为维护自己的合法权益而参加诉讼活动;④第三人必须是在立案以后、裁判作出之前参加诉讼的人;⑤第三人参加诉讼程序既可申请参加,也可由人民法院通知参加。

> **注意**:根据《行政诉讼法》第29条及《行政诉讼法执行解释》第24条关于确定第三人的规定:①判断第三人的标准是看他是否与被诉行政行为有利害关系;②若利害关系人为2人以上,其中一部分人起诉的,法院应通知其他利害关系人作为第三人参诉。

在行政诉讼实践中,行政诉讼第三人一般包括下列情形:①未作原告起诉的行政相对人或其他与被诉行政行为有利害关系的公民、法人或其他组织。具体包括行政处罚中的被处罚人、被受处罚人侵害的受害人、行政裁决中的另一方当事人、直接行政相对人、多个相对人中的未起诉方、受行政行为不利影响的相关人等。②未作被告应诉的行政机关、法律法规授权组织或其他行政组织,具体包括:共同实施被诉行政行为,原告不同意追加为被告的行政主体;共同实施被诉行政行为的不具有行政主体资格的组织;作出与被诉行政行为相矛盾的行政行为的行政主体。

法条链接:

《行政诉讼法执行解释》

第二十三条 (第二款)应当追加被告而原告不同意追加的,人民法院应当通知其以第三人的身份参加诉讼。

> 第二十四条 （第一款）行政机关的同一具体行政行为涉及两个以上利害关系人，其中一部分利害关系人对具体行政行为不服提起诉讼，人民法院应当通知没有起诉的其他利害关系人作为第三人参加诉讼。

（三）行政诉讼代表人

与民事诉讼中的诉讼代表人不同，行政诉讼中的代表人包括两类：集团诉讼诉讼代表人和非法人组织诉讼代表人。

> 思考：这里的诉讼代表人与法人的法定代表人是否一回事？

1. 集团诉讼代表人。行政诉讼中的集团诉讼是指同案原告为5人以上的共同诉讼。在集团诉讼中，为便于诉讼的有效开展，《行政诉讼法》第28条规定，当事人一方人数众多的共同诉讼，可以由当事人推选代表人进行诉讼。《行政诉讼法执行解释》第14条第3款规定："同案原告为5人以上，应当推选1至5名诉讼代表人参加诉讼；在指定期限内未选定的，人民法院可以依职权指定。"集团诉讼中被推选或被指定代表原告方参加诉讼的共同诉讼人被称为诉讼代表人。行政诉讼代表人的诉讼行为对其所代表的当事人发生效力，但代表人变更、放弃诉讼请求或者承认对方当事人的诉讼请求，应当经被代表的当事人同意。

2. 非法人组织诉讼代表人。非法人组织由于没有法律上的人格，在涉及行政诉讼时，如无从代表其意志参加诉讼，其合法权益就难以得到维护，因此，需要建立可以代表其意志的诉讼代表人制度。《行政诉讼法执行解释》第14条第1、2款规定："合伙企业向人民法院提起诉讼的，应当以核准登记的字号为原告，由执行合伙企业事务的合伙人作诉讼代表人；其他合伙组织提起诉讼的，合伙人为原告。不具备法人资格的其他组织向人民法院提起诉讼的，由该组织的主要负责人作诉讼代表人；没有主要负责人的，可以由推选的负责人作诉讼代表人。"

（四）行政诉讼代理人

行政诉讼代理人是指根据行政诉讼法的规定或当事人的授权，以当事人的名义在代理权限范围内，为维护该当事人利益而代理当事人进行诉讼活动的行政诉讼参加人。行政诉讼代理人的特征是：①诉讼代理人是为了维护被代理人的合法权益而进行诉讼活动，参加诉讼的目的具有利他性；②诉讼代理人只能以被代理当事人的名义而实施诉讼活动，参加诉讼的名义具有非己性；③诉讼代理人必须在代理权限范围内实施代理行为，进行诉讼的权限具有受限性；④诉讼代理人实施行为的法律后果由被代理人承担，诉讼代理行为后果具有他属性。行政诉讼代理人根据代理权的来源依据不同，可以分为三类：法定诉讼代理人、指定诉讼代理人和委托诉讼代理人。

法定诉讼代理人是指依据法律的直接规定而享有诉讼代理权，代理无诉讼行为能力的公民进行诉讼活动的人。没有诉讼能力的公民即是无民事行为能力或限制民事行为能力人，具体包括不满18周岁的未成年人或成年精神病人等，已满16周岁未满18周岁但以自己的收入为生活来源的未成年人可视为完全民事行为能力人。

指定诉讼代理人，是指在无诉讼行为能力人没有法定代理人，或者法定代理人不能行使代理权时，为保护无诉讼行为能力的当事人的合法权益，由人民法院依法指定的诉讼代理人。司法实践中，在出现下列情况，人民法院应当指定诉讼代理人代理当事人进行诉讼：①法定代理人互相推诿诉讼代理责任的；②法定诉讼代理人在诉讼过程中死亡，无人代理诉讼而诉讼不能中止的；③当事人在诉讼过程中丧失行为能力，没有法定代理人的；④法定代理人因特殊情况不能行使代理权的。

> **注意**：行政诉讼中的指定代理人不同于刑事诉讼中的指定代理人，行政诉讼中的指定代理人是以法定代理人为基点和范围的。

委托诉讼代理人是指受诉讼当事人或其法定代理人的委托，代为进行诉讼活动的人。委托诉讼代理人的特征是：①委托诉讼代理人产生于诉讼当事人或其法定代理人的委托；②委托诉讼代理人的代理权限有全权代理与一般代理两种情形；③委托代理人的范围包括：律师、基层法律服务工作者，当事人的近亲属或者工作人员，当事人所在社区、单位以及有关社会团体推荐的公民。

> **思考**：行政诉讼中，律师与非律师的诉讼代理权有何差别？

第五节　行政诉讼证据

一、行政诉讼证据概述

（一）行政诉讼证据的概念

证据是指证明案件事实或者法律事务有关之事实存在与否的根据。行政诉讼证据是指在行政诉讼中用以证明行政案件真实情况的事实材料或手段。证据和可定案证据是两个既有联系又有区别的概念。可定案证据是能准确、充分、客观地反映案件真实情况，由人民法院依法认定的证据。可定案证据必须具备以下基本品质：①真实性。即证据必须是客观存在的事实，是独立于人的主观意志之外，不以人的意志为转移的客观存在。证据的客观真实性是可定案证据的基本要素。②关联性。即作为证据的事实必须与它所要证明的待证事实之间具有客观的联系，能够证明案件中的有关待证事实。证据的关联性是某一客观事实能够成为可定案证据的决定性因素。③合法性。即作为证据的某些事实必须以法律规定的特殊形式存在，并且证据的收集、提供、调查和保全应符合法定程序和要求。证据的合法性反映了法律对证据的容许度和可得性。因此，可定案证据都是证据，但证据并非都是可定案证据。行政诉讼证据与行政诉讼可定案证据也存在上述区分。

> **思考**：当事人向法院提交的材料，如欠缺真实性、关联性或合法性，能否称为证据？

(二) 行政诉讼证据的特征

同民事诉讼证据、刑事诉讼证据相比,行政诉讼证据具有以下特征:

1. 行政诉讼证据的形式多样。行政诉讼证据的具体形式主要有:书证、物证、视听资料、电子数据、证人证言、当事人陈述、鉴定结论、勘验笔录、现场笔录等。其中现场笔录是民事诉讼证据所不具有的证据类型。

2. 行政诉讼证明对象比较单一。行政诉讼的重心是法院对被诉具体行政行为的合法性进行审查并作出判断,因此,行政诉讼中的主要证明对象是具体行政行为的合法性问题,这反映出行政诉讼的证明对象相对而言比较单一。

3. 行政诉讼证据的来源特定。行政诉讼证据主要是证明被诉具体行政行为合法性或合理性的证据材料,这些证据材料主要由行政机关及其工作人员收集,形成于行政程序过程中,在诉讼中由被告提供。

4. 行政诉讼证据的专业性较强。行政诉讼证据主要形成于行政程序过程中,主要是用来证明行政行为的合法性与合理性的事实材料,由于行政行为本身具有较强的专业性和技术性,因此,行政诉讼证据的专业性与技术性也比较强。

(三) 行政诉讼证据的形式

根据《行政诉讼法》第33条的规定,行政诉讼证据的具体形式主要有以下形式。

1. 书证。书证是行政诉讼中的主要证据,是指用文字、符号、图案等形式记载的思想内容来证明案件真实情况的文字材料。根据书证的来源形式不同,书证可以分为原本、正本、副本、节录本、影印本、译本。

2. 物证。物证是指以其本身固有的外部特征、物质属性、存在状况、空间方位等来证明案件事实的物品或痕迹。根据物证的存在状态不同为标准,物证可以分为实体物证、痕迹物证和微量物证。

3. 视听资料。视听资料是指用以证明案件事实,利用录音、录像等高科技设备取得的音响、图像材料和利用电脑等设备取得和存储的数据材料。视听资料一般可分为三种类型:①视觉资料,也称无声录像资料,包括图片、摄影胶卷、幻灯片、投影片、无声录像带、无声影片、无声机读件等。②听觉资料,也称录音资料,包括唱片、录音带等。③声像资料,也称音像资料或音形资料,包括电影片、电视片、录音录像片、声像光盘等。

4. 电子数据。电子数据是新《行政诉讼法》增加的证据类型。电子证据(Digital Evidence)是指基于电子技术生成,以数字化形式存在于磁盘、光盘、存储卡、手机等各种电子设备载体中,其内容可与载体分离,并可多次复制到其他载体的文件。电子证据可以分为字处理文件、图形处理文件、数据库文件、程序文件和影、音、像文件等。

5. 证人证言。证人证言是指了解案件有关情况的证人就其所知道和案件事实向人民法院或者当事人所作的书面或口头陈述。需要注意的是,证人本身不是证据,证人提供的证词才是证据。

6. 当事人陈述。当事人陈述是指原告、被告、第三人在诉讼过程中，就自己所经历的案件事实向人民法院所作的叙述、陈词或说明。

7. 鉴定意见。鉴定意见是指鉴定机构或者人民法院指定具有专门知识或者技能的人，对行政案件中出现的专门性问题，通过分析检验、鉴别等方式作出的书面意见。行政诉讼中常见的鉴定有文书鉴定、会计鉴定、医学鉴定、科学技术鉴定等。

8. 勘验笔录。勘验笔录是指人民法院对能够证明案件事实的现场或者不能、不便拿到人民法院的物证，就地进行分析、检验、勘查后所作的书面记录。

9. 现场笔录。现场笔录是指行政机关工作人员在行政执法过程中对行政违法行为当场处理而制作的文字记载材料。现场笔录是行政诉讼与民事诉讼唯一不同的证据种类。

> 思考：如果某个证据不能归入上述类型，但具备关联性、真实性和合法性，法院可否采纳作为定案根据？

二、行政诉讼的举证责任

（一）举证责任的含义

行政诉讼的举证责任是指当事人根据法律规定，对特定的事实提供相关的证据加以证明，否则将在诉讼中承担不利的诉讼后果甚至可能败诉的责任。行政诉讼的举证责任有四层涵义：一是当事人对法律规定的待证事项提供证据加以证明的义务，这即是当事人承担的形式意义上的证明义务，也称程序推进义务。二是当事人所提供的证据必须能证明法律规定待证事实的成立或不成立，这即是当事人承担的实质意义上的证明义务。三是当事人对待证事实成立或不成立的证明必须达到相应的证明标准，行政诉讼的证明标准是"明显优势证明标准"或"清楚而有说服力标准"。四是当事人如果不能证明法律规定的待证事项成立或不成立，则将承担相应的不利后果甚至败诉后果，这即是当事人承担的结果意义上的证明责任。因此，举证责任在性质上是一种败诉风险责任。

（二）行政诉讼举证责任分担

行政行政诉讼中，原告、被告和第三人都要依法律的规定承担相应的举证责任。

1. 被告的举证责任。根据《行政诉讼法》及相关司法解释的规定，行政诉讼被告对被诉行政行为的合法性承担举证责任，被告应当提供作出该行政行为的证据和所依据的规范性文件；经复议后起诉的行政案件，复议机关决定维持原行政行为的，作出原行政行为的行政机关和复议机关对原行政行为合法性共同承担举证责任（可以由其中一个机关实施举证行为），复议机关对复议程序的合法性承担举证责任。法律之所以规定被告对被诉行政行为的合法性承担举证责任，是因为：①被告证明行政行为合法比原告证明行政行为违法的举证能力更强；②行政相对人在行政管理活动中处于弱势，被告承担证明行政行为合法的责任更能体现诉讼公平原则；③由被告证明行政行为合法有利于促使行政机关依法行政，防止滥用职权。对于被诉行政行为合法性以外的其他事项，则根据"谁主张，谁举证"原则承担相应事项的举证责任。

2. 原告应承担的举证责任。根据《行政诉讼法》及相关司法解释的规定，原告对下列事项承担举证责任：①证明起诉符合法定条件，但被告认为原告超过起诉期限的除外。②起诉被告不作为的案件中，原告应当提供其在行政程序中曾经提出申请的证据材料。但被告应当依职权主动履行法定职责或原告有正当理由不能提供证据的除外。③在行政赔偿、补偿诉讼中，原告应当对被诉行政行为造成损害的事实提供证据。但因被告的原因导致原告无法举证的，由被告承担举证责任。④其他依据"谁主张，谁举证"原则分配应当由其承担举证责任的事项。

> 思考：从上述列举的原被告负举证责任的待证事项数目上看，原告承担举证责任的待证事项更多，这是否意味着原告在行政诉讼中承担了更重的举证责任？

（三）行政诉讼举证时限

我国《行政诉讼法》及相关司法解释对原被告双方的举证时限进行了规定。

行政诉讼被告的举证期限是：①被告应当在收到起诉状副本之日起15日内提供证据和所依据的规范性文件；②被告在作出行政行为时已经收集了证据，但因不可抗力等正当事由不能提供的，经人民法院准许，可以延期提供，在逾期提供证据的正当理由消除后的10日内，被告应当向人民法院提供证据；③被告逾期提供证据的，视为被诉行政行为没有相应的证据。

行政诉讼原告和第三人的举证期限是：原告或者第三人应当在开庭审理前或者人民法院指定的交换证据之日提供证据，因正当事由需要延期提供证据的，经当事人申请并由人民法院批准，可以在法庭调查中提供。逾期提供证据的，视为放弃举证权利。原告或者第三人在第一审程序中无正当事由未提供而在第二审程序中提供的证据，人民法院不予接纳。

表17-1 行政诉讼当事人举证责任比较表

	被告	原告（第三人）
举证责任	①被诉行政行为的合法性 ②认为原告超过起诉期限 ③依职权应当作为而未作为 ④行为导致原告无法证明其损失	①起诉时，应当提供其符合起诉条件的相应的证据材料 ②依申请行为的不作为案件，提出曾经申请的证据 ③行政赔偿、补偿诉讼中，造成损害的事实
举证期限	①收到起诉状副本15日内 ②正当事由（不可抗力等）→10日内申请延期，该事由消除后10日内提交	①开庭前/法院指定的交换证据之日 ②正当事由→申请延期，在法庭调查中提交

三、行政诉讼的举证规则

（一）各类证据提交规则

行政诉讼中，各类证据的提交应当遵循下列规则：

1. 书证的提交规则。当事人向人民法院提供书证应当符合下列要求：①提供书证的原件，原本、正本和副本均属于书证的原件，提供原件确有困难的，可以提供与原件核对无误的复印件、照片、节录本；②提供由有关部门保管的书证原件的复制件、影印件或者抄录件的，应当注明出处，经该部门核对无异后加盖其印章；③提供报表、图纸、会计账册、专业技术资料、科技文献等书证的，应当附有说明材料；④被告提供的被诉具体行政行为所依据的询问、陈述、谈话类笔录，应当有行政执法人员、被询问人、陈述人、谈话人签名或者盖章。

2. 物证的提交规则。当事人向人民法院提供物证应当符合下列要求：①提供原物，提供原物确有困难的，可以提供与原物核对无误的复制件或者证明该物证的照片、录像等其他证据；②原物为数量较多的种类物的，提供其中的一部分。

3. 视听资料的提交规则。当事人向人民法院提供计算机数据或者录音、录像等视听资料的，应当符合下列要求：①提供有关资料的原始载体，提供原始载体确有困难的，可以提供复制件；②注明制作方法、制作时间、制作人和证明对象等；③声音资料应当附有该声音内容的文字记录。

4. 证人证言的提交规则。当事人向人民法院提供证人证言的，应当符合下列要求：①写明证人的姓名、年龄、性别、职业、住址等基本情况；②有证人的签名，不能签名的，应当以盖章等方式证明；③注明出具日期；④附有居民身份证复印件等证明证人身份的文件。

5. 鉴定意见的提交规则。当事人向人民法院提供的在行政程序中采用的鉴定意见，应当载明委托人和委托鉴定的事项、向鉴定部门提交的相关材料、鉴定的依据和使用的科学技术手段、鉴定部门和鉴定人鉴定资格的说明，并应有鉴定人的签名和鉴定部门的盖章。通过分析获得的鉴定意见，应当说明分析过程。

6. 现场笔录的提交规则。被告向人民法院提供的现场笔录，应当载明时间、地点和事件等内容，并由执法人员和当事人签名。当事人拒绝签名或者不能签名的，应当注明原因。有其他人在现场的，可由其他人签名。法律、法规和规章对现场笔录的制作形式另有规定的，从其规定。

7. 境外证据的提交规则。当事人向人民法院提供的在中华人民共和国领域外形成的证据，应当说明来源，经所在国公证机关证明，并经中华人民共和国驻该国使领馆认证，或者履行中华人民共和国与证据所在国订立的有关条约中规定的证明手续。当事人提供的在中华人民共和国香港特别行政区、澳门特别行政区和台湾地区内形成的证据，应当具有按照有关规定办理证明手续。

表17-2 行政诉讼证据提交规则简表

书证	①原件/复印件 ②保管（印章） ③技术性（说明） ④行政性（签名盖章）
物证	①原物/复制件 ②种类物（一部分）

续表

视听资料	①原始载体/复制件　②制作过程　③声音资料（文字记录）
证人证言	①证人基本情况　②签名/盖章　③日期　④身份文件
鉴定意见	被告提供→①载明委托事项　②相关材料　③技术手段　④鉴定说明　⑤签名盖章
现场笔录	①时间地点事件　②双方签名，当事人拒签则注明原因，在场其他人可签名
其他证据	①域外证据：说明来源、所在国公证、中国使领馆认证 ②外文证据：中译本，翻译机构盖章/翻译人员签名 ③涉密证据：明确标注并向法庭说明
证据交接	①分类编号　②简要说明　③签名盖章　④提交日期

（二）法院调取证据规则

在行政诉讼中，人民法院在调取证据或对证据实施保全时，应当遵守下列规定：

1. 依职权取证。根据行政诉讼法及其司法解释的规定，人民法院在下列情况下，有权依职权调取证据：①涉及国家利益、公共利益或者他人合法权益的事实认定的；②涉及依职权追加当事人、中止诉讼、终结诉讼、回避等程序性事项的。但是人民法院不得为证明被诉行政行为的合法性，调取被告在作出行政行为时未收集的证据。

2. 辅助当事人取证。《行政诉讼法》第41条规定，原告或者第三人不能自行收集，但能够提供确切线索的，可以申请人民法院调取下列证据材料：①由国家机关保存而须由人民法院调取的证据；②涉及国家秘密、商业秘密和个人隐私的证据；③确因客观原因不能自行收集的其他证据。

3. 委托鉴定证据。《行政诉讼证据规定》要求，原告或者第三人有证据或者有正当理由表明被告据以认定案件事实的鉴定意见可能有错误，在举证期限内书面申请重新鉴定的，人民法院应予准许。当事人对人民法院委托的鉴定部门作出的鉴定意见有异议申请重新鉴定，提出证据证明存在下列情形之一的，人民法院应予准许：①鉴定部门或者鉴定人不具有相应的鉴定资格的；②鉴定程序严重违法的；③鉴定意见明显依据不足的；④经过质证不能作为证据使用的其他情形。对有缺陷的鉴定意见，可以通过补充鉴定、重新质证或者补充质证等方式解决。

4. 实施现场勘验。《行政诉讼证据规定》要求，人民法院实施勘验现场时，勘验人必须出示人民法院的证件，并邀请当地基层组织或者当事人所在单位派人参加。当事人或其成年亲属应当到场，拒不到场的，不影响勘验的进行，但应当在勘验笔录中说明情况。审判人员应当制作勘验笔录，记载勘验的时间、地点、勘验人、在场人、勘验的经过和结果，由勘验人、当事人、在场人签名。勘验现场时绘制的现场图，应当注明绘制的时间、方位、绘制人姓名和身份等内容。当事人对勘验结论有异议的，可以在举证期限内申请重新勘验，是否准许由人民法院决定。

5. 实施证据保全。《行政诉讼法》第42条规定："在证据可能灭失或者以后难以取得的情况下，诉讼参加人可以向人民法院申请保全证据，人民法院也可以主动采取保全措施。"人民法院依照上述规定保全证据的,可以根据具体情况,采取查封、扣押、拍照、录音、录像、复制、鉴定、勘验、制作询问笔录等保全措施。人民法院保全证据时,可以要求当事人或者其诉讼代理人到场。

四、行政诉讼的质证规则

(一) 质证的一般规则

质证是诉讼当事人在法庭的主持下,就法庭上出示的证据有无证明力以及证明力大小进行展示、说明、质疑和反驳的证明行为。质证作为一种专门的诉讼活动,须遵守下列规则:

1. 质证范围。《行政诉讼法》明确规定,证据应当在法庭上出示,并经庭审质证。未经庭审质证的证据,不能作为定案的依据,但当事人在庭前证据交换过程中没有争议并记录在卷的证据除外。

人民法院依申请调取的证据由申请人在庭审中出示,并由当事人质证;人民法院依职权调取的证据由法庭出示并进行说明,听取当事人的意见。二审程序中当事人依法提交的新证据或仍有争议的一审证据应进行质证;再审程序中当事人依法提交的新证据或因证据不足而再审所涉及的主要证据,也应进行质证。

2. 质证内容。具体规则是:①当事人应当围绕证据的关联性、合法性和真实性,针对证据有无证明效力以及证明效力大小,进行质证;②法庭在质证过程中,对与案件没有关联的证据材料,应予排除并说明理由;③对书证、物证和视听资料进行质证时,当事人应当出示证据的原件或者原物;④对案件涉及的专业性较强问题,法庭可以依当事人请求或依职权通知专业人员出庭说明。

3. 言辞质证。具体规定是:①除涉及国家秘密、商业秘密和个人隐私或者法律规定应当保密的证据外,质证应当公开进行;②质证时,由证据提出方出示证据,其他当事人质证;③经法庭准许,当事人及其代理人可以就证据问题相互发问,也可以向证人、鉴定人或者勘验人发问;④当事人及其代理人相互发问,或者向证人、鉴定人、勘验人发问时,发问的内容应当与案件事实有关联,不得采用引诱、威胁、侮辱等语言或者方式。

(二) 一般证人出庭作证

1. 一般证人出庭作证的义务。凡是知道案件事实的人都有出庭作证的义务,但下列情况除外:①当事人在行政程序或者庭前证据交换中对证人证言无异议的;②证人因年迈体弱或者行动不便无法出庭的;③证人因路途遥远、交通不便无法出庭的;④证人因自然灾害等不可抗力或者其他意外事件无法出庭的;⑤证人因其他特殊原因确实无法出庭的。

2. 一般证人出庭作证的规则。证人出庭作证应当遵循以下规则:①当事人申请证人出庭作证的,应当在举证期限届满前提出,并经人民法院许可;②证人出庭作证时,应当出示证明其身份的证件;③证人有如实作证的义务,作伪证应当承担法律责任;④证人不得旁听案件的审理,法庭询问证人时,其他证人不得在场,但组织证人对质的除外；⑤证人只负责陈述客观事实，其推测或评论不得作为定案根据。

3. 一般证人出庭作证的保障。为保障证人的合法权益，证人出席作证受到下列保障：①证人的人身安全与财产安全受保障，人民法院应当对证人、鉴定人的住址和联系方式予以保密；②证人、鉴定人因出庭作证或者接受询问而支出的合理费用，由提供证人、鉴定人的一方当事人先行支付，由败诉一方当事人承担。

（三）特殊证人出庭作证

1. 执法人员出庭作证。在下列情况下，可以要求行政执法人员出庭作证：①对现场笔录的合法性或者真实性有异议的；②对扣押财产的品种或者数量有异议的；③对检验的物品取样或者说保管有异议的；④对行政执法人员身份的合法性或者真实性有异议的；⑤需要执法人员出庭作证的其他情形。

2. 鉴定人出庭作证。《行政诉讼证据规定》要求，当事人要求鉴定人出庭接受询问的，鉴定人应当出庭。鉴定人因正当事由不能出庭的，经法庭准许，可以不出庭，由当事人对其书面鉴定结论进行质证。鉴定人不能出庭的正当事由，参照证人不出庭正当事由的规定。

3. 专家证人出庭作证。《行政诉讼证据规定》明确，对被诉具体行政行为涉及的专门性问题，当事人可以向法庭申请由专业人员出庭进行说明，法庭也可以通知专业人员出庭说明。必要时，法庭可以组织专业人员进行对质。当事人对出庭的专业人员是否具备相应专业知识、学历、资历等专业资格等有异议的，可以进行询问。由法庭决定其是否可以作为专业人员出庭，专业人员可以对鉴定人进行询问。

五、行政诉讼的认证规则

（一）认证的一般规则

由于证据必须具有关联性、合法性和客观真实性才可以作为可定案证据，因此，法庭应当从证据的关联性、真实性和合法性三个方面来进行认证。

1. 证据关联性的认证。法庭应当综合判断证据材料与案件事实之间的关联性，排除不具有关联性的证据材料。据此，法庭应当对经过庭审质证的证据和无需质证的证据进行逐一审查和对全部证据综合审查，遵循法官职业道德，运用逻辑推理和生活经验，进行全面、客观和公正地分析判断，确定证据材料与案件事实之间的证明关系，排除不具有关联性的证据材料，准确认定案件事实。

2. 证据合法性的认证。法庭应当审查并综合判断证据材料的合法性，排除违法证据材料。法庭应当根据案件的具体情况，从以下方面审查证据的合法性：①证据是否符合法定形式；②证据的取得是否符合法律法规的要求；③是否有影响证据效力的其他违法情形。

3. 证据真实性的认证。法庭应当审查并综合判断证据的真实性，排除虚假证据材料。法庭应当根据案件的具体情况，从以下方面审查证据的真实性：①证据形成的原因；②发现证据时的客观环境；③证据是否为原件、原物，复制件、复制品与原件、原物是否相符；④提供证据的人或者证人与当事人是否有利害关系；⑤影响证据真实性的其他因素。

(二) 证据资格认证

1. 非法证据的排除。下列不符合证据合法性要求的证据材料不能作为定案依据：①严重违反法定程序收集的证据材料；②以偷拍、偷录、窃听等手段获取侵害他人合法权益的证据材料；③以利诱、欺诈、胁迫、暴力等不正当手段获取的证据材料；④当事人无正当事由超出举证期限提供的证据材料；⑤在中华人民共和国领域以外或者在港、澳、台地区形成的未办理法定证明手续的证据材料；⑥以违反法律禁止性规定取得的证据。

2. 真假难辨证据的排除。下列不符合证据客观真实性要求的证据材料不能作为定案依据：①当事人无正当理由拒不提供原件、原物，又无其他证据印证，且对方当事人不予认可的证据的复制件或者复制品；②被当事人或者他人进行技术处理而无法辨明真伪的证据材料；③不能正确表达意志的证人提供的证言；④经合法传唤，因被告无正当理由拒不到庭而需要依法判决的，被告提供的证据不能作为定案的依据，但当事人在庭前交换证据中没有争议的证据除外。

3. 不能作为证明被诉行政行为合法的证据。下列证据不能作为认定被诉具体行政行为合法的依据：①被告及其诉讼代理人在作出具体行政行为后或者在诉讼程序中自行收集的证据；②被告在行政程序中非法剥夺公民、法人或者其他组织依法享有的陈述、申辩或者听证权利所采用的证据；③原告或者第三人在诉讼程序中提供的、被告在行政程序中未作为具体行政行为依据的证据；④复议机关在复议程序中收集和补充的证据；⑤作出原具体行政行为的行政机关在复议程序中未向复议机关提交的证据。

4. 鉴定意见的排除。对被告在行政程序中采纳的鉴定意见，原告或者第三人提出证据证明有下列情形之一的，人民法院不予采纳：①鉴定人不具备鉴定资格；②鉴定程序严重违法；③鉴定意见错误、不明确或者内容不完整。在民事诉讼中，如果鉴定人经人民法院通知，无正当事由不出庭作证的，其鉴定意见不得作为认定事实的根据。

(三) 证据效力认证

1. 最佳证据规则。证明同一事实的数个证据，其证明效力一般可以按照下列情形分别认定：①国家机关以及其他职能部门依职权制作的公文文书优于其他书证；②鉴定意见、现场笔录、勘验笔录、档案材料以及经过公证或者登记的书证优于其他书证、视听资料和证人证言；③原件、原物优于复制件、复制品；④法定鉴定部门的鉴定意见优于其他鉴定部门的鉴定意见；⑤法庭主持勘验所制作的勘验笔录优于其他部门主持勘验所制作的勘验笔录；⑥原始证据优于传来证据；⑦其他证人证言优于与当事人有亲属关系或者其他密切关系的证人提供的对该当事人有利的证言；⑧出庭作证的证人证言优于未出庭作证的证人证言；⑨数个种类不同、内容一致的证据优于一个孤立的证据；⑩以有形载体固定或者显示的电子数据交换、电子邮件以及其他数据资料，其制作情况和真实性经对方当事人确认，或者以公证等其他有效方式予以证明的，与原件具有同等的证明效力。

2. 证据补强规则。下列证据不能单独作为定案依据，需要其他证据补强后才能作为定案证据：①未成年人所作的与其年龄和智力状况不相适应的证言；②与一方当事人有亲属关系或者其他密切关系的证人所作的对该当事人有利的证言，或者与一方当事人有不利关系的证人所作的对该当事人不利的证言；③应当出庭作证而无正当理由不出庭作证的证人证言；④难以识别是否经过修改的视听资料；⑤无法与原件、原物核对的复制件或者复制品；⑥经一方当事人或者他人改动，对方当事人不予认可的证据材料；⑦其他不能单独作为定案依据的证据材料。

（四）司法认知规则

1. 当事人自认。对于行政诉讼中当事人的自认，人民法院应当根据下列规则依法认定：①在庭审中，一方当事人或者其代理人在代理权限范围内对另一方当事人陈述的案件事实明确表示认可的，人民法院可以对该事实予以认定。但有相反证据足以推翻的除外。②在行政赔偿诉讼中，人民法院主持调解时，当事人为达成调解协议而对案件事实的认可，不得在其后的诉讼中作为对其不利的证据。③在不受外力影响的情况下，一方当事人提供的证据，对方当事人明确表示认可的，可以认定该证据的证明效力；对方当事人予以否认，但不能提供充分的证据进行反驳的，可以综合全案情况审查认定该证据的证明效力。

2. 司法推定。下列事实法庭可以直接认定：①众所周知的事实；②自然规律及定理；③按照法律规定推定的事实；④已经依法证明的事实；⑤根据日常生活经验法则推定的事实。前述①③④⑤项事实，当事人有相反证据足以推翻的除外。原告确有证据证明被告持有的证据对原告有利，被告无正当事由拒不提供的，可以推定原告的主张成立。生效的人民法院裁判文书或者仲裁机构裁决文书确认的事实，可以作为定案依据。但是如果发现裁判文书或者裁决文书认定的事实有重大问题的，应当中止诉讼，通过法定程序予以纠正后恢复诉讼。

第六节 行政起诉与受理

行政诉讼程序的发生是从起诉人提起诉讼、人民法院对案件的受理开始的，《行政诉讼法》第六章规定了行政起诉与受理程序。行政诉讼中的起诉，是指公民、法人或者其他组织认为行政主体的行政行为违法侵犯了其合法权益，向人民法院提出诉讼请求，要求人民法院依法对行政行为予以审查并作出裁判的诉讼行为。

一、行政起诉与申请复议的关系

行政诉讼与行政复议都是相对人的权利救济途径，公民、法人或者其他组织认为行政行为违法欲寻求救济时，可以区别下列三种情况分别处理：

（一）自由选择

《行政诉讼法》第44条第1款规定："对属于人民法院受案范围的行政案件，公民、法人或者其他组织可以先向行政机关申请复议，对复议决定不服的，再向人民法院提起诉讼；也可以直接向人民法院提起诉讼。"相对人选择申请复议或是提起行政诉讼时，应遵守下列规定：①相对人直接起诉的，法院应当受理，但诉讼终结后不得申请复议；②相对人既申请复议又提起诉讼的，由先受理的机关管辖；③相对人同时申请复议和提起诉讼的，由相对人选择决定；④相对人先申请复议，复议程序没有终结的，人民法院不受理；⑤相对人申请复议后撤回申请，在法定起诉期限内提起诉讼的，法院应当受理。需要说明的是，相对人有权选择复议后起诉还是直接起诉是行政诉讼起诉的一项基本原则，凡是对于法律法规没有规定行政复议前置的行政案件，相对人都有权自由选择。

（二）复议前置

《行政诉讼法》规定，法律、法规规定应当先向行政机关申请复议，对复议决定不服再向人民法院提起诉讼的，相对人必须先申请行政复议，没有经过行政复议程序，或者行政复议程序没有完结时，人民法院不受理相对人的起诉。这即是复议前置的规定。当前有不少法律或法规规定了复议前置，如《行政复议法》第30条第1款规定的行政机关的具体行政行为侵犯自然资源的所有权或者使用权的案件，《税收征收管理法》第88条规定的纳税争议案件，《反垄断法》第53条规定的禁止（限制）经营者集中处理案件，《反间谍法》第35条规定的当事人对行政处罚决定、行政强制措施决定不服的案件。需要注意的是，对于复议前置案件，如果行政复议机关不受理复议申请或者受理后在法定复议期限内不作出复议决定的，相对人可以直接就原行政行为或行政复议机关的不作为向法院提起行政诉讼。

（三）复议终局

《行政诉讼法》规定，法律规定的复议终局案件不属于行政诉讼受案范围，对于法律规定的行政复议终局案件，相对人不得就行政复议决定向人民法院提起行政诉讼。根据《行政诉讼法执行解释》的解释，这里的"法律"，仅指全国人大及其常委会颁布的法律，不包括法规或规章。目前，有一些法律规定了复议决定为终局决定，不可起诉。具体包括两种情形，一是有选择的终局。如《行政复议法》第14条规定，对省级人民政府及国务院部门的复议决定不服，可以请求国务院裁决或提行政诉讼，相对人申请国务院裁决的，为终局裁决。二是无选择的终局。如《行政复议法》第30条第2款规定，根据国务院或者省、自治区、直辖市人民政府对行政区划的勘定、调整或者征收土地的决定，省、自治区、直辖市人民政府确认土地、矿藏、水流、森林、山岭、草原、荒地、滩涂、海域等自然资源的所有权或者使用权的行政复议决定为最终裁决。又如《出

思考：《中国公民往来台湾地区管理办法》（2015年6月14日第661号国务院令修订公布）第36条规定："被处罚人对公安机关处罚不服的，可以在接到处罚通知之日起15日内，向上一级公安机关申请复议，由上一级公安机关作出最后的裁决；也可以直接向人民法院提起诉讼。"请问：如果被处罚人申请行政复议后，对上一级公安机关的行政复议决定不服，是否有权提起行政诉讼？

境入境管理法》第 64 条的规定。

> **法条链接：**
>
> **《税收征收管理法》**
> 第八十八条　（第一款）纳税人、扣缴义务人、纳税担保人同税务机关在纳税上发生争议时，必须先依照税务机关的纳税决定缴纳或者解缴税款及滞纳金或者提供相应的担保，然后可以依法申请行政复议；对行政复议决定不服的，可以依法向人民法院起诉。
> （第二款）当事人对税务机关的处罚决定、强制执行措施或者税收保全措施不服的，可以依法申请行政复议，也可以依法向人民法院起诉。
>
> **《反垄断法》**
> 第五十三条　对反垄断执法机构依据本法第 28 条、第 29 条作出的决定不服的，可以先依法申请行政复议；对行政复议决定不服的，可以依法提起行政诉讼。
> 对反垄断执法机构作出的前款规定以外的决定不服的，可以依法申请行政复议或者提起行政诉讼。
>
> **《反间谍法》**
> 第三十五条　当事人对行政处罚决定、行政强制措施决定不服的，可以自接到决定书之日起 60 日内，向作出决定的上一级机关申请复议；对复议决定不服的，可以自接到复议决定书之日起 15 日内向人民法院提起诉讼。
>
> **《出境入境管理法》**
> 第六十四条　外国人对依照本法规定对其实施的继续盘问、拘留审查、限制活动范围、遣送出境措施不服的，可以依法申请行政复议，该行政复议决定为最终决定。
> 其他境外人员对依照本法规定对其实施的遣送出境措施不服，申请行政复议的，适用前款规定。

二、行政起诉的期限

（一）一般起诉期限

现行行政诉讼法对行政起诉的一般期限规定为：公民、法人或者其他组织直接向人民法院提起诉讼的，应当在知道作出行政行为之日起 6 个月内提出。行政诉讼法规定的起诉期限在计算时要注意以下几点：

1. 公民、法人或者其他组织因不可抗力或者其他不属于其自身的原因耽误起诉期限，被耽误的时间不计算在起诉期限内。公民、法人或者其他组织因前述规定以外的其他特殊情况耽误起诉期限的，在障碍消除后 10 日内，可以申请延长期限，是否准许由人民法院决定。

2. 行政机关作出具体行政行为时，未告知公民、法人或者其他组织诉权或者起诉期限的，起诉期限从公民、法人或者其他组织知道或者应当知道诉权或者起诉期限之日起计算，但从知道或者应当知道具体行政行为内容之日起最长不得超过两年。

3. 公民、法人或者其他织不知道行政机关作出的具体行政行为内容的，其起诉期限从知道或者应当知道该具体行政行为内容之日起计算。但因不动产提起诉讼的案件自行政行为作出之日起超过 20 年，其他案件自行政行为作出之日起超过 5 年提起诉讼的，人民法院不予受理。

（二）特殊起诉期限

特殊起诉期限即基于法律的特别规定而在特殊行政案件中适用的起诉期限，具体包括以下三种情形：

1. 经复议案件的起诉期限。行政诉讼法及相关司法解释规定，经复议的案件，申请人不服复议决定的，可以在收到复议决定书之日起 15 日内向人民法院提起诉讼。复议机关逾期不作决定或不予答复的，申请人可以在复议期满之日起 15 日内向人民法院提起诉讼。法律另有规定的除外。

2. 行政不作为的起诉期限。《行政诉讼法》第 47 条对不作为行政案件的起诉期限进行了规定，据此规定：①公民、法人或者其他组织申请行政机关履行保护其人身权、财产权等合法权益的法定职责，行政机关在接到申请之日起两个月内不履行的，公民、法人或者其他组织可以向人民法院提起诉讼。法律、法规对行政机关履行职责的期限另有规定的，从其规定。②公民、法人或者其他组织在紧急情况下请求行政机关履行保护其人身权、财产权等合法权益的法定职责，行政机关不履行的，提起诉讼不受前款规定期限的限制。

3. 行政合同争议的起诉期限。《行政诉讼法适用解释》第 12 条规定："公民、法人或者其他组织对行政机关不依法履行、未按照约定履行协议提起诉讼的，参照民事法律规范关于诉讼时效的规定；对行政机关单方变更、解除协议等行为提起诉讼的，适用行政诉讼法及其司法解释关于起诉期限的规定。"

4. 法律法规规定的特别期限。其他法律法规规定的特别期限有 5 日、30 日、1 个月、3 个月等情况。如《集会游行示威法》第 31 条规定："当事人对公安机关依照本法第 28 条第 2 款或者第 30 条的规定给予的拘留处罚决定不服的，可以自接到处罚决定通知之日起 5 日内，向上一级公安机关提出申诉，上一级公安机关应当自接到申诉之日起 5 日内作出裁决；对上一级公安机关裁决不服的，可以自接到裁决通知之日起 5 日内，向人民法院提起诉讼。"（本条规定也是法定复议前置的情况）又如《土地管理法》第 16 条规定，当事人对人民政府有关土地所有权和使用权的争议裁决不服，可以自接到处理决定通知之日起 30 日内，向人民法院起诉。再如《森林法》第 17 条第 3 款规定："当事人对有关人民政府的处理决定不服的，可以在接到通知之日起 1 个月内，向人民法院起诉。"再如《专利法》第 46 条规定："专利复审委员会对宣告专利权无效的请求应当及时审查和作出决定，并通知请求人和专利权人。宣告专利权无效的决定，由国务院专利行政部门登记和公告。对专利复审委员会宣告专利权无效或者维持专利权的决定不服的，可以自收到通知之日起3个月内向人民法院起诉……"

三、行政起诉的程序

（一）行政起诉的条件

行政起诉是利害关系人行使法律赋予的起诉权的行为，应当具备以下条件：①起诉者是适格的原告。即起诉人是认为行政行为侵犯其合法权益的公民、法人或其他组织，必须与被诉行政行为具有法律上的利害关系。②有明确的被告。即原告起诉必须指明被告，没有明确的被告，就无人应诉，也就无人承担造成原告损害的责任，人民法院也就无从进行审判活动。③有具体的诉讼请求和事实根据。即起诉人向人民法院提出的要求保护的实体权利请求应当具体和明确，并且有相应的证据事实及法律根据。④案件属于行政诉讼受案范围。只有属于行政诉讼受案范围内的行政案件，行政相对人才能向人民法院提起行政诉讼。⑤案件属于受诉人民法院管辖。即接受起诉的人民法院对该行政案件具有管辖权。

（二）行政起诉的方式

《行政诉讼法》规定，公民、法人或其他组织提起行政诉讼，应当向人民法院递交起诉状，并按照被告人数提出副本。书写起诉状确有困难的，可以口头起诉，由人民法院记入笔录，出具注明日期的书面凭证，并告知对方当事人。

《行政诉讼法》没有对起诉书的格式和内容作规定，实践中可参照《民事诉讼法》第121条的规定。行政起诉状应当记明下列事项：①原告的姓名、性别、年龄、民族、职业、工作单位、住所、联系方式，法人或者其他组织的名称、住所和法定代表人或者主要负责人的姓名、职务、联系方式；②被告行政机关的名称、住所、主要负责人等信息；③诉讼请求和所根据的事实与理由；④证据和证据来源，证人姓名和住所。

法条链接：

《民事诉讼法》

第一百二十一条　起诉状应当记明下列事项：

（一）原告的姓名、性别、年龄、民族、职业、工作单位、住所、联系方式，法人或者其他组织的名称、住所和法定代表人或者主要负责人的姓名、职务、联系方式；

（二）被告的姓名、性别、工作单位、住所等信息，法人或者其他组织的名称、住所等信息；

（三）诉讼请求和所根据的事实与理由；

（四）证据和证据来源，证人姓名和住所。

四、行政起诉的受理

《行政诉讼法》根据十八届四中全会决定精神,将行政诉讼受理审查制度改为登记立案制度。

(一) 登记立案的程序

人民法院对于公民、法人或其他组织提起的行政诉讼,应当按照下列程序决定是否登记立案:①人民法院在接到起诉状时对符合本法规定的起诉条件的,应当登记立案;②对当场不能判定是否符合本法规定的起诉条件的,应当接收起诉状,出具注明收到日期的书面凭证,并在7日内决定是否立案;7日内仍不能作出判断的,应当先予立案。不符合起诉条件的,作出不予立案的裁定。裁定书应当载明不予立案的理由。③起诉状内容或者材料欠缺的,人民法院应当一次性全面告知当事人需要补正的内容、补充的材料及期限。在指定期限内补正并符合起诉条件的,应当登记立案。当事人拒绝补正或者经补正仍不符合起诉条件的,裁定不予立案,并载明不予立案的理由。不得未经指导和释明即以起诉不符合条件为由不接收起诉状。

(二) 不登记立案的救济

为解决行政诉讼实践中存在的立案难问题,《行政诉讼法》第51、52条规定了人民法院不按规定登记立案的救济制度,具体包括:①原告对人民法院不予立案裁定不服的,可以提起上诉;②对于不接收起诉状、接收起诉状后不出具书面凭证,以及不一次性告知当事人需要补正的起诉状内容的,当事人可以向上级人民法院投诉,上级人民法院应当责令改正,并对直接负责的主管人员和其他直接责任人员依法给予处分;③人民法院既不立案,又不作出不予立案裁定的,当事人可以向上一级人民法院起诉。上一级人民法院认为符合起诉条件的,应当立案、审理,也可以指定其他下级人民法院立案、审理。

(三) 登记立案的效力

人民法院对原告起诉的登记立案将产生以下法律效力:①行政诉讼实质审理程序的开始,审理期限开始计算;②行政案件的管辖法院确定,从而排除了其他国家机关和组织对本案的管辖权;③登记立案后,如没有法定中断或终结事由,人民法院必须完成行政诉讼的全部程序并对行政争议作出裁判。

第七节 行政诉讼审理制度

行政诉讼审理制度是指人民法院审判行政案件所必须遵循的,起关键性作用的审理制度。根据《行政诉讼法》的相关规定。人民法院审理行政案件时,主要会涉及以下几个方面的重要制度。

一、保障公正审理的制度

(一) 公开审判

公开审判,是指人民法院审判行政案件的活动,除合议庭评议及法定不公开审理行政案件外，依法向当事人和社会公开的制度。公开审判主要有两层含义：一是行政案件的审理必须在当事人和其他诉讼参与人的参加下进行；二是行政案件的审判过程，包括审理过程和宣告判决的过程都应当允许群众旁听，并允许新闻记者对庭审过程作采访和报道，将案件向社会披露。关于公开审判制度，《行政诉讼法》第54条、第65条作了如下明确规定：①人民法院公开审理行政案件，但涉及国家秘密、个人隐私和法律另有规定的除外；涉及商业秘密的案件，当事人申请不公开审理的，可以不公开审理。②人民法院对公开审理和不公开审理的案件，一律公开宣告判决。③人民法院应当公开发生法律效力的判决书、裁定书，供公众查阅，但涉及国家秘密、商业秘密和个人隐私的内容除外。

（二）合议制度

合议制是民主集中制在人民法院审理行政案件时的具体体现。具体要求是人民法院审理行政案件，由审判员或审判员、陪审员组成合议庭，代表人民法院行使审判权，对案件进行审理并作出裁判的制度。合议庭的成员，应当是3人或3人以上单数。合议庭成员平等参与案件的审理和评议，评议案件实行少数服从多数原则，但评议中的不同意见必须如实记入笔录。《行政诉讼法》第68条规定，人民法院适用普通程序审理行政案件，由审判员组成合议庭，或者由审判员、陪审员组成合议庭。第83条规定，对于适用简易程序审理的行政案件，由审判员一人独任审理。关于行政诉讼不同审判阶段的合议庭的成员构成，《行政诉讼法》没有明确规定，根据该法第101条的有关民事诉讼法的相关规定，第二审程序必须组成合议庭，而且合议庭一律由审判员组成，不吸收陪审员参加；原审法院审理发回重审或按照再审程序审理的案件，原审合议庭成员不能参加新组成的合议庭审理案件。合议庭的审判长由院长或庭长指定审判员一人担任，院长或庭长参加审判的，由院长或庭长担任。

（三）回避制度

回避制度是指审判人员及其他有关人员，遇有法律规定的回避情形时，退出对某一具体案件的审理或诉讼活动的制度。回避制度是为了保证案件公正审理而设立的一种审判制度，有利于消除当事人对法院审判公正性的顾虑，维护法院审理和裁判的权威性。关于行政诉讼中的回避制度，《行政诉讼法》有明确的规定，适用回避的人员范围包括审判人员、书记员、翻译人员、鉴定人和勘验人员，其中审判人员包括各级人民法院院长、副院长、审判委员会委员、庭长、副庭长、审判员和助理审判员。行政诉讼回避包括当事人申请回避和审判人员主动回避。当事人认为审判人员与本案有利害关系或者有其他关系可能影响公正审判，有权申请审判人员回避。审判人员认为自己与本案有利害关系或者有其他关系，应当申请回避。院长担任审判长时的回避，由审判委员会决定；审判人员的回避，由院长决定；其他人员的回避，由审判长决定。被申请回避的人员，在人民法院作出是否回避的决定前，应当暂停参与本案的工作，但案件需要采取紧急措施的除外。当事人对驳回回避申请决定不服的，可以向作出决定的人民法院申请复议一次。

二、公私兼顾保护的制度

行政机关实施行政行为是为了维护国家利益和社会公共利益，行政相对人提起行政诉讼旨在保护其私人利益，行政诉讼为了兼顾保护公私利益，相应设置了一系列的原则和制度。

（一）全面审查原则

行政诉讼不同于民事诉讼，在民事诉讼中，人民法院以当事人争议案件事实为审理对象，审理范围受到当事人争议事项的限制，人民法院不得对当事人未提出诉讼或未争议的事实进行裁判。在行政诉讼中，人民法院则贯彻全面审查原则，这一原则贯穿于所有程序阶段。在一审程序中，人民法院对被诉行政行为的合法性实施全面审查，即从行为主体、主体权限、事实认定、适用法律和实施程序等方面被诉行政行为是否合法，不局限于原告对被诉行政行为某一方面的违法主张。同时，根据《行政诉讼法》第53条和第64条的规定，公民、法人或者其他组织认为行政行为所依据的国务院部门和地方人民政府及其部门制定的规范性文件不合法，在对行政行为提起诉讼时，可以一并请求对该规范性文件进行审查。人民法院在审理行政案件中，经审查认为被诉行政行为所依据的上述行政规范性文件不合法的，不作为认定行政行为合法的依据，并向制定机关提出处理建议。《行政诉讼法适用解释》第9条规定，复议机关决定维持原行政行为的，人民法院应当在审查原行政行为合法性的同时，一并审查复议程序的合法性。在二审程序中，《行政诉讼法》第87条规定，人民法院审理上诉案件，应当对原审人民法院的判决、裁定和被诉行政行为进行全面审查。

（二）诉讼不停止执行原则

行政诉讼期间是否停止被诉行政行为的执行，外国有两种立法例。一是以停止执行为原则，不停止执行为例外。典型如德国。二是以不停止执行为原则，停止执行为例外。典型如日本。我国行政诉讼实行不停止执行为原则、停止执行为例外，主要是基于以下考虑：①根据行政行为公定力理论，行政行为一经生效即被推定为合法，任何人不得否定其效力，即使进入诉讼期间，为维持法律关系的稳定，原则上也不停止执行；②如果行政行为因相对人起诉就停止执行，会使行政管理的有效性和连续性受到削弱，难以防止恶意相对人滥用诉权对行政管理活动造成的阻碍；③行政机关实施行政行为是为了维护国家利益和社会公共利益，诉讼停止执行倾向于保护私益，为优先保护公益，行政行为应当尊重和及时执行。

根据《行政诉讼法》的规定，有下列情形之一的，人民法院应当裁定停止被诉行政行为的执行：①被告认为需要停止执行的；②原告或者利害关系人申请停止执行，人民法院认为该行政行为的执行会造成难以弥补的损失，并且停止执行不损害国家利益、社会公共利益的；③人民法院认为该行政行为的执行会给国家利益、社会公共利益造成重大损害的；④法律、法规规定停止执行的。

被诉行政行为停止执行或不停止执行涉及当事人的重要利益，据此，《行政诉讼法》明确规定，当事人对人民法院作出的停止执行或者不停止执行的裁定不服的，可以申请复议一次。

（三）先予执行制度

一般而言，如果诉讼结果没有最后确定，法院不得作出具有执行内容的裁定，此原则在诉讼法上称为禁止本案诉讼事先裁判原则。但是，在例外情况下，人民法院也可以裁定先予执行。对判决的先予执行又称先行给付，是指人民法院在审理行政案件过程中，因原告一方的生活急需，在作出判决前，根据原告的申请，裁定被告给付原告一定数额的款项或特定财物并立即执行的法律制度。《行政诉讼法》第57条规定，人民法院对起诉行政机关没有依法支付抚恤金、最低生活保障金和工伤、医疗社会保险金的案件，权利义务关系明确、不先予执行将严重影响原告生活的，可以根据原告的申请，裁定先予执行。当事人对先予执行裁定不服的，可以申请复议一次。复议期间不停止裁定的执行。行政诉讼法规定先予执行制度的目的在于保障生活有特殊困难的行政相对人，是行政诉讼权利救济功能的重要体现，是司法保障民生的重要机制。

三、保障开庭审判的制度

为解决行政诉讼实践中存在的审理难问题，《行政诉讼法》规定了缺席判决制度，并规定人民法院对于妨害诉讼行为可以采取的强制措施，对于不出庭应诉的被告也规定了相应的制裁措施。这些制度共同构成了我国行政诉讼特有的庭审保障制度。

（一）缺席判决制度

缺席判决制度，是指人民法院在开庭审理过程中，在诉讼当事人一方或双方无故不到庭陈述、辩论的情况下，合议庭直接依据查证的事实作出判决的法律制度。缺席判决是与对席判决相对而言的。缺席判决制度的设置是为了维护法律的尊严，维护到庭一方当事人的合法权益，保证审判活动正常进行而设立的一种诉讼制度。根据《行政诉讼法》及相关司法解释的规定，缺席判决主要适用于以下三种情况：①被告无故不到庭或未经法庭许可而中途退庭的；②原告无故不到庭或未经法庭许可而中途退庭，法庭未按撤诉处理的；③原、被告双方均无故不到庭或未经法庭许可而中途退庭的。

（二）对妨害行政诉讼的强制措施

《行政诉讼法》第59条规定，诉讼参与人或者其他人有下列行为之一的，人民法院可以根据情节轻重，予以训诫、责令具结悔过或者处1万元以下的罚款、15日以下的拘留；构成犯罪的，依法追究刑事责任：①有义务协助调查、执行的人，对人民法院的协助调查决定、协助执行通知书，无故推脱、拒绝或者妨碍调查、执行的；②伪造、隐藏、毁灭证据或者提供虚假证明材料，妨碍人民法院审理案件的；③指使、贿买、胁迫他人作伪证或者威胁、阻止证人作证的；④隐藏、转移、变卖、毁损已被查封、扣押、冻结的财产的；⑤以欺骗、胁迫等非法手段使原告撤诉的；

⑥以暴力、威胁或者其他方法阻碍人民法院工作人员执行职务，或者以哄闹、冲击法庭等方法扰乱人民法院工作秩序的；⑦对人民法院审判人员或者其他工作人员、诉讼参与人、协助调查和执行的人员恐吓、侮辱、诽谤、诬陷、殴打、围攻或者打击报复的。同时规定，人民法院对有前述规定的行为之一的单位，可以对其主要负责人或者直接责任人员依照前款规定予以罚款、拘留；构成犯罪的，依法追究刑事责任。罚款、拘留须经人民法院院长批准。当事人不服的，可以向上一级人民法院申请复议一次。复议期间不停止执行。

（三）制裁被告不出庭的制度

长期以来，我国行政审判实践中经常出现被告不出庭应诉，或只是委托律师出庭应付，导致行政案件"审理难"。"民告官不见官"既不利于行政机关树立依法行政的形象，又严重削弱了人民法院的司法权威。对此，《行政诉讼法》第66条专门规定，人民法院对被告经传票传唤无正当理由拒不到庭，或者未经法庭许可中途退庭的，可以将被告拒不到庭或者中途退庭的情况予以公告，并可以向监察机关或者被告的上一级行政机关提出依法给予其主要负责人或者直接责任人员处分的司法建议。

四、提高审判实效的制度

（一）不适用调解

行政诉讼调解是指当事人在人民法院的主持下，自愿达成协议，解决纠纷的行为。行政诉讼不同于民事诉讼，诉讼调解受到一定的限制。《行政诉讼法》明确规定，人民法院审理行政案件，不适用调解。这样规定的主要理由是：①行政权是法律赋予行政机关的公权力，行政机关一般不得自行处分，行政诉讼适用调解与公权力不得处分原则相违；②人民法院审理行政案件应当对行政行为是否合法进行审查并作出判决，被诉行政行为在合法与不合法之间没有调解的空间。

在行政审判实践中，虽然法律明确规定行政诉讼不适用调解，但是当事人以案外和解方式解决争议的现象却大量存在。针对实践中当事人案外和解造成的现实问题，同时考虑到行政赔偿、行政补偿等案件中行政机关具有一定的裁量权，适用调解可以更好地解决行政争议，保护公民、法人和其他组织的合法权益，《行政诉讼法》第60条规定，行政赔偿、补偿以及行政机关行使法律、法规规定的自由裁量权的案件可以调解。但是，调解应当遵循自愿、合法原则，不得损害国家利益、社会公共利益和他人合法权益。

（二）合并审理制度

行政诉讼中的合并审理是指基于各个诉讼主体或内容上的联系，把几个诉讼合并在一起一并审理和裁判的诉讼形式。行政诉讼中的合并审理包括两个以上行政案件合并和行政附带审理民事案件。

行政诉讼中，因同一个行政行为发生的行政案件是必要共同诉讼，法院应当合并审理；因同样的行政行为发生的行政案件是普通共同诉讼，法院可以合并审理。

根据《行政诉讼法执行解释》第46条的规定，行政诉讼中有下列情形之一的，人民法院可以决定合并审理：①两个以上行政机关分别依据不同的法律、法规对同一事实作出具体行政行为，公民、法人或者其他组织不服向同一人民法院起诉的；②行政机关就同一事实对若干公民、法人或者其他组织分别作出具体行政行为，公民、法人或者其他组织不服分别向同一人民法院起诉的；③在诉讼过程中，被告对原告作出新的具体行政行为，原告不服向同一人民法院起诉的；④人民法院认为可以合并审理的其他情形。

行政诉讼中，在特定的情况下还可以将行政案件和民事案件合并审理，这称为行政附带民事诉讼。《行政诉讼法》第61条规定，在涉及行政许可、登记、征收、征用和行政机关对民事争议所作的裁决的行政诉讼中，当事人申请一并解决相关民事争议的，人民法院可以一并审理。

五、保障审理期限的制度

行政案件审理过程中，可能因为一些特殊情况导致案件无法按期审理和裁判，为此行政诉讼法规定了延期审理和中止诉讼制度，以保障审理期限得到严格遵守。

（一）延期审理制度

延期审理是指人民法院在特定情况下，把已经确定的审理日期或正在进行的审理推延至另一审理日期再行审理的法律制度。在诉讼进程中，如果法院决定延期审理的，可以当庭决定下次开庭审理的时间，也可以另行通知。参照《民事诉讼法》的规定，在行政诉讼中，延期审理主要适用于以下几种情况：①必须到庭的当事人和其他诉讼参与人有正当理由没有到庭的；②当事人临时提出回避申请的；③需要通知新的证人到庭，调取新的证据，重新鉴定、勘验或者需要补充调查的；④被告改变具体行政行为，需要延期审理的；⑤其他需要延期审理的情况。

> **法条链接：**
>
> **《民事诉讼法》**
>
> 第一百四十六条 有下列情形之一的，可以延期开庭审理：
> （一）必须到庭的当事人和其他诉讼参与人有正当理由没有到庭的；
> （二）当事人临时提出回避申请的；
> （三）需要通知新的证人到庭，调取新的证据，重新鉴定、勘验，或者需要补充调查的；
> （四）其他应当延期的情形。

（二）中止审理制度

诉讼中止是指在行政诉讼中，由于法定情况出现了特殊情况而使诉讼无法继续审理，从而暂时停止诉讼的法律制度。诉讼中止和延期审理是不同的，延期审理只是审理日期的推迟，而诉讼中止则是特殊情形下的程序中止，至于何时恢复一般在裁定中止时尚不能确定。根据《行政诉讼法执行解释》第51条的规定，有下列情形之一的，应当中止诉讼：①原告死亡，须等待其近亲属表明是否参加诉讼的；②原告丧失诉讼行为能力，尚未确定法定代理人的；③作为一方当事人的行政机关、法人或者其他组织终止，尚未确定权利义务承受人的；④一方当事人因不可抗力的事由不能参加诉讼的；⑤案件涉及法律适用问题，需要送请有权机关作出解释或者确认的；⑥案件的审判须以相关民事、刑事或者其他行政案件的审理结果为依据，而相关案件尚未审结的；⑦其他应当中止诉讼的情形。

六、终结审理程序的制度

（一）撤诉制度

撤诉，是指在人民法院对案件宣告裁判之前，诉讼当事人以一定的行为主动撤回诉讼请求，人民法院终止行政诉讼程序的诉讼行为。撤诉在行政诉讼一审、二审和再审程序中都可能发生，在一审程序是称为撤回起诉，在二审中称为撤回上诉，在再审程序中称为撤回再审申请。

根据《行政诉讼法》及相关司法解释的规定，撤诉有申请撤诉和视为撤诉两种。申请撤诉，是指在判决裁定宣告前的诉讼期间内，原告自动撤回起诉，经人民法院准许而终结诉讼的制度。《行政诉讼法》第62条规定："人民法院对行政案件宣告判决或者裁定前，原告申请撤诉的，或者被告改变其所作的行政行为，原告同意并申请撤诉的，是否准许，由人民法院裁定。"因此，自愿申请撤诉又有两种情况：第一种是主动申请撤诉，第二种是因被告改变具体行政行为，原告同意而撤诉。视为申请撤诉，是指原告没有提出撤诉申请，人民法院按其行为推定其有撤诉的意愿，从而按撤诉处理而终结诉讼的制度。《行政诉讼法》第58条规定："经人民法院传票传唤，原告无正当理由拒不到庭，或者未经法庭许可中途退庭的，可以按照撤诉处理……"《行政诉讼法执行解释》第37条规定："原告或者上诉人未按规定的期限预交案件受理费，又不提出缓交、减交、免交申请，或者提出申请未获批准的，按自动撤诉处理……"

撤诉后将会产生诉讼程序终结的法律效果，具体说来：①原告撤回起诉后，又以同一事实和理由再行提起诉讼的，人民法院不予受理；②上诉人撤回上诉后，一审裁判生效，上诉人不得再次提起上诉；③再审申请人撤回再审申请后，不得再次申请再审，原生效裁判恢复执行。

（二）终结诉讼制度

一般情况下，行政案件因法院作出裁判而终结，但是，在审理过程中出现了法定事由时亦应终结诉讼程序。终结审理是指在行政诉讼进行当中，因发生法定事由，致使诉讼无法继续或者继续审理已经没有必要，从而结束诉讼程序的法律制度。根据《行政诉讼法执行解释》第52条的规定，有下列情形之一的，应当终结诉讼：①原告死亡，没有近亲属或者近亲属放弃诉讼权利的。②作为原告的法人或者其他组织终止后,其权利义务的承受人放弃诉讼权利的。③除此之外,原告申请撤诉人民法院准许或者视为申请撤诉的,诉讼程序也自然终结。④因《行政诉讼法执行解释》第57条中止诉讼中的前三项原因,中止诉讼满90日仍无人继续诉讼的,裁定终结诉讼,但有特殊情况的除外。

第八节 行政诉讼审理程序

人民法院对原告的起诉登记立案后,行政案件即进入审理程序,如没有法定中断或终结事由,人民法院必须完成行政诉讼的全部程序并对行政争议作出裁判。

一、一审普通程序

(一)审理前的准备

开庭审理是整个诉讼程序中的关键环节,为保证开庭审理的顺利进行,《行政诉讼法》及《民事诉讼法》都规定了审前准备程序。行政诉讼一审审前的准备工作主要包括以下内容:

1. 组成合议庭。根据《行政诉讼法》第68条规定,合议庭是人民法院适用普通程序审理行政案件的必须形式。因此,开庭前的重要工作之一就是依法组成合议庭,合议庭由审判员或审判员、陪审员组成,为3人或3人以上单数。合议庭组成后,应当在3日内告知当事人,以便于当事人和审判人员取得联系,了解审判人员情况,并决定是否提出回避请求。

2. 组织诉答程序。具体工作包括:①人民法院在受理后5日内向被告送达应诉通知书和起诉状副本;②被告在收到起诉状副本之日起10日内提出答辩状并举证;③人民法院在收到被告答辩状之日起5日内将答辩状副本发送原告;④在案件复杂或证据较多的情况下,组织进行证据交换。

3. 决定开庭事项。具体工作包括:①审核诉讼材料,开展证据调查、决定财产保全和先予执行事宜;②研究确定是否更换、追加当事人,通知当事人参加诉讼;③确定开庭审理的时间、地点,并通知当事人和其他诉讼参与人;④审查并决定是否公开审理案件,发布开庭公告;⑤开庭前需要决定的其他事项,包括决定具体行政行为是否需要停止执行等。

(二)开庭准备

开庭准备是开庭审理的第一个阶段,是为了保障开庭审理顺利进行而设置的程序。开庭准备阶段主要由书记员完成,书记员需要依次完成以下三项工作:

1. 查点出庭人员到庭情况。书记员首先应当查点当事人、诉讼代理人其他诉讼参与人的到庭情况,初步核实出庭人员的身份。

2. 宣读法庭纪律。即书记员在查点出庭人员出庭情况后,应当向出庭人员和旁听人员宣读法庭纪律,指出并纠正出庭人员和旁听人员不符合开庭纪律的行为。

3. 向审判长报告情况。法庭纪律宣读完毕后，书记员应当宣布全体起立，请审判长和其他合议庭成员入席，向审判长报告诉讼参与人出庭情况和开庭准备情况。

> **法条链接：**
>
> **《人民法院法庭规则》**
>
> 第十七条 全体人员在庭审活动中应当服从审判长或独任审判员的指挥，尊重司法礼仪，遵守法庭纪律，不得实施下列行为：
>
> （一）鼓掌、喧哗；
>
> （二）吸烟、进食；
>
> （三）拨打或接听电话；
>
> （四）对庭审活动进行录音、录像、拍照或使用移动通信工具等传播庭审活动；
>
> （五）其他危害法庭安全或妨害法庭秩序的行为。
>
> 检察人员、诉讼参与人发言或提问，应当经审判长或独任审判员许可。
>
> 旁听人员不得进入审判活动区，不得随意站立、走动，不得发言和提问。
>
> 媒体记者经许可实施第1款第4项规定的行为，应当在指定的时间及区域进行，不得影响或干扰庭审活动。
>
> 第十九条 审判长或独任审判员对违反法庭纪律的人员应当予以警告；对不听警告的，予以训诫；对训诫无效的，责令其退出法庭；对拒不退出法庭的，指令司法警察将其强行带出法庭。
>
> 行为人违反本规则第17条第1款第4项规定的，人民法院可以暂扣其使用的设备及存储介质，删除相关内容。
>
> 第二十条 行为人实施下列行为之一，危及法庭安全或扰乱法庭秩序的，根据相关法律规定，予以罚款、拘留；构成犯罪的，依法追究其刑事责任：
>
> （一）非法携带枪支、弹药、管制刀具或者爆炸性、易燃性、放射性、毒害性、腐蚀性物品以及传染病病原体进入法庭；
>
> （二）哄闹、冲击法庭；
>
> （三）侮辱、诽谤、威胁、殴打司法工作人员或诉讼参与人；
>
> （四）毁坏法庭设施，抢夺、损毁诉讼文书、证据；
>
> （五）其他危害法庭安全或扰乱法庭秩序的行为。

（三）宣布开庭

合议庭进入法庭后，首先由审判长宣布开庭，然后依次进行下列事项：①宣布案由、开庭方式以及开庭审理的法律依据；②宣布合议庭组成人员和书记员名单，并告知当事人的回避申请权，询问当事人是否申请回避；③核对当事人及其代理人的身份，告知当事人权利义务；④询问当事人是否收到相关诉讼文书，是否有证人出庭作证。

申请审判人员及相关人员回避是当事人的重要权利，当事人如果当庭申请审判人员或相关人员回避的，合议庭应当宣布休庭，并根据有关法律规定对回避申请作出处理。

（四）法庭调查

法庭调查一般按照以下顺序进行：①当事人陈述。先由原告陈述诉讼请求和诉讼理由；然后由被告陈述行政行为内容和答辩理由，被告不作为的，陈述不作为的理由；如果有第三人参加诉讼的，第三人陈述诉讼主张及理由。②归纳庭审重点。即由审判长或其他合议庭成员根据行政诉讼法的规定、当事人陈述的内容，归纳案件争议焦点，明确法庭调查重点，并询问当事人对争议焦点及法庭调查重点的意见。③证据出示及质证。即由原告、被告和第三人依次出示证据，其他当事人发表质证意见，有证人或鉴定人出庭作证的，宣布证人出庭。

（五）法庭辩论

法庭辩论是开庭审理的重要阶段，是当事人行使辩论权的重要体现。一般按照下列顺序进行：①法庭辩论教示。即由审判长或合议庭成员宣布法庭辩论规则，明确辩论焦点并要求当事人围绕争议焦点展开辩论。②当事人发表辩论意见。当事人发表辩论意见的顺序依次是：原告及其代理人、被告及其代理人、第三人及其代理人。当事人可以发表多轮辩论意见，但不得重复发表相同的辩论意见。③当事人作最后陈述。当事人辩论意见发表完毕，法庭应当告知原告、被告和第三人依次作最后陈述。

（六）合议庭评议

合议庭评议阶段应当遵守下列规则：①合议庭评议案件应当秘密进行，当事人无权查阅评议笔录；②合议庭合议案件，实行少数服从多数原则，少数意见应当如实记入笔录；③合议庭笔录应当由合议庭成员核对签名；④合议庭在评议中如果发现案件事实尚未查清，需要补充证据或调查的，可以决定延期审理；⑤合议庭评议出现较大分歧，或案件重大、复杂的，可以报请院长提交审判委员会讨论决定。

（七）宣告判决

宣告判决是指人民法院经过合议作出的行政裁判，向当事人、诉讼参与人和社会公开宣告的活动。参照《民事诉讼法》的规定，公开宣告裁判有当庭宣判和定期宣判两种方式。

1. 当庭宣判。即合议庭在合议后立即宣告判决主文。当庭宣判应当由审判长和书记员宣布继续开庭，由审判长宣告行政裁判，同时告知相关事项，应当在宣判后10日内发送判决书。

2. 定期宣判。定期宣判即在开庭审理后某个期日公开宣告裁判，凡是定期宣判的，人民法院应当在宣判后立即发给行政裁判文书。

不论是当庭宣判还是定期宣判，宣告判决时，合议庭应当向当事人交待上诉权、上诉期限、上诉法院和上诉的有关注意事项，书记员应当将交待过程和当事人的态度记入笔录。

> **法条链接：**
>
> **《民事诉讼法》**
>
> 第一百四十八条 （第1~3款）人民法院对公开审理或者不公开审理的案件，一律公开宣告判决。
>
> 当庭宣判的，应当在10日内发送判决书；定期宣判的，宣判后立即发给判决书。
>
> 宣告判决时，必须告知当事人上诉权利、上诉期限和上诉的法院。

（八）一审审理期限

《行政诉讼法》第81条规定，人民法院应当在立案之日起6个月内作出第一审判决。有特殊情况需要延长的，由高级人民法院批准，高级人民法院审理第一审案件需要延长的，由最高人民法院批准。《行政诉讼法执行解释》第64条进一步解释规定，行政审判期限是从立案之日起至裁判宣告之日止的期间。鉴定、处理管辖争议或者异议以及中止诉讼的时间不计算在内。

二、一审简易程序

为保障和方便当事人依法行使诉讼权利，减轻当事人诉讼负担，保证人民法院公正、及时审理行政案件，《行政诉讼法》规定了行政诉讼简易程序。

（一）一审简易程序适用范围

根据《行政诉讼法》第82条的规定，人民法院审理下列第一审行政案件，认为事实清楚、权利义务关系明确、争议不大的，可以适用简易程序：①被诉行政行为是依法当场作出的；②案件涉及款额2000元以下的；③属于政府信息公开案件的。除前述规定以外的第一审行政案件，当事人各方同意适用简易程序的，可以适用简易程序。但是，发回重审、按照审判监督程序再审的案件不适用简易程序。

（二）简易程序的特别规定

行政诉讼简易程序应当按照下列要求进行：

1. 适用简易程序审理的案件，被告应当在收到起诉状副本或者口头起诉笔录副本之日起10日内提交答辩状，并提供作出行政行为时的证据、依据。被告在期限届满前提交上述材料的，人民法院可以提前安排开庭日期。

2. 适用简易程序审理的行政案件，由审判员一人独任审理，并应当在立案之日起45日内审结。

3. 人民法院可以采取电话、传真、电子邮件、委托他人转达等简便方式传唤当事人。经人民法院合法传唤，原告无正当理由拒不到庭的，视为撤诉；被告无正当理由拒不到庭的，可以缺席审判。前述传唤方式，没有证据证明或者未经当事人确认已经收到传唤内容的，不得按撤诉处理或者缺席审判。

4. 适用简易程序审理的案件，一般应当一次开庭并当庭宣判。法庭调查和辩论可以围绕主要争议问题进行，庭审环节可以适当简化或者合并。

5. 人民法院在审理过程中，发现案件不宜适用简易程序的，裁定转为普通程序。

三、上诉及二审程序

（一）行政上诉的条件

上诉是指第一审行政诉讼当事人不服人民法院的一审裁判，依法要求第二审人民法院对案件进行审理并作出裁判的诉讼行为。行政上诉必须具备以下条件：①上诉对象符合法律规定。即当事人提起上诉只能针对未生效的一审判决和不予受理、驳回起诉、管辖异议三种裁定。②只能由一审诉讼当事人提出。即只能是一审诉讼原告、被告或第三人才能提出上诉。其中，第三人必须是人民法院判决其承担义务或者减损其权益的第三人。③必须在上诉期限内提出。当事人对判决的上诉期为15天，对裁定的上诉期为10天。④必须符合法律形式。上诉原则上必须是书面上诉，上诉状的内容参照《民事诉讼法》第165条的规定。

> **法条链接：**
>
> **《民事诉讼法》**
>
> 第一百六十五条　上诉应当递交上诉状。上诉状的内容，应当包括当事人的姓名，法人的名称及其法定代表人的姓名或者其他组织的名称及其主要负责人的姓名；原审人民法院名称、案件的编号和案由；上诉的请求和理由。

（二）行政上诉的程序

1. 上诉的途径。根据《民事诉讼法》和《行政诉讼法》的规定，当事人对行政一审裁判不服上诉的，既可以通过原审法院提出上诉，也可以直接向二审法院提出上诉。上诉人向二审法院递交上诉状的，二审法院应当在5日内将上诉状移交原审法院。上诉人不论通过哪种途径上诉，都应当按对方当事人或法定代表人的人数递交上诉状副本。

2. 上诉手续的办理。原审法院收到上诉人递交或二审法院移交的上诉状后，应当按下列程序完善上诉手续：①应当在收到上诉状之日起5日内向其他当事人送达上诉状副本；②其他当事人于收到上诉状副本之日起10日内提交上诉答辩状；③原审法院收齐上诉状及答辩状后，在5日内连同全部案卷和证据报送二审法院。

> **注意**：行政诉讼上诉答辩期与民事诉讼上诉答辩期不同。

> **法条链接：**
>
> **《行政诉讼法执行解释》**
>
> 第六十六条　当事人提出上诉，应当按照其他当事人或者诉讼代表人的人数提出上诉状副本。
>
> 原审人民法院收到上诉状，应当在5日内将上诉状副本送达其他当事人，对方当事人应当在收到上诉状副本之日起10日内提出答辩状。
>
> 原审人民法院应当在收到答辩状之日起5日内将副本送达当事人。
>
> 原审人民法院收到上诉状、答辩状，应当在5日内连同全部案卷和证据，报送第二审人民法院。已经预收诉讼费用的，一并报送。
>
> **《民事诉讼法》**
>
> 第一百六十七条　（第一款）原审人民法院收到上诉状，应当在5日内将上诉状副本送达对方当事人，对方当事人在收到之日起15日内提出答辩状。人民法院应当在收到答辩状之日起5日内将副本送达上诉人。对方当事人不提出答辩状的，不影响人民法院审理。

（三）行政上诉的受理

上诉的受理是指人民法院通过法定程序，按照上诉条件对上诉人的上诉进行审查，接受审理的诉讼行为。

1. 上诉受理审查。二审法院接到原审法院报送来的上诉材料后，应当根据上诉的条件对上诉人的上诉进行审查，上诉符合条件的，决定受理；不符合条件的，裁定不予受理；上诉形式有欠缺的，告知上诉人补正。

2. 上诉受理法律效力。第二审法院决定受理上诉的，将产生以下法律效力：①第一审裁判效力受到阻止和迟延，一审裁判只有在上诉被拒绝或被二审裁判维持才恢复既判力。②产生案件转移效果。即案件由第一审法院转移到第二审法院。③对第二审法院产生程序羁束力。即第二审法院应当完成上诉审理程序。

（四）二审审理程序

1. 二审的审理方式。审理方式主要是指开庭审理还是书面审理的问题。《行政诉讼法》第86条规定，人民法院对上诉案件，应当组成合议庭，开庭审理。经过阅卷、调查和询问当事人，对没有提出新的事实、证据或者理由，合议庭认为不需要开庭审理的，也可以不开庭审理。《行政诉讼法执行解释》第67条第2款也规定，当事人对原审人民法院认定的事实有争议的，或者第二审人民法院认为原审人民法院认定事实不清楚的，第二审人民法院应当开庭审理。因此，二审法院对于上诉案件，原则上应当开庭审理，只在特殊情况下实行书面审理。

2. 二审开庭程序。二审法院审理上诉案件的开庭程序与第一审开庭程序基本相同。行政诉讼二审的审理期限为：自收到上诉状之日起 3 个月内作出终审判决。有特殊情况需要延长的，由高级人民法院批准，高级人民法院审理第一审案件需要延长的，由最高人民法院批准。

> 注意：行政诉讼审理期限延长的审批权限与民事诉讼不同。

法条链接：

《中华人民共和国民事诉讼法》

第一百四十九条 人民法院适用普通程序审理的案件，应当在立案之日起 6 个月内审结。有特殊情况需要延长的，由本院院长批准，可以延长 6 个月；还需要延长的，报请上级人民法院批准。

四、再审程序

再审程序，又称审判监督程序，是指人民法院对已经发生法律效力的判决、裁定，发现违反法律、法规的规定，依法再次审理的程序。

（一）启动再审的事由

启动再审程序必须具备法定的事由。根据《行政诉讼法》第 91 条的规定，生效裁判有下列情形之一的，应当启动再审程序：①不予立案或者驳回起诉确有错误的；②有新的证据，足以推翻原判决、裁定的；③原判决、裁定认定事实的主要证据不足、未经质证或者系伪造的；④原判决、裁定适用法律、法规确有错误的；⑤违反法律规定的诉讼程序，可能影响公正审判的；⑥原判决、裁定遗漏诉讼请求的；⑦据以作出原判决、裁定的法律文书被撤销或者变更的；⑧审判人员在审理该案件时有贪污受贿、徇私舞弊、枉法裁判行为的。

（二）再审启动的程序

根据行政诉讼法的规定，启动再审程序的具体规定是：

1. 上级法院根据当事人申请决定再审。根据行政诉讼法和相关司法解释的规定，当事人对已经发生法律效力的判决、裁定，认为确有错误的，可以在判决、裁定或者调解书发生法律效力后 6 个月内向上一级人民法院申请再审，但有下列情形之一的，自知道或者应当知道之日起 6 个月内提出：①有新的证据，足以推翻原判决、裁定的；②原判决、裁定认定事实的主要证据是伪造的；③据以作出原判决、裁定的法律文书被撤销或者变更的；④审判人员审理该案件时有贪污受贿、徇私舞弊、枉法裁判行为的。

2. 原审法院院长或上级法院依职权决定再审。行政诉讼法规定，各级人民法院院长对本院已经发生法律效力的判决、裁定，发现有应当启动再审的情形之一，或者发现调解违反自愿原则或者调解书内容违法，认为需要再审的，应当提交审判委员会讨论决定。最高人民法院对地方各级人民法院已经发生法律效力的判决、裁定，上级人民法院对下级人民法院已经发生法律效力的判决、裁定，发现有应当启动再审的情形之一，或者发现调解违反自愿原则或者调解书内容违法的，有权提审或者指令下级人民法院再审。

3. 人民检察院依职权或依当事人申请提起抗诉。行政诉讼法规定，最高人民检察院对各级人民法院已经发生法律效力的判决、裁定，上级人民检察院对下级人民法院已经发生法律效力的判决、裁定，发现有应当启动再审的情形之一，或者发现调解书损害国家利益、社会公共利益的，应当提出抗诉。地方各级人民检察院对同级人民法院已经发生法律效力的判决、裁定，发现有应当启动再审的情形之一，或者发现调解书损害国家利益、社会公共利益的，可以向同级人民法院提出检察建议，并报上级人民检察院备案；也可以提请上级人民检察院向同级人民法院提出抗诉。有下列情形之一的，当事人可以向人民检察院申请抗诉或者检察建议：①人民法院驳回再审申请的；②人民法院逾期未对再审申请作出裁定的；③再审判决、裁定有明显错误的。人民法院基于抗诉或者检察建议作出再审判决、裁定后，当事人申请再审的，人民法院不予立案。

（三）再审审理的程序

1. 再审程序选择。人民法院按照审判监督程序再审的案件，发生法律效力的判决、裁定是由第一审人民法院作出的，适用第一审普通程序再审，所作的判决、裁定，当事人可以上诉；发生法律效力的判决、裁定是由第二审人民法院作出的，适用第二审程序再审，所作的判决、裁定是发生法律效力的判决、裁定；上级人民法院按照审判监督程序提审的，适用第二审程序再审，所作的判决、裁定是发生法律效力的判决、裁定。

2. 再审审理期限。根据行政诉讼法及相关司法解释的规定，再审法院适用一审审理程序审理案件的，审理期限为 6 个月；适用二审审理程序的，审理期限为 3 个月。再审的审理期限延长适用一审和二审相同的规定。

第九节　行政诉讼裁判

一、行政诉讼裁判的法律适用

（一）行政诉讼法律适用的概念

行政诉讼法律适用，是指人民法院在行政诉讼过程中，按照法定程序将法律规范运用于具体行政案件，用以解决行政诉讼程序事项以及判断被诉具体行政行为的合法性及合理性的专门活动。为解决行政诉讼过程中的法律适用问题，最高人民法院于 2004 年 5 月 18 日下发了《关于审理行政案件适用法律规范问题的座谈会纪要》（本书简称《行政案件适用法律纪要》）。

行政诉讼中的法律适用包括两种情形，一是人民法院解决行政诉讼程序问题的法律适用；二是人民法院通过行政诉讼程序解决行政争议实体问题的法律适用。前一个方面的法律适用是行政诉讼审判程序的法律适用，是为行政诉讼活动怎样进行，人民法院对具体行政行为怎样审查提供依据。后一个方面的法律适用是行政诉讼审查依据的法律适用，是为行政案件怎样裁判，人民法院对具体行政行为的合法性作出怎样的评判提供标准。

（二）行政诉讼审判程序的法律适用

根据行政诉讼实践，在行政诉讼中适用的程序性法律规范，既包括行政诉讼法规范，也包括民事诉讼法规范和其他诉讼法规范，还包括部分行政管理法规范。

1. 行政诉讼可适用的民事诉讼规范。《行政诉讼法》第101条规定："人民法院审理行政案件，关于期间、送达、财产保全、开庭审理、调解、中止诉讼、终结诉讼、简易程序、执行等，以及人民检察院对行政案件受理、审理、裁判、执行的监督，本法没有规定的，适用《中华人民共和国民事诉讼法》的相关规定。"因此，行政诉讼中可以参照适用部分民事诉讼法规范。

2. 行政诉讼可适用的行政管理法规范。在行政审判实践中，人民法院还常常适用部分行政管理规范中的部分条文来处理程序性问题，具体情形主要有：①规定行政行为是否可以被提起行政诉讼的规范（法律、法规）；②规定行政行为是否为最终裁决的规范（法律）；③规定行政复议是否前置的规范（法律、法规）；④规定提起行政诉讼期限的规范（法律）；⑤规定诉讼期间停止具体行政行为执行的规范（法律、法规）；⑥规定行政案件不公开审理的规范（法律）；⑦规定外国人、无国籍人、外国组织特别诉讼程序的规范（法律）；⑧规定其他特别诉讼程序的规范（法律）。

（三）行政诉讼裁判依据的法律适用

行政诉讼裁判依据法律适用的基本原则是："依据法律、法规，参照规章"。《行政诉讼法》第63条规定，人民法院审理行政案件，以法律和行政法规、地方性法规为依据。地方性法规适用于本行政区域内发生的行政案件。人民法院审理民族自治地方的行政案件，并以该民族自治地方的自治条例和单行条例为依据。人民法院审理行政案件，参照规章。

行政诉讼中对行政规章的参照适用规则是：①在参照规章时，应当对规章的规定是否合法有效进行判断，对于合法有效的规章应当适用；②规章制定机关作出的与规章具有同等效力的规章解释，人民法院审理行政案件时参照适用；③地方规章只能适用于本行政区域内的行政案件。

注意：在行政合同争议案件中，《行政诉讼法适用解释》第14条规定："人民法院审查行政机关是否依法履行、按照约定履行协议或者单方变更、解除协议是否合法，在适用行政法律规范的同时，可以适用不违反行政法和行政诉讼法强制性规定的民事法律规范。"

（四）行政诉讼裁判规范冲突及其适用

行政审判规范冲突，也称行政诉讼法律规范适用冲突，是指行政诉讼过程中，存在着针对同一法律事实或者法律关系分别作不同规定的两个以上的法律规范，且适用不同的法律规范将导致不同的裁判结果的法律规范适用上的矛盾状态。在行政诉讼中，具体存在下位法与上位法的冲突、同位法之间的冲突、地方性法规与部门规章的冲突、地方规章与部门规章的冲突以及部门规章之间的冲突等不同情形。

行政诉讼中如出现了裁判规范冲突的情形，一般应当根据下列规则选择适用正确的裁判规范：①出现法律规范的层级冲突时，人民法院应当按照《立法法》规定的"上位法优于下位法"的适用规则，判断和选择所应适用效力较高的上位法律规范；②当出现新法与旧法、特别法与一般法的冲突时，人民法院应当按照《立法法》规定的新法优于旧法、特别法优于一般法等规则来判断和选择所应适用的法律规范。

二、行政诉讼裁判的种类与形式

（一）行政诉讼判决的涵义

行政诉讼判决是指人民法院审理行政案件终结时，根据查明的案件事实和法律规定，以国家审判机关的名义，对行政争议中的权利和义务作出的结论性处理决定。行政诉讼判决是人民法院解决行政争议的基本手段，是人民法院行使国家审判权对行政主体进行监督的集中体现。行政诉讼判决包括一审判决和二审判决。行政诉讼一审法院作出的判决是一审判决，当事人对一审判决不服，可以上诉至上一级法院，最高人民法院作出的一审判决除外。二审法院作出的判决即为二审判决，二审判决是不可上诉的判决，又称为终审判决。

（二）行政诉讼一审判决形式

根据《行政诉讼法》和《行政诉讼法执行解释》的规定，行政诉讼的一审判决主要有以下七种形式。

1. 驳回诉讼请求判决。驳回诉讼请求判决即人民法院经审理，不支持原告的诉讼请求，从而对原告诉讼请求予以驳回的判决形式。新《行政诉讼法》规定的驳回诉讼请求判决取代了原来的维持判决，并吸收了原来的确认合法判决。根据《行政诉讼法》第69条的规定，驳回诉讼请求判决主要适用于：①被诉行政行为合法的，即证据确凿，适用法律、法规正确，符合法定程序。具体包括多种情形，如合法又合理、合法但不合理（非明显不合理）、合法但应改变或废止等。②原告起诉被告履行法定职责但理由不能成立的。③原告起诉被告履行给付义务但理由不能成立的。

2. 撤销判决。撤销判决即人民法院对被诉行政行为进行合法性审查后，认为被诉行政行为全部或部分违法而作出予以全部撤销或部分撤销的判决。撤销判决具体适用于以下几种情形：①主要证据不足；②适用法律、法规错误；③违反法定程序；④超越职权；⑤滥用职权；⑥明显不当的。撤销判决具体包括三种：①判决全部撤销；②判决部分撤销；③判决撤销并同时判决被告重作。行政诉讼法规定，人民法院判决被告重新作出行政行为的，被告不得以同一的事实和理由作出与原行政行为基本相同的行为。

3. 履行判决。履行判决即人民法院经过对行政争议进行审查，确认被告不履行或者拖延履行法定职责的违法行为存在，判决其在一定期限内履行职责的判决。《行政诉讼法适用解释》第22条规定："原告请求被告履行法定职责的理由成立，被告违法拒绝履行或者无正当理由逾期不予答复的,人民法院可以根据行政诉讼法第72条的规定,判决被告在一定期限内依法履行原告请求的法定职责;尚需被告调查或者裁量的,应当判决被告针对原告的请求重新作出处理。"履行判决的适用应当具备以下条件:①行政主体依法负有法定职责或行政义务;②行政主体不履行或拖延履行法定职责或行政义务;③行政主体不履行或拖延履行法定职责或行政义务没有正当理由;④行政主体履行职责或义务仍有实际意义。

4. 给付判决。给付判决即人民法院经过审理,查明被告依法负有给付义务的,判决被告履行给付义务。给付判决与履行判决在适用条件上大体相似。给付判决主要适用于原告申请被告支付抚恤金、最低生活保障费和社会保险待遇的行政案件。《行政诉讼法适用解释》第23条规定:"原告申请被告依法履行支付抚恤金、最低生活保障待遇或者社会保险待遇等给付义务的理由成立,被告依法负有给付义务而拒绝或者拖延履行义务且无正当理由的,人民法院可以根据行政诉讼法第73条的规定,判决被告在一定期限内履行相应的给付义务。"

5. 确认判决。确认判决即人民法院经过对行政行为进行合法性审查后,在作出撤销行政行为判决不合适的情况下,对其作出确认违法或无效的裁判。《行政诉讼法》第74条规定,行政行为有下列情形之一的,人民法院判决确认违法,但不撤销行政行为:①行政行为依法应当撤销,但撤销会给国家利益、社会公共利益造成重大损害的;②行政行为程序轻微违法,但对原告权利不产生实际影响的。行政行为有下列情形之一,不需要撤销或者判决履行的,人民法院判决确认违法:①行政行为违法,但不具有可撤销内容的;②被告改变原违法行政行为,原告仍要求确认原行政行为违法的;③被告不履行或者拖延履行法定职责,判决履行没有意义的。《行政诉讼法》第75条规定,行政行为有实施主体不具有行政主体资格或者没有依据等重大且明显违法情形,原告申请确认行政行为无效的,人民法院判决确认无效。

6. 变更判决。变更判决即人民法院经审理认为行政处罚明显不当,或者其他行政行为涉及对款额的确定、认定确有错误的,可以依法作出变更判决。人民法院适用变更判决时要注意:①人民法院判决变更,不得加重原告的义务或者减损原告的权益。但利害关系人同为原告,且诉讼请求相反的除外;②人民法院审理行政案件不得对行政机关未予处罚的人直接给予行政处罚。

7. 补救判决。行政诉讼法规定,人民法院判决确认违法或者无效的,可以同时判决责令被告采取补救措施;给原告造成损失的,依法判决被告承担赔偿责任。被告不依法履行、未按照约定履行或者违法变更、解除行政协议的,人民法院判决被告承担继续履行、采取补救措施或者赔偿损失等责任。被告变更、解除行政协议合法,但未依法给予补偿的,人民法院判决给予补偿。

(三) 特殊行政案件的一审判决

1. 经复议案件的一审判决。对于复议后起诉的行政案件,人民法院对原行政行为作出判决的同时,应当对复议决定一并作出相应判决:①复议决定维持原行政行为错误的，人民法院应同时判决撤销原行政行为和行政复议决定；②复议决定改变原行政行为错误的，人民法院判决撤销复议决定时，应当责令复议机关重新作出复议决定；③人民法院判决作出原行政行为的行政机关履行法定职责或者给付义务的，应当同时判决撤销复议决定；④原行政行为合法、复议决定违反法定程序的，应当判决确认复议决定违法，同时判决驳回原告针对原行政行为的诉讼请求；⑤原行政行为被撤销、确认违法或者无效，给原告造成损失的，应当由作出原行政行为的行政机关承担赔偿责任；因复议程序违法给原告造成损失的，由复议机关承担赔偿责任。

2. 行政合同争议案件的一审判决。对于行政合同争议案件，根据《行政诉讼法适用解释》的规定，依照下列情形分别作出判决：①原告主张被告不依法履行、未按照约定履行协议或者单方变更、解除协议违法，理由成立的，人民法院可以根据原告的诉讼请求判决确认协议有效、判决被告继续履行协议，并明确继续履行的具体内容；被告无法继续履行或者继续履行已无实际意义的，判决被告采取相应的补救措施；给原告造成损失的，判决被告予以赔偿。②原告请求解除协议或者确认协议无效，理由成立的，判决解除协议或者确认协议无效，并根据合同法等相关法律规定作出处理。③被告因公共利益需要或者其他法定理由单方变更、解除协议，给原告造成损失的，判决被告予以补偿。

3. 对行政规范性文件的审查处理。根据《行政诉讼法适用解释》第20、21条的规定，原告起诉时或在一审开庭审理前（或基于正当理由在法庭调查中）请求人民法院对具体行政行为所依据的规范性文件进行附带审查，经法庭审理认为规范性文件不合法的，人民法院不将该规范性文件作为认定行政行为合法的依据，并在裁判理由中予以阐明。作出生效裁判的人民法院应当向规范性文件的制定机关提出处理建议，并可以抄送制定机关的同级人民政府或者上一级行政机关。

(四) 行政诉讼二审裁判形式

人民法院审理上诉案件，应根据事实和法律，分情况作出如下判决或裁定：

1. 维持原判。行政诉讼中，一审裁判符合下列条件的，二审法院可以判决驳回上诉，维持原判：①一审裁判认定事实清楚，即一审法院对具体行政行为是否合法的裁决有可靠的基础和确凿的证据支持，并排除了合理怀疑；②一审裁判适用法律、法规正确，即一审法院对行政行为是否合法的认定和据此作出判决的法律、法规正确；③一审法院的审理程序合法。

2. 依法改判。行政诉讼中，一审裁判有下列情形之一的，二审法院可以依法改判：①原判决、裁定认定事实错误或者适用法律、法规错误的；②原判决认定基本事实不清、证据不足的，二审可以查清事实的。《行政诉讼法》规定，第二审人民法院审理上诉案件，需要改变原审判决的，应当撤销一审判决的部分或全部内容，同时对被诉行政行为作出判决。

3. 发回重审。行政诉讼中，原审裁判有下列情形之一的，二审法院可以裁定将案件发回原审法院重新审理：①原判决认定基本事实不清、证据不足的，二审难以查清事实后改判的；②原判决遗漏当事人或者违法缺席判决等严重违反法定程序的；③原审判决遗漏行政赔偿请求，第二审人民法院经审理认为依法应当予以赔偿的，在确认被诉具体行政行为违法的同时，可以就行政赔偿问题进行调解；调解不成的，应当就行政赔偿部分发回重审；第二审人民法院经审查认为依法不应当予以赔偿的，应当判决驳回行政赔偿请求。

表 17-3　针对一审遗漏判决的二审裁判类型表

遗漏当事人 or 诉讼请求	二审法院裁定撤销原判、发回重审
遗漏行政赔偿请求	二审法院认为不应赔偿→判决驳回行政赔偿请求
	二审法院认为应当赔偿→可以调解→不成，就赔偿部分发回重审
当事人二审期间提出行政赔偿请求	二审法院→可以调解→不成，告知另行起诉

4. 撤销裁定。原告不服一审人民法院作出的不予受理或驳回起诉裁定而上诉的，第二审人民法院经审理认为原审人民法院不予受理或者驳回起诉的裁定确有错误，且起诉符合法定条件的，应当裁定撤销原审人民法院的裁定，指令原审人民法院依法立案受理或者继续审理。

（五）行政诉讼裁定的形式

行政诉讼裁定，是指人民法院在审理行政案件过程中，为解决本案的程序问题所作出的对诉讼参与人发生法律效果的司法意思表示。与判决相比，裁定具有以下特点：①裁定是人民法院解决程序问题的审判行为，是对程序问题作出的判定行为；而判决是对案件实体问题作出的判定。②裁定在诉讼的任何阶段都可以作出，而判决一般只在审理终结时才作出。③裁定所依据的主要是程序性法律规范，而判决主要依据实体性规范，同时也要依据程序性规范。④裁定可以是书面形式，也可以是口头形式；而判决必须以书面形式作出。

根据《行政诉讼法执行解释》第63条的规定，行政诉讼的裁定主要适用于下列事项：①不予受理；②驳回起诉；③管辖异议；④终结诉讼；⑤中止诉讼；⑥移送或者指定管辖；⑦诉讼期间停止具体行政行为执行的裁定或驳回停止执行申请；⑧财产保全；⑨先予执行；⑩准许或不准许撤诉；⑪补正裁判文书中的笔误；⑫中止或者终结执行；⑬提审、指令再审或者发回重审；⑭准许或不准许执行行政机关的具体行政行为；⑮其他需要裁定的事项。

三、行政诉讼裁判的生效与执行

（一）行政诉讼裁判的生效

行政诉讼裁判生效，是指行政诉讼的判决书、裁定书、调解书或决定书发生法律上的效力。一般来讲，下列法律文书属于生效的行政裁判文书：①当事人对第一审裁判没有上诉或已过上诉期的第一审裁判文书；②第二审人民法院作出的裁判文书，二审裁判一经作出即为生效裁判；③最高人民法院作出的一审裁判与二审裁判都是生效裁判；④二审过程中上诉人撤回上诉获得法院许可的，一审裁判为生效裁判。

（二）行政诉讼裁判的执行

行政诉讼执行是指行政案件当事人逾期拒不履行人民法院的生效行政裁判，具有强制执行权的组织运用国家强制力量，依法采取强制措施，促使义务人履行义务，从而使生效法律文书的内容得以实现的活动。对于人民法院作出的生效法律裁判文书，当事人都必须自觉全面履行；行政主体一方不履行生效裁判的，行政相对方可以申请人民法院强制执行；行政相对方不履行生效裁判的，行政主体可以依法强制执行或申请人民法院强制执行。

（三）对行政机关的强制执行措施

针对行政诉讼实践中对被告的执行难问题，《行政诉讼法》第96条规定，行政机关拒绝履行判决、裁定、调解书的，第一审人民法院可以采取下列措施：①对应当归还的罚款或者应当给付的款额，通知银行从该行政机关的账户内划拨；②在规定期限内不履行的，从期满之日起，对该行政机关负责人按日处50元~100元的罚款；③将行政机关拒绝履行的情况予以公告；④向监察机关或者该行政机关的上一级行政机关提出司法建议。接受司法建议的机关，根据有关规定进行处理，并将处理情况告知人民法院；⑤拒不履行判决、裁定、调解书，社会影响恶劣的，可以对该行政机关直接负责的主管人员和其他直接责任人员予以拘留；情节严重，构成犯罪的，依法追究刑事责任。

复习思考

一、选择题

1. 人民法院审理行政案件实行（　　）。
   A. 院长负责制　　　　　　B. 合议制
   C. 集体负责制　　　　　　D. 民主集中制
2. 在我国，独立行使行政审判权的主体是（　　）。
   A. 人民法院　　B. 审判委员会　　C. 合议庭　　　　D. 法官
3. 我国行政诉讼的特有原则是（　　）。
   A. 检察监督原则　　　　　B. 合法性审查原则
   C. 司法审查原则　　　　　D. 独立审判原则
4. 下列选项中，不属于人民法院行政诉讼受案范围的包括（　　）。
   A. 国防行为
   B. 不具有强制力的行政指导行为

C. 调解行为以及法律规定的仲裁行为

D. 驳回当事人对行政行为提起申诉的重复处理行为

5. 如果当事人不服，可以提起行政诉讼的情形有（　　）。

A. 被拆迁人对征收补偿协议不服

B. 公务员对岗位调动决定不服

C. 居民甲对派出所的损害赔偿调解决定不服

D. 某商户对工商局查封营业场所的决定不服

6. 甲公司与乙公司签订建设工程施工合同，甲公司向乙公司支付工程保证金30万元。后由于情况发生变化，原合同约定的工程项目被取消，乙公司也无资金退还甲公司，甲公司向县公安局报案称被乙公司法定代表人王某诈骗30万元。公安机关立案后，将王某传唤到公安局，要求王某与甲公司签订了还款协议书，并将扣押的乙公司和王的财产移交给甲公司后将王某释放。下列哪些说法是正确的？（　　）

A. 县公安局的行为有刑事诉讼法明确授权，依法不属于行政诉讼的受案范围

B. 县公安局的行为属于以办理刑事案件为名插手经济纠纷，依法属于行政诉讼的受案范围

C. 乙公司有权提起行政诉讼，请求确认县公安局行为违法并请求国家赔偿，法院应当受理

D. 甲公司获得乙公司还款是基于两公司之间的债权债务关系，乙公司的还款行为有效

7. 当事人不服下列行为提起的诉讼，属于行政诉讼受案范围的是（　　）。

A. 某人保局以李某体检不合格为由取消其公务员录用资格

B. 某公安局以新录用的公务员孙某试用期不合格为由取消录用

C. 某人保局给予工作人员田某记过处分

D. 某财政局对工作人员黄某提出的辞职申请不予批准

8. 下列当事人提起的诉讼，哪些属于行政诉讼受案范围？（　　）

A. 某造纸厂向市水利局申请发放取水许可证，市水利局作出不予许可决定，该厂不服而起诉

B. 食品药品监管局向申请餐饮服务许可证的李某告知补正申请材料的通知，李某认为通知内容违法而起诉

C. 化肥厂附近居民要求环保局提供对该厂排污许可证监督检查记录，遭到拒绝后起诉

D. 某国土资源局以建城市绿化带为由撤回向一公司发放的国有土地使用权证，该公司不服而起诉

9. 下列选项中，可以提起行政诉讼的是（　　）。

A. 乡政府作出的行政处理决定引发的争议

B. 镇政府民事调解行为引发的争议

C. 县工商局在商场购买办公用品引发的争议

D. 市政府作出的不具有强制力的行政指导行为引发的争议

10. 下列属于可诉的行政裁决行为是（　　）。

A. 专利评审委员会对专利侵权纠纷的裁决

B. 市监察局对公务员不服行政处分申诉意见的裁决

C. 省人民政府作出的有关土地所有权的行政复议裁决

D. 国务院对规章适用冲突的裁决

11. 下列情形中，属于不可诉的行政行为是（　　）。

A. 张某不服县林业局给李某颁发的林地经营许可

B. 某公司股东代表大会不服市国有资产管理委员会作出的企业并购决定

C. 某高校学生不服母校拒绝向其颁发毕业证书的决定

D. 市地税局稽查员小王不服本局对其作出的行政记过处分

12. 泰州泰安区居民李某在武陵市平阳区经商定居。2008 年 2 月李某因扰乱公共秩序被武陵市武北区公安分局行政拘留。李某不服，遂向武陵市公安局申请了行政复议；复议机关作出了维持决定。其后，李某决定向人民法院提起行政诉讼。本案有管辖权的法院包括（　　）。

A. 泰州泰安区基层人民法院

B. 武陵市平阳区基层人民法院

C. 武陵市武北区公安分局所在地的基层人民法院

D. 武陵市公安局所在地的中级人民法院

13. 因不动产提起的诉讼，其管辖法院是（　　）。

A. 原告所在地的人民法院

B. 被告所在地的人民法院

C. 不动产所在地的人民法院

D. 作出具体行政行为的行政机关所在地的人民法院

14. 属于我国中级人民法院专属行政诉讼管辖权的是（　　）。

A. 对限制人身自由强制措施不服的案件

B. 因不产权属动纠纷提起的案件

C. 复议后改变了原具体行政行为的案件

D. 确认发明专利权的案件

15. A 市中级人民法院发现已受理的行政案件应归 B 市中级人民法院管辖，遂将该案件移送到 B 市中级人民法院，这种行为属于（　　）。

A. 特殊地域管辖　　　　　　　　B. 移送管辖

C. 指定管辖　　　　　　　　　　D. 管辖权的转移

16. 合伙企业向人民法院提起行政诉讼的，原告应该是（　　）。

A. 核准登记的字号　　　　　　　B. 全体合伙人

C. 合伙人中的任何一人　　　　D. 合伙人推选的代表

17. 下列选项中，可以以自己的名义提起行政诉讼的是（　　）。
    A. 某罚款行政处罚决定中行政相对人李某的妻子
    B. 某罚款行政处罚决定中行政相对人某股份制企业
    C. 某罚款行政处罚决定中行政相对人某股份制企业的股东大会
    D. 某罚款行政处罚决定中行政相对人某股份制企业的法人代表

18. 根据行政诉讼法的规定，复议决定改变原行政行为下列情形中，由复议机关单独作被告的情形是（　　）。
    A. 行政复议决定改变了原行政行为所认定的主要事实
    B. 行政复议决定改变了原行政行为所认定的证据
    C. 行政复议决定改变了原行政行为所适用的规范依据
    D. 行政复议决定改变了原行政行为的处理结果

19. 有权提起行政诉讼的公民李某死亡，在此情形下，可以提起行政诉讼的是（　　）。
    A. 李某的妻子杨某　　　　　B. 李某的朋友刘某
    C. 李某所在单位指定的张某　D. 李某所在街道指定的孙某

20. 某矿石冶炼厂在取得A县紫金矿石开采冶炼许可后，野蛮开采提炼紫金矿石，给环境造成极大的污染。当地村委会向A县环保局和省国土资源厅举报，请求关闭或整改该冶炼厂。但一年后主管部门均未采取任何行动。于是，当地村委会向A县法院提起了行政诉讼。分析本案，下列说法正确的是（　　）。
    A. 冶炼厂是本案的被告　　　B. 环保局是本案的被告
    C. 国土资源厅是本案的被告　D. 环保局和国土资源厅是本案的共同被告

21. 某市工商局发现，某中外合资游戏软件开发公司生产的一种软件带有暴力和色情内容，决定没收该软件，并对该公司处以3万元罚款。中方投资者接受处罚，但外方投资者认为处罚决定既损害了公司的利益也侵害自己的权益，向法院提起行政诉讼。下列哪一选项是正确的？（　　）
    A. 外方投资者只能以合资公司的名义起诉
    B. 外方投资者可以自己的名义起诉
    C. 法院受理外方投资者起诉后，应追加未起诉的中方投资者为共同原告
    D. 外方投资者只能以保护自己的权益为由提起诉讼

22. 村民甲带领乙、丙等人，与造纸厂协商污染赔偿问题。因对提出的赔偿方案不满，甲、乙、丙等人阻止生产，将工人李某打伤。公安局接该厂厂长举报，经调查后决定对甲拘留15日、乙拘留5日，对其他人未作处罚。甲向法院提起行政诉讼，法院受理。下列哪些人员不能成为本案的第三人？（　　）
    A. 丙　　　　B. 乙　　　　C. 李某　　　　D. 造纸厂厂长

23. 行政诉讼中作为定案根据的证据必须具有的基本品质包括（　　）。

A. 真实性　　　B. 可靠性　　　C. 关联性　　　D. 合法性

24. 下列选项中，不能作为定案根据的包括（　　）。
A. 以偷拍手段获取侵害他人合法权益的证据材料
B. 被当事人进行技术处理而无法辨明真伪的证据材料
C. 以利诱等不正当手段获取的证据材料
D. 当事人有正当事由超出举证期限提供的证据材料

25. 在我国行政诉讼中，需要原告承担举证责任的事项有（　　）。
A. 证明被告违法使用强制措施　　B. 证明被告不作为
C. 证明被告侵权所造成的损失　　D. 证明起诉符合法定条件

26. 关于行政诉讼中的证据保全申请，下列哪一选项是正确的？（　　）
A. 应当在第一次开庭前以书面形式提出
B. 应当在举证期限届满前以书面形式提出
C. 应当在举证期限届满前以口头形式提出
D. 应当在第一次开庭前以口头形式提出

27. 许某与汤某系夫妻，婚后许某精神失常。二人提出离婚，某县民政局准予离婚。许某之兄认为许某为无民事行为能力人，县民政局准予离婚行为违法，遂提起行政诉讼。县民政局向法院提交了县医院对许某作出的间歇性精神病的鉴定结论。许某之兄申请法院重新进行鉴定。下列哪些选项是正确的？（　　）
A. 原告需对县民政局准予离婚行为违法承担举证责任
B. 鉴定结论应有鉴定人的签名和鉴定部门的盖章
C. 当事人申请法院重新鉴定可以口头提出
D. 当事人申请法院重新鉴定应当在举证期限内提出

28. 关于在行政诉讼中法庭对证据的审查，下列哪一说法是正确的？（　　）
A. 从证据形成的原因方面审查证据的合法性
B. 从证人与当事人是否具有利害关系方面审查证据的关联性
C. 从发现证据时的客观环境审查证据的真实性
D. 从复制件与原件是否相符审查证据的合法性

29. 行政诉讼中被告的举证期间是自收到起诉状副本之日起（　　）。
A. 7 日内　　　B. 10 日内　　　C. 15 日内　　　D. 30 日内

30. 田某认为区人社局记载有关他的社会保障信息有误，要求更正，该局拒绝。田某向法院起诉。下列哪些说法是正确的？（　　）
A. 田某应先申请行政复议再向法院起诉
B. 区人社局应对拒绝更正的理由进行举证和说明
C. 田某应提供区人社局记载有关他的社会保障信息有误的事实根据
D. 法院应判决区人社局在一定期限内更正

31. 公民、法人或者其他组织直接向人民法院提起行政诉讼的起诉时效是在知道行政行为作出之日起的（　　）。

　　A. 15 日内　　　　B. 30 日内　　　　C. 3 个月内　　　D. 6 个月内

32. 公民、法人或者其他组织不服行政复议决定向人民法院提起行政诉讼的起诉时效是在收到复议决定书之日起的（　　）。

　　A. 5 日内　　　　 B. 15 日内　　　　C. 3 个月内　　　D. 6 个月内

33. 行政诉讼当事人不服第一审人民法院的判决，提起上诉的期限是自收到判决书送达之日起的（　　）。

　　A. 5 日内　　　　 B. 10 日内　　　　C. 15 日内　　　 D. 30 日内

34. 行政诉讼法律适用中的"依据"包括（　　）。

　　A. 法律　　　　　B. 行政法规　　　 C. 地方性法规　　 D. 地方政府规章

35. 在我国行政复议中作为法律适用的"依据"，但在行政诉讼中只能"参照"适用的规范性文件是（　　）。

　　A. 法律　　　　　B. 行政法规　　　 C. 地方性法规　　 D. 规章

36. 下列选项中，属于应中止诉讼的情形有（　　）。

　　A. 原告丧失诉讼行为能力，尚未确定法定代理人

　　B. 作为一方当事人的行政机关、法人或者其他组织终止，尚未确定权利义务承受人

　　C. 一方当事人因不可抗力的事由不能参加诉讼

　　D. 案件涉及法律适用问题，需要送请有权机关作出解释或者确认

37. 下列选项中，属于行政诉讼决定适用范围的有（　　）。

　　A. 有关回避事项　　　　　　　　　B. 有关执行程序事项

　　C. 有关诉讼期限事项　　　　　　　D. 对妨碍诉讼行为采取强制措施

38. 行政机关在规定期限内不履行判决的，人民法院应对该行政机关负责人按日处（　　）。

　　A. 50 元至 100 元的罚款　　　　　B. 100 元至 200 元的罚款

　　C. 200 元至 500 元的罚款　　　　 D. 500 元至 1000 元的罚款

39. 公民申请人民法院执行生效的行政判决书的法定期限为（　　）。

　　A. 3 个月　　　　B. 6 个月　　　　C. 180 天　　　　D. 1 年

40. 当人民法院审理行政案件遇到地方政府规章与部委规章相抵触时，下列做法正确的有（　　）。

　　A. 中止案件的审理

　　B. 终结案件的审理

　　C. 提请最高人民法院送国务院作出解释或裁决

　　D. 提请最高人民法院送全国人大常委会作出解释或裁决

41. 对行政裁判案件的执行，原则上由（　　）。

　　A. 基层人民法院受理　　　　　　　B. 中级人民法院受理

C. 第一审人民法院受理　　　　D. 第二审人民法院受理

42. 市政府决定，将牛某所在村的集体土地征收转为建设用地。因对补偿款数额不满，牛某对现场施工进行阻挠。市公安局接警后派警察到现场处理。经口头传唤和调查后，该局对牛某处以10日拘留。牛某不服处罚起诉，法院受理。下列哪一说法是正确的？（　　）

A. 市公安局警察口头传唤牛某构成违法
B. 牛某在接受询问时要求就被询问事项自行提供书面材料，不予准许
C. 市政府征收土地决定的合法性不属于本案的审查范围
D. 本案不适用变更判决

43. 甲县宋某到乙县访亲，因醉酒被乙县公安局扣留24小时。宋某认为乙县公安局的行为违法，提起行政诉讼。下列哪些说法是正确的？（　　）

A. 扣留宋某的行为为行政处罚　　B. 甲县法院对此案有管辖权
C. 乙县法院对此案有管辖权　　　D. 宋某的亲戚为本案的第三人

44. 经王某请求，国家专利复审机构宣告授予李某的专利权无效，并于2011年5月20日向李某送达决定书。6月10日李某因交通意外死亡。李某妻子不服决定，向法院提起行政诉讼。下列哪一说法是正确的？（　　）

A. 李某妻子应以李某代理人身份起诉
B. 法院应当通知王某作为第三人参加诉讼
C. 本案原告的起诉期限为60日
D. 本案原告应先申请行政复议再起诉

45. 县环保局以一企业逾期未完成限期治理任务为由，决定对其加收超标准排污费并处以罚款1万元。该企业认为决定违法诉至法院，提出赔偿请求。一审法院经审理维持县环保局的决定。该企业提出上诉。下列哪一说法是正确的？（　　）

A. 加收超标准排污费和罚款均为行政处罚
B. 一审法院开庭审理时，如该企业未经法庭许可中途退庭，法院应予训诫
C. 二审法院认为需要改变一审判决的，应同时对县环保局的决定作出判决
D. 一审法院如遗漏了该企业的赔偿请求，二审法院应裁定撤销一审判决，发回重审

46. 张某被县公安局处以15日行政拘留，3个月后张某向县政府申请行政复议，县政府以超过申请期限为由决定不予受理。张某遂以县公安局为被告向县法院提起行政诉讼，要求撤销县公安局的处罚决定。对于张某提起的诉讼，县法院的哪一种做法是正确的？（　　）

A. 以原告未经行政复议程序为由裁定不予受理
B. 通知原告追加诉讼被告，原告拒绝追加的，应当驳回诉讼请求
C. 通知原告变更诉讼请求，原告拒绝变更的，裁定不予受理
D. 予以受理

47. 被诉行政行为违法，但撤销该行政行为将会给国家利益造成重大损失的，法院应做（　　）。
    A. 履行判决　　　　　　　　　　B. 驳回诉讼请求判决
    C. 确认判决　　　　　　　　　　D. 变更判决
48. 应当适用行政诉讼驳回诉讼请求的判决的情形有（　　）。
    A. 被诉行政行为完全合法
    B. 起诉被告不履行法定职责的理由不能成立
    C. 被告未履行作为义务，但判决其履行作为义务已无实际意义
    D. 被诉行政行为合法，但具有属于适当性范围问题
49. 根据《行政诉讼法》的规定，人民法院院长对本院已经发生法律效力的行政诉讼判决、裁定，发现违反法律、法规规定认为需要再审的，应当提交（　　）。
    A. 本院审判监督庭决定是否再审
    B. 本院审判委员会决定是否再审
    C. 上一级人民法院审判监督庭决定是否再审
    D. 上一级人民法院审判委员会决定是否再审

二、名词解释

行政诉讼　移送管辖　指定管辖　管辖权转移　行政诉讼参加人　行政诉讼原告　行政诉讼被告　行政诉讼第三人　举证责任　驳回诉讼请求判决　撤销判决　变更判决　履行判决　确认判决　情况判决

三、简答题

1. 简述行政诉讼制度的主要功能。
2. 简述行政诉讼与行政复议的主要差异。
3. 简述行政诉讼特有的基本原则。
4. 简述中级人民法院管辖行政案件的范围。
5. 简述行政诉讼原告的资格要件。
6. 简述行政原告承担举证责任的情形。
7. 简述行政诉讼中证人可以不出庭的情形。
8. 简述行政诉讼非法证据的排除规则。
9. 简述行政诉讼的起诉条件。
10. 简述行政诉讼的起诉期限。
11. 简述驳回诉讼请求判决的适用情形。
12. 简述经复议案件的一审裁判形式。

四、论述题

1. 试述行政诉讼肯定列举受理的案件范围。
2. 试述行政诉讼否定排除受理的案件范围。
3. 试论将内部行政行为纳入受案范围的必要性。

4. 试述行政诉讼地域管辖的规则内容。
5. 试述行政诉讼的被告如何确定。
6. 试述行政诉讼原告的资格要件及具体范围。
7. 在行政诉讼中，人民法院如何认证证据的关联性、合法性和真实性？
8. 试述行政诉讼确认违法判决的适用情形。
9. 试述行政诉讼制度之于法治政府建设的价值与意义。

五、案例分析

1. **案情**：某日，胡某下班途中遭人殴打致轻微伤。某区公安分局经调查认为是张某所为，决定对张某行政拘留10日，并责令赔偿胡某医疗费等损失。张某不服，向市公安局申请复议。复议中市公安局认为殴打胡某的人是蔡某而非张某，遂将蔡某追加为复议第三人，并做出撤销区公安分局处罚决定、责令蔡某赔偿胡某医疗费等损失的复议决定。胡某对蔡某说，殴打他的人是张某，市公安局徇私舞弊为张某开脱，建议蔡某向法院提起行政诉讼。

   问题：（1）蔡某是否有权对复议决定提起行政诉讼？请说明理由。

   （2）若蔡某在复议决定作出后因意外事件死亡，谁有权提起行政诉讼？请说明理由。

2. **案情**：2007年，A县居民汤某与B县居民姜某做过一笔生意，姜某欠汤某12多万元货款。姜某于2008年3月打下一张欠条后，就以种种理由迟迟不愿再还所欠款项。2009年12月，汤某得知姜某在A县暂住，遂找到其在县公安局工作的朋友李某，请李某以县公安局名义帮其催还欠款。同年12月15日，A县公安局干警李某等找到姜某，向姜某索要欠款。遭到拒绝后，李某等将姜某强行带回公安局，并以诈骗罪对姜某给予刑事拘留。两天后，A县公安局在责令姜某交出5万元现金，并扣押其"捷达"牌小轿车后将姜某释放。姜某获释返回B县后，向B县人民法院提起行政诉讼。A县公安局认为自己的行为是刑事侦查行为，不属于行政诉讼的受案范围，而且，按照"原告就被告"的原则，A县法院对此案没有管辖权。

   问题：（1）此案是否属于人民法院行政诉讼的受案范围？请说明理由。

   （2）本案中哪个法院具有管辖权？请说明理由。

3. **案情**：2010年4月，某市某区街道办事处将一间闲置的门面房出租给个体户李某做小吃店，租金为每月1000元。三个月后，李某以租金太高、自己没钱可赚为理由要求降低租金。该街道办不同意，李某便无故拖欠租金2000元。街道办主任见李某不肯交纳租金，就指示下属城市监察分队两名队员，以不符合卫生标准为由将李某的小吃店查封。

   问题：（1）若李某向人民法院起诉，要求确认查封违法，街道办事处能否成为本案被告？为什么？

   （2）若李某在向人民法院提起行政诉讼的过程中，同时要求变更租金，法院是否应该受理其主张？为什么？

4. 案情：某甲 2011 年 6 月在 A 市繁华的 B 文化区开了一家洗浴中心。2012 年 12 月市文化局和市公安局以该洗浴在经营活动中有色情活动为由，以共同名义对其处以 1 万元的罚款。某甲不服，以市文化局为被告向人民法院提起了行政诉讼。

问题：(1) 本案的被告应为谁？为什么？

(2) 如果人民法院建议追加被告，原告不同意，对此法院应如何处理？

(3) 若一审中原告申请撤诉，被人民法院裁定准许后，以同一事实和理由重新起诉的，法院应如何处理？准予撤诉的裁定确有错误，原告申请再审的，法院又应如何处理？

5. 案情：2009 年 2 月 4 日 S 县人民政府（甲方）依据 S 县工业园区规划项目要求，委托 S 县 Z 镇政府与 S 县 Z 镇 W 村村委会签订了"征用 S 县 Z 镇 W 村七组、八组（乙方）位于 S 县工业园区规划区域范围内的集体土地的补偿协议"。该协议约定甲方征用乙方位于 S 县工业园区规划区域土地 270 亩，征地补偿费用 7 064 304 元人民币，分 6 年付款等相关内容。S 县 Z 镇 W 村七组、八组村民得知该征地补偿协议后不服协议内容，拟向法院提起行政诉讼。

问题：(1) 本案的被告是 S 县政府还是 S 县 Z 镇政府？并说明理由。

(2) S 县 Z 镇 W 村村委会在本案是否具有诉讼主体资格？并说明理由。

(3) 如何确定本案的管辖法院？并说明理由。

6. 案情：1997 年 3 月，S 市嘉利来房地产有限公司向韩国大宇株式会社贷款兴建嘉利来世贸广场，并与其签订了《土地使用权抵押合同》。该合同经 S 市房地产管理局登记生效。同年 10 月，嘉利来公司取得商品房预售许可证和外销许可证。韩国大宇株式会社认为土地使用权已经抵押，嘉利来公司无权不经抵押权人的同意预售在抵押土地上的新建房屋；为此，韩国大宇株式会社紧急请求抵押合同登记机关 S 市房地产管理局予以保护，维护其合法权益。S 市房地产管理局根据《S 市房地产抵押办法》（S 市政府制定）的规定："土地使用权抵押时，其土地上的建筑物、附属物（包括在抵押期限内的新增部分）均为抵押物的一部分"，遂作出决定：禁止嘉利来公司预售抵押土地上的新建房屋。而嘉利来公司认为：根据《城市地产管理法》第 51 条的规定，房地产抵押合同签订后，土地上新增的房屋不属于抵押财产，所以他们有权预售抵押土地上的新建房屋，S 市房地产管理局的行政决定违法。嘉利来公司遂请求法院撤销 S 市房地产管理局"禁止预售抵押土地上新建房屋"的行政决定。

问题：(1)《S 市房地产抵押办法》是本案的审查对象还是审查依据？为什么？

(2) 本案应如何选择法律的适用？为什么？

7. 案情：某区工商局以某大型超市销售假货为由，罚款 25 万元。该超市不服，向人民法院提起行政诉讼。一审法院经过审理，判决维持。判决书于 2007 年 6 月 10 日送达该超市。该超市依法上诉，二审法院于 6 月 26 日收到上诉状，经审查后于 2007 年 9 月 15 日作出并宣告判决，撤销一审判决，改为对上诉人罚款 5 万元。二审判决书于 2007 年 9 月 20 日送达该超市。

问题：(1) 该超市在何期限内上诉才有效？为什么？

(2) 二审判决何时生效？

(3) 本案诉讼程序有无问题？为什么？

拓展阅读

[1] 应松年："行政诉讼的基本原则"，载《政法论坛》1988 年第 5 期。

[2] 张越："行政诉讼主体论"，中国政法大学 2000 年博士论文。

[3] 吕利秋："行政诉讼举证责任"，中国政法大学 2000 年博士论文。

[4] 吴华："行政诉讼类型研究"，中国政法大学 2003 年博士论文。

[5] 刘东亮："行政诉讼目的论"，中国政法大学 2004 年博士论文。

[6] 陈惠菊："行政诉讼类型化之研究"，中国政法大学 2008 年博士论文。

[7] 苏治："行政诉讼中的法律论证方法研究"，苏州大学 2010 年博士论文。

[8] 胡卫列："行政诉讼目的论"，中国政法大学 2003 年博士论文。

[9] 王彦：《行政诉讼当事人》，人民法院出版社 2005 年版。

[10] 解志勇：《论行政诉讼审查标准兼论行政诉讼审查前提问题》，中国人民公安大学出版社 2004 年版。

[11] 蔡小雪：《行政诉讼证据规则及运用》，人民法院出版社 2006 年版。

[12] 张旭勇：《行政判决的分析与重构》，北京大学出版社 2006 年版。

[13] 梁凤云：《行政诉讼判决之选择适用》，人民法院出版社 2007 年版。

[14] 章志远：《行政诉讼类型构造研究》，法律出版社 2007 年版。

[15] 张光宏：《抽象行政行为的司法审查研究》，人民法院出版社 2008 年版。

[16] 汪汉斌：《行政判决既判力研究》，法律出版社 2009 年版。

[17] 田凯：《行政公诉论》，中国检察出版社 2009 年版。

[18] 曹达全：《行政诉讼制度功能研究——行政诉讼制度在宪政和行政诉讼中的功能定位》，中国社会科学出版社 2010 年版。

[19] 解志勇编：《行政诉讼调解》，中国政法大学出版社 2012 年版。

[20] 马立群：《行政诉讼标的研究以实体与程序连接为中心》，中国政法大学出版社 2013 年版。

第十八章

行政赔偿

学习提要

  行政赔偿是指国家行政机关及其工作人员违法行使职权，侵犯公民、法人或者其他组织的合法权益并造成实际损害，由国家承担赔偿责任的制度。行政赔偿是国家赔偿的一个组成部分，我国《国家赔偿法》较为详细地规定了行政赔偿的范围、当事人、方式、标准、程序等内容。学习本章需理解应用行政赔偿的基本理论与制度，包括行政赔偿的概念、归责原则、责任构成，行政赔偿当事人，行政赔偿的范围、方式和标准，行政赔偿程序。本章的学习重点是，行政赔偿的概念以及行政赔偿与相近概念的关系，国家赔偿责任的归责原则和构成要件，行政赔偿范围，行政赔偿请求人确定和行政赔偿义务机关确定，行政赔偿方式，行政赔偿程序和行政赔偿诉讼等基本制度。本章的难点为行政赔偿的范围确定、赔偿义务机关的确认和行政赔偿的标准和方式等。本章的内容中有关行政赔偿的基本知识和与民事赔偿有极为密切的关联，学习时注意比较区分。本章内容中涉及赔偿义务机关的部分与前述行政主体法的知识有紧密关系，另外在赔偿程序中有关行政赔偿诉讼的程序与行政诉讼的程序基本相同，应注意他们的联系与区别。同时，在学习的同时应该注意将《国家赔偿法》的相关法条和实践相结合。

本章知识结构图

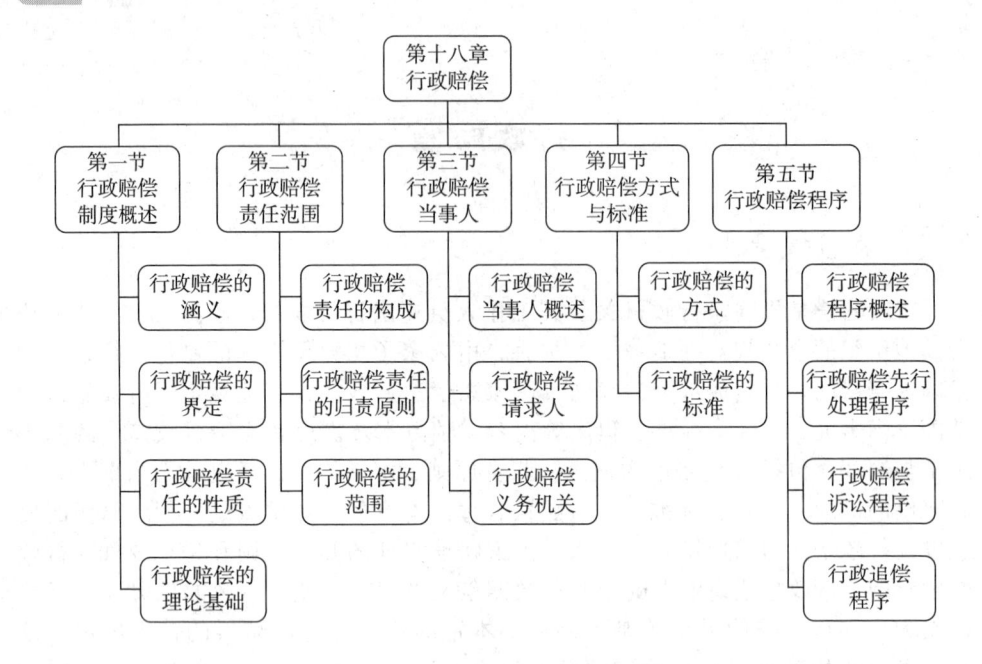

```
第十八章 行政赔偿
├─ 第一节 行政赔偿制度概述
│   ├─ 行政赔偿的涵义
│   ├─ 行政赔偿的界定
│   ├─ 行政赔偿责任的性质
│   └─ 行政赔偿的理论基础
├─ 第二节 行政赔偿责任范围
│   ├─ 行政赔偿责任的构成
│   ├─ 行政赔偿责任的归责原则
│   └─ 行政赔偿的范围
├─ 第三节 行政赔偿当事人
│   ├─ 行政赔偿当事人概述
│   ├─ 行政赔偿请求人
│   └─ 行政赔偿义务机关
├─ 第四节 行政赔偿方式与标准
│   ├─ 行政赔偿的方式
│   └─ 行政赔偿的标准
└─ 第五节 行政赔偿程序
    ├─ 行政赔偿程序概述
    ├─ 行政赔偿先行处理程序
    ├─ 行政赔偿诉讼程序
    └─ 行政追偿程序
```

第一节 行政赔偿制度概述

一、行政赔偿的涵义

目前，世界上多数国家都建立了国家赔偿制度，行政行为违法造成公民、法人或其他组织合法权益损害而承担赔偿责任是责任政府的直接体现。

（一）行政赔偿的概念

行政赔偿，是指行政机关及其工作人员违法行使职权或不履行职责，造成了公民、法人或其组织合法权益损害，受害人依照国家赔偿法的规定提出赔偿请求，由赔偿义务机关依法对受害人予以赔偿救济的法律制度。行政赔偿制度是行政侵权受害人请求国家承担行政赔偿责任的制度。行政赔偿责任，是指国家行政机关及其工作人员违法行使职权或不履行法定职责，造成了公民、法人或其组织合法权益损害，由赔偿义务机关代表国家对受害人承担的损害赔偿责任。

（二）行政赔偿的特征

行政赔偿的主要特征是：①行政赔偿中的侵权行为人是行政机关及其工作人员，也包括依照法律、法规或规章授权行使行政权的社会组织及其工作人员，还包括受行政主体委托行使行政权的社会组织或个人；②行政赔偿的原因是行政权行使过程中的侵权行为造成了公民、法人或其他组织合法权益的损害，即是行政权的违法或不当行使造成侵权后引起的法律责任；③行政赔偿请求人是其合法权益受到侵权行为损害的公民、法人或其他组织；④行政赔偿的责任主体为国家，即行政赔偿责任是一种国家责任，但这种国家责任是由实施行政侵权行为的行政主体来具体履行赔偿义务的。

二、行政赔偿的界定

行政机关承担的行政赔偿责任与民事赔偿责任以及国家承担的司法赔偿责任等容易混淆，应当注意区分。

（一）行政赔偿与民事赔偿

在法律实践中，以行政机关及其工作人员为代表的"国家"有两重身份，一是国家行政权的享有者和行使者，二是普通的民事主体。国家对行政机关及其工作人员违法行使职权与履行职责行为产生损害的赔偿是行政赔偿；国家对行政机关作为普通民事主体（机关法人）从事的民事活动产生损害赔偿责任是民事赔偿。国家承担的行政赔偿责任与民事赔偿责任有以下相同点：①从责任归属角度讲，二者都是自己责任；②从法律属性角度讲，二者都是否定性法律责任；③从责任表现角度讲，二者都是对受损权益的恢复与补救。

> **注意**：区分国家承担的赔偿责任是行政赔偿责任或是民事赔偿责任主要存在于大陆法系国家，在英美法系国家基本不作这样的区分。

国家承担的行政赔偿责任与民事赔偿责任也存在以下重要区别：①责任产生基础不同。行政赔偿责任的基础是行政权力行为侵权；民事赔偿责任的基础是民事行为违法侵权。②归责原则不同。行政赔偿的归责原则主要是违法责任原则；民事责任的归责原则主要是过错原则。③赔偿程序不同。行政赔偿程序是一种独立的赔偿程序；国家承担民事赔偿责任的程序适用普通民事赔偿程序。④赔偿范围不同。行政赔偿的范围实行有限赔偿原则；民事赔偿的范围实行全部赔偿原则。由此看来，从本质上讲，国家承担行政赔偿责任与民事赔偿责任的区别并不在于赔偿主体，而在于赔偿的原因。

（二）行政赔偿与司法赔偿

从立法上看，我国国家赔偿包括行政赔偿与司法赔偿，行政赔偿是国家赔偿的一个组成部分。司法赔偿是指国家司法机关及其工作人员行使职权或履行职责时，对公民、法人或其他组织的合法权益造成了损害，受害人依照国家赔偿法的规定提出赔偿请求，由赔偿义务机关依法对受害人予以赔偿救济的法律制度。行政赔偿与司法赔偿的区别在于：

> **提示**：在有些国家和地区，国家赔偿除行政赔偿和司法赔偿外，还包括立法赔偿、军事赔偿、公有公共设施致害赔偿等类型。

1. 侵权行为的主体不同。在行政赔偿中，实施侵权行为的主体是国家行政机关及其工作人员，包括法律法规授权的组织及其工作人员，受委托的组织及其公务人员以及事实上的公务员。在司法赔偿中，实施侵权行为的主体是履行司法职能的国家机关及其工作人员,包括公安机关、国家安全机关以及军队的保卫部门,国家检察机关,国家审判机关,监狱管理机关及在上述机关的工作人员。

2. 归责原则不完全相同。从《国家赔偿法》对行政赔偿范围的规定来看,国家一般只对违法行政行为造成的侵权承担赔偿责任。因此,行政赔偿实行的是违法归责原则。从《国家赔偿法》对司法赔偿范围的规定来看,国家不仅要对司法活动中的违法行为承担赔偿责任,还要对部分过程不违法但造成了公民、法人或其他组织合法权益损害结果的情形承担赔偿责任,因此司法赔偿同时采用了违法归责原则和结果责任原则。

3. 追偿的条件不同。无论是行政赔偿中还是在司法赔偿中都实行追偿制度,赔偿义务机关在履行了赔偿义务后,可以责令有关责任人员承担部分或全部赔偿费用。但是,国家赔偿法对两者的追偿条件分别作了不同的规定。行政追偿的条件是行政机关及其工作人员在行使职权过程中有故意或者重大过失,这种标准具有明显的主观性。司法追偿的条件是司法机关工作人员实施刑讯逼供、殴打和以其他暴力方式伤害公民的工作人员,违法使用武器和警械伤害他人的工作人员以及在审理案件中有贪污受贿、徇私舞弊、枉法裁判行为的工作人员。相比较之下,司法追偿的范围要比行政追偿的范围窄。

4. 法律程序不同。公民、法人或其他组织因行政侵权行为造成合法权益损害而请求行政赔偿的,适用的是行政赔偿程序;公民、法人或其他组织因司法行为侵权造成合法权益损害而请求司法赔偿的,适用的是司法赔偿程序。国家赔偿法对行政赔偿程序和司法赔偿程序作出了不同的规定,差异较大。主要说来,赔偿请求人单独向赔偿义务机关提出行政赔偿请求的,有行政赔偿义务机关处理程序和行政赔偿诉讼程序两个阶段;人民法院作为司法赔偿义务机关的,有赔偿义务机关处理程序和上一级人民法院赔偿委员会处理程序两个阶段;其他司法机关作为赔偿义务机关的,在赔偿义务机关处理后还有司法赔偿复议程序。

三、行政赔偿责任的性质

行政赔偿责任的性质,即行政赔偿的责任属性。对此,学界主要是在国家赔偿责任这一层面来进行的探讨,主要涉及两个问题:①国家赔偿责任是国家自己的责任还是代位责任;②国家赔偿责任是公法责任还是私法责任。

(一)自己责任与代位责任

对于国家赔偿责任是国家自己应当承担的责任还是国家代替公务人员承担的责任,存有不同的观点,主要有代位责任说、自己责任说和中间责任说(折中说)三种观点。

1. 代位责任说。这是早期学说。该说将国家公务人员作为独立的侵权责任主体,认为国家赔偿责任并非国家自身的责任,而是国家代替公务人员承担的法律责任;国家承担赔偿责任之后,可以向公务人员追偿。

2. 自己责任说。这是新近的主流学说。该说认为,国家赔偿责任是公务人员实施侵权行为造成损害的赔偿责任是自身的责任，而不是国家代公务人员承担责任。

3. 中间责任说。这是新近的非主流学说。中间责任说属于折中说，认为公务人员实施侵权行为时具有故意或重大过失的，国家承担的是代位责任，如果公务人员没有故意或过失，国家承担的是自己责任。

我们认为，国家赔偿责任是国家自己应当承担的责任，而不是国家为公务员承担的代位责任。

（二）公法责任与私法责任

关于国家赔偿责任的公私法责任属性，世界各国有不同的实践规则，理论界也有三种不同观点，即公法责任说、私法责任说与混合责任说。

1. 公法责任说。该学说在法国是主流学说。该说认为国家赔偿责任，国家权力的行使造成损害的法律责任，是一种具有公法属性的法律责任，适用不同于民事责任的公法上法律责任规则。

2. 私法责任说。该学说在英美国家是主流学说。该说认为国家赔偿责任是一种特殊的民事侵权赔偿责任，国家是与私人一样的在侵权领域承担法律责任，除国家赔偿需要适用的特殊规则外，适用民事侵权赔偿责任的一般规定。

> 提示：英美法系国家采用私法责任说，这与英美国家不区分国家公权力侵权的公法责任与非公权力侵权的私法责任有关。

3. 混合责任说。该学说在德国是主流学说。该说以国家赔偿请求权为基本出发点，认为国家赔偿责任既有公法责任的属性，又有私法责任的属性。

在我国，从我国国家赔偿法律依据发展路径角度分析，国家赔偿责任经历了先私法责任后公法责任的道路，1986年《民法通则》第121条将国家赔偿责任规定为特殊侵权责任，1989年《行政诉讼法》确立了行政侵权赔偿责任的独立地位和主要程序规则，1995年《国家赔偿法》使国家赔偿责任的公法责任性质得到最终确认。

四、行政赔偿的理论基础

在人类发展史上，一直以来奉行主权豁免理论，认为国家不应当为其工作人员的侵权行为承担赔偿责任。在国家赔偿制度的建立和发展过程中，围绕着国家为何要承担赔偿责任，即国家承担赔偿责任的理论依据是什么，产生了许多学说，这些学说都在回答一个问题：国家为什么要承担侵权赔偿责任？

（一）法律拟制说

该学说又称为国库理论说、财产管理人说。该观点认为，作为国民公共财产（国库理论）的管理人（财产管理人理论），国家是一个拟制的公法人，按照法律面前人人平等的原则，它应当与普通的私人一样对其不法行为承担责任，国家并不享有任何超越私人的法律地位。该观点主要盛行于英美法国家。

> 提示：在英美法国家，正因为国家被视同为普通法人，所以认为行政赔偿责任也是一种私法责任，并与国家承担的民事侵权责任不作严格的区分。

（二）公共负担平等说

该观点认为国家政府的活动都是为了公共利益，所需费用（成本）应由社会全体分担，政府活动给特定人造成的损害，实际上等于受害人在一般负担以外承担的额外负担，为了使负担平等，国家应当赔偿受害人的损失，即通过税收来填补损失，将这种额外负担平等地分配于社会全体成员。该学说与特别牺牲说有相似之处，此说认为国家不法行政行为造成相对人损失，这种损失不是相对人应承担的一般义务，它是使无义务的特定人所受的特别牺牲。对这种牺牲，国家理应给予补偿，以合乎公平正义原则。

（三）社会保险说

这一理论把民间保险的原理加以引申，用以说明国家赔偿的实质。它将国家视为全社会成员的保险人，把社会成员向国家纳税视为向保险公司投保，把国家机关及其工作人员的公务行为所造成的侵权损害视为受害人的一种意外灾害。当这种灾害不幸发生时，受害人即可向社会保险人——国家索赔，国家应当同保险公司向投保人支付保险金一样，向受害人支付赔偿费用。

（四）人权保障说

该说认为任何民主国家的建立及其存在的基本目的和重要任务之一就是保护人权，国家不仅有保护其国民免受其他公民或组织侵害的义务和责任，当然更有义务保证其国民不受来自国家机关及其工作人员的不法侵害，否则国家应当为此承担赔偿责任。可见，人权保障说是与主权在民思想相一致的，国家赔偿制度的建立也是人民主权原则的体现。

第二节 行政赔偿责任范围

一、行政赔偿责任的构成

行政赔偿责任的构成是指国家在什么样的情况下，具备什么样的条件才承担国家行政机关及其工作人员在执行职务中实施侵权行为而造成的损害赔偿责任。简而言之，是指国家承担行政赔偿责任所应具备的前提条件。在民事侵权行为法理论中，赔偿责任一般包括损害事实、因果关系和过错三个要件。而在行政赔偿责任理论中，学术界有三要件说、四要件说、五要件说和六要件说。行政赔偿责任构成要件越少，对行政赔偿责任成立的要求越宽松，行政实际承担赔偿责任的范围就越宽泛。我们认为，行政赔偿责任的构成要件主要包括侵权主体、侵权行为、损害事实和因果关系四个要件。

（一）侵权主体

国家只对特定主体的侵权行为承担赔偿责任。原则上，国家只对享有和行使国家行政权的行政机关及其工作人员的行为承担行政赔偿责任。其中，"行政机关"包括中央行政机关（如国务院及其所属部门）与地方行政机关（如地方级政府及其所属部门），"工作人员"则既包括行政机关中的工作人员，也包括受上述机关委托从事公务的人员。但现代社会，国家行政权并非完全都是由行政机关行使的，经法律、法规或规章的授权，或经行政主体的依法委托，特定的社会组织甚至个人也可以行使一定的行政权，这些被授权组织或受委托组织及其工作人员违法行使行政权，给公民、法人或其他组织合法权益造成损害时，国家也应当为此承担行政赔偿责任。

（二）侵权行为

国家只对行政机关的特定行政侵权行为承担行政赔偿责任。原则上，国家只对行政机关、被授权组织或受委托组织及其工作人员行使行政权的违法侵权行为承担赔偿责任。这里包含两层意思，首先，行政侵权行为必须是行使行政职权或履行行政职责的行为，与行使行政权无关的行为不包括在内。当然，行使行政权的行为既包括行使职权或履行职责的行为本身（如工商管理部门违法吊销许可证和执照），亦包括与行使职权或履行职责行为有关联而不可分的相关事实行为（如警察讯问案件时刑讯逼供，行政机关工作人员在执行公务途中违反交通规则将他人撞伤等）。其次，行政侵权行为必须是违法的行政行为。对于行政机关、被授权组织或受委托组织合法行使权力造成的损害，国家不承担赔偿责任，只承担补偿责任。但这里的"违法"应作广义理解，包括违反宪法、法律、行政法规、地方性法规、规章以及其他规范性文件和我国承认与参加的国际公约等。

（三）损害事实

损害事实是侵权主体违法实施行政权的行为造成公民、法人或其他组织合法权益的减少或者灭失的客观事实，是国家赔偿责任构成的必要条件。国家承担行政赔偿责任的损害事实必须具备以下特征：①损害的现实性与确定性。即损害事实是已经发生的或已经现实存在的损害，不是想象之中或未来可能发生但又不能确定的损害。但对于将来必然发生的损害，应当视同为现实的确定的损害，国家应当承担赔偿责任。②损害的特定性。即只有在损害的程度和范围以及受害人和受害客体符合法律的特别规定时，国家才承担赔偿责任。一般社会公众都普遍遭受的损害不具有特定性，国家不承担赔偿责任，但如果受害人遭受的损害是一个人或一部分人遭受的特别损害，则国家应当给予赔偿。③损害的法定性。即国家只对法定的损害事实承担赔偿责任。根据现行《国家赔偿法》的规定，原则上国家只对公民、法人或其他组织遭受的人身损害或财产损害承担赔偿责任，对于人身权和财产权以外和其他合法权益损害，国家尚未纳入赔偿范围，不承担赔偿责任。

（四）因果关系

职务违法侵权行为与损害事实之间存在因果关系是国家赔偿责任的必要条件之一，职务违法行为是损害事实发生的原因，损害事实是职务违法行为的后果。因果关系是指可引起赔偿的损害必须是侵权行为主体的违法执行职务行为所造成的。在认定因果关系时，应当区分情形分别认定：①行为与结果之间具有直接因果关系的，无需再适用其他因果关系理论判断，直接确认其有因果关系。这种情况主要适用于一因一果或一因多果的情形。②在国家赔偿案件中，对于国家和第三人或者受害人的原因等多种原因造成损害结果的,可以运用相当因果关系规则。③对于在特定情形下,赔偿请求人无法完全证明因果关系要件成立的情况下,只要其举证证明达到一定的程度,可以推定行为与损害之间存在因果关系。

> **法条链接：**
>
> **《国家赔偿法》**
>   第十五条（第二款）　赔偿义务机关采取行政拘留或者限制人身自由的强制措施期间,被限制人身自由的人死亡或者丧失行为能力的,赔偿义务机关的行为与被限制人身自由的人的死亡或者丧失行为能力是否存在因果关系,赔偿义务机关应当提供证据。

二、行政赔偿责任的归责原则

(一) 行政赔偿归责原则的含义

归责是指行为或物件造成他人损害后,应根据何种依据使侵权行为人或物件所有人、使用人承担损害赔偿责任。归责的核心在于确定侵权行为人对损害后果承担责任的依据和标准,根本任务是在损害事实发生后,根据确定的标准来确定责任的归属,归责原则就是确定致害人承担损害赔偿责任的一般准则。行政赔偿的归责原则即是行政机关行使公权力的行为造成公民、法人或其他组织合法权益损害后,以何种根据来确定国家须承担的行政赔偿责任,确定国家承担行政赔偿责任的基本标准即是行政赔偿的归责原则。

行政赔偿责任的构成要件与归责任原则是既相互联系又相互区别的两个概念。二者的联系表现在：归责原则是责任构成要件的基础和前提,责任构成要件是归责原则的具体体现,旨在实现归责原则的功能和价值。二者的区别表现在：①功能价值不同。归责原则是行政赔偿的核心原则,它反映了行政赔偿的价值取向,对赔偿范围、举证责任分担及赔偿程序设计有决定作用；责任构成要件是行政赔偿责任是否成立的具体标准。②实用性不同。归责原则只确立了行政赔偿责任的主要依据和标准,单凭这一标准无法判断行政赔偿责任是否构成；责任构成要件确立了国家承担行政赔偿责任的全部要件。

(二) 行政赔偿归责原则的类型

行政赔偿应当采用哪种归责原则,学界存在不同的观点,域外其他国家也各有不同,主要有以下几种归责原则。

1. 过错责任原则。这种意见认为,判断行政主体的行为是否合法及要不要赔偿,应以该行政主体做出该行为时主观上有无过错为标准。有过错,就要赔偿；无过错,就不赔偿。这种意见考虑了行政主体实施行政行为时主观上的不同状态,区分了合法履行职务与违法侵权两种行为,符合普通公众的心理习惯,容易为人接受。但这种观点实施起来却较困难。因为要认定行政机关这样一个组织体有无过错并不像认定个人有无过错那样容易，在实践中可能导致部分受害人事实上得不到赔偿，从而悖离了过错原则的本意，也不符合国家建立行政赔偿制度的初衷。

2. 无过错原则。这种意见主张不论行政机关行为时主观上有无过错，只要结果上给公民造成损害，就要承担赔偿责任。无过错原则的好处在于克服了过错原则要考察机关主观过错的困难，简便易行，也利于受害人取得赔偿。但无过错原则无法区分国家机关的合法行为与违法行为，把赔偿与补偿混为一谈，与我国当前区分行政赔偿与行政补偿的制度实践不符。

3. 违法责任原则。所谓违法责任原则，是指行政机关的行为要不要赔偿，以行为是否违反法律为唯一标准。它不细究行政机关主观上是否有过错，只考察行政机关的行为是否与法律的规定一致，是否违反了现行法律的规定。这一原则既避免了过错原则操作不易的弊病，又克服了无过错原则赔偿过宽的缺点，具有操作方便、认定精确、易于接受的特点，因而是一个比较合适的原则。

（三）违法归责原则的理解与适用

从我国《国家赔偿法》关于行政赔偿范围的规定来看，国家主要是对违法行政行为造成的侵权损害承担行政赔偿责任，因而采用的是违法归责原则。行政赔偿适用违法归责原则意味着，行政行为的违法性是国家承担行政赔偿责任的依据，从而排除了合法行政行为致害的国家赔偿责任。行政赔偿之所以采用违法归责原则，主要理由是：①违法归责原则克服了过错归责原则的不确定性，便于操作；②违法归责原则也体现了法律对侵权责任确定上的一般原理，并未否定过错责任；③违法归责原则与宪法、行政法和行政诉讼法的规定相一致，与法治原则、依法行政等原则相一致。

> 提示：《国家赔偿法》第3条和第4条关于行政赔偿范围的肯定列举规定中，都使用了"违法"作为限定语，据此说明采用的是违法归责原则。

在适用违法责任归责原则这一原则时应当注意以下几点：①"违法"应当从广义的角度来理解，既包括违反法律、法规的明确规定，还包括违反法的一般原则与精神。②必须限定自由裁量权的范围，行政自由裁量行为如果具有显失公正或极不合理的情况并造成损失的，应当认定为滥用职权，亦属于违法。③适用违法责任原则不能否定违法行为与损害事实之间的因果关系，违法行为与损害事实之间存在因果关系是国家承担赔偿责任的构成要件之一。④适用违法责任原则不应当只关注行政行为的合法性评价，而应侧重于对公民、法人或其他组织是否受到损失以及这种损失是否应当由受害人自行承担的考虑。

三、行政赔偿的范围

（一）行政赔偿范围的涵义

行政赔偿范围是指国家对行政主体及其工作人员的哪些违法行为造成的损害予以赔偿，对哪些损害不予赔偿，即国家承担行政赔偿责任的领域。行政赔偿范围实际上包含以下三层涵义：①从侵权主体角度来看，行政赔偿范围是国家对哪些行政侵权主体的行为造成损害承担赔偿责任；②从侵权行为角度来看，行政赔偿范围是国家对行政侵权主体的哪些侵权行为造成的损害承担赔偿责任；③从损害事实的角度来看，行政赔偿范围是国家对行政侵权行为损害的哪些合法权益承担赔偿责任。

我国《国家赔偿法》关于行政赔偿范围的规定，具体包括三个方面：①对侵犯人身权的行政赔偿；②对侵犯财产权的行政赔偿；③国家不予赔偿的情形。

（二）侵犯人身权的行政赔偿范围

国家对行政主体及其工作人员侵犯人身权的赔偿范围包括：①违法拘留或者违法采取限制公民人身自由的行政强制措施的；②非法拘禁或者以其他方法非法剥夺公民人身自由的；③以殴打、虐待等行为或者唆使、放纵他人以殴打、虐待等行为造成公民身体伤害或者死亡的；④违法使用武器、警械造成公民身体伤害或者死亡的；⑤造成公民身体伤害或者死亡的其他违法行为。从上述第⑤项的规定来看，侵犯人身权的行政赔偿范围不仅仅限于法律明确肯定性规定的范围，也就是说，不管行政机关、被授权组织或受委托组织及其工作人员实施的行政行为是哪种类型的行政行为，只要该行为违法并造成了公民的人身损害，国家都应当承担赔偿责任。

（三）侵犯财产权的行政赔偿范围

国家对行政主体及其工作人员侵犯财产权的赔偿范围包括：①违法实施罚款、吊销许可证和执照、责令停产停业、没收财物等行政处罚的；②违法对财产采取查封、扣押、冻结等行政强制措施的；③违法征收、征用财产的；④造成财产损害的其他违法行为。从上述第④项的规定来看，侵犯财产权的行政赔偿范围也不仅仅限于法律明确肯定性规定的范围，也就是说，不管行政机关、被授权组织或受委托组织及其工作人员实施的行政行为是哪种类型的行政行为，只要该行为违法并造成了公民的财产损失，国家都应当承担赔偿责任。

（四）行政赔偿的免责范围

公民、法人或其他组织的人身权或财产权遭受损害，属于下列情形之一的，国家不承担赔偿责任：①行政机关工作人员与行使职权无关的个人行为；②因公民、法人和其他组织自己的行为致使损害发生的；③法律规定的其他情形。上述第③项的理解要注意两点：①从字面意思上看，行政赔偿的免责情形仅仅限于国家赔偿法和其他法律规定不予赔偿的情形，如果符合行政赔偿责任的构成要件而法律又没有明确排除，则应当给予行政赔偿；②即便根据《国家赔偿法》第3条和第4条规定属于行政赔偿范围内的人身权或财产权损害，如果其他法律明确规定不予赔偿的，国家也不承担赔偿责任。

> 思考：公民人身权或财产权以外的合法权益（如受教育权、劳动权）遭受违法行政行为的侵害，是否属于行政赔偿的范围？

第三节 行政赔偿当事人

一、行政赔偿当事人概述

(一) 行政赔偿当事人的概念

行政赔偿当事人,是指因行政赔偿责任发生争议,以自己的名义参与行政赔偿处理程序并受行政赔偿裁决约束的人。行政赔偿当事人主要是行政赔偿请求权人和行政赔偿义务机关。行政赔偿请求权人是请求赔偿一方,行政赔偿义务机关是被请求赔偿一方。在个别行政赔偿案件中,行政赔偿当事人还包括第三人。行政赔偿当事人在不同的程序环节中有不同的称谓。如在行政赔偿义务机关先行处理程序中,使用行政赔偿请求权人、行政赔偿义务机关和行政赔偿第三人的称谓;在行政赔偿诉讼程序中,使用行政赔偿诉讼原告、行政赔偿诉讼被告和行政赔偿诉讼第三人等称谓。

(二) 行政赔偿当事人的特征

行政赔偿当事人具有以下特征:①行政赔偿当事人是行政赔偿责任争议的当事人。因国家是否承担行政赔偿责任、承担赔偿责任的大小、承担赔偿责任的方式以及在行政赔偿责任的履行中发生的争议统称为行政赔偿争议。②行政赔偿当事人是以自己的名义参与行政赔偿处理程序活动的人。以他人名义参与行政赔偿处理程序活动的人是赔偿代理人。③行政赔偿当事人是受行政赔偿义务机关或人民法院作出的行政赔偿裁决约束的人。

二、行政赔偿请求人

(一) 行政赔偿请求人的涵义

行政赔偿请求人,是指因行政机关、法律法规授权组织或受委托组织及其工作人员违法行使职权或不履行法定职责,致使其合法权益遭受损害,有权请求国家予以赔偿的公民、法人或其他组织。行政赔偿请求人有下列特征:①行政赔偿请求人只能是行政行为的行政相对人或其他与行政行为有利害关系的公民、法人或其他组织;②行政赔偿请求人是其合法权益因违法行政行为侵权而遭受实际损害的公民、法人或其他组织;③行政赔偿请求人必须是以自己的名义提出赔偿请求并参与赔偿处理程序的公民、法人或其他组织。

(二) 受害人作为赔偿请求人

受害人有权取得赔偿,既是一条古老的法律原则,也是一项国际通行的法则。我国《宪法》第 41 条第 3 款规定,由于国家机关和国家工作人员侵犯公民权利而受到损害的人,有依照法律规定取得国家赔偿的权利。《国家赔偿法》第 6 条第 1 款规定,受害的公民、法人或其他组织有权要求国家赔偿。因此,行政赔偿请求人首先必须是受行政主体及其工作人员违法行政行为侵害并造成实际损失的公民、法人或其他组织。这里的公民是指具有中华人民共和国国籍的自然人;法人是指具有民事权利能力和民事行为能力,依法独立享有民事权利和承担民事义务的组织;其他组织是指依法成立,有一定的组织机构和财产,但不具备法人资格的社会组织。

(三) 赔偿请求人资格的转移

一般认为,在国家赔偿法上可以请求赔偿的人,原则上应当是受害者本人。但如果受害的公民死亡或法人组织终止,赔偿请求人的资格可以发生转移,据此,《国家赔偿法》第6条规定,受害的公民死亡,其继承人和其他有扶养关系的亲属有权要求赔偿;受害的法人或者其他组织终止的,其权利承受人有权要求赔偿。

1. 受害公民的继承人。受害的公民死亡的,其继承人和其他有扶养关系的亲属也可以成为赔偿请求人。理解时注意:①受害公民的继承人应根据《继承法》的规定来确定,有先后顺序;如果同顺位继承人有数人的,其中一人提出赔偿请求的,视为所有的同顺位的继承人提出赔偿请求。②"有扶养关系的亲属"应当作广义理解,既包括长辈对晚辈亲属的抚养,也包括晚辈对长辈的赡养,还包括同辈亲属间的扶养。③在实践中,如果受害人没有继承人,可以考虑为受害人支付丧葬费、医疗费的人就其支付的丧葬费和医疗费行使赔偿请求权。

2. 法人的权利承受人。受害的法人或者其他组织终止的,其权利承受人有权要求赔偿。法人的权利承受人是在企业法人或者其他组织被撤销、变更、兼并、注销的情况下,对其享有权利的公民、法人或其他组织。

(四) 外国赔偿请求权人

根据我国《宪法》规定,保护外国人和外国企事业和组织在我国的合法权益是一项国际义务,同时也是保护中国人和企业组织在外国合法权益的必要条件之一。因此,《国家赔偿法》第40条第1款规定,外国人、外国企业和组织在中华人民共和国领域内要求中华人民共和国国家赔偿的,适用本法。这一规定包含两层含义:其一,受害人是外国人、外国企事业和组织的,受同等保护,也可以作为赔偿请求人;其二,外国人或外国企业和组织请求国家赔偿的,只能依据我国的法律规定请求赔偿。

> 注意:国际法上的外国人等于"非本国人",其中包括无国籍人。

当然,我国赋予外国人、外国企业和组织的赔偿请求权并不是无条件的或绝对的,外国人、外国企业和组织作为赔偿请求人要适用对等原则。《国家赔偿法》第40条第2款规定,外国人、外国企业和组织的所属国对中华人民共和国公民、法人和其他组织要求该国国家赔偿的权利不予保护或者限制的,中华人民共和国与该外国人、外国企业和组织的所属国实行对等原则。对外国人在国家赔偿领域实行对等原则,一方面是为了维护我国的国家主权,另一方面也是为了保护我国公民、法人或其他组织在外国的权益。

三、行政赔偿义务机关

(一) 行政赔偿义务机关的概念

行政赔偿义务机关是指代表国家接受赔偿请求、参与赔偿程序并履行赔偿义务的行政机关或法律法规授权组织。由特定的国家机关或法律法规授权组织代表国家接受赔偿请求、参与赔偿程度并履行行政赔偿义务的目的是为了解决发生损害后，受害人应该向哪个具体机关提出行政赔偿请求的问题，是根植于形式主义之上的技术性问题。

根据上述定义，行政赔偿义务机关具有以下几层含义：①行政赔偿义务机关是代表国家接受赔偿请求、参与赔偿程序和履行赔偿义务的机关或组织；②行政赔偿义务机关既可以是国家行政机关，也可以是获得法律、法规或规章授权而以自己的名义行使行政职权或履行行政职责的社会组织；③行政赔偿义务机关是以自己的名义参加行政赔偿程序和履行行政赔偿义务，代表国家承担赔偿责任的机关或组织；④行政赔偿义务机关是由法律直接规定的形式意义上的赔偿责任主体，行政赔偿的实质责任主体是国家。

（二）行政赔偿义务机关的确定

我国行政赔偿义务机关的确定采用"谁侵权、谁赔偿"规则，在实践中，行政赔偿义务机关的确定具体包括以下几种情形：

1. 行政机关及其工作人员行使行政职权侵犯公民、法人和其他组织的合法权益造成损害的，该行政机关为赔偿义务机关。确定行政赔偿义务机关时，要注意识别谁是侵权行政行为的名义行政主体，只有行政行为的名义行政主体才是适格的行政赔偿义务机关。

2. 两个以上行政机关共同行使行政职权时侵犯公民、法人和其他组织的合法权益造成损害的，共同行使行政职权的行政机关为共同赔偿义务机关。共同侵权机关必须都是具有行政主体资格的行政机关，共同赔偿义务机关之间承担连带赔偿责任。上下级行政机关共同行使职权造成侵权应当承担赔偿责任的，以实际署名机关为赔偿义务机关，如果是共同行为造成损害的，共同赔偿。

3. 法律、法规或规章授权的组织在行使授予的行政权力时侵犯公民、法人和其他组织的合法权益造成损害的，被授权的组织为赔偿义务机关。法律法规授权组织实施的侵权行为与法律、法规所授职权无关，由其依法承担民事赔偿责任而非国家赔偿责任。

4. 受行政机关委托的组织或者个人在行使受委托的行政权力时侵犯公民、法人和其他组织的合法权益造成损害的，委托的行政机关为赔偿义务机关。受委托组织实施的侵权行为与委托事项无关，由其依法承担民事赔偿责任而非国家赔偿责任。

5. 赔偿义务机关被撤销的，继续行使其职权的行政机关为赔偿义务机关；没有继续行使其职权的行政机关的，撤销该赔偿义务机关的行政机关为赔偿义务机关。法律法规授权组织被撤销的也比照该规则确定。

6. 经复议机关复议的，最初造成侵权行为的行政机关为赔偿义务机关，但复议机关的复议决定加重损害的，复议机关对加重的部分履行赔偿义务。复议机关不对原行政行为机关的侵权行为承担连带赔偿责任。

第四节　行政赔偿方式与标准

一、行政赔偿的方式

行政赔偿方式是指国家对行政机关及其工作人员违法行使职权或不依法履行职责的行为承担行政赔偿责任的各种具体形式。根据我国《国家赔偿法》第32条和第35条之规定，行政赔偿可以采用支付赔偿金、返还财产、恢复原状、消除影响、恢复名誉、赔礼道歉六种方式。

（一）支付赔偿金

支付赔偿金俗称金钱赔偿，是指将受害人的各项损失计算为金额，以货币支付的形式，给予受害者适当额度的一种赔偿方式。金钱赔偿具有适用范围广、支付灵活便捷、便于补偿受害者、及时定纷止争、节约赔偿机关成本、不易产生后续纠纷等优点。金钱赔偿对财产损害、人身损害、精神损害都可以适用，因而成为世界各国适用最为广泛的国家赔偿方式。

行政赔偿适用金钱赔偿方式时，要注意以下三点：①国家对于受害人或第三人的过错而产生的损害不予赔偿或减少赔偿总额；②受害人因同一赔偿原因事实所取得的利益，应从赔偿金额中扣除；③有法定赔偿金额标准的，适用法律规定的金额标准，不按实际计算的数额赔偿。

（二）返还财产

返还财产是行政赔偿义务机关将违法占有或控制的财产归还给享有所有权与使用权的受害人的一种国家赔偿方式。返还财产只能适用于物质损害，尤其是适用于物品脱离原所有人或使用人控制的情况。返还财产一般是指返还原物。当原物是特定物时，应当返还该特定物；当原物是种类物时，应当返还同种类、品质、数量的替代物；当原物是特定化的种类物时，受害人不同意返还种类物时，也应当返还该特定化的种类物。既不能返还原物、特定物或种类物，又不能恢复原状的，应当金钱赔偿。

一般来说，返还财产赔偿方式的适用需要具备以下条件：①原物存在且价值未受到损坏，如果原物被损坏，则应当适用恢复原状或支付赔偿金；②返还原物比金钱赔偿更便捷，如果原物已经被作其他处理以至于比支付赔偿金更麻烦，则不宜采用返还原物方式；③返还财产时不得侵害第三人的权益，如果欲返还的财产已经被第三人经过竞拍等方式合法拥有，则不得适用返还财产形式；④返还财产时不影响公务的正常进行，如果原物已经用于公务活动而返还财产会影响公务活动的正常进行，则应给予金钱赔偿。

一般来说，返还财产赔偿方式主要适用于下列情形：①违法的罚款、没收财产等行政处罚；②违法的罚金、没收、追缴等财产剥夺措施；③违法征收、征用财物；④违法采取的查封、扣押、冻结财产的措施。

（三）恢复原状

恢复原状是指公民、法人或其他组织的财产因行政侵权遭到一定程度的损坏后，若有可能恢复原状的，赔偿义务机关按照受害人的要求予以修复，以恢复财产原状的一种赔偿方式。恢复原状包括恢复物的原状和恢复权利的原状，恢复物的原状主要包括物的功能、形状或价值的恢复等，恢复权利主要包括恢复户口、职级或其他具有财产价值的地位等。

一般来说，恢复原状只有在符合下列条件的情况下才能适用：①原物存在并受到一定损坏，但所受损坏有修复的可能，如果原物已经不存在，则只能选择支付赔偿金；②赔偿义务机关有能力采取恢复原状的措施且成本更低，如果恢复原状超出赔偿义务机关的能力范围，或将产生更高的成本，则应选择用金钱赔偿；③赔偿义务机关恢复原状不会影响其正常的公务活动，如果恢复原状会影响到赔偿义务机关正常开展公务活动，也宜用金钱赔偿方式；④赔偿义务机关恢复原状不会造成违法后果，如果恢复原状的行为带有违法性，并可能造成违法后果，则不能适用恢复原状的方式。

（四）消除影响、恢复名誉、赔礼道歉

消除影响是指国家机关在特定范围内为受害人消除因侵犯名誉权、荣誉权所产生的各种不良影响，以恢复受害人名誉和荣誉的责任方式。恢复名誉，是指国家因国家侵权行为而侵害了公民的名誉权或荣誉权，在影响所及的范围内将受害人的名誉恢复至未受到侵害的状态的责任方式。消除影响与恢复名誉之间是手段与目的的关系，消除影响是手段，恢复名誉是目的。消除影响和恢复名誉主要适用于弥补名誉权、荣誉权受到侵害所造成的损害。赔礼道歉是指国家机关向受害人公开承认错误，表示歉意，也可以写道歉书的方式进行。赔礼道歉是对精神损害用精神补救办法解决的有效方式，是对受害人精神损害的直接弥补。

消除影响、恢复名誉、赔礼道歉的适用，应注意以下几点：①只适用于公民的名誉权、荣誉权受到损害的情形，不适用于法人或其他组织的名誉或荣誉损害；②公民的名誉权和荣誉权受到损害必须以人身自由和生命健康权受侵害为前提，如果只有名誉权或荣誉权受损害而无人身自由或生命健康权受损，则不予适用；③适用范围以侵权行为所造成的名誉权、荣誉权损害的地域范围为限，赔偿请求人原则上不可以请求赔偿义务机关超越损害地域范围为其消除影响、恢复名誉或赔礼道歉。

二、行政赔偿的标准

国家赔偿标准是指国家就其侵权行为给公民、法人和其他组织造成损害时，在多大程度上予以赔偿。我国《国家赔偿法》就违法行政行为造成公民、法人或其他组织的人身权和财产权损害分别规定了标准。

（一）人身损害的赔偿标准

1. 限制人身自由的赔偿标准。《国家赔偿法》第33条规定，侵犯公民人身自由的，每日的赔偿金按照国家上年度职工日平均工资计算。在对这一规定理解时要注

意两点：①"上年度"是指赔偿义务机关、赔偿复议机关或者人民法院赔偿委员会作出赔偿决定时的上年度；复议机关或者人民法院赔偿委员会决定维持原赔偿决定的，按作出原赔偿决定时的上年度执行。②国家上年度职工日平均工资数额，应当以职工年平均工资除以全年法定工作日数的方法计算。年平均工资或日平均工资国家有统计公布的，以国家统计公布的数字为准。

2. 生命健康损害的赔偿标准。造成身体伤害的，应当支付医疗费，以及因误工减少的收入。减少的收入每日赔偿金额为国家上年度日平均工资，最高额为国家上年度职工平均工资的5倍。

造成部分或者全部丧失劳动能力的，应当支付医疗费、护理费、残疾生活辅助具费、康复费等因残疾而增加的必要支出和继续治疗所必需的费用，以及残疾赔偿金。残疾赔偿金根据丧失劳动能力的程度，按照国家规定的伤残等级确定，最高不超过国家上年度职工年平均工资的20倍。造成全部丧失劳动能力的，对其扶养的无劳动能力的人，还应当支付生活费；造成死亡的，应当支付死亡赔偿金、丧葬费，总额为国家上年度职工年平均工资的20倍。对死者生前扶养的无劳动能力的人，还应当支付生活费。受害人扶养的无劳动能力的的生活费的发放标准，参照当地最低生活保障标准执行。被扶养的人是未成年人的，生活费给付至18周岁止；其他无劳动能力的人，生活费给付至死亡时止。

3. 精神损害赔偿标准。行政主体及其工作人员侵犯人身权同时导致受害人精神损害的，应当在侵权行为影响的范围内，为受害人消除影响、恢复名誉、赔礼道歉；造成严重后果的，应当支付相应的精神损害抚慰金。

注意：精神损害抚慰金的支付没有明确标准。

（二）财产损害的赔偿标准

侵犯公民、法人和其他组织的财产权造成损害的，按照下列标准赔偿：①处罚款、罚金、追缴、没收财产或者违法征收、征用财产的，返还财产；②查封、扣押、冻结财产的，解除对财产的查封、扣押、冻结，造成财产损坏或者灭失的，依照第③、④项的规定赔偿；③应当返还的财产损坏的，能够恢复原状的恢复原状，不能恢复原状的，按照损害程度给付相应的赔偿金；④应当返还的财产灭失的，支付相应的赔偿金；⑤财产已经拍卖或者变卖的，支付拍卖或者变卖所得的价款，变卖的价款明显低于财产价值的，应当支付相应的赔偿金；⑥吊销许可证和执照、责令停产停业的，赔偿停产停业期间必要的经常性费用开支；⑦返还执行的罚款或者罚金、追缴或者没收的金钱，解除冻结的存款或者汇款的，应当支付银行同期存款利息；⑧对财产权造成其他损害的，按照直接损失给予赔偿。

注意：最后一点实际上确定了我国对物质损害赔偿的原则，即以赔偿直接损害为主，原则上不赔偿间接损失。

第五节 行政赔偿程序

一、行政赔偿程序概述

（一）行政赔偿程序的概念

行政赔偿程序是指行政赔偿请求权人提出赔偿请求，行政赔偿义务机关、行政复议机关以及人民法院处理该赔偿请求的方式、步骤、顺序和时限的总称。在理解行政赔偿程序这一概念时注意以下几点：①行政赔偿程序是法定机关处理行政赔偿请求的法律程序；②行政赔偿程序不仅仅是行政赔偿义务机关处理案件的程序，还包括行政复议机关、司法机关处理行政赔偿请求的程序；③行政赔偿程序包括行政赔偿的方式、步骤、顺序及时限等方面。

（二）行政赔偿程序的类型

根据我国国家赔偿法的立法及司法实践，行政赔偿案件可以通过以下几种程序处理：

1. 行政赔偿义务机关主动赔偿程序。行政主体及其工作人员违法行使行政权，造成了公民、法人或其他组织合法权益损害而应当赔偿的，行政主体在纠正违法行政行为时，应当主动向受害人依法给予赔偿，接受赔偿者对赔偿决定没有异议的，该项赔偿事务处理完成。

2. 赔偿请求权人单独请求赔偿程序。行政主体及其工作人员违法行使职权，造成了公民、法人或其他组织合法权益损害应当赔偿，行政主体不主动依法赔偿的，赔偿请求人可以单独就赔偿问题向赔偿义务机关提出请求。赔偿义务机关就赔偿请求人的赔偿请求进行审查并作出赔偿决定后，赔偿请求人没有异议而结束赔偿程序的，该项赔偿事务处理完成。

3. 赔偿请求权人一并请求赔偿程序。行政主体及其工作人员违法行使职权，造成了公民、法人或其他组织合法权益损害应当赔偿，行政主体不主动依法赔偿的，赔偿请求人可以在行政复议和行政诉讼中一并提出赔偿请求。行政复议机关或人民法院就赔偿请求人的赔偿请求进行审查并作出赔偿复议决定或赔偿判决后，赔偿请求人没有异议而结束赔偿程序的，该项赔偿事务处理完成。

实践中，行政侵权行为机关在纠正违法或不当行政行为时如果主动承担行政赔偿责任并获得了受害人的认同，行政赔偿纠纷就不会发生，因此就不需要法律予以规定。因此，对于以上三种类型的行政赔偿程序，现行法没有专门规定行政赔偿义务机关主动赔偿的处理程序。如果行政赔偿请求人在行政复议或行政诉讼中一并提出赔偿请求，行政复议机关或人民法院处理行政赔偿争议与处理行政行为的合法性或合理性争议适用相同的程序，因此，国家赔偿法也没有就此专门进行规定。因此，国家赔偿法主要规定了行政赔偿请求人单独提出赔偿请求时的处理程序。

(三) 行政赔偿程序的基本阶段

根据《国家赔偿法》和相关法律法规的规定，行政赔偿请求权人是单独提出赔偿请求还是一并提出赔偿请求，所遵循的基本程序阶段有所不同。

1. 单独提出赔偿请求的基本程序阶段。根据《国家赔偿法》的规定，受害人单独提出行政赔偿请求的，应当先向行政赔偿义务机关提出。赔偿义务机关在规定期限内未作出是否赔偿的决定，赔偿请求人可以自期限届满之日起3个月内，向人民法院提起诉讼；赔偿请求人对赔偿的方式、项目、数额有异议的，或者赔偿义务机关作出不予赔偿决定的，赔偿请求人可以自赔偿义务机关作出赔偿或者不予赔偿决定之日起3个月内，向人民法院提起诉讼。因此，单独提出赔偿请求的基本阶段包括赔偿义务机关的先行处理程序和行政赔偿诉讼程序两个阶段。

注意：赔偿请求人不服赔偿义务机关的行政赔偿决定（包括不予赔偿决定）的起诉期限是3个月而不是6个月。

2. 申请复议一并请求赔偿的处理程序。行政赔偿请求人在行政复议中一并提出行政赔偿请求的，行政复议机关适用普通的行政复议程序对行政赔偿请求进行审理和裁决，但行政复议机关对行政赔偿请求的审查和裁决时要适用一些特殊规则。赔偿请求权人对行政赔偿复议决定不服，可以提起行政赔偿诉讼。

3. 行政诉讼中一并请求赔偿的处理程序。行政赔偿请求人在行政诉讼中一并提出行政赔偿请求的，人民法院适用普通的行政诉讼程序对行政赔偿请求进行审理和裁判，但人民法院对行政赔偿请求的审查和裁判时要适用一些特殊规则。

如前所述，赔偿请求人如果是在申请行政复议或提起行政诉讼时一并提出赔偿请求，行政复议机关或人民法院处理行政赔偿案件与处理普通行政案件所适用的基本程序阶段并无差异，准用处理普通行政案件的行政复议程序或诉讼程序对行政赔偿请求一并进行处理。因此，现行法并没有就此作系统全面的规定，以下仅介绍赔偿请求人单独提出赔偿请求时所适用的程序。

二、行政赔偿先行处理程序

(一) 行政赔偿先行处理程序的涵义

行政赔偿先行处理程序是指行政赔偿请求人向行政赔偿义务机关提出赔偿请求，行政赔偿义务机关依法进行处理或与赔偿请求人就赔偿的方式、项目和数额进行协商，从而解决行政赔偿争议的程序。理解行政赔偿先行处理程序时，要注意以下几点：①行政赔偿先行处理程序主要适用于行政赔偿请求人单独提出赔偿请求的情形；②行政赔偿先行处理程序即是由行政赔偿义务机关处理的程序，性质上属于行政程序；③行政赔偿先行处理程序是行政赔偿司法程序的前置性程序，又称为行政赔偿前置程序；④行政赔偿先行处理程序一般包括提交申请程序、受理审查程序、协商处理程序和赔偿决定程序。

(二) 单独申请行政赔偿的条件

赔偿请求人向赔偿义务机关提出行政赔偿申请，应当符合下列条件：①赔偿请求人适格。即行政赔偿请求人必须是受行政主体及其工作人员职务行为侵权并遭受权益损害的受害人或受害人的继承人或权利承受人。②向适格的赔偿义务机关提出。即赔偿请求权人必须向《国家赔偿法》第7条和第8条规定的赔偿义务机关提出申请。③行政侵权行为的违法性已经得到确认。即行政侵权行为已经由行政机关自己、行政复议机关或人民法院的生效法律文书确认违法。④符合国家赔偿的范围。即申请人必须在《国家赔偿法》第3条和第4条规定的赔偿范围内提出申请。⑤在请求时效期限内。赔偿请求人请求国家赔偿的时效为2年，自其知道或者应当知道国家机关及其工作人员行使职权时的行为侵犯其人身权、财产权之日起计算，但被羁押等限制人身自由期间不计算在内。赔偿请求人在赔偿请求时效的最后6个月内，因不可抗力或者其他障碍不能行使请求权的，时效中止。从中止时效的原因消除之日起，赔偿请求时效期间继续计算。

注意：行政侵权行为违法性得到确认，并不是指要有单独的确认违法程序，而只是需要有被认定违法的确认结果。

（三）提交行政赔偿申请的程序

行政赔偿请求人单独向赔偿义务机关提出行政赔偿请求，适用下列程序：①赔偿请求人请求赔偿应当递交行政赔偿申请书，赔偿请求人书写申请书确有困难的，可以委托他人代书，也可以口头申请，由赔偿义务机关记入笔录；②赔偿请求人根据遭受到的不同损害，可以同时提出数项赔偿请求；③赔偿请求人不是受害人本人的，应当说明与受害人的关系，并提供相应证明。

行政赔偿申请书应当载明下列事项：①受害人的姓名、性别、年龄、工作单位和住所，法人或者其他组织的名称、住所和法定代表人或者主要负责人的姓名、职务；②具体的要求、事实根据和理由；③申请的年、月、日。

（四）赔偿义务机关受理申请程序

赔偿请求人当面递交申请书的，赔偿义务机关应当当场出具加盖本行政机关专用印章并注明收讫日期的书面凭证。申请材料不齐全的，赔偿义务机关应当当场或者在5日内一次性告知赔偿请求人需要补正的全部内容。行政赔偿义务机关收到赔偿申请后，应当对申请进行形式审查，并根据审查情形进行如下处理：①申请符合法定条件，属于本机关管辖范围的，通知予以受理；②属于国家赔偿范围，但不属于本机关赔偿的，告知向负有赔偿义务的机关申请赔偿；③申请不符合条件且未补正材料的，不予受理并告之理由。

（五）赔偿当事人协商处理赔偿程序

行政赔偿义务机关受理赔偿申请后，可以与行政赔偿请求人就赔偿方式、赔偿项目和赔偿数额等进行协议，促成赔偿协议以解决赔偿纠纷。行政赔偿义务机关的协商处理程序具有以下特征：①协商处理方式具有自愿性，并非行政赔偿义务机关先行处理程序的必然选择；②赔偿协商内容具有法定性，主要限于赔偿方式、赔偿项目和赔偿数额等方面；③协商处理程序在多数情况下由赔偿义务机关依职权启动，也可以依赔偿请求权人的申请启动；④赔偿义务机关协商成功的，应签订赔偿协议，协商无果应当及时作出赔偿决定；⑤生效的赔偿协议具有法律效力，可申请强制执行，赔偿请求人可要求按赔偿协议制作赔偿决定书。

（六）赔偿义务机关作出赔偿决定程序

行政赔偿义务机关不能与赔偿请求人达成赔偿协议的，应当自收到申请之日起两个月内作出是否赔偿的决定。赔偿义务机关决定赔偿的，应当制作赔偿决定书，并自作出决定之日起10日内送达赔偿请求人。赔偿义务机关决定不予赔偿的，应当自作出决定之日起10日内书面通知赔偿请求人，并说明不予赔偿的理由。

三、行政赔偿诉讼程序

（一）行政赔偿诉讼程序的概念

行政赔偿诉讼程序是指行政赔偿请求人就行政赔偿事宜向人民法院起诉，人民法院在诉讼参与人的参加下，就行政赔偿争议案件进行审理并作出裁判的方式、步骤、顺序和时限的总和。针对行政赔偿诉讼案件的特殊性，最高人民法院在1997年4月29日颁布了《关于审理行政赔偿案件若干问题的规定》（以下简称《审理行政赔偿案件规定》），就行政赔偿诉讼的受案范围、管辖、诉讼当事人、起诉与受理、审理和判决作出了规定，确立了行政赔偿诉讼的各项程序制度。

（二）行政赔偿诉讼案件的类型

根据《审理行政赔偿案件规定》关于行政赔偿诉讼受案范围的规定，行政赔偿诉讼案件主要包括以下几类：

1. 赔偿请求人对赔偿义务机关行政赔偿决定不服，直接提起行政赔偿诉讼的案件。这类案件主要是指赔偿义务机关受理赔偿申请后作出了赔偿决定，但赔偿请求人对赔偿范围、赔偿数额、赔偿方式、赔偿履行时间等内容不服，直接向人民法院提起行政赔偿诉讼的案件。

2. 赔偿请求人对赔偿义务机关不作为不服，直接提起行政赔偿诉讼的案件。具体又包括以下几种案件：①赔偿申请人提出赔偿申请后，行政赔偿义务机关拒绝受理赔偿申请，赔偿请求人不服，直接提起行政赔偿诉讼的案件；②行政赔偿义务机关受理赔偿申请后，不按期处理赔偿申请或对赔偿申请不予理睬，赔偿请求人不服而直接提起行政赔偿诉讼的案件；③行政赔偿义务机关受理赔偿申请后，赔偿义务机关作出拒绝赔偿决定，赔偿请求人不服而直接提起行政赔偿诉讼的案件。

3. 人民法院在普通行政案件中处理原告一并提出的行政赔偿请求的案件。这类案件主要是指行政相对人对具体行政行为不服提起行政诉讼，请求人民法院对具体行政行为的合法性进行审查的同时，提出赔偿请求，人民法院对赔偿请求一并处理的行政诉讼案件。

（三）行政赔偿诉讼程序制度

行政赔偿诉讼是一类特殊的行政诉讼，其程序阶段与一般行政诉讼程序阶段基本相同，但在一些具体审理制度上有所不同，具体体现在以下几个方面：

1. 起诉与受理。行政赔偿诉讼的起诉与受理分以下两种情况：①公民、法人或其他组织在提起的行政诉讼中一并提出赔偿请求的，依照行政诉讼法确立的一般起诉与受理规则进行；②赔偿请求人单独提起行政赔偿诉讼的，起诉期限、起诉条件与受理审查内容与一般行政诉讼有所差别。如果赔偿请求人单独提起行政赔偿诉讼，除应当符合行政起诉的一般条件外，还必须以赔偿义务机关已先行处理或超过法定期限不予处理为前置性条件。起诉期限为行政赔偿义务机关作出赔偿决定（或不予赔偿决定）之日起3个月，行政赔偿义务机关超过法定期限未作出赔偿决定的，自期限届满之日起3个月。

2. 审理规则。行政赔偿诉讼案件的具体程序阶段与一般行政诉讼程序阶段相同，在审理制度上有以下两点差别：①行政赔偿案件的审理可以适用调解结案。人民法院审理行政赔偿案件在坚持合法、自愿的前提下，可以就赔偿方式、赔偿项目和赔偿数额进行调解。调解成立的，应当制作行政赔偿调解书。②行政赔偿诉讼中当事人根据"谁主张，谁举证"规则承担举证责任。但是赔偿义务机关采取行政拘留或者限制人身自由的强制措施期间，被限制人身自由的人死亡或者丧失行为能力的，赔偿义务机关的行为与被限制人身自由的人的死亡或者丧失行为能力是否存在因果关系，赔偿义务机关应当提供证据。

3. 裁判规则。人民法院对行政赔偿案件的裁判文书类型按以下方式使用：①赔偿请求人在行政诉讼中一并提出赔偿请求，人民法院作出裁判的法律文书使用行政判决书或行政裁定书，赔偿事项作为行政裁判文书之一项予以裁判；②人民法院对单独提起行政赔偿案件作出判决的法律文书的名称为行政赔偿判决书、行政赔偿裁定书或者行政赔偿调解书。

四、行政追偿程序

（一）行政追偿的概念

行政追偿，是指行政赔偿义务机关向行政赔偿请求人支付赔偿费用或履行赔偿义务后，依法责令有故意或重大过失的行政工作人员、受委托组织或个人承担部分或全部赔偿费用的法律制度。根据我国《国家赔偿法》的规定，在行政追偿法律关系中，行政追偿人是行政赔偿义务机关，被追偿人是在行使国家行政职权过程中，有故意或重大过失的行政工作人员、接受行政委托的组织或个人。

（二）行政追偿的特征

行政追偿制度具有以下几个特征：①行政追偿的条件是行政机关因工作人员的故意或者重大过失行为承担了赔偿责任，行政赔偿义务机关已经赔偿了受害人的损失；②行政追偿的对象是在行政行为过程中有故意或者重大过失的行政工作人员或者受委托的组织或者个人；③行政追偿的金额是行政赔偿义务机关承担赔偿费用的部分或全部；④现行法对行政赔偿义务机关的追偿期限没有具体规定。

（三）国家追偿的步骤

国家追偿程序是指国家赔偿义务机关行使追偿权、作出追偿决定的方式、步骤、顺序和时限的总称。国家赔偿法并没有规定国家追偿的程序，实践中一般认为应当包括以下程序步骤：①立案。即确定是否作为行政追偿案件来处理。②调查核实。即调查被追偿的行政工作人员、受委托组织或个人是否有故意违法或重大过失的情形。③告知与申辩。即告知可能被追偿的行政工作人员、受委托组织或个人有权陈述和申辩，并听取被追偿人的陈述和申辩意见。④作出追偿决定。即决定是否对行政工作人员、受委托组织或个人实施追偿。⑤执行。即对被追偿行政工作人员、受委托组织或个人扣缴相应的费用。⑥救济。即被追偿行政工作人员、受委托组织或个人对追偿决定不服的，可以依法申诉，但申诉不停止追偿费用的执行。

复习思考

一、选择题

1. 张某租用农贸市场一门面从事经营。因赵某提出该门面属于他而引起争议，工商局扣缴张某的营业执照，致使张某停业2个月之久。张某在工商局返还营业执照后，提出赔偿请求。下列属于国家赔偿范围的是（　　）。
   A. 门面租赁费　　　　　　　　B. 食品过期不能出售造成的损失
   C. 张某无法经营的经济损失　　D. 停业期间张某依法缴纳的税费

2. 县交通局执法人员甲在整顿客运市场秩序的执法活动中，滥用职权致使乘坐在非法营运车辆上的孕妇乙重伤，检察机关对甲提起公诉。为保障自己的合法权益，乙的下列哪种做法是正确的？（　　）
   A. 提起刑事附带民事诉讼，要求甲承担民事赔偿责任
   B. 提起行政赔偿诉讼，要求甲所在行政机关承担国家赔偿责任
   C. 提起刑事附带行政赔偿诉讼，要求甲所在行政机关承担国家赔偿责任
   D. 提起刑事附带民事诉讼，要求甲及其所在的行政机关承担民事赔偿责任

3. 《国家赔偿法》规定，赔偿义务机关作出是否予以行政赔偿决定的期限是自收到赔偿申请之日起的（　　）。
   A. 1个月内　　B. 2个月内　　C. 3个月内　　D. 6个月内

4. 在下列情形中，应列入行政赔偿范围的是（　　）。
   A. 某高压电设置不当致人死亡　　B. 某公安机关将某人错误逮捕10天
   C. 某镇政府错误征收500亩农田　　D. 某执法人员执法中将小商贩打伤

5. 在造成公民死亡的国家赔偿案中，赔偿费用包括（　　）。
   A. 死亡赔偿金　　　　　　B. 丧葬费
   C. 精神损害抚慰金　　　　D. 误工损失

6. 国家赔偿案件中的受理费等一切费用和开支均由（　　）。
   A. 赔偿请求人负担　　　　B. 败诉一方负担
   C. 赔偿义务机关负担　　　D. 赔偿当事人共同分担

7. 行政赔偿的请求时效为（　　）。
   A. 3个月　　B. 6个月　　C. 1年　　D. 2年

8. 行政赔偿义务机关在受理和处理受害人单独提出的赔偿请求时，首先应确认的是（　　）。
   A. 加害行政行为的职权性和违法性
   B. 受害人提出赔偿请求的合法正当性
   C. 赔偿请求人与受害人之间的关系
   D. 侵权行为与损害事实之间的因果关系

9. 某市公安局刑事警察赵某下班期间发现有人斗殴，即予以制止。正巧打架的马某与赵某有隙，便对赵某出言不逊。赵某大怒，开枪将马某击伤。下列关于赔偿责任的说法正确的是（　　）。
   A. 应由赵某赔偿，因其行为属于行使职权无关的个人行为
   B. 应由赵某赔偿，因其是刑事警察，无治安管理职权，且是在下班期间作出
   C. 应由公安局赔偿，因赵某的行为是公务行为
   D. 应由公安局赔偿，因赵某的行为属于违法使用武器、警械造成公民身体伤害的情形

10. 行政赔偿的归责原则是（　　）。
    A. 过错责任原则　　　　B. 无过错责任原则
    C. 违法归责原则　　　　D. 危险责任原则

11. 行政机关违法作出责令停产停业行政处罚，应当赔偿被处罚人停产停业期间必要的经常性费用的开支，包括（　　）。
    A. 水电费　　　　　　　B. 房屋租金
    C. 职工基本工资　　　　D. 合同违约金

12. 下列哪些国家侵权行为不适用消除影响、恢复名誉、赠礼道歉的责任方式？（　　）
    A. 公安人员盘问过程中殴打刘某
    B. 海关违法扣留张某 5 小时
    C. 法院以转移被查封财产为由错误拘留陈某 15 日
    D. 镇政府公布本镇有不良嗜好人员名单

13. 关于行政赔偿诉讼，下列哪些选项是正确的？（　　）
    A. 当事人在提起行政诉讼的同时一并提出行政赔偿请求，法院应分别立案
    B. 除特殊情形外，法院单独受理的一审行政赔偿案件的审理期限为 6 个月
    C. 如复议决定加重损害，赔偿请求人只对复议机关提出行政赔偿诉讼的，复议机关为被告
    D. 提起行政诉讼时一并提出行政赔偿请求的，可以在提起诉讼后至法院一审判决前提出

二、名词解释

行政赔偿　行政赔偿请求人　行政赔偿义务机关　行政赔偿先行处理程序　行

政追偿

三、简答题
1. 简述行政赔偿与司法赔偿的区别。
2. 行政赔偿的归责原则是什么？如何理解？
3. 简述行政赔偿请求人的资格及其范围。
4. 简述人身损害的赔偿标准。
5. 简述财产损害的赔偿标准。

四、论述题
1. 试述行政赔偿责任的构成要件。
2. 试述行政赔偿的范围。
3. 试述行政赔偿义务机关如何确定？
4. 试述行政赔偿诉讼程序与普通行政诉讼程序的主要差异。

五、案例分析
1. 案情：甲县城管局没有书面通知乙厂就强制拆除后，乙厂违章建筑的房屋，也未制作物品清单，在搬运房屋内物品过程中损坏部分物品。后乙厂与丙厂合并成立新的丁厂。丁厂以自己的名义向人民法院起诉，要求甲县城管局赔偿建房投入和物品损失。

问题：（1）丁厂是否具有原告资格？请说明理由。
（2）若法院经过审理认定城管局的强制拆除行为程序违法，法院是否应该支持丁厂的赔偿请求？请说明理由。

2. 案情：中国A公司与国外B公司签订粮食买卖合同并支付了全部货款。当运输公司C公司的货轮将A公司购买的货物运抵中国港口时，某公安厅所属的海警支队以该批货物在该港的存放和装船数量有问题为由将船及货物扣押。海警支队向A公司出具一份扣押清单。随后海警支队将该批货物以市场价格的60%予以变卖，得货款2400万元，随后放走了C公司货轮。为此，A公司认为海警支队的做法违法，侵害了A公司的财产权，请求海警支队赔偿损失，但均遭到拒绝。

问题：（1）本案的原告可以是谁？为什么？
（2）A公司能否就扣押行为提起行政赔偿诉讼？说明理由。

3. 案情：李某为某村村民，未经任何行政主管部门批准，在自家住宅旁的空地上又建了一座新房，且占用了部分耕地。后经群众举报，乡政府派相关的农村建房用地管理人员对李某的建房进行勘察，认定李某未经过农村土地管理机关的批准擅自建房，属于违法建筑行为，并根据有关规定限令李某7天内自行拆除上述违法建筑物。期间，李某没有向县农村土地管理机关申请复议，也没有向人民法院提起诉讼；期满后乡政府提请人民法院对李某的违法建筑实施了强制拆除。但李某在此期间并没有收到任何有关强制拆除的决定书和告知书。在强制拆除过程中，邻居王某发现上个月刚丢失的自行车就放在李某家中，但在拆除的过程中被损坏。王某要求李某赔偿,李某主张由拆除部门承担赔偿。于是李某以乡政府的强制拆除行为违法为由提起行政诉讼,并要求对房屋,以及在拆除过程中所损坏的自行车、电视机等财物给予行政赔偿。

问题:(1)本案中,乡政府的强制拆除行为合法吗?法院应该如何判决?

(2)根据《国家赔偿法》的规定,李某的行政赔偿请求是否能得到满足?为什么?

4. **案情:**乐都县绿源林业开发有限责任公司(以下简称绿源公司)通过乐都县下营乡人民政府公开拍卖取得了乐都县下营林场及其周边2.2万亩土地50年的土地使用权,经被告乐都县人民政府审查,颁发了《集体土地使用证》,后通过乐都县计划委、海东计划委等14个主管部门批准,开发林业、种植中药材、养殖牛、羊、鹿、饲料加工及民族特色旅游开发等,并投入300余万元建鹿、羊舍及温棚,购买草种、大黄,整修公路等。4年后,乐都县人民政府向下营乡大庄等八个行政村桑杰等776人颁发《林权证》。随后,绿源公司认为乐都县人民政府向下营乡大庄行政村桑杰等776人的《林权证》与其所持有的《集体土地使用证》所确定的土地范围与林地范围部分重合,给其造成了较大的经济损失,请求乐都县人民政府予以赔偿。随后,乐都县人民政府作出不予行政赔偿的决定。绿源公司不服,向人民法院提起行政赔偿诉讼。

问题:(1)被告向原告颁发《集体土地使用证》与向其他行政村颁发《林权证》的行为是否违法?

(2)原告是否有权获得行政赔偿?

拓展阅读

[1] 马怀德:《国家赔偿法的理论与实务》,中国法制出版社1994年版。

[2] 杨小君:《国家赔偿法律问题研究》,北京大学出版社2005年版。

[3] 江必新、梁凤云、梁清:《国家赔偿法理论与实务》,中国社会科学出版社2010年版。

[4] 杨建华:《行政赔偿和解程序研究:从行政赔偿私了现象的分析入手》,中国民主法制出版社2010年版。

[5] 曾刚:《行政赔偿归责原则研究》,法律出版社2012年版。

第十九章

行政补偿

学习提要

行政机关及其工作人员除因其违法侵权行政行为造成损害要承担行政赔偿责任外，因合法行为造成行政相对人的损失也要承担责任，这种责任在行政法学上称为行政补偿责任。行政补偿责任与行政赔偿责任都是行政责任的重要组成部分，行政补偿制度也是行政法制监督与救济制度的重要制度之一。我国目前没有行政补偿制度的统一立法，相关制度内容散见于单行法律法规的部分条文规定。本章对行政补偿的基本理论和具体制度进行简单的介绍，学习时要掌握行政补偿的概念、特征、构成、范围、标准和程序等理论与具体制度，特别是要重点掌握行政赔偿与行政补偿的区别。学习本章时要熟悉《国有土地上房屋征收与补偿条例》的法条规定。

本章知识结构图

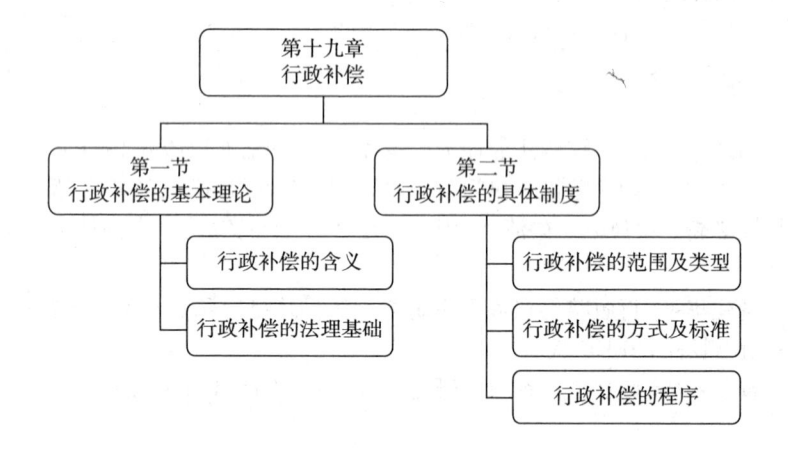

```
                    第十九章
                    行政补偿
                   ┌────┴────┐
            第一节              第二节
         行政补偿的基本理论    行政补偿的具体制度
            │                    │
         ┌──┤                 ┌──┤
         │ 行政补偿的含义      │ 行政补偿的范围及类型
         │                    │
         │ 行政补偿的法理基础   │ 行政补偿的方式及标准
                              │
                              │ 行政补偿的程序
```

第一节 行政补偿的基本理论

一、行政补偿的含义

（一）行政补偿的概念

行政补偿，又称行政损失补偿，是指行政机关及其工作人员的合法行政行为对公民、法人或其他组织的合法权益造成了特别损失,由国家依法对其所受损失予以补救的法律制度。在世界史上,行政补偿制度尽管最早在法国 1789 年就已由《人权宣言》宣布确立,但至今少有国家制定了统一的行政补偿法,多数国家只是在宪法或一些单行法律法规中有原则性规定。新中国成立后,一直都没有制定统一的行政补偿法,《国家赔偿法》对行政补偿的问题也没有作任何规定。目前,我国《宪法》第 10 条和第 13 条明确规定了对土地和私有财产的征收和征用补偿制度,除此以外,《物权法》《土地管理法》《海洋环境保护法》《大气污染防治法》《森林法》《草原法》《国有土地上房屋征收与补偿条例》等法律法规中都涉及了行政补偿问题,使许多行政管理领域的行政补偿问题有法可依,但由于缺少专门立法的统一规定,各单行法律法规规定的补偿范围、补偿标准、补偿程序等制度存在较大差异。

(二)行政补偿的特征

综观各单行法律法规关于行政补偿制度的规定,我国行政补偿制度具有以下几个典型特征:

1. 行政补偿以合法行政行为造成损失为前提。我国将行政补偿与行政赔偿作了严格的区分,行政补偿的损失只是合法行政行为造成的损失,违法行政行为造成的损害补救属于行政赔偿。

2. 行政补偿以无义务相对人遭受特别损失为要件。国家对公民、法人或其他组织因公平分配的公共负担而承担的义务不必加以补偿。如服兵役、依法纳税等是公民应尽的义务,是一种公平的负担,无须补偿。国家只对公民、法人或其他组织遭受的除公平公共负担以外的特别损失承担补偿责任。

3. 行政补偿以相对人遭受损失的实际发生为基础。如果公民、法人或其他组织没有遭受实际的损失,行政补偿便无以发生,国家不对公民、法人或其他组织将来可能遭受的损失承担补偿责任,而且相对人的合法权益损失与合法行政行为之间须具有因果关系。

4. 行政补偿是一种可诉的具体行政行为。行政补偿行为属于具体行政行为,行政相对人不服行政机关作出的行政补偿决定、拒绝补偿决定或不履行补偿决定等行为都可以申请行政复议或提起行政诉讼。

(三)行政补偿与行政赔偿的比较

行政赔偿与行政补偿的相同点在于:①从责任性质角度讲,国家赔偿责任与国家补偿责任都是国家责任,而且都是国家自己的责任而非代位责任;②从责任表现形式角度讲,国家赔偿与国家补偿都是对受害者受损合法权益的恢复与补救;③从理论基础角度讲,国家赔偿与国家补偿都以相对人遭受了公共负担之外的特别损失为要件。但二者也有重大区别,具体包括:

1. 发生的原因不同。两者都是国家对行政机关及其工作人员在行政管理过程中侵犯公民、法人或者其他组织合法权益所采取的补救措施,但是,行政赔偿所针对的损害是行政机关及其工作人员的违法行为所致,而行政补偿针对的损害是合法行为所致。

2. 制度的性质不同。行政赔偿性质上属于行政法律责任，而行政补偿性质上属于具体行政行为。行政赔偿是国家对行政权违法行使造成侵权而承担的一种法律责任，具有制裁性、否定性；而行政补偿是国家对行政权合法行使所造成的损失而采取的补救措施，不具有制裁性、否定性。

3. 救济的范围不同。一般而论，行政赔偿的范围小于行政补偿的范围。行政赔偿受国家赔偿法的限制，国家并非对所有的行政侵权行为都承担赔偿责任，例如对国防外交等国家行为，一般认为实行国家豁免。行政补偿的原因行为除了合法性这一限制之外，没有其他的限制。

4. 救济的标准不同。行政赔偿的补救程度不如行政补偿充分。国家赔偿法针对的损害限于人身权和财产权的损害，而行政补偿没有这种限制。行政赔偿一般限于直接损失，行政补偿采取补偿实际损失的原则。行政赔偿有最高赔偿数额，行政补偿一般没有数额的限制。

5. 救济的程序不同。行政补偿可能是在损失发生之前，也可能是在损害发生之后由行政主体与相对人协商解决。行政赔偿只能发生在侵权行为发生之后，由行政主体与相对人协商解决。相对人因与行政主体对行政补偿不能达成协议而起诉的，适用一般的行政诉讼程序；与行政赔偿义务机关对行政赔偿不能达成协议而起诉的，适用行政侵权赔偿诉讼程序。

二、行政补偿的法理基础

（一）行政补偿的理论基础

行政补偿责任的前提是合法行政行为造成相对人合法权益的损失。既然是合法的行政行为，为什么国家还要对这种损失承担行政补偿责任呢？这涉及行政补偿的理论基础问题，主要观点有以下几种：

1. 国家恩惠说。该说认为，国家行政机关有依法实施行政行为以管理国家和社会公共事务的各项权力，这是国家作为主权者履行法定职能的需要。国家对行政机关及其工作人员因行政权的行使造成行政相对人合法权益损失而给予补偿，这实际上是国家对受害人实施的一种恩惠。国家恩惠说出现年代较早，是专制思想的产物。随着现代民主法治理论的发展，这种学说不再具有合理性。

2. 特别牺牲说。德国行政补偿以特别牺牲说为理论基础。此说认为国家合法行政行为造成相对人损失，这种损失不是相对人应承担的一般义务，它是使无义务的特定人所受的特别牺牲。对这种牺牲，国家理应给予补偿，以合乎公平正义原则。德国的特别牺牲说与法国的公共负担平等说具有相似性。该学说认为国家政府的活动都是为了公共利益，所需费用（成本）应由社会全体分担，政府合法行政行为给特定人造成的损害，实际上等于受害人在一般负担以外承担的额外负担，为了使负担平等，国家应当赔偿受害人的损失，即通过国家财税制度和补偿制度将这种额外负担平等地分配于社会全体成员。

3. 社会保险说。这一理论把民间保险的原理加以引申,用以说明国家补偿的实质。它将国家视为全社会成员的保险人,把社会成员向国家纳税视为向保险公司投保,把国家机关及其工作人员的合法公务行为所造成的损害视为受害人遭受的一种意外灾害。由于国库收入的主要来源是税收,因此国家补偿社会成员的损失就等于社会集资填补个人的意外损害,这就是所谓的社会保险。国家对受损失的公民、法人或其他组织予以救济,就如同保险公司向保险人支付保险金一样。

4. 结果责任说。由于早期国家赔偿制度以过失责任为基础,这不利于国家对无故意或过失之行为造成相对人的合法权益损害的补救。为对受害人遭受之损害给予公正补救,学界借鉴民法上之结果责任理论,用以解释国家补偿制度建立的正当性。这一学说认为,无论行政行为合法或违法,以及行为人有无故意或过失,只要行政活动导致的损害为一般社会观念所不允许,国家就必须承担补偿责任。国家补偿的根据在于国家给私人带来无法回避的危险,无须追究行为人主观上是否有故意或是过失,故称结果责任说。

5. 人权保障说。该说认为民主国家的基本目的和重要任务之一就是保护人权,国家有保护公民免受其他公民或组织侵害的责任,当然更有义务保证公务不受来自国家的侵害。国家因公共利益需要所为合法行为使相对人合法权益造成损失,其行为虽不违法,但行政相对人的各种权利应受保障,对行政相对人的损失国家应给予补偿。这种学说与既得利益保障说具有相似性。

我们认为,行政补偿责任之所以成立,是因为:国家行政机关因维护公共利益需要而实施的合法行政行为给相对人造成特殊损失,不能完全由行政行为的相对人个人承受。从公平正义原则出发,既然这种损失是因公共利益而发生,损失补偿自然应由社会全体成员分摊,所以此种损失补偿应是基于公共负担平等原则基础上的特别牺牲补偿。

(二) 行政补偿责任的构成

行政补偿作为行政法上的一种制度,其合法性、正当性直接来源于宪法中的征收补偿条款。这些条款不仅为行政补偿制度的建立提供了根本法上的依据,同时也规定了实践中行政补偿责任的构成要件。

1. 遭受特别牺牲。即公民、法人或其他组织合法权益遭合法行为的限制或剥夺,这种限制或剥夺不同于财产权自身的内在限制,不是行政相对人基于法律规定而承担的普遍性义务,是对特定行政相对人的限制或剥夺。

2. 原因行为合法。即造成公民、法人或其他组织合法权益特别牺牲的原因行为是合法正当的行政行为。具体包含两层意思,一是行政主体为剥夺或限制行政相对人合法权益的行为时具有法律上的依据;二是行政主体实施剥夺或限制行为时的动机和目的必须是基于公共利益的需要。

3. 具有因果关系。即公民、法人或其他组织合法权益遭受特别损失是行政主体的合法行政行为所致,行政主体的合法行政行为与公民、法人或其他组织合法权益损失之间具有直接或相当的因果关系。

第二节 行政补偿的具体制度

我国行政补偿尚未有统一的立法，行政补偿涉及的具体制度包括补偿的范围、方式、标准和程序等方面，其中范围、方式和标准属于实体制度的范畴，是行政补偿制度的基本要素。

一、行政补偿的范围及类型

行政补偿的范围由具体的补偿类型所决定。在实践中，我国行政补偿的主要种类包括行政征收与征用补偿、公共危机补偿、执行职务损失补偿等。

（一）行政征收与征用补偿

行政机关为了公共利益征收或征用公民、法人或其他组织财产，而造成公民、法人或其他组织的特别损失的，国家应承担行政补偿责任。如集体土地的征用补偿、国有土地上房屋征收补偿等。征收和征用有所区别：征收通常是所有权的转移，相应财产由公民、法人或其他组织所有转为国家所有；征用则通常不转移财产所有权，行政主体只是对公民、法人或其他组织财产"借用"一段时间，等用完以后仍归还公民、法人或其他组织。这两种情况无论是哪种，行政机关都应对公民、法人或其他组织受到的损失予以补偿。

（二）公共危机管理补偿

即行政主体因实施公共危机管理行为给公民、法人或其他组织造成财产损失而给予的补偿，具体包括以下几种情况：①行政机关为抢险救灾活动而损害公民、法人或其他组织权益。如在发生洪灾时，政府采取分洪措施，将洪水引向农村或者乡镇地区，必将损害该区域公民、法人或者其他组织的利益。②行政机关从事高度危险性工程建设或相关活动而损害公民、法人或其他组织权益。如核电站的修建和运作、化学物品的生产、运输和存放、监狱和精神病院的管理等，都可能（不是必然）因各种原因引发公共安全危机。③行政机关为保障公共卫生安全而损害公民、法人或其他组织权益。如国家为防止高致病性禽流感疫情扩散，捕杀销毁各类家禽。

（三）执行职务损失补偿

即行政主体及其工作人员因执行特定职务行为给公民、法人或其他组织造成财产损失而给予的补偿，具体包括以下几种情况：①行政机关合法执行公务导致公民、法人或其他组织权益受到特别的损害。如公安机关在追捕犯罪嫌疑人时使用枪械，误伤其他人。②公民、法人或其他组织因主动协助公务和见义勇为，使自己的身体或财产受到损害。③行政机关撤销或改变原合法行政行为，导致公民、法人或其他组织权益的损害。如行政机关为了改善生态或生活环境，决定提高特定地区的环境标准，因此而撤销原来颁发的许可证，企业因停产停业可能造成的重大财产损失，国家应承担行政补偿责任。④公民、法人或其他组织为履行特定公共义务，导致合法权益遭受损失。如《野生动物保护法》第 14 条规定："因保护国家和地方重点保护野生动物，造成农作物或者其他损失的，由当地政府给予补偿……"

二、行政补偿的方式及标准

（一）行政补偿的方式

从我国立法实践看，行政补偿的方式主要有两种：

1. 直接补偿。直接补偿的方式，包括金钱补偿、返还财产和恢复原状。行政补偿的方式一般以金钱补偿为主，但能够返还财产或恢复原状的，应予返还财产或恢复原状。

2. 间接补偿。间接补偿的方式，常见的主要有以下几种：①在人、财、物的调配上给予优惠；②减、免税费；③授予某种能给受损失人带来利益的特许权；④给予额外的带薪休假、旅游和疗养等；⑤通过晋级晋职、增加工资、安排就业、分配住房及解决户口等方式予以照顾。

（二）行政补偿的标准

我国行政补偿领域尚无通行的统一标准。根据法律、法规的相关规定，我国行政补偿的现行标准可归纳为适当补偿标准和量化限制标准。

1. 适当补偿标准。即法律、法规或规章对行政补偿的标准并没有作明确的规定，而是简单授权规定对行政相对人给予"适当""相应"或"合理"的补偿。如《国防法》第 48 条规定："国家根据动员需要，可以依法征收、征用组织和个人的设备设施、交通工具和其他物资。县级以上人民政府对被征收、征用者因征收、征用所造成的直接经济损失，按照国家有关规定给予适当补偿。"有该标准规定的法律法规还包括《台湾同胞投资保护法》《城市房地产管理法》《中外合资经营企业法》《外资企业法》《戒严法》《归侨侨眷权益保护法》等。

2. 量化限制标准。如《土地管理法》第 47 条规定：征收土地的，按照被征收土地的原用途给予补偿。征收耕地的补偿费用包括土地补偿费、安置补助费以及地上附着物和青苗的补偿费。征收耕地的土地补偿费，为该耕地被征收前 3 年平均年产值的 6～10 倍。征收耕地的安置补助费，按照需要安置的农业人口数计算。需要安置的农业人口数，按照被征收的耕地数量除以征地前被征收单位平均每人占有耕地的数量计算。每一个需要安置的农业人口的安置补助费标准，为该耕地被征收前 3 年平均年产值的 4～6 倍。但是，每公顷被征收耕地的安置补助费，最高不得超过被征收前 3 年平均年产值的 15 倍。征收其他土地的土地补偿费和安置补助费标准，由省、自治区、直辖市参照征收耕地的土地补偿费和安置补助费的标准规定。被征收土地上的附着物和青苗的补偿标准，由省、自治区、直辖市规定。征收城市郊区的菜地，用地单位应当按照国家有关规定缴纳新菜地开发建设基金。依照本条第 2 款的规定支付土地补偿费和安置补助费，尚不能使需要安置的农民保持原有生活水平的，经省、自治区、直辖市人民政府批准，可以增加安置补助费。但是，土地补偿费和安置补助费的总和不得超过土地被征收前 3 年平均年产值的 30 倍。国务院根据社会、经济发展水平,在特殊情况下,可以提高征收耕地的土地补偿费和安置补助费的标准。

三、行政补偿的程序

行政补偿程序是指受损失公民、法人或其他组织获得行政补偿的程序步骤、方式和时限等。广义的行政补偿程序包括行政主体处理行政补偿事宜的行政程序和公民、法人或其他组织不服补偿处理的救济程序。

(一)行政补偿的行政程序

在实践中,对公民、法人或其他组织所遭受损失的补偿程序具体分为行政主体主动补偿程序和依申请补偿程序两种。

1. 主动补偿程序。行政主体依法主动实施补偿是行政补偿的基本方式。行政主体主动实施补偿一般包括以下步骤:①行政机关发出补偿通知,通知中应包括补偿的事由、依据、标准、方式及申请异议期等;②听取并答复被补偿人的意见,说明补偿的理由,必要时可以采用听证会的方式进行;③与被补偿人协商并签订补偿协议,或由补偿机关作出补偿决定并告知救济权利;④根据补偿协议或补偿决定支付补偿费用或交付补偿实物。

2. 依申请补偿程序。公民、法人或其他组织合法权益因行政行为或公益遭受损失也可以向申请行政主体补偿。依申请补偿程序一般包括以下步骤:①受损人提出补偿申请,申请一般以书面方式提出,应载明要求补偿的事实、理由以及补偿的项目、标准和方式;②补偿义务机关对补偿申请进行审查并告知初步审查结果,听取并答复申请人的意见,必要时可以采用听证会的方式进行;③补偿义务机关与补偿申请人就补偿的项目、方式和标准进行协商,达成补偿协议或作出补偿或不予补偿的决定;④送达补偿决定,不予补偿决定应当说明理由,并告知补偿申请人的救济权利;⑤根据补偿协议或补偿决定支付补偿费用或交付补偿实物。

(二)行政补偿的救济程序

行政主体作出补偿决定或不予补偿决定时,应当告知公民、法人或其他组织有权申请行政复议或提出行政诉讼。公民、法人或其他组织对行政主体作出的不予补偿决定或被补偿人对补偿的项目、标准或方式不服,可以自知道行政补偿决定之日起60日内,依照《行政复议法》的规定向行政复议机关申请行政复议,如果对行政复议机关的复议决定不服,还可以自收到复议决定书之日起15日提出行政诉讼;也自知道行政补偿决定之日起6个月内,依照《行政诉讼法》的规定直接参与向人民法院提起行政诉讼。

复习思考

一、选择题

1. 行政补偿的产生是因为下列哪些行为造成了公民、法人或其他组织合法权益的损失?( )

A. 合法的行政行为　　　　B. 不当的行政行为
C. 违法的行政行为　　　　D. 过错的行政行为

2. 下列关于行政补偿的说法不正确的是（　　）。

A. 行政补偿的构成要件是存在行政行为违法侵权损害的事实
B. 获得补偿的对象是没有法定义务而受到损害的人
C. 国家是行政补偿的义务主体
D. 对行政补偿不服可以提起行政诉讼

3. 行政补偿责任的构成要件有（　　）。

A. 行政补偿是行政主体合法的行政行为造成了公民、法人或其他组织合法权益的损害
B. 行政补偿的对象是受害的公民、法人或其他组织并没有行政法上的特定义务
C. 行政补偿的发生存在着致害行为与受损事实之间的因果联系
D. 行政补偿责任必须是法律明确规定的责任

4. 某市征地拆迁办公室为建高铁而对失地村民进行征地补偿，这里补偿的实质主体是（　　）。

A. 国家　　　　　　　　B. 铁道部
C. 征地的市政府　　　　D. 征地拆迁办公室

二、名词解释

行政补偿

三、简答题

1. 简述行政补偿的特征。
2. 简述行政补偿责任的构成要件。
3. 简述行政补偿的范围及类型。

四、论述题

1. 试述行政补偿制度与行政赔偿制度的异同。

拓展阅读

［1］王太高：《行政补偿制度研究》，北京大学出版社 2004 年版。
［2］窦衍瑞：《行政补偿制度的理念与机制》，山东大学出版社 2007 年版。
［3］金伟峰、姜裕富：《行政征收征用补偿制度研究》，浙江大学出版社 2007 年版。
［4］薛刚凌编：《行政补偿理论与实践研究》，中国法制出版社 2011 年版。
［5］刘文义：《行政补偿理论与实务》，中国法制出版社 2013 年版。

参考文献

一、中文书籍

1. 蔡小雪：《行政诉讼证据规则及运用》，人民法院出版社 2006 年版。
2. 曹达全：《行政诉讼制度功能研究——行政诉讼制度在宪政和行政诉讼中的功能定位》，中国社会科学出版社 2010 年版。
3. 陈晋胜：《行政事实行为研究》，知识产权出版社 2010 年版。
4. 陈敏：《行政法总论》，神州图书出版公司 2013 年版。
5. 陈清秀：《行政诉讼法》，元照出版有限公司 2015 年版。
6. 陈新民：《中国行政法学原理》，中国政法大学出版社 2002 年版。
7. 崔卓兰、于立深：《行政规章研究》，吉林人民出版社 2002 年版。
8. 窦衍瑞：《行政补偿制度的理念与机制》，山东大学出版社 2007 年版。
9. 樊华辉：《行政复议制度新论》，法律出版社 2012 年版。
10. 方世荣：《论行政相对人》，中国政法大学出版社 2000 年版。
11. 方世荣主编：《行政法与行政诉讼法》，中国政法大学出版社 1999 年版。
12. 傅红伟：《行政奖励研究》，北京大学出版社 2003 年版。
13. 邰风涛主编：《行政复议法教程》，中国法制出版社 2011 年版。
14. 关保英主编：《行政法制史教程》，中国政法大学出版社 2006 年版。
15. 胡建淼：《行政法学》，法律出版社 2010 年版。
16. 胡建淼主编：《行政诉讼法学》，法律出版社 2004 年版。
17. 胡建淼主编：《行政违法问题探究》，法律出版社 2000 年版。
18. 胡肖华：《走向责任政府——行政责任问题研究》，法律出版社 2006 年版。
19. 黄启辉：《行政救济构造研究——以司法权与行政权之关系为路径》，武汉大学出版社 2012 年版。
20. 黄学贤主编：《中国行政程序法的理论与实践——专题研究述评》，中国政法大学出版社 2007 年版。
21. 姬亚平：《行政奖励法制化研究》，法律出版社 2009 年版。
22. 江必新、梁凤云、梁清：《国家赔偿法理论与实务》，中国社会科学出版社 2010 年版。

23. 江必新、梁凤云：《行政诉讼法理论与实务》，北京大学出版社 2011 年版。
24. 江必新主编：《新行政诉讼法专题讲座》，中国法制出版社 2015 年版。
25. 姜明安主编：《行政程序研究》，北京大学出版社 2006 年版。
26. 姜明安主编：《行政法与行政诉讼法》，北京大学出版社、高等教育出版社 2011 年版。
27. 解志勇：《论行政诉讼审查标准——兼论行政诉讼审查前提问题》，中国人民公安大学出版社 2004 年版。
28. 解志勇：《行政诉讼调解》，中国政法大学出版社 2012 年版。
29. 金伟峰、姜裕富：《行政征收征用补偿制度研究》，浙江大学出版社 2007 年版。
30. 金伟峰：《无效行政行为研究》，法律出版社 2005 年版。
31. 黎军：《行业组织的行政法问题研究》，北京大学出版社 2002 年版。
32. 李惠宗：《行政法要义》，元照出版有限公司 2012 年版。
33. 李娟：《行政法控权理论研究》，北京大学出版社 2000 年版。
34. 李震山：《行政法导论》，三民书局 1998 年版。
35. 梁凤云：《行政诉讼判决之选择适用》，人民法院出版社 2007 年版。
36. 梁津明等：《行政不作为之行政法律责任探究》，中国检察出版社 2011 年版。
37. 林弋主编：《公务员法立法研究》，中国人事出版社、党建读物出版社 2006 年版。
38. 刘文义：《行政补偿理论与实务》，中国法制出版社 2013 年版。
39. 刘莘：《行政立法研究》，法律出版社 2003 年版。
40. 柳砚涛：《行政给付研究》，山东人民出版社 2006 年版。
41. 罗豪才主编：《行政法学》，北京大学出版社 2001 年版。
42. 马怀德：《国家赔偿法的理论与实务》，中国法制出版社 1994 年版。
43. 马怀德主编：《行政诉讼法学》，北京大学出版社 2012 年版。
44. 马立群：《行政诉讼标的研究以实体与程序连接为中心》，中国政法大学出版社 2013 年版。
45. 孟鸿志等：《中国行政组织法通论》，中国政法大学出版社 2001 年版。
46. 莫于川等：《法治视野中的行政指导》，中国人民大学出版社 2005 年版。
47. 沈开举、王钰：《行政责任研究》，郑州大学出版社 2004 年版。
48. 沈岿编：《谁还在行使权力——准政府组织个案研究》，清华大学出版社 2003 年版。
49. 孙笑侠：《法律对行政的控制——现代行政法的法理解释》，山东人民出版社 1999 年版。
50. 田凯：《行政公诉论》，中国检察出版社 2009 年版。
51. 汪汉斌：《行政判决既判力研究》，法律出版社 2009 年版。

52. 王莉：《行政复议功能研究——以走出实效性困局为目标》，社会科学文献出版社 2013 年版。

53. 王名扬：《法国行政法》，中国政法大学出版社 1997 年版。

54. 王名扬：《美国行政法》（上下册），中国法制出版社 1995 年版。

55. 王名扬主编：《外国行政诉讼制度》，人民法院出版社 1991 年版。

56. 王青斌：《行政规划法治化研究》，人民出版社 2010 年版。

57. 王太高：《行政补偿制度研究》，北京大学出版社 2004 年版。

58. 王小红：《行政裁决制度研究》，知识产权出版社 2010 年版。

59. 王学辉、宋玉波等：《行政权研究》，中国检察出版社 2002 年版。

60. 王彦：《行政诉讼当事人》，人民法院出版社 2005 年版。

61. 王臻荣主编：《行政监督概论》，高等教育出版社 2009 年版。

62. 翁岳生编：《行政法》（上下册），中国法制出版社 2009 年版。

63. 吴庚：《行政法之理论与实用》，元照出版有限公司 2011 年版。

64. 吴庚：《行政争讼法论》，元照出版有限公司 2011 年版。

65. 吴志华主编：《当今国外公务员制度》，上海交通大学出版社 2008 年版。

66. 肖泽晟：《公物法研究》，法律出版社 2009 年版。

67. 谢晖：《行政权探索》，云南人民出版社 1995 年版。

68. 薛刚凌主编：《外国及港澳台行政诉讼制度》，北京大学出版社 2006 年版。

69. 薛刚凌主编：《行政补偿理论与实践研究》，中国法制出版社 2011 年版。

70. 薛刚凌主编：《行政体制改革研究》，北京大学出版社 2006 年版。

71. 杨凤春：《中国政府概要》，北京大学出版社 2002 年版。

72. 杨海坤、章志远：《行政法学基本论》，中国政法大学出版社 2004 年版。

73. 杨建华：《行政赔偿和解程序研究：从行政赔偿私了现象的分析入手》，中国民主法制出版社 2010 年版。

74. 杨建顺：《行政规制与权利保障》，中共中央党校出版社 1998 年版。

75. 杨解君：《行政违法论纲》，东南大学出版社 1999 年版。

76. 杨解君主编：《行政责任问题研究》，北京大学出版社 2005 年版。

77. 杨解君主编：《中国行政合同的理论与实践探索》，法律出版社 2009 年版。

78. 杨曙光、王敦生、毕可志：《行政执法监督的原理与规程研究》，中国检察出版社 2009 年版。

79. 杨伟东：《政府信息公开主要问题研究》，法律出版社 2013 年版。

80. 杨小君：《国家赔偿法律问题研究》，北京大学出版社 2005 年版。

81. 杨小君：《我国行政复议制度研究》，法律出版社 2002 年版。

82. 姚锐敏、易凤兰：《违法行政及其法律责任研究》，中国方正出版社 2000 年版。

83. 叶必丰、周佑勇：《行政规范研究》，法律出版社 2002 年版。

84. 叶必丰：《行政行为的效力研究》，中国人民大学出版社 2002 年版。
85. 应松年、薛刚凌：《行政组织法研究》，法律出版社 2002 年版。
86. 应松年、袁曙宏主编：《走向法治政府：依法行政理论研究与实证调查》，法律出版社 2001 年版。
87. 应松年、杨伟东编：《中国行政法学 20 年研究报告》，中国政法大学出版社 2007 年版。
88. 应松年主编：《当代中国行政法》，中国方正出版社 2004 年版。
89. 应松年主编：《公务员法》，法律出版社 2010 年版。
90. 应松年主编：《行政程序法》，法律出版社 2009 年版。
91. 应松年主编：《行政处罚法教程》，法律出版社 2012 年版。
92. 应松年主编：《行政法与行政诉讼法》，法律出版社 2005 年版。
93. 应松年主编：《行政强制法教程》，法律出版社 2013 年版。
94. 应松年主编：《行政诉讼法学》，中国政法大学出版社 2007 年版。
95. 应松年主编：《行政许可法教程》，法律出版社 2012 年版。
96. 于安：《降低政府规制——经济全球化时代的行政法》，法律出版社 2003 年版。
97. 余凌云：《行政契约论》，中国人民大学出版社 2000 年版。
98. 喻少如：《行政给付制度研究》，人民出版社 2011 年版。
99. 袁署宏、方世荣、黎军：《行政法律关系研究》，中国法制出版社 1999 年版。
100. 袁曙宏主编：《全面推进依法行政实施纲要读本》，法律出版社 2004 年版。
101. 曾刚：《行政赔偿归责原则研究》，法律出版社 2012 年版。
102. 湛中乐：《权利保障与权力制约》，法律出版社 2003 年版。
103. 张光宏：《抽象行政行为的司法审查研究》，人民法院出版社 2008 年版。
104. 张旭勇：《行政判决的分析与重构》，北京大学出版社 2006 年版。
105. 张越编者：《英国行政法》，中国政法大学出版社 2004 年版。
106. 章志远：《行政诉讼类型构造研究》，法律出版社 2007 年版。
107. 赵宏：《法治国下的行政行为存续力》，法律出版社 2007 年版。
108. 周佑勇：《行政法基本原则研究》，武汉大学出版社 2005 年版。
109. 朱新力：《行政违法研究》，杭州大学出版社 1999 年版。

二、译著

1. ［德］奥托·迈耶：《德国行政法》，刘飞译，商务印书馆 2002 年版。
2. ［德］费里德赫尔穆·胡芬：《行政诉讼法》，莫光华译，法律出版社 2003 年版。
3. ［德］哈特穆特·毛雷尔：《行政法学总论》，高家伟译，法律出版社 2000 年版。
4. ［德］汉斯·J. 沃尔夫、奥托·巴霍夫、罗尔夫·施托贝尔：《行政法》（1～

3卷），高家伟译，商务印书馆2002年版。

5. ［法］古斯塔夫·佩泽尔：《法国行政法》，廖坤明、周洁译，国家行政学院出版社2002年版。

6. ［法］让·里韦罗、让·瓦利纳：《法国行政法》，鲁仁译，商务印书馆2008年版。

7. ［韩］金东熙：《行政法》（ⅠⅡ），赵峰译，中国人民大学出版社2008年版。

8. ［美］戈登·塔洛克：《官僚体制的政治》，柏克、郑景胜译，商务印书馆2012年版。

9. ［美］伯纳德·施瓦茨：《行政法》，徐炳译，群众出版社1986年版。

10. ［日］南博方：《行政法》杨建顺译，中国人民大学出版社2009年版。

11. ［日］盐野宏：《行政法》，杨建顺译，法律出版社1999年版。

12. ［日］盐野宏：《行政救济法》，杨建顺译，北京大学出版社2008年版。

13. ［英］L. 赖维乐·布朗、［英］约翰·S. 贝尔、［法］让－米歇尔·加朗伯特（协助）：《法国行政法》，高秦伟、王楷译，中国人民大学出版社2006年版。

14. ［英］彼得·莱兰、戈登·安东尼：《英国行政法教科书》，杨伟东译，北京大学出版社2007年版。

15. ［英］卡罗尔·哈洛、理查德·罗林斯：《法律与行政》（上下），杨伟东等译，商务印书馆2004年版。

16. ［英］韦德：《行政法》，徐炳等译，中国大百科全书出版社1997年版。

论文

1. 陈峰："法治理念下的行政程序证据制度研究"，苏州大学2010年博士论文。

2. 陈惠菊："行政诉讼类型化之研究"，中国政法大学2008年博士论文。

3. 胡卫列："行政诉讼目的论"，中国政法大学2003年博士论文。

4. 刘东亮："行政诉讼目的论——'保障人民权益'与我国行政诉讼法的修改和完善"，中国政法大学2004年博士论文。

5. 刘东生："行政复议制度重构"，中国政法大学2006年博士论文。

6. 吕利秋："行政诉讼举证责任"，中国政法大学2000年博士论文。

7. 苏治："行政诉讼中的法律论证方法研究"，苏州大学2010年博士论文。

8. 吴华："行政诉讼类型研究"，中国政法大学2003年博士论文。

9. 张越："行政诉讼主体论"，中国政法大学2000年博士论文。

后 记

相对于其他部门法学来说，行政法学的内容相对比较抽象，涉及的法律法规文件众多，这增加了学生研习行政法学的难度。行政法学知识的讲授与学习首先得选好教材，但我们发现，不仅国外行政法学教材的知识体系不统一，国内也难以找到体系相对一致的两本教材，这为我们选用教材带来了不少困难。为此，如何向学生系统地介绍行政法学的基本知识，让学生更容易掌握行政法学的基本知识体系，提升学习兴趣，以便不辜负行政法学作为21世纪显学的盛名，这是我们一直想做的事情。本教材的编写给了我们一个机会。为此，我们在本教材编、章、节体系的设计时，在综合参考了罗豪才、应松年、马怀德、胡建淼、姜明安和台湾学者翁岳生、吴庚等前辈们最新编写教材的体系基础上，在反映国内行政法学界的基本共识的同时，根据我们的教学经验对行政法学的内容体系进行了适度创新。

开始以为，编写作为网络教学使用的简版《行政法与行政诉讼法》教材，应该是较为简单的事。但在编写过程中发现，我们确实低估了该项工作的难度，也误解了该项工作的重要性。其实，在行政法学的前辈们将教材越编越厚的年代里，要编写一本更薄但能为学生欣然接受的教材并不容易！在行政法学理论研究日益深入的"百家争鸣"年代里，要编写一本更薄但知识内容不打折的教材并不容易！在全日制本科高年级学生甚至研究生都觉得行政法难学的年代里，要编写一本更薄的教材供忙于工作的网络在职学生自主学习并不容易！

因此，我们在编写本教材时丝毫不敢怠慢，力求使本教材相较于其他教材在内容体系设计方面更加完整，结构清晰；在基础知识介绍方面更加全面，贴近适用；在学术观点介绍方面更加客观，尊重主流；在语言表述方面更为简洁，通俗易懂。由于我们的学术能力有限，尽管本教材可能离上述目标还很远，但我们一直没有怠慢。

本书是根据"现代远程教育法学专业系列教材"编委会的统一要求，经过编写组的共同努力而完成的，各章节的撰写大致分工是：第1~5、9、15章由贺奇兵编写，第6~8、10、16章由马晓娜编写，第11~14章由房香荣编写，第17~19章由樊非、龚露共同编写，各章后复习思考题由胡建、贺奇兵共同组织编写。本教材由贺奇兵任主编，并负责全书的统稿、定稿。全书编写过程中，张琦、刘莎莎、胡梦洁、刘琳四位同学协助参与了资料整理。

本教材编写过程中，我们参考了很多学界先贤的教材、译著、专著、论文等成果，限于本书编写体例，未在正文中一一注释，但我们已将所有参考文献列于教材尾部，在此特向文献作者、译者致谢！本教材从高等教育自学考试和国家司法考试题中选取、改编了部分题目作为各章复习思考题，在此特向命题者致谢！本教材的出版得到西南大学法学院出版基金资助，得到中国政法大学出版社的大力支持，在此特别致谢！本书编写时适逢《行政诉讼法》的修改，由此原定出版时间一再推延，在此向中国政法大学出版社和各位参编人员的理解与支持表示感谢！

囿于编者水平，本教材必然存在诸多疏漏甚至于错误，欢迎读者批评指正！

编 者
2016 年 6 月